Kohlhammer

Studienreihe Rechtswissenschaften

herausgegeben von
Professor Dr. Winfried Boecken und Professor Dr. Heinrich Wilms (†)

fortgeführt von
Professor Dr. Winfried Boecken und Professor Dr. Stefan Korioth

Staatsrecht I

Staatsorganisationsrecht unter Berücksichtigung europäischer und internationaler Bezüge

von

Professor Dr. Stefan Korioth
München

und

Juniorprofessor Dr. Michael W. Müller, M.A., LL.M. (Cambridge)
Mannheim

6., überarbeitete Auflage

Verlag W. Kohlhammer

6. Auflage 2022

Alle Rechte vorbehalten
© W. Kohlhammer GmbH, Stuttgart
Gesamtherstellung: W. Kohlhammer GmbH, Stuttgart

Print:
ISBN 978-3-17-041817-2

E-Book-Formate:
pdf: ISBN 978-3-17-041818-9
epub: ISBN 978-3-17-041819-6

Vorwort

Es wäre eine Untertreibung zu sagen, dass es seit dem Erscheinen der Vorauflage eine Reihe staatsorganisationsrechtlicher Weiterentwicklungen gegeben hätte. Die Corona-Pandemie hat nicht nur den Grundrechtsschutz vor neue Herausforderungen gestellt (dazu etwa BVerfG, Beschluss vom 19. November 2021 – 1 BvR 781/21 u. a. – „Bundesnotbremse I" und 1 BvR 971/21, 1069/21 – Schulschließungen als Mittel des Infektionsschutzes – „Bundesnotbremse II"). Auch Grundfragen der Staatsorganisation sind angesprochen, so im Bereich des Gesetzesvorbehalts und überhaupt des Verhältnisses von Legislative und Exekutive in Krisensituationen. Weitere Bewegung ist in das Bund-Länder-Verhältnis gekommen. Wie schon in den Jahren seit 2006 in der föderalen Finanzordnung zu beobachten, zeigt jetzt auch die Corona-Krise eine deutliche Gewichtsverschiebung zugunsten des Bundes und die Etablierung neuer informeller entscheidungsvorbereitender Gremien, wie den Runden zwischen Ministerpräsidentinnen/Ministerpräsidenten und Kanzlerin/Kanzler. Hinzu kommen eher formale Probleme wie die Digitalisierung parlamentarischer Sitzungen.

Abgesehen davon gibt es eine Reihe neuerer Entscheidungen des Bundesverfassungsgerichts, die Anlass gegeben haben, die entsprechenden Abschnitte des Lehrbuchs zu überarbeiten und teilweise neu zu fassen. Der Beschluss des Bundesverfassungsgerichts zum Klimaschutz (BVerfG, Beschluss vom 24.3.2021 – 1 BvR 2656/18 u. a., BVerfGE 157, 30), gibt der intertemporalen Freiheitssicherung, aber auch der Staatszielbestimmung des Art. 20a GG neue Dimensionen. Fortentwickelt wurden die rechtsstaatlichen Anforderungen an rückwirkende Gesetze und gesetzgeberische Verweisungen. Die Entscheidung zum Berliner Mietendeckel (BVerfG, Beschluss vom 25.3.2021 – 2 BvF 1/20 u. a., BVerfGE 157, 223) enthält fast lehrbuchartige Darstellungen zur Verteilung der Gesetzgebungskompetenzen zwischen Bund und Ländern. Fast zum Dauerbrenner entwickeln sich parlamentarische Informationsrechte gegenüber der Regierung. Vielfältige neue Entwicklungen gibt es im Wahlrecht. Schließlich zeigen neue Entscheidungen zur hier in Grundzügen behandelten supra- und internationalen Einbindung (PSPP mit Auswirkungen auf das Verhältnis zwischen Europäischem Gerichtshof und Bundesverfassungsgericht, Informationspflichten der Bundesregierung im Zusammenhang von Integrationsschritten) dass sich Verfassungsrecht keineswegs mehr allein im nationalen Zusammenhang bewegt.

Mit dieser Auflage kommt Prof. Dr. Michael Müller, der bereits seit der zweiten Auflage durchgängig die Hauptlasten der Neubearbeitungen getragen hat, zur Freude des anderen Autors als Mitautor hinzu. Das sichert dem Buch die nötige Kontinuität.

Vorwort

Unser Dank geht an Frau Aenne Wulferding, die bei der Aktualisierung des Buchs umsichtig und kenntnisreich mitgeholfen hat, sowie an Frau Joyce Marmonti, Frau Gabriele Steiger, Herrn Markus Kern, Herrn Michael Rapp, Frau Lisa-Marie Schmidt, Herrn Leopold Heckel, Frau Ricarda Schwarzbart, Frau Talitha du Toit und Herrn Julian Uhlenbusch (München) sowie Frau Tanja Seidl, Herrn Max Hopp, Herrn Tom Ruppenthal und Frau Rosa Kuntz (Mannheim) für ihre vielfältige Unterstützung.

Oldendorf/München/Mannheim, im Mai 2022   Stefan Korioth/Michael Müller

Inhaltsverzeichnis

Abkürzungsverzeichnis

A

A.A.; a. A.	anderer Ansicht
a. a. O.	am angegebenen Ort
abgedr.	abgedruckt
AbgG	Abgeordnetengesetz
Abs.	Absatz
a. E.	am Ende
a. F.	alte Fassung
AL	Ad legendum (Zeitschrift)
Allg.	Allgemein(e/er/es)
Anm.	Anmerkung(en)
AöR	Archiv des öffentlichen Rechts (Zeitschrift)
Art.	Artikel
Aufl.	Auflage
Az.	Aktenzeichen

B

BAnz.	Bundesanzeiger
BauGB	Baugesetzbuch
BayVBl.	Bayerische Verwaltungsblätter
Bd.	Band
BGB	Bürgerliches Gesetzbuch
BGBl.	Bundesgesetzblatt
BMinG	Bundesministergesetz
BPWahlG	Bundespräsidentenwahlgesetz
BRHG	Gesetz über den Bundesrechnungshof
BVerfG	Bundesverfassungsgericht
BVerfGE	Entscheidung(en) des Bundesverfassungsgerichts
BVerfGG	Bundesverfassungsgerichtsgesetz
BWahlG	Bundeswahlgesetz
BWahlO	Bundeswahlordnung

D

DB	Der Betrieb (Zeitschrift)
d. h.	das heißt
Dok.	Dokument(e)
DÖV	Die Öffentliche Verwaltung (Zeitschrift)
DRiG	Deutsches Richtergesetz
DRiZ	Deutsche Richterzeitung
DVBl.	Deutsches Verwaltungsblatt (Zeitschrift)

E

EAG	Europäische Atomgemeinschaft
EG	Europäische Gemeinschaft(en)
EGKS	Europäische Gemeinschaft für Kohle und Stahl

Abkürzungsverzeichnis

Einl.	Einleitung
EMRK	Konvention zum Schutze der Menschenrechte und Grundfreiheiten
EStG	Einkommensteuergesetz
etc.	et cetera
EU	Europäische Union
EuGH	Europäischer Gerichtshof
EuGrZ	Europäische Grundrechte-Zeitschrift
EuZW	Europäische Zeitschrift für Wirtschaftsrecht
EvStL	Evangelisches Staatslexikon
F	
f., ff.	folgend, folgende
Fn.	Fußnote
FS	Festschrift
G	
GASP	Gemeinsame Außen- und Sicherheitspolitik
gem.	gemäß
GG	Grundgesetz
ggf.	gegebenenfalls
GOBR	Geschäftsordnung des Bundesrats
GOBReg	Geschäftsordnung der Bundesregierung
GOBT	Geschäftsordnung des Bundestags
GOVermA	Geschäftsordnung Vermittlungsausschuss
H	
HStR	Handbuch des Staatsrechts
HVerfR	Handbuch des Verfassungsrechts (Benda/Maihofer/Vogel)
HessStGH	Hessischer Staatsgerichtshof
h. M.	herrschende(r) Meinung
hrsg.	herausgegeben
Hrsg.	Herausgeber
I	
i. e. S.	im engen Sinne
IGH	Internationaler Gerichtshof
insbes.	insbesondere
i. S. d.	im Sinne der/des
i. V. m.	in Verbindung mit
J	
JA	Juristische Arbeitsblätter (Zeitschrift)
JBl.	Juristische Blätter (Zeitschrift)
JöR	Jahrbuch des öffentlichen Rechts der Gegenwart (Zeitschrift)
Jura	Jura (Zeitschrift)
JuS	Juristische Schulung (Zeitschrift)
JZ	Juristenzeitung
K	
KJ	Kritische Justiz (Zeitschrift)
L	
lit.	littera (Buchstabe)
M	
m. w. N.	mit weiteren Nachweisen

N

NdsVBl.	Niedersächsische Verwaltungsblätter (Zeitschrift)
n. F.	neue Fassung
NJW	Neue Juristische Wochenschrift (Zeitschrift)
NordÖR	Zeitschrift für Öffentliches Recht in Norddeutschland
Nr.	Nummer
NSDAP	Nationalsozialistische deutsche Arbeiterpartei
NuR	Natur und Recht (Zeitschrift)
NVwZ	Neue Zeitschrift für Verwaltungsrecht
NWVBl.	Nordrhein-Westfälische Verwaltungsblätter (Zeitschrift)

P

Parl.Rat	Parlamentarischer Rat
ParlStG	Gesetz über die Rechtsverhältnisse der Parlamentarischen Staatssekretäre
PartG	Parteiengesetz
PJZS	Polizeiliche und Justizielle Zusammenarbeit in Strafsachen
Prot.	Protokoll
PUAG	Parlamentarisches Untersuchungsausschussgesetz

R

RGBl.	Reichsgesetzblatt
Rn.	Randnummer
RuStAG	Reichs- und Staatsangehörigkeitsgesetz

S

S.	Seite
s.	siehe
SächsVBl.	Sächsische Verwaltungsblätter
SGG	Sozialgerichtsgesetz
Slg.	Sammlung
sog.	so genannt(e/er/es)
Sp.	Spalte
StGB	Strafgesetzbuch
str.	streitig
STWG	Stabilitäts- und Wachstumsgesetz
SÜR	Seerechtübereinkommen

T

ThürVBl.	Thüringer Verwaltungsblätter

U

u.	und
u. a.	und andere, unter anderem
usw.	und so weiter

V

v.	von/vom
VBlBW	Verwaltungsblätter für Baden-Württemberg
Verf.	Verfasser
VerfassungsR-Hdb	Handbuch des Verfassungsrechts (Herdegen/Masing/Poscher/Gärditz)
VerwArch.	Verwaltungsarchiv (Zeitschrift)
vgl.	vergleiche
VR	Verwaltungsrundschau (Zeitschrift)
VVDStRL	Veröffentlichungen der Vereinigung der Deutschen Staatsrechtslehrer
VwVfG	Verwaltungsverfahrensgesetz

Abkürzungsverzeichnis

W

WahlprüfG	Wahlprüfungsgesetz
WissR	Wissenschaftsrecht (Zeitschrift)
WRV	Weimarer Reichsverfassung

Z

z. B.	zum Beispiel
ZBR	Zeitschrift für Beamtenrecht
ZfA	Zeitschrift für Arbeitsrecht
ZfG	Zeitschrift für Geschichtswissenschaft
ZfSH/SGB	Zeitschrift für Sozialhilfe und Sozialgesetzbuch
ZG	Zeitschrift für Gesetzgebung
ZJS	Zeitschrift für das juristische Studium
ZParl.	Zeitschrift für Parlamentsfragen
ZRP	Zeitschrift für Rechtspolitik

Verzeichnis der abgekürzt zitierten Literatur

Achterberg, Parlamentsrecht, 1984

Albrecht/Küchenhoff, Staatsrecht, 3. Aufl. 2015

Augsberg/Augsberg/Schwabenbauer, Klausurtraining Verfassungsrecht, 4. Aufl. 2021

Badura, Staatsrecht: systematische Erläuterung des Grundgesetzes für die Bundesrepublik Deutschland, 7. Aufl. 2018

Battis/Gusy, Einführung in das Staatsrecht, 6. Aufl. 2018

Benda/Klein, Verfassungsprozessrecht, 4. Aufl. 2020

Benda/Maihofer/Vogel, Handbuch des Verfassungsrechts der Bundesrepublik Deutschland, 2 Bände, 2. Aufl. 1994, Neudruck 2012 (zit.: HVerfR)

Bumke/Voßkuhle, Casebook: Verfassungsrecht, 8. Aufl. 2020

Degenhart, Staatsrecht I, Staatsorganisationsrecht, 36. Aufl. 2020

Epping, Grundrechte, 9. Aufl. 2021

Gröpl, Staatsrecht I, 13. Aufl. 2021

Herdegen/Masing/Poscher/Gärditz, Handbuch des Verfassungsrechts. Darstellung in transnationaler Perspektive, 2021 (zit. VerfassungsR-HdB)

Hesse, Grundzüge des Verfassungsrechts der Bundesrepublik Deutschland, 20. Aufl. 1999

Höfling/Rixen, Fälle zum Staatsorganisationsrecht 6. Aufl. 2019

Ipsen/Kaufhold/Wischmeyer, Staatsrecht I, 33. Aufl. 2021

Isensee/Kirchhof, Handbuch des Staatsrechts der Bundesrepublik Deutschland, 13 Bände, 3. Aufl. 2003–2015 (zit.: HStR)

Kämmerer, Staatsorganisationsrecht, 4. Aufl. 2022

Katz/Sander, Staatsrecht, 19. Aufl. 2019

Kingreen/Poscher, Grundrechte. Staatsrecht II, 37. Aufl. 2021

Mager, Staatsrecht I, Staatsorganisationsrecht unter Berücksichtigung der europarechtlichen Bezüge, 9. Aufl. 2021

Maurer/Waldhoff, Allgemeines Verwaltungsrecht, 20. Aufl. 2020

Maurer, Staatsrecht I, 6. Aufl. 2010

Morlok/Michael, Staatsorganisationsrecht, 5. Aufl. 2020

Schlaich/Korioth, Das Bundesverfassungsgericht, 12. Aufl. 2021

Schöbener/Knauff, Allgemeine Staatslehre, 4. Aufl. 2019

Stein/Frank, Staatsrecht, 21. Aufl. 2010

Streinz, Europarecht, 11. Aufl. 2019

Zippelius, Allgemeine Staatslehre, 17. Aufl. 2017

Zippelius/Würtenberger, Deutsches Staatsrecht, 33. Aufl. 2018

Kommentare zum Grundgesetz

AK-GG, Alternativ-Kommentar zum GG, Loseblattsammlung, Stand: 2. Aufbaulieferung 2002

BerlK, Berliner Kommentar zum GG, Loseblattsammlung, Stand: 2021

BK, Bonner Kommentar zum GG, Loseblattsammlung, Stand: 213. Ergänzungslieferung 2021

Dreier, Grundgesetzkommentar, 3 Bände, 3. Aufl. 2013 (Band 1), 3. Aufl. 2015 (Band 2), 3. Aufl. 2018 (Band 3)

Dürig/Herzog/Scholz, Grundgesetz, Loseblattkommentar, Stand: 95. Ergänzungslieferung 2021

Jarass/Pieroth, Grundgesetz für die Bundesrepublik Deutschland, 16. Aufl. München 2020

v. Mangoldt/Klein/Starck, Kommentar zum Grundgesetz, 3 Bände, 7. Aufl. 2018

v. Münch/Kunig, Grundgesetz – Kommentar, 2 Bände, 7. Aufl. 2021

Sachs, Grundgesetz – Kommentar, 9. Aufl. 2021

Schmidt-Bleibtreu/Hofmann/Henneke, Kommentar zum Grundgesetz, 15. Aufl. 2021.

Teil I: Grundlagen

A. Staatsrecht als Rechtsgebiet

Die Beschäftigung mit dem Staatsrecht steht traditionell am Beginn des juristi- **1**
schen Studiums. Es geht dabei nicht nur darum, die Staatsorganisation der Bundesrepublik Deutschland kennen zu lernen. Vielmehr sollen auch die grundlegenden Prinzipien der Verfassungsordnung unter dem Grundgesetz veranschaulicht
werden, die Auswirkungen auf die Ausgestaltung der gesamten Rechtsordnung
und damit aller anderen Rechtsgebiete haben.
Diesen Zusammenhängen widmet sich der erste Teil dieses Lehrbuchs. Einfüh-
rend sollen die Stellung des Staatsrechts als Rechtsgebiet veranschaulicht und sein
Gegenstand, der Staat, vorgestellt werden. Weiterhin soll untersucht werden, was
es bedeutet, dass das Staatsrecht der Bundesrepublik Deutschland im Wesentlichen
Verfassungsrecht ist und wie sich dies historisch herausgebildet und entwickelt
hat. Schließlich soll ein Überblick über die Charakteristika des Grundgesetzes
gegeben und sein Geltungsbereich dargestellt werden.

§ 1 Die Rechtsordnung der Bundesrepublik Deutschland

Das nationale Recht der Bundesrepublik Deutschland lässt sich in zwei große **2**
Bereiche unterteilen, das öffentliche Recht und das Privatrecht[1]. Vereinfacht gesagt
regelt das Privatrecht die Rechtsverhältnisse unter gleichberechtigten – privaten –
Rechtssubjekten, die ihre Rechtsbeziehungen autonom gestalten dürfen. Das öffentliche Recht beschäftigt sich demgegenüber – ebenfalls vereinfacht – mit den
Rechtsverhältnissen des Staates, also dessen Organisation auf verschiedenen Ebenen und seinem Auftreten in vorrangig Über-/Unterordnungsverhältnissen gegenüber Privaten. Das öffentliche Recht lässt sich danach in verschiedene Bereiche
unterteilen:

- – Staatsrecht;
- – Strafrecht;
- – Sonstiges öffentliches Recht, insbesondere Verwaltungs- und Prozessrecht.

Das Strafrecht regelt die Einordnung bestimmter Verhaltensweisen als strafwürdig
und die Feststellung und Durchsetzung des daraus folgenden staatlichen Strafan-
spruchs. Es hat sich traditionell zu einem Sachgebiet mit einer eigenen Dogmatik
und daher auch in der Rechtswissenschaft zu einer eigenständigen Disziplin entwickelt.

---

1 Vgl. dazu *Maurer*, Staatsrecht I, § 1 Rn. 18 ff.

Das Verwaltungsrecht regelt umfassend die Rechtsbeziehungen der Exekutive. Es ist ein klassischer Teil der Wissenschaft vom öffentlichen Recht.

Auch das Recht der Gerichtsverfassung und sämtliche Prozessordnungen (also auch etwa die Zivilprozessordnung), die die Zuständigkeiten der einzelnen Gerichte und das jeweilige gerichtliche (und damit hoheitliche) Verfahren regeln, gehören zum öffentlichen Recht.

Völker- und Europarecht stellen internationale Rechtsordnungen dar, die jedoch in das nationale Recht hineinwirken. Da sie im Ausgangspunkt die Rechtsbeziehungen des Staates auf der internationalen Ebene regeln, werden sie als Teil des öffentlichen Rechts verstanden.

3 Das Staatsrecht ist also Teil des öffentlichen Rechts. Es wird grundsätzlich in zwei große Bereiche unterteilt: die Grundrechte und das Staatsorganisationsrecht.

Während sich die Dogmatik der Grundrechte mit subjektiven Rechtspositionen beschäftigt, die die Staatsgewalt beschränken und die Rechtsbeziehungen zwischen Staat und Bürger prägen, befasst sich das Staatsorganisationsrecht mit allen anderen Bereichen des Aufbaus der staatlichen Gewalt. Die Bezeichnung ist dabei insofern ungenau, als hierunter nicht nur die Organisation des Staates, die Staatsorgane und die Staatsfunktionen behandelt werden, sondern auch grundlegende Prinzipien und Leitentscheidungen, die zum Selbstverständnis unseres Staates gehören.

Diese grundlegenden Prinzipien entfalten – ähnlich den Grundrechten in ihrer Funktion als objektiv-rechtliche Wertentscheidungen – ihre Wirkung im Verfassungsstaat weit über die bloße Staatsorganisation hinaus. Sie bilden den Rahmen für die gesamte rechtliche Ordnung und sind daher auch bei der Beschäftigung mit anderen Gebieten, nicht nur des öffentlichen Rechts, von zentraler Bedeutung.

§ 2   Staat und Staatsrecht

4 Wenn sich das Staatsrecht also mit den normativen Grundlagen des Aufbaus und der Funktionsweise eines Staates beschäftigt, setzt es dessen Existenz schon voraus: so ist etwa das Staatsrecht der Bundesrepublik Deutschland unmittelbar an deren Bestand geknüpft – mit ihrem Untergang verlöre es seine Geltung.

Die Bestimmung dessen, was ein Staat allgemein ist, also die Festlegung seiner Existenzbedingungen und Ziele, ist demgegenüber eine dem Staatsrecht vorgelagerte Frage der Staatsphilosophie[2], seine internationale Anerkennung Gegenstand des Völkerrechts. Aus der Vielzahl der dort angestellten Überlegungen soll hier nur kurz referiert werden, was als Grundkonsens der gegenwärtigen Staatsphilosophie betrachtet werden kann:

Ein Staat ist eine organisatorische Konstruktion einer Gemeinschaft von Menschen. Nach dem weit verbreiteten Modell eines „Gesellschaftsvertrags" existiert er dadurch, dass jeder Einzelne seine originäre Selbstverteidigungsfähigkeit, die er in einem (gedachten) vorstaatlichen Zustand besitzt, an eine übergeordnete Organisation abgibt, die effizienter und sicherer die individuelle Sphäre eines jeden gegen Zugriffe Dritter verteidigen kann. Von dieser Prämisse ausgehend muss

---

2   Ausführlich hierzu die Lehrwerke zur allgemeinen Staatslehre von *Kriele*, Einführung in die Staatslehre, S. 1 ff.; *Zippelius*, Allgemeine Staatslehre, S. 42 ff.; *Schöbener/Knauff*, Allg. Staatslehre, S. 71 ff.

diese Gemeinschaft ihre organisatorische Kompetenz ausschließlich von ihren Mitgliedern ableiten und darf nicht von anderen Gemeinschaften abhängig sein. Sie muss in der Lage sein, ihre Angelegenheiten vollkommen autonom zu regeln, das heißt, sie muss souverän sein.

Primärer Gegenstand des Staatsrechts ist daher das *rechtliche Verhältnis dieser Organisation „Staat" zu ihren Mitgliedern*. Eine Organisation, die ihre Rechtsbeziehungen zu ihren Mitgliedern umfassend regeln kann, ist ein souveräner Staat (**innere Souveränität**). **5**

Da in der Welt nicht nur eine einzige Gemeinschaft von Menschen existiert (dies wäre ein Weltstaat), hat jeder Staat auch einen territorialen Bezug und steht in einem Verhältnis zu anderen, gleichartig organisierten Gemeinschaften. Kann der Staat seine rechtlichen Beziehungen *unbeeinflusst von diesen anderen Organisationen* regeln, besitzt er **äußere Souveränität**.

Aus diesen beiden Bezugspunkten, innere und äußere Souveränität, hat sich eine Theorie entwickelt, die als kleinsten gemeinsamen Nenner notwendiger Existenzvoraussetzungen eines Staates drei Bereiche auflistet (sog. *Drei-Elemente-Lehre*)[3]: **6**

- Staatsvolk;
- Staatsgebiet;
- Staatsgewalt.

Diese Lehre wird häufig mit *Georg Jellinek* verbunden; er ist jedoch nicht ihr einziger Vertreter – ähnliche Gedanken wurden bereits erheblich vor seiner Zeit und auch außerhalb des deutschen Rechtskreises formuliert[4]. Im Völkerrecht hat sie sich in der Staatsdefinition der sog. Konvention von Montevideo niedergeschlagen.

Jedenfalls alle normativen Aussagen zu diesen Bereichen sind somit Gegenstand des Staatsrechts.

→ *S. zur Drei-Elemente-Lehre auch die Übersicht unter Rn. 1008.*

§ 3 Verfassung und Verfassungsrecht

Der Begriff des Verfassungsrechts ist enger als der des Staatsrechts[5]: Sein Anknüpfungspunkt ist nicht die bloße Existenz eines Staates, sondern die Niederlegung der für diesen geltenden staatsrechtlichen Regelungen in einer Verfassung. **7**

Im modernen, rechtsstaatlichen Sinne setzt eine Verfassung mehr voraus als die bloße Regelung staatsrechtlicher Fragestellungen: Eine grundlegende Norm des Staatsrechts kann auch in einem einfachen Gesetz formuliert sein, sie kann sogar Gegenstand einer nicht niedergeschriebenen bloßen Übung sein, wie die Einsetzung des Premierministers in Großbritannien oder die Einberufung eines altgermanischen Things. **8**

Der Sinn einer Verfassung liegt darin, dass eine besondere Art der schriftlichen Niederlegung („Verfasstheit") eine höhere Verbindlichkeit – etwa durch den Vor-

---

3 Vgl. dazu auch *Ipsen/Kaufhold/Wischmeyer*, Staatsrecht I, § 1 Rn. 6 ff.; *Maurer*, Staatsrecht I, § 1 Rn. 6 ff.
4 S. die umfangreiche Darstellung von *Berber*, Das Staatsideal im Wandel der Weltgeschichte, 2. Aufl. 1973.
5 Vgl. dazu *Stern*, Staatsrecht I, S. 10 f.; *Maurer*, Staatsrecht I, § 10 Rn. 32 ff.; *Ipsen/Kaufhold/Wischmeyer*, Staatsrecht I, § 1 Rn. 22.

rang vor sonstigem „einfachen" Recht oder erschwerte Abänderbarkeit – gewähr-leisten soll. Die bloße Schriftlichkeit genügt dabei nicht; es bedarf vielmehr zusätz-licher Sicherungsmechanismen.

9   Dies zeigt sich insbesondere im Vergleich zu Diktaturen, die auch von der Existenz staatsrechtlicher Normen ausgehen, welche teilweise sogar schriftlich fixiert sind, jedoch keine besondere Bindung der Herrschaft zum Ausdruck bringen. Sie sehen staatsrechtliche Normen vielmehr als bloße Deklaration bereits bestehender Gege-benheiten staatlicher Macht im jeweiligen System.

So betrachtete etwa der Nationalsozialismus das sog. Führerprinzip als Norm des Staatsrechts. Die Formulierung dieses Prinzips hatte jedoch nur eine beschrei-bende Bedeutung, die Staatsführung sollte hierdurch in keiner Weise gebunden oder beschränkt werden.

Auch Art. 1 der Verfassung der DDR von 1968 beanspruchte keine besondere Form der Geltung für sich:

Artikel 1
Die Deutsche Demokratische Republik ist ein sozialistischer Staat der Arbeiter und Bau-ern. Sie ist die politische Organisation der Werktätigen in Stadt und Land unter der Führung der Arbeiterklasse und ihrer marxistisch-leninistischen Partei.

Der Bezeichnung der Deutschen Demokratischen Republik als sozialistischer Staat der Arbeiter und Bauern kam keinerlei normative Funktion zu. Ebenso wenig ergab sich eine Bindungswirkung daraus, dass die DDR nach ihrer Verfassung unter der Führung der Arbeiterklasse stand. In der Praxis war dies gerade nicht der Fall.

Bei solchen staatsrechtlichen Deklarationen ohne besondere Bindungswirkung handelt es sich um bloße Proklamationen.

10   Sinn einer Verfassung im rechtsstaatlichen Sinne ist demgegenüber die *Begrün-dung, Bindung und Legitimation der Herrschaftsgewalt*. Die Ausübung von Herr-schaftsgewalt soll durch Normen geregelt werden, die deren jeweilige Inhaber nicht oder jedenfalls nicht ohne weiteres abändern können. Die Beschränkung von Herrschaftsgewalt ist insofern charakteristisch für eine Verfassung[6].

Die zitierte Verfassung der DDR war somit nur der Bezeichnung, nicht aber der Bedeutung nach eine Verfassung, denn der SED verblieb die letzte Regelungszu-ständigkeit über ihren Inhalt und diese Regelungszuständigkeit kannte keine Be-schränkung.

11   Auf die Bezeichnung als Verfassung kann es daher nicht ankommen. Aus der *Beschränkung der Herrschaftsgewalt* als notwendige Anforderung an die Verfassung ergeben sich aber normative Konsequenzen: Ist in der Verfassung die Beschrän-kung der Herrschaftsgewalt formuliert, diese aber jederzeit durch den Träger der Staatsgewalt problemlos wieder abänderbar, geht auch eine solche Verfassung über bloße Proklamation nicht hinaus.

Die Beschränkung der Herrschaftsgewalt durch die Verfassungsurkunde muss also bestimmte Verfestigungen enthalten: Sie wäre wertlos, wenn die Verfassung durch denjenigen, der die Herrschaftsgewalt ausübt, ohne weiteres wieder abgeändert werden könnte. Auch darf die Ausübung von Herrschaftsgewalt gegenüber den Gewaltunterworfenen nicht beliebig sein. Vielmehr bedarf eine Verfassung der Regelung subjektiver Rechtsgewährleistungen. Wie diese im Einzelnen aussehen,

---

6   *Morlok/Michael*, Staatsorganisationsrecht, § 1 Rn. 1 ff.

ob sie formeller oder materieller Natur sind, ob sie vor dem Parlament oder vor Gerichten geltend zu machen sind, ist je nach Rechtskultur sehr unterschiedlich. Entscheidend ist, dass der Herrschaftsgewalt durch subjektive Rechtspositionen der Gewaltunterworfenen Grenzen gesetzt sein müssen.

§ 4 Staatsrecht und Verfassungsrecht

Die Beschränkung staatlicher Regelungsmöglichkeiten durch den Verfassungsstaat stellt sich somit als Fortentwicklung der zum Wesen des Staates und seiner Souveränität aufgestellten Überlegungen dar:

Ausgehend vom oben skizzierten Vertragsmodell, wonach der Einzelne seine Selbstverteidigungsfähigkeit auf den Staat überträgt, sind *Sinn und Aufgabe* des Staates: **12**

– Schaffen eines Friedenszustandes;
– Gewährleistung von Rechtssicherheit;
– möglichst weitgehende Verwirklichung von Gerechtigkeit.

Eine erste Bindung des Souveräns (Herrscher) ergibt sich in diesem Modell aus dem (gedachten) Staatsvertrag, durch den der Übergang vom Ur- oder Naturzustand in den staatlichen Friedenszustand ermöglicht wurde: Er darf diesen Friedenszustand nicht infrage stellen, etwa indem er selbst zur Bedrohung für die Bürger wird.

Die Schaffung von Rechtssicherheit und das Anstreben von Gerechtigkeit als weitere Staatsaufgaben gehen demgegenüber über das Minimum hinaus, das für ein Gemeinwesen zu fordern ist, das die Bezeichnung Staat beanspruchen kann. Rechtssicherheit erfordert eine gewisse Bindungswirkung, die der Souverän etwa in Thomas Hobbes' Leviathan nicht kennt. In dem Moment, in dem der Staat Rechtssicherheit anstrebt, tritt er sozusagen in einen höheren Aggregatzustand. Er wird vom bloßen Staat zum Verfassungsstaat. **13**
Verfassungsrecht muss damit im Vergleich zum Staatsrecht zusätzliche Voraussetzungen erfüllen:

– Regelungen der Begrenzung der Herrschaftsgewalt;
– erschwerte Abänderbarkeit dieses normativen Systems;
– Schutz subjektiver Rechte.

Die Unterscheidung von Verfassungsrecht und Staatsrecht ist heute nur in den Ländern problematisch, die nicht über eine geschriebene Verfassungsurkunde verfügen, die den dargestellten Voraussetzungen entspricht, wie z. B. das Vereinigte Königreich von Großbritannien und Nordirland. Darüber hinaus hat sie für die Staaten Bedeutung, die zwar eine Verfassungsurkunde besitzen, welche jedoch keine oder eine nur partielle effektive Bindungswirkung gegenüber der Staatsgewalt entfaltet, wie dies in den kommunistischen Staaten China und Nordkorea sowie in Staaten mit klerikaler Autoritätsverankerung, wie dem Iran, der Fall ist. **14**

In der Bundesrepublik Deutschland ist Staatsrecht dagegen weitestgehend Verfassungsrecht. Das Grundgesetz regelt die Ausübung von Herrschaftsgewalt im Bundesgebiet, beansprucht eine höherrangige Verbindlichkeit, die mit einer erschwerten und teilweise sogar ausgeschlossenen Abänderbarkeit einhergeht und verleiht **15** den Bürgern subjektive Rechtspositionen. Es gibt allerdings einige Gebiete, die zum Staatsrecht gehören, aber keine verfassungsrechtliche Verankerung erfahren haben. Dies sind beispielsweise die Regelungen der Geschäftsordnungen der obersten Bundesorgane, diese betreffende Gesetze, aber auch das Wahlrecht, das Staatsangehörigkeitsrecht und das Recht der politischen Parteien.

Dass Staatsrecht in Deutschland im Wesentlichen Verfassungsrecht ist und dass dieser Verfassung, dem Grundgesetz, ein derart überragender Stellenwert im politischen und juristischen System zukommt wie in der Bundesrepublik, ist Ergebnis einer längeren historischen Entwicklung, die im folgenden Abschnitt kurz skizziert werden soll.

B.   Deutsche Verfassungsgeschichte im Überblick

§ 5   Die Zeit vor 1848

16   Staats- und Verfassungsrecht im modernen, oben dargestellten Sinne sind, da sie an die Existenz eines Nationalstaates anknüpfen, erst seit dem Beginn der Herausbildung von Territorialstaaten ab dem 16. Jahrhundert denkbar und ab dem Ende des 18. Jahrhunderts verwirklicht, erst in Nordamerika und Frankreich, später auch in Deutschland. Das mittelalterliche Herrschaftsverständnis war wesentlich von der Vorstellung von Personenverbänden geprägt, die Rechtsstellung des Königs im Heiligen Römischen Reich Deutscher Nation war nicht durch Rechtstexte umschrieben. Erst mit der Zeit wurden einzelne mit der Organisation von Herrschaft zusammenhängende Fragen als Rechtsfragen aufgefasst und in später sogenannten „Reichsgrundgesetzen" (leges fundamentales, insb. die Goldene Bulle von 1356 und der Augsburger Religionsfriede von 1555) geregelt. Der Aufstieg der Territorien, der durch den Westfälischen Frieden von 1648 beschleunigt wurde, führte zu einer neuen Konzeption von Staatlichkeit, die den oben vorgestellten Begriff der Souveränität zum Ausgangspunkt nahm. Die Philosophie der Aufklärung (Thomas Hobbes, John Locke und vor allem Jean-Jacques Rousseau) entwickelte das oben dargestellte Vertragsmodell zur Begründung staatlicher Herrschaft.

17   Die mit diesem Staatsverständnis zusammenhängende Idee einer geschriebenen, staatliche Macht begrenzenden Verfassung stellte einen Bruch mit der überkommenen, monarchischen Tradition dar, der mit der Unabhängigkeitserklärung der Amerikanischen Kolonien (1776) und der Französischen Revolution (1789) im Ausland auch in der politischen Realität effektuiert wurde. In Deutschland kam es zu einer derart grundlegenden Umwälzung nie, jedoch hatten diese Ereignisse auch hier großen Einfluss auf die Entwicklung des Staatsverständnisses.

18   Das Heilige Römische Reich Deutscher Nation (Altes Deutsches Reich), das aus über 30 Monarchien bestand, war durch den Aufstieg der Territorien bereits stark zersplittert, als die napoleonischen Kriege und der daran anschließende Wiener Kongress (1815) zu einer grundlegenden Neuordnung Europas führten. Unter Napoleons Einfluss traten viele Fürsten aus dem Reich aus, gründeten 1806 den sog. Rheinbund und nahmen eigene Souveränität auch gegenüber dem Reich für sich in Anspruch. Am 6.8.1806 legte Franz II. als damit letzter Kaiser des alten Reichs – von Napoleon ultimativ dazu aufgefordert – die deutsche Kaiserwürde nieder. Der Rheinbundakte vom 12.7.1806 traten nach und nach alle deutschen Territorialstaaten mit Ausnahme Preußens und Österreichs bei. Sie waren durch diesen völkerrechtlichen Vertrag mit dem französischen Kaiser diesem gegenüber zur Kriegsbeteiligung verpflichtet.

Die Niederlage Napoleons in den Befreiungskriegen mit der Völkerschlacht bei **19** Leipzig als Höhepunkt und die auf die Besetzung von Paris im März 1814 folgende Abdankung Napoleons resultierten in einer weiteren Stabilisierung der bereits vorhandenen Partikularstaaten. Im Pariser Frieden war eine Versammlung zur Neuorganisation Europas vorgesehen, die als Wiener Kongress von 1814 bis 1815 stattfand und in die Deutsche Bundesakte vom 8.6.1815 und die Wiener Kongressakte vom 9.6.1815 mündete. Mit der Deutschen Bundesakte entstand der Deutsche Bund als völkerrechtlicher Staatenbund, dem neben den deutschen Fürstentümern auch Dänemark, die Niederlande und Luxemburg angehörten. Er umfasste 38 Staaten, wobei Österreich und Preußen eine besondere Machtposition innehatten. Das einzige zentrale Organ des Deutschen Bundes, der Bundestag, tagte unter dem Vorsitz Österreichs in Frankfurt. Primäre Funktion des Deutschen Bundes war die Gewährleistung äußerer und innerer Sicherheit, eine Rechtsetzungskompetenz kam ihm nicht zu.

Erste dauerhafte Verfassungen auf deutschem Boden entwickelten sich daher in **20** den Einzelstaaten, insbesondere in Baden und Bayern (1818) sowie Württemberg (1819). Diese Verfassungen des sog. *Süddeutschen Frühkonstitutionalismus* kamen jedoch nicht durch eine Abspaltung oder Revolution wie in Amerika oder Frankreich zustande, sondern wurden von den Fürsten, die nach Art. 13 der Deutschen Bundesakte sogar zu „landständischen Verfassungen" verpflichtet waren, als Mittel zur Aufrechterhaltung der eigenen Macht eingesetzt[7]. Sie wurden teilweise oktroyiert (Bayern), teilweise mit den Ständen vereinbart (paktiert, Württemberg), jedenfalls aber waren sie „herrschaftsmodifizierend, nicht herrschaftsbegründend" (Dieter Grimm).

In dieser Situation zunehmender Verfestigung der partikularstaatlichen Souveräni- **21** tät war eine politische Einheit der über eine einheitliche Sprache und Kultur verfügenden deutschen Nation Sehnsüchten und Wünschen vorbehalten, die sich in den nachfolgenden Jahrzehnten in der Romantik widerspiegelten. Ein erster Schritt zu einer gemeinsamen Zentralgewalt war die Gründung des ab 1834 so bezeichneten *Deutschen Zollvereins* infolge des preußischen Zollgesetzes von 1818, der mit der Etablierung einer zollrechtlichen Freihandelszone zunächst aber nur wirtschaftliche Bedeutung hatte.

§ 6   Die sog. Paulskirchenverfassung von 1848/1849

Den ersten Versuch einer gesamtdeutschen Verfassung stellt die sog. Paulskirchen- **22** verfassung von 1848/49 dar. Nach der Niederringung Napoleons führten Bevölkerungswachstum und damit verbundene Massenarbeitslosigkeit, die fortschreitende Industrialisierung sowie Missernten in der Landwirtschaft in den 1840er Jahren zu sozialen Verwerfungen in den deutschen Staaten. Angestoßen durch die (dritte)

---

7   Vgl. zu den unterschiedlichen Perioden des Konstitutionalismus und der Entwicklung im Einzelnen *Stern*, Staatsrecht V, S. 216 ff.

französische Revolution im Februar 1848 und den damit verbundenen Sturz des französischen Königs *Louis Philippe* kam es auch in Deutschland zu Massenbewegungen und Aufständen, die insbesondere zu blutigen Straßenkämpfen in Berlin sowie zur Abdankung des österreichischen Kaisers und zum Austausch der Regierungen in einigen Kleinstaaten führten (sog. Märzminister). Die regierenden Fürsten versuchten durch Konzessionen weitere revolutionäre Fortentwicklungen zu verhindern und ließen die von den Abgeordneten der 2. Kammern im Rahmen eines „Vorparlaments" initiierten Wahlen zu einer verfassunggebenden Nationalversammlung zu.

23 Diese trat, unmittelbar vom Volk (das hieß nach dem Verständnis der damaligen Zeit allen männlichen, selbstständigen Deutschen) gewählt, am 18.5.1848 in der Frankfurter Paulskirche zusammen. Die Nationalversammlung nahm für sich in Anspruch, den Souverän widerzuspiegeln, also Ausdruck und Inhaber der obersten Gewalt in Deutschland zu sein. Am 28.6.1848 wurde von der Nationalversammlung das Reichsgesetz über die Einführung einer provisorischen Zentralgewalt erlassen und *Erzherzog Johann von Österreich* zum Reichsverweser (Reichsverwalter), dem provisorischen Staatsoberhaupt, gewählt.

Der im März 1849 fertiggestellte Verfassungstext sah neben den bereits im Dezember 1848 beschlossenen *Grundrechten des deutschen Volkes* ein auf das monarchische System festgelegtes Staatsorganisationsrecht vor: Es sollte ein Erbkaisertum auf Reichsebene geben, wobei im Rahmen einer kleindeutschen Lösung (ohne Österreich) der preußische König die Kaiserwürde erhalten sollte. Der Kaiser sollte seine Stellung nicht von Gottes Gnaden ableiten, sondern durch die Verfassung zugewiesene Kompetenzen wahrnehmen. Zur Gesetzgebung sollte ein aus Volkshaus und Staatenhaus bestehender Reichstag befugt sein, dem Kaiser sollte lediglich ein Vetorecht zukommen.

24 Diese nach dem Versammlungsort als Paulskirchenverfassung bezeichnete Verfassung trat jedoch nie in Kraft. Nachdem mit knapper Mehrheit (290 Stimmen gegen 248 Enthaltungen) beschlossen worden war, dem preußischen König *Friedrich Wilhelm IV.* die Kaiserkrone anzutragen, lehnte dieser ab. Mit einer Annahme der Krone aus der Hand des Volkes hätte er die Volkssouveränität anerkennen und sich von der Vorstellung eines Monarchen von Gottes Gnaden verabschieden müssen. In einem Brief schrieb Friedrich Wilhelm IV.: „Man nimmt nur an und schlägt nur aus eine Sache, die gebothen werden kann".

Das in der Folge nach Stuttgart verlegte „Rumpfparlament" wurde im Juni 1849 durch württembergische Truppen aufgelöst. Weitere Versuche einer Einigung unter den deutschen Fürsten wie das sog. Dreikönigsbündnis von 1849 oder der Fürstentag von 1863 blieben erfolglos.

§ 7 Der Norddeutsche Bund

25 1864 kam es, ausgelöst durch die Einverleibung der Herzogtümer Schleswig und Holstein durch Dänemark, zum Deutsch-Dänischen Krieg, den Österreich und Preußen gewannen. In der Folge konnten sich diese jedoch nicht über die rechtliche Behandlung der Herzogtümer einigen, was zu einem Krieg führte, den Preußen gegen Österreich, das sich mit Hannover, Sachsen und den süddeutschen

Staaten verbündet hatte, in der Schlacht von Königgrätz im Juli 1866 gewann. Der Friedensschluss von Prag sah die Auflösung des Deutschen Bundes vor.

Preußen schloss daraufhin am 18.8.1866 mit 15 norddeutschen Staaten und Freien **26** Städten einen Vertrag, der später auf 23 Mitglieder erweitert wurde und das Ziel der Ausarbeitung einer Verfassung und der Konstitution eines Reichstages verfolgte (sog. *August-Bündnis*). Diese *Verfassung des Norddeutschen Bundes* wurde am 16.4.1867 verabschiedet und trat nach der Umsetzung im jeweiligen Landesrecht der Mitgliedstaaten am 1.7.1867 in Kraft. Anders als beim Deutschen Bund handelte es sich beim Norddeutschen Bund um einen Bundesstaat, dem völkerrechtliche Souveränität zukam. Die Verfassung des Norddeutschen Bundes sah als zentrales Organ einen als Länderkammer konzipierten Bundesrat vor. Dessen mitgliedschaftliche Rechte bemaßen sich nach dem Bevölkerungsanteil, so dass Preußen allein 40 % der Stimmen zukamen. Die Führungsrolle Preußens manifestierte sich weiterhin darin, dass „der Krone Preußens" das Bundespräsidium, d. h. die völkerrechtliche Vertretung und exekutivische Leitung des Bundes zustand[8]. Auch das Amt des Bundeskanzlers, der den Vorsitz im Bundesrat und die Geschäfte des Norddeutschen Bundes führte, hatte mit *Otto von Bismarck* der damalige preußische Ministerpräsident inne. Von besonderer verfassungsgeschichtlicher Bedeutung war die Etablierung des Reichstags als Volksvertretung, dessen Abgeordnete in allgemeiner, direkter und geheimer Abstimmung gewählt wurden und Immunität sowie Indemnität genossen. Das „preußische Dreiklassenwahlrecht" galt auf Reichsebene nicht.

Der Bund verfügte über ein weit reichendes Gesetzgebungsrecht, vor allem auf **27** vielen Gebieten des Zivilrechts, der Staatsangehörigkeit, der Zölle und Verbrauchsteuern. Die Folge war eine erhebliche *Rechtsvereinheitlichung* im Gebiet des Norddeutschen Bundes, insbesondere durch das Gesetz über die Freizügigkeit (1867), die Gewerbeordnung (1869), das Allgemeine Deutsche Handelsgesetzbuch (1869), das Gesetz über Erwerb und Verlust der Bundes- und Staatsangehörigkeit (1870) und das Strafgesetzbuch[9] (1870). Die Einheitlichkeit der Rechtsanwendung wurde darüber hinaus durch die Schaffung eines Obersten Gerichtshofes in Handelssachen gewährleistet, der in Leipzig eingerichtet wurde. Die Bedeutung des Norddeutschen Bundes für die Rechtseinheit ist hoch einzuschätzen. Der Kern der hier angestoßenen und nach 1871 fortgeführten Gesetzgebung bildet auch heute noch den Grundbestand wichtiger Bundesgesetze.

§ 8 Das Deutsche Reich und die Reichsverfassung von 1871

Als 1870 Frankreich nach der Provokation Bismarcks (sog. „Emser Depesche") **28** Preußen den Krieg erklärte, fragte Bismarck auch bei den süddeutschen Staaten um deren Teilnahme an. Daraufhin traten Bayern, Hessen, Baden und Württemberg 1870 dem Norddeutschen Bund mit Wirkung zum 1.1.1871, nach Ratifizierung durch die Landtage, bei. Nach dem Sieg über Frankreich wurde am

---

8 Trotz der Bezeichnung handelte es sich nicht um ein Kollegialorgan. Der preußische König war faktisch der Präsident der Organisation; dieser Begriff fand jedoch keine Verwendung.

9 Dieses ist aus dem preußischen Strafgesetzbuch von 1851 hervorgegangen, wurde 1871 Reichsgesetz und gilt in der Fassung v. 25.8.1953 auch heute noch in der Bundesrepublik Deutschland.

18.1.1871 im Spiegelsaal des Schlosses von Versailles ein neues deutsches Kaiserreich proklamiert, das sich aus den Staaten zusammensetzte, die zu diesem Zeitpunkt Mitglieder des Norddeutschen Bundes waren. Dieses gab sich mit der Verkündung im Reichsgesetzblatt am 16.4.1871 auch eine *neue deutsche Verfassung*, die aber im Wesentlichen inhaltsgleich mit der Verfassung des Norddeutschen Bundes war.

Sie ersetzte jedoch das bisherige Bundespräsidium durch den Deutschen Kaiser als Staatsoberhaupt und schuf somit eine konstitutionelle Monarchie in Form eines Bundesstaats. Diese war als Erbmonarchie ausgestaltet, zum ersten Kaiser wurde der preußische König Wilhelm I. proklamiert. Der Kaiser war zwar konstitutionelles, d. h. durch die Verfassung gebundenes Staatsoberhaupt, aber ihm kamen eine Reihe von Befugnissen zu, die eine stärkere Stellung gewährleisteten, als sie z.B. die englische Monarchie heute besitzt; insbesondere konnte er den Reichskanzler unabhängig vom Parlament ernennen (Art. 15). Er war Oberbefehlshaber von Heer und Marine (Art. 53 Abs. 1, Art. 63 Abs. 1). Die vorzeitige Auflösung des Reichstages bedurfte seiner Zustimmung (Art. 24). Grundrechte kannte die Reichsverfassung nicht, weshalb sie mit Blick auf die Rechtsposition der Bürger einen Rückschritt im Vergleich zur Paulskirchenverfassung darstellt. Von besonderer verfassungsgeschichtlicher Bedeutung ist sie jedoch als erste Konstitutionalisierung der bundesstaatlich organisierten Reichseinheit.

§ 9   Die Weimarer Reichsverfassung

29   Zu einer grundsätzlichen verfassungsrechtlichen Neubestimmung kam es nach der Niederlage des Deutschen Reichs im Ersten Weltkrieg. Die Forderung des amerikanischen Präsidenten Wilson nach einer Abdankung der „Beherrscher der deutschen Politik" und die erfolgreiche Novemberrevolution der Soldaten und Arbeiter führten zur Abdankung Kaiser Wilhelms II., die Reichskanzler Max von Baden am 9.11.1918 bekanntgab: „Der Kaiser und König hat sich entschlossen, dem Throne zu entsagen." Am selben Tag proklamierten sowohl der Sozialdemokrat Philipp Scheidemann als auch das Mitglied des „Spartakusbundes" und der USPD Karl Liebknecht eine „deutsche Republik". Die kurzzeitige Zusammenarbeit zwischen SPD und USPD im „Rat der Volksbeauftragten" als provisorischer Regierung war durch den Streit um die zukünftige Ausgestaltung dieser Republik geprägt: Auf dem Reichskongress der Arbeiter- und Soldatenräte Deutschlands vom 16. bis 20.12.1918 konnten sich schließlich die Delegierten der SPD mit ihrer Forderung, Wahlen zu einer verfassunggebenden Nationalversammlung abzuhalten, gegen den Antrag der USPD auf Schaffung einer sozialistischen Räterepublik durchsetzen. Bei der Wahl am 19.1.1919 waren erstmals in der deutschen Geschichte auch Frauen wahlberechtigt. Die Wahl wurde nach dem Verhältniswahlrecht durchgeführt. Aus ihr ging nach dem Austritt der USPD aus dem Rat der Volksbeauftragten und der Niederschlagung des sog. „Spartakusaufstands" die SPD als stärkste Kraft hervor. Nach dem Zusammentritt der verfassunggebenden Nationalversammlung in Weimar, das einerseits von den revolutionären Unruhen verschont geblieben war und andererseits Assoziationen zur deutschen Klassik hervorrief, bildete die SPD zusammen mit Zentrum und Deutscher Demokratischer Partei die sog. „Weimarer Koalition". Friedrich Ebert wurde erster Reichspräsident, Philipp Scheidemann erster Ministerpräsident des Reiches. Die vom Berliner Staatsrechtslehrer Hugo Preuß vorbereitete und von der Nationalversammlung am 31.7.1919 angenommene Verfassung wurde vom Reichspräsidenten am 11.8.1919 ausgefertigt. Diese Verfassung, die nach ihrem Entstehungsort als „Weimarer Reichsverfassung" bezeichnet wird[10], ist die erste republikanische Verfassung Deutschlands (vgl. Art. 1 Satz 1 WRV): Alle Staatsgewalt hatte jetzt vom Volke auszugehen (Art. 1 Satz 2 WRV).

Diese Merkmale der Volkssouveränität und der Demokratie wurden durch plebiszitäre Strukturen verstärkt. Die Verfassung sah sowohl Volksbegehren als auch Volksentscheid vor. Weitere Strukturprinzipien der Weimarer Reichsverfassung waren die parlamentarische Demokratie und der Föderalismus. Der Staat bestand aus dem Reich und den Ländern, wobei sich in den starken Kompetenzen des Reichs in den Bereichen Gesetzgebung und Verwaltung eine deutliche Tendenz zur Zentralisierung und Unitarisierung zeigte. Das Prinzip der Verfassungshomogenität (Art. 17 WRV) sollte eine zu starke Autonomie der Einzelstaaten, wie sie die Verfassung des Kaiserreichs noch ermöglicht hatte, ausschließen. Dieses Homogenitätsgebot findet sich heute in Art. 28 Abs. 1 GG. **30**

Zentrale Fragen der Verfassunggebung waren neben dieser Neubestimmung des Föderalismus die Ausgestaltung des Regierungssystems und die Aufnahme von Grundrechten in die Reichsverfassung. Das Staatsorganisationsrecht der Weimarer Reichsverfassung sah als zentrale Organe den Reichspräsidenten, den Reichstag, die Reichsregierung, den Reichsrat und den Reichswirtschaftsrat vor. Eine besonders starke Stellung („Ersatzkaiser") kam dem *Reichspräsidenten* zu, der unmittelbar vom Volk für sieben Jahre gewählt wurde, wobei eine Wiederwahl ohne Einschränkung zulässig war (Art. 41 WRV). Über die gewöhnlichen Aufgaben des Staatsoberhaupts, die völkerrechtliche Vertretung, den Gesetzesvollzug und das Begnadigungsrecht, hinaus besaß der Reichspräsident das Recht zur Herbeiführung eines Volksentscheides über vom Reichstag beschlossene Gesetze (Art. 73 Abs. 1 WRV) und den (delegierbaren) Oberbefehl über die Wehrmacht (Art. 47 WRV) sowie einige starke politische Rechte, die der Rechtsstellung des Kaisers in der Reichsverfassung von 1871 ähnelten. Eine Einschränkung erfuhren seine Rechte dadurch, dass alle Anordnungen und Verfügungen der Gegenzeichnung durch den Reichskanzler bedurften (Art. 50 WRV). **31**

Der Reichspräsident ernannte den Reichskanzler und die Reichsminister ohne Beteiligung des Reichstags (Art. 53 WRV), dem lediglich die Möglichkeit eines Misstrauensvotums verblieb: Dieses verpflichtete die Regierung zum Rücktritt, ohne dass es einer vorherigen Neuwahl bedurft hätte (Art. 54 WRV). Ein besonders großer Instabilitätsfaktor des Regierungssystems war dieses „destruktive Misstrauensvotum", von dem sich die heutige Regelung des Art. 67 GG bewusst abgrenzt (sog. „konstruktives Misstrauensvotum"), jedoch nicht: durch ein Misstrauensvotum endeten lediglich drei Regierungen[11]. **32**

Wesentlich größere Probleme bereitete das in der Verfassung für die Wahl des Reichstags vorgeschriebene System der reinen Verhältniswahl, das zu einer gravierenden Zersplitterung des Parlaments und damit Instabilität aller Regierungen führte. Zwar war der Reichspräsident bei der Ernennung des Reichskanzlers grundsätzlich nicht an die Zusammensetzung des Parlaments gebunden, in der

---

10 Vgl. Nachweise im Einzelnen bei *Stern*, Staatsrecht V, S. 555 Fn. 182.
11 Vgl. die Übersicht über die Reichsregierungen bei *Huber*, Dokumente zur deutschen Verfassungsgeschichte, Bd. 4, Nr. 161.

Praxis wurde jedoch versucht, eine Führungspersönlichkeit zum Reichskanzler zu ernennen, die das Vertrauen der Mehrheit des Parlaments genoss, um den Beschluss der von der Regierung initiierten Gesetze durch das Parlament sicherzustellen. Ob die Berücksichtigung des Vertrauens des Reichstags eine rechtliche oder nur eine politische Voraussetzung der Regierungsernennung benannte, war in der Weimarer Staatsrechtslehre umstritten[12].

Weiterhin konnte der Reichspräsident den Reichstag auflösen (Art. 25 WRV). Voraussetzungen dieser Auflösung nannte die Weimarer Reichsverfassung nicht; die einzige Beschränkung des Ermessens des Reichspräsidenten bestand darin, dass er den Reichstag aus dem gleichen Grund nur einmal auflösen durfte, was in der Praxis keine ernsthafte Hürde darstellte[13]. Insgesamt wurde der Reichstag achtmal vom Reichspräsidenten aufgelöst[14].

33   Besondere Bedeutung im Weimarer System kam dem *Notverordnungsrecht* des Reichspräsidenten nach Maßgabe von Art. 48 Abs. 2 WRV zu.
Die Norm lautet:

Artikel 48   Weimarer Reichsverfassung

[...]

(2) Der Reichspräsident kann, wenn im Deutschen Reiche die öffentliche Sicherheit und Ordnung erheblich gestört oder gefährdet wird, die zur Wiederherstellung der öffentlichen Sicherheit und Ordnung nötigen Maßnahmen treffen, erforderlichenfalls mit Hilfe der bewaffneten Macht einschreiten. Zu diesem Zwecke darf er vorübergehend die in den Artikeln 114, 115, 117, 118, 123, 124 und 153 festgesetzten Grundrechte ganz oder zum Teil außer Kraft setzen.

(3) Von allen gemäß Abs. 1 oder Abs. 2 dieses Artikels getroffenen Maßnahmen hat der Reichspräsident unverzüglich dem Reichstag Kenntnis zu geben. Die Maßnahmen sind auf Verlangen des Reichstags außer Kraft zu setzen.

[...]

(5) Das Nähere bestimmt ein Reichsgesetz.

Auf Basis dieser Norm – ein konkretisierendes Reichsgesetz wurde nie erlassen und auch nicht für nötig erachtet – konnte der Reichspräsident unter Mitwirkung des Reichskanzlers weitgehend autonom tätig werden und dabei auch wesentliche Grundrechte außer Kraft setzen. Besonders weitreichende Bedeutung kam Art. 48 Abs. 2 WRV deshalb zu, weil unter „Maßnahmen" auch, was nach dem Wortlaut alles andere als zwingend war, der Erlass von Rechtsnormen verstanden wurde. Wann immer der Reichstag seinen Rechtsetzungsaufgaben nicht nachkam, was wegen der Parteienzersplitterung häufig der Fall war, konnte der Reichspräsident sog. „Notverordnungen" erlassen. Dies sowie das praktisch unkontrollierte Auflösungsrecht des Reichspräsidenten bezüglich des Reichstags und seine freie Ernennungsbefugnis hinsichtlich der Reichsregierung machten Art. 48 Abs. 2 WRV zu einem kaum kontrollierbaren Element präsidentieller Macht. Von ihm wurde insbesondere in der Zeit zwischen 1919 und 1925 durch Reichspräsident *Ebert* (mehr als 100 Notverordnungen, vor allem zu wirtschaftlichen Fragestellungen) sowie zwischen 1930 und 1932 durch Reichspräsident *Hindenburg* reger Gebrauch gemacht.

---

12   Die wohl h. M. vertrat die These der rechtlichen Bindung, vgl. *Anschütz*, Die Verfassung des Deutschen Reiches v. 11.8.1919, 1933, Art. 53 Anm. 1; *Thoma*, Handbuch des deutschen Staatsrechts I, 1930, S. 503; für die Gegenmeinung: *Pohl*, Handbuch des Deutschen Staatsrechts, 1930, S. 482 (488).
13   Vgl. *Stern*, Staatsrecht V, S. 588 f.
14   Vgl. die Übersicht bei *Huber*, Dokumente zur deutschen Verfassungsgeschichte, Bd. 4, Nr. 162.

Vom Notverordnungsrecht des Reichspräsidenten streng zu unterscheiden sind **34**
die sog. Ermächtigungsgesetze[15]. Das Notverordnungsrecht stützte sich auf eine
verfassungsrechtliche Ermächtigungsgrundlage und ermöglichte ausschließlich
dem Reichspräsidenten, nicht etwa der Reichsregierung, den Erlass gesetzesvertre-
tender Verordnungen, die auf Verlangen des Reichstags wieder außer Kraft zu
setzen waren.
Ermächtigungsgesetze dagegen stellten vom Reichstag erteilte (ursprünglich befristete) Ermächtigungen an die Reichsregierung dar, Rechtsakte ohne Zusammentritt
des Reichstags in Kraft zu setzen, delegierten also faktisch die Gesetzgebungszuständigkeit vom Reichstag auf die Regierung. Ohne dass dies in der Verfassung vorgesehen gewesen wäre, waren solche Gesetze von Anfang an üblich: zwischen 1920 und
1923 gab es insgesamt fünf Ermächtigungsgesetze[16]. Obwohl diese Gesetze zumindest mit der Begründung neuer Gesetzgebungszuständigkeiten verfassungsändernden Charakter hatten, erließ der Reichstag keines im Wege der formellen Verfassungsänderung. Da jedoch die verfassungsändernde Mehrheit jeweils gegeben war
und es lediglich an der Textänderung fehlte, wurden die Ermächtigungsgesetze von
der Weimarer Staatsrechtslehre als zulässige verfassungsdurchbrechende Gesetze angesehen[17]. Diese Möglichkeit der stillschweigenden Verfassungsänderung durch Gesetz wurde generell akzeptiert. Sofern die erforderliche Mehrheit gegeben war, sollte
es zu deren Wirksamkeit nicht einmal darauf ankommen, ob sich der Gesetzgeber
der Verfassungsänderung überhaupt bewusst war[18]. Im Ergebnis stellte dies den
Inhalt der Weimarer Reichsverfassung zur Disposition des Gesetzgebers.

Zwar etablierte die Weimarer Reichsverfassung einen Staatsgerichtshof, aber auch **35**
diesem kam keine Möglichkeit zu, Verfassungsänderungen und die Gesetzgebung
zu kontrollieren. Er war gem. Art. 15, 18 und 19 WRV auf die Entscheidung in
Rechtsstreitigkeiten zwischen Reich und Land, zwischen Ländern und Anklage-
verfahren gegen Regierungsmitglieder wegen vorsätzlicher Verfassungsverletzun-
gen beschränkt. Verfahren der Normenkontrolle oder des Organstreits[19] gab es
ebenso wenig wie die Möglichkeit einer auf die Verletzung subjektiver Rechte
gestützten Verfassungsbeschwerde. Insgesamt waren die im zweiten Teil der Weimarer Reichsverfassung enthaltenen Grundrechte ein schwaches Instrument: ihre
Bindungswirkung war nicht ausdrücklich geregelt, häufig wurden sie als bloße
Programmsätze verstanden. Die Zulässigkeit der materiellen Verfassungsänderung
durch einfaches Gesetz (Verfassungsdurchbrechung) und die mangelnde verfassungsgerichtliche Kontrolle stellen somit weitere Defizite der Weimarer Reichsverfassung dar.

Die Zersplitterung des Parlaments, die eine Gesetzgebung im ordnungsgemäßen **36**
Verfahren schwierig machte, führte zu häufigen Regierungswechseln: insgesamt
hatte die Weimarer Republik zwischen 1919 und 1933 18 Regierungen, wobei das
am längsten tätige Kabinett unter *Hermann Müller* zwischen 1928 und 1930 auf
22 Monate Regierungstätigkeit kam[20]. Dies zeigt deutlich die Instabilität des Regierungssystems der Weimarer Reichsverfassung.

---

15 *Huber*, Deutsche Verfassungsgeschichte, Bd. 6, S. 444 ff.
16 *Huber*, Deutsche Verfassungsgeschichte, Bd. 6, S. 438 ff.
17 *Huber*, Deutsche Verfassungsgeschichte, Bd. 6, S. 421 ff., insbes. Fn. 13.
18 *Stern*, Staatsrecht V, S. 422.
19 *Huber*, Deutsche Verfassungsgeschichte, Bd. 6, S. 549 ff.
20 Die einzelnen Regierungen und ihre Geschichte werden ausführlich dargestellt bei *Huber*, Deutsche
   Verfassungsgeschichte, Bd. 7.

37 Insgesamt traf die konsequent demokratische rechtsstaatliche Weimarer Reichsverfassung auf eine Gesellschaft, die – in Klassen- und Interessengegensätzen zerrissen
– für sie nicht reif war. Sie bot nicht ausreichend Schutz davor, Objekt politischer
Opportunität zu werden. Zusammenfassend können folgende „Konstruktionsfeh-
ler" der Weimarer Verfassung festgehalten werden, die für den Untergang der Weimarer Republik mitursächlich gemacht werden:

- Das Verhältniswahlsystem und die damit verbundene Zersplitterung des Parlaments.
- Die Instabilität der Regierungen infolge der parlamentarischen Zersplitterung.
- Die Möglichkeit eines destruktiven Misstrauensvotums.
- Das jederzeitige Auflösungsrecht des Reichspräsidenten zu Lasten des Reichstags.
- Das Notverordnungsrecht des Reichspräsidenten einschließlich der Außer-
  kraftsetzung von Grundrechten.
- Die Möglichkeit einer Verfassungsänderung durch einfaches Gesetz (Verfassungsdurchbrechung) und die hieraus resultierende Etablierung von Ermäch-
  tigungsgesetzen.
- Die fehlende verfassungsgerichtliche Kontrolle der Tätigkeit der Staatsorgane
  und der Verfassungsmäßigkeit von Reichsgesetzen.

§ 10 Die Zeit des Nationalsozialismus

38 Zwischen 1930 und Anfang 1933 verfiel die Weimarer Verfassung. Das parlamentarische Regierungsprinzip wich einem Präsidialsystem der Zusammenarbeit von
Reichspräsident und Reichsregierung, gestützt auf Notverordnungen. Zur schritt-
weisen Auflösung der Weimarer Republik kam es nach der nationalsozialistischen
Machtübernahme: Als Hindenburg am 30.1.1933 Adolf Hitler zum Reichskanzler
ernannte, glaubte man, die beim Volk beliebt gewordenen Nationalsozialisten
würden sich mit der Zeit totlaufen. Hitler jedoch war von Anfang darum bemüht,
seine Herrschaft schnell und konsequent durch Einschüchterung und durch Sys-
temveränderungen zu festigen.
Der Reichstagsbrand gab Hitler bereits im Februar 1933 Gelegenheit, auf eine
Notverordnung Hindenburgs hinzuwirken, mit der wichtige Grundrechte wie insbesondere die Meinungs- und Pressefreiheit vorübergehend außer Kraft gesetzt
wurden. Das auf parlamentarischem Wege erreichte „Gesetz zur Behebung der
Not von Volk und Reich" vom 24.3.1933 ermöglichte eine umfassende Gesetzgebungszuständigkeit der Regierung (sog. Ermächtigungsgesetz)[21]. Seine Verfassungskonformität ist einerseits aufgrund der oben dargestellten Bedenken gegen
eine Verfassungsdurchbrechung und die hier bewirkte vollständige Aufhebung der
Gewaltenteilung, andererseits mit Blick auf die seinem Beschluss vorangehende
Inhaftierung und Einschüchterung von Abgeordneten problematisch. Man kann
das Ermächtigungsgesetz als „Selbstmord des parlamentarischen Systems" bezeichnen; in der Folge konnte Hitler, der nach dem Tod Hindenburgs am 2.8.1934 auch
das Amt des Reichspräsidenten übernahm[22], weitreichende Umorganisationen der
staatlichen Ordnung selbstständig beschließen.

---

21 RGBl. 1933 I, S. 141; das Gesetz wurde von Reichspräsident Hindenburg am 24.3.1933 ausgefertigt
    und am selben Tag im RGBl. verkündet.
22 S. hierzu das Gesetz über das Staatsoberhaupt des Deutschen Reichs, RGBl. 1934 I, S. 747.

Unmittelbar auf das Ermächtigungsgesetz folgte die Gleichschaltung der Länder in vier Gesetzen: dem vorläufigen Gesetz zur Gleichschaltung der Länder mit dem Reich vom 31.3.1933[23], dem Zweiten Gesetz zur Gleichschaltung der Länder mit dem Reich vom 7.4.1933[24], dem Gesetz über den Neuaufbau des Reiches vom 30.1.1934[25] und dem Reichsstatthaltergesetz vom 30.1.1935[26]. Hinzu kamen die Abschaffung des Reichsrates[27] und des Reichswirtschaftsrates[28] sowie die Umgestaltung der Vorschriften über Volksbegehren und Volksentscheid in eine Befugnis der Reichsregierung, das Volk zu befragen[29], und die Auflösung der politischen Parteien. Schließlich erging das Gesetz zur Sicherung der Einheit von Partei und Staat vom 1.12.1933[30], das die Grenzen zwischen staatlichen und politischen Organisationen vollständig beseitigte. Der NSDAP wurde sogar der Status einer Körperschaft des öffentlichen Rechts zuerkannt. Die Justiz wurde durch eine Umwandlung der Gerichtsorganisation der Länder in Reichsorganisationen in das zentralistische System integriert (sog. Verreichlichung der Justiz)[31]. Infolge der Justizänderungen besaß der Staatsgerichtshof keine Zuständigkeit mehr und entfiel. Errichtet wurden vielfältige Sondergerichte, wie insbesondere der berüchtigte Volksgerichtshof[32].

Vor dem Hintergrund, dass es erklärtes Ziel des Nationalsozialismus war, die alte Rechtsordnung durch einen neuen, vollständig der nationalsozialistischen Ideologie unterworfenen Staat zu ersetzen, wirkt es erstaunlich, wie sehr die Nationalsozialisten um den Schein von Legalität und Kontinuität auf Basis der Weimarer Reichsverfassung bemüht waren. So wurde das auf einem Parlamentsbeschluss beruhende befristete Ermächtigungsgesetz auch nach der Etablierung eines totalitären Führerstaates mehrfach verlängert, so 1937[33], 1939[34] und schließlich durch Führererlass vom 10.5.1943[35] mit unbestimmter Geltungsdauer.

39

§ 11 Besatzungszeit und Grundgesetz

Die Niederlage Deutschlands im 2. Weltkrieg führte zum vollständigen Zusammenbruch des nationalsozialistischen Unrechtssystems und einem Neubeginn unter alliierter Besatzung. Bereits während des Krieges waren Überlegungen für die zukünftige politische und staatsrechtliche Organisation Deutschlands in der sog. Atlantikcharta festgehalten worden. Im auf der Krimkonferenz vom 4.–11.2.1945 beschlossenen Abkommen von Jalta wurde die Forderung nach der bedingungslo-

40

---

23 RGBl. 1933 I, S. 153.
24 RGBl. 1933 I, S. 173.
25 RGBl. 1934 I, S. 75.
26 RGBl. 1935 I, S. 65.
27 Gesetz über die Aufhebung des Reichsrats v. 14.2.1934, RGBl. 1934 I, S. 89.
28 Gesetz über die Aufhebung des vorläufigen Reichswirtschaftsrats v. 23.3.1934, RGBl. 1934 I, S. 115.
29 S. hierzu das Gesetz über Volksabstimmungen v. 14.7.1933, RGBl. 1933 I, S. 479.
30 RGBl. 1933 I, S. 1016.
31 S. das Erste Gesetz zur Überleitung der Rechtspflege auf das Reich v. 16.2.1934, RGBl. 1934 I, S. 91.
32 Ursprünglich handelte es sich nur um eine besondere Zuständigkeitsregelung für spezielle Delikte, geregelt im Gesetz zur Änderung von Vorschriften des Strafrechts und des Strafverfahrens RGBl. 1934 I, S. 341; später fand eine Hochzonung zum institutionalisierten Gericht statt durch Gesetz v. 18.4.1936, RGBl. 1936 I, S. 369.
33 RGBl. 1937 I, S. 105.
34 RGBl. 1939 I, S. 95.
35 RGBl. 1943 I, S. 295.

sen Kapitulation Deutschlands festgehalten, das Potsdamer Abkommen enthielt Regelungen über die Zusammenarbeit der Alliierten, wie insbesondere die Einrichtung des Alliierten Kontrollrates und des Rates der Außenminister.

Die unterschiedlichen Interessen sowie internen Verhältnisse der Alliierten gestalteten das weitere Verfahren schwierig: Einigkeit bestand zunächst hinsichtlich einer Aufteilung Deutschlands in vier Besatzungszonen und der vollständigen Zerstörung der nationalsozialistischen Strukturen. Frankreich und die Sowjetunion sprachen sich für eine möglichst weitgehende Schwächung Deutschlands aus, die Sowjetunion strebte auch keine Demokratie nach westlichem Muster an. Der Wiederaufbau des politischen Lebens begann in der Kommune, 1946 und 1947 wurden in ganz Deutschland Länder gegründet. Die Spaltung in Zonen führte schließlich zu einer weiteren Schwächung der ohnehin durch den Krieg beeinträchtigten Wirtschaft. Da insbesondere die USA eine wirtschaftliche Erstarkung Deutschlands für erforderlich hielten, kam es zum Zusammenschluss der Zonen, zunächst der englischen und amerikanischen (sog. Bizone), später auch der französischen (sog. Trizone). Eine Einheit aller vier Zonen wurde wegen der unüberbrückbaren Differenzen der Westmächte mit der Sowjetunion für nicht realisierbar gehalten. Im Rahmen der sog. Sechs-Mächte-Konferenz vom 23.–26.2.1948, an der sich neben den drei westlichen Alliierten auch die sog. Benelux-Staaten beteiligten, wurde eine vorläufige politische Neuordnung eines westdeutschen Staates beschlossen, die einerseits eine Stabilisierung gewährleisten, andererseits jede Anfälligkeit für nationalsozialistische wie kommunistische Ideologien verhindern sollte. Man entschloss sich zu einem föderalistischen System mit einem erheblichen Gewicht der Länder bei gleichzeitiger Etablierung einer Zentralgewalt, die stark genug sein sollte, die Einheitlichkeit der Lebensverhältnisse und der wirtschaftlichen Entwicklung in Deutschland zu gewährleisten. Als Voraussetzungen hierfür wurden die Demokratisierung sowie die Gewährleistung von Recht und Freiheit einschließlich eines Justizwesens mit einem Obersten Gerichtshof, der über die Einhaltung subjektiver Rechtspositionen wachen sollte, gesehen[36].

Die genaue Ausgestaltung des Regierungssystems war zwischen Großbritannien, das die Bildung eines Zweikammersystems auf Zentralebene forderte, und Frankreich, das lediglich eine aus Vertretern der Einzelstaaten gebildete Zentralinstanz zulassen wollte, umstritten[37]. Ein Einlenken Frankreichs in dieser Frage wurde letztlich durch wirtschaftliche Zugeständnisse erzielt, wobei – um eine Schwächung der französischen Position in der Öffentlichkeit zu vermeiden – die Ergebnisse der Londoner Konferenz nur teilweise veröffentlicht wurden[38], was zu Missdeutungen in Deutschland führte.

41   Sie wurden schließlich von den Alliierten in ein an die deutschen Politiker und die Öffentlichkeit gerichtetes Dokument umgearbeitet, das nach dem Ort der Übergabe im Frankfurter Hauptquartier der Alliierten später *„Frankfurter Dokumente"* genannt wurde. Darin waren die Beschlüsse der Alliierten in arbeitstaugliche Vorgaben an die westdeutschen Ministerpräsidenten umformuliert. Insgesamt wurden drei Dokumente vorgelegt: Dokument Nr. I enthielt Bestimmungen für

---

36   Vgl. *J. E. Smith* (Hrsg.), The Papers of General Lucius D. Clay. Germany 1945–1949, 1974, Bd. 2, S. 557.

37   Vgl. zur Darstellung der Gegensätze im Einzelnen *G. Wehner*, Die Westalliierten und das Grundgesetz, 1994, S. 47 ff.

38   Meetings of Military Governors and Ministers-President of the Western Zones on Future German Political Organization, Aktenzeichen MGMP (48) 1 (2, 3), abgedr. in JöR NF Bd. 1 (1951), S. 1–3.

eine zukünftige Verfassung Deutschlands, in Dokument Nr. II ging es um die
Länderneugliederung in den westlichen Besatzungszonen, in Dokument Nr. III
wurden Grundzüge eines Besatzungsstatuts[39] mitgeteilt.
Dokument Nr. I lautete:

„In Übereinstimmung mit den Beschlüssen ihrer Regierungen autorisieren die Militärgou-
verneure der amerikanischen, britischen und französischen Besatzungszone in Deutsch-
land die Ministerpräsidenten der Länder ihrer Zonen, eine verfassungsgebende Versamm-
lung einzuberufen, die spätestens am 1. September 1948 zusammentreten sollte. Die
Abgeordneten zu dieser Versammlung werden in jedem der bestehenden Länder nach
den Verfahren und Richtlinien ausgewählt, die durch die gesetzgebende Körperschaft
in jedem dieser Länder angenommen werden. Die Gesamtzahl der Abgeordneten zur
verfassungsgebenden Versammlung wird bestimmt, indem die Gesamtzahl der Bevölke-
rung nach der letzten Volkszählung durch 750000 oder eine ähnliche von den Minister-
präsidenten vorgeschlagene und von den Militärgouverneuren gebilligte Zahl geteilt wird.
Die Anzahl der Abgeordneten von jedem Land wird in demselben Verhältnis zur Gesamt-
zahl der Mitglieder der verfassungsgebenden Versammlung stehen, wie seine Bevölkerung
zur Gesamtbevölkerung der beteiligten Länder.
Die verfassungsgebende Versammlung wird eine demokratische Verfassung ausarbeiten,
die für die beteiligten Länder eine Regierungsform des föderalistischen Typs schafft, die
am besten geeignet ist, die gegenwärtig zerrissene deutsche Einheit schließlich wieder
herzustellen, und die Rechte der beteiligten Länder schützt, eine angemessene Zentral-
instanz schafft und die Garantien der individuellen Rechte und Freiheiten enthält. [...]"

Nach einigen Unstimmigkeiten[40] kam es schließlich auf der Frankfurter Konfe-   **42**
renz vom 26.7.1948 zu einer Einigung zwischen den Alliierten und den Ministerpräsidenten. Dabei wurden die Londoner Empfehlungen im Wesentlichen angenommen, man einigte sich lediglich auf die Bezeichnung „Grundgesetz" statt
„Verfassung", was einerseits den provisorischen Charakter eines zu gründenden
westdeutschen Staates und seiner Verfassung zum Ausdruck brachte, andererseits
an die „leges fundamentales" des Alten Reiches anknüpfte. Ferner wurde statt
einer (vom Volk gewählten) verfassunggebenden Versammlung ein aus Ländervertretern gebildeter „Parlamentarischer Rat" als Forum zur Ausarbeitung des Grundgesetzes akzeptiert.

Nach der Ausarbeitung eines Verfassungsentwurfs auf dem sog. Verfassungskon-   **43**
vent von Herrenchiemsee im August 1948 konstituierte sich der Parlamentarische
Rat am 1.9.1948 in Bonn. Er bestand aus 65 von den Landtagen gewählten Mitgliedern, darunter auch Carlo Schmid, Theodor Heuss und Konrad Adenauer. Neben
einer Vollversammlung (Plenum) wurden Ausschüsse gebildet, in denen die Sachfragen im Einzelnen diskutiert wurden: der Hauptausschuss, der Ausschuss für
Grundsatzfragen, der Ausschuss für Zuständigkeitsabgrenzung, der Ausschuss für
Finanzfragen, der Ausschuss für die Organisation des Bundes sowie der Ausschuss
für Verfassungsgerichtshof und Rechtspflege. Außerdem gab es noch interfraktionelle Gremien und einen allgemeinen Redaktionsausschuss.

---

39 Vgl. *W. Grewe*, Ein Besatzungsstatut für Deutschland, 1948; *C. van Wylick*, Das Besatzungsstatut –
    Entstehung, Revision, Wandel und Ablösung des Besatzungsstatuts, 1956.
40 Die sog. Rittersturzkonferenz, die erste Niederwaldkonferenz, die Frankfurter Konferenz der Minis-
    terpräsidenten und Militärgouverneure, die zweite Niederwaldkonferenz, die Frankfurter Schlusskon-
    ferenz; Einzelheiten bei *Wilms*, Ausländische Einwirkungen auf die Entstehung des Grundgesetzes,
    1999, S. 58 ff.

Nach nur acht Monaten, in denen jedoch über fast jede Verfassungsbestimmung intensiv diskutiert wurde, beschloss das Plenum des Parlamentarischen Rates die endgültige Fassung des „*Grundgesetzes für die Bundesrepublik Deutschland*" in der dritten Lesung am 8.5.1949. Am 12.5.1949 erfolgte die Genehmigung durch die drei Militärgouverneure der westlichen Besatzungszonen, General *Clay* (USA), General *Robertson* (Großbritannien) und General *Koenig* (Frankreich). Mit dem Genehmigungsschreiben wurde den Ministerpräsidenten die Befugnis erteilt, das Verfahren der Ratifizierung in den Landtagen durchzuführen.

44   Das Grundgesetz lag den Parlamenten der elf Länder der westlichen Besatzungszonen zwischen dem 18. und dem 21.5.1949 zur Ratifizierung vor[41]. Der bayerische Landtag lehnte das Grundgesetz am 20.5.1949 ab, stellte jedoch fest, dass das Grundgesetz für den Fall der Zustimmung durch 2/3 der Parlamente der übrigen Länder auch in Bayern wirksam sein sollte. Die übrigen Parlamente nahmen das Grundgesetz an. Am 23.5.1949 wurde es in Bonn vom Präsidenten des Parlamentarischen Rates verkündet und im Bundesgesetzblatt veröffentlicht. Mit Ablauf dieses Tages trat es in Kraft[42].

C.   Das Grundgesetz und seine Geltung

§ 12 Überblick: Aufbau und Inhalt des Grundgesetzes

45   Den Intentionen des Parlamentarischen Rates folgend stellt sich das Grundgesetz als bewusste Auseinandersetzung mit den Schwächen der Weimarer Reichsverfassung und ihrer Perversion in der Zeit des Nationalsozialismus dar. Dies zeigt sich bereits in der Präambel (Vorspruch) des Grundgesetzes, die auf das Bewusstsein des Deutschen Volkes von „seiner Verantwortung vor Gott und den Menschen" Bezug nimmt. Nachdem die vor 1990 in der Präambel als Zielsetzung ausgegebene Wiedervereinigung erreicht wurde, nennt diese nunmehr ausschließlich den Willen, als „gleichberechtigtes Glied in einem vereinten Europa dem Frieden der Welt zu dienen".

46   An den Anfang des Verfassungstextes stellt das Grundgesetz bewusst „Die Grundrechte" (1. Abschnitt) und dort an die Spitze die unantastbare, von der staatlichen Gewalt zu achtende und zu schützende Menschenwürde (Art. 1 Abs. 1 GG). Insgesamt sind die Grundrechte knapper gefasst als in der Weimarer Reichsverfassung; sie werden jedoch nicht, was für manche (nicht für alle) Grundrechte der Weimarer Verfassung galt, als bloße Programmsätze verstanden, sondern – wie Art. 1 Abs. 3 GG ausdrücklich klarstellt – als alle drei staatliche Gewalten bindendes unmittelbar geltendes Recht. Diese subjektiv-rechtliche Dimension der Grundrechte hat die 1969 auch ins Grundgesetz eingefügte Möglichkeit der Verfassungsbeschwerde (Art. 93 Abs. 1 Nr. 4a GG) verstärkt, mit der die Verletzung von Grundrechten vor dem BVerfG geltend gemacht werden kann. Bereits in seiner frühen Rechtsprechung hat das BVerfG festgestellt, dass den Grundrechten darüber hinaus eine objektiv-rechtliche Dimension zukommt, kraft derer sie in den gesamten staatlichen und gesellschaftlichen Bereich ausstrahlen und eine objektive

---

41   S. JöR NF Bd. 1 (1951), 13.
42   Art. 145 GG sowie BGBl. I 1949, S. 1.

Wertordnung erzeugen[43]. Das weite Verständnis der allgemeinen Handlungsfreiheit des Art. 2 Abs. 1 GG durch das Bundesverfassungsgericht[44] führt dazu, dass beinahe jedes menschliche Verhalten in den Schutzbereich eines Grundrechts fällt und staatliche Eingriffe damit stets einer Rechtfertigung bedürfen. Besondere Bedeutung kommt vor dem Hintergrund der Erzeugung einer freiheitlich-demokratischen Grundordnung den Kommunikationsgrundrechten des Art. 5 GG und der Versammlungsfreiheit nach Art. 8 GG zu, die eine umfassende Teilhabe am politischen Meinungskampf ermöglichen sollen.

Abschnitt 2 („Der Bund und die Länder") regelt grundlegende Fragestellungen **47** des föderalen Staatsaufbaus. Dabei trifft Art. 20 GG eine zentrale Entscheidung zugunsten der Staatsstrukturprinzipien des Bundesstaates, der Republik, der Demokratie, des Sozialstaates sowie des Rechtsstaates. Die darin zum Ausdruck kommenden Grundsätze, die in Teil II untersucht werden, sind ebenso wie die Menschenwürdegarantie des Art. 1 GG, die Gliederung des Bundes in Länder und die Mitwirkung der Länder an der Gesetzgebung gem. Art. 79 Abs. 3 GG der Verfassungsänderung entzogen. Die Verfassungsänderung, die im 7. Abschnitt („Die Gesetzgebung") geregelt ist, ist im Grundgesetz auch durch formale Hürden erschwert. Zum einen bedarf es einer ausdrücklichen Textänderung der Verfassung, zum anderen sind besondere Mehrheiten in Bundestag und Bundesrat erforderlich.

Art. 21 GG nennt ausdrücklich die Aufgabe der politischen Parteien, an der politi- **48** schen Willensbildung des Volkes mitzuwirken, ermöglicht jedoch auch ein Verbot oder einen Ausschluss von der staatlichen Finanzierung zulasten von Parteien, die auf eine Beeinträchtigung oder Beseitigung der freiheitlichen demokratischen Grundordnung ausgehen oder darauf ausgerichtet sind. Diese Möglichkeiten der staatlichen Sanktionierung von Parteien, die in Art. 18 GG vorgesehene Verwirkung von Grundrechten und das in Art. 20 Abs. 4 GG enthaltene Widerstandsrecht gestalten die Verfassungsordnung des Grundgesetzes als „wehrhafte Demokratie" aus.
Von besonderer Bedeutung im 2. Abschnitt sind darüber hinaus Art. 23 GG, der die Mitwirkung der Bundesrepublik Deutschland am Europäischen Einigungsprozess ermöglicht und ausgestaltet, sowie Art. 28 GG, der eine grundsätzliche Homogenität von Bund und Ländern anordnet und mit dem Schutz der kommunalen Selbstverwaltung (Art. 28 Abs. 2 GG) einen Staatsaufbau „von unten nach oben" etabliert.

Die Abschnitte 3–6 regeln die Rechtsstellung und Organisation der wichtigsten **49** Verfassungsorgane. Diese werden in Teil III dieses Buches ausführlich dargestellt. Das Grundgesetz etabliert ein parlamentarisches Regierungssystem, in dem der Bundeskanzler als Regierungschef vom Bundestag als Parlament gewählt wird (Art. 63 Abs. 1 GG). Darüber hinaus stattet es den Bundesrat als Länderkammer mit besonderen Befugnissen aus, insbesondere im Gesetzgebungsverfahren. Ein wesentlicher Unterschied im Vergleich zur Weimarer Reichsverfassung besteht hinsichtlich der Kompetenzen des Bundespräsidenten als Staatsoberhaupt, die gegenüber denen des Reichspräsidenten deutlich zurückgenommen sind. Auch sieht Art. 67 GG kein destruktives, sondern nurmehr ein konstruktives Misstrauens-

---

43 BVerfGE 7, 198 (205) – *Lüth*.
44 Vgl. BVerfGE 6, 32 (36) – *Elfes*; 80, 137 (152) – *Reiten im Walde*.

votum vor: Will der Bundestag dem Bundeskanzler sein Misstrauen aussprechen, muss er zugleich einen neuen Bundeskanzler bestimmen.

50 Die Abschnitte 7–9 regeln die Staatsaufgaben der Gesetzgebung, der Ausführung von Bundesgesetzen und der Rechtsprechung. Dieses Lehrbuch folgt der Aufteilung des Grundgesetzes, wonach zunächst die Staatsorgane einzeln und sodann ihr Zusammenwirken im Rahmen der Wahrnehmung der einzelnen Staatsfunktionen dargestellt werden, und behandelt die Staatsaufgaben in Teil IV. Abschnitt 10 regelt die Finanzierung der Staatsaufgaben. Abschnitt 10a behandelt den hier nur kurz im Zusammenhang mit den verfassungsrechtlichen Vorgaben für Einsätze der Bundeswehr zu erörternden Verteidigungsfall.

51 Abschnitt 11 enthält Übergangs- und Schlussbestimmungen. Dort von besonderer Bedeutung ist der religionsrechtliche Art. 140 GG, der die Art. 136–139 sowie 141 WRV in das Grundgesetz inkorporiert. Diese enthalten die maßgeblichen Bestimmungen zum Verhältnis von Staat und Religionsgemeinschaften (sog. Staatskirchenrecht) in Deutschland[45]. Als letzter Artikel des Grundgesetzes stellt Art. 146 ausdrücklich klar, dass dieses nach der vollzogenen Wiedervereinigung des Jahres 1990 für das gesamte deutsche Volk gilt. Seinen ursprünglich vorgesehenen Charakter als Provisorium hat das Grundgesetz damit verloren. Art. 23 GG, der in seiner ursprünglichen Fassung („Dieses Grundgesetz gilt zunächst…") diesen provisorischen Charakter zum Ausdruck gebracht hatte, wurde am 3.10.1990 aufgehoben und 1992 als „Europa-Artikel", der die Mitwirkung der Bundesrepublik Deutschland an einer Europäischen Union regelt, neu konzipiert. Darüber hinaus verweist Art. 146 GG auf die stets bestehende Möglichkeit des deutschen Volkes, als Inhaber der verfassunggebenden Gewalt das Grundgesetz durch eine neue Verfassung zu ersetzen.

§ 13 Der zeitliche Geltungsbereich

Art. 146 GG spricht von der „Geltung des Grundgesetzes für alle Deutschen". Im Folgenden soll der Frage nachgegangen werden, was es bedeutet, dass eine „Verfassung gilt". Dabei ist der zeitliche Geltungsbereich, d. h. die Festlegung, wie lange eine Verfassung Rechtswirksamkeit entfalten soll, vom funktionalen Geltungsbereich zu unterscheiden, der die Frage beantwortet, wer ihren Regelungen unterfallen soll.

I. Der Ewigkeitsanspruch von Verfassungen

52 Eine Verfassung ist die entscheidende Grundordnung für ein Gemeinwesen, von der alle weiteren normativen Beziehungen abgeleitet werden. Sie nimmt für sich daher prinzipiell in Anspruch, solange zu gelten, wie das Gemeinwesen existiert, dessen Grundordnung sie sein soll. Verfassungen kennen daher im Allgemeinen keine Befristung und keine Regelung über die Voraussetzungen, unter denen ihre Geltung aufgehoben wird. Das gilt ausnahmsweise nicht für Verfassungen, die für ein Gemeinwesen errichtet worden sind, das nur befristet oder für eine unbestimmte Übergangszeit existieren soll.

---

45 S. dazu *Classen*, Religionsrecht, 3. Auflage 2021; *Jeand'Heur/Korioth*, Grundzüge des Staatskirchenrechts, §§ 8 – 10, 18.

Letzteres war der Gedanke des Art. 146 GG a. F., der die Abfassung einer neuen Verfassung durch das deutsche Volk nach vollzogener Wiedervereinigung vorsah. Als es 1990 zur Wiedervereinigung kam, entschied man sich jedoch, keine neue Verfassung zu schaffen, sondern das „Grundgesetz", auch unter diesem Namen, als Verfassung des gesamten deutschen Volkes mit einigungsbedingten Änderungen beizubehalten. Es gilt nunmehr unbedingt und mit unbestimmter Geltungsdauer. Art. 146 GG sieht jedoch weiterhin die Möglichkeit einer Verfassungsablösung vor, wenn sich das deutsche Volk „in freier Entscheidung" eine neue Verfassung gibt.

II. Die Unterscheidung von Verfassunggebung und Verfassungsänderung

Verfassunggebung meint die Schaffung einer Verfassung[46], sei es einer völlig neuen in Folge der Gründung eines neuen Staates oder die (oft revolutionäre) Ablösung einer alten durch eine neue Verfassung bei Weiterbestehen des Staates als Rechtssubjekt. Verfassunggebung ist ein originärer Rechtsakt, der nur aus einer besonderen höchsten Rechtsquelle, der verfassunggebenden Gewalt (*pouvoir constituant*)[47], entspringen kann. Nach modernem, entsakralisiertem Verfassungsverständnis ist Träger der verfassunggebenden Gewalt stets das Volk[48]. Die Ableitung der Herrschaftsgewalt von einer außerhalb des Gemeinwesens stehenden höchsten Autorität wird als Fundamentalismus abgelehnt. **53**

Vielfach wird die verfassunggebende Gewalt als eine vorverfassungsrechtliche Größe bezeichnet, die originär, also nicht von einer anderen Rechtsquelle abgeleitet sei und grundsätzlich unbeschränkt existiere[49]. Dabei ist jedoch zu beachten, dass das Recht notwendig an eine Gemeinschaft von Menschen geknüpft ist und sich überall dort, wo eine Gemeinschaft von Menschen existiert, immer auch eine Form rechtlicher Ordnung bildet. Das „originäre Recht" ist dann nichts anderes als die individuelle Verteidigungsfähigkeit gegen die Beschränkung des eigenen Handlungskreises durch andere. Die Übertragung dieser originären Verteidigungsfähigkeit auf ein Kollektiv ist nach oben dargestelltem Vertragsmodell die Staatsgründung durch Abschluss eines Staatsvertrags. Die Verfassunggebung als Beschränkung der durch den Staatsvertrag begründeten staatlichen Herrschaftsgewalt ist dieser insofern logisch nachgelagert. Ein Staat bedarf zu seiner Existenz keiner Verfassung. Freilich können Staatsgründung und Verfassunggebung in einem Akt zusammenfallen, was rechtshistorisch jedoch selten geschah.

Art. 146 GG nimmt auf diese Überlegungen Bezug, wenn er davon spricht, dass sich das (auch vor Schaffung der neuen Verfassung weiter bestehende) deutsche Volk eine Verfassung geben kann. Nach dem Gesagten ist aber auch klar, dass die Modalitäten einer neuen Verfassunggebung nicht durch die alte Verfassung geregelt sein können, da diese die originäre verfassunggebende Gewalt nicht binden kann.

Ausdrücklich in der Verfassung vorgesehen sein kann ein *Verfahren der Verfassungsänderung*, d. h. die ausdrückliche und, teilweise, *inhaltliche Änderung* der bestehen- **54**

---

46 Vgl. *Stern*, Staatsrecht I, S. 146 ff.
47 Vgl. *Rozek*, HStR XII, § 257 Rn. 1.
48 *Rozek*, HStR XII, § 257 Rn. 1; *Kirchhof*, HStR II, § 21 Rn. 22 ff.
49 *Maurer*, Staatsrecht I, § 22 Rn. 1 ff.

den Verfassung[50]. Die Verfassungsänderung reicht weiter als der Verfassungswandel, mit dem Bedeutungswandlungen innerhalb der Grenzen des Wortlauts bezeichnet werden[51]. Sie beseitigt jedoch nicht die bestehende Verfassung oder schafft eine neue, sondern lässt vielmehr die Verfassung bestehen und ändert nur einen Teil, ohne formal ihre Integrität in Frage zu stellen. Die Verfassungsänderung geschieht nicht durch das Auftreten der verfassunggebenden Gewalt, sondern durch einen in der Verfassung vorgesehenen Rechtsakt des verfassungsändernden Gesetzgebers[52]. Auch die Änderung des gesamten Inhalts einer Verfassung in einem Akt – also eine Totalrevision, die im Ergebnis der Ablösung einer alten durch eine neue Verfassung gleichkommt – ist formal noch keine Verfassunggebung, weil die verfassunggebende Gewalt nicht in Erscheinung tritt, sondern die Änderung im Rahmen des gültigen Verfassungsrechts erfolgt[53].

55 Problematisch kann eine solche Totalrevision jedoch mit Blick auf den Ewigkeitsanspruch der Verfassung sein. Ein verfassunggebender Akt, der die Geltung der vorherigen Verfassung aufhebt, setzt auch deren Ewigkeitsanspruch außer Kraft. Eine Verfassungsänderung, die sich auf einzelne inhaltliche Änderungen beschränkt, beeinträchtigt den Ewigkeitsanspruch dagegen nicht, sondern trägt vielmehr zu seiner Verwirklichung bei, da sich nur eine dynamische Verfassung über lange Zeiträume behaupten und Veränderungen der tatsächlichen Verhältnisse begegnen kann. Abgeschwächt kann der Ewigkeitsanspruch in besonderen formalen Anforderungen auftreten, die eine Verfassungsänderung gegenüber der einfachen Gesetzesänderung erschweren[54].

Umfassende Verfassungsänderungen bis hin zu einer Totalrevision können dagegen mit dem Ewigkeitsanspruch kollidieren, wenn sie die bisherige staatliche Ordnung zugunsten einer radikal neuen beseitigen[55].

III. Die Ewigkeitsgarantie des Grundgesetzes in Art. 79 Abs. 3 GG

Das Grundgesetz schützt seinen Geltungsanspruch außer durch das besondere Verfahren zur Verfassungsänderung nach Art. 79 Abs. 1 u. 2 GG vor allem durch die sog. Ewigkeitsgarantie des Art. 79 Abs. 3 GG[56].

1. Funktion der Ewigkeitsgarantie

56 Diese Norm nennt als inhaltliche Schranke von Verfassungsänderungen des verfassungsändernden Gesetzgebers einen prägenden Kernbestand von Grundsätzen, die das Grundgesetz für die staatliche Ordnung aufstellt[57]. Ein verfassungsänderndes Gesetz, das gegen die Schranke des Art. 79 Abs. 3 GG verstößt, ist unzulässig und nichtig[58]. Gleiches gilt für die Übertragung von Hoheitsrechten im Verfahren nach Art. 23 GG, d. h. jede Kompetenzübertragung auf die Europäische Union ist an den Voraussetzungen des Art. 79 Abs. 3 GG zu messen; ein vollständiges Aufgehen der Bundesrepublik Deutschland in einem einheitlichen europäischen Staat

---

50 *Badura*, HStR XII, § 270 Rn. 19.
51 *Badura*, HStR XII, § 270 Rn. 14 ff.
52 *Maurer*, Staatsrecht I, § 22 Rn. 1 ff.
53 *Maurer*, Staatsrecht I, § 22 Rn. 5 f.
54 Vgl. *Stern*, Staatsrecht I, S. 153 ff.
55 Vgl. auch *Schmitt*, Verfassungslehre S. 26, 102 ff.
56 *Stern*, Staatsrecht I, S. 165 ff.; *Maurer*, Staatsrecht I, § 22 Rn. 17 ff.
57 *Stern*, Staatsrecht I, S. 113 ff.
58 BVerfGE 30, 1 (24) – *Abhörurteil*.

wäre nur im Wege einer neuen Verfassunggebung zu bewerkstelligen. Gegenüber dem sonstigen, abänderbaren Verfassungsrecht besitzt Art. 79 Abs. 3 GG insoweit höheren Rang[59].

In BVerfGE 30, 1, 24 – *Abhör-Urteil* – heißt es:

„Art. 79 Abs. 3 GG als Schranke für den verfassungsändernden Gesetzgeber hat den Sinn zu verhindern, dass die geltende Verfassungsordnung in ihrer Substanz, in ihren Grundlagen auf dem formal-legalistischen Weg eines verfassungsändernden Gesetzes beseitigt und zur nachträglichen Legalisierung eines totalitären Regimes missbraucht werden kann. Die Vorschrift verbietet also eine prinzipielle Preisgabe der dort genannten Grundsätze.“[60]

Das Grundgesetz legt also selbst fest, welche seiner Inhalte dem Ewigkeitsanspruch unterliegen und nicht Gegenstand einer Verfassungsänderung sein dürfen. Die Funktion des Art. 79 Abs. 3 GG liegt in der materiellen Bindung der verfassungsändernden Gewalt. Über die Bindung der verfassunggebenden Gewalt sagt Art. 79 Abs. 3 GG nichts aus. Das kann das Grundgesetz auch nicht, weil eine verfassungsrechtliche Bindung der verfassunggebenden Gewalt (pouvoir constituant) nicht möglich ist. Sie steht vor und über der Verfassung[61]. Der nichtrevolutionäre, verfahrensmäßige Weg aus dem Grundgesetz in eine andere Verfassung ist aber an die Erfordernisse des Art. 79 GG gebunden. Aus dem gleichen Grund ist die Änderung von Art. 79 Abs. 3 GG selbst unzulässig. Ansonsten bliebe es möglich, sich durch eine Verfassungsänderung den Vorgaben zu entziehen, die Art. 79 Abs. 3 GG für die staatliche Grundordnung macht[62]. **57**

2.   Inhalt der Ewigkeitsgarantie

Inhalt der Ewigkeitsgarantie sind nach dem Wortlaut von Art. 79 Abs. 3 GG die *Grundsätze der Art. 1 und 20 GG*, die *Gliederung des Bundes in Länder* und die *Mitwirkung der Länder* bei der (Bundes-)Gesetzgebung[63]. Abzustellen ist auf die ursprüngliche Fassung der Art. 1 und 20 GG bei Inkrafttreten des Grundgesetzes am 23.5.1949[64]. Genauso wenig, wie eine Verfassungsänderung die in Art. 79 Abs. 3 GG genannten Grundsätze beschneiden darf, ist eine Erweiterung des durch die Ewigkeitsgarantie geschützten Verfassungsinhalts zulässig, da dies die Kompetenz zukünftiger verfassungsändernder Gesetzgeber verkürzen würde[65]. Deshalb sind Ergänzungen der in Art. 79 GG genannten Vorschriften – wie etwa durch die Einfügung von Art. 20 Abs. 4 GG im Jahre 1968 – zwar zulässig, partizipieren aber nicht an der Ewigkeitsklausel. **58**

Art. 1 GG enthält die Verpflichtung des Staates zum *Schutz und der Achtung der Menschenwürde* (Absatz 1), das *Bekenntnis zu den Menschenrechten* (Absatz 2) und die *Bindung der staatlichen Gewalt an die Grundrechte* (Absatz 3). Die Grundsätze des Art. 1 GG sind besonders eng verbunden mit den Grundrechten und grundrechtsgleichen Rechten sowie dem Demokratie-, Rechtsstaats- und Sozialstaatsprinzip in Art. 20 GG, jedoch weniger mit den organisationsrechtlichen Vorschriften des Grundgesetzes. Die meisten Grundrechte und grundrechtsgleichen Rechte **59**

---

59   *Kment*, in: Jarass/Pieroth, GG, Art. 79 Rn. 8.
60   Vgl. auch BVerfGE 84, 90 (120 ff.) – *Bodenreform I*.
61   *Stern*, Staatsrecht I, S. 116; *Maurer*, Staatsrecht I, § 22 Rn. 18.
62   *Stern*, Staatsrecht I, S. 115 f.
63   *Kment*, in: Jarass/Pieroth, GG, Art. 79 Rn. 12 ff.
64   *Kment*, in: Jarass/Pieroth, GG, Art. 79 Rn. 18.
65   *Sannwald*, in: Schmidt-Bleibtreu/Hofmann/Henneke, GG, Art. 79 Rn. 38 m. w. N.

enthalten einen unantastbaren Menschenwürdegehalt, der nicht verkürzt werden darf.

60 *Art. 20 GG* enthält die *Strukturprinzipien*, die neben den Grundrechten für die staatliche Ordnung des deutschen Staates fundamental sind. Unabänderliche Strukturprinzipien sind das *Bundesstaatsprinzip*, das *Sozialstaatsprinzip*, das *Rechts-staatsprinzip*, das *Demokratieprinzip* und das *Prinzip der Republik*. Die Strukturprin-zipien setzen sich aus vielen einzelnen Elementen zusammen, die in der Gesamt-schau die staatliche Ordnung prägen und in den einzelnen Vorschriften des Grundgesetzes konkretisiert sind[66]. Der Gegenstand des Veränderungsverbotes der Strukturprinzipien ergibt sich aus einer Gesamtschau dieser Vorschriften und nicht nur aus den Art. 1 und 20 GG.

61 Das bedeutet, dass es dem Gesetzgeber innerhalb der Schranken des Art. 79 Abs. 3 GG unbenommen bleibt, die staatliche Grundordnung abweichend von der jetzi-gen Fassung des Grundgesetzes auszugestalten. Beispielsweise ist die konkrete An-zahl der Länder oder die im Grundgesetz konkret ausgestaltete Mitwirkung der Länder an der Bundesgesetzgebung über den Bundesrat nicht entscheidend[67]. Wie der Gesetzgeber die parlamentarische Demokratie im Grundgesetz ausgestaltet, z. B. durch die Länge der Legislaturperiode oder die Altersgrenze der Wahlberech-tigung, bleibt ihm überlassen, solange er den prinzipiellen Beschränkungen von Art. 79 Abs. 3 GG Rechnung trägt.

IV. Die besondere Funktion von Art. 146 GG

62 Da Verfassungen einen Ewigkeitsanspruch verfolgen, regeln sie grundsätzlich nicht ihr Außerkrafttreten[68]. Die Vorschrift des Art. 146 GG, die eine solche Rege-lung für das Grundgesetz trifft, ist insofern auch in der nach der Wiedervereini-gung gültigen Fassung aus den Besonderheiten der ursprünglichen Teilung Deutschlands nach 1945 zu erklären.

Die ursprüngliche Fassung des Art. 146 GG lautete:

Dieses Grundgesetz verliert seine Gültigkeit an dem Tage, an dem eine Verfassung in Kraft tritt, die von dem deutschen Volk in freier Entscheidung beschlossen worden ist.

Sinn dieser Regelung war es, ausdrücklich festzuhalten, dass die Teilung des deut-schen Staates aus westdeutscher Perspektive nur eine vorübergehende sein und eine gesamtdeutsche Verfassung erst nach einer Wiedervereinigung des ganzen deutschen Volkes zustande kommen sollte.

Dieser ursprüngliche Zweck hatte sich mit der Wiedervereinigung erledigt, die durch die im Grundgesetz in Art. 23 Satz 2 GG a. F. vorgesehene Möglichkeit des Beitritts der ostdeutschen Länder zur Bundesrepublik Deutschland vollzogen wurde. Dadurch wurde das Grundgesetz gesamtdeutsche Verfassung; zur Neu-konstituierung eines gesamtdeutschen Staates bei gleichzeitiger Ablösung des Grundgesetzes, wie in Art. 146 GG a. F. vorgesehen, kam es nicht.

63 Art. 146 GG n. F. besitzt insofern *deklaratorische Funktion*, als er wie nunmehr auch die Präambel die Vollendung der staatlichen deutschen Einheit feststellt und die stets gegebene Möglichkeit des Volkes beschreibt, sich eine neue Verfassung zu

---

66 S. hierzu im Einzelnen Teil II.
67 Vgl. *Kment*, in: Jarass/Pieroth, GG, Art. 79 Rn. 12 ff. m. w. N.
68 *Maurer*, Staatsrecht I, § 22 Rn. 22.

geben[69]. Die Vorschrift wird daher auch als Zugeständnis an die politischen Kräfte gesehen, die auch nach der Vollziehung der Wiedervereinigung über die Beitrittslösung des Art. 23 Satz 2 GG a. F. die Möglichkeit einer neuen gesamtdeutschen Verfassung i. S. d. Art. 146 GG a. F. aufrecht erhalten wollten[70].

§ 14 Der funktionale Geltungsbereich

Der funktionale Geltungsbereich einer Verfassung ist definiert durch den Staat, **64** dessen Herrschaft sie regelt. Er lässt sich daher in die drei Elemente unterteilen, durch die der Staatsbegriff klassischerweise definiert wird: Staatsgebiet, Staatsvolk und Staatsgewalt[71].

I. Staatsgewalt

Staatsgewalt ist die *originäre, grundsätzlich unbeschränkte Herrschaftsmacht*, die den **65** Staat befähigt, gegenüber seinen Staatsangehörigen (Personalhoheit) sowie auf seinem Staatsgebiet (Gebietshoheit) hoheitlich tätig zu werden[72]. *Hoheitlich* bedeutet, dass staatliche Anordnungen für den Adressaten verbindlich sind und auch mit Zwang durchgesetzt werden können. Originär heißt, dass sich die Staatsgewalt nicht von einer anderen Instanz ableitet. Sie ist insofern *grundsätzlich unbeschränkt*, als keine übergeordnete Instanz vorhanden ist.

Eine Schranke kann sich aber daraus ergeben, dass der Grund für die ursprüngli **66** che Legitimation der Staatsgewalt nicht mehr vorhanden ist. Die Staatsgewalt ist Produkt der Staatsgründung, deren ursprüngliches Ziel die Schaffung eines Friedenszustandes ist. Verfolgt der Staat den Friedenszustand nicht mehr als prinzipielles Ziel, weil er selbst eine permanente Bedrohung für jeden Staatsbürger darstellt, besteht auch die Legitimität der Staatsgewalt nicht mehr. Die Bedrohung des Friedens kann dadurch entstehen, dass der Staat in seinem Innern keine Ordnung mehr aufrecht erhält, also ein Bürgerkrieg herrscht oder auch dadurch, dass die Staatsgewalt selbst die Staatsbürger permanent und in unberechenbarer Weise bedroht. Der Terrorstaat eines *Idi Amin Dada* etwa verliert dadurch, dass er der Friedenssicherung überhaupt nicht mehr gerecht wird, die Basis des ursprünglichen Kontrakts. In einem solchen Staat kann nicht mehr von Staatsgewalt im Sinne der Drei-Elemente-Lehre gesprochen werden.

Staatsgewalt ist also letztlich die *unbeschränkte Regelungsfähigkeit gegenüber den* **67** *Staatsangehörigen*, sofern sie prinzipiell *einen Friedenszustand für die Staatsbürger gewährleisten will*. Ein Staat, der diese Staatsgewalt nicht von einer anderen Organisation, sondern *ausschließlich vom Staatsvolk* ableitet, ist ein souveräner Staat. Die Ausübung einzelner Hoheitsbefugnisse wiederum kann jedoch durch die vom

---

69 *Herdegen*, in: Dürig/Herzog/Scholz, GG, Art. 146 Rn. 23; anders *Morlok/Michael*, Staatsorganisationsrecht, § 15 Rn. 938: Art. 146 GG verleihe den bei der Verfassungsablösung handelnden Organen besondere Legitimation.
70 *Maurer*, Staatsrecht I, § 22 Rn. 23.
71 S. dazu oben Rn. 6. Zu weiteren Ansätzen *Stein/Frank*, Staatsrecht, § 3.
72 Vgl. *Jellinek*, Allg. Staatslehre, S. 427 ff.; *Maurer*, Staatsrecht I, § 1 Rn. 6 ff.; *Randelzhofer*, HStR II, § 17 Rn. 23.

Volk als *pouvoir constituant* gegebene Verfassung beschränkt sein, wie dies im Grundgesetz geschieht.

II. Staatsgebiet

1. Umfang des Staatsgebiets

68 Das Staatsgebiet ist ein dreidimensionaler Körper. Sein Ausgangspunkt ist ein bestimmter in seinem Kernbestand gesicherter, zusammenhängender und beherrschbarer Teil der Erdoberfläche, auf dem sich die Staatsgewalt effektiv und dauerhaft entfalten kann[73]. Nach oben in den Luftraum genauso wie nach unten in die Erde ist das Staatsgebiet soweit ausgedehnt, wie eine technische Beherrschbarkeit möglich ist. Die äußere Grenze des Luftraums wird bei ca. 80–120 km über dem Meeresspiegel gezogen[74]. Der Weltraum ist dagegen, dem Meer vergleichbar, ein internationales Territorium, das der gemeinsamen Nutzung offensteht und Gegenstand völkerrechtlicher Vereinbarungen ist.
Die Begrenzungen des Staatsgebiets sind Resultate des Völkerrechts und der historischen Entwicklung[75]. Die seitlichen Grenzen des Staatsgebiets resultieren aus historischen Gegebenheiten: Kriege, Friedensverträge und andere völkerrechtliche Abkommen. Die Grenze zur See war früher die Drei-Seemeilen-Zone (Reichweite eines Kanonenschusses) und kann mittlerweile aufgrund völkerrechtlicher Abkommen auf zwölf Seemeilen ausgedehnt werden[76]. Die Grenzen nach oben und unten unterliegen aufgrund des technischen Fortschritts einer ständigen Ausdehnung, insbesondere durch Bergbau und Luftfahrttechnik.

69 Vom Staatsgebiet zu unterscheiden ist die Wahrnehmung und Einräumung von Nutzungsrechten durch völkerrechtliche Abkommen, so beispielsweise die Nutzung der Meere, insbesondere die Ausbeutung des Festlandsockels, und die Einräumung von zivilen und militärischen Überflugrechten[77].

2. Gebietshoheit

70 Auf seinem Staatsgebiet übt der Staat seine Staatsgewalt aus – definiert als Gebietshoheit. Die positive Gebietshoheit erfasst grundsätzlich alle Personen, Sachen und jede erdenkliche Angelegenheit auf dem Staatsgebiet, die negative Gebietshoheit schließt grundsätzlich alle Einflüsse aus, die sich nicht von der innerstaatlichen Gewalt ableiten lassen[78]. Da für die Existenz eines Staates alle drei genannten Elemente verwirklicht sein müssen, ist das Staatsgebiet notwendig auf den Bereich beschränkt, auf dem die Ausübung von Staatsgewalt prinzipiell möglich ist. Dies setzt die Beherrschbarkeit des jeweiligen Gebietes voraus.

71 Der Geltungsbereich der Verfassung beschränkt sich somit auf das beherrschbare Staatsgebiet. Obwohl diese Gebietshoheit zunächst unbeschränkt ist, bleibt es einem souveränen Staat unbenommen, die Gebietshoheit insbesondere durch völkerrechtliche Abkommen sowohl sachlich als auch örtlich einzuschränken. Beispiele für sachliche Einschränkungen sind Überflugrechte oder Zollanschlüsse.

---

73 Vgl. *Isensee*, HStR II, § 15 Rn. 51; *Vitzthum*, HStR II, § 18 Rn. 6 ff.
74 *Vitzthum*, HStR II, § 18 Rn. 24.
75 Vgl. *Vitzthum*, HStR II, § 18 Rn. 19 ff.
76 Seerechtsübereinkommen (SÜR) v. 10.12.1982, BGBl. 1994 II, S. 1799.
77 Vgl. zum Ganzen *Vitzthum*, HStR II, § 18 Rn. 24.
78 *Zippelius*, Allg. Staatslehre, § 12 II.

Örtliche Einschränkungen ergeben sich z. B. durch Abkommen über Militärstütz-punkte oder den völkerrechtlichen Grundsatz der Exterritorialität ausländischer Botschaften (sog. Exklaven).

3. Staatsgebiet des Grundgesetzes

Das Grundgesetz nimmt auf das deutsche Staatsgebiet in seiner Präambel Bezug. **72** Das Staatsgebiet der Bundesrepublik Deutschland setzt sich aus den Staatsgebieten der 16 Länder zusammen. Es gibt kein Staatsgebiet, das nicht gleichzeitig auch zum Staatsgebiet eines der 16 Länder gehört[79]. Die Festlegung des deutschen Staatsgebiets ist endgültig und bestätigt, dass Deutschland sich im Rahmen der Wiedervereinigung völkerrechtlich verpflichtet hat, keine weiteren Gebietsansprü-che mehr zu stellen, und insbesondere die Oder-Neiße-Grenze als endgültige Grenze zu Polen akzeptiert[80]. Dies heißt jedoch nicht, dass der externe Umfang des deutschen Staatsgebiets auf ewig unveränderbar ist, auch wenn Veränderungen in absehbarer Zeit ausgeschlossen sein dürften.

Das Grundgesetz gilt auf dem gesamten deutschen Staatsgebiet. Frühere Besonder- **73** heiten wie die Frage der Erstreckung auf Berlin oder die Möglichkeit eines Beitritts zum Geltungsbereich des Grundgesetzes gem. Art. 23 GG a. F. haben sich mit der Wiedervereinigung erledigt. Die Regelung des Art. 29 GG betrifft keine externen, sondern nur interne Veränderungen des Bundesgebiets. Die Vorschrift ermöglicht eine Neugliederung unter Beteiligung der betroffenen Bevölkerung. Dem steht nicht Art. 79 Abs. 3 GG entgegen, der lediglich die Gliederung des Bundes in Länder, also das Strukturprinzip des Föderalismus, der Ewigkeitsgarantie unter-stellt, nicht jedoch dessen genaue Ausgestaltung und die Anzahl der Gliedstaa-ten[81]. Das Grundgesetz verbietet grundsätzlich auch keinen Verlust von deutschem Staatsgebiet z. B. durch Grenzabkommen.

III. Staatsvolk

Das Staatsvolk ist die *Gesamtheit der Staatsangehörigen*, die einem Staat kraft seines **74** Rechts zugeordnet sind und von Völkerrechts wegen zugeordnet werden dürfen[82]. In der Rechtsprechung wird zusätzlich von einer Schicksalsgemeinschaft gespro-chen, was weniger ein rechtliches Kriterium beschreibt als einen historisch ge-wachsenen Zustand[83]. Kulturelle, sprachliche und nationale Merkmale sind nicht entscheidend. Das Staatsvolk ist Inhaber der verfassunggebenden Gewalt und An-knüpfungspunkt des Demokratieprinzips, das dem Souverän die alleinige Kompe-tenz zur Legitimierung der Staatsgewalt zuspricht. Die gesetzliche Bestimmung des Staatsvolkes ist wie die Verfassunggebung notwendigerweise ein Akt der souve-ränen Selbstorganisation[84].

Abzugrenzen ist der Begriff Staatsvolk insbesondere vom Begriff der *Nation*, der **75** eine politische, kulturelle und sprachliche Einheit beschreibt[85]. Zur deutschen

79 *Vitzthum*, HStR II, § 18 Rn. 34.
80 Art. 1 des Vertrags über die abschließende Regelung in Bezug auf Deutschland v. 12.9.1990 – *Zwei-Plus-Vier-Vertrag.*
81 *Kment*, in: Jarass/Pieroth, GG, Art. 79 Rn. 12 f.
82 *Grawert*, HStR II, § 16 Rn. 20.
83 BVerfGE 83, 37 (39) – *Ausländerwahlrecht.*
84 Vgl. *Grawert*, HStR II, § 16 Rn. 20, 25 f.; *Weber*, in: Hailbronner/Kau/Gnatzy/Weber, Staatsangehörig-keitsrecht, 7. Aufl. 2022, Teil I B Rn. 131 m. w. N.
85 *Grawert*, HStR II, § 16 Rn. 17.

Nation können insofern auch Österreich und der deutsche Teil der Schweiz zählen. Abzugrenzen ist der Begriff Staatsvolk auch von den Personen, die der Staatsgewalt eines Staates lediglich aufgrund der Gebietshoheit unterliegen. Diese gehören, auch wenn dies politisch gelegentlich unter dem Gesichtspunkt einer stärkeren demokratischen Legitimierung gefordert wird, noch nicht automatisch zum Staatsvolk. Vielmehr können in die rechtliche Definition des Staatsvolkes im Rahmen der Selbstorganisation auch andere Erwägungen, wie sprachliche, historische, kulturelle und politische Identifikation einfließen und die Staatsangehörigkeit zum Gegenstand einer besonderen Verleihung gemacht werden.

76 Die Staatsangehörigkeit stellt die Verbindung einer natürlichen Person zu einem Staat dar und bringt sowohl eine besondere Unterworfenheit unter die Staatsgewalt, wie z. B. die Wehrpflicht, als auch exklusive Mitwirkungsrechte bei der Ausübung der Staatsgewalt mit sich. Der Staatsangehörige unterliegt der Personalhoheit des Staates, egal wo auf der Welt er sich gerade befindet.

1.　　Grundprinzipien der Erlangung der Staatsangehörigkeit

77 Jeder Staat hat kraft seiner Souveränität das Recht zu bestimmen, wer seine Staatsangehörigen sind. Aus diesem Recht jedes Staates ergibt sich die Notwendigkeit, sachgerechte Kriterien und Anknüpfungspunkte zu entwickeln, die der Zuordnung zu einem Staat gerecht werden, um Kollisionen mit anderen Staaten zu vermeiden, die ihr Recht ebenfalls wahrnehmen. Die rechtlichen Kriterien müssen selbstverständlich auch der innerstaatlichen Funktion von Staatsvolk und Staatsangehörigkeit gerecht werden und mit den verfassungsrechtlichen Grundprinzipien vereinbar sein.

78 Grundlegend ist die Unterscheidung zwischen dem ursprünglichen Erwerb bei der Geburt (originärer Erwerb) und dem abgeleiteten, späteren Erwerb (derivativer Erwerb) der Staatsangehörigkeit[86].

79 **a) Originärer Erwerb.** Es haben sich historisch zwei große Grundtatbestände des originären Erwerbs herausgebildet: das Abstammungsprinzip und das Territorialprinzip.

80 Beim *Abstammungsprinzip* (*ius sanguinis*) erlangt eine natürliche Person *mit der Geburt* die Staatsangehörigkeit der Personen, von denen sie abstammt – also von ihren Eltern. Haben die Eltern nicht dieselbe Staatsangehörigkeit, muss geregelt werden, ob einem und wenn ja welchem der beiden Elternteile der Vorrang zu geben ist, d. h. der Staatsangehörigkeit der Mutter (*ius matris*) oder der des Vaters (*ius patris*). Das Abstammungsprinzip ist eine sinnvolle Bestimmung der Staatsangehörigkeit von homogenen Kulturnationen, die weltweit verbreitet ist. Sie knüpft an den Normalfall an, dass eine Person in dem Staat aufwächst, in dem ihre Familie lebt und dessen Sprache sie spricht.

81 Beim *Territorialprinzip* (*ius soli*) erlangt eine natürliche Person die Staatsangehörigkeit des *Staates, in dem sie geboren wird* – unabhängig davon, welche Staatsangehörigkeit die Eltern besitzen. Dieses Prinzip ist klassischerweise in Einwanderungsländern vorherrschend.

82 **b) Derivativer Erwerb.** Beim derivativen Erwerb erlangt eine natürliche Person die Staatsangehörigkeit durch einen Rechtsakt, der nicht an die Geburt anknüpft.

86　Zum Folgenden *Kokott*, in: Sachs, GG, Art. 16 Rn. 2 f.

Dazu gehört die Verleihung durch staatlichen Hoheitsakt (Einbürgerung), aber auch die Anknüpfung einer gesetzlichen Rechtsfolge an andere Rechtsakte wie die Heirat oder die Adoption.

2.   Der Begriff des Staatsvolks im Grundgesetz

Das Staatsvolk des Grundgesetzes ist das Deutsche Volk. Die Präambel erwähnt **83** diesen Zusammenhang ausdrücklich und beschreibt die Funktion des deutschen Volkes als Verfassunggeber und Souverän. Jedoch benutzt das Grundgesetz an bedeutenden Stellen den Begriff Volk ohne Zusatz. Wichtigste Norm in dieser Hinsicht ist Art. 20 GG, der die demokratische Legitimierung der Staatsgewalt festlegt. Daraus kann jedoch nicht auf eine Abweichung von dem im Grundgesetz sonst geregelten Begriff des Staatsvolks geschlossen werden. Denn nur das deutsche Staatsvolk kann die deutsche Staatsgewalt legitimieren[87].

Zentrale Regelung der Staatsangehörigkeit im Grundgesetz ist Art. 116 GG. Deut- **84** scher ist, wer die deutsche Staatsangehörigkeit besitzt (vgl. Art. 116 Abs. 1 Alt. 1 GG), was den allgemeinen Grundsatz der selbstorganisatorischen Bestimmung des Staatsvolks beschreibt. Die deutsche Staatsangehörigkeit kann vor oder nach dem Inkrafttreten des Grundgesetzes begründet worden sein. Rechtsgrundlage ist das Staatsangehörigkeitsgesetz (StAG), das auf das Reichs- und Staatsangehörigkeitsgesetz (RuStAG) von 1913 zurückgeht und zuletzt zum 1.1.2000 grundlegend reformiert worden ist[88]. Grundsatz des Staatsangehörigkeitsgesetzes ist das *Abstammungsprinzip* (vgl. § 4 Abs. 1 StAG), das aber zugunsten von *Erwerbstatbeständen* des Territorialprinzips erweitert wurde[89].

Die Besonderheiten des Grundgesetzes hinsichtlich der Staatsangehörigkeit beste- **85** hen in den weiteren Regelungen des Art. 116 GG. In Art. 116 Abs. 1 Alt. 2 GG werden die sog. *Statusdeutschen* den deutschen Staatsangehörigen gleichgestellt. Flüchtlinge oder Vertriebene deutscher Volkszugehörigkeit sowie deren Angehörige, die im Deutschen Reich in den Grenzen vom 31.12.1937 Aufnahme gefunden hatten, sind Deutsche im Sinne des Grundgesetzes. Das deutsche Staatsvolk besteht also nicht nur aus den deutschen Staatsangehörigen, sondern wird durch Art. 116 Abs. 1 Alt. 2 GG um die Statusdeutschen erweitert.

Die *deutsche Volkszugehörigkeit* besitzt, wer sich in seiner Heimat zum deutschen **86** Volkstum bekannt hat. Dies bestimmt sich anhand kultureller Merkmale wie Sprache, Erziehung, Abstammung etc.[90] Grund dieser Regelung ist die besondere Situation nach dem Zweiten Weltkrieg, die geprägt war von Vertreibung, Umsiedlung und dem Bestreben vieler Volksdeutscher, auf westdeutsches Gebiet zu gelangen. In Osteuropa gab es seit jeher deutschstämmige Bevölkerung ohne deutsche Staatsangehörigkeit. Ihr sollte der gleiche grundgesetzliche Status als Deutsche eingeräumt werden, auch wenn eine Erlangung der deutschen Staatsangehörigkeit vorläufig nicht möglich war. Erkennbar ist an dieser Stelle wieder die Absicht des Grundgesetzes, die gültige Verfassung des gesamten deutschen Volkes zu sein, auch für die Teile, die aufgrund der politischen Nachkriegslage nicht in der Lage waren, daran teilzunehmen.

---

87 Vgl. *Degenhart*, Staatsrecht I, Rn. 25 f., 79; *Maurer*, Staatsrecht I, § 7 Rn. 21 f. m. w. N.
88 Vgl. *Grawert*, HStR II, § 16 Rn. 36.
89 Vgl. Einzelheiten bei *Hailbronner*, NVwZ 1999, 1273.
90 Vgl. *Grawert*, HStR II, § 16 Rn. 39.

87 Die deutsche Staatsangehörigkeit ist im Grundgesetz besonders geschützt. Art. 16 Abs. 1 GG untersagt die Entziehung der deutschen Staatsangehörigkeit – d. h. den Verlust durch einseitigen staatlichen Akt ohne Einflussmöglichkeit des Betroffenen, was im Dritten Reich insbesondere zur Einziehung des Vermögens von Exilanten benutzt wurde[91].

3.   Staatsangehörigkeit und die Geltung des Grundgesetzes

87a Dass nicht jeder, der sich auf deutschem Boden gelegentlich oder dauerhaft aufhält, dem deutschen Staatsvolk angehört, heißt nicht, dass das Grundgesetz für ihn gar keine Rechtswirkung entfalten würde. Der deutschen Staatsgewalt ist, wie oben dargestellt, jeder unterworfen, der sich in Deutschland aufhält, verfassungskonforme Eingriffe durch deutsche Hoheitsträger hat er daher hinzunehmen. Demgegenüber kann er sich auf die im Grundgesetz enthaltenen „Menschenrechte" berufen. Vorenthalten bleibt ihm jedoch die Berufung auf die sog. „Deutschenrechte" des Grundgesetzes und auf besondere, dem deutschen Volk zugewiesene Mitwirkungsbefugnisse. Umgekehrt ist er besonderen Verpflichtungen, die an die deutsche Staatsangehörigkeit anknüpfen, nicht unterworfen. Für ihn gilt das Grundgesetz also nur insofern, als es sämtliche Rechtsverhältnisse auf deutschem Territorium ohne personal-staatsbürgerlichen Bezug regelt.

IV.   Zusammenfassung: Die Geltung des Grundgesetzes

87b Als „Verfassung" der Bundesrepublik Deutschland und des „gesamten deutschen Volkes" erhebt das Grundgesetz nunmehr einen Ewigkeitsanspruch, den es durch besondere Schutzmechanismen gegen spätere Eingriffe sichert. Es bindet die gesamte deutsche Staatsgewalt und gilt für alle Rechtsverhältnisse auf deutschem Hoheitsgebiet. Darüber hinaus erzeugt es besondere Rechtsverhältnisse für die deutschen Staatsangehörigen.
→ *S. hierzu Rn. 1008: Übersicht 1: Der Staatsbegriff (Drei-Elemente-Lehre)*

Literatur:

Zur Ergänzung:

Zur vertieften Auseinandersetzung mit den Grundlagen des Verfassungsrechts sind die folgenden Lehrbücher zur Allgemeinen Staatslehre, Verfassungsgeschichte sowie Staatsphilosophie besonders zu empfehlen:

Allgemeine Staatslehre
Doehring, K., Allgemeine Staatslehre, 3. Aufl. 2004; *Kriele, M.,* Einführung in die Staatslehre, 6. Aufl. 2003; *Schöbener, B./Knauff, M.,* Allgemeine Staatslehre, 4. Aufl. 2019; *Zippelius, R.,* Allgemeine Staatslehre, 17. Aufl. 2017.

Verfassungsgeschichte
Frotscher, W./Pieroth, B., Verfassungsgeschichte, 19. Aufl. 2021; *Ipsen, J.,* Der Staat der Mitte, 2009; *Kotulla, M.,* Deutsche Verfassungsgeschichte, 2008; *Willoweit, D./Schlinker, Steffen,* Deutsche Verfassungsgeschichte, 8. Aufl. 2019; *Zippelius, R.,* Kleine deutsche Verfassungsgeschichte, 7. Aufl. 2006.

Staatsphilosophie
Gröschner, R., u. a., Rechts- und Staatsphilosophie, 2000; *Zippelius, R.,* Rechtsphilosophie, 6. Aufl. 2011.

---

91 Hierzu *Ziemske,* Die deutsche Staatsangehörigkeit nach dem Grundgesetz, 1995.

Zur Vertiefung:

Collings, J., Verfassungspatriotismus und Verfassungsgedächtnis: Das Grundgesetz als deutscher Erinnerungsort, JZ 2019, 1109 ff.; *Gusy, Chr.,* Eine gute Verfassung mit schlechtem Image – Die Weimarer Reichsverfassung, Recht u. Politik 2009, 74 ff.; *ders.,* „Das Deutsche Reich ist eine Republik" – die Weimarer Reichsverfassung nach 100 Jahren, JA 2019, 561 ff.; *ders.,* 100 Jahre Weimarer Verfassung, JZ 2019, 741 ff.; *Hillgruber, Chr.,* Deutsche Revolutionen – ‚Legale Revolutionen', Der Staat 49 (2010), 167 ff.; *Hoeres, P.,* Repräsentation und Zelebration, Der Staat 53 (2014), 285 ff.; *Jäkel, M.,* Die „Paulskirchenverfassung" der Frankfurter Nationalversammlung, Jura 2019, 231 ff.; *Karpen, U.,* Das lange „verlorene" Jahrhundert – Deutsche Verfassungsgeschichte bis zum Zusammentritt der Weimarer Nationalversammlung vor 90 Jahren, JZ 2009, 749 ff.; *Kment, M./Fimpel, S.,* Der (beinahe) unabänderliche Kern des Grundgesetzes – Inhalt und Reichweite des Art. 79 Abs. 3 GG, Jura 2020, 1288 ff.; *Krüper, J.,* Vier Wege zur Verfassungsgeschichte, ZJS 2012, 9 ff.; *Leitmeier, L.,* Das antinazistische Grundgesetz, NJW 2016, 2553 ff.; *Pieroth, B.,* 100 Jahre Weimarer Verfassung: Errungenschaften und Fehlentwicklungen, Jura 2019, 789 ff.; *Polzin, M.,* Irrungen und Wirrungen um den Pouvoir Constituant, Der Staat 53 (2014), 61 ff.; *Schilling, Th.,* Eine neue Verfassung für Deutschland, Der Staat 53 (2014), 95 ff.; *Steiner, U.,* 70 Jahre Grundgesetz für die Bundesrepublik Deutschland, Jura 2019, 441 ff.; *Waldhoff, Chr.,* Der Widerstand gegen den Nationalsozialismus und das Grundgesetz, Der Staat 49 (2010), 51 ff.; *ders.,* „Weimar" als Argument, JuS 2019, 737 ff.; *ders.,* Verfassungsjubiläen – Gedanken zur Verfassungskultur aus Anlass des 70. Jahrestags des Grundgesetzes, NJW 2019, 1553 ff.

Teil II: Staatsstrukturprinzipien und Staatszielbestimmungen

§ 15 Strukturprinzipien als verfassungsrechtliche Grundentscheidungen

88 Das Grundgesetz trifft verschiedene verfassungsrechtliche Grundentscheidungen, die besagen, welchen Werten die Verfassung verpflichtet sein soll und so die vom Staat des Grundgesetzes zu verwirklichenden Ziele vorgeben.

89 In Art. 1 Abs. 1 bekennt sich das Grundgesetz zu der *Unantastbarkeit der Menschenwürde*, setzt diese also als vorverfassungsrechtliche (vernunftrechtliche) Rechtsidee voraus. Diese Wertentscheidung ist verbunden mit der Garantie der Unabänderlichkeit dieser Verfassungsnorm in Art. 79 Abs. 3 GG.

90 Daneben enthält das Grundgesetz *Strukturprinzipien*, die die Grundlagen der deutschen Staatsorganisation bestimmen sollen. Diese ergeben sich aus Art. 20 GG, dessen „Grundsätze" ebenfalls der Ewigkeitsgarantie des Art. 79 Abs. 3 GG unterfallen.

Bei der Formulierung des Art. 20 Abs. 1 GG, wonach die Bundesrepublik Deutschland ein demokratischer und sozialer Bundesstaat „ist" (mit dem Indikativ soll ein plakativerer Klang erzeugt werden), handelt es sich nicht um eine bloße Deklaration wie etwa in der oben dargestellten Beschreibung des Art. 1 der Verfassung der DDR. Vielmehr wird die Staatsorganisation hierdurch auf die Grundsätze des Föderalismus („Bundesrepublik", „Bundesstaat"), der Republik („Bundesrepublik"), der Demokratie (verstärkt durch die in Absatz 2 festgehaltene Volkssouveränität) und des Sozialstaatsprinzips verpflichtet. Hinzu tritt mit der Bindung der Staatsgewalten an Gesetz und Recht nach Art. 20 Abs. 3 GG das Rechtsstaatsprinzip, das als verfassungsrechtliches Grundprinzip ausdrücklich in Art. 23 Abs. 1 Satz 1 und Art. 28 Abs. 1 Satz 1 GG genannt wird.

Die Strukturprinzipien des Grundgesetzes sind also:

– *Demokratie* (Art. 20 Abs. 1, Abs. 2 GG);
– *Republik* (Art. 20 Abs. 1 GG);
– *Rechtsstaat* (Art. 20 Abs. 3 GG);
– *Bundesstaat* (Art. 20 Abs. 1 GG);
– *Sozialstaat* (Art. 20 Abs. 1 GG).

91 Weiterhin enthält das Grundgesetz *Staatszielbestimmungen*[92], denen der Staat des Grundgesetzes zwar verpflichtet sein soll, die aber nicht für dessen Struktur prägend sein sollen, was sich darin zeigt, dass sie von der Ewigkeitsgarantie des Art. 79 Abs. 3 GG nicht umfasst sind. Mit der Sachverständigenkommission Staatszielbestimmungen/Gesetzgebungsaufträge kann man Staatszielbestimmungen definieren als Verfassungsnormen, die mit rechtlich bindender Wirkung der Staatstätigkeit

---

92 Vgl. zum Begriff *Maurer*, Staatsrecht I, § 6 Rn. 9 ff.

bestimmte Ziele vorschreiben, die sie erfüllen oder beachten muss. Gegenüber der normativen Grundentscheidung zur Menschenwürde und den Strukturprinzipien kommt ihnen jedoch nur nachrangige Bedeutung zu.
Als Staatszielbestimmungen anerkannt sind:

- Schutz der natürlichen Lebensgrundlagen (Art. 20a GG),
- Tierschutz (Art. 20a GG),
- Europäische Integration (Art. 23 Abs. 1 Satz 1 GG),
- Gesamtwirtschaftliches Gleichgewicht (Art. 109 Abs. 2 GG),
- Tatsächliche Durchsetzung der Gleichberechtigung der Geschlechter (Art. 3 Abs. 2 Satz 2 GG),
- Gleichstellung der Behinderten (Art. 3 Abs. 3 Satz 2 GG).

92 Die Konzeption der Menschenwürdegarantie ist in ihren Einzelheiten Teil der Grundrechtslehre und in dieser Lehrbuchreihe im Band Staatsrecht II – Grundrechte ausgeführt. Im Folgenden sollen zunächst die Strukturprinzipien und danach die Staatszielbestimmungen des Grundgesetzes behandelt werden.
Die Darstellung geht dabei stets von dem staatstheoretischen Konzept aus, das mit den jeweiligen Prinzipien grundsätzlich assoziiert wird. Sodann wird jeweils die Ausgestaltung der Prinzipien im Staatsrecht der Bundesrepublik Deutschland untersucht.

§ 16 Demokratie

I.   Demokratietheoretische Überlegungen

1.   Demokratie als Element der antiken Staatsformenlehre

93 Demokratie (griechisch demos [Volk]; kratein [herrschen]) bedeutet „Herrschaft des Volkes". Der Begriff Demokratie stammt aus der Antike[93] und stellt eine der drei klassischen Staatsformen nach der – trotz diverser Unterschiede in den einzelnen Konzeptionen – durch Platon und Aristoteles geprägten und von Polybios und Cicero zu einem „Verfassungskreislauf" erweiterten Einteilung dar. Das zentrale Unterscheidungskriterium dieser Staatsformenlehre stellt darauf ab, wer Inhaber der Staatsgewalt ist[94]. Neben der Demokratie, in der das Volk die Staatsgewalt ausübt, stehen dabei die Monarchie, charakterisiert durch die Herrschaft einer Person und die Aristokratie, in der eine kleine Gruppe Inhaber der Staatsgewalt ist. Wird die Staatsgewalt nicht zugunsten des allgemeinen Wohls ausgeübt, spricht Cicero, der selbst die römische Mischverfassung als (für Rom) optimale Staatsform ansieht, von einer Entartung der Staatsformen: Despotie oder Tyrannis (anstelle der Monarchie), Oligarchie (anstelle der Aristokratie) sowie Ochlokratie (anstelle der Demokratie).

94 Antikes Paradigma der Demokratie als Volksherrschaft ist die (schon von Plato kritisierte) attische Demokratie, die in den Reformen Solons ihren Ausgangspunkt nahm und in der Zeit des *Perikles* ihren Höhepunkt fand. Die Angelegenheiten der *polis* wurden im Rahmen einer Volksversammlung diskutiert und entschieden, auch die Rechtsprechung wurde durch Volksgerichte wahrgenommen. Legt man

---

93   S. auch die Darstellung bei *Stein/Frank*, Staatsrecht, § 8.
94   Vgl. *Berber*, Das Staatsideal im Wandel der Weltgeschichte, S. 84 f. (zu Platon), 88 ff. (zu Aristoteles).

freilich ein modernes Gleichheitsverständnis zugrunde, erscheint die Demokratie des antiken Griechenland nur eingeschränkt als Vorbild: Neben Kindern waren dort auch Frauen und Sklaven, mit deren Haltung die griechische Demokratie kein Problem hatte, von der Willensbildung ausgeschlossen. Die eigentlichen Träger der Demokratie reduzierten sich somit auf weniger als ein Drittel der tatsächlich der Gewalt Unterworfenen.

2.   Staatstheoretische Rechtfertigung der Demokratie als Staatsform

95 Die moderne Rechtfertigung der Demokratie als Staatsform, die im Kern auf Jean-Jacques Rousseau (1712–1778) und andere Denker des 18. Jahrhunderts zurückgeführt werden kann, ist am besten in der Auseinandersetzung mit der in seiner Zeit vorherrschenden absolutistischen Staatstheorie begreifbar zu machen.

96 Die hierfür charakteristische Lehre Thomas Hobbes' (1588–1679) geht vom Bild eines egoistischen, ohne über seinen Selbsterhaltungstrieb hinausgehende ethische Maßstäbe handelnden Menschen aus (*homo homini lupus*)[95]. Der hypothetische vorstaatliche Naturzustand solcher Menschen, den Hobbes in seinem Werk „Leviathan" beschreibt, ist ein Krieg aller gegen alle (*bellum omnium contra omnes*)[96]. Hiervon ausgehend ist primärer Staatszweck die Überwindung dieses Naturzustands und die Schaffung eines Friedenszustandes durch Abschluss eines Staatsvertrags. Um diesen Frieden zu sichern, konzentriert die absolutistische Staatstheorie die Staatsgewalt in einer Person – dem Souverän, der den anderen Menschen zum (sterblichen) Gott werden soll (*homo homini deus*)[97]. Die einzige Bindung, der dieser unterliegen soll, ist die ursprüngliche Zielsetzung, eine dauerhafte Friedensordnung zu schaffen. Der Verzicht auf jegliche andere Vorgabe soll die effektivste Verwirklichung dieses Ziels ermöglichen. Die Individuen sollen erkennen, dass ihnen mit dieser Friedensordnung gedient ist und sich der diese ermöglichenden Staatsgewalt deshalb freiwillig, bedingungslos und endgültig unterwerfen[98]. Die fehlende Bindung des absoluten Herrschers wird im sog. „aufgeklärten Absolutismus" dadurch abgeschwächt, dass er sich bei seinen Entscheidungen von der Vernunft leiten lassen soll, um die Staatsgewalt gerecht auszuüben.

97 Die geschichtliche Entwicklung zeigte jedoch, dass eine absolute, d. h. von allen rechtlichen Bindungen losgelöste Staatsgewalt, konzentriert in einer Person, nicht dauerhaft dem Gemeinwohl diente, sondern durch Machtmissbrauch und Willkür gekennzeichnet war. Es existierte keine gerechte Gemeinordnung, weil der Inhaber der Staatsgewalt (Fürst, König) seine eigenen Interessen dem Gemeinwohl überordnete[99]. Das Ideal eines absoluten Herrschers, der sich bei seinen Entscheidungen nur durch die Vernunft leiten lässt, blieb eben nur ein Ideal. Eine absolute Entscheidungsgewalt ohne rechtliche Bindungen und ohne Kontrolle führt strukturell bedingt zu ungerechten Entscheidungen und kann somit schon das Ziel einer gerechten Friedensordnung nicht verwirklichen.

98 Weiterhin ist die absolutistische Staatsform mit dem von Rousseau zugrunde gelegten Bild des Menschen als freiem, autonomem und vernunftbegabtem Wesen

---

95 *Thomas Hobbes*, De cive (1646), Hobbes-Opera Latina, Vol. 2, 2. Aufl. 1966, Widmung (S. 135).
96 *Thomas Hobbes*, Leviathan (1651), Hobbes-Opera Latina, Vol. 3, 2. Aufl. 1966, 1. Teil Kap. XIII (S. 100).
97 *Thomas Hobbes*, De cive (1646), Hobbes-Opera Latina, Vol. 2, 2. Aufl. 1966, Widmung (S. 135).
98 Vgl. *Zippelius*, Allg. Staatslehre, § 17 II m. w. N.
99 Vgl. *Zippelius*, Allg. Staatslehre, § 17 III m. w. N.

unvereinbar. Autonomie verlangt, dass das individuelle Gewissen die letzte moralische Instanz bleibt und somit jeder Mensch – in den Worten Rousseaus – „obwohl er sich mit allen zusammenschließt, dennoch nur sich selbst gehorcht und ebenso frei bleibt, wie zuvor"[100]. Die unbedingte und unwiderrufliche Unterwerfung unter die Gewalt eines absoluten Herrschers würde diese Autonomie zerstören.

Zielsetzung der Demokratie als Staatsform ist es demgegenüber, diese Autonomie **99** zu wahren und dennoch das Zusammenleben einer menschlichen Gemeinschaft zu organisieren, indem sich jeder *einer Staatsgewalt unterwirft, die er gemeinsam mit allen anderen Bürgern ausübt.* Durch seine politischen Mitwirkungsrechte kann jeder Staatsbürger danach die Ausübung von Staatsgewalt kontrollieren. Als Ideal gilt eine Einheit von Regierenden und Regierten, in welcher die Staatsgewalt nur handelt, wenn die ihr Unterworfenen diese Entscheidung gefällt haben. Es bildet sich somit ein gemeinsamer Wille des Staatsvolks als Staatswille, dem sich der Einzelne unterwirft. Da der gemeinsame Wille, der als *volonté générale* freilich mehr ist als die Summe der Einzelinteressen (*volonté de tous*), jeden einzelnen Willen in sich hält, führt er zu gerechten Entscheidungen. Die rechtliche Bindung der Staatsgewalt ist verfahrensmäßig dadurch abgesichert, dass allen Bürgern gleiche und freie Teilhabemöglichkeiten an ihrer Ausübung zustehen.

Die unmittelbare Mitwirkung aller Bürger an sämtlicher Ausübung von Staatsge **100** walt, selbst – wie es Rousseau vor Augen stand – an jedem Akt der Gesetzgebung, ist in einem modernen Flächenstaat völlig undenkbar. Festgehalten werden kann jedoch an der Forderung, dass jede staatliche Gewaltausübung *demokratisch legitimiert* sein, das heißt im Ausgangspunkt auf einem Willensakt des Volkes beruhen muss. Der Satz „Alle Staatsgewalt geht vom Volke aus" in Art. 20 Abs. 2 Satz 1 GG beschreibt die Eigenschaft des Volkes als Ursprung aller staatlichen Gewalt und das Erfordernis, alle Ausübung staatlicher Gewalt auf einen Willensakt des Staatsvolkes zurückführen zu können.

3. Notwendige Eigenschaften der demokratischen Staatsform

Die demokratische Legitimation aller staatlichen Entscheidungen soll letztlich **101** dazu führen, dass sich der gemeinsame Wille und der Wille aller Individuen im Wesentlichen decken und sich in einer gerechten Gemeinordnung ein Ausgleich widerstreitender Individualinteressen ergibt. Aus dieser Zielsetzung resultieren einige Grundentscheidungen, die eine demokratische Staatsform in ihrer Verfassung treffen muss.

a) Gleiche staatsbürgerliche Mitwirkungsrechte. Demokratie bedeutet die *Teil* **102** *habe aller Staatsbürger an der staatlichen Willensbildung und der Ausübung der Staatsgewalt.* Impliziert wird damit das Recht jedes Staatsbürgers, an der staatlichen Willensbildung und Willensausübung mitwirken und mitentscheiden zu können. Eine demokratische Staatsform muss deshalb jedem Einzelnen die gleichen politischen Mitwirkungsrechte gewähren und die freie Ausübung seiner *Stimmrechte* garantieren. Darüber hinaus ist eine effektive Teilhabe an Kommunikations- und Informationsprozessen zu gewährleisten, was *Meinungs-, Versammlungs- und Informationsfreiheiten* verlangt.
Welche Rechte im Einzelnen gegeben sein müssen, hängt von der konkreten verfassungsrechtlichen Ausgestaltung der Demokratie ab. In einer unmittelbaren

---

100 *Jean-Jacques Rousseau*, Vom Gesellschaftsvertrag, Ausgabe Reclam 1977, 1. Buch, 6. Kapitel.

Demokratie muss etwa ein entsprechendes Abstimmungsrecht bestehen. In einer repräsentativen Demokratie, in der eine Volksvertretung gewählt wird, tritt an dessen Stelle ein allgemeines, freies, gleiches und geheimes Wahlrecht.

103   Die Idee der Gleichheit aller Staatsbürger verlangt, dass grundsätzlich sämtliche Mitglieder des Staatsvolkes an der Willensbildung des Staates partizipieren, also aktive Staatsbürger sind. Kriterien wie Vermögen, Rasse oder Geschlecht dürfen nicht zum Anknüpfungspunkt für einen Ausschluss von politischen Mitwirkungsbefugnissen gemacht werden. Ein solcher ist nur angezeigt, wenn Zweifel an einer vernunftgemäßen Willensbildung überhaupt bestehen, d. h. bei Menschen unterhalb einer bestimmten Altersgrenze oder in ihrer geistigen Tätigkeit allgemein Beschränkten. Der Ausschluss von Ausländern von Wahlen stellt den Begriff der Demokratie demgegenüber nicht in Frage, da die Partizipation an der Willensbildung stets die Zugehörigkeit zum Staatsvolk und die hierfür geltenden Kriterien voraussetzt[101].

104   **b) Demokratisch legitimiertes Repräsentativsystem.** Da die vollständige Teilnahme jedes Einzelnen an jeglichen staatlichen Willensbildungen schon aus räumlichen und zeitlichen Gründen unmöglich ist, bedarf eine Demokratie moderner Prägung der Etablierung eines Systems von Repräsentanten, die den jeweils maßgeblichen staatlichen Willen bilden.

105   Durch die *repräsentative Willensbildung* soll das mit dem Ausschluss eines Großteils der Staatsbürger von der unmittelbaren Entscheidung verbundene Defizit gegenüber dem ursprünglichen demokratischen Ideal überwunden werden. Sie transformiert den Willen des Volkes auf eine kleinere Menge von Personen, die effizienter, rationaler und schneller handeln kann. Dadurch können sogar Demokratiedefizite ausgeglichen werden, die durch den Ausschluss von Teilen des Staatsvolks (z. B. Kinder, Geisteskranke) von der staatlichen Willensbildung entstehen, indem die Volksvertreter den mutmaßlichen Willen und die Interessen dieser Personen bündeln und in ihre Entscheidungen mit einfließen lassen.

106   Im engeren Sinne versteht man unter Repräsentation des Volkes die Wahrnehmung der Gesetzgebung als Staatsfunktion durch *unmittelbar vom Volk bestimmte Volksvertreter*. Synonym werden vor allem die Begriffe Parlament/Parlamentarier gebraucht und im Grundgesetz die Bezeichnung Bundestag/Abgeordneter. Im weiteren Sinne meint der Begriff Repräsentativsystem aber alle Staatsorgane und andere Stellen, die staatliche Funktionen ausüben, weil sie die Staatsgewalt, die ideal vollständig unmittelbar vom Volk ausgeht, in ihrem Aufgabenbereich stellvertretend für das Volk ausüben. Unterscheiden kann man eine personelle Repräsentation durch gewählte Vertreter und eine funktionale Repräsentation durch Erfüllung der staatlichen Aufgaben durch staatliche Organe und Stellen.

107   Die Einrichtung eines Repräsentativsystems sagt noch nichts aus über das Verhältnis zwischen den Repräsentanten und dem Volk. Die Transformation des Volkswillens auf seine Repräsentanten kann dergestalt erfolgen, dass die Vertreter weisungsabhängig sind und nicht unabhängig entscheiden (sog. *imperatives Mandat*). Eine solche Bindung ist organisatorisch mit der ständigen Abrufbarkeit des Volksvertreters verknüpft. Dieser unterliegt der ständigen Kontrolle durch das Volk. Entscheidet der Repräsentant jedoch für das Volk nach seiner eigenen freien Über-

---

101   Dazu oben Rn. 74 ff.

zeugung und ist der Volksvertreter auch nicht vor Ende seiner Amtszeit abrufbar (*freies Mandat*), dann reduziert sich die effektive demokratische Kontrolle auf den Akt der periodischen Neuentscheidung des Volkes über seine Repräsentanten. Jedenfalls aber muss die Übertragung von Herrschaftsgewalt zeitlich begrenzt bleiben.

Besteht ein repräsentatives System, dann müssen die Repräsentanten vom Volk **108** kontrolliert werden (unmittelbare demokratische Legitimation). Soweit eine direkte Kontrolle nicht möglich ist, muss die Kontrolle zumindest von Repräsentanten des Volkes wahrgenommen werden (mittelbare demokratische Legitimation). Das BVerfG führt dazu aus:

„In der freiheitlichen Demokratie geht alle Staatsgewalt vom Volk aus. Sie wird vom Volk in Wahlen und Abstimmungen und durch besondere Organe der Gesetzgebung, der vollziehenden Gewalt und der Rechtsprechung ausgeübt [...]. Alle Organe und Vertretungen, die Staatsgewalt ausüben, bedürfen hierfür einer Legitimation, die sich auf die Gesamtheit der Bürger als Staatsvolk zurückführen läßt [...]. Das demokratische Prinzip erstreckt sich nicht nur auf bestimmte, sondern auf alle Arten der Ausübung von Staatsgewalt [...]. Die verfassungsrechtlich notwendige demokratische Legitimation erfordert eine ununterbrochene Legitimationskette vom Volk zu den mit staatlichen Aufgaben betrauten Organen und Amtswaltern. Die Legitimation muß jedoch nicht in jedem Fall durch unmittelbare Volkswahl erfolgen. In aller Regel genügt es, daß sie sich mittelbar auf das Volk als Träger der Staatsgewalt zurückführen läßt"[102].

c) Transparenz der staatlichen Entscheidungsverfahren. Die Willensbildung **109** des Volkes setzt dessen hinreichende Information voraus. Eine moderne Demokratie ist daher nicht denkbar ohne grundsätzliche Transparenz der staatlichen und politischen Willensbildung. Nur durch Transparenz besteht die Möglichkeit der Meinungsbildung und der Kontrolle der Repräsentanten durch das Volk. Aus diesem Grund setzt der politische Willensbildungsprozess in den Staatsorganen ein Höchstmaß an Öffentlichkeit voraus, das allerdings nicht die grundsätzliche Entscheidungsfähigkeit der Staatsorgane beeinträchtigen darf.

d) Mehrheitsprinzip. Eine wirkliche gemeinsame Willensbildung des Volkes in **110** dem Sinne, dass sich am Ende eines Diskurses die besseren Argumente durchsetzen und zu einem von allen getragenen Konsens führen, ist in einem aus Millionen Menschen bestehenden Staatsvolk nicht zu realisierende Utopie. Der prinzipiell auch in einer Massendemokratie zu führende Diskurs bedarf daher eines Diskursbegrenzungsverfahrens. Jede Massendemokratie benötigt ein *dezisionistisches* Element. Die Ausgestaltung dieses dezisionistischen Elements durch das Mehrheitsprinzip trägt zwei Prämissen Rechnung: zum einen ist in Mehrheitssystemen die Zahl der Unzufriedenen geringer, zum anderen spricht grundsätzlich eine Vermutung dafür, dass die Entscheidung durch die Mehrheit vernünftig ist. Das BVerfG zählt das Mehrheitsprinzip zu den fundamentalen Prinzipien der Demokratie[103]. Durch das Mehrheitsprinzip werden demokratische Entscheidungen erst möglich – es reduziert aber die garantierte gleiche Beeinflussung des staatlichen Willens auf die garantierte gleiche Chance zur Einflussnahme.

Der Wille der Minderheit fließt – jedenfalls in formaler Hinsicht – zwangsläufig **111** nicht in das Ergebnis der staatlichen Willensbildung ein. Die primäre Rechtferti-

---

102 BVerfGE 77, 1 – *Neue Heimat*.
103 BVerfGE 29, 154 (165).

gung ergibt sich aus dem Bedürfnis, in demokratischen Strukturen überhaupt zu Entscheidungen zu kommen, die sich möglichst nahe an das Ideal der Einstimmigkeit anlehnen. Legitim sind Mehrheitsentscheidungen aber nur dann, wenn der Entscheidung der Mehrheit eine *gleichberechtigte Teilnahme* der Bürger zugrunde liegt und der Entscheidung ein freier, offener, gleichberechtigter Prozess der Meinungsbildung vorangegangen ist.

112 Die gleichberechtigte Teilnahme korrespondiert mit den *staatsbürgerlichen Mitwirkungsrechten*. Demokratisch ist eine Entscheidung nur, wenn jeder Bürger die gleiche Möglichkeit hat, durch seine Mitwirkung Einfluss auf die Ausübung der Staatsgewalt zu nehmen. Er muss die Chance haben, dass seine Meinung die Zustimmung der Mehrheit erlangt und sein Votum gleichwertig für die Entscheidungsfindung ist. Essenziell dafür ist die Gewährung eines fairen Verfahrens, etwa durch Rede- und Antragsrechte.

113 **e) Demokratischer Minderheitenschutz und rechtsstaatliche Anforderungen.** Eine Demokratie ohne Mehrheitsprinzip ist nicht entscheidungsfähig und damit als Staatsform ineffizient. Eine Demokratie ohne Minderheitenschutz bringt aber die Gefahr mit sich, dass die Mehrheit die Entscheidungsgewalt missbraucht. Daher muss die Minderheit effektiv geschützt werden. Ein solcher Missbrauch durch radikale Unterdrückung von Minderheiten wurde uns selbst durch sehr alte und stabile Demokratien vor Augen geführt. So institutionalisierten die Vereinigten Staaten von Amerika – obwohl demokratisch organisierter Verfassungsstaat – die Unterdrückung der schwarzen Minderheit durch staatliche Gestattung der Sklaverei. Ähnliche Ansätze kamen dort auch während des Zweiten Weltkrieges auf, als nationale Minderheiten japanischer Abstammung in Folge der Kriegsteilnahme Japans aufgrund sog. Civilian Exclusion Orders in Lagern interniert wurden[104]. Die Gefahr des Missbrauchs liegt darin, dass der Wille der Mehrheit in einer Demokratie ohne zusätzliche Sicherungselemente keiner materiellen Bindung unterliegt und zu ungerechten Entscheidungen zu Lasten der Minderheit führen kann. Solche Sicherungselemente ergeben sich aus der Ergänzung der Demokratie durch die Idee des Rechtsstaates.

114 Zu den rechtsstaatlichen Bindungen der Demokratie zählen vor allem die *Grundrechte*, die dem Bürger Schutz und Freiraum vor dem Staat garantieren, und die *Gewaltenteilung*. Die Gewaltenteilung bewirkt die Aufteilung der Staatsgewalt in funktional und personal getrennte Gewalten sowie in verschiedene staatliche Ebenen und die gegenseitige Kontrolle der getrennten Gewalten und der staatlichen Organe.

115 Das BVerfG führt zu demokratischen Entscheidungsverfahren nach dem Mehrheitsprinzip aus:

„*[N]ur wenn die Mehrheit aus einem freien, offenen, regelmäßig zu erneuernden Meinungsbildungsprozeß und Willensbildungsprozeß, an dem grundsätzlich alle wahlmündigen Bürger zu gleichen Rechten teilhaben können, hervorgegangen ist, wenn sie bei ihren Entscheidungen das – je und je zu bestimmende – Gemeinwohl im Auge hat, insbesondere auch die Rechte der Minderheit beachtet und ihre Interessen mitberücksichtigt, ihr zumal nicht die rechtliche Chance nimmt oder verkürzt, zur Mehrheit von morgen zu werden, kann die Entscheidung der Mehrheit bei Ausübung von Staatsgewalt*

---

104 S. dazu Korematsu v. United States, 323 U. S. 214 (1944).

als Wille der Gesamtheit gelten und nach der Idee der freien Selbstbestimmung aller Bürger Verpflichtungskraft für alle entfalten."[105]

II. Einzelne Demokratietypen der Gegenwart

Die Struktur der demokratischen Staaten der Gegenwart kann man auf einzelne **116** Grundelemente reduzieren. Diese Grundelemente finden sich aber nicht in Reinform wieder, sondern sind, abgeschwächt durch andere Staatsformelemente, miteinander kombiniert.

1. Direkte und indirekte Demokratie

Unterscheidungskriterium zwischen direkter und indirekter Demokratie ist, ob **117** das Volk die Sachentscheidungen unmittelbar selbst trifft oder diese von einer Volksvertretung getroffen werden, deren Zusammensetzung das Volk vorher bestimmt hat[106].

In der *direkten* Demokratie fällt das Volk selbst die Sachentscheidungen. Sie ent- **118** spricht dem reinen demokratischen Konzept, in dem der staatliche Wille vollständig und permanent vom Volk selbst gebildet wird. Die direkte Demokratie verkörpert das Ideal der Einheit zwischen dem Willen des Volkes und dem Willen des Staates. Direkte demokratische Entscheidungen besitzen die höchste demokratische Legitimation.

In einer *indirekten* Demokratie ist die Entscheidungsbefugnis des Volkes auf die **119** Bestimmung seiner Repräsentanten beschränkt. Die staatliche Willensbildung erfolgt danach durch die Repräsentanten, die alle Sachentscheidungen autonom fällen. Das Volk ist auf eine periodisch wiederkehrende Personalentscheidung beschränkt. Wegen der Wahrnehmung der unmittelbaren Entscheidungsgewalt durch Repräsentanten wird auch von *repräsentativer Demokratie* gesprochen.

Das Grundgesetz geht von einem System der repräsentativen Demokratie aus, das **120** plebiszitäre Elemente zwar nicht gänzlich ausschließt, aber nur in äußerst geringem Umfang kennt. Beispiel für eine demokratische staatliche Ordnung mit intensiven plebiszitären Elementen ist die Schweizer Bundesverfassung. Sie gewährt dem Volk umfangreiche Mitwirkungsrechte und Entscheidungsbefugnisse, die vor allem die staatliche Gesetzgebung beeinflussen.

Die Unterscheidung zwischen direkter und indirekter Demokratie findet sich in **121** Art. 20 Abs. 1 Satz 2 GG in den Begriffen Wahlen und Abstimmungen wieder. Wahlen sind Personalentscheidungen des Volkes, in denen seine Repräsentanten bestimmt werden – gem. Art. 38 Abs. 1 GG in der Bundesrepublik Deutschland die Bundestagsabgeordneten. Entscheidet das Volk dagegen in einer Sachfrage, handelt es sich um eine Abstimmung[107].

Hinsichtlich der Möglichkeit des Volkes, direkt zu Sachfragen Stellung zu neh- **122** men, sind verschiedene Begriffe zu unterscheiden[108]:

---

105 BVerfGE 44, 125 (142) – *Öffentlichkeitsarbeit der Bundesregierung.*
106 Vgl. *Maurer,* Staatsrecht I, § 7 Rn. 7.
107 *Degenhart,* Staatsrecht I, Rn. 29 f.
108 Nach *Maurer,* Staatsrecht I, § 7 Rn. 38.

- die *Volksabstimmung* (= Abstimmung gem. Art. 20 Abs. 1 Satz 2 GG) ist das Verfahren, in dem das Volk über eine Sachfrage entscheidet.
- der *Volksentscheid* ist das Ergebnis einer Volksabstimmung.
- das *Volksbegehren* ist der Antrag aus dem Volk auf Durchführung einer Volksabstimmung.
- die *Volksinitiative* ist der Antrag des Volkes, dass sich die Volksvertretung mit einer Sachfrage beschäftigt und darüber entscheidet.
- die *Volksbefragung* ist die von staatlichen Stellen initiierte, unverbindliche Befragung des Volkes, um ein politisches Meinungsbild zu einer Sachfrage zu ermitteln.
- das *Referendum* ist ein Sonderfall der Abstimmung, bei der das Volk innerhalb des staatlichen Gesetzgebungsverfahrens über eine Sachfrage mitentscheidet.

2.   Präsidiale und parlamentarische Demokratie

123 In einer *präsidialen* Demokratie wird ein Präsident als Staats- und Regierungschef unmittelbar vom Volk gewählt. Paradebeispiel für ein präsidiales Regierungssystem sind die Vereinigten Staaten von Amerika. Die demokratische Legitimierung der Regierung erfolgt dort nicht durch das Parlament, sondern durch die Wahl des Volkes. Die Regierung ist – vorbehaltlich der jeweiligen verfassungsmäßigen Rechte des Parlaments – nicht dem Parlament, sondern unmittelbar dem Volk verantwortlich. Allerdings nimmt das Parlament regelmäßig die Kontrolle der Regierung durch seine parlamentarischen Rechte für das Volk wahr. Beispiele sind das Budgetrecht oder das amerikanische Amtsenthebungsverfahren, für das der Kongress die Initiative und Kompetenz innehat. In der Präsidialdemokratie hat die Regierung durch die größere Unabhängigkeit vom Parlament eine stärkere Stellung als in der parlamentarischen Demokratie. Ein Wechsel der politischen Mehrheiten im Parlament führt dort nicht zu einem Regierungswechsel.

124 In der *parlamentarischen* Demokratie wählt das Volk seine Vertretung. Darin erschöpft sich regelmäßig die unmittelbare Willensausübung des Volkes. Die weiteren Staatsorgane und insbesondere die Regierung werden vom Parlament gewählt und somit nur mittelbar vom Volk bestimmt. In der parlamentarischen Demokratie ist die Volksvertretung das zentrale staatliche Organ, weil es als einziges unmittelbar demokratisch legitimiert ist.

3.   Exekutive und legislative Demokratie

125 Die Unterscheidung zwischen legislativer und exekutiver Demokratie bezieht sich auf die Frage, ob der Schwerpunkt der staatlichen Gewaltausübung in der Exekutive oder in der Legislative liegt. Entsprechende Bedeutung für die staatliche Rechtsordnung haben aufgrund dieser Vorentscheidung auch die Rechtsakte, derer sich Legislative und Exekutive zu ihrer Aufgabenerfüllung bedienen. Während die Legislative sich des Instruments des Gesetzes bedient, vollzieht die Exekutive ihre Aufgaben durch Exekutivakte wie Rechtsverordnungen, Verwaltungsakte oder Realakte. In einer legislativen Demokratie gilt grundsätzlich der Primat des Gesetzes, während es in einer exekutiven Demokratie nur einen begrenzten Gesetzeskatalog gibt. Der Stärke der Position des Parlaments im legislativen Demokratiemodell entspricht die starke Stellung der Verwaltung in der exekutiven Demokratie. Beispiel für eine exekutive Demokratie ist Frankreich, während das Grundgesetz eine legislative Demokratie statuiert.

4. Sog. „Räte-" und „Volksdemokratien"

Kennzeichen einer Rätedemokratie ist, dass die staatliche Organisation auf allen **126** Ebenen aus einem System von Räten besteht. Idee der Rätedemokratie ist, dass sich das Volk unmittelbar selbst regiert und sich dafür auf der untersten Ebene in Räten organisiert, in denen es seine Angelegenheiten selbst regelt. Soweit höhere staatliche Ebenen erforderlich sind, werden höherstufige Räte bis zur obersten staatlichen Ebene gewählt.

Räte sind öffentliche, vom Volk gewählte Delegiertenversammlungen. Sie sind **127** grundsätzlich allzuständig, d.h. sie können in jeglicher Angelegenheit tätig werden. Es existiert keine funktionale und personale Trennung von Exekutive und Legislative. Auch die Rechtsprechung unterliegt der Kontrolle der Räte. Die Richter haben keine unabhängige Position, sondern werden von den Räten befristet gewählt und sind jederzeit abrufbar. Die Räte selbst unterliegen der permanenten Kontrolle durch das Volk, werden befristet gewählt und sind jederzeit abrufbar. Die Wahl in einen Rat bedeutet ein imperatives Mandat, d.h. Räte entscheiden nicht frei und unabhängig, sondern in öffentlichen Sitzungen nach Maßgabe des Volkes. Im Ergebnis ist die Rätedemokratie eine Organisationsform der direkten Demokratie zu Lasten maßgeblicher rechtsstaatlicher Elemente wie der Gewaltenteilung und des Minderheitenschutzes.

Die Rätedemokratie war seit 1917 wesentlicher Teil der Staatsform der Sowjet- **128** union (Räte = Sowjets) und nach 1945 der meisten früheren Ostblockstaaten. Allerdings darf nicht verkannt werden, dass in diesen Ländern eine Rätedemokratie nur dem Begriff nach herrschte. Nirgendwo war die staatliche Organisation so geregelt, dass sich der Volkswille tatsächlich von unten nach oben entfalten konnte. Bei genauerem Hinsehen entpuppte sich die jeweilige sog. Rätedemokratie stets als eine Oligarchie der kommunistischen Partei. Der Willensbildungsprozess vollzog sich stets von oben nach unten und nicht umgekehrt.

Der Begriff Volksdemokratie ist eine Wortschöpfung der früheren Ostblockstaaten, **129** die zu Recht als zynischer Pleonasmus bezeichnet wird[109]. Kennzeichnend für die Volksdemokratien war, dass das Volk sich durch Wahlen eine Volksvertretung schaffen konnte. Die Volksvertretungen waren jedoch keine wirklich demokratischen Staatsorgane. Die Wahl ihrer Vertreter wurde von einer staatstragenden Partei dominiert und die Auswahl wurde allenfalls von den sog. Blockparteien auf Einheitslisten ergänzt. Ein demokratischer Wettbewerb um die Stimmen der Wähler war von vornherein ausgeschlossen. Die Volksvertretung besaß zudem auch keine tatsächliche staatliche Macht.

III. Die Elemente der Demokratiekonzeption des Grundgesetzes

1. Demokratisch legitimiertes Repräsentativsystem

Das Grundgesetz bekennt sich in Art. 20 Abs. 1 zum Demokratieprinzip und ge- **130** staltet dieses in Art. 20 Abs. 2 näher aus: Danach geht die Staatsgewalt vom Volk aus (Grundsatz der Volkssouveränität, Art. 20 Abs. 2 Satz 1 GG) und wird vom Volk unmittelbar durch Wahlen (Personalentscheidungen) und Abstimmungen (Sachentscheidungen) ausgeübt (Art. 20 Abs. 2 Satz 2 GG). Die staatlichen Funkti-

---

109 Vgl. *Maurer*, Staatsrecht I, § 7 Rn. 12.

onen der Gesetzgebung, Rechtsprechung und vollziehenden Gewalt werden demgegenüber zwar auch vom Volke, jedoch „durch besondere Organe" ausgeübt. Ihre Wahrnehmung soll somit jedoch mittelbar auch auf das Volk zurückführbar sein.

„Dieser Zurechnungszusammenhang zwischen Volk und staatlicher Herrschaft wird durch die Wahl des Parlaments, durch die von ihm beschlossenen Gesetze als Maßstab der vollziehenden Gewalt, durch den parlamentarischen Einfluss auf die Politik der Regierung sowie durch die grundsätzliche Weisungsgebundenheit der Verwaltung gegenüber der Regierung hergestellt. Für die Beurteilung, ob dabei ein hinreichender Gehalt an demokratischer Legitimation erreicht wird, haben die in der Rechtsprechung des BVerfG und in der Literatur unterschiedenen Formen der institutionellen, funktionellen, sachlich-inhaltlichen und der personellen Legitimation Bedeutung nicht je für sich, sondern nur in ihrem Zusammenwirken. Aus verfassungsrechtlicher Sicht entscheidend ist nicht die Form der demokratischen Legitimation staatlichen Handelns, sondern deren Effektivität; notwendig ist ein bestimmtes Legitimationsniveau."[110]

Das Repräsentativsystem des Grundgesetzes besteht somit *personell* aus den *gewählten Volksvertretern* und *funktional* aus den *besonderen Staatsorganen* sowie den ihnen nachgeordneten Stellen, die mit staatlichen Aufgaben betraut sind. Das Grundgesetz geht also von einer demokratischen Ordnung mit unmittelbaren wie repräsentativen Elementen aus.

131   **a) Repräsentative Demokratie.** Auch wenn das Grundgesetz die Wahrnehmung der Staatsgewalt durch das Volk in „Wahlen und Abstimmungen" (Art. 20 Abs. 2 Satz 2) vorsieht, etabliert es ein streng repräsentatives System: Die unmittelbare demokratische Willensäußerung des Volkes ist in Art. 38 Abs. 1 Satz 1 GG geregelt (*Wahl* der Repräsentanten als Abgeordnete in den Bundestag). Die Abgeordneten erhalten durch ihre Wahl ein freies Mandat, da sie unabhängig vom Willen des Volkes entscheiden und ihr Status nicht vorzeitig gegen ihren Willen aufgehoben werden kann. Auf die Besetzung aller anderen Staatsorgane hat das Volk keinen unmittelbaren Einfluss. Das Grundgesetz geht also davon aus, dass die unmittelbare Äußerung des Volkswillens praktisch nur *in der Wahl seiner Repräsentanten in den Bundestag* besteht und die *weitere staatliche Willensbildung nur durch staatliche Organe* erfolgt. Kehrseite dieses strengen, formalen Repräsentationsverständnisses ist sein Potential, tatsächliche strukturelle Ungleichheiten auszublenden und sogar zu perpetuieren: Haben einzelne gesellschaftliche Gruppen überproportional größere Durchsetzungschancen im politischen Prozess, besteht die Gefahr, dass andere Perspektiven unzureichenden Eingang in die demokratische Willensbildung finden[111].

132   **b) Zulässigkeit von Abstimmungen.** Die *unmittelbare Beteiligung* des Volkes an Sachentscheidungen ist demgegenüber nur an wenigen Stellen des Grundgesetzes vorgesehen (Art. 29, 118, 118a), beschränkt sich nach geltendem Verfassungsrecht also auf Änderungen der Gliederung des Bundesgebietes. Hinzu kommt Art. 146 GG, der jedoch nur deklaratorisch auf die verfassunggebende Gewalt des Volkes hinweist[112].

133   Es stellt sich allerdings die Frage, ob auf Bundesebene auch in anderen Bereichen eine Volksabstimmung (Plebiszit) möglich wäre. Richtigerweise ist jedoch der

---

110 BVerfGE 93, 37 (66) – *Mitbestimmungsgesetz Schleswig-Holstein.*
111 Ausführlich zu diesem Problem und zu Lösungsversuchen über Vorschriften eines demokratischen Antidiskriminierungsrechts *Röhner*, Der Staat 59 (2020), 421 ff.
112 S. oben Rn. 63.

Wortlaut des Art. 20 Abs. 2 Satz 2 GG, der von Abstimmungen spricht, so zu verstehen, dass dieser nur auf die im Grundgesetz an anderer Stelle vorgesehenen Abstimmungen verweist. Eine unmittelbare und für die Staatsorgane bindende Beteiligung des Volkes ist daher über die im Grundgesetz vorgesehenen Fälle hinaus unzulässig[113]. Eine Stärkung plebiszitärer Elemente bedürfte der Änderung des Grundgesetzes[114]. Auf Basis des Grundgesetzes zulässig wäre dagegen eine *konsultative Volksbefragung*, mit der keine Bindung der Staatsorgane bewirkt wird[115].

Insgesamt ist die unmittelbare Mitwirkung des Volkes an der Ausübung von Staatsgewalt also erstaunlich begrenzt. Es handelt sich hier um eine bewusste Systementscheidung, die ihren Ausgangspunkt in der kaum haltbaren These haben mag, wonach die dort vorgesehenen Volksentscheide mitursächlich für das Scheitern der Weimarer Reichsverfassung gewesen seien[116]. Die Konsequenzen sind weitreichend: unmittelbarer inhaltlicher Einflussnahme der Bürgerinnen und Bürger auf politische Sachfragen – die durch technische Konzepte einer „liquid democracy" verstärkt werden könnte – stehen hohe Hürden entgegen[117]. **134**

c) **Demokratische Legitimation.** Nur der Bundestag wird durch die Bundestagswahl vom Volk unmittelbar demokratisch legitimiert. Alle anderen staatlichen Organe, die Staatsgewalt ausüben, bedürfen einer abgeleiteten, mittelbaren Legitimation. Diese Legitimation kann durch den Bundestag vermittelt werden, aber auch durch eine Kette von mittelbar demokratisch legitimierten Organen. Aufgrund der bundesstaatlichen Ordnung ist es auch möglich, dass eine demokratische Legitimation über die Länderebene vermittelt wird. Letztlich bedarf jedoch jede Ausübung von Staatsgewalt der Rückführung auf das Volk durch eine „ununterbrochene Legitimationskette vom Volk zu den mit staatlichen Aufgaben betrauten Organen und Amtswaltern"[118]. **135**

Unterschieden werden kann zwischen personeller und funktionaler Legitimation. *Personelle Legitimation* wird dadurch erreicht, dass die personelle Besetzung von Staatsorganen und öffentlichen Ämtern von einer unmittelbar legitimierten Quelle ausgeht. Anknüpfungspunkt ist nicht das staatliche Handeln selbst, sondern die handelnde(n) Person(en). Auf der Bundesebene ist dies der Bundestag, der Wahlorgan insbesondere für den Bundeskanzler als Spitze der Exekutive ist. Bei der *funktionalen Legitimation* staatlichen Handelns ist das formelle Gesetz Grundlage. Ein formelles Gesetz wird vom Bundestag als unmittelbar demokratisch legitimiertem Staatsorgan beschlossen und ermächtigt den Staat oder den staatlichen Gesetzesadressaten zu mittelbar demokratisch legitimiertem Handeln. **136**

Beispiele:

–   Die Bundesregierung wird dadurch demokratisch legitimiert, dass der Bundeskanzler von der Mehrheit des Bundestags gewählt wird. Der Bundestag ist durch die Bundestagswahl unmittelbar demokratisch legitimiert.

---

113 Vgl. *Stern*, Staatsrecht II, S. 16.
114 *Kühling*, JuS 2009, 777 ff. (781, 783).
115 Anders BVerfGE 8, 104 (114); kritisch auch *Rommelfanger*, Das konsultative Referendum, 1988, S. 292 f.
116 Zur Weimarer Reichsverfassung und ihren „Konstruktionsfehlern" s. o. Rn. 29 ff.
117 Dazu *Wischmeyer*, JuS 2020, 20 ff.
118 BVerfGE 107, 59 (86) – *Lippeverband*; bereits BVerfGE 47, 253 (275) – *Bezirksvertretung*.

- Die demokratische Legitimation des Bundespräsidenten wird von der Bundesversammlung vermittelt. Die Mitglieder der Bundesversammlung sind die unmittelbar gewählten Mitglieder des Bundestags und Vertreter der Länder (vgl. Art. 54 Abs. 3 GG). Die Vertreter der Länder werden von den jeweiligen Landtagen gewählt und dadurch mittelbar demokratisch legitimiert.
- Die Beamten des Bundeskriminalamts werden nicht gewählt, sondern ernannt. Sie sind personell somit mittelbar durch die Bundesregierung legitimiert. Funktional wird ihr Handeln dadurch legitimiert, dass sie sich auf die ihnen durch das vom Bundestag erlassene BPolG verliehenen Kompetenzen stützen können.

2. Herrschaft auf Zeit

137 Eine unmittelbare Demokratie benötigt keine Wahlen, da das Volk jeweils selbst Legislative, Exekutive und Jurisdiktionsgewalt innehat. In einer repräsentativen Demokratie wird die ursprüngliche Herrschaft des Volkes aber auf eine andere Organisation delegiert. Diese Übertragung muss jedoch, um den Charakter der Demokratie zu wahren und eine wirksame Kontrolle der Repräsentanten durch das Volk zu ermöglichen, zeitlich beschränkt bleiben.

138 Den Grundsatz der Herrschaft auf Zeit regelt im Grundgesetz Art. 39 Abs. 1 Satz 1. Die Wahl des Bundestags ist der Willensakt des Volkes, mit dem es die Staatsgewalt seinen Vertretern überantwortet. Mit Ablauf der Legislaturperiode (vier Jahre) fällt die Staatsgewalt wieder an das Volk zurück, das in einem neuen Wahlakt eine neue Volksvertretung bestimmt. Die Ämter des Bundeskanzlers und der Bundesregierung sind an die zeitliche Beschränkung der Übertragung der Herrschaftsgewalt auf den Bundestag gebunden. Mit dem Mandat des Bundestags entfällt auch die Regierungsgewalt.

3. Parlamentarismus, parlamentarische Demokratie und parlamentarisches Regierungssystem

139 Der Begriff Parlamentarismus umfasst alle staatlichen Ordnungen, in denen einem Repräsentativorgan (Parlament) eine Funktion bei der politischen und staatlichen Willensbildung eingeräumt wird[119]. Der Begriff Parlament wird im Staatsorganisationsrecht als Synonym für die Volksvertretung verwendet. Da unter Demokratie ursprünglich nur Formen direkter Interessenwahrnehmung verstanden wurden, war er nicht von Anfang an mit dieser Staatsform verknüpft.

140 Entwickelt hat sich der Begriff Parlamentarismus vielmehr im monarchischen Staat aus dem Dualismus zwischen monarchischer Regierungsgewalt und deren Untertanen. Die Einführung eines Parlaments sollte die Macht des Monarchen beschränken, zunächst durch beratende Funktionen und im Laufe der Zeit durch eine parlamentarische Kontrolle der Regierungsakte. Die klassischen parlamentarischen Rechte sind seit dem Ende des Absolutismus vor allem das Budgetrecht, das den staatlichen Haushalt von der parlamentarischen Genehmigung abhängig macht, und legislative Funktionen[120].

141 Durch die Verknüpfung des Parlamentarismus mit dem Demokratieprinzip wird das Parlament zur allgemeinen Volksvertretung. Es besitzt nicht mehr nur Kontroll- und Informationsrechte, sondern vermittelt auch die demokratische Legitimation der Regierung und nimmt an der Gesetzgebung teil, eine Funktion, die

---

119 Vgl. *Steffani*, Parlamentarische und präsidentielle Demokratie, 1979, S. 118 ff.
120 Vgl. *Stern*, Staatsrecht I, S. 946 ff. m. w. N.

im Zeitalter des Absolutismus durch den König ausgeübt wurde[121]. Die Bundesrepublik Deutschland ist somit eine *parlamentarische Demokratie*: Der Bundestag ist die Volksvertretung (vgl. Art. 38 Abs. 1 Satz 2 GG), die im politischen System der Bundesrepublik die demokratische Legitimation vermittelt[122]. Er hat das Budgetrecht inne und ist das zentrale Organ der Legislative.

Es besteht darüber hinaus ein *parlamentarisches Regierungssystem*. Kennzeichen sind **142** die Wahl des Regierungschefs durch das Parlament und die beständige Abhängigkeit der Regierung vom Vertrauen des Parlaments. Das Gegensystem ist die präsidiale Demokratie, bei der der Staatspräsident direkt vom Volk gewählt wird und die Regierung in eigener Verantwortung ernennt, ohne dass das Parlament hieran beteiligt sein muss, wie etwa in der Weimarer Republik oder den Vereinigten Staaten von Amerika.

Die Entscheidung für ein parlamentarisches Regierungssystem im Grundgesetz **143** ergibt sich aus Art. 63 Abs. 1 GG. Der Bundeskanzler als Regierungschef wird vom Bundestag gewählt. Entsprechend kann das Parlament einen Regierungschef auch wieder abwählen (vgl. Art. 67 GG). Die Stellung des Regierungschefs ist also abhängig vom Vertrauen des Parlaments. Die Teilhabe des Bundestags an der Staatsleitung ist im Grundgesetz vor allem durch die Gesetzgebung, die Kontrolle der Regierung, das Budgetrecht und das Zustimmungserfordernis zu völkerrechtlichen Verträgen festgelegt[123].

4. Parteiendemokratie

Parteien gehören zu den notwendigen Institutionen in einer repräsentativen De- **144** mokratie. Sobald die Willensbildung des Volkes in einer Volksvertretung konzentriert wird, bilden sich immer festere Gruppierungen, in denen Interessen gebündelt, Meinungen abgestimmt und vor allem Mehrheiten organisiert werden. In einer Volksvertretung, in der das Mehrheitsprinzip maßgeblich für alle Entscheidungen ist, hat der nicht organisierte Einzelne auf Dauer kaum eine Chance, mit seiner Stimme Gehör zu finden. Der Vorstellung einer konsensualen Kommunikationsgemeinschaft und eines immerwährenden Dialogs, eingebettet in einen herrschaftsfreien Diskurs, kommt in einer Massendemokratie keine empirische Realität zu. Die Massendemokratie ist gezwungen, neben Diskursbegrenzungsverfahren, wie der Abstimmung, auch inhaltliche Konsensbildungsverfahren einzuführen, die durch nichtstaatliche Organisationen vermittelt werden: die politischen Parteien. Moderne Massendemokratien sind ohne Parteien nicht denkbar, wenn auch der weitreichende Einfluss der Parteien auf alle politischen und gesellschaftlichen Entscheidungen nicht unproblematisch und die strikte Trennung von Staat und Parteien schlechterdings nicht möglich ist.
Das Grundgesetz erkennt die Rolle der Parteien, an der „politischen Willensbildung des Volkes" mitzuwirken (Art. 21 Abs. 1 Satz 1), ausdrücklich an und unterstellt die Parteien, denen daher eine „gewisse Staatsnähe"[124] zukommt, besonderen Anforderungen hinsichtlich einer Binnenorganisation nach demokratischen Grundsätzen und Transparenz der Herkunft und Verwendung ihrer Mittel (Art. 21 Abs. 1 Satz 3 u. 4)[125].

---

121 Vgl. *Steffani*, Parlamentarische und präsidentielle Demokratie, S. 118 ff.
122 Vgl. *Morlok/Hientzsch*, JuS 2011, 1 ff.
123 Vgl. *Stern*, Staatsrecht I, S. 956.
124 BVerfGE 121, 30 (53) – *Parteibeteiligung an Rundfunkunternehmen*.
125 Im Einzelnen hierzu unten Rn. 842.

5. Mehrheitskontrolle im Rechtsstaat

145 Der bereits dargestellten Missbrauchsgefahr, die das in der Demokratie geltende Mehrheitsprinzip (vgl. Art. 42 Abs. 2 Satz 1 GG)[126] mit sich bringt, begegnen der Grundsatz der Gewaltenteilung sowie weitere Ausprägungen des Rechtsstaatsprinzips, die im folgenden Abschnitt dargestellt werden[127].

6. Anwendungsbereich des Demokratieprinzips

146 Abschließend soll klargestellt sein, dass es sich beim Demokratieprinzip um ein Staatsorganisationsprinzip, kein Gesellschaftsorganisationsprinzip handelt. Andere funktionale Systeme in der Gesellschaft, wie etwa ein Konzern oder eine Religionsgemeinschaft, sind häufig hierarchisch organisiert und nicht am Maßstab des Art. 20 Abs. 1 u. 2 GG zu messen. Dieser beschränkt sich ausdrücklich auf die Regelung der Legitimierung staatlicher Gewalt; zunächst im Bund, über das Homogenitätsgebot des Art. 28 Abs. 1 GG jedoch auch in den Ländern und auf kommunaler Ebene.

147 Der rechtliche Anwendungsbereich des Demokratieprinzips findet also *keine Anwendung im außerstaatlichen Bereich*, weil es an einer entsprechenden allgemeinen gesetzlichen Anordnung fehlt. Einzige verfassungsrechtliche Ausnahme ist der bereits erwähnte Art. 21 Abs. 1 Satz 3 GG, der die innere Ordnung der Parteien nach demokratischen Grundsätzen normiert. Diese Vorschrift trägt der besonderen Staatsnähe der Parteien Rechnung, die an der Willensbildung des Volkes mitwirken.

Rechtsprechung: BVerfGE 8, 104 – *Volksbefragung*; BVerfGE 20, 56 – *Zuschüsse an Parteien*; BVerfGE 44, 125 – *Öffentlichkeitsarbeit der Bundesregierung*; BVerfGE 63, 230 – *Öffentlichkeitsarbeit der Bundesregierung vor Bundestagswahlen*; BVerfGE 73, 40 – *steuerliche Abzugsfähigkeit von Spenden*; BVerfGE 77, 1 – *Neue Heimat*; BVerfGE 83, 37 – *Ausländerwahlrecht*; BVerfGE 83, 60 – *Ausländerwahlrecht*; BVerfGE 89, 155 – *Maastricht*; BVerfGE 93, 37 – *Mitbestimmungsgesetz Schleswig-Holstein*; BVerfGE 95, 335 – *Verfassungsmäßigkeit von Überhangmandaten*; BVerfGE 95, 408 – *Verfassungsmäßigkeit von Grundmandatsklauseln*; BVerfGE 97, 317 – *Nachfolge für ausgeschiedene Wahlkreisabgeordnete*; BVerfGE 103, 11 – *Wahlprüfung in Hessen*; BVerfGE 107, 59 – *Lippeverband*; BVerfGE 111, 382 – *Drei-Länder-Quorum*; BVerfGE 121, 30 – *Parteibeteiligung an Rundfunkunternehmen*; BVerfGE 121, 266 – *Negatives Stimmgewicht*; BVerfGE 123, 39 – *Wahlcomputer*; BVerfGE 129, 300 – *Fünf-Prozent-Sperrklausel im Europawahlrecht*; BVerfGE 130, 76 – *Maßregelvollzug*; BVerfGE 130, 212 – *Wahlkreiseinteilung*; BVerfGE 131, 316 – *Negatives Stimmgewicht*; BVerfGE 132, 39 – *Wahlberechtigung Auslandsdeutscher*; BVerwG DVBl. 1997, 1276 – *Wahlempfehlung durch Bürgermeister*.

Literatur:

Zur Ergänzung:
Kaiser, R., Mehrheitserfordernisse im Staatsrecht, JuS 2017, 221 ff.; *Michl, F.*, Der demokratische Rechtsstaat in Krisenzeiten (Teil 2), JuS 2020, 643 ff.; *Morlok, M./Hientzsch, C.*, Das Parlament als Zentralorgan der Demokratie, JuS 2011, 1 ff.; *Schröder, U. J.*, Das Demokratieprinzip des Grundgesetzes, JA 2017, 809 ff.; *Stumpf, G. H.*, Demokratieförderung unter dem Grundgesetz – Verfassungsrechtliche Zulässigkeit von Volksbefragungen, JA 2017, 601 ff. (Fallbearbeitung); *Voßkuhle, A./Kaiser, A.-B.*, Grundwissen Öffentliches Recht – Demokratische Legitimation, JuS 2009, 803 ff.; *Wischmeyer, T.*, Was ist eigentlich … liquid democracy?, JuS 2020, 20 ff.

---

126 Zur Ausgestaltung des Mehrheitsprinzips im Bundestag s. unten Rn. 611.
127 Ausführlich unten Rn. 152 ff.

Zur Vertiefung:

Aktuelle Diskussionen

Augsberg, S., Wer ist das Volk? Die Pluralität demokratischer Entscheidungsformen als Herausforderung für Verfassungsrecht und Demokratietheorie, ZG 2012, 251 ff.; *Boehme-Neßler, V.*, Das Parlament in der Pandemie, DÖV 2021, 243 ff.; *Classen, C. D.*, Der Verfassungsbegriff der Demokratie in Deutschland und in Frankreich, JÖR 65 (2017), 263 ff.; *Dreier, H.*, Rechtsstaat, Föderalismus und Demokratie in der Corona-Pandemie, DÖV 2021, 229 ff.; *Gusy, C.*, Pandemien als Stresstest der Demokratie, DÖV 2021, 757 ff.; *Heußner, H. K./Pautsch, A.*, „Plebiszit von oben" bald bundesweit?, Zur Verfassungswidrigkeit einfachgesetzlicher konsultativer Volksbefragungen, NJW 2015, 1225 ff.; *Jouanjan, O.*, Demokratie als Verfassungslehre, Der Staat 58 (2019), S. 223 ff.; *Kersten, J.*, Schwarmdemokratie, JuS 2014, 673 ff.; *Klafki, A.*, Resilienz des Grundgesetzes im Zeitalter des Populismus, KritV 2020, 113 ff.; *Murswiek, D.*, Staatsvolk, Demokratie und Einwanderung im Nationalstaat des Grundgesetzes, JÖR 66 (2018), 385 ff.; *Rennert, K.*, Überlegungen zum Verhältnis direkter zu repräsentativer Demokratie, DVBl 2021, 345 ff.; *Röhner, C.*, Von Repräsentation zu demokratischer Gleichheit, Der Staat 59 (2020), 421 ff.; *Sauer, H.*, Demokratische Legitimation zwischen Staatsorganisationsrecht und grundrechtlichem Teilhabeanspruch, Der Staat 58 (2019), 7 ff.; *Schemmel, J.*, Soziale Netzwerke in der Demokratie des Grundgesetzes, Der Staat 57 (2018), 501 ff.; *Voßkuhle, A.*, Demokratie und Populismus, Der Staat 57 (2018), 119 ff.

Grundlegende Texte

Badura, P., Die parlamentarische Demokratie, HStR I, 1. Aufl. 1987, § 23; *Böckenförde, E.-W.*, Demokratie als Verfassungsprinzip, HStR I, 1. Aufl. 1987, § 22; *Kelsen, H.*, Vom Wesen und Wert der Demokratie, 2. Aufl. 1929, Neudruck 1963; *Möllers, C.*, Demokratie, VerfassungsR-HdB, 2021, § 5; *v. Simon, W./Kriele, M.*, Das demokratische Prinzip im Grundgesetz, VVDStRL 29, 3.

§ 17 Republik

Das Grundgesetz definiert den Begriff Republik nicht. Sein Wortlaut geht auf die lateinische Bezeichnung „res publica" zurück: die öffentliche Sache, die „Sache, die alle angeht", d. h. das Gemeinwesen, der Staat. Der moderne Begriff der Republik (dt. „Freistaat") knüpft an die Bestimmung des Staatsoberhaupts an. Dieses wird in der Republik, anders als in der Monarchie, nicht nach dynastischen Prinzipien (Erbfolge) bestimmt, sondern auf Zeit gewählt.

I. Der Begriff der Republik

Die Dreiteilung der Staatsformen in der Antike (Monarchie, Aristokratie, Demokratie)[128] wurde seit Beginn der Neuzeit durch einen Dualismus von Republik und Monarchie verdrängt, der auf *Machiavellis* Werk „Il Principe" zurückgeht. Machiavelli teilte die Staaten ein in solche, die sich am allgemeinen öffentlichen Wohl orientieren („res publica") und deren Wille sich an den Interessen seiner Bürger ausrichtet, und solche, in denen ein absoluter Herrscher bei der Ausübung des staatlichen Willens sich nicht am öffentlichen Interesse orientiert. Der Begriff der Demokratie als eigenständiger Staatsform fand erst nach der Überwindung des Absolutismus wieder zu der Bedeutung zurück, die ihm bereits in der antiken Staatslehre eingeräumt war[129]. **148**

---

128 S. dazu oben Rn. 93.
129 Vgl. *Stern*, Staatsrecht I, S. 579 ff.

149 Nach dem dargestellten Dualismus kennzeichnet sich die Republik als Ablehnung der Monarchie. Versteht man Monarchie klassisch als Herrschaft einer Einzelperson, schließt danach der Republikbegriff in einem weiteren Sinne jegliche Form der Einzelherrschaft aus. Seit dem Ende des Absolutismus wandelte sich die Monarchie immer mehr von einer effektiven Alleinherrschaft zu einer Staatsform, in der das Staatsoberhaupt zwar eine einzelne Person ist, aber keine echten Machtbefugnisse mehr besitzt und nur noch symbolische, repräsentative Aufgaben zu erfüllen hat. Entsprechend wandelte sich der Begriff der Republik und stellte nicht mehr auf die Machtbefugnisse ab, sondern auf die *Legitimation des Staatsoberhaupts*[130]. In einer Monarchie ist die lebenslange Stellung des Staatsoberhauptes nicht von einer Legitimierung durch das Volk abhängig, sondern erfolgt insbesondere nach dynastischen Gesichtspunkten. Das Beispiel einer *Wahlmonarchie* bietet die Geschichte des Heiligen Römischen Reichs Deutscher Nation. Dort wurde der König, der im Anschluss an seine Wahl jeweils zum Kaiser gekrönt wurde, von den Fürsten gewählt, wobei das Wahlverfahren in der Goldenen Bulle von 1356 geregelt war. Auch die Wahl geschah jedoch auf Lebenszeit, ein König konnte nicht abgesetzt werden.

Eine Republik im modernen Verständnis verlangt demgegenüber nach der unmittelbaren oder mittelbaren Legitimierung des Staatsoberhauptes durch das Volk: es kann dann jedes Mitglied des Staatsvolks auch dessen Oberhaupt werden. Kennzeichen der demokratischen Legitimierung ist die zeitlich begrenzte Amtsinhaberschaft und die Möglichkeit der Absetzung. Das Beispiel des Vereinigten Königreichs zeigt, dass Demokratie und Republik nicht zusammenfallen müssen. Die effektive Staatsgewalt geht dort vom Volk aus, auch wenn das Staatsoberhaupt nach dynastischen Gesichtspunkten bestimmt wird (Erbmonarchie).

II. Die Entscheidung des Grundgesetzes für die Republik

150 Die Entscheidung für die Republik ergibt sich schon aus der Bezeichnung (Bundes)Republik Deutschland in Art. 20 Abs. 1 GG. Durch die Schutzwirkung des Art. 79 Abs. 3 GG ist die Republik als Staatsform und die Absage an die Monarchie unter der Herrschaft des Grundgesetzes endgültig.

151 Die konkrete Ausgestaltung des republikanischen Prinzips ergibt sich aus den Regelungen des Grundgesetzes zum *Bundespräsidenten* (vgl. Art. 54 ff.). Der Bundespräsident ist auch ohne ausdrückliche Festlegung im Grundgesetz Staatsoberhaupt der Bundesrepublik Deutschland. Dies ergibt sich aus der deutschen verfassungsrechtlichen Tradition, der Entstehungsgeschichte des Grundgesetzes und den traditionell dem Staatsoberhaupt zustehenden Funktionen, wie der Ernennung der Regierung (Art. 63 Abs. 1, Art. 64 Abs. 1 GG) oder der völkerrechtlichen Vertretungsmacht (Art. 59 GG). Der Bundespräsident wird von der Bundesversammlung für fünf Jahre gewählt (Art. 54 Abs. 1 Satz 1, Abs. 2 Satz 1 GG) und kann durch ein Verfahren vor dem Bundesverfassungsgericht aus seinem Amt entfernt werden (Art. 61 GG). Grundsätzlich kann jeder Deutsche über 40 Jahre Staatsoberhaupt werden (Art. 54 Abs. 1 Satz 2 GG).

---

130 Vgl. *Stern*, Staatsrecht I, S. 581 f.

Literatur:

Zur Vertiefung:
Gröschner, R., Die Republik, HStR II § 23; *Henke, W.,* Zum Verfassungsprinzip der Republik, JZ 1981, 249 ff.; *Isensee, J.,* Republik, Sinnpotential eines Begriffs, JZ 1981, 1 ff.; *Nowrot, K.,* Das Republikprinzip in der Rechtsordnungengemeinschaft, 2014; *Reinalter, H. (Hrsg.),* Republikbegriff und Republiken seit dem 18. Jahrhundert im europäischen Vergleich, 1999; *Wallerath, M.,* Die schwächelnde Republik, DÖV 2021, 905 ff.; *Wiegand, M. A.,* Demokratie und Republik, 2017.

§ 18 Rechtsstaat

Grundsätzlich kann man als Rechtsstaat (zum Begriff vgl. Art. 23 Abs. 1, 28 Abs. 1   **152**
Satz 1 GG) einen Staat bezeichnen, in dem die Ausübung der Staatsgewalt Schranken unterliegt[131]. Diese Schranken ergeben sich:

– aus der Rechtssubjektqualität der gewaltunterworfenen Bürger,
– aus der funktionalen Teilung der Staatsgewalt,
– aus der Bindung der Staatsgewalt an die Regelungen, die sie selbst erlassen hat.

Die Basis der gebundenen staatlichen Ordnung ist die Verfassung, die die Grund-   **153**
ordnung eines Staates auf Dauer verbindlich festlegt und dem Staat damit ein normatives Gefüge gibt, das nicht zur vollständigen Disposition des jeweiligen Inhabers der Staatsgewalt steht. Die Verfassungsinhalte sind für den verfassungsändernden Gesetzgeber nur unter erschwerten Bedingungen abänderbar (vgl. Art. 79 Abs. 2 GG) und bleiben in einem Kernbereich jeder Änderung entzogen (vgl. Art. 79 Abs. 3 GG). Als einzige Möglichkeit, die Verfassung vollständig zu beseitigen, bleibt nur die Schaffung einer neuen Verfassung durch die verfassunggebende Gewalt des Volkes[132]. In einem Verfassungsstaat kann die Staatsgewalt nicht mehr vollkommen ungebunden, sondern nur noch in der Form und unter den Bedingungen ausgeübt werden, die in der Verfassung vorgefunden werden. Dem gegenüber steht der reine Machtstaat, in dem die Staatsgewalt totalitär wirkt[133].

Allgemein kann man zwischen einem formellen und einem materiellen Rechts-   **154**
staatsbegriff unterscheiden. Der formelle Rechtsstaatsbegriff knüpft an die Bindung der Staatsgewalt an Verfahrensstandards an, während sich der materielle Rechtsstaatsbegriff auf inhaltliche Beschränkungen staatlicher Gewaltausübung bezieht. Nach der Vorstellung beider Konzepte wird sich zeigen, dass diese im Grundgesetz der Bundesrepublik Deutschland eine Synthese erfahren haben.

I. Formeller Rechtsstaat

Für einen formellen Rechtsstaat ist kennzeichnend, dass die Staatsgewalt organisa-   **155**
torisch und verfahrenstechnisch an *Normen gebunden* ist, die eine willkürliche Ent-

---

131 Zum Ganzen vgl. *Degenhart,* Staatsrecht I, Rn. 142 ff.; *Stern,* Staatsrecht I, § 20; *Maurer,* Staatsrecht I, § 8 Rn. 5 ff.; *Schmidt-Aßmann,* HStR II § 26.
132 S. dazu ausführlich oben Rn. 52 ff.
133 Vgl. *Isensee,* HStR II § 15; *Kirchhof,* HStR II, § 21 Rn. 86 jeweils m. w. N.

faltung ausschließen. So soll dem Missbrauch staatlicher Macht vorgebeugt werden. Dagegen kommt es nicht darauf an, welche Inhalte und Ziele das staatliche Handeln hat. Kern des formellen Rechtsstaats sind[134]:

–   *Verfassungsbindung der Staatsgewalt:* Der Staat handelt nur, wenn und soweit er dazu durch die Verfassung ermächtigt wird. Die Verfassung regelt verbindlich, welche Staatsorgane welche Zuständigkeiten haben und welche Instrumente ihnen dafür zur Verfügung stehen. Die verfassungsrechtlichen Vorgaben beanspruchen dabei Vorrang vor allen anderen innerstaatlichen Rechtssätzen[135].

–   *Gewaltenteilung:* Die Staatsgewalt ist aufgeteilt in die drei getrennten Bereiche Gesetzgebung (Legislative), vollziehende Gewalt (Exekutive) und Rechtsprechung (Judikative)[136].

–   *Gesetzmäßigkeit staatlichen Handelns:* Zentrales Instrument und Ausgangspunkt des staatlichen Handelns ist das Gesetz. Die vollziehende Gewalt bedarf zum Handeln einer gesetzlichen Ermächtigung, die vom Gesetzgeber erst erlassen werden muss (Vorbehalt des Gesetzes). Es darf nicht gegen die geltenden Gesetze verstoßen werden (Vorrang des Gesetzes). So erlangt der Bürger im Rahmen der geltenden Gesetze Rechtssicherheit und Freiräume gegenüber dem Staat[137].

–   *Unabhängiger Rechtsschutz:* Die Einhaltung der Gesetze wird durch die Rechtsprechung überwacht. Ihre Unabhängigkeit garantiert eine effektive Kontrolle, hebt aber nicht die gesetzliche Bindung der Rechtsprechung als Teil der Staatsgewalt auf[138].

156 Diese Prinzipien des formellen Rechtsstaats prägten die Staatsverfassungen im Deutschen Bund des 19. Jahrhunderts[139]. Die vollziehende Gewalt wurde von Monarchen ausgeübt, die jedoch einer gesetzlichen Ermächtigung, für deren Erlass die Zustimmung des Parlaments erforderlich war, bedurfte, um in Freiheit und Eigentum der Bürger einzugreifen. Unselbstständige Ausschüsse und Kammern in der Verwaltung, später auch Verwaltungsgerichte, konnten Maßnahmen der Exekutive auf ihre Rechtmäßigkeit überprüfen. So sollten Machtmissbrauch und Willkürherrschaft absolutistischer Monarchien überwunden werden. Die Beschränkung auf einen formellen Rechtsstaat ohne Berücksichtigung der Inhalte staatlichen Handelns allein kann dieses Ziel jedoch nicht dauerhaft verwirklichen. Der Bürger erlangt durch die Bindung der Herrschaft an die geltenden Gesetze zwar Freiheitssphären und Rechtssicherheit. Vor inhaltlicher Willkür formgerecht erlassener Gesetze besteht in einem formellen Rechtsstaatssystem jedoch kein ausreichender Schutz.

II.   Materieller Rechtsstaat

157 Hierzu bedarf es inhaltlicher Bindungen, die Gegenstand des materiellen Rechtsstaatsbegriffs sind. Der materielle Rechtsstaat wird vor allem durch die inhaltlichen Vorgaben der Verfassung geprägt. Dazu zählen:

---

134 Vgl. *Stern,* Staatsrecht I, S. 784 ff.
135 Vgl. *Stern,* Staatsrecht I, S. 787 f.
136 Vgl. *Stern,* Staatsrecht I, S. 792 ff. m. w. N.
137 Vgl. *Maurer,* Staatsrecht I, § 8 Rn. 7.
138 *Maurer,* Staatsrecht I, § 8 Rn. 23 ff.
139 Dazu oben Rn. 22 ff.

- die *Bindung aller staatlichen Gewalt an die Menschenwürde und die Grundrechte;*
- die *unantastbaren verfassungsrechtlichen Entscheidungen für Demokratie und den Sozialstaat;*
- die *Überprüfung auch der Gesetzgebung am Maßstab verfassungsrechtlicher Vorgaben* durch eine unabhängige Rechtsprechungsinstanz.

Historisch steht die Herausbildung des materiellen Rechtsstaats im Zusammen- **158** hang mit den gesellschaftlichen Veränderungen in der Zeit der Industrialisierung. Der Staat konnte sich nicht mehr darauf beschränken, für innere und äußere Sicherheit zu sorgen (Polizeistaat, Nachtwächterstaat), sondern musste die sozialen und politischen Umwälzungen auffangen, die mit dem Wandel der klassischen Bürgergesellschaft zur Industriegesellschaft einhergingen. Aufgrund dieser Entwicklung wird der materielle Rechtsstaat des Grundgesetzes im Gegensatz zum liberalen Rechtsstaat des 19. Jahrhunderts auch als sozialer Rechtsstaat (vgl. Art. 28 Abs. 1 GG) bezeichnet.

III. Synthese von formellem und materiellem Rechtsstaat im Grundgesetz

Das Grundgesetz vereinigt formellen und materiellen Rechtsstaat in der Erkennt- **159** nis, dass eine sinnvolle Bindung der Staatsgewalt nur in einer Kombination von verfahrensregelnden und inhaltlichen Vorgaben verwirklicht werden kann. Der formelle Rechtsstaat ist wertlos, wenn die Staatsgewalt mittels gesetzlicher Regelungen zu jeglichem Zweck missbraucht werden kann. Andererseits sind inhaltliche Vorgaben wie Demokratie oder Grundrechte nicht effektiv gewährleistet, wenn sie nicht durch formelle Elemente der Gewaltenteilung, der Gesetzmäßigkeit staatlichen Handelns und der unabhängigen Rechtsprechung flankiert werden.

IV. Normative Ausgestaltung des Rechtsstaatsprinzips im Grundgesetz

Das Rechtsstaatsprinzip wird in Art. 20 GG nicht wie die übrigen Strukturprinzi- **160** pien Demokratie, Bundesstaat und Sozialstaat ausdrücklich genannt. Der Wortlaut des Art. 28 Abs. 1 GG dagegen setzt das Rechtsstaatsprinzip als Maßstab für die staatliche Ordnung der Länder voraus. Auch Art. 23 Abs. 1 Satz 1 GG nennt die rechtsstaatlichen Grundsätzen verpflichtete Ordnung der Europäischen Union als Voraussetzung der deutschen Mitwirkung. Es ist daher allgemeine Auffassung, dass das Rechtsstaatsprinzip, das man inhaltlich auch an Art. 20 Abs. 3 GG festmachen kann, den übrigen in Art. 20 Abs. 1 GG genannten Strukturprinzipien gleichwertig ist und unter dem qualifizierten Schutz der Ewigkeitsgarantie von Art. 79 Abs. 3 GG steht.

Die normative Grundlage des Rechtsstaatsprinzips wird überwiegend aus einer **161** Zusammenschau mehrerer verfassungsrechtlicher Bestimmungen hergeleitet:

„Das Rechtsstaatsprinzip gehört zu den Leitideen, die den Gesetzgeber unmittelbar binden; das ergibt sich aus einer Zusammenschau der Bestimmungen des Art. 20 Abs. 3 über die Bindungen der Einzelgewalten und der Art. 1 Abs. 3, 19 Abs. 4, 28 Abs. 1 Satz 1 GG sowie aus der Gesamtkonzeption des Grundgesetzes. Zwar enthält dieses Prinzip nach der Rechtsprechung des Bundesverfassungsgerichts [...] keine für jeden Sach-

verhalt in allen Einzelheiten eindeutig bestimmten Gebote oder Verbote von Verfassungs-
rang; dieser Verfassungsgrundsatz bedarf vielmehr der Konkretisierung je nach den Gege-
benheiten, wobei fundamentale Elemente des Rechtsstaates und die Rechtsstaatlichkeit
im ganzen gewahrt bleiben müssen."[140]

In jüngeren Entscheidungen beschränkt sich das BVerfG auf die Nennung von Art. 20 Abs. 3 GG als Grundlage des Rechtsstaatsprinzips[141].

Wie sich aus der angeführten Begründung des BVerfG herauslesen lässt, wird das allgemeine Rechtsstaatsprinzip in verschiedenen Vorschriften des Grundgesetzes konkret ausgestaltet. Insoweit ist das allgemeine Rechtsstaatsprinzip subsidiär. Es gilt aber über einzelne konkrete Regelungen hinaus für die gesamte Rechtsordnung als Wertentscheidung und allgemeines Prinzip, das vor allem die Auslegung einzelner Normen beeinflusst[142].

Im Folgenden sollen die Ausprägungen des Rechtsstaatsprinzips im Grundgesetz dargestellt werden, wobei neben dem formellen Prinzip der Gewaltenteilung insbesondere der materielle Grundsatz der rechtlichen Bindung der Staatsgewalt und besondere Anforderungen an rechtsstaatliches Handeln zu untersuchen sind. Zu beachten ist dabei, dass der Rekurs auf das allgemeine Rechtsstaatsprinzip stets subsidiär gegenüber einzelnen gesetzlichen Bestimmungen ist, die das rechtsstaatliche Verfahren konkret ausgestalten.

V.   Gewaltenteilung

162   Der Grundsatz der Gewaltenteilung wurde bereits als Einschränkung des Mehrheitsprinzips in der Demokratie erwähnt. Im Zusammenhang mit dem Rechtsstaatsprinzip, aus dem er abgeleitet werden kann, sollen hier die weiteren Implikationen der Gewaltenteilung als System von Funktionsabgrenzungen mit wechselseitiger Kontrolle vorgestellt werden, die sich auf jegliche Ausübung von Hoheitsgewalt beziehen.

1.   Der Begriff der Gewaltenteilung

163   Ziel der Aufteilung staatlicher Aufgaben und Kompetenzen auf verschiedene Gewalten ist die Verhinderung staatlichen Machtmissbrauchs, der bei einer Konzentration der staatlichen Macht in besonderer Weise droht. Dem Gewaltenteilungsgrundsatz liegt der Gedanke der Einteilung der Staatsgewalt in unterschiedliche Staatsfunktionen zugrunde, um durch wechselseitige Kontrolle, Hemmung und Mäßigung der Teilgewalten (*„checks and balances"*) eine Begrenzung staatlicher Machtausübung sowie ihre Berechenbarkeit und Kontrollierbarkeit zu erreichen. Darüber hinaus soll sichergestellt werden, dass staatliche Funktionen jeweils den Stellen zugewiesen werden, die sie bestmöglich wahrnehmen können.

164   Begrifflich ist zunächst zwischen horizontaler und vertikaler Gewaltenteilung zu unterscheiden. *Vertikale Gewaltenteilung* ergibt sich durch die Verteilung von Kompetenzen auf mehreren staatlichen Ebenen, im Bundesstaat Bund und Länder[143]. *Horizontale Gewaltenteilung* meint die Trennung der Wahrnehmung unterschiedli-

---

140   BVerfGE 45, 187 (246) – *Lebenslange Freiheitsstrafe*.
141   BVerfGE 92, 365 (409) – *Lohnersatzleistung im Arbeitskampf*; BVerfGE 93, 99 (107).
142   Vgl. *Maurer*, Staatsrecht I, § 8 Rn. 2 f.
143   Dazu unten Rn. 245.

cher Herrschaftsfunktionen auf einer Ebene[144]. Dabei sind wiederum funktionelle, organisatorische und personelle Gewaltenteilung zu unterscheiden.

Funktionelle Gewaltenteilung bedeutet, dass die Staatsgewalt in die drei Bereiche **165** Gesetzgebung, vollziehende Gewalt und Rechtsprechung getrennt wird (Art. 20 Abs. 2 Satz 2 Halbsatz 2 GG)[145]. Jede dieser drei Teilgewalten wird einem anderen Träger zugewiesen und auf besondere Organe verteilt (*organisatorische* Gewaltenteilung). Die *personelle* Gewaltenteilung, wonach die unterschiedlichen Staatsorgane und staatlichen Ämter zu besetzen sind, verhindert, dass die organisatorische Gewaltenteilung durch die Identität der Ausführenden wieder unterlaufen werden kann. Wer Bundeskanzler ist, kann nicht gleichzeitig Bundespräsident oder Mitglied des Bundesverfassungsgerichts sein.

2. Gewaltenteilung als rechtsstaatliches Prinzip

Gewaltenteilung als ein oberstes rechtsstaatliches Prinzip entspringt der histori- **166** schen Erkenntnis, dass geballte staatliche Macht, oft in der Hand nur einer Person konzentriert, zu Machtmissbrauch, Willkürherrschaft und Unterdrückung der Menschen führt. Die Gewaltenteilung im klassischen Sinne ist vor allem auf die Lehre von *Charles Baron de Montesquieu* (1689–1755) zurückzuführen, der als Reaktion auf die absolute monarchische Herrschaft in Frankreich eine Dreiteilung der staatlichen Gewalt forderte, die einen Ausgleich zwischen der bestehenden Monarchie und dem aufstrebenden Bürgertum ermöglichen sollte[146]. In jedem Staat, so Montesquieu, gebe es eine *gesetzgebende Gewalt* (*Legislative, puissance législative*), eine *vollziehende Gewalt* (*Exekutive, puissance exécutrice*) und eine *rechtsprechende Gewalt* (*Judikative, puissance de juger*). Jede dieser Staatsfunktionen müsse, so seine Forderung, durch unterschiedliche Träger ausgeübt werden, die grundsätzlich unabhängig voneinander agieren sollen. Die Gesetzgebung solle durch ein parlamentarisches Zweikammersystem aus Adel und Volksvertretern ausgeübt werden, die vollziehende Gewalt – damals vor allem auswärtige Angelegenheiten, Militär, Polizei und Steuern – durch den Monarchen und ihm nachgeordnete Verwaltungsapparate, die Rechtsprechung durch die Richter. Die reine organisatorische Aufteilung wird so durch eine systematische Aufteilung der staatlichen Funktionen ergänzt, um staatliche Macht zu begrenzen. Ausschließlich der Gesetzgeber soll Gesetze erlassen und hierdurch über den Grundsatz der Gesetzmäßigkeit des staatlichen Handelns die vollziehende Gewalt in Inhalt und Reichweite beschränken. Die Rechtsprechung kontrolliert die Akte der vollziehenden Gewalt auf ihre Rechtmäßigkeit und macht sie unter Umständen rückgängig. Die Rechtsprechung selbst wird kontrolliert durch ihre Bindung an die geltenden Gesetze, die der Gesetzgeber erlässt. Wesentlich ist dabei die personelle Gewaltenteilung, die durch strenge Inkompatibilität erreicht werden soll. Niemand darf zugleich ein Amt in mehr als einer der Gewalten innehaben. Indem sich die drei Teilgewalten gegenseitig „behindern" und hemmen, wird die staatliche Machtausübung kontrolliert und Machtmissbrauch erschwert[147].

---

144 Vgl. *Grzeszick*, in: Dürig/Herzog/Scholz, GG, Art. 20 V Rn. 18 f.
145 Vgl. *Jarass*, in: Jarass/Pieroth, GG, Art. 20 Rn. 33.
146 Esprit des lois – Oeuvres complètes de Montesquieu hrsg. André Masson, 1950, Bd. 1; s. auch *Stein/Frank*, Staatsrecht, § 12.
147 Vgl. *Maurer*, Staatsrecht I, § 12 Rn. 7 ff.

167 Im demokratischen Staat ist das Volk alleiniger Träger der Staatsgewalt; aufgegliedert in Legislative, Exekutive und Judikative wird dort somit allein die Ausübung der Staatsgewalt[148]: Diese wird auf die Volksvertretung als Gesetzgeber, auf die demokratisch legitimierte Regierung und die ihr nachgeordneten Verwaltungsbehörden als vollziehende Gewalt und auf die Richter als Organe der Rechtsprechung verteilt.
Die *Legislative* (Gesetzgebung) stellt abstrakt-generelle Regeln auf, die für Bürger und staatliche Stellen verbindliche Gebote und Verbote enthalten. Die Normen richten sich dabei an eine unbestimmte Anzahl von Personen und ihr Anwendungsbereich ist weder zeitlich noch örtlich festgelegt. Die *Exekutive* (vollziehende Gewalt) setzt sich aus Regierung und Verwaltung zusammen. Ihre typische Aufgabe besteht im Vollzug von Gesetzen, wobei sie anders als die Gesetzgebung konkrete Einzelfallentscheidungen trifft. Der Begriff der Exekutive ist weit auszulegen und umfasst jedes staatliche Handeln, das nicht Gesetzgebung oder Rechtsprechung ist[149]. Die *Judikative* (Rechtsprechung) trifft als am jeweiligen Rechtsstreit unbeteiligte Dritte eine Rechtsentscheidung am Maßstab des Rechts in einem förmlichen Verfahren[150].

168 Bei der „Gewaltenteilung" handelt es sich freilich nicht um eine vollständige Trennung von Funktionsbereichen. Eine solche wäre praktisch nicht möglich und ist auch rechtsstaatlich unerwünscht. Vielmehr sollen gerade *gegenseitige Einfluss-* und *Kontrollrechte* Machtüberschreitungen einzelner Gewalten verhindern. Nur ein System aus „*checks and balances*" kann ein staatliches Gefüge auf Dauer im Gleichgewicht halten und Machtmissbrauch vermeiden. Der demokratischen Staatsform läuft eine vollständige Gewaltenteilung schon deshalb zuwider, weil alle staatliche Gewalt von nur einem Träger, nämlich vom Volk, abgeleitet werden muss. Vermittelt die Volksvertretung die demokratische Legitimation aller staatlichen Gewalt, dann muss die Ausübung der Rechtsprechung und vollziehenden Gewalt zumindest mittelbar auf den Volkswillen zurückführbar sein. Das erfordert gewisse Durchbrechungen der Gewaltenteilung durch parlamentarische Einflussmöglichkeiten, Kontroll- und Mitwirkungsrechte. Auch eine bundesstaatliche Organisationsform macht die reine klassische Gewaltenteilung faktisch unmöglich, weil eine sinnvolle Verteilung der Staatsgewalt nicht nur horizontal auf Bundesebene, sondern auch vertikal auf Länderebene erfolgen muss. Grundkonzeption der rechtsstaatlichen Gewaltenteilung bleibt jedoch die historisch gewachsene Dreiteilung der Ausübung der staatlichen Gewalt[151].

3. Gewaltenteilung im Grundgesetz

→ *Rn. 1026*

169 Die Konzeption der *horizontalen Gewaltenteilung des Grundgesetzes* ist ein System aus gegenseitiger Verschränkung, Hemmung und Zusammenwirken staatlicher Funktionen, deren Basis die klassische Dreiteilung der staatlichen Gewalt ist. Die Entscheidung für ein parlamentarisches Regierungssystem bewirkt eine enge Verzahnung von vollziehender Gewalt und Parlament[152]. Verstärkt wird dieser Effekt

---

148 Vgl. zu den typischen Aufgaben der Gewalten auch *Degenhart*, Staatsrecht I, Rn. 297 ff.; *Ipsen/Kaufhold/Wischmeyer*, Staatsrecht I, § 14 Rn. 1 ff.
149 *Ipsen/Kaufhold/Wischmeyer*, Staatsrecht I, § 14 Rn. 5.
150 *Ipsen/Kaufhold/Wischmeyer*, Staatsrecht I, § 14 Rn. 6.
151 Vgl. *Stern*, Staatsrecht I, S. 792 ff.
152 S. dazu oben Rn. 139 ff.

durch die Entwicklung hin zu einer Parteiendemokratie, in der gleiche Parteizugehörigkeiten die Grenzen zwischen den einzelnen staatlichen Funktionen und Ämtern verwischen[153]. Nach der grundgesetzlichen Konzeption sind die Gewalten
also nicht strikt voneinander getrennt, sondern es besteht eine *Gewaltenverschränkung* und zwar in organisatorischer, funktioneller und personeller Hinsicht[154].
Eingriffe in den Funktionsbereich einer anderen Gewalt sind nicht immer unzulässig. Der Grundsatz der Gewaltenteilung ist vielmehr erst bei einem Eingriff in
den Kernbereich einer anderen Gewalt verletzt. Dies ist dann der Fall, wenn seine
Verletzung ein Übergewicht der einen über die andere Gewalt bedeuten würde[155].
Was darunter genau zu verstehen ist, muss anhand einer Bewertung des Einzelfalls
ermittelt werden.
Die Einrichtung von Mitwirkungsrechten der Länder auf Bundesebene führt zu
Verschränkungen auch im Bereich der im Grundgesetz vorgesehenen *vertikalen
Gewaltenteilung.*

a) Horizontale Gewaltenteilung. *Ausgangspunkt der horizontalen Gewaltenteilung*   **170**
im Grundgesetz ist Art. 20 Abs. 2 Satz 2 i. V. m. Abs. 3. Die Staatsgewalt, die gem.
Art. 20 Abs. 2 Satz 1 GG vom Volke ausgeht, wird in drei Funktionen aufgeteilt:

–   Gesetzgebung,
–   vollziehende Gewalt,
–   Rechtsprechung.

Die *Ausübung* erfolgt durch besondere Organe, die jeweils getrennt voneinander   **171**
nur eine dieser Funktionen erfüllen. Dies wird durch die einzelnen Vorschriften
des Grundgesetzes, die die Staatsorgane benennen, ihre Einrichtung und Zusammensetzung regeln und ihnen ihre jeweilige Funktion zuweisen, konkretisiert. Die
Gesetzgebung wird dem Bundestag und dem Bundesrat auferlegt, die vollziehende
Gewalt der Bundesregierung und den ihr nachgeordneten Verwaltungsbehörden,
die Rechtsprechung dem Bundesverfassungsgericht, den obersten Bundesgerichten und den Gerichten der Länder[156].

Allerdings erfolgt die *Zuordnung* nicht vollständig und exklusiv. Insbesondere zwi-   **172**
schen Gesetzgebung und vollziehender Gewalt besteht eine weitreichende Verflechtung. So ist der Bundeskanzler vom Vertrauen des Parlaments abhängig und
kann durch ein konstruktives Misstrauensvotum (Art. 67 GG) abgewählt werden.
Die Kontrolle der Exekutive durch die parlamentarische Mehrheit ist in der Praxis
jedoch insofern eingeschränkt, als diese aufgrund der Wahl des Bundeskanzlers
durch den Bundestag zu parteipolitischer Übereinstimmung von Parlamentsmehrheit und Regierung führt. Sie findet insofern stärker durch die parlamentarische
Opposition statt, der hierzu besonders ausgestaltete Minderheitsrechte eingeräumt
werden (vgl. insb. Art. 44 GG)[157]. Häufig, aber nicht zwangsläufig, ergibt sich
eine personelle Verflechtung auch dadurch, dass Bundeskanzler und Minister auch
Abgeordnete des Bundestags und damit Mitglieder des zentralen Legislativorgans
sind. Weitere, in der Verfassung vorgesehene Verschränkungen ergeben sich durch
die Rechtsetzungsbefugnisse der Exekutive in Art. 80 GG und die Mitwirkung

---

153 Oben Rn. 144.
154 BVerfGE 95, 1 (15) – *Südumfahrung Stendal.*
155 BVerfGE 9, 268 (279 f.) – *Bremer Personalvertretung*; BVerfGE 95, 1 (15) – *Südumfahrung Stendal*; *Ipsen/
     Kaufhold/Wischmeyer*, Staatsrecht I, § 14 Rn. 15.
156 Zur Aufteilung der Staatsfunktionen siehe Teil IV.
157 Zu Minderheitsrechten im Parlament s. unten Rn. 580 ff.

von Bundestag und Bundesrat im klassischen Regierungsbereich der auswärtigen Angelegenheiten (Art. 59 Abs. 2 GG).
Zur Abgrenzung und Verflechtung der Kompetenzen von Parlament und Regierung schreibt das BVerfG:

> *„Im freiheitlich-demokratischen Staat des Grundgesetzes fällt in erster Linie dem Parlament die verfassungsrechtliche Aufgabe der Normsetzung zu; nur das Parlament ist hierfür demokratisch legitimiert. Der Exekutive obliegen dagegen vor allem Regierung und Verwaltung. Während die Regierung für die politische Gestaltung zuständig und parlamentarisch verantwortlich ist, ist die Verwaltung idealtypisch mit der Aufgabe des Gesetzesvollzugs im Einzelfall betraut. Das schließt eine einzelfallbezogene Einflussnahme des Parlaments auf das Handeln der Verwaltung freilich nicht aus. Da sich jedes amtliche Handeln auf den Willen des Volkes zurückführen lassen und ihm gegenüber verantwortet werden muss und der notwendige Zurechnungszusammenhang zwischen Volk und staatlicher Herrschaft vor allem durch die Wahl des Parlaments, durch die von ihm beschlossenen Gesetze als Maßstab der vollziehenden Gewalt, durch den parlamentarischen Einfluss auf die Politik der Regierung sowie durch die grundsätzliche Weisungsgebundenheit der Verwaltung gegenüber der Regierung hergestellt wird, kann nicht schon jede Einflussnahme des Parlaments auf die Verwaltung einen Verstoß gegen den Grundsatz der Gewaltenteilung darstellen. Selbst eine punktuelle Gewichtsverlagerung zugunsten des Parlaments ist mit Blick auf den in Art. 20 Abs. 2 Satz 2 GG niedergelegten Grundsatz der Gewaltenteilung in der parlamentarischen Demokratie grundsätzlich unbedenklich, solange dabei der Kernbereich der Exekutive nicht berührt wird.“*[158]

173 Am stärksten ist die Gewaltenteilung hinsichtlich der *Rechtsprechung* verwirklicht. Es gilt strenge personelle Inkompatibilität und der vollkommen unabhängige Status bei der Aufgabenerfüllung, der in Art. 97 GG ausdrücklich abgesichert wird. Eine Verflechtung mit anderen Staatsorganen wäre unerträglich, weil es entscheidendes Merkmal der Rechtsprechung ist, unabhängig und ohne Druck oder Weisungen von außen zu entscheiden. Einflussmöglichkeiten der anderen Gewalten bestehen zum einen darin, dass die Besetzung der Richterstellen der obersten Bundesgerichte und des BVerfG gemeinsam durch die Legislative und Exekutive erfolgt (vgl. Art. 94 Abs. 1 Satz 2, Art. 95 Abs. 2 GG). Zum anderen entscheidet die Rechtsprechung auf Basis der geltenden Gesetze und findet somit ihre Grenzen, wo Rechtspolitik und Rechtsetzung beginnen.

> *„Die Einzelfunktionen der Staatsgewalt sollen nicht scharf getrennt werden, vielmehr sollen sich die Organe der Legislativen, der Exekutiven und Justiz gegenseitig kontrollieren und begrenzen, damit die Staatsmacht gemäßigt und die Freiheit des Einzelnen geschützt wird.“*[159]

174 Das BVerfG beschreibt die grundgesetzliche Konzeption der horizontalen Gewaltenteilung so:

---

158 BVerfGE 139, 321 (362 f.) – *Verleihung des Körperschaftsstatus an Religionsgemeinschaften*. In dieser Entscheidung hielt das BVerfG die Regelung des Art. 61 S. 2 LV-Bremen für verfassungswidrig. Die Regelung, wonach die Verleihung des Körperschaftsstatus an Religionsgemeinschaften durch Landesgesetz erfolge, weise dem Landesparlament die Befugnis zum Erlass eines Einzelpersonengesetzes zu und stelle damit eine nicht zu rechtfertigende Wahrnehmung funktionalen Verwaltungshandelns durch den Gesetzgeber dar.
159 *Stern*, Staatsrecht II, S. 539.

„Die in Art. 20 Abs. 2 Satz 2 GG normierte Teilung der Gewalten ist für das Grundgesetz ein tragendes Organisations- und Funktionsprinzip. Sie dient der gegenseitigen Kontrolle der Staatsorgane und damit der Mäßigung der Staatsherrschaft. [...] Das Prinzip der Gewaltenteilung ist nirgends rein verwirklicht. Es bestehen zahlreiche Gewaltenverschränkungen und -balancierungen. Das Grundgesetz fordert nicht eine absolute Trennung, sondern die gegenseitige Kontrolle, Hemmung und Mäßigung der Gewalten. Allerdings muss die in der Verfassung vorgenommene Verteilung der Gewichte zwischen den drei Gewalten gewahrt bleiben. Keine Gewalt darf ein von der Verfassung nicht vorgesehenes Übergewicht über eine andere Gewalt erhalten. Keine Gewalt darf der für die Erfüllung ihrer verfassungsmäßigen Aufgaben erforderlichen Zuständigkeiten beraubt werden [...].“[160]

Der Grundsatz der Gewaltenteilung hat damit drei Aspekte. Zunächst sollen die verschiedenen Funktionen der Staatsgewalt, die diese Funktionen ausübenden Organe und die Personen, die in den Funktionen und Organen tätig sind, im Interesse einer Mäßigung der Staatsgewalt voneinander getrennt sein. Zum zweiten soll jede Staatsgewalt möglichst breit legitimiert sein. Neben diesen Aspekten der Trennung und Legitimation betont die Rechtsprechung des Bundesverfassungsgerichts schließlich die Bedeutung des Gewaltenteilungsprinzips als Gebot der sachgerechten Zuordnung der staatlichen Funktionen durch sachgemäße Kompetenzverteilung.

Die Gewaltenteilung zielt „auch darauf ab, dass staatliche Entscheidungen möglichst richtig, d. h. von den Organen getroffen werden, die dafür nach ihrer Organisation, Zusammensetzung, Funktion und Verfahrensweise über die besten Voraussetzungen verfügen (BVerfGE 68, 1 [86]). [...] Der Kernbereich der verschiedenen Gewalten ist unveränderbar. Damit ist ausgeschlossen, dass eine der Gewalten die ihr von der Verfassung zugeschriebenen typischen Aufgaben verkürzt.“[161]

b) Vertikale Gewaltenteilung. Die *vertikale Gewaltenteilung* im Grundgesetz ergibt sich zum einen aus dem Bundesstaatsprinzip des Art. 20 Abs. 1 GG, das eine Abgrenzung der staatlichen Gewalt zwischen den Ländern und dem Bund bewirkt. Zum anderen soll die Garantie kommunaler Selbstverwaltung gem. Art. 28 Abs. 2 GG eine dezentrale und bürgernah ausgeübte Staatsgewalt auf regionaler und gemeindlicher Ebene gewährleisten[162]. Eine besondere Form der Gewaltenverschränkung im Mehrebenensystem ergibt sich aus der Stellung des Bundesrates im Gesetzgebungsverfahren. Dadurch wird zum einen die vertikale Gewaltenteilung durch die Mitwirkung der Länder an der Bundesgesetzgebung konkretisiert (Art. 50 GG), zum anderen werden legislative Funktionen durch Mitglieder der Länderexekutiven wahrgenommen (Art. 51 Abs. 1 Satz 1 GG)[163]. **175**

VI. Die Bindung staatlicher Gewalt

Die Gewaltenteilung stellt ein zentrales Prinzip des formellen Rechtsstaats dar. **176**
Materielle Grenzen des staatlichen Herrschaftsanspruchs werden demgegenüber durch umfassende inhaltliche Bindungen erzielt. Die Bindung der staatlichen Gewalt im Grundgesetz lässt sich auf drei Normen stützen: Art. 1 Abs. 1 GG ver-

---

160 BVerfGE 95, 1 (15) – *Südumfahrung Stendal*.
161 BVerfGE 95, 1 (15) – *Südumfahrung Stendal*; *Chr. Möllers*, Gewaltengliederung, 2005, S. 68 ff., 88 ff.
162 Vgl. *Maurer*, Staatsrecht I, § 12 Rn. 13 ff.
163 Ausführlich dazu unten Rn. 618 ff.

pflichtet alle staatliche Gewalt auf den Schutz und die Achtung der unantastbaren Menschenwürde. Die aus der Menschenwürde entspringenden Grundrechte binden gem. Art. 1 Abs. 3 GG sämtliche Gewalten als unmittelbar geltendes Recht. Hinzu tritt nach Art. 20 Abs. 3 GG die Bindung der Gesetzgebung an die verfassungsmäßige Ordnung und die Bindung von vollziehender Gewalt und Rechtsprechung an Gesetz und Recht.

1.   Bindung an Menschenwürde und Grundrechte (Art. 1 Abs. 1 u. 3 GG)

177 An die Menschenwürde und die aus ihr entspringenden Grundrechte sind gem. Art. 1 Abs. 1 u. 3 GG alle Gewalten unmittelbar gebunden. Die „umfassende Bindung der deutschen Staatsgewalt an die Grundrechte des Grundgesetzes" ist nicht grundsätzlich auf einen „territorialen Bezug zum Bundesgebiet" oder die „Ausübung spezifischer Hoheitsbefugnisse" begrenzt; sie greift auch bei auswärtigem Handeln der deutschen Staatsgewalt[164]. Die Grundrechte gestalten das Rechtsverhältnis zwischen Staat und Bürger aus, indem sie dem Bürger subjektive Rechte gegen den Staat verleihen. Grundrechtseingriffe durch die staatliche Gewalt bedürfen stets einer gesetzlichen Grundlage (*formelles Rechtsstaatselement*, Art. 19 Abs. 1 GG), wobei der Kernbereich der Grundrechte staatlichem Handeln stets verschlossen bleibt (*materielles Rechtsstaatselement*, Art. 19 Abs. 2 GG). Als objektivrechtliche Wertentscheidungen binden sie den Staat darüber hinaus bei der gesamten Ausgestaltung der Rechtsordnung und entfalten somit Ausstrahlungswirkung in alle Rechtsbereiche.

178 Nach der Rechtsprechung des BVerfG ist grundsätzlich jedes menschliche Verhalten vom Grundrecht der allgemeinen Handlungsfreiheit (Art. 2 Abs. 1 GG) umfasst, die somit subsidiär zu den speziellen Freiheitsrechten ein generelles Mindestmaß an Freiheitsentfaltung gewährleistet. Neben den Freiheitsrechten, die in Form der Kommunikationsgrundrechte der Art. 5, 8 GG auch die Teilhabe am politischen Prozess sichern sollen, steht Art. 3 Abs. 1 GG, der die allgemeine Gleichheit vor dem Gesetz zum Ausdruck bringt. Art. 19 Abs. 4 GG garantiert die prozessuale Durchsetzung subjektiver Rechte gegenüber dem Staat. Dazu kommen besondere prozessuale Rechte des Bürgers in den Art. 101, 103, 104 GG.

2.   Bindung an die Verfassung

179 Nach Art. 20 Abs. 3 GG ist die staatliche Gewalt an sämtliche Normen der Verfassung unmittelbar gebunden. Für die Gesetzgebung ergibt sich das aus der Formulierung „verfassungsmäßige Ordnung". Die Bindung der Exekutive und Judikative an „Gesetz und Recht" schließt die Verfassung als ranghöchste Norm ebenfalls mit ein. Die Verfassungsnormen sind somit nicht politische Programmsätze, sondern unmittelbar geltendes, staatliches Handeln formell und materiell regelndes Recht[165], das die Staatsorgane unmittelbar verpflichtet und auf das sich der Bürger berufen kann.

Vom Gesetzgeber verlangt der Grundsatz der Verfassungsbindung, nur Gesetze zu erlassen, die formell und materiell mit der Verfassung vereinbar sind. Soweit der Gesetzgeber die Verfassung selbst ändern kann, vermag er dies nur unter Einhaltung besonderer verfassungsrechtlicher Vorgaben (Art. 79 Abs. 2 GG). Eine absolute Bindung besteht insoweit, als die Verfassung bestimmte Änderungen durch

---

164 BVerfGE 154, 152 (215) – *BND – Ausland-Ausland-Fernmeldeaufklärung.*
165 Vgl. *Isensee*, HStR II, § 15; *Stern*, Staatsrecht I, S. 787 f.; *Degenhart*, Staatsrecht I, Rn. 13 f.

den Gesetzgeber ausschließt (Art. 79 Abs. 3 GG). Gesetze, die nicht mit der Verfassung vereinbar sind, werden durch das BVerfG – dem allein diese Aufgabe zukommt (vgl. Art. 100 Abs. 1 Satz 1 GG) – für nichtig erklärt.

Rechtsprechung und vollziehende Gewalt haben bei der Auslegung und Anwendung des von der Legislative erlassenen einfachen Gesetzes, auf dessen Basis sie ihre Entscheidungen treffen, die Grundrechte und sonstigen verfassungsrechtlichen Vorgaben zu beachten. Die einfachen Gerichte sind überdies zur Vorlage aus ihrer Sicht verfassungswidriger Gesetze zum Bundesverfassungsgericht verpflichtet (Art. 100 Abs. 1 Satz 1, 103 Abs. 1 GG). **180**

3. Gesetzesbindung

Gesetzesbindung meint die Bindung der Ausübung sämtlicher staatlicher Gewalt an die gültigen positiven, d. h. geschriebenen, Gesetze. Davon erfasst sind sämtliche *Gesetze im materiellen* Sinn, also alle abstrakt-generellen Regelungen mit Außenwirkung, unabhängig davon, ob diese im formellen Gesetzgebungsverfahren durch das Parlament (Parlamentsgesetz)[166] oder als Rechtsverordnungen oder Satzungen von der Exekutive erlassen wurden. **181**

Normative Grundlage der Gesetzesbindung der vollziehenden Gewalt und Rechtsprechung ist Art. 20 Abs. 3 GG. Wiederholt wird der Primat des Gesetzes für die Rechtsprechung in Art. 97 Abs. 1 GG. **182**

a) Gesetzesbindung der Verwaltung. Hinsichtlich der Bindung der Verwaltung sind der Vorrang des Gesetzes und der Vorbehalt des Gesetzes zu unterscheiden. Vorrang des Gesetzes bedeutet, dass die Verwaltung existierende Normen stets zu beachten hat. Der Vorbehalt des Gesetzes betrifft die Frage, ob die Verwaltung auch handeln darf, wenn eine gesetzliche Grundlage nicht existiert oder ob sie auf deren Erlass angewiesen ist. **183**

aa) Vorrang des Gesetzes. Der Vorrang des Gesetzes folgt unmittelbar aus Art. 20 Abs. 3 GG und trägt dem Grundsatz der Gewaltenteilung Rechnung, wonach die Legislative für den Erlass, die Exekutive für die Ausführung von Gesetzen zuständig sein soll. Der Vorrang des Gesetzes als höherrangige, vom demokratischen Gesetzgeber erlassene Norm, reicht soweit, dass die Verwaltung auch Gesetze anzuwenden hat, die sie für verfassungswidrig hält. Anderenfalls drohte die Gesetzgebungszuständigkeit der Legislative faktisch entwertet und das in Art. 100 Abs. 1 GG zum Ausdruck gebrachte Verwerfungsmonopol des BVerfG unterlaufen zu werden. Die Exekutive kann jedoch – auf Regierungsebene – ein Verfahren der abstrakten Normenkontrolle vor dem BVerfG initiieren (Art. 93 Abs. 1 Nr. 2 GG) um die Verfassungsmäßigkeit eines Gesetzes überprüfen zu lassen. Ein Verstoß gegen den Grundsatz vom Vorrang des Gesetzes zieht unterschiedliche Rechtsfolgen nach sich. Ein Verwaltungsakt bleibt nach § 43 Abs. 2 VwVfG wirksam, solange und soweit er nicht zurückgenommen, widerrufen, anderweitig aufgehoben, durch Zeitablauf oder auf andere Weise erledigt oder nichtig (§ 44 VwVfG) ist. Adressaten und Dritte, die die Rechtswidrigkeit eines Verwaltungsakts geltend machen wollen, müssen in den dafür vorgesehenen Fristen Widerspruch einlegen oder Anfechtungsklage erheben (§§ 42 **184**

---

166 Formelles Gesetz, das nicht zugleich auch Gesetz im materiellen Sinn ist, ist der vom Parlament in Gesetzesform erlassene Haushalt: Er wirkt nicht abstrakt-generell, sondern regelt konkret die Staatsausgaben und entfaltet keine Auswirkung.

Abs. 1 Alt. 1, 70 Abs. 1 VwGO). Bei Verwaltungsverträgen kann die Rechtswidrigkeit nach Maßgabe von § 59 VwVfG zur Nichtigkeit führen. Von der Verwaltung rechtswidrig erlassene Rechtsverordnungen und Satzungen sind grundsätzlich nichtig. Bei Satzungen sind allerdings besondere Heilungsvorschriften (z. B. §§ 214 ff. BauGB) zu beachten[167].

185 **bb) Der Vorbehalt des Gesetzes und die Wesentlichkeitstheorie.** Der Grundsatz des Vorbehalts des Gesetzes besagt demgegenüber, dass die vollziehende Gewalt nur dann tätig werden darf, wenn ihr Handeln auf einer gesetzlichen Ermächtigung beruht. Negativ ausgedrückt verbietet es, ohne gesetzliche Grundlage tätig zu werden[168]. Gesetzliche Grundlage in diesem Zusammenhang meint ein förmliches Parlamentsgesetz. Art. 80 Abs. 1 GG als besondere Ausprägung des Rechtsstaatsprinzips stellt klar, dass exekutivische Rechtsetzung in Form von Rechtsverordnungen ebenfalls einer gesetzlichen Grundlage bedarf: Inhalt, Zweck und Ausmaß der Ermächtigung zum Erlass einer Rechtsverordnung müssen im (Parlaments-)Gesetz bestimmt sein, Art. 80 Abs. 1 Satz 2 GG.

186 Der Gesetzesvorbehalt folgt nicht unmittelbar aus dem Wortlaut des Art. 20 Abs. 3 GG, weil dieser nur auf die Bindung an bestehendes Recht verweist. Er lässt sich jedoch insofern aus dem Gebot der Gewaltenteilung[169] ableiten, als die Zuständigkeitsverteilung zwischen Legislative und Exekutive konterkariert würde, wenn die bloße Nichtexistenz einer Norm der Verwaltung die Möglichkeit selbstständiger, ungebundener Entscheidung einräumen würde. Ferner verlangt das Rechtsstaatsprinzip, dass das Verhalten der Exekutive für den Bürger vorhersehbar und damit berechenbar ist. Dies ist jedoch nur der Fall, wenn es sich auf für den Bürger einsehbare gesetzliche Grundlagen stützt. Das Erfordernis einer gesetzlichen Grundlage ist ferner für Grundrechtseingriffe (vgl. Art. 19 Abs. 1 GG) und für Rechtsverordnungen (Art. 80 Abs. 1 GG, s. o.) speziell festgehalten.

„In der Ordnung des Grundgesetzes trifft die grundlegenden Entscheidungen das vom Volk gewählte Parlament. In ständiger Rechtsprechung hat das Bundesverfassungsgericht daher aus grundrechtlichen Gesetzesvorbehalten und dem Rechtsstaatsprinzip (Art. 20 Abs. 3 GG) einerseits sowie dem Demokratieprinzip (Art. 20 Abs. 1 und 2 GG) andererseits die Verpflichtung des Gesetzgebers abgeleitet, in allen grundlegenden normativen Bereichen die wesentlichen Entscheidungen selbst zu treffen [...]. Die Entscheidung wesentlicher Fragen ist vor diesem Hintergrund dem parlamentarischen Gesetzgeber vorbehalten [...]. Damit soll gewährleistet werden, dass Entscheidungen von besonderer Tragweite aus einem Verfahren hervorgehen, das der Öffentlichkeit Gelegenheit bietet, ihre Auffassungen auszubilden und zu vertreten, und das die Volksvertretung dazu anhält, Notwendigkeit und Ausmaß von Grundrechtseingriffen in öffentlicher Debatte zu klären. Geboten ist ein Verfahren, das sich durch Transparenz auszeichnet und das die Beteiligung der parlamentarischen Opposition gewährleistet"[170].

187 Zur Bestimmung der Reichweite des Gesetzesvorbehalts hat das Bundesverfassungsgericht die sog. Wesentlichkeitslehre entwickelt. Diese bildet den Maßstab

---

167 Vgl. zu den Einzelheiten *Maurer/Waldhoff*, Allg. Verwaltungsrecht, § 6 Rn. 2, § 4 Rn. 6 ff.
168 Vgl. *Sachs*, in: Sachs, GG, Art. 20 Rn. 113.
169 *Maurer/Waldhoff*, Allg. Verwaltungsrecht, § 6 Rn. 4 ff.
170 BVerfGE 150, 1 (96 f.) – *Zensusgesetz 2011.*

sowohl hinsichtlich der Frage, ob für eine staatliche Maßnahme überhaupt eine gesetzliche Grundlage erforderlich ist, als auch für den notwendigen Detailgrad – die verfassungsrechtlich gebotene Bestimmtheit[171] – der gesetzlichen Vorgaben.

Wann und inwieweit es einer Regelung durch den Gesetzgeber bedarf, lässt sich nur mit Blick auf den jeweiligen Sachbereich und auf die Eigenart des betroffenen Regelungsgegenstandes bestimmen. Verfassungsrechtliche Anhaltspunkte sind dabei die tragenden Prinzipien des Grundgesetzes, insbesondere Art. 20 Abs. 1 bis 3 GG und die Grundrechte [...].

‚Wesentlich' bedeutet danach zum einen „wesentlich für die Verwirklichung der Grundrechte" [...]. Eine Pflicht des Gesetzgebers, die für den fraglichen Lebensbereich erforderlichen Leitlinien selbst zu bestimmen, kann insbesondere dann bestehen, wenn miteinander konkurrierende Freiheitsrechte aufeinandertreffen, deren Grenzen fließend und nur schwer auszumachen sind. Dies gilt vor allem dann, wenn die betroffenen Grundrechte nach dem Wortlaut der Verfassung vorbehaltlos gewährleistet sind und eine Regelung, welche diesen Lebensbereich ordnen will, damit notwendigerweise ihre verfassungsimmanenten Schranken bestimmen und konkretisieren muss. Hier ist der Gesetzgeber verpflichtet, die Schranken der widerstreitenden Freiheitsgarantien jedenfalls so weit selbst zu bestimmen, wie sie für die Ausübung dieser Freiheitsrechte erforderlich sind [...]. Der Gesetzgeber ist zum anderen zur Regelung der Fragen verpflichtet, die für Staat und Gesellschaft von erheblicher Bedeutung sind. Die Tatsache, dass eine Frage politisch umstritten ist, führt für sich genommen allerdings noch nicht dazu, dass die entsprechende Regelung auch als „wesentlich" verstanden werden müsste.

Die Wesentlichkeitsdoktrin enthält insoweit auch Vorgaben für die Frage, in welchem Umfang [...] und in welcher Bestimmtheit der Gesetzgeber selbst tätig werden muss [...]. Das Bestimmtheitsgebot stellt sicher, dass Regierung und Verwaltung im Gesetz steuernde und begrenzende Handlungsmaßstäbe vorfinden und dass die Gerichte eine wirksame Rechtskontrolle durchführen können. Bestimmtheit und Klarheit der Norm erlauben es ferner, dass die betroffenen Bürgerinnen und Bürger sich auf mögliche belastende Maßnahmen einstellen können [...]. Der Grad der verfassungsrechtlich gebotenen Bestimmtheit hängt dabei von den Besonderheiten des in Rede stehenden Sachbereichs und von den Umständen ab, die zu der gesetzlichen Regelung geführt haben [...]. Dabei sind die Bedeutung des Regelungsgegenstandes und die Intensität der durch die Regelung oder aufgrund der Regelung erfolgenden Grundrechtseingriffe ebenso zu berücksichtigen [...] wie der Kreis der Anwender und Betroffenen der Norm [...] sowie deren konkretes Bedürfnis, sich auf die Normanwendung einstellen zu können"[172].

Für Rechtsverordnungen[173] stellt Art. 80 Abs. 1 Satz 2 GG die Maßgabe auf, dass durch Parlamentsgesetz Inhalt, Zweck und Ausmaß der erteilten Ermächtigung bestimmt werden müssen[174]. **187a**

„Mit Art. 80 Abs. 1 Satz 2 GG verwehrt das Grundgesetz dem Parlament – in bewusster Abkehr von der Weimarer Staatspraxis –, sich seiner Verantwortung als gesetzgebende Körperschaft zu entäußern [...]. Wenn das Parlament die Exekutive zum Verord-

---

171 Unten Rn. 218 ff.
172 BVerfGE 150, 1 (96 f.) – *Zensusgesetz 2011;* zuvor BVerfGE 49, 89 (126 f.) – *Schneller Brüter Kalkar;* BVerfGE 83, 130 (152) – *Josephine Mutzenbacher.*
173 Unten Rn. 926 ff.
174 Zur Funktion der Vorschrift *Michl,* JuS 2020, 507 ff. (509).

nungserlass ermächtigt, soll es die Grenzen der übertragenen Kompetenzen bedenken und diese nach Tendenz und Programm so genau umreißen, dass schon aus der Ermächtigung selbst erkennbar und vorhersehbar ist, was dem Bürger gegenüber zulässig sein soll [...]. Das Parlament darf sich nicht durch eine Blankoermächtigung an die Exekutive seiner Verantwortung für die Gesetzgebung entledigen und damit selbst entmachten. Es muss – entsprechend dem Grundsatz der Gewaltenteilung – stets Herr der Gesetzgebung bleiben"[175].

Das Bundesverfassungsgericht sieht hierin eine Konkretisierung der Wesentlichkeitstheorie, sodass die für Art. 80 Abs. 1 Satz 2 GG entwickelten Grundsätze auch in anderen Kontexten herangezogen werden können.

„*Indem Art. 80 GG die Rückbindung exekutiver Rechtsetzung an die Legislative sichert, stellt er sich als bereichsspezifische Konkretisierung des Rechtsstaats-, Gewaltenteilungs- [...] und Demokratieprinzips dar [...]. Eine wesentliche Entscheidung setzt eine hinreichende Regelungsdichte und in der Regel eine nach Inhalt, Zweck und Ausmaß hinreichend bestimmte Ermächtigung voraus, so dass sich die Anforderungen von Wesentlichkeitsdoktrin und Art. 80 Abs. 1 Satz 2 GG insoweit decken dürften. Art. 80 Abs. 1 Satz 2 GG gilt allerdings auch für Entscheidungen, die nicht unter die Wesentlichkeitsdoktrin fallen [...].*"[176]

Zur „Operationalisierung" der Wesentlichkeitslehre hat das Bundesverfassungsgericht drei „Formeln" entwickelt[177]: Selbstentscheidungsformel, Programmformel und Vorhersehbarkeitsformel. Dabei stellt die Selbstentscheidungsformel auf den Gesetzgeber ab: Dieser muss „die Grenzen einer solchen Regelung festlegen und angeben, welchem Ziel sie dienen soll (sog. Selbstentscheidungsvorbehalt)". Die Programmformel bezieht sich auf das Gesetz: „Der Gesetzgeber muss der ermächtigten Stelle darüber hinaus ein ‚Programm' an die Hand geben, das mit der Ermächtigung verwirklicht werden soll (sog. Programmfestsetzungspflicht)". Die Vorhersehbarkeitsformel schließlich betrachtet den Normadressaten: Danach „soll bereits aufgrund der Ermächtigung vorhersehbar sein, in welchen Fällen und mit welcher Tendenz von ihr Gebrauch gemacht werden wird und welchen Inhalt die aufgrund der Ermächtigung erlassenen Verordnungen haben können, so dass sich die Normunterworfenen mit ihrem Verhalten darauf einstellen können (sog. Vorhersehbarkeitsgebot [...])"[178].

Die Formeln dürfen jedoch nicht zu einer „generalisierenden Anwendung" verleiten[179]. Vielmehr muss jeweils eine genaue Subsumtion des konkreten Sachverhalts erfolgen:

„*Das im konkreten Fall erforderliche Maß an Bestimmtheit hängt daneben von der Eigenart des zu regelnden Sachverhalts ab, insbesondere davon, in welchem Umfang dieser einer genaueren begrifflichen Umschreibung überhaupt zugänglich ist [...]. Ist dies nicht der Fall, so kann es geboten sein, die nähere Ausgestaltung des zu regelnden Sachbereichs dem Verordnungsgeber zu überlassen, der die Regelungen rascher und einfacher auf dem neuesten Stand zu halten vermag als der Gesetzgeber [...]. Bei vielgestaltigen, komplexen Lebenssachverhalten oder absehbaren Änderungen der tatsächlichen Verhältnisse sind etwa geringere Anforderungen an die Bestimmtheit zu stellen als bei einfach gelagerten*

---

175 BVerfGE 150, 1 (99 f.) – *Zensusgesetz 2011.*
176 BVerfGE 150, 1 (100) – *Zensusgesetz 2011.*
177 BVerfGE 150, 1 (99) – *Zensusgesetz 2011.*
178 BVerfGE 150, 1 (101) – *Zensusgesetz 2011.*
179 BVerfGE 150, 1 (99) – *Zensusgesetz 2011.*

und klar vorhersehbaren Lebenssachverhalten. Dies ermöglicht sachgerechte, situationsbezogene Lösungen bei der Abgrenzung von Befugnissen des Gesetzgebers und der Exekutive"[180].

Es ist also vom jeweiligen Regelungsgegenstand abhängig, ob für staatliches Han- **188** deln überhaupt eine formelle Rechtsgrundlage erforderlich ist, und, falls ja, welche Regelungsdichte diese aufweisen muss. Von besonderer Bedeutung ist bei dieser Feststellung die Frage der Grundrechtsrelevanz, also welche Intensität die durch eine bestimmte staatliche Maßnahme drohenden Grundrechtseingriffe aufweisen[181].

Gar keiner gesetzlichen Grundlage bedürfen daher insbesondere alltägliche Geschäfte der sog. fiskalischen Hilfsverwaltung, wie etwa die Anschaffung von Büromaterialien für eine Behörde. Dort muss sich die Verwaltung vielmehr dem im allgemeinen Rechtsverkehr geltenden Zivilrecht unterwerfen (*Grundsatz der Privatrechtsbindung der Verwaltung*). Im Bereich originärer Verwaltungstätigkeit ist hinsichtlich der Reichweite des Gesetzesvorbehalts zwischen Eingriffs- und Leistungsverwaltung zu unterscheiden.

(1) Eingriffsverwaltung. Im Bereich der Eingriffsverwaltung, das heißt der Ver- **189** waltungstätigkeit, durch die unmittelbar in die grundrechtlich geschützten Freiräume des Bürgers („Freiheit und Eigentum") eingegriffen wird, ist gemäß der Wesentlichkeitstheorie stets eine gesetzliche Grundlage erforderlich. Damit der Bürger Beschränkungen seiner geschützten Freiräume voraussehen kann und diese für ihn berechenbar sind, müssen die Eingriffsbefugnisse der vollziehenden Gewalt nach Inhalt, Zweck und Ausmaß hinreichend bestimmt und begrenzt sein.

Die Entwicklung der Grundrechtslehre hat zu einer weiten Ausdehnung der Ein- **190** griffsverwaltung geführt. Als Eingriff gilt nach dem modernen Eingriffsverständnis jede tatsächliche Verkürzung des grundrechtlichen Gewährleistungsgehalts gegen den Willen des Grundrechtsträgers, wobei mittelbar-faktische Beeinträchtigungen genügen. Darüber hinaus wird die allgemeine Handlungsfreiheit des Art. 2 Abs. 1 GG als grundsätzlich jedes willensgetragene menschliche Verhalten umfassendes Auffanggrundrecht verstanden. Beides führt dazu, dass sehr viele staatliche Maßnahmen zumindest in den Schutzbereich der allgemeinen Handlungsfreiheit eingreifen und somit der Eingriffsverwaltung zuzuordnen sind. In exemplarischer Form hat sich diese Problematik bei der Zulässigkeit staatlicher Warnungen beispielsweise vor jugendgefährdenden Sekten[182] oder gesundheitsschädlichen Lebensmitteln gezeigt[183]. Kommt auch in solchen Fällen der Gesetzesvorbehalt zur Anwendung, stellt sich die Frage, ob bloße Kompetenzvorschriften ausreichende Ermächtigungsgrundlagen der Regierung oder nachgeordneter Verwaltungsbehörden sein können oder ob es einer ausdrücklichen gesetzlichen Ermächtigung auch zu informellem Staatshandeln bedarf[184].

(2) Leistungsverwaltung. Weniger eindeutig ist die Reichweite des Gesetzesvorbe- **191** halts im Bereich der Leistungsverwaltung[185], d.h. der Gewährung staatlicher Leis-

180 BVerfGE 150, 1 (102) – *Zensusgesetz 2011*.
181 Vgl. *Degenhart*, Staatsrecht I, Rn. 313 ff.; *Stern*, Staatsrecht I, S. 811 ff.
182 BVerfGE 105, 279 – *Osho*.
183 BVerfGE 105, 252 – *Glykol*; BVerfGE 148, 40 – *Verbraucherinformation*; OLG Stuttgart NJW 1990, 2690 – *Birkel*.
184 Vgl. *Maurer/Waldhoff*, Allg. Verwaltungsrecht, § 6 Rn. 11, 16; § 15 Rn. 8 ff.
185 Vgl. zum Ganzen *Maurer/Waldhoff*, Allg. Verwaltungsrecht, § 6 Rn. 19 ff.

tungen an die Bürger. Die Verwaltung verkürzt dort nicht den Freiheitsraum des Bürgers, sondern erweitert ihn durch staatliche Leistungen. Häufig führt jedoch das Ausbleiben staatlicher Leistungen zu ebenso weitreichenden Einschränkungen für den Betroffenen wie ein tatsächlicher Eingriff in den Bestand seiner Rechte, so dass sich die Frage stellt, ob nicht auch staatliche Leistungen gesetzlich geregelt sein müssen. Da die wesentlichen sozialstaatlichen Leistungen ohnehin eine gesetzliche Basis erfahren haben, stellt sich die Problematik hauptsächlich im Bereich von Subventionen, wo eine geringere Dichte an formellgesetzlichen Regelungen besteht. Dort können staatliche Leistungen gerade in Konkurrenz- und Wettbewerbsverhältnissen oder, wenn sie mit Verhaltensanforderungen gegenüber dem Empfänger verbunden werden (sog. Konditionalität), eine erhebliche steuernde Wirkung entfalten.

192 Gegen einen vollständigen Gesetzesvorbehalt spricht in diesem Bereich aber, dass grundsätzlich kein grundrechtlicher Anspruch auf staatliche Subventionierung besteht. Auch müssen die einer Vergabe zugrunde liegenden Kriterien häufig flexibel für bestimmte Bereiche aufgestellt werden, was durch formelle Gesetze nur schwer möglich wäre. Es wird daher von der Rechtsprechung als grundsätzlich ausreichend angesehen, wenn das Parlament im Rahmen seiner Budgethoheit die Verwaltung durch die Bereitstellung der erforderlichen Haushaltsmittel im Haushaltsplan zur Subventionierung ermächtigt[186]. Aufgrund ihrer eigenen Bindung an die Grundrechte ist die Verwaltung dann aber zu einer dem Gleichheitssatz des Art. 3 Abs. 1 GG genügenden Anwendung ihrer eigenen Vergabekriterien verpflichtet.

193 In besonders sensiblen Bereichen ist jedoch die Bereitstellung von Haushaltsmitteln als parlamentarischer Willensakt zur Begründung von Subventionierungen nicht ausreichend. Insbesondere im Bereich der Presse und der Religion machen die besondere Grundrechtsrelevanz und das Gebot staatlicher Neutralität ein förmliches Gesetz als Grundlage für die Vergabe von Leistungen erforderlich. Darüber hinaus ist eine generelle Geltung des Gesetzesvorbehalts auch dann zu bejahen, wenn die Gewährung staatlicher Leistungen etwa an einen Mitbewerber gegenüber Dritten faktisch als Grundrechtseingriff wirkt.

194 **(3) Gesetzesvorbehalt und Parlamentsvorbehalt.** Die Wesentlichkeitstheorie gilt als allgemeiner Parlamentsvorbehalt auch für andere parlamentarische Willensakte als den Erlass von Gesetzen, die sich auf das Handeln der Regierung beziehen, wie etwa die Zustimmung des Parlaments zu Auslandseinsätzen der Bundeswehr.

195 **b) Gesetzesbindung von Rechtsprechung und Gesetzgeber.** Bei der *Gesetzesbindung der Rechtsprechung* ist zu differenzieren. Diese prüft die Rechtmäßigkeit von Akten der vollziehenden Gewalt am Maßstab der formellen Gesetze (Art. 97 Abs. 1 GG). An ausschließlich materielle[187], von der Exekutive erlassene Gesetze, d. h. Rechtsverordnungen und Satzungen, ist das Gericht gebunden, es kann sie aber selbstständig verwerfen, wenn es deren Vereinbarkeit mit höherrangigen Rechtssätzen verneint. Über die Gültigkeit formeller Gesetze dagegen kann die fachgerichtliche Rechtsprechung nicht abschließend entscheiden. Sie kann zwar deren Inhalt auslegen und konkretisieren, ist jedoch an den vom Gesetzgeber gewählten Wortlaut gebunden. Hält ein Gericht ein formelles Gesetz für verfassungswidrig,

---

186 BVerwGE 90, 112 (126). Dies gilt nicht, wenn die Vergabe der Subvention mit einem gezielten Eingriff in ein Grundrecht eines am Subventionsverhältnis unbeteiligten Dritten verbunden ist.
187 Zur Unterscheidung s. unten Rn. 846 ff.

muss es dieses dem BVerfG zur Prüfung im Rahmen der konkreten Normenkontrolle vorlegen (Art. 100 Abs. 1 GG).

Die Gesetzesbindung nach Art. 20 Abs. 3 GG gilt für Exekutive und Judikative, **196** nicht für den Gesetzgeber selbst. Im Rahmen der Zuständigkeitsordnung des Grundgesetzes und des vorgesehenen Verfahrens kann der parlamentarische Gesetzgeber Gesetze abändern. Er kann auch neue Gesetze erlassen, die sich inhaltlich zu vorherigen in Widerspruch setzen. Den neuen Regelungen kommt dann Geltungsvorrang zu (*lex posterior derogat legi priori*). Allgemeine Vorgaben des Vertrauensschutzes, abgeleitet aus dem Rechtsstaatsprinzip[188] und spezifische grundrechtliche Anforderungen können den Gestaltungsspielraum jedoch einengen und zumindest temporär zu einer faktischen Selbstbindung des Gesetzgebers führen.

4. Rechtsbindung

Neben der Gesetzesbindung steht in Art. 20 Abs. 3 GG die Bindung an das „Recht". **197** Das Grundgesetz bringt durch diese Unterscheidung zum Ausdruck, dass sich positive Gesetze auch an materiellen Gerechtigkeitsmaßstäben messen lassen müssen und rekurriert insofern auf natur- oder vernunftrechtliche Vorstellungen. Die Legalität einer Norm, so die zugrunde liegende Erkenntnis, sagt noch nichts über die Legitimität ihres Inhalts aus. Zwar sollen die Anforderungen an den formellen und materiellen Rechtsstaat im Grundgesetz sicherstellen, dass Gesetze stets auch rechtmäßig sind. Ein Auseinanderfallen im Einzelfall ist jedoch nicht auszuschließen. Bei evident ungerechten Entscheidungen soll sich die staatliche Gewalt dann nicht darauf berufen können, streng nach dem Gesetz gehandelt zu haben.

„Die Formel [Gesetz und Recht in Art. 20 Abs. 3] hält das Bewusstsein aufrecht, dass sich Gesetz und Recht zwar faktisch im Allgemeinen, aber nicht notwendig und immer decken.“[189]

Mit dem Auseinanderfallen von Recht und Gesetz hat sich, in Auseinandersetzung **198** mit dem positiven Recht des Nationalsozialismus, Gustav Radbruch beschäftigt. Ein von ihm geprägter Satz zum Verhältnis der durch positive Gesetze verkörperten Rechtsordnung zur materiellen Gerechtigkeit wird allgemein als *Radbruchsche Formel* bezeichnet. Darin schildert er Umstände, unter denen der Gerechtigkeit (dem „Recht") der Vorrang vor der Rechtssicherheit (dem „Gesetz") zu geben sein kann:

„Der Konflikt zwischen der Gerechtigkeit und der Rechtssicherheit dürfte dahin zu lösen sein, daß das positive, durch Satzung und Macht gesicherte Recht auch dann den Vorrang hat, wenn es inhaltlich ungerecht und unzweckmäßig ist, es sei denn, daß der Widerspruch des positiven Gesetzes zur Gerechtigkeit ein so unerträgliches Maß erreicht, daß das Gesetz als ‚unrichtiges Recht' der Gerechtigkeit zu weichen hat. Es ist unmöglich, eine schärfere Linie zu ziehen zwischen den Fällen des gesetzlichen Unrechts und den trotz unrichtigen Inhalts dennoch geltenden Gesetzen, eine andere Grenzziehung aber kann mit aller Schärfe vorgenommen werden: wo Gerechtigkeit nicht einmal erstrebt wird, wo die Gleichheit, die den Kern der Gerechtigkeit ausmacht, bei der Setzung positiven Rechts bewußt verleugnet wurde, da ist das Gesetz nicht etwa nur ‚unrichtiges Recht', vielmehr entbehrt es überhaupt der Rechtsnatur.“[190]

---

188 Unten Rn. 210 ff.
189 BVerfGE 34, 269 (286 f.) – *Soraya*.
190 *Radbruch*, Gesetzliches Unrecht und übergesetzliches Recht (1946), abgedruckt in *ders.*, Rechtsphilosophie, 6. Auflage, S. 347 ff. (353); teilweise zitiert durch BVerfGE 3, 225 (233).

Ein derartiger Fall, in dem die Ungerechtigkeit eines Gesetzes schlechthin uner-träglich ist oder vom Gesetzgeber Gerechtigkeit gar nicht erst erstrebt wird, ist unter der Herrschaft des Grundgesetzes aufgrund der von diesem aufgestellten formellen und materiellen Anforderungen kaum vorstellbar. Die Bindung an hö-herrangiges überpositives Recht verdrängt die Gesetzesbindung also faktisch nicht.

199   Zu einer Anwendung der Radbruchschen Formel in der Rechtsprechung der Bun-desrepublik Deutschland kam es jedoch im Zuge der Aufarbeitung sowohl der Zeit des Nationalsozialismus in der Nachkriegszeit als auch von Rechtsakten der DDR nach der Wiedervereinigung. Wegen des unerträglichen Verstoßes gegen hö-herrangiges Recht konnten weder die Tötung eines Deserteurs[191] oder die Ausbür-gerung von Juden[192] im Nationalsozialismus noch die Erschießung von Flüchtlin-gen an der deutsch-deutschen Grenze[193] auf die entsprechenden Gesetze des Nationalsozialismus oder der DDR gestützt werden.

5.   Rechtsschutzanspruch als Effektuierung staatlicher Bindung; Staatshaftungsrecht

200   Die Bindung staatlicher Gewalt und damit korrespondierende Rechte des Bürgers wären wertlos, wenn der Bürger keine Möglichkeit hätte, seine Rechte gerichtlich durchzusetzen. Das Grundgesetz enthält daher in Art. 19 Abs. 4 GG einen allge-meinen Justizgewährleistungsanspruch für den Fall einer Rechtsverletzung durch die „öffentliche" Gewalt, d. h. die Exekutive. Art. 19 Abs. 4 GG bezieht sich dem-gegenüber nicht auf Rechtsverletzungen durch die Legislative oder Judikative so-wie auf Rechtsstreitigkeiten zwischen Privaten. Hier ergibt sich ein Anspruch auf Rechtsschutz vor staatlichen Gerichten aus der allgemeinen Handlungsfreiheit. Bei Rechtsverletzungen durch die staatliche Gewalt stehen dem Bürger darüber hinaus Staats- und Amtshaftungsansprüche zu[194].

VII.   Rechtsstaatliche Prinzipien

201   Mit der Vorstellung der Bundesrepublik Deutschland als Rechtsstaat sind über die Gewaltenteilung und die Bindung aller Gewalten an Verfassung, Gesetz und Recht weitere, speziellere Prinzipien verknüpft, die bei jeder Form staatlicher Gewaltaus-übung zu berücksichtigen sind.

1.   Verhältnismäßigkeitsprinzip

202   Das Verhältnismäßigkeitsprinzip – auch als Übermaßverbot bezeichnet – besagt, dass der Zweck jedes staatlichen Handelns in angemessenem Verhältnis zu dem gewähl-ten Mittel und den Rechten des Einzelnen stehen muss. Die Freiheit des Einzelnen darf nur soweit eingeschränkt werden, wie dies im Interesse des Allgemeinwohls un-abdingbar ist. Ursprünglich als rechtsstaatliche Anforderung an die Rechtmäßigkeit von Eingriffen durch die Verwaltung in die konstitutionellen Freiheitsrechte („Frei-heit und Eigentum") entwickelt, wird das Verhältnismäßigkeitsprinzip mittlerweile als „übergreifende Leitregel allen staatlichen Handelns" angesehen[195].

---

191   BGHZ 3, 94 (107).
192   BVerfGE 23, 98 – *Ausbürgerung I.*
193   BGHSt 39, 1; 41, 101; BVerfGE 95, 96 – *Mauerschützen.*
194   Vgl. insbesondere Art. 34 GG i. V. m. 839 BGB; zum Ganzen *Maurer/Waldhoff,* Allg. Verwaltungs-recht, §§ 25 ff.
195   BVerfGE 23, 127 (133) – *Zeugen Jehovas.*

Seinen wesentlichen Anwendungsbereich findet das Verhältnismäßigkeitsprinzip **203** im Verhältnis zwischen Staat und Bürger. Im Rahmen der allgemeinen Grundrechtslehren wird die Verhältnismäßigkeit als Rechtmäßigkeitsvoraussetzung jedes Grundrechtseingriffs angesehen.

„Nach diesem mit Verfassungsrang ausgestatteten Grundsatz [der Verhältnismäßigkeit] sind Eingriffe in die Freiheitssphäre nur dann und insoweit zulässig, als sie zum Schutz öffentlicher Interessen unerläßlich sind; die gewählten Mittel müssen in einem vernünftigen Verhältnis zum angestrebten Erfolg stehen."[196]

Im Verwaltungsrecht ist der Grundsatz der Verhältnismäßigkeit in vielen Gesetzen einfachrechtlich konkretisiert (vgl. z. B. § 9 VwVfG, Art. 4 BayPAG). Unabhängig davon ist er als allgemeines rechtsstaatliches Prinzip auf jegliches staatliche Handeln im Subordinationsverhältnis anzuwenden.

Im Rahmen der Verhältnismäßigkeitsprüfung sind der angestrebte Zweck des **204** staatlichen Handelns und das hierzu verwendete Mittel in Relation zu einander zu setzen. Die Prüfung erfolgt üblicherweise in vier Schritten: Nach der Feststellung, ob das staatliche Handeln überhaupt einen legitimen Zweck verfolgt, ist zu untersuchen, ob das gewählte Mittel zur Verwirklichung dieses Zwecks geeignet, erforderlich und angemessen ist.

Der erstrebte *Zweck* lässt sich bei legislativem Handeln aus dem Gesetz selbst, aus **205** der Gesetzesbegründung oder aus den parlamentarischen Beratungen ermitteln. Bei exekutivem Handeln kann ebenfalls auf die angegebenen Begründungen (vgl. § 39 VwVfG) abgestellt werden. Der Zweck ist grundsätzlich *legitim*, wenn er als solcher nicht gegen die Verfassung verstößt. Im Rahmen der Verfassung sind Hoheitsträger allgemein in der Wahl ihrer Handlungszwecke frei[197]. Besondere Vorgaben können sich jedoch daraus ergeben, dass in bestimmte Grundrechte nur zugunsten hochrangiger Verfassungsgüter eingegriffen werden darf oder bestimmte Maßnahmen der Verwaltung durch Gesetz auf besonders gewichtige Zielsetzungen beschränkt werden (vgl. z. B. Art. 17 BayPAG „zum Schutz der Person gegen eine Gefahr für Leib oder Leben").

Das gewählte Mittel, das in der Klausur genau zu bezeichnen ist, ist *geeignet*, wenn **206** es grundsätzlich zur Verwirklichung des angestrebten Zwecks beitragen kann. Zur Erreichung eines bestimmten Zwecks können unterschiedliche Maßnahmen geeignet sein. Ob ein bestimmtes Mittel tatsächlich geeignet ist, den angestrebten Zweck zu erreichen, unterliegt einer Prognoseentscheidung. Bei legislativen Maßnahmen ist an dieser Stelle zu beachten, dass dem Gesetzgeber eine gewisse Entscheidungsprärogative bei der Beurteilung der Geeignetheit einer Maßnahme zukommt. Auf fehlende Geeignetheit kann die Verfassungswidrigkeit eines Gesetzes daher nur gestützt werden, wenn die Prognose auch im Rahmen einer ex-ante-Betrachtung in keiner Weise nachvollziehbar erscheint.

Eine Maßnahme ist dann nicht *erforderlich*, wenn ein milderes, gleich geeignetes **207** Mittel zur Verfügung steht. Milder sind Mittel, die weniger intensiv in die Freiheitssphäre des Betroffenen eingreifen. Bei legislativem Handeln ist auch hier ein Prognosespielraum hinsichtlich der Frage anzuerkennen, ob ein (häufig vorhandenes) milderes Mittel auch gleich geeignet wäre.

---

196 BVerfGE 35, 382 (401) – *Ausweisung.*
197 Vgl. *Degenhart,* Staatsrecht I, Rn. 426 f.

208   Auch eine geeignete und erforderliche Maßnahme kann jedoch un*angemessen* sein, wenn sie außer Verhältnis zum verfolgten Zweck steht (Verhältnismäßigkeit i. e. S.). Bei der Angemessenheitsprüfung ist eine Abwägung zwischen den betroffenen Rechtsgütern vorzunehmen, dem, dessen Schutz die Maßnahme verfolgt (und das daher dem legitimen Zweck zugrunde liegt), und dem, das durch die Maßnahme beeinträchtigt wird. In der Klausur sollten diese erst allgemein und abstrakt einander gegenüber gestellt werden, sodann ist ihre jeweilige Betroffenheit im konkreten Fall zu untersuchen[198].

209   In der Beziehung zwischen Staat und Bürger gilt das Verhältnismäßigkeitsprinzip grundsätzlich uneingeschränkt. Demgegenüber folgen staatsorganisationsrechtliche Rechtsverhältnisse nicht dem Freiheits-Eingriffs-Schema und sind deshalb auch nicht am Maßstab der Verhältnismäßigkeit zu messen[199]. Dort sollte dieses Prinzip daher nicht vorschnell als Argumentationsfigur verwendet werden. Allerdings liegt es als allgemeiner Rechtsgedanke auch dort verschiedenen Prinzipien, Regelungen und Verfahrensvorschriften zugrunde[200].

2.   Rückwirkung

210   Ein Gesetz entfaltet Rückwirkung, wenn es Rechtsfolgen für Sachverhalte erzeugt, die bereits vor seinem Inkrafttreten zumindest begonnen haben[201]. Von *echter Rückwirkung* spricht man, wenn durch das Gesetz ein bereits zuvor vollständig abgeschlossener Sachverhalt mit anderen Rechtsfolgen versehen wird. Demgegenüber ist unter *unechter Rückwirkung* oder Einwirkung die Anknüpfung eines Gesetzes an einen bereits begonnenen, aber noch nicht abgeschlossenen Sachverhalt zu verstehen. Die Rückwirkung von Gesetzen ist mit Blick auf Rechtssicherheit und Vertrauensschutz problematisch: bei seinem Handeln geht der Gesetzesadressat davon aus, dass die im Zeitpunkt seines Handelns und der damit verbundenen Dispositionen bestehende Rechtslage auch in Zukunft Bestand haben wird.

211   Die angesprochenen Grundsätze der Rechtssicherheit und des Vertrauensschutzes sind elementare Bestandteile der rechtsstaatlichen Ordnung. Andererseits unterliegt die Rechtsordnung zwangsläufig Veränderungen, so dass gerade bei Dauersachverhalten eine geänderte rechtliche Beurteilung möglich bleiben muss. Die Zulässigkeit einer Rückwirkung ist daher einer Abwägung zwischen Vertrauensschutz und den Verfassungsgütern zu entnehmen, durch die eine Änderung der Rechtslage geboten sein kann[202]. Die Frage eines Rückwirkungsverbots stellt sich von vornherein nicht bei begünstigenden oder wenigstens neutralen rechtlichen Neubewertungen vergangener andauernder Sachverhalte, weil der Vertrauensschutz nur die Verschlechterung vorhandener Rechtspositionen verhindern soll. Keine Frage der Rückwirkung ist auch die rechtliche Neubewertung zukünftiger Sachverhalte.

„Der verfassungsrechtliche Vertrauensschutz geht insbesondere nicht so weit, den Staatsbürger vor jeder Enttäuschung zu bewahren. Soweit nicht besondere Momente der Schutzwürdigkeit hinzutreten, genießt die bloß allgemeine Erwartung, das geltende Recht würde unverändert fortbestehen, keinen besonderen verfassungsrechtlichen Schutz"[203].

---

198   Ausführlich und mit Beispielen *Reuter*, Jura 2009, 511 ff. (515 ff.).
199   BVerfGE 81, 310 (338) – *Kalkar II.*
200   Vgl. *Degenhart*, Staatsrecht I, Rn. 436.
201   S. dazu auch Rn. 1049.
202   BVerfGE 72, 175 (196) – *Wohnungsfürsorge.*
203   BVerfGE 157, 177 (201) – *Vorausgezahlte Erbbauzinsen;* BVerfGE 155, 238 (288) – *WindseeG.*

Bei der Frage der rechtsstaatlichen Zulässigkeit der Rückwirkung ist zwischen **212** verschiedenen Rechtsgebieten zu unterscheiden[204]. Im Strafrecht gilt ein verfassungsrechtlich garantiertes absolutes Rückwirkungsverbot (Art. 103 Abs. 2 GG). Außerhalb des Strafrechts ist zwischen echter und unechter Rückwirkung zu unterscheiden[205]. Die Vorgaben zur Zulässigkeit rückwirkender Gesetze haben auch eine subjektiv-rechtliche Dimension:

„Art. 2 Abs. 1 GG in Verbindung mit Art. 20 Abs. 3 GG schützt das Vertrauen, nicht mit in unzulässiger Weise rückwirkenden Gesetzen belastet zu werden. Es würde Einzelne in ihrer Freiheit erheblich gefährden, dürfte die öffentliche Gewalt an ihr Verhalten oder an sie betreffende Umstände ohne Weiteres im Nachhinein belastendere Rechtsfolgen knüpfen, als sie zum Zeitpunkt ihres rechtserheblichen Verhaltens galten"[206].

a) Strafrechtliches Rückwirkungsverbot (Art. 103 Abs. 2 GG). Art. 103 Abs. 2 **213** GG etabliert ein absolutes Rückwirkungsverbot für das Strafrecht: „Keine Strafe ohne Gesetz" *(nulla poena sine lege).* Die Strafandrohung muss bei Begehung der Tat für den Bürger vorhersehbar und berechenbar sein. Dem Strafgesetzgeber ist es daher verwehrt, ein Verhalten unter Strafandrohung zu stellen, das vor der Verkündung der Norm lag. Auch darf die Strafandrohung nicht nach Inkrafttreten des Gesetzes rückwirkend verschärft werden. Auch bei Dauerdelikten kann eine Strafbarkeit erst ab dem Inkrafttreten der Regelung begründet werden. Gegenstand dieses absoluten Rückwirkungsverbots ist das materielle Straf- und Ordnungswidrigkeitsrecht, nicht jedoch das Verfahrensrecht, die Verlängerung der Verjährungsfrist für die Strafverfolgung[207] oder an rechtswidriges Handeln anknüpfende Maßnahmen der Vermögensabschöpfung[208].

„Der Anwendungsbereich von Art. 103 Abs. 2 GG ist auf staatliche Maßnahmen beschränkt, die eine missbilligende hoheitliche Reaktion auf ein rechtswidriges, schuldhaftes Verhalten darstellen und wegen dieses Verhaltens ein Übel verhängen, das dem Schuldausgleich dient […]. Die Garantie des Art. 103 Abs. 2 GG soll verhindern, dass der Staat ein Verhalten erst nachträglich hoheitlich missbilligt, es mit einer Strafe belegt und dem Betroffenen den Vorwurf rechtswidrigen und schuldhaften Handelns macht. Sinn der Vorschrift ist es, dem Bürger die Grenzen des straffreien Raumes klar vor Augen zu stellen, damit er sein Verhalten daran orientieren kann"[209].

b) Echte Rückwirkung („Rückbewirkung von Rechtsfolgen", retroaktiv). Eine **214** echte Rückwirkung, bei der der von der Norm betroffene Sachverhalt schon im Zeitpunkt ihres Inkrafttretens vollständig abgeschlossen war („Rückbewirkung von Rechtsfolgen"[210]), ist „grundsätzlich verfassungsrechtlich unzulässig"[211]. Das Vertrauen des Bürgers, dass der tatsächlich abgeschlossene Sachverhalt auch rechtlich abgeschlossen ist, ist grundsätzlich schutzwürdig.

---

204 Vgl. auch *Voßkuhle/Kaufhold*, JuS 2012, 794 ff.
205 Vgl. *Stern*, Staatsrecht I, S. 831 ff.; *Degenhart*, Staatsrecht I, Rn. 384 ff., speziell zur Trennung von echter/unechter Rückwirkung ebd., Rn. 394.
206 BVerfGE 155, 238 (289) – *WindseeG.*
207 Vgl. dazu im Einzelnen *Fischer*, StGB, 68. Aufl. 2021, § 1 StGB Rn. 27 ff.
208 BVerfGE 156, 354 (355 f.) – *Vermögensabschöpfung.*
209 BVerfGE 156, 354 (388) – *Vermögensabschöpfung.*
210 BVerfGE 127, 1 (16 f.) – *Rückwirkung im Steuerrecht*; BVerfGE 135, 1 (13) – *Kapitalanlagegesellschaft*; BVerfGE 155, 238 (289) – *WindseeG.*
211 BVerfGE 157, 177 (201) – *Vorausgezahlte Erbbauzinsen.*

215 Ausnahmen, in denen der Vertrauensschutz hinter anderen Erwägungen zurückzustehen hat, hat das BVerfG in fünf Fallkonstellationen angenommen:

– Der Adressat musste ab dem Zeitpunkt, auf den sich die Rückwirkung bezieht, bereits mit einer Neuregelung rechnen[212].

– Die Neuregelung beseitigt rückwirkend eine so verworrene und unklare Rechtslage, dass der Adressat mit einer klarstellenden Regelung rechnen musste.

– Die Neuregelung ersetzt rückwirkend eine nichtige Bestimmung durch eine rechtlich nicht zu beanstandende Norm.

– Die Neuregelung führt zu einer nur unwesentlichen Verschlechterung der Rechtsposition des Adressaten (sog. Bagatellvorbehalt)[213].

– Schließlich können zwingende Gründe des gemeinen Wohls, die dem Gebot der Rechtssicherheit übergeordnet sind, ausnahmsweise eine Rückwirkungsanordnung rechtfertigen[214]. Wegen des grundsätzlich anzuerkennenden Vertrauensschutzes haben hier jedoch besonders strenge Maßstäbe zu gelten.

216 **c) Unechte Rückwirkung ("Tatbestandliche Rückanknüpfung", retrospektiv).** Eine unechte Rückwirkung, bei der eine gesetzliche Regelung in einen begonnenen, aber noch nicht abgeschlossenen Sachverhalt einwirkt, ist dagegen nach einem "Paradigmenwechsel" in der neueren Rechtsprechung des BVerfG "nicht grundsätzlich unzulässig" (zuvor: "grundsätzlich zulässig")[215].

"Denn die Gewährung vollständigen Schutzes zugunsten des Fortbestehens der bisherigen Rechtslage würde den dem Gemeinwohl verpflichteten Gesetzgeber in wichtigen Bereichen lähmen und den Konflikt zwischen der Verlässlichkeit der Rechtsordnung und der Notwendigkeit ihrer Änderung im Hinblick auf einen Wandel der Lebensverhältnisse in nicht mehr vertretbarer Weise zulasten der Anpassungsfähigkeit der Rechtsordnung lösen"[216].

Eine unechte Rückwirkung ist jedoch "mit den Grundsätzen grundrechtlichen und rechtsstaatlichen Vertrauensschutzes nur vereinbar, wenn sie zur Förderung des Gesetzeszweckes geeignet und erforderlich ist und wenn bei einer Gesamtabwägung zwischen dem Gewicht des enttäuschten Vertrauens und dem Gewicht und der Dringlichkeit der die Rechtsänderung rechtfertigenden Gründe die Grenze der Zumutbarkeit gewahrt bleibt"[217].
Zu einzelnen Aspekten dieser Abwägung führt das BVerfG aus:

"Bei der für die Abwägung erforderlichen Beurteilung der Schutzwürdigkeit des Vertrauens können unterschiedliche Faktoren zum Tragen kommen. Es kommt darauf an, ob sich Anhaltspunkte für eine besondere Stabilität des zuvor geltenden Rechts finden, die Anlass zu der Annahme geben konnten, in absehbarer Zeit müsse nicht mit einer kompensations- und ausgleichsfreien, unecht rückwirkenden Rechtsänderung zum Nachteil der Betroffenen gerechnet werden. Ein Hinweis auf eine gewisse Stabilität einer günstigen

---

212 BVerfGE 37, 363 (397) – *Zustimmungsgesetz*; BVerfGE 45, 142 (173) – *Interventionsrecht*.
213 Vgl. BVerfGE 72, 200 (258) – *Doppelbesteuerungsabkommen*.
214 BVerfGE 37, 363 (397) – *Zustimmungsgesetz*.
215 BVerfGE 127, 1 (17) – *Rückwirkung im Steuerrecht*; BVerfGE 132, 302 (319) – *Streubesitzbeteiligung*. Dazu *Selmer*, JuS 2013, 477 ff. Vgl. jetzt auch BVerfGE 150, 345 (373) – *Besteuerung umwandlungssteuerrechtlicher Übernahmegewinne*; BVerfGE 157, 177 (201) – *Vorausgezahlte Erbbauzinsen*. Die Formulierung „grundsätzlich zulässig" verwendet jedoch wieder BVerfGE 155, 238 (290) – *WindseeG*.
216 BVerfGE 157, 177 (201) – *Vorausgezahlte Erbbauzinsen*.
217 BVerfGE 132, 302 (320) – *Streubesitzbeteiligung*; BVerfGE 157, 177 (202) – *Vorausgezahlte Erbbauzinsen*. Vgl. auch BVerfGE 155, 238 (290 ff.) – *WindseeG*.

Rechtslage kann darin liegen, dass zu Investitionen ermutigt wird; je deutlicher dies konkret ausgesprochen wird, umso eher ist das Vertrauen der Betroffenen schutzwürdig, dass die ihrer Investition zugrunde liegende Rechtslage einen gewissen Bestand haben wird [...]. Das Vertrauen in den Bestand der Rechtslage kann auch dann besonderes Gewicht haben, wenn eine Vorschrift geändert wird, die ihrerseits bereits aus Vertrauensschutzgründen den Übergang zu einer neuen Rechtslage geregelt hatte [...]. Umgekehrt kann in Rechtsgebieten, in denen es ohnehin häufig oder gar in regelmäßigen Abständen zu Rechtsänderungen kommt, auf den Bestand der Rechtslage weniger vertraut werden als in stabileren Rechtsgebieten [...]. Maßgeblich kommt es auch darauf an, wie sich die konkrete rechtliche Situation der Betroffenen nach altem Recht weiterentwickelt hätte. Je weniger gewiss dies schon nach altem Recht war, umso weniger schutzwürdig ist das Vertrauen in den Fortbestand der günstigen Rechtslage und umgekehrt."[218].

→ *Rn. 1049*

3.   Vertrauensschutz

Über die Frage der Rückwirkung von Gesetzen hinaus stellt der Schutz berechtig-   **217**
ten Vertrauens einen allgemeinen rechtsstaatlichen Grundsatz dar. Die Berücksichtigung schutzwürdigen Vertrauens ist in verschiedenen verwaltungsrechtlichen Normen konkretisiert, so etwa in den Vorschriften über die Aufhebung begünstigender Verwaltungsakte (vgl. z. B. § 48 Abs. 1 Satz 2, Abs. 2–4 VwVfG).

4.   Bestimmtheitsgebot

Das ebenfalls aus der Rechtssicherheit abzuleitende Bestimmtheitsgebot verlangt,   **218**
dass gesetzliche Regelungen so klar und präzise sind, dass der Normadressat die für ihn geltenden Normen hinreichend deutlich erkennen und sein Verhalten daran ausrichten kann. Für strafrechtliche Normen folgt das Bestimmtheitsgebot ebenso wie das Rückwirkungsverbot aus Art. 103 Abs. 2 GG und ist besonders strikt: Es verlangt, „den Wortlaut von Strafbestimmungen so zu fassen, dass der Normadressat im Regelfall bereits anhand des Wortlauts der gesetzlichen Vorschrift voraussehen kann, ob ein Verhalten strafbar ist oder nicht"[219]. Im Übrigen ist es Teil des allgemeinen Rechtsstaatsprinzips. Fragen mit Blick auf das Bestimmtheitsgebot werfen die Verwendung von Generalklauseln, unbestimmten Rechtsbegriffen, Ermessensnormen und Verweisungen auf. Besondere Regelungen für die Bestimmtheit von Gesetzen ergeben sich bei Verordnungs- und Satzungsermächtigungen. Da das Bundesverfassungsgericht die für Verordnungsermächtigungen entwickelten Formeln als Konkretisierung der allgemeinen rechtsstaatlichen Anforderungen begreift[220], können diese auch in anderen Konstellationen zur „Operationalisierung" des Bestimmtheitsgrundsatzes herangezogen werden.

a) Unbestimmte Rechtsbegriffe und Ermessensnormen. Der Verwendung von   **219**
Generalklauseln und unbestimmten Rechtsbegriffen auf der Tatbestands- sowie der Einräumung von Ermessen auf der Rechtsfolgenseite steht das Bestimmtheitsgebot nicht entgegen. Es genügt insbesondere, wenn „sich die gesetzlichen Vorgaben mit Hilfe allgemeiner Auslegungsregeln erschließen lassen, insbesondere aus dem Zweck, dem Sinnzusammenhang und der Vorgeschichte des (gesamten) Gesetzes"[221]. Ferner bedarf die Rechtsordnung auch offener Regelungen, die Prog-

---

218 BVerfGE 155, 238 (290 f.) – *WindseeG.*
219 BVerfGE 153, 310 (340) – *Knorpelfleisch.*
220 BVerfGE 150, 1 (100) – *Zensusgesetz 2011.*
221 BVerfGE 150, 1 (101) – *Zensusgesetz 2011.*

nose- sowie Bewertungsentscheidungen ermöglichen. Unbestimmte Rechtsbegriffe auf Tatbestandsebene, insbesondere Generalklauseln, erfahren im Laufe der Zeit eine Konkretisierung durch Rechtsprechung und Lehre und sind insofern vollständig justiziabel.

„Gegen ihre Verwendung bestehen jedenfalls dann keine Bedenken, wenn sich mit Hilfe der üblichen Auslegungsmethoden, insbesondere durch Heranziehung anderer Vorschriften desselben Gesetzes, durch Berücksichtigung des Normzusammenhangs oder aufgrund einer gefestigten Rechtsprechung eine zuverlässige Grundlage für eine Auslegung und Anwendung der Norm gewinnen lässt [...]. Dabei kann der Grad der für eine Norm jeweils erforderlichen Bestimmtheit nicht abstrakt festgelegt werden, sondern hängt von den Besonderheiten des jeweiligen Tatbestandes einschließlich der Umstände ab, die zur gesetzlichen Regelung geführt haben"[222].

Auch Entscheidungen auf Ermessensbasis unterliegen Grenzen, deren Einhaltung von den Gerichten überprüft wird (vgl. § 114 Satz 1 VwGO)[223].

220   **b) Verweisungen.** Teilweise verweisen einzelne Normen hinsichtlich bestimmter Tatbestandselemente oder der Rechtsfolgenregelungen auf andere. Dies stellt eine übliche Gesetzestechnik dar und ist unproblematisch bei sog. *statischen Verweisen*, bei denen auf ein Gesetz in einer bestimmten Fassung verwiesen wird: hier hätte der Gesetzgeber auch schlicht den Inhalt der Norm, auf die verwiesen wird, wiederholen können. Bestimmtheitsprobleme ergeben sich hier nicht, sofern die in Bezug genommene Vorschrift ihrerseits hinreichend bestimmt ist[224]. Anders kann dies sein bei sog. *dynamischen Verweisungen*, bei denen auf die jeweils geltende Fassung einer anderen Vorschrift verwiesen wird. Hier können sich Probleme mit Blick auf das Rechtsstaatsprinzip ergeben, wenn die Vorschrift, auf die verwiesen wird, von einer anderen Stelle erlassen wird als der, die die Kompetenz zum Erlass des verweisenden Gesetzes hat. Es kann sich dann der Inhalt auch des verweisenden Gesetzes ändern, ohne dass der zuständige Gesetzgeber tätig wird. Dies ist zwar nicht grundsätzlich unzulässig, auch dann nicht, wenn auf Vorschriften des Europäischen Unionsrechts verwiesen wird. Jedoch muss der verweisende Gesetzgeber zumindest den möglichen Inhalt und Gegenstand der in Bezug genommenen Vorschriften deutlich bezeichnen und abgrenzen[225]. Im Bereich des Strafrechts gelten wiederum besonders strenge Vorgaben: der Gesetzgeber muss die Grundentscheidung darüber treffen, welches Verhalten strafbar sein soll; in Bezug genommene Vorschriften sind ihrerseits am Bestimmtheitsgrundsatz des Art. 103 Abs. 2 GG zu messen[226].

221   **c) Verordnungsermächtigung.** Rechtsverordnungen sind von der vollziehenden Gewalt aufgrund gesetzlicher Ermächtigung erlassene Gesetze im materiellen Sinn. Ihnen kommt häufig die Aufgabe zu, förmliche Gesetze in detaillierteren Regelungen zu konkretisieren (sog. Ausführungs- und Durchführungsverordnung). Aufgrund der Gewaltenteilung bedarf die Exekutive für diese Ausübung von Rechtsetzungsbefugnissen einer ausdrücklichen Ermächtigung durch förmliches Gesetz, vgl. Art. 80 Abs. 1 Satz 1 GG. Dieses wiederum unterliegt besonderen Bestimmtheitserfordernissen: Nach Art. 80 Abs. 1 Satz 2 GG muss der Gesetzgeber

---

222   BVerfGE 153, 310 (341) – *Knorpelfleisch*.
223   Vgl. *Stern*, Staatsrecht I, S. 830.
224   BVerfGE 153, 310 (342) – *Knorpelfleisch*.
225   BVerfGE 153, 310 (343) – *Knorpelfleisch*.
226   BVerfGE 153, 310 (344) – *Knorpelfleisch*.

Inhalt, Zweck und Ausmaß der Ermächtigung ausdrücklich im Gesetz festhalten. Die zur Operationalisierung der darin zum Ausdruck kommenden Wesentlichkeitstheorie entwickelten Formeln[227] zieht das Bundesverfassungsgericht nicht nur für die Frage heran, ob es überhaupt der parlamentsgesetzlichen Regelung einer Frage bedarf, sondern auch für die Beurteilung der erforderlichen Bestimmtheit dieser Regelung[228]. Die Anwendung dieser Formeln (Selbstentscheidungsformel, Programmformel, Vorhersehbarkeitsformel) muss stets mit Blick auf den konkreten Einzelfall erfolgen. Dabei gilt:

„Das im konkreten Fall erforderliche Maß an Bestimmtheit hängt [...] von der Eigenart des zu regelnden Sachverhalts ab, insbesondere davon, in welchem Umfang dieser einer genaueren begrifflichen Umschreibung überhaupt zugänglich ist [...]. Ist dies nicht der Fall, so kann es geboten sein, die nähere Ausgestaltung des zu regelnden Sachbereichs dem Verordnungsgeber zu überlassen, der die Regelungen rascher und einfacher auf dem neuesten Stand zu halten vermag als der Gesetzgeber [...]. Bei vielgestaltigen, komplexen Lebenssachverhalten oder absehbaren Änderungen der tatsächlichen Verhältnisse sind etwa geringere Anforderungen an die Bestimmtheit zu stellen als bei einfach gelagerten und klar vorhersehbaren Lebenssachverhalten. Dies ermöglicht sachgerechte, situationsbezogene Lösungen bei der Abgrenzung von Befugnissen des Gesetzgebers und der Exekutive [...]“[229].

222 Ohne ausreichende Ermächtigung i. S. d. Art. 80 Abs. 1 GG erlassene Rechtsverordnungen sind nichtig. Dies gilt auch dann, wenn das ermächtigende Gesetz selbst gegen die Anforderungen des Art. 80 Abs. 1 GG verstößt und damit verfassungswidrig und nichtig ist[230].
→ *Ein Prüfungsschema für die Verfassungsmäßigkeit von Rechtsverordnungen findet sich unter Rn. 1031.*

223 **d) Satzungsermächtigung.** Ähnliche Vorschriften wie bei der Übertragung von Rechtsetzungsbefugnissen auf die Exekutive gelten bei der Gewährung von Satzungsautonomie an juristische Personen des öffentlichen Rechts. Darunter ist deren Befugnis zu verstehen, durch den Erlass von Satzungen ihre eigenen Angelegenheiten, also die Angelegenheiten ihrer Mitglieder oder der ihnen aufgrund ihrer Gebietshoheit unterworfenen Personen, zu regeln.

Beispiel
Gemeindeverbände, Handwerkskammern, Universitäten, Sozialversicherungsträger sind mit Satzungsautonomie ausgestattet.

Erforderlich ist eine gesetzliche Grundlage, in der die Selbstverwaltungsträgerschaft bestimmt und zur autonomen Rechtsetzung durch Satzungen ermächtigt wird. Auch diese darf freilich nicht zur allgemeinen Rechtsetzung berechtigen, sondern muss den Selbstverwaltungszweck als Grenze der Satzungsautonomie festlegen. Weiterhin sind umso engere gesetzliche Vorgaben erforderlich, je stärker die Selbstverwaltung grundrechtlich geschützte Lebensbereiche berührt[231].

224 Die beschränkte Satzungsautonomie von Gemeinden und Gemeindeverbänden ist verfassungsrechtlich in Art. 28 Abs. 2 GG verankert: zwar kommt diesen das Recht

---

227 S. Rn. 187 ff.
228 BVerfGE 150, 1 (196) – *Zensusgesetz 2011.*
229 BVerfGE 150, 1 (100) – *Zensusgesetz 2011.*
230 Vgl. *Ossenbühl*, HStR V, § 103.
231 *Ossenbühl*, HStR V, § 105.

zu, „in eigener Verantwortung" Regelungen zu erlassen. Dieses ist jedoch beschränkt auf den Satzungszweck, die Wahrnehmung von „Angelegenheiten der örtlichen Gemeinschaft".

225   Das BVerfG führt zur Satzungsautonomie aus[232]:

> *„Trotzdem bleibt auch im Rahmen einer an sich zulässigen Autonomiegewährung der Grundsatz bestehen, daß der Gesetzgeber sich seiner Rechtsetzungsbefugnis nicht völlig entäußern und seinen Einfluß auf den Inhalt der von den körperschaftlichen Organen zu erlassenden Normen nicht gänzlich preisgeben darf. Das folgt sowohl aus dem Prinzip des Rechtsstaats wie aus dem der Demokratie. Fordert das eine, die öffentliche Gewalt in allen ihren Äußerungen auch durch klare Kompetenzordnung und Funktionentrennung rechtlich zu binden, so daß Machtmißbrauch verhütet und die Freiheit des Einzelnen gewahrt wird, so gebietet das andere, daß jede Ordnung eines Lebensbereichs durch Sätze objektiven Rechts auf eine Willensentschließung der vom Volke bestellten Gesetzgebungsorgane muß zurückgeführt werden können. Der Gesetzgeber darf seine vornehmste Aufgabe nicht anderen Stellen [...] überlassen. Das gilt besonders, wenn der Akt der Autonomieverleihung dem autonomen Verband nicht nur allgemein das Recht zu eigenverantwortlicher Wahrnehmung der übertragenen Aufgaben und zum Erlaß der erforderlichen Organisationsnormen einräumt, sondern ihn zugleich zu Eingriffen in den Grundrechtsbereich ermächtigt. Dem staatlichen Gesetzgeber erwächst hier eine gesteigerte Verantwortung: Der verstärkten Geltungskraft der Grundrechte entspricht die besondere Bedeutung aller Akte staatlicher Gewaltausübung, welche die Verwirklichung und Begrenzung von Grundrechten zum Gegenstand haben."*

5. Rechtsstaatliche Anforderungen an das Strafrecht

226   Besondere Anforderungen stellt das Rechtsstaatsprinzip an das Strafrecht und Strafprozessrecht. Diese können hier nur überblicksartig dargestellt werden[233]. Aus Art. 103 Abs. 2 GG folgt der Grundsatz „nulla poena sine lege stricta, scripta, certa, praevia" – „Keine Strafe ohne streng angewendetes (Analogieverbot), geschriebenes (Verbot strafbegründenden Gewohnheitsrechts), hinreichend bestimmtes (Bestimmtheitsgrundsatz) und vorheriges (Rückwirkungsverbot) Gesetz". Art. 103 Abs. 3 GG enthält das Verbot der Doppelbestrafung („ne bis in idem"). Aus Art. 20 Abs. 3 GG ergeben sich darüber hinaus das Schuldprinzip (die Strafe muss der Schwere der Schuld entsprechen), die Unschuldsvermutung, der Ausschluss des Zwangs zur Selbstbezichtigung („nemo tenetur se ipsum accusare") sowie der Grundsatz, dass im Zweifel zugunsten des Angeklagten zu entscheiden ist („in dubio pro reo").

Rechtsprechung: BVerfGE 1, 13 – *Bundesversorgungsgesetz*; BVerfGE 2, 380 – *Haftentschädigung*; BVerfGE 3, 225 – *Gleichberechtigung*; BVerfGE 8, 274 – *Preisgesetz*; BVerfGE 9, 137 – *Einfuhrgenehmigung*; BVerfGE 9, 268 – *Bremer Personalvertretung*; BVerfGE 10, 442 – *Entfernen vom Unfallort*; BVerfGE 11, 263 – *Nachkonstitutioneller Bestätigungswille*; BVerfGE 13, 225 – *Bahnhofsapotheke*; BVerfGE 18, 172 – *Unvereinbarkeit von Amt und Mandat*; BVerfGE 19, 342 – *Haftverschonung*; BVerfGE 21, 378 – *Arreststrafe*; BVerfGE 22, 49 – *Rechtsprechende Gewalt*; BVerfGE 22, 103 – *Steuerzuschüsse*; BVerfGE 23, 127 – *Zeugen Jehovas*; BVerfGE 24, 33 – *Vertragsgesetz*; BVerfGE 24, 367 – *Legalenteignung*; BVerfGE 25, 269 – *strafrechtliches Rückwirkungsverbot*; BVerfGE 25, 371 – *Maßnahmengesetz lex Rheinstahl*; BVerfGE 27, 312 – *§ 14 Abs. 3 SGG*; BVerfGE 30, 392 – *Umsatzsteuerbefreiung*; BVerfGE 33, 1 – *Strafvollzug*; BVerfGE 33, 125 – *Facharzt*; BVerfGE 34, 165 – *Förderstufe in Hessen*; BVerfGE 34, 269 – *Soraya*; BVerfGE 35,

---

232 BVerfGE 33, 125 (158) – *Facharzt*.
233 Im Einzelnen *Roxin/Greco*, Strafrecht Allgemeiner Teil, Band 1, 5. Aufl. 2020, S. 207 ff.

366 – *Kruzifix im Gerichtssaal*; BVerfGE 37, 1 – *Stabilisierungsfonds für Wein*; BVerfGE 37, 271 – *Solange I*; BVerfGE 37, 363 – *Zustimmungsgesetz*; BVerfGE 38, 348 – *Zweckentfremdung von Wohnraum*; BVerfGE 39, 128 – *§ 46 Abs. 4 Satz 1 SoldatenG*; BVerfGE 41, 251 – *Speyer-Colleg*; BVerfGE 42, 191 – *Personenbeförderungsgesetz*; BVerfGE 45, 142 – *VO über Intervention auf in der BRD geerntetem Getreide*; BVerfGE 45, 187 – *Lebenslange Freiheitsstrafe*; BVerfGE 45, 297 – *öffentliche Last*; BVerfGE 45, 400 – *Oberstufenneuordnung*; BVerfGE 47, 46 – *Sexualkundeunterricht*; BVerfGE 49, 89 – *Schneller Brüter Kalkar*; BVerfGE 51, 268 – *vorläufiger Rechtsschutz*; BVerfGE 53, 30 – *Mühlheim-Kärlich*; BVerfGE 58, 257 – *Schulentlassung*; BVerfGE 58, 300 – *Nassauskiesung*; BVerfGE 60, 253 – *§ 85 Abs. 2 ZPO*; BVerfGE 67, 100 – *Flick-Untersuchungsausschuss*; BVerfGE 68, 1 – *Natodoppelbeschluss*; BVerfGE 69, 315 – *Brokdorf*; BVerfGE 70, 297 – *Unterbringungsgesetz*; BVerfGE 71, 162 – *Ärztewerbung*; BVerfGE 72, 175 – *Wohnungsfürsorge*; BVerfGE 72, 200 – *Rückwirkung einkommensteuerrechtlicher Vorschriften*; BVerfGE 73, 280 – *Notauswahlverfahren*; BVerfGE 73, 339 – *Solange II*; BVerfGE 74, 297 – *Rundfunkfreiheit*; BVerfGE 74, 358 – *Privatklage*; BVerfGE 76, 1 – *Familiennachzug*; BVerfGE 77, 1 – *Untersuchungsausschüsse*; BVerfGE 77, 170 – *C-Waffen*; BVerfGE 77, 381 – *Gorleben*; BVerfGE 78, 179 – *Heilpraktikergesetz*; BVerfGE 78, 214 – *Unterhaltsleistungen im EStG*; BVerfGE 78, 249 – *Fehlbelegungsabgabe*; BVerfGE 81, 310 – *Kalkar*; BVerfGE 82, 106 – *Unschuldsvermutung*; BVerfGE 83, 130 – *Josefine Mutzenbacher*; BVerfGE 85, 360 – *Einigungsvertrag*; BVerfGE 87, 363 – *Nachtbackverbot*; BVerfGE 90, 145 – *Cannabis*; BVerfGE 92, 1 – *Sitzblockaden*; BVerfGE 92, 277 – *Strafbarkeit früherer Stasi-Mitarbeiter*; BVerfGE 92, 365 – *Lohnersatzleistung im Arbeitskampf*; BVerfGE 95, 1 – *Südumfahrung Stendal*; BVerfGE 95, 96 – *Mauerschützen*; BVerfGE 95, 173 – *Gesundheitswarnung auf Tabakprodukten*; BVerfGE 97, 67 – *Sonderabschreibungen auf Schiffe*; BVerfGE 97, 271 – *Eigentumsgarantie und Rentenversicherung*; BVerfGE 98, 106 – *kommunale Verpackungssteuer*; BVerfGE 98, 218 – *Rechtschreibreform*; BVerfGE 102, 147 – *Bananenmarktordnung*; BVerfGE 103, 111 – *Wahlprüfung Hessen*; BVerfG NJW 1998, 2585 – *strafrechtliches Rückwirkungsverbot bei Richtern und Staatsanwälten der DDR*; BVerfGE 103, 44 – *Egon Krenz*; BVerfGE 105, 252 – *Glykol*; BVerfGE 105, 270 – *Osho*; BVerfGE 116, 24 – *Erschlichene Einbürgerung*; BVerfGE 120, 224 – *Inzest*; BVerfGE 127, 1 – *Rückwirkung im Steuerrecht*; BVerfGE 132, 302 – *Streubesitzbeteiligung*; BVerfGE 133, 270 – *Luftsicherheitsgesetz*; BVerfGE 135, 1 – *Kapitalanlagegesellschaft*; BVerfGE 139, 321 – *Verleihung des Körperschaftsstatus an Religionsgemeinschaften*; BVerfGE 143, 38 – *Rindfleischetikettierungsgesetz*; BVerfGE 148, 40 – *Verbraucherinformation*; BVerfGE 150, 1 – *Zensusgesetz 2011*; BVerfGE 150, 240 – *Steuergesetze*; BVerfGE 150, 345 – *Besteuerung umwandlungssteuerrechtlicher Übernahmegewinne*; BVerfGE 153, 310 – *Knorpelfleisch*; BVerfGE 155, 238 – *WindseeG*; BVerfGE 156, 354 – *Vermögensabschöpfung*; BVerfGE 157, 177 – *Vorausgezahlte Erbbauzinsen*; NWVerfGH DVBl. 1999, 714 – *Zusammenlegung von Innen- und Justizministerium*; OLG Stuttgart NJW 1990, 2690 – *Birkel*.

Literatur:

Zur Ergänzung:
Eibl, J./Müller, M. W., Anfängerhausarbeit – Öffentliches Recht: Staatsorganisationsrecht – Luftfahrtförderung, JuS-Extra 2017, 1 ff. (Fallbearbeitung); *Klatt, M./Meister, M.*, Der Grundsatz der Verhältnismäßigkeit, JuS 2014, 193 ff.; *Lepsius, O.*, Die Rückwirkung von Gesetzen, Jura 2018, 577 ff., 695 ff.; *Michl, F.*, Der demokratische Rechtsstaat in Krisenzeiten (Teil 1), JuS 2020, 507 ff.; *Remmert, B.*, Die Rechtsschutzgarantie des Art. 19 IV 1 GG, Jura 2014, 906 ff.; *Reuter, Th.*, Die Verhältnismäßigkeit im engeren Sinne – das unbekannte Wesen, Jura 2009, 511 ff.; *Trentmann, C.*, Die Grundlagen des Rechtsstaatsbegriffs, JuS 2017, 979 ff.; *Voßkuhle, A.*, Rechtsstaat und Demokratie, NJW 2018, 3154 ff.; *ders./Kaufhold, A.-K.*, Grundwissen Öffentliches Recht: Das Rechtsstaatsprinzip, JuS 2010, 116 ff.

Zur Vertiefung:
Aktuelle Diskussionen
Beaucamp, G., Rechtssicherheit als Wert und als Argument im Verhältnis der Staatsgewalten zueinander, DÖV 2017, 699 ff.; *Brade, A.*, Der Grundsatz „ne bis in idem", Art. 103 Abs. 3 GG, AöR 146 (2021), 130 ff.; *Dreier, H.*, Rechtsstaat, Föderalismus und Demokratie in der Corona-Pandemie, DÖV 2021, 229 ff.; *Groß, Th.*, Die asymmetrische Funktionenordnung der

demokratischen Verfassung – Zur Dekonstruktion des Gewaltenteilungsgrundsatzes, Der Staat 55 (2016), 489 ff.; *Hey, J.*, Rückwirkende Klarstellung und rückwirkende Nichtanwendungsgesetzgebung, JZ 2014, 500 ff.; *Klatt, M./Meister, M.*, Verhältnismäßigkeit als universelles Verfassungsprinzip, Der Staat 51 (2012), 159 ff.; *Lepsius, O.*, Zur Neubegründung des Rückwirkungsverbots aus der Gewaltenteilung, JZ 2014, 488 ff.; *ders.*, Brauchen wir einen Schutz des abstrakten Vertrauens in die Geltung von Gesetzen?, JZ 2015, 435 ff.; *Michael, L.*, Das Verbot echter Rückwirkung als Schutz des abstrakten Vertrauens in die Geltung von Gesetzen und eines Kernbereichs der Judikative, JZ 2015, 425 ff.; *Reimer, Ph.*, „... und machet zu Jüngern alle Völker“? Von „universellen Verfassungsprinzipien“ und der Weltmission der Prinzipientheorie der Grundrechte, Der Staat 52 (2013), 27 ff.; *Saurer, J.*, Die Globalisierung des Verhältnismäßigkeitsgrundsatzes, Der Staat 51 (2012), 33 ff.; *Weck, Th.*, Rechtsstaat und Rechtswirklichkeit, RuP 2017, 186 ff.

Grundlegende Texte

v. Arnauld, A., Die normtheoretische Begründung des Verhältnismäßigkeitsgrundsatzes, JZ 2000, 276 ff.; *Badura, P.*, Über den Rechtsstaat, Recht und Gesellschaft 1974, 13 ff.; *Benda, E.*, Rechtsstaat im sozialen Wandel, AöR 92 (1967), 497 ff.; *Böckenförde, E.-W.*, Entstehung und Wandel des Rechtsstaatsbegriffs, in: FS für Arndt, 1969, S. 54 ff.; *Forsthoff, E.*, Rechtsstaat im Wandel, 2. Aufl. 1976; *Huber, P.M.*, Rechtsstaat, VerfassungsR-HdB, 2021, § 6; *Karpen, U.*, Der Rechtsstaat des Grundgesetzes, 1992; *Schmidt-Aßmann, E.*, Der Rechtsstaat, HStR II, § 26; *Starck Ch./Berg, W./Pieroth, B.*, Der Rechtsstaat und die Aufarbeitung der vorrechtsstaatlichen Vergangenheit, VVDStRL 51 (1992), 384 ff.

§ 19 Der Bundesstaat

I. Begriff und Abgrenzung

227 Ein Bundesstaat ist ein Staat mit zweistufiger Staatlichkeit. Neben dem Bund (Zentralstaat) gibt es *mehrere Gliedstaaten*, die *eigene Staatsqualität besitzen*, sich aber in einem Unterordnungsverhältnis zum Bund befinden und daher *nicht souverän* sind. In einem Bundesstaat sieht sich der Bürger somit zwei Staaten gegenüber, dem Gliedstaat (Einzelstaat) und dem Gesamtstaat (Zentralstaat)[234]. Staatsorganisationsrechtlich stellt sich dabei insbesondere das Problem der Abgrenzung der Kompetenzen von Bund und Einzelstaaten. Aufgrund der Überordnung des Bundes richtet sich diese nach der Bundesverfassung. Die Kompetenzverteilung muss jedoch den Gliedstaaten, um deren Staatsqualität zu wahren, einen auf wesentliche Inhalte bezogenen Regelungs- und Verantwortungsbereich überlassen, auf den der Gesamtstaat keinen Zugriff hat[235]. Die Kompetenzaufteilung hat sich in erster Linie daran zu orientieren, welche Aufgaben im gemeinsamen Bundesinteresse (etwa die Wahrnehmung der Außenpolitik und die Verteidigung des Bundesgebietes) liegen und welche Fragen einer einheitlichen rechtlichen Lösung im ganzen Bundesgebiet bedürfen. Auch in diesen Bereichen ist jedoch die Möglichkeit einer Einflussnahme der Gliedstaaten auf die Willensbildung des Gesamtstaates sicherzustellen[236].

228 Das Konzept des Bundesstaates, für das sich das Grundgesetz in Art. 20 Abs. 1 entschieden hat („Bundesrepublik“, „Bundesstaat“), ist abzugrenzen von den Mo-

---

234 Eine Gliederung in drei staatliche Ebenen: Gesamtstaat, Zentralstaat, Gliedstaaten wird von einem Teil der Lehre vertreten, vgl. *Nawiasky*, Der Bundesstaat als Rechtsbegriff, S. 21 ff.
235 Vgl. *Zippelius*, Allg. Staatslehre, S. 58.
236 Vgl. *Stern*, Staatsrecht I, S. 645.

dellen des Einheitsstaates mit zentraler Regierungsgewalt, des Staatenbundes als völkervertraglichem Zusammenschluss mehrerer souveräner Staaten und des (supranationalen) Staatenverbundes, dem begrenzte eigene Hoheitsgewalt aufgrund gezielter Übertragung durch im Übrigen souverän bleibende Nationalstaaten zukommt.

1. Bundesstaat und Einheitsstaat

Der Einheitsstaat ist charakterisiert durch eine einheitliche zentrale Regierungsge- **229** walt. Auch wenn diese auf verschiedenen Ebenen und durch unterschiedliche Organe ausgeübt wird, ist sie stets vom Zentralstaat abgeleitet und auf diesen zurückführbar. Gebietskörperschaften (Provinzen, Regionen, Kommunen) und anderen juristischen Personen des öffentlichen Rechts kann zwar als Selbstverwaltungsträgern die Befugnis zugewiesen sein, ihre eigenen Angelegenheiten selbst zu regeln. Auch dabei handelt es sich jedoch um vom Zentralstaat abgeleitete Kompetenzen, die im Rahmen eines staatlichen Hierarchieverhältnisses jederzeit reorganisiert oder gesetzlich neu ausgestaltet werden können[237].

Anders als im Bundesstaat kommt den unteren Ebenen eines Einheitsstaates keine **230** Staatsqualität zu. Es fehlen ihnen eigene, nicht vom Zentralstaat abgedeckte Kompetenzen, die sie dem Gesamtstaat gegenüber verteidigen können.

2. Bundesstaat und Staatenbund

In entgegengesetzter Richtung ist der Bundesstaat vom Staatenbund abzugrenzen. **231** Den dort zu einem föderalen System zusammengeschlossenen Einzelstaaten kommen nicht nur eigene Staatsqualität und hieraus folgende Kompetenzen zu, sie sind darüber hinaus – anders als im Bundesstaat – souverän. In Deutschland zeigte sich ein Übergang vom Staatenbund zum Bundesstaat in der Entwicklung vom Deutschen Bund zum Norddeutschen Bund und später Deutschen Reich[238].

a) Souveränität. Souveränität ist, wie oben dargestellt, die originäre Fähigkeit **232** eines Staates, auf seinem Staatsgebiet und gegenüber seinem Staatsvolk sämtliche Angelegenheiten kraft seiner eigenen, von keiner anderen Autorität abgeleiteten, grundsätzlich ungeteilten und unbeschränkten Hoheitsgewalt zu regeln[239]. Der souveräne Staat ist nach innen Inhaber der höchsten Gewalt und nach außen unabhängig von ausländischen Mächten (innere und äußere Souveränität)[240].

Die Gliedstaaten eines Bundesstaates genießen zwar eigene Rechtspersönlichkeit **233** und setzen auf ihrem Gebiet und gegenüber ihren Staatsangehörigen unmittelbar geltendes Recht[241]. Diese Kompetenzen sind ihnen jedoch durch die Ausgestaltung der Bundesverfassung zugewiesen, ihre Regelungen unterfallen der bundesstaatlichen Normenhierarchie. Die Gliedstaaten verfügen somit nur über beschränkte, vom Zentralstaat nicht unabhängige Autorität und sind daher nicht souverän.

Anders die Einzelstaaten im Staatenbund. Diese schließen sich lediglich durch einen völkerrechtlichen Vertrag zusammen, der ihre originäre Staatsqualität nicht infrage stellt, sondern sogar voraussetzt. Dabei werden keine Hoheitsrechte auf

---

237 Vgl. zur Kompetenzverteilung allg. *Maurer,* Staatsrecht I, § 10 Rn. 55.
238 S. oben Rn. 25 ff.
239 S. oben Rn. 5.
240 *Hillgruber,* HStR II, § 32 Rn. 49.
241 BVerfGE 34, 9 (19 f.) – *Besoldungsgesetz.*

den Bund übertragen, die Ausübung von Staatsgewalt bleibt Sache der Mitgliedstaaten auf ihrem jeweiligen Territorium. Auch eine institutionelle Zusammenarbeit im Rahmen des Staatenbundes beruht stets auf der freiwilligen vertraglichen Vereinbarung der Staaten. Sind mit Vertragsverletzungen der Mitgliedstaaten Druck- und Sanktionsmechanismen verbunden, stellt deren Ausübung nicht das Handeln „des Bundes" als eines übergeordneten Hoheitsträgers dar, sondern die Durchsetzung vertraglicher Verpflichtungen durch die anderen Mitgliedstaaten. Die Mitgliedstaaten können ihre Mitgliedschaft auch, wie jeden anderen völkerrechtlichen Vertrag, grundsätzlich jederzeit kündigen[242].

234 **b) Völkerrechtssubjektivität.** Völkerrechtssubjekt ist, wer Träger von Rechten und Pflichten völkerrechtlicher Art sein kann. Originär kommt diese Stellung lediglich Staaten zu, die jedoch internationale Organisationen ebenfalls mit Völkerrechtssubjektivität ausstatten können (abgeleitete Völkerrechtssubjektivität).

235 Im *Bundesstaat* besitzen sowohl der Gesamtstaat als auch die Gliedstaaten Staatsqualität, so dass grundsätzlich beide mit völkerrechtlicher Wirkung auftreten könnten. Wesentlich für den Bundesstaat ist jedoch, dass die Gliedstaaten zumindest den überwiegenden Teil ihrer völkerrechtlichen Kompetenzen an den Bund verloren haben. Typischerweise ist der Gesamtstaat im Verkehr mit Drittstaaten das maßgebliche Völkerrechtssubjekt, das auch die Gliedstaaten repräsentiert und die völkerrechtlichen Kompetenzen exklusiv für sich in Anspruch nimmt (vgl. Art. 32 Abs. 1 GG). Die Berücksichtigung der Interessen der Gliedstaaten ist dann lediglich eine Frage der innerstaatlichen Ordnung. Die Fähigkeit der Gliedstaaten, Träger völkerrechtlicher Rechte und Pflichten zu sein, ist im Bundesstaat allerdings nicht umfassend zugunsten des Gesamtstaats aufgehoben. Den Gliedstaaten kann im Rahmen der innerstaatlichen Kompetenzverteilung eine sachlich beschränkte Völkerrechtssubjektivität verbleiben (vgl. Art. 32 Abs. 3 GG).

236 Ein *Staatenbund* ist demgegenüber, wie dargestellt, selbst das Ergebnis einer völkerrechtlichen Vereinbarung. Durch den Vertragsschluss üben die Mitgliedstaaten ihre Völkerrechtssubjektivität aus, derer sie sich auch durch den Vertrag nicht entäußern. Häufig ist es jedoch Ziel eines Staatenbundes, die Interessen der Mitgliedstaaten in Bezug auf Drittstaaten zu bündeln und ein gemeinsames Auftreten nach außen zu ermöglichen. Dem Staatenbund als internationalem Zusammenschluss wird daher oftmals eigene abgeleitete Völkerrechtssubjektivität verliehen. Weder führt diese Verleihung aber zur Staatsqualität des Bundes, noch berührt sie die Staatsqualität der Mitgliedstaaten und darauf gestützt ihre originäre Fähigkeit, anderweitige völkerrechtliche Vereinbarungen zu schließen. Diese können allenfalls eine Verletzung der vertraglichen Verpflichtungen gegenüber den anderen Mitgliedstaaten darstellen.

237 **c) Selbstbestimmungsrecht der Partialvölker.** Mit dem Begriff Partialvölker kann man die Staatsangehörigen der Gliedstaaten eines Bundesstaats sowie die Staatsvölker der Mitgliedstaaten eines Staatenbundes bezeichnen.

238 Der Selbstbestimmungsgrad der Partialvölker entscheidet, ob eine Abspaltung (Sezession) aus einem Staatenbund oder einem Bundesstaat ohne die Einwilligung der übrigen Partialvölker zulässig ist. Im Staatenbund sind die einzelnen Mitgliedstaaten souverän. Das autonome Recht eines jeden Volkes, sein Schicksal selbst in

---

242 Vgl. *Maurer*, Staatsrecht I, § 10 Rn. 7; *Schöbener/Knauff*, Allg. Staatslehre, S. 289 f.

die Hand zu nehmen, ist ungebrochen. Die Frage des „Ob" einer Sezession soll durch den Staatenbund offen gehalten werden, indem die Vertragsparteien nicht ihre Eigenstaatlichkeit verlieren. Das „Wie", also unter welchen Voraussetzungen ein Mitgliedstaat einen Staatenbund wieder verlassen kann und welche völkerrechtlichen Sanktionen dies ggf. nach sich zieht, hängt von der konkreten vertraglichen Ausgestaltung des Staatenbunds ab.

Im *Bundesstaat* ist eine Sezession eines Gliedstaats ohne die Zustimmung der **239** übrigen Gliedstaaten und des Gesamtstaats nicht zulässig. Wesen des Bundesstaats ist, dass die Eigenstaatlichkeit zugunsten eines Gesamtstaats teilweise aufgegeben wurde und mit ihr das Recht, autonom über die Ausgestaltung der eigenen Staatlichkeit zu entscheiden. Diese Aufgabe der eigenen Staatsqualität der Gliedstaaten muss im Bundesstaat unwiderruflich erfolgen, wenn man einen souveränen Gesamtstaat schaffen will („point of no return"[243]). Will man die Eigenstaatlichkeit zurückerlangen, bedarf es der Einwilligung der übrigen Gliedstaaten und des Gesamtstaats. Eine Veränderung der staatlichen Integrität des Bundes ist immer Sache des gesamten Staatsvolks auf der Ebene der Bundesverfassung – in der auch ein Austrittsrecht geregelt sein kann – und niemals nur die autonome Entscheidung eines Partialvolks. Diesem bliebe im Bundesstaat nur die (stets bestehende und rechtlich nicht determinierbare) Möglichkeit der Revolution.

3.   Bundesstaat und supranationaler Staatenverbund

Der supranationale Staatenverbund – so die Terminologie des BVerfG zur Einord- **240** nung der Europäischen Gemeinschaften[244], jetzt der Europäischen Union[245] – ist eine Art Zwischenstufe zwischen bloßem Staatenbund und Bundesstaat[246]. Im Gegensatz zum Staatenbund kommt es zu einem Souveränitätsverzicht der Mitgliedstaaten, der jedoch anders als im Bundesstaat in seiner Reichweite begrenzt ist. Der Staatenverbund verfügt über sachlich beschränkte staatliche Hoheitsrechte und tritt auf völkerrechtlicher Ebene in Erscheinung. Seine Hoheitsgewalt, die ihn anders als den Staatenbund zu unmittelbar in den Mitgliedstaaten wirkenden Hoheitsakten befähigt, basiert jedoch auf der vertraglichen Ableitung durch die Mitgliedstaaten und ist nicht unwiderruflich[247].

Durch den Vertrag übertragen die Mitgliedstaaten dem supranationalen Staaten- **241** verbund Hoheitsrechte und nehmen damit den alleinigen nationalstaatlichen Hoheitsanspruch diesem gegenüber zurück. Im Rahmen dieser übertragenen Hoheitsrechte übt der Staatenverbund daher originäre öffentliche Gewalt anstelle der Mitgliedstaaten aus und setzt Rechtsakte, die unmittelbar in den Mitgliedstaaten und gegenüber den Staatsangehörigen gelten. Die Mitgliedstaaten verzichten insoweit auf ihre staatliche Souveränität[248]. Der Staatenverbund wird durch diese beschränkte Übertragung von Hoheitsrechten jedoch nicht selbst zum Staat. Hierzu fehlen ihm wesentliche Elemente: Die Mitgliedstaaten können immer noch autonom den Staatenverbund verlassen. Für die EU stellt dies mittlerweile Art. 50

---

243 Vgl. *Zippelius*, Allg. Staatslehre, S. 63 ff., 336.
244 Vgl. BVerfGE 89, 155 (188 ff.) – *Maastricht.*
245 Vgl. BVerfGE 123, 267 (403) – *Lissabon.*
246 Vgl. *Maurer*, Staatsrecht I, § 4 Rn. 20 ff., § 10 Rn. 8.
247 BVerfGE 89, 155 – *Maastricht.*
248 *Maurer*, Staatsrecht I, § 4 Rn. 13.

Abs. 1 EUV klar[249]. Gestützt auf diese Vorschrift hat das Vereinigte Königreich von Großbritannien und Nordirland im Jahr 2017 seine Absicht mitgeteilt, aus der Union auszutreten („Brexit")[250]. Die Rechtsetzung im Rahmen der supranationalen Organisation erfolgt nicht kraft originärer Staatsgewalt, sondern aufgrund einer vertraglich abgeleiteten hoheitlichen Rechtsquelle, die immer noch auf die Mitgliedstaaten zurückgeführt werden kann. Dem supranationalen Träger fehlt es an der sog. Kompetenz-Kompetenz, d. h. der unbeschränkten Fähigkeit eines Staates zu entscheiden, welche Kompetenzen er in welcher Form selbst wahrnimmt oder delegiert. Er bleibt vielmehr auf die ihm durch die vertragliche Bestimmung der Mitgliedstaaten eingeräumten Kompetenzen beschränkt. Der Bundesstaat leitet seine Staatsgewalt demgegenüber gerade nicht von den Gliedstaaten ab, sondern verfügt über eigene Souveränität.

II.   Der Bundesstaat des Grundgesetzes

242   Die Festlegung des Grundgesetzes auf das Bundesstaatsprinzip ergibt sich nicht nur aus der Formulierung in Art. 20 Abs. 1 GG, sondern darüber hinaus aus der Zusammenschau einer Vielzahl einzelner Verfassungsnormen. Dazu zählen die abschließende Verteilung der Kompetenzen zwischen Bund und Ländern (vgl. Art. 30, 70 ff., 83 ff., 92 ff. GG), die Mitwirkung der Länder an der Bundesgesetzgebung über den Bundesrat (vgl. Art. 50 GG) sowie das Homogenitätsprinzip des Art. 28 Abs. 1 GG, das ein Mindestmaß an Übereinstimmung der innerstaatlichen Ordnung von Bund und Ländern garantiert, den Ländern im Übrigen aber die Gestaltungsfreiheit für ihre staatliche Selbstorganisation belässt. Die Bedeutung des föderalen Staatsaufbaus für das Verfassungsgefüge der Bundesrepublik lässt sich aus der Entstehungsgeschichte des Grundgesetzes und der Präambel erkennen.

243   Das Bundesstaatsprinzip benennt Art. 20 Abs. 1 GG bereits ausdrücklich in dem Namen „*Bundes*republik" und der Bezeichnung „*Bundesstaat*". Anders als bei den anderen bisher dargestellten Strukturprinzipien nennt Art. 79 Abs. 3 GG ausdrücklich zwei Ausprägungen des Föderalismus, die vom Schutz der Ewigkeitsgarantie umfasst sein sollen: Danach ist es dem verfassungsändernden Gesetzgeber verwehrt, die „Gliederung des Bundes in Länder" und deren grundsätzliche „Mitwirkung an der Bundesgesetzgebung" zu berühren, d. h. diese im Grundsatz infrage zu stellen. Das Herausgreifen dieser beiden wesentlichen Elemente führt nach dem eindeutigen Wortlaut des Art. 79 Abs. 3 GG nicht dazu, dass das Bundesstaatsprinzip als Ganzes nicht ebenfalls von der Ewigkeitsgarantie umfasst wäre: es ist auch ein in Art. 20 GG „niedergelegte[r] Grundsatz". Vielmehr führt die Trias aus allgemeinem Bundesstaatsprinzip und besonderen Bestimmungen zur Betonung der besonderen Bedeutung des föderalen Prinzips im Grundgesetz[251]. Die „Gliederung des Bundes in Länder" impliziert die für einen Bundesstaat charakteristische[252] eigenständige Staatsqualität von sowohl Zentralstaat als auch Gliedstaaten. Das Bundesstaatsprinzip bewirkt neben der horizontalen eine verti-

---

249   Auf Basis des vor Inkrafttreten des EUV in der Fassung des Vertrags von Lissabon geltenden EGV war die Möglichkeit eines Austritts umstritten und wurde als praktisch kaum relevante Frage angesehen; vgl. *Pernice*, HStR, 1. Aufl., Bd. VIII, § 191 m. w. N.
250   Einen Überblick aus rechtlicher Sicht vermittelt *Terhechte*, JZ 2019, 105.
251   Vgl. *Herdegen*, in: Dürig/Herzog/Scholz, GG, Art. 79 Rn. 158.
252   Vgl. oben Rn. 227.

kale Gewaltenteilung auf Bundesebene. Die Staatsgewalt soll hierdurch dezentralisiert und damit bürgernäher ausgestaltet werden.

In Deutschland hat die föderale Ordnung eine lange Tradition. Sie findet sich **244** bereits im Alten Reich zwischen 1555 und 1806 und im Deutschen Bund (1815–1866). Die Bundesstaatlichkeit begann mit dem Norddeutschen Bund (1866) und Deutschen Reich (1870–1918) und ging weiter in der Weimarer Republik und Bundesrepublik Deutschland. Unterbrochen wurde der Föderalismus durch die Systeme des Nationalsozialismus und der Deutschen Demokratischen Republik. Zuletzt wurde die Verteilung der Kompetenzen zwischen Bund und Ländern in den beiden Stufen der Föderalismusreform 2006 und 2009 neu austariert, wobei es vor allem um die Entflechtung der Kompetenzen durch Abbau von Zustimmungserfordernissen des Bundesrates, die Erhöhung der „Europatauglichkeit" des Grundgesetzes und die Neuordnung der Finanzbeziehungen von Bund und Ländern ging. Weitere Veränderungen im System des Föderalismus ergaben sich in den letzten Jahren im Bereich der Bundesverwaltung[253] sowie, erneut, im Bereich der Finanzverfassung[254].

1. Der zweigliedrige Bundesstaat und sein Schutz durch Art. 79 Abs. 3 GG

Die Bundesrepublik Deutschland setzt sich zusammen aus den 16 in der Präambel **245** des Grundgesetzes genannten Ländern als Gliedstaaten und dem Bund als Gesamtstaat. Das BVerfG hat sich schon frühzeitig auf den zweigliedrigen Staatsaufbau der Bundesrepublik Deutschland festgelegt[255]. Danach besteht der Bundesstaat aus zwei staatlichen Ebenen: den Ländern als den in ihrer Souveränität und Völkerrechtsfähigkeit beschränkten Gliedstaaten, und dem Bund als voll souveränem und unbeschränkt völkerrechtsfähigem Gesamtstaat, der allerdings an die innerstaatliche Kompetenzaufteilung gebunden ist.

Geschützt ist die *grundsätzliche* Gliederung der Bundesrepublik in Gliedstaaten, **246** nicht jedoch die konkrete, gegenwärtige Struktur[256]. Dies ergibt sich auch aus Art. 29 GG, der die Neugliederung des Bundesgebietes durch *Bundesgesetz* (vgl. Art. 29 Abs. 2 GG) ermöglicht. Zulässig wäre also auch eine vollständige Neugliederung des Bundesgebietes durch Auflösung der bestehenden Länder und Bildung neuer. Streitig ist nur, ob als Mindestanzahl die Existenz von zwei oder drei Ländern verfassungsrechtlich geboten ist[257].

Von der gestuften Staatlichkeit zu unterscheiden ist die gesetzlich festzulegende **247** Anzahl von Verwaltungsebenen. Dabei stellt insbesondere die in Art. 28 Abs. 2 GG verfassungsrechtlich geschützte kommunale Selbstverwaltungsebene keine eigenständige staatliche Ebene dar, sondern lediglich eine mit besonderen Selbstverwaltungsprivilegien ausgestattete Verwaltungsebene innerhalb der Länder[258]. Die Existenz der kommunalen Selbstverwaltungsebene ist jedoch von Art. 28 GG verfassungsrechtlich geschützt.

---

253 Dazu unten Rn. 309.
254 Unten Rn. 321 ff.
255 BVerfGE 1, 13 (34) – *Südweststaat*; 13, 54 – *Neugliederung*.
256 Vgl. *Stern*, Staatsrecht I, S. 663.
257 *Kment*, in: Jarass/Pieroth, GG, Art. 79 Rn. 12 f. m. w. N.
258 S. unten Rn. 330.

248　Der Vergleich mit der Ebene der kommunalen Selbstverwaltung zeigt, dass die Aufteilung des Bundes in Gebietskörperschaften noch nicht ausreicht, um die eigene Staatlichkeit der Länder zu gewährleisten. Diese erfordert vielmehr, dass ihnen auf ihrem Gebiet ein Mindestmaß an sachlicher, funktionaler und organisatorischer Eigenständigkeit durch die Bundesverfassung garantiert sein muss. Nach Aufteilung der staatlichen Kompetenzen muss ein Bündel von staatlichen Aufgaben und Hoheitsrechten gewahrt bleiben, die die Länder über den Rang einer Verwaltungsebene hinausheben.

249　Das BVerfG führt dazu aus[259]:

　　„Art. 79 Abs. 3 GG verbietet eine Änderung des Grundgesetzes, durch welche ‚die Gliederung des Bundes in Länder‘ berührt wird. Die ‚Länder‘ sind hier, wie es dem Begriff und der Qualität des Bundesstaates entspricht, gegen eine Verfassungsänderung gesichert, durch die sie die Qualität von Staaten oder ein Essentiale der Staatlichkeit einbüßen. Ob die Länder der Bundesrepublik ‚Staaten‘ sind oder von Körperschaften ‚am Rande der Staatlichkeit‘ zu ‚höchstpotenzierten Gebietskörperschaften‘ in einem dezentralisierten Einheitsstaat herabsinken, lässt sich nicht formal danach bestimmen, dass sie eine eigene Verfassung besitzen und dass sie über irgendein Stück vom Gesamtstaat unabgeleiteter Hoheitsmacht verfügen, also irgendeinen Rest von Gesetzgebungszuständigkeit, Verwaltungszuständigkeit und justizieller Zuständigkeit ihr eigen nennen. In solcher Sicht könnten die Länder in ihrer Qualität als Staaten durch Grundgesetzänderungen nach und nach ausgehöhlt werden, so dass am Ende nur noch eine leere Hülse von Eigenstaatlichkeit übrig bliebe. Die Länder im Bundesstaat sind nur dann Staaten, wenn ihnen ein Kern eigener Aufgaben als ‚Hausgut‘ unentziehbar verbleibt. Was immer im Einzelnen dazu gehören mag, jedenfalls muss dem Land die freie Bestimmung über seine Organisation einschließlich der in der Landesverfassung enthaltenen organisatorischen Grundentscheidungen sowie die Garantie der verfassungskräftigen Zuweisung eines angemessenen Anteils am Gesamtsteueraufkommen im Bundesstaat verbleiben."

250　Maßgeblich für die Eigenstaatlichkeit ist also eine Gesamtschau der Kompetenzen, die die Länder besitzen. Diese müssen Essentialia der Staatlichkeit umfassen, wie die Fähigkeit, sich staatlich selbst zu organisieren. Dazu gehört zunächst das Recht, sich eine eigene Verfassung zu geben (Verfassungsautonomie, Organisationshoheit). Die Länder müssen allgemeine staatspolitische Aufgaben erfüllen können. Dazu bedarf es eines Mindestmaßes an Personalhoheit – also einen vom Bund unabhängigen landeseigenen Behördenaufbau. Zur Staatlichkeit gehören Gesetzgebungs-, Verwaltungs- und Rechtsprechungskompetenzen und zumindest die ausschließliche sachliche Kompetenz in Politikfeldern, für die sich ein bundesstaatliches Bedürfnis überhaupt nicht oder kaum herstellen lässt, wie z. B. in der Kulturpolitik. Eine sinnvolle Landespolitik ist nur bei konstanter, gesicherter Finanzausstattung denkbar, die eine eigene Finanzhoheit ebenso wie eine angemessene Beteiligung am Gesamtsteueraufkommen verlangt.

251　Teil der Eigenstaatlichkeit ist die von Art. 79 Abs. 3 GG ausdrücklich garantierte Mitwirkung an der Gesetzgebung des Bundes – was auch die Beteiligung an der verfassungsändernden Gesetzgebung einschließt (vgl. Art. 79 Abs. 2 GG). Auch bezüglich der Mitwirkung der Länder an der Gesetzgebung des Bundes gilt, dass diese nur prinzipiell, nicht in einer konkreten Form staatsorganisationsrechtlicher Ausgestaltung (alternativ zum Modell des Grundgesetzes ist beispielsweise eine

---

259　BVerfGE 34, 9 (19 f.) – *Besoldungsgesetz.*

echte zweite Kammer aus gewählten Volksvertretern der Länder denkbar) gewährleistet sein muss.

Die verfassungsrechtliche Garantie eines Kernbestands von Eigenstaatlichkeit der   **252**
Länder relativiert den mit der Unterordnung unter eine Bundesverfassung verbundenen Verlust von Souveränität und Völkerrechtsfähigkeit.

2.   Homogenität von Bund und Ländern

Entscheidendes Wesensmerkmal der bundesstaatlichen Ordnung ist die doppelte   **253**
Staatlichkeit auf Bundes- und Länderebene. Diese befähigt Bund und Länder, sich
selbst zu organisieren, die Staatsgewalt an eine Verfassung zu binden und eine
innerstaatliche Rechtsordnung zu schaffen. Jeder Staat hat zunächst den unbeschränkten Anspruch, staatliche Kompetenzen an sich zu ziehen und staatliche
Aufgaben und Funktionen exklusiv auf seinem Staatsgebiet wahrzunehmen. Dem
steht im Bundesstaat des Grundgesetzes jedoch die doppelte Staatlichkeit entgegen: Das Bundesstaatsgebiet und die Staatsgebiete der Länder sind identisch; auf
demselben Staatsgebiet können nicht zwei unbeschränkte Staatsgewalten nebeneinander bestehen.

Die doppelte Staatlichkeit verlangt daher eine Abstimmung der beiden einander   **254**
überlagernden innerstaatlichen Ebenen. Geregelt werden muss die Aufteilung
der staatlichen Gewalt von Bund und Ländern durch verbindliche und vollständige Zuweisung von Staatsfunktionen und Sachkompetenzen und die Lösung
von Kollisionen zwischen der Bundes- und den Länderrechtsordnungen. Diese
notwendige Abstimmung zwischen Bund und Ländern muss im Rahmen der
Bundesverfassung vollzogen werden. Sie kann als Homogenität im weiteren
Sinne bezeichnet werden.

Das Grundgesetz gewährleistet die Homogenität von Bund und Ländern im We-   **255**
sentlichen in drei Regelungsbereichen. Die vollständige *Aufteilung der staatlichen
Kompetenzen* wird über Art. 30 GG gesichert. Soweit staatliche Kompetenzen nicht
ausdrücklich dem Bund zugewiesen werden, haben danach die Länder die Wahrnehmungskompetenz. Das *Verhältnis von Bundes- und Landesrecht* wird in Art. 31
GG normiert. Diese Kollisionsvorschrift bestätigt das prinzipielle, formelle Übergewicht des Bundes dadurch, dass sich Bundesrecht als höherrangiges Recht gegenüber widerstreitendem Landesrecht durchsetzt. Ein *Mindestmaß an Homogenität* im engeren Sinne, d. h. bezüglich einer vergleichbaren verfassungsmäßigen
Ordnung in Bund und Ländern, wird über Art. 28 Abs. 1 GG hergestellt (sog.
Homogenitätsprinzip).

a) Aufteilung der Kompetenzen (Art. 30 GG). Eine Abgrenzung der staatlichen   **256**
Ebenen von Bund und Ländern erfolgt in erster Linie durch die abschließende
Aufteilung der staatlichen Funktionen und Kompetenzen. Art. 30 GG weist die
Ausübung der Staatsgewalt den Ländern zu, soweit keine abweichende Regelung
im Grundgesetz vorgesehen ist. Für die klassischen Staatsfunktionen der Gesetzgebung, Verwaltung und Rechtsprechung wiederholen Art. 70 Abs. 1, 83 und 92 GG
den Grundsatz der Länderzuständigkeit. Kompetenzwidriges staatliches Handeln
ist unwirksam. Diese Unwirksamkeit können die Länder oder der Bund vor dem
Bundesverfassungsgericht in den Verfahren des Bund-Länder-Streits, Art. 93 Abs. 1
Nr. 4 GG, und der abstrakten Normenkontrolle, Art. 93 Abs. 1 Nr. 2 GG, geltend
machen. Soweit es um die Befugnis des Bundes zur konkurrierenden Gesetzgebung im Rahmen von Art. 72 Abs. 2 GG geht, kommt auch das spezielle Verfahren

nach Art. 93 Abs. 1 Nr. 2a GG, im Fall des Art. 72 Abs. 4 GG das des Art. 93 Abs. 2 GG in Betracht.

257   Die Zuweisung von Kompetenzen zum Bund erfolgt im Grundgesetz gesondert für bestimmte Staatsfunktionen und Staatsaufgaben. Der verfassungsrechtlichen Ausgestaltung lässt sich dabei – trotz des Grundsatzes der Art. 30, 70 Abs. 1, 83 GG – entnehmen, dass die Gesetzgebung im Wesentlichen Sache des Bundes, die Verwaltung im Wesentlichen Sache der Länder ist. Hierdurch wird zum einen eine weitgehende Rechtseinheit im gesamten Bundesgebiet, zum anderen ein bürgernaher Vollzug in den jeweiligen Ländern gewährleistet[260]. Neben der wesentlichen Gesetzgebungskompetenz obliegt dem Bund ferner die Wahrnehmung der auswärtigen Angelegenheiten (vgl. Art. 32 Abs. 1, 59 GG) und der Verteidigung des Bundesgebietes (Art. 87a f. GG). Vor dem Hintergrund dieser differenzierten Kompetenzverteilung, die das Regel-Ausnahme-Verhältnis in der Praxis vor allem im Bereich der Gesetzgebungskompetenzen umkehrt, besteht die wichtigste Funktion von Art. 30 GG darin, eine vollständige und lückenlose Aufteilung der staatlichen Kompetenzen zu normieren. Er wird ferner als länderfreundliche Auslegungsregel in Fällen fehlender eindeutiger Kompetenzzuordnung interpretiert[261].

258   **b) Vorrang des Bundesrechts (Art. 31 GG).** Für den Fall eines Konflikts zwischen Bundes- und Landesrecht statuiert Art. 31 GG, der kürzeste Artikel des Grundgesetzes, den Geltungsvorrang[262] des Bundesrechts. Aufgrund der grundsätzlich abschließenden Kompetenzverteilung zwischen Bund und Ländern – Art. 30, 70 Abs. 1 GG fungieren insoweit als „Kollisionsvermeidungsnormen" – kommt der Kollisionsnorm des Art. 31 GG nur untergeordnete Bedeutung zu[263]. Zu einem „Bruch" von Landes- durch Bundesrecht kann es nur kommen, wenn sowohl Landes- als auch Bundesrecht kompetenzgemäß erlassen wurden: eine trotz Bundeskompetenz erlassene Landesnorm ist ebenso verfassungswidrig wie eine vom Bund ohne ausdrücklichen Kompetenztitel erlassene Bundesnorm. Ist aber eine der beiden Normen verfassungswidrig, kommt es schon nicht zu der von Art. 31 GG vorausgesetzten Kollision.

259   Im Bereich der ausschließlichen Gesetzgebungskompetenz des Bundes (Art. 71, 73 GG) sind Kollisionen daher von vornherein ausgeschlossen, weil in diesem Bereich erlassenes Landesrecht immer (Ausnahme: Art. 71 letzter Halbsatz GG) verfassungswidrig ist[264]. Möglich sind Kollisionen und damit eine Anwendung von Art. 31 GG, wenn der Bund von einer konkurrierenden Gesetzgebungskompetenz (Art. 72, 74 GG) noch keinen Gebrauch gemacht hatte: erlässt er nun eine Bundesnorm, bricht diese die bisher geltenden landesrechtlichen Regelungen des betreffenden Gebietes[265]. Keine Anwendung kann Art. 31 dagegen im Bereich des Art. 72 Abs. 3 GG finden, da dessen Zielsetzung, eine Abweichungsbefugnis der

---

260 S. im Einzelnen unten Rn. 269.

261 Vgl. *Erbguth*, in: Sachs, GG, Art. 30 Rn. 9 m. w. N.

262 Zum Begriff, auch in Abgrenzung zum Anwendungsvorrang, *Korioth*, in: Dürig/Herzog/Scholz, GG, Art. 31 Rn. 20.

263 Vgl. *Korioth*, in: Dürig/Herzog/Scholz, GG, Art. 31 Rn. 2.

264 Zu denken wäre allenfalls an die Hinzufügung eines neuen Kompetenztitels zu Art. 73 GG durch den verfassungsändernden Gesetzgeber auf Bundesebene. Das Landesrecht, das in diesem Bereich zuvor erlassen wurde, wäre dann auf Basis einer zum Zeitpunkt des Inkrafttretens bestehenden Kompetenz erlassen und müsste wegen Art. 31 GG hinter dem Bundesrecht zurücktreten.

265 Vgl. *Jarass*, in: Jarass/Pieroth, GG, Art. 31 Rn. 5 m. w. N.

Länder zu schaffen, sonst konterkariert würde. Hier gilt stattdessen die *lex posterior derogat legi priori*-Regel[266].

Besondere Bedeutung erlangt Art. 31 GG in neuerer Zeit aber vor dem Hinter- **260** grund, dass völkerrechtliche Verträge in der Bundesrepublik Deutschland den Rang einfachen Bundesrechts haben (Art. 59 Abs. 2 GG). Dies führt dazu, dass landesrechtliche Normen über Art. 31 GG an völkerrechtlichen Verträgen wie insbesondere der Europäischen Menschenrechtskonvention zu messen sind[267].

c) Homogenitätsprinzip (Art. 28 Abs. 1 GG). Das Grundgesetz schränkt die Ver- **261** fassungsautonomie der Länder über das Homogenitätsprinzip des Art. 28 Abs. 1 Satz 1 GG ein, indem es auch die verfassungsmäßige Ordnung in den Ländern auf die in Art. 20 Abs. 1 GG für den Bund getroffenen Grundentscheidungen für den republikanischen, demokratischen und sozialen Rechtsstaat verpflichtet. Ferner muss sich das Landesvolk eine Volksvertretung geben, bei dessen Wahl die allgemeinen, für den Bund in Art. 38 Abs. 1 GG festgehaltenen allgemeinen Wahlrechtsgrundsätze gelten (vgl. Art. 28 Abs. 1 Satz 2 GG).

Indem es inhaltliche Vorgaben für die verfassungsmäßige Ordnung der Länder **262** macht, ergänzt das Homogenitätsprinzip die Geltung von Bundesrecht auf dem Gebiet der Länder. Landesverfassungsrechtliche Bestimmungen, die mit den Grundsätzen des Art. 28 Abs. 1 GG nicht vereinbar sind, sind verfassungswidrig und damit nichtig[268]. Zu beachten ist aber, dass Homogenität nur ein Mindestmaß an Übereinstimmung mit den Grundprinzipien des Staatsaufbaus der Bundesrepublik verlangt[269]. In der darüber hinausgehenden Ausgestaltung ihrer verfassungsmäßigen Ordnung sind die Länder frei.

3. Bundestreue und Bundeszwang

a) Das Prinzip des bundesfreundlichen Verhaltens (Bundestreue). Das Prinzip **263** des bundesfreundlichen Verhaltens ist ein ungeschriebener Verfassungsgrundsatz[270]. Er ergänzt die bundesstaatliche Ordnung des Grundgesetzes, indem er Bund und Ländern die Pflicht auferlegt, „bei der Wahrnehmung ihrer Kompetenzen die gebotene und ihnen zumutbare Rücksicht auf das Gesamtinteresse des Bundesstaates und auf die Belange der Länder [zu] nehmen"[271]. Dem Grundsatz der Bundestreue liegt der Gedanke zugrunde, dass ein Bundesstaat als solcher nur funktionieren kann, wenn Bund und Länder bei der Ausübung ihrer Rechte stets auch die Interessen der anderen Beteiligten berücksichtigen[272]. Dies bedeutet freilich nicht, dass Bund und Länder nicht auf ihren jeweiligen Rechtspositionen beharren dürften und diese nicht auch in der politischen und gegebenenfalls verfassungsrechtlichen Auseinandersetzung verteidigen könnten.

Eine *Grenze* der Rechtsausübung zieht das Prinzip des bundesfreundlichen Verhal- **264** tens dort, wo ein sich föderal auswirkendes Verhalten oder Unterlassen rechtsmissbräuchlich erscheint. Es ist der Sache nach somit dem zivilrechtlichen Grundsatz

---

266 „Neueres Recht geht dem älteren vor"; vgl. *Korioth*, in: Dürig/Herzog/Scholz, GG, Art. 31 Rn. 26.
267 BVerfGK 10, 234, (239). Zur Stellung der EMRK im deutschen Recht *Grabenwarter/Pabel*, Europäische Menschenrechtskonvention, 7. Aufl. 2021, § 3 Rn. 8 ff.
268 Vgl. *Stern*, Staatsrecht I, S. 704 ff.
269 BVerfGE 36, 342 (361) – *Beamtenbesoldung*.
270 BVerfGE 34, 9 (20) – *Besoldungsgesetz*.
271 BVerfGE 92, 203 (230) – *Fernsehrichtlinie*.
272 Vgl. *Maurer*, Staatsrecht I, § 10 Rn. 50.

von Treu und Glauben vergleichbar[273]. Ein funktionierendes Rechtsverhältnis besteht aus Rechten und Pflichten, deren Ausübung jedoch nicht zur Beeinträchtigung des Rechtsverhältnisses als solchem verwendet werden soll. Die bundesstaatlichen Rechte und Pflichten müssen daher so ausgeübt werden, dass der vom Grundgesetz vorgesehene funktionierende Bundesstaat zwischen Bund und Ländern sowie den Ländern untereinander verwirklicht wird. Weiterhin ist der Bund verpflichtet, alle Länder im Grundsatz gleich zu behandeln[274].

265 Das Prinzip des bundesfreundlichen Verhaltens ergänzt und modifiziert die bundesstaatlichen Rechtsverhältnisse durch *Informationsrechte, Mitwirkungsrechte, Kompetenzbeschränkungen, Handlungs-* und *Unterlassungspflichten*. Diese Rechte und Pflichten begründen keine selbstständigen neuen Rechtsverhältnisse, sondern gestalten bestehende, sich aus den gesetzlichen Normen oder dem allgemeinen Bundesstaatsprinzip ergebende Rechtsverhältnisse aus[275].

Beispiele:

- Der Bund muss vor dem Erlass einer Bundesweisung gem. Art. 85 Abs. 3 GG dem jeweiligen Land Gelegenheit zur Stellungnahme geben, auch wenn dies nicht ausdrücklich in Art. 85 Abs. 3 GG vorgesehen ist (BVerfGE 81, 310).
- Der Bund hat die Kompetenz, den Bundesstaat in auswärtigen Angelegenheiten zu vertreten (vgl. Art. 32 GG). Dies umfasst vor allem die Kompetenz zum Abschluss völkerrechtlicher Verträge. Auch ohne ausdrückliche Normierung im Grundgesetz folgt daraus die grundsätzliche Pflicht der Länder, eine völkerrechtliche Verpflichtung des Bundes zu beachten (BVerfGE 6, 309).
- Bei einer informellen Gesetzesberatung zwischen Bund und Ländern im Vorfeld des Gesetzgebungsverfahrens muss die Bundesregierung sämtliche Länder beteiligen und darf sich nicht etwa auf diejenigen beschränken, in denen dieselben Parteien an der Regierung beteiligt sind wie auf Bundesebene (föderative Gleichbehandlung, BVerfGE 72, 330 [404]; 86, 148 [261]).

266 **b) Bundeszwang (Art. 37 GG).** Der Bundeszwang ist ein in der Bundesverfassung vorgesehenes Instrument, mit dem der Bund die Erfüllung der Bundespflichten durch ein Land durchsetzen kann. Er kann bei jeder *Nichtbeachtung von Bundesrecht durch das Verhalten eines Landes* zur Anwendung kommen, wobei eine objektive Verletzung der Bundespflichten ausreicht[276]. Dabei umfasst Bundesrecht sämtliche materiellen Gesetze einschließlich Rechtsverordnungen. Dabei trifft die Länder auch eine Pflicht zur effektiven Rechtsaufsicht über Gemeinden oder andere Selbstverwaltungsträger[277].

267 Im Rahmen des Bundeszwanges ist der Bund berechtigt, alle notwendigen Maßnahmen zu treffen, um das Land zur Erfüllung der bundesrechtlichen Pflichten anzuhalten. Zulässig können z. B. verbindliche Weisungen an das Land, die Ersatzvornahme von Handlungen durch Bundesorgane oder Dritte, die kommissarische Einsetzung eines Bundesbeauftragten oder die Sperrung von Finanzmitteln sein[278]. Dabei hat die Bundesregierung oder ein von dieser entsandter kommissarischer Bundesbeauftragter ein umfassendes Weisungsrecht gegenüber allen Ländern und deren Behörden (Art. 37 Abs. 2 GG). Unzulässig sind der Einsatz der Bundeswehr

---

273 Vgl. *Degenhart*, Staatsrecht I, Rn. 501 ff.
274 *Voßkuhle/Kaufhold*, JuS 2010, 873 ff. (875).
275 Vgl. *Stern*, Staatsrecht I, S. 701 f. m. w. N.
276 Vgl. *Stern*, Staatsrecht I, S. 715 ff.
277 Vgl. *Klein*, in: Dürig/Herzog/Scholz, GG, Art. 37 Rn. 42.
278 Vgl. *Stern*, Staatsrecht I, a. a. O.

(vgl. Art. 87a Abs. 2 GG), die Auflösung eines Landes (vgl. Art. 29 GG) oder die dauerhafte Beseitigung der landesrechtlichen Strukturen wie z. B. durch Auflösung des Landesparlaments[279]. Der Grundsatz der Bundestreue verlangt eine verhältnismäßige Mittelauswahl durch den Bund[280]. Bisher ist es in der Bundesrepublik Deutschland noch nie zur Anwendung des Bundeszwangs gekommen.

4. Kooperativer Föderalismus

Unter den Begriff des kooperativen Föderalismus fallen vor allem Formen der **268** Zusammenarbeit im Bundesstaat in Bereichen, in denen sie durch die Verfassung nicht ausdrücklich vorgesehen sind. Dies betrifft etwa die Ministerpräsidentenkonferenz, die ein einheitliches Auftreten der Länder, insbesondere gegenüber dem Bund, gewährleisten soll, sowie die Kultusministerkonferenz, in der in ständigen Arbeitsgruppen die Bildungssysteme der Länder koordiniert werden sollen. Durch diese Abstimmungen auf Ministerebene wird die Rolle der Exekutive innerhalb des Föderalismus nochmals gestärkt. Besonders deutlich wurde dies während der Corona-Pandemie: Hier fand die Willensbildung zu Beschränkungsmaßnahmen lange Zeit über Beschlüsse der Ministerpräsidentenkonferenz statt, die dann auf Landesebene vollzogen wurden. Beschrieben wurde dies als „Ent-Institutionalisierung bei gleichzeitiger Personalisierung der Entscheidungen"[281].

5. Die Verteilung der Kompetenzen zwischen Bund und Ländern

Der bundesstaatlichen Verfassung des Grundgesetzes liegt das System einer voll- **269** ständigen Kompetenzverteilung zwischen Bund und Ländern zugrunde[282]. Neben Art. 30 GG, der als subsidiäre Norm die Zuständigkeit der Länder für den Fall statuiert, dass dem Bund die Kompetenz nicht ausdrücklich zugewiesen wurde, beschäftigen sich im Grundgesetz vor allem die Art. 70 ff., 83 ff. und 92 ff. GG mit der Kompetenzverteilung zwischen Bund und Ländern und unterscheiden zwischen den klassischen Staatsfunktionen Gesetzgebung, Verwaltung und Rechtsprechung. Besondere Regelungen finden sich zu den Gemeinschaftsaufgaben (Art. 91a bis Art. 91e GG) und im Bereich der Finanzverfassung (Art. 104a ff. GG).

„Die verfassungsrechtliche Kompetenzverteilung ist unverfügbar. Kompetenzen stehen nicht zur Disposition ihrer Träger [...]. Vorbehaltlich spezieller verfassungsrechtlicher Ermächtigungen können Bund und Länder daher selbst mit Zustimmung der jeweils anderen Ebene nicht in Bereichen tätig werden, die das Grundgesetz der jeweils anderen Ebene zuweist"[283].

Die Aufteilung der Kompetenzen zwischen Bund und Ländern betrifft die „Ver- **270** bandskompetenz". Diese ist – auch in der Klausur – streng zu unterscheiden von der Organkompetenz, also der Frage, welche Organe innerhalb eines Verbandes für eine bestimmte Maßnahme zuständig sind. Die Organkompetenz kann im Grundgesetz nur für die Bundesebene geregelt werden, auf Ebene der Länder fällt sie in die lediglich durch Art. 28 Abs. 1 GG beschränkte Verfassungsautonomie der Länder[284]. Eine besonders bedeutende Rolle in öffentlich-rechtlichen Klausuren kommt den Gesetzgebungskompetenzen zu. Diese sind grundsätzlich bei jeder Prüfung der Verfas-

---

279 Vgl. *Stern*, Staatsrecht I, S. 717.
280 *Stern*, Staatsrecht I, S. 717.
281 *Lepsius*, JöR n. F. 69 (2021), S. 705 ff. (719).
282 S. oben Rn. 256 f.
283 BVerfGE 157, 223 (255) – *Berliner Mietendeckel*.
284 Hierzu oben Rn. 261.

sungsmäßigkeit eines Gesetzes zumindest kurz anzusprechen: kompetenzwidrig erlassene Normen sind formell verfassungswidrig und damit nichtig.

271 **a) Gesetzgebungskompetenzen.** Regelungen zur Verbandskompetenz bei der Gesetzgebung finden sich vor allem in den Art. 70–74 GG, daneben in einer Reihe von Einzelbestimmungen über das Grundgesetz verteilt (vgl. etwa Art. 21 Abs. 5 GG, Art. 23 Abs. 1 Satz 2, Abs. 3 Satz 3, Abs. 7, Art. 38 Abs. 3 GG)[285]. Insgesamt bewirken diese Vorschriften eine umfassende und abschließende Verteilung der Gesetzgebungszuständigkeiten auf den Bund und die Länder.

„Doppelzuständigkeiten sind den Kompetenznormen fremd und wären mit ihrer Abgrenzungsfunktion unvereinbar. Das Grundgesetz grenzt die Gesetzgebungskompetenzen insbesondere mit Hilfe der in den Art. 73 und Art. 74 GG enthaltenen Kataloge durchweg alternativ voneinander ab. Auch wenn die Materie eines Gesetzes Bezug zu verschiedenen Sachgebieten aufweist, die teils dem Bund, teils den Ländern zugewiesen sind, besteht deshalb die Notwendigkeit, sie dem einen oder anderen Kompetenzbereich zuzuweisen"[286].

Nicht mit der Verbandskompetenz zu verwechseln ist die Beteiligung der Länder an der Bundesgesetzgebung im Rahmen des (Bundesorgans) Bundesrat (Art. 50 ff. GG).
→ *S. hierzu die Übersicht bei Rn. 1016.*

272 Art. 70 Abs. 1 GG wiederholt die grundsätzliche Verbandszuständigkeit der Länder (vgl. Art. 30 GG) für den Bereich der Gesetzgebungszuständigkeit. Der Bund ist also nur zur Gesetzgebung zuständig, wenn ihm das Grundgesetz ausdrücklich die Kompetenz hierfür zuweist. Bezüglich dieser Kompetenzzuweisungen ist, wie Art. 70 Abs. 2 GG klarstellt, zwischen ausschließlicher (Art. 71, 73 GG) und konkurrierender (Art. 72, 74 GG) Gesetzgebung des Bundes zu unterscheiden[287]. Darüber hinaus sieht das Grundgesetz an zwei Stellen die Kompetenz des Bundes zur Grundsatzgesetzgebung vor (Art. 109 Abs. 4 GG, 140 GG i. V. m. Art. 138 Abs. 1 Satz 2 WRV). Neben diesen geschriebenen Gesetzgebungskompetenzen stehen spezielle Kategorien, in denen – abweichend von Art. 30, 70 Abs. 1 GG – eine ungeschriebene Bundeskompetenz anerkannt ist.

272a Die ausdrückliche Auflistung der Bundeskompetenzen bedeutet umgekehrt, dass die Länder überall dort für die Gesetzgebung zuständig sind, wo Bundeskompetenzen nicht bestehen oder – im Fall der konkurrierenden Zuständigkeit – nicht ausgeübt werden.

„Nach der Systematik der grundgesetzlichen Kompetenzordnung wird der Kompetenzbereich der Länder daher grundsätzlich durch die Reichweite der Bundeskompetenzen bestimmt, nicht umgekehrt. Aus der in Art. 30 und Art. 70 Abs. 1 GG verwendeten Regelungstechnik ergibt sich keine Zuständigkeitsvermutung zugunsten der Länder, die bei der Auslegung der einzelnen Kompetenztitel oder bei verbleibenden Auslegungszweifeln

---

285 Eine ausführliche Aufstellung findet sich in BVerfGE 157, 223 (253) – *Berliner Mietendeckel.*
286 BVerfGE 157, 223 (254) – *Berliner Mietendeckel.*
287 Im Rahmen der Föderalismusreform I abgeschafft wurde die Kompetenz zur Rahmengesetzgebung (Art. 75 GG a. F.). Gestützt auf diese konnte der Bundesgesetzgeber Rahmenvorschriften erlassen, die „ausfüllungsfähig und ausfüllungsbedürftig" sein (BVerfGE 4, 115 [129]; 111, 226 [248]) und vom Landesgesetzgeber konkretisiert umgesetzt werden mussten. Dieses zweistufige Verfahren, das sich im Fall der Umsetzung einer europäischen Richtlinie sogar zu einem dreistufigen ausweiten konnte, wurde als zu schwerfällig empfunden und daher zugunsten konkurrierender Gesetzgebungszuständigkeiten mit teilweiser Abweichungsmöglichkeit der Länder (Art. 72 Abs. 3 GG) aufgegeben.

*zu berücksichtigen wäre. Eine solche Vermutung widerspräche der Systematik der grund-
gesetzlichen Kompetenzverteilung und missachtete deren umfassende Justitiabilität. Nach
der Konzeption des Grundgesetzes ist die Zuordnung eines Regelungsgegenstands zu einer
Kompetenzmaterie eine Rechtsfrage, deren Beantwortung insbesondere weder von Darle-
gungs- und Begründungslasten des Gesetzgebers noch davon abhängt, ob diese mehr oder
weniger erfolgreich erfüllt werden"*[288].

aa) Ausschließliche Gesetzgebungskompetenz. Die *ausschließliche* Gesetzge-   **273**
bungskompetenz des Bundes bedeutet, dass der *Bund allein zuständig* ist, d. h. eine
gesetzgeberische Tätigkeit der Länder im Bereich der ausschließlichen Gesetzgebung
grundsätzlich unzulässig ist. Nur im Falle einer ausdrücklichen Ermächtigung sind
die Länder zur Gesetzgebung berechtigt (vgl. Art. 71 GG a. E.). Eine solche Ermächtigung der Länder durch den Bund ist bisher praktisch jedoch kaum relevant geworden; historische Beispiele sind die Eingliederung des Saarlandes in das Bundesgebiet
sowie zwei Gesetze über die Insel Helgoland[289].

Die Sachmaterien, in denen der Bund ausschließlich zur Gesetzgebung befugt ist,   **274**
sind im Grundgesetz abschließend aufgelistet. Dabei ist einerseits auf den Katalog
des Art. 73 GG abzustellen, zum anderen auf spezielle Normen des Grundgesetzes,
in denen eine Regelung „durch Bundesgesetz" vorgesehen ist.
Dies sind insbesondere

- Art. 4 Abs. 3 Satz 2 GG – Wehrdienst, Zivildienst;
- Art. 21 Abs. 5 GG – Parteien;
- Art. 26 Abs. 2 Satz 2 GG – Kriegswaffen;
- Art. 29 Abs. 2 Satz 1 GG – Maßnahmen zur Neugliederung des Bundesgebietes;
- Art. 38 Abs. 3 GG – Wahl zum deutschen Bundestag;
- Art. 45b Satz 2 GG – Wehrbeauftragter;
- Art. 94 Abs. 2 Satz 1 GG – Bundesverfassungsgericht;
- Art. 95 Abs. 3, 96 GG – Bundesgerichte;
- Art. 106 Abs. 3, Art. 107 Abs. 2 Satz 1 GG – Finanzausgleich;
- Art. 108 Abs. 6 GG – Finanzgerichtsbarkeit;
- Art. 109a Abs. 1 GG – Stabilitätsrat.

Zu den Gegenständen der ausschließlichen Gesetzgebung im Katalog des Art. 73   **275**
GG gehören klassische Kompetenzen des Zentralstaates wie die auswärtigen Angelegenheiten und die militärische Verteidigung des Bundesgebietes (Art. 73 Abs. 1
Nr. 1 GG), die Staatsangehörigkeit im Bund (Art. 73 Abs. 2 GG) sowie das Pass-
und Meldewesen (Art. 73 Abs. 1 Nr. 3 GG), bei denen eine Rechtseinheit dem
Bundesstaat wesensimmanent ist. Zu den einzelnen Kompetenztiteln der ausschließlichen Gesetzgebungskompetenz ist in Klausuren kein Spezialwissen zu erwarten, allerdings sollten, wenn die Verbandszuständigkeit problematisch sein
sollte, die einzelnen Titel sorgfältig gelesen werden[290].

Im Einzelnen hat das BVerfG für die Auslegung der Kompetenztitel die folgenden   **275a**
Vorgaben aufgestellt:

*„Die Auslegung der Kompetenztitel folgt den allgemeinen Regeln der Verfassungsinterpreta-
tion [...], die vor allem auf Wortlaut, Systematik, Normzweck und Entstehungsgeschichte*

---

288 BVerfGE 157, 223 (254) – *Berliner Mietendeckel*.
289 Vgl. *Rengeling*, HStR VI, § 135 Rn. 65 f.
290 Eine detaillierte Darstellung findet sich bei *Uhle*, in: Dürig/Herzog/Scholz, GG, Art. 73 Rn. 37 ff.

abstellt […]. In diesem Zusammenhang kommt insbesondere der Staatspraxis […] und der Entwicklung der betreffenden Kompetenzmaterie Bedeutung zu […] Aus der Staatspraxis kann abgeleitet werden, ob und wie der historische Gesetzgeber eine Kompetenz genutzt und inwieweit sich dadurch über die Zeit hinweg ein bestimmtes Verständnis der Norm herausgebildet hat […]. Das gilt namentlich für ältere, insbesondere vorkonstitutionelle und umfassend kodifizierte Gesetzgebungsgegenstände, während der Tradition bei jüngeren und entwicklungsoffenen Begriffen naturgemäß keine vergleichbare Bedeutung zukommen kann […]. Eine sachgemäße und funktionsgerechte Interpretation […] der Kompetenztitel muss darüber hinaus dem Grundsatz der Einheit der Verfassung […] gerecht werden und der Grundentscheidung des Verfassungsgebers für eine abschließende Verteilung der Kompetenzen zwischen Bund und Ländern sowie für einen weitgehenden Ausschluss von Kompetenzüberschneidungen Rechnung tragen […] Für Zweckmäßigkeitsüberlegungen ist in diesem Zusammenhang ebenso wenig Raum […] wie für am Grundsatz der Verhältnismäßigkeit oder dem Subsidiaritätsprinzip orientierte Abwägungen. Eine Auslegung anhand des einfachen Gesetzesrechts scheidet mit Blick auf die Höherrangigkeit der Verfassung und ihren Selbststand aus […] Art. 70 Abs. 1 GG begründet keine Auslegungsmaxime, nach der die Kompetenzverteilungsregeln des Grundgesetzes im Zweifel zugunsten der Länder auszulegen wären […] Eine grundsätzlich restriktive Auslegung der in Art. 73 GG und Art. 74 GG verwandten Begriffe ist mit den Art. 70 ff. GG ebenso wenig vereinbar […] wie eine prinzipiell extensive Auslegung zugunsten des Bundes[291].

276   **bb) Konkurrierende Gesetzgebung.** Anders als bei der ausschließlichen Gesetzgebung sind die Länder bei der konkurrierenden Gesetzgebung nicht grundsätzlich von der Gesetzgebung ausgeschlossen. Sie sind vielmehr zur Gesetzgebung befugt, „solange und soweit der Bund von seiner Gesetzgebungszuständigkeit" keinen Gebrauch gemacht hat (Art. 72 Abs. 1 GG). Das Bundesverfassungsgericht spricht von einer „Residualkompetenz" der Länder[292]. Darüber hinaus knüpft Art. 72 Abs. 2 GG die Bundeskompetenz in einzelnen Fällen an *besondere Voraussetzungen* und räumt Art. 72 Abs. 3 GG den Ländern für bestimmte Sachmaterien eine Kompetenz zur Abweichungsgesetzgebung ein.

277   Wird der Bund im Bereich der konkurrierenden Gesetzgebung aktiv, ist ab dem Verkündungszeitpunkt des Bundesgesetzes („solange") entsprechend seinem gesetzlichen Regelungsinhalt und seiner sachlichen Reichweite („soweit") die Gesetzgebungskompetenz der Länder gesperrt (zeitliche und sachliche Sperrwirkung)[293]. Die Sperrwirkung kann nach dem Grundsatz der Bundestreue schon vor dem Zeitpunkt der Verkündung einsetzen, wenn der Bundesgesetzgeber durch die Einleitung des Gesetzgebungsverfahrens die Absicht offenbart, von seiner Gesetzgebungskompetenz Gebrauch zu machen[294].

278   Ein nach dem Inkrafttreten eines Bundesgesetzes auf einem Gebiet konkurrierender Gesetzgebung erlassenes Landesgesetz ist kompetenzwidrig und damit nichtig (Art. 72 Abs. 1 GG). Tritt das Bundesgesetz dagegen erst nach dem Landesgesetz in Kraft, kommt es zur Anwendung von Art. 31 GG: „Bundesrecht bricht Landesrecht". Da es sich hierbei um die Anordnung eines Geltungs-, nicht bloß eines Anwendungsvorrangs, handelt, lebt das Landesrecht auch nicht wieder auf, wenn die Bundesnorm außer Kraft tritt. In diesem Fall entfällt jedoch die Sperrwirkung

---

291 BVerfGE 157, 223 (260 f.) – *Berliner Mietendeckel*.
292 BVerfGE 157, 223 (259) – *Berliner Mietendeckel*.
293 Vgl. *Maurer*, Staatsrecht I, § 17 Rn. 30 f. m. w. N.
294 *Oeter*, in: von Mangoldt/Klein/Starck, GG, Art. 72 Rn. 66.

der konkurrierenden Gesetzgebung, so dass der Landesgesetzgeber aufgrund seiner Kompetenz ein neues Gesetz erlassen kann.

Die Reichweite der sachlichen Sperrwirkung einer bundesgesetzlichen Regelung hängt von der Intention des Bundesgesetzgebers ab. Soll ein Gesetzeswerk für einen Regelungsgegenstand eine abschließende Kodifikation bedeuten, bleibt kein Raum für eine partielle Gesetzgebungskompetenz der Länder in dieser Sachmaterie. Der Bundesgesetzgeber kann aber auch eine nur teilweise Regelung anstreben und Teile ausdrücklich oder zumindest stillschweigend für eine landesgesetzliche Regelung offen lassen[295].

In seiner Entscheidung zur Nichtigkeit des Berliner Mietendeckels hat das Bundesverfassungsgericht hierzu ausgeführt:

„Die Reichweite der Sperrwirkung ist jeweils für die konkrete Regelung und den konkreten Sachbereich zu bestimmen [...] Da sich der abschließende Charakter einer bundesgesetzlichen Regelung erst aus dem Zusammenspiel verschiedener, gegebenenfalls inhaltlich und zeitlich aneinander anschließender Gesetze ergeben kann [...], bedarf es dazu in der Regel einer Gesamtwürdigung des betreffenden Normenkomplexes, also der gesetzgeberischen Gesamtkonzeption [...] In diesem Zusammenhang sind nicht nur der Wortlaut des Bundesgesetzes selbst zu würdigen, sondern auch der dahinterstehende Regelungszweck, die Gesetzgebungsgeschichte und die Gesetzesmaterialien [...]. Ob die bundesgesetzliche Regelung abschließend ist, ist materien- und nicht zielbezogen zu bestimmen, sodass es für eine möglicherweise verbleibende Gesetzgebungskompetenz der Länder allein auf die Identität der Regelungsmaterien ankommt, nicht hingegen auf die konkrete – gegebenenfalls abweichende – Zielsetzung des Landesgesetzgebers. Maßgeblich ist, welche Sachverhalte der Bundesgesetzgeber gesehen hat und einer Regelung zuführen wollte [...]. Wenn der Bundesgesetzgeber nur eine abstrakte Zielvorstellung festschreibt, die Wege zu ihrer Verwirklichung aber den Ländern überlässt, verbleibt den Ländern eine eigene Gesetzgebungskompetenz [...]. Der Erlass eines Bundesgesetzes zur Regelung eines bestimmten Gegenstands rechtfertigt für sich allein noch nicht die Annahme, dass die Länder damit von einer eigenen Gesetzgebung ausgeschlossen sind; es können insofern durchaus Bereiche verbleiben, deren Regelung für die Gesetzgebung der Länder offen ist"[296].

(1) Gegenstände konkurrierender Gesetzgebung. Die Gebiete der konkurrierenden Gesetzgebung sind in Art. 74 GG enumerativ aufgelistet. Gegenstände der konkurrierenden Gesetzgebung sind insbesondere das Bürgerliche Recht[297], das Strafrecht, der Strafvollzug, die Gerichtsverfassung und das gerichtliche Verfahren (Art. 74 Abs. 1 Nr. 1 GG), das Recht der Wirtschaft einschließlich des Handelsrechts (Art. 74 Abs. 1 Nr. 11 GG), das Arbeitsrecht (Art. 74 Abs. 1 Nr. 12 GG) sowie das Straßenverkehrsrecht (Art. 74 Abs. 1 Nr. 22 GG). Einen weiteren Tatbestand der konkurrierenden Gesetzgebung schafft Art. 105 Abs. 2 GG im Bereich des Steuerrechts.

Es sind somit die Gesetzesmaterien, die von besonderer praktischer Bedeutung sind und häufig landesgebietsübergreifende Sachverhalte regeln[298], der konkurrierenden Gesetzgebung unterstellt. Den Ländern verbleiben Gesetzgebungskompetenzen vor allem auf dem Bereich des Schulrechts, des Kommunalrechts, des allge-

279

---

295 Vgl. BVerfGE 157, 223 (256 f.) – *Berliner Mietendeckel; Maurer,* Staatsrecht I, § 17 Rn. 30 f.
296 BVerfGE 157, 223 (257 f.) – *Berliner Mietendeckel.*
297 Dies schließt Regelungen eines „sozialen Mietrechts" ein; dazu ausführlich BVerfGE 157, 223 (264 ff.) – *Berliner Mietendeckel.*
298 Insgesamt sind etwa 80 % der für die Erste Juristische Staatsprüfung relevanten Rechtsgebiete Gegenstand konkurrierender Bundesgesetzgebung.

meinen Verwaltungsrechts und des Gefahrenabwehrrechts. Bezüglich letzterem können sich gelegentlich Abgrenzungsschwierigkeiten zur Bundeskompetenz für das Strafverfahren (Art. 74 Abs. 1 Nr. 1 GG) ergeben: es ist dann zwischen präventiven (Gefahrenabwehrrecht) und repressiven (Strafvollzug) Regelungen zu unterscheiden[299]. Für die Auslegung der Kompetenztitel gilt das zur ausschließlichen Gesetzgebungskompetenz Gesagte[300].

280   **(2) Erforderlichkeitsklausel des Art. 72 Abs. 2 GG.** In bestimmten Bereichen ist die Gesetzgebungskompetenz des Bundes von zusätzlichen Voraussetzungen abhängig: Nach Art. 72 Abs. 2 GG hat der Bund das Gesetzgebungsrecht in den dort genannten Gebieten nur, „wenn und soweit die Herstellung gleichwertiger Lebensverhältnisse im Bundesgebiet oder die Wahrung der Rechts- oder Wirtschaftseinheit im gesamtstaatlichen Interesse eine bundesgesetzliche Regelung erforderlich macht". Die in Art. 72 Abs. 2 GG durch Verweis auf einzelne Kompetenztitel des Art. 74 Abs. 1 GG genannten Sachbereiche sind:

– Aufenthalts- und Niederlassungsrecht der Ausländer (Art. 74 Abs. 1 Nr. 4 GG),
– öffentliche Fürsorge (Art. 74 Abs. 1 Nr. 7 GG),
– Recht der Wirtschaft (Art. 74 Abs. 1 Nr. 11 GG),
– Regelung der Ausbildungsbeihilfe und die Förderung der wissenschaftlichen Forschung (Art. 74 Abs. 1 Nr. 13 GG),
– Überführung von Grund und Boden, von Naturschätzen und Produktionsmitteln in Gemeineigentum oder in andere Formen der Gemeinwirtschaft (Art. 74 Abs. 1 Nr. 15 GG),
– wirtschaftliche Sicherung der Krankenhäuser und die Regelung der Krankenhauspflegesätze (Art. 74 Abs. 1 Nr. 19a GG),
– Recht der Lebensmittel, Pflanzen- und Tierschutz (Art. 74 Abs. 1 Nr. 20 GG),
– Straßenverkehr, Kraftfahrwesen, Bau und Unterhaltung von Landstraßen für den Fernverkehr (Art. 74 Abs. 1 Nr. 22 GG),
– Staatshaftung (Art. 74 Abs. 1 Nr. 25 GG),
– Medizinisch unterstützte Erzeugung menschlichen Lebens, Untersuchung und künstliche Veränderung von Erbinformationen sowie Regelungen zur Transplantation von Organen und Geweben (Art. 74 Abs. 1 Nr. 26 GG).

281   Das Vorliegen der Voraussetzungen des Art. 72 Abs. 2 GG, also die „Erforderlichkeit" eines Gesetzes zur „Herstellung gleichwertiger Lebensverhältnisse" oder „zur Wahrung der Rechts- und Wirtschaftseinheit" sind unter Wahrung der Einschätzungsprärogative des Gesetzgebers einer vollständigen gerichtlichen Kontrolle zugänglich[301]. Art. 93 Abs. 1 Nr. 2a GG, §§ 13 Nr. 6a, 76 ff. BVerfGG sehen zur Überprüfung dieser Frage eine besondere Form der abstrakten Normenkontrolle vor dem BVerfG vor; sie spielt jedoch darüber hinaus in jedem Verfahren eine Rolle, in dem die Verfassungsmäßigkeit des jeweiligen Gesetzes zu beurteilen ist[302].

---

299   Vgl. hierzu zuletzt BVerwGE 141, 239 und dazu *Waldhoff*, JuS 2013, 94 ff.
300   Rn. 275 f.
301   BVerfGE 106, 62 (135 ff.) – *Altenpflegegesetz*; BVerfGE 111, 226 (254 f.) – *Juniorprofessur*; BVerfGE 112, 226 (244 f.) – *Studiengebühren*; BVerfGE 140, 65 (94 ff.) – *Betreuungsgeld*. Bis zur Verfassungsreform 1994 sah Art. 72 Abs. 2 GG a. F. nur eine sog. Bedürfnisklausel vor, wobei die Frage, ob das „Bedürfnis" für eine bundesrechtliche Regelung besteht, als politische Wertungsfrage im Ermessen des Bundesgesetzgebers stehen sollte. Die Verfassungsreform 1994 sollte demgegenüber rechtlich nachprüfbare Voraussetzungen für die Bundeskompetenz schaffen; vgl. zum Ganzen *Degenhart*, in: Sachs, GG, Art. 72 Rn. 2 ff.; *Kment*, in: Jarass/Pieroth, GG, Art. 72 Rn. 15, 23 m. w. N.
302   Zur Prüfung in der Klausur s. *Koemm/Müller*, JuS 2015, 53 (55).

„*Erforderlich*" ist eine bundesgesetzliche Regelung, wenn einzelne landesgesetzli- **282**
che Regelungen keine gleich geeignete Alternative zur Erreichung der Zielsetzungen des Art. 72 Abs. 2 GG darstellen. Ist das gesetzgeberische Ziel auch durch
Selbstkoordination der Länder in angemessener Zeit zu erreichen, so ist eine bundesgesetzliche Regelung nicht erforderlich[303].

Zur *Herstellung gleichwertiger Lebensverhältnisse* ist eine bundesgesetzliche Rege- **283**
lung dann erforderlich, „wenn sich die Lebensverhältnisse in den Ländern der
Bundesrepublik in erheblicher, das bundesstaatliche Sozialgefüge beeinträchtigen-
der Weise auseinander entwickelt haben oder sich eine derartige Entwicklung konkret abzeichnet"[304]. Angestrebt werden im Rahmen von Art. 72 Abs. 2 GG lediglich gleichwertige, nicht einheitliche Lebensverhältnisse[305]. „Ein rechtfertigendes
besonderes Interesse an einer bundesgesetzlichen Regelung kann auch dann bestehen, wenn sich abzeichnet, dass Regelungen in einzelnen Ländern aufgrund ihrer
Mängel zu einer mit der Gleichwertigkeit der Lebensverhältnisse unvereinbaren
Benachteiligung der Einwohner dieser Länder führen und diese deutlich schlechter stellen als die Einwohner anderer Länder"[306]. Eine lediglich allgemeine Absicht
zu bundeseinheitlicher Rechtsetzung oder zur Verbesserung der Lebensverhältnisse genügt demgegenüber jedoch nicht[307].
Die *Wahrung der Rechtseinheit* im gesamtstaatlichen Interesse erfordert eine bundesgesetzliche Regelung, wenn eine Gesetzesvielfalt auf Länderebene eine Rechtszer-
splitterung mit problematischen Folgen darstellt, die im Interesse sowohl des Bundes als auch der Länder nicht hingenommen werden kann[308]. Die Regelung ist
dann von gesamtstaatlichem Interesse, wenn sie nicht nur im Interesse einzelner
Länder steht. Ein gesetzgeberisches Tätigwerden zur *Wahrung der Wirtschaftseinheit*
im gesamtstaatlichen Interesse ist geboten, wenn divergente Landesregelungen
oder das Untätigbleiben der Länder erhebliche Nachteile für die Gesamtwirtschaft
mit sich bringen[309] und durch die bundeseinheitliche Rechtsetzung die Funktionsfähigkeit des Wirtschaftsraums erhalten werden soll.

(3) Abweichungsgesetzgebung nach Art. 72 Abs. 3 GG. Eine Einschränkung der **284**
sachlichen Sperrwirkung bundesgesetzlicher Regelungen ergibt sich durch die im
Rahmen der Föderalismusreform 2006 geschaffene Möglichkeit einer abweichenden Ländergesetzgebung im Rahmen des Art. 72 Abs. 3 GG. Danach können die
Länder in den dort aufgelisteten Bereichen Regelungen treffen, die von einem
erlassenen Bundesgesetz abweichen. Die Abweichungsgesetzgebung sollte den
Ländern einen Ausgleich für die entfallene Ausführungskompetenz bei der Rahmengesetzgebung des Bundes[310] verschaffen, ist jedoch rechtspolitisch wegen der
Gefahr von Rechtsunsicherheit nicht unumstritten[311]. Art. 72 Abs. 3 GG schafft
erstmals eine echte Konkurrenz von Gesetzgebungszuständigkeiten, wobei bei

---

303 *Kment*, in: Jarass/Pieroth, GG, Art. 72 Rn. 17 f.
304 BVerfGE 106, 62 (144) – *Altenpflegegesetz*; BVerfGE 140, 65 (80) – *Betreuungsgeld*.
305 Vgl. *Degenhart*, in: Sachs, GG, Art. 72 Rn. 15.
306 BVerfGE 140, 65 (80) – *Betreuungsgeld*.
307 BVerfGE 140, 65 (80) – *Betreuungsgeld*.
308 BVerfGE 106, 62 (145) – *Altenpflegegesetz.*
309 BVerfGE 106, 62 (147) – *Altenpflegegesetz.*
310 S. oben bei Rn. 272.
311 *Maurer*, Staatsrecht I, § 17 Rn. 38. Zur Verständigung zwischen Bund und Ländern auf eine „Notifi-
     kation" von Abweichungen, BT-Drs. 16/2052; BR-Drs. 462/06, S. 14 f.; dazu und zur unvollständigen
     Umsetzung *Hofmann*, DVBl. 2020, 907 ff.

mehreren existierenden Gesetzen das jeweils später erlassene vorgeht (*lex posterior derogat legi priori*, Art. 72 Abs. 3 Satz 3 GG).
Die Gebiete der abweichenden Gesetzgebungskompetenz der Länder sind in Art. 72 Abs. 3 Satz 1 GG aufgelistet:

1. das Jagdwesen ohne das Recht der Jagdscheine (vgl. Art. 74 Abs. 1 Nr. 28 GG);
2. die Naturschutz- und die Landschaftspflege ohne die allgemeinen Grundsätze des Naturschutzes, das Recht des Artenschutzes oder des Meeresnaturschutzes (vgl. Art. 74 Abs. 1 Nr. 29 GG);
3. die Bodenverteilung (vgl. Art. 74 Abs. 1 Nr. 30 GG);
4. die Raumordnung (vgl. Art. 74 Abs. 1 Nr. 31 GG);
5. den Wasserhaushalt ohne stoff- oder anlagenbezogene Regelungen (vgl. Art. 74 Abs. 1 Nr. 32 GG);
6. die Hochschulzulassung und die Hochschulabschlüsse (vgl. Art. 74 Abs. 1 Nr. 33 GG);
7. die Grundsteuer (vgl. Art. 105 Abs. 2 Satz 1 GG).

Um den Ländern ausreichend Zeit zur abweichenden Gesetzgebung einzuräumen, regelt Art. 72 Abs. 3 Satz 2 GG, dass Bundesgesetze auf den genannten Gebieten frühestens sechs Monate nach ihrer Verkündung in Kraft treten. Ein früheres Inkrafttreten bedürfte der Zustimmung des Bundesrates, so dass zumindest eine Mitwirkung der Länder auch an dieser Entscheidung gesichert ist. Einen weiteren Fall der Abweichungskompetenz regelt Art. 84 Abs. 1 Satz 2–7 GG.

285   cc) **Grundsatzgesetzgebung.** Die *Grundsatzgesetzgebung* ist im Grundgesetz nicht ausdrücklich als Gesetzgebungskompetenz des Bundes genannt (Art. 70 Abs. 2 GG spricht nur von ausdrücklicher und konkurrierender Gesetzgebung), erscheint jedoch an zwei ganz unterschiedlichen Stellen: nach Art. 109 Abs. 4 GG können durch Bundesgesetz Grundsätze für das Haushaltsrecht aufgestellt werden, die für Bund und Länder gemeinsam gelten. Unzulässig wäre es hier, detaillierte und unmittelbar geltende Einzelregelungen zu erlassen. Von dieser Grundsatzgesetzgebungskompetenz hat der Bund mit dem Erlass des Haushaltsgrundsätzegesetzes Gebrauch gemacht. Hiervon zu unterscheiden ist die jeweilige Umsetzung der Grundsätze in haushaltsrechtliche Regelungen: diese geschieht auf Bundesebene ebenfalls durch Bundesgesetz (Bundeshaushaltsordnung), bezüglich der Länder dagegen jeweils durch Landesgesetze (Landeshaushaltsordnungen)[312]. Darüber hinaus findet sich eine Grundsatzgesetzgebungskompetenz des Bundes in Art. 140 GG i. V. m. 138 Abs. 1 Satz 2 WRV in Bezug auf die Ablösung von Staatsleistungen zugunsten der Religionsgemeinschaften, von der der Bund jedoch bislang keinen Gebrauch gemacht hat[313].

286   dd) **Ungeschriebene Gesetzgebungskompetenzen.** *Ungeschriebene Gesetzgebungskompetenzen* zugunsten des Bundes widersprechen dem Grundsatz der Art. 30, 70 Abs. 1 GG, wonach der Bund nur in den ausdrücklich im Grundgesetz geregelten Fällen zur Gesetzgebung berechtigt sein soll (sog. Enumerationsprinzip). Sie können daher nur in eng auszulegenden Ausnahmefällen zugestanden werden, in denen eine

---

312 Vgl. *Maurer*, Staatsrecht I, § 17 Rn. 4a ff.
313 *Jeand'Heur/Korioth*, Grundzüge des Staatskirchenrechts, 2000, Rn. 349. Gem. Art. 140 GG gelten die Art. 136 – 139 und 141 der Weimarer Reichsverfassung, die staatskirchenrechtliche Bestimmungen treffen, als Bestandteil des Grundgesetzes fort. In der Weimarer Reichsverfassung war die Reichskompetenz zur Grundsatzgesetzgebung ausdrücklich in Art. 10 WRV geregelt. Ausführlich zu Art. 140 GG ebd. Rn. 40 ff.

Regelung durch den Bund sachlogisch oder wegen des besonderen sachlichen oder organisatorischen Zusammenhangs zu einer vom Bund geregelten Materie zwingend ist. Als ungeschriebene Bundeskompetenzen sind daher anerkannt:

- die Kompetenz kraft Natur der Sache;
- die Kompetenz kraft Sachzusammenhangs;
- die Annexkompetenz.

Die *Kompetenz kraft Natur der Sache* betrifft Regelungsgegenstände, die der Bund **287** deshalb regeln darf, weil sachlogisch nur er sie regeln kann[314]. Als Beispiel hierfür galt lange Zeit die Bestimmung der Bundeshauptstadt, die mittlerweile jedoch in Art. 22 Abs. 1 GG verfassungsrechtlich getroffen wurde.

> **Beispiele:**
> Bestimmung des Sitzes der Bundesorgane und der nationalen Symbole wie Flagge (Art. 22 Abs. 2 GG regelt nur die Farben der Flagge, nicht deren Anordnung), Wappen und Nationalhymne.

Eine *Bundeskompetenz kraft Sachzusammenhangs* besteht, wenn eine dem Bund aus- **288** drücklich zugewiesene Materie verständigerweise nicht geregelt werden kann, ohne dass zugleich eine ihm nicht ausdrücklich zugewiesene Materie mitgeregelt wird. Das Übergreifen in eine nicht ausdrücklich zugewiesene Materie muss also unerlässliche Voraussetzung für die Regelung einer der Bundesgesetzgebung zugewiesenen Materie sein[315].

> **Beispiele:**
> - Die ausdrückliche Gesetzgebungskompetenz für das Parteienrecht gem. Art. 21 Abs. 3 GG berechtigt den Bund, auch die Rundfunkzeiten für die Parteiwerbung mitzuregeln[316].
> - Die ausdrückliche Gesetzgebungskompetenz für das Handwerk gem. Art. 74 Abs. 1 Nr. 11 GG berechtigt zur Regelung der Altersvorsorge der Bezirksschornsteinfeger[317].

Die Kompetenz kraft Sachzusammenhang ist aber nicht immer schon dann gege- **289** ben, wenn eine einheitliche Regelung durch den Bund zweckmäßig und praktisch erscheint[318]. Durch die Anerkennung einer Kompetenz kraft Sachzusammenhangs wird zwangsläufig in Kompetenzen der Länder eingegriffen. Sie ist daher nur zuzulassen, soweit ein Verzicht auf die Regelung einer sachlich zusammenhängenden Materie die von der geschriebenen Bundeskompetenz gedeckte Regelung unvollständig werden ließe. Durch die Anerkennung der Gesetzgebungskompetenz kraft Sachzusammenhangs darf es nicht zu einer substanziellen Verschiebung der grundgesetzlichen Kompetenzverteilung kommen[319].

Auch bei der sog. *Annexkompetenz* geht es um einen notwendigen Zusammenhang **290** mit einer vom Bund zu regelnden Sachmaterie. Anknüpfungspunkt ist hier jedoch nicht der Inhalt der Regelung, es geht vielmehr um die Regelung ergänzende Bestimmungen zur Vorbereitung und Durchführung von Handlungen in einem Bereich,

---

314 *Degenhart*, Staatsrecht I, Rn. 180.
315 BVerfGE 3, 407 (421) – *Baugesetzbuch*; 98, 265 (299) – *Schwangerschaftsberatung*.
316 BVerfGE 12, 205 (237) – *1. Fernsehurteil*.
317 BVerfGE 1, 264 (272) – *Schornsteinfegerbezirk*.
318 BVerfGE 3, 407 (421) – *Baugesetzbuch*; 15, 1 (20) – *Bundeswasserstraße*; 26, 246 (256) – *Berufsbezeichnung Ingenieur*; 26, 281 (300) – *Gebührenpflicht von Bahn und Post*.
319 *Degenhart*, Staatsrecht I, Rn. 181.

der dem Bundesgesetzgeber ausdrücklich zugewiesen ist (sog. Annexregelungen)[320]. In der Praxis liegen die Kompetenz kraft Sachzusammenhangs und die Annexkompetenz freilich eng beieinander, da im Ergebnis stets in eine eigentlich den Ländern zugewiesene Materie übergegriffen wird. Allgemein lässt sich zur Abgrenzung auf die Formel zurückgreifen, wonach die Annexkompetenz in die Tiefe, während die Kompetenz kraft Sachzusammenhangs in die Breite geht[321].

Beispiele:

– Die Regelungskompetenz des Bundes für eine Sachmaterie umfasst auch die Annexkompetenz für verwaltungsverfahrensrechtliche Regelungen wie Gebühren[322].
– Die Kompetenz zur Regelung des Straßenverkehrs gem. Art. 74 Abs. 1 Nr. 22 GG umfasst als Annex auch die Regelung über den Straßenverkehr behindernde Werbeanlagen[323].
– Die Kompetenz zur Regelung des Eisenbahnverkehrs gem. Art. 73 Nr. 6a GG umfasst auch die Annexkompetenz für die Errichtung einer Bahnpolizei[324].
– Die Gesetzgebungskompetenz für den Luftverkehr gem. Art. 73 Nr. 6 GG schließt die Befugnis ein, Regelungen zur Abwehr von Gefahren zu treffen, die gerade aus dem Luftverkehr resultieren[325].

291 **ee) Fortgeltung kompetenzgemäß erlassenen Rechts nach der Föderalismusreform.** Die Föderalismusreformen der Jahre 2006 und 2009 haben zu Verschiebungen im Kompetenzgefüge zwischen Bund und Ländern geführt. Mit der Fortgeltung von Normen, die vom nunmehr unzuständigen Verband vor der Föderalismusreform kompetenzgemäß erlassen wurden, beschäftigen sich die Art. 125a u. b GG. Von besonderer Bedeutung ist dabei Art. 125a GG, der den Änderungen der Art. 74 Abs. 1 GG (Art. 125a Abs. 1), 72 Abs. 2 GG (Art. 125a Abs. 2 GG), und 73 GG (Art. 125a Abs. 3 GG) Rechnung trägt. Kompetenzgemäß erlassenes Bundesrecht gilt danach als Bundesrecht fort, kann jedoch nach Maßgabe von Art. 125a Abs. 1 Satz 2, Abs. 2 Satz 2, 125b Abs. 1 Satz 3, Abs. 2 GG durch Landesrecht ersetzt werden. Gleiches gilt nach Art. 125a Abs. 3 Satz 2 GG für vormals kompetenzgemäß erlassenes Landesrecht, das durch Bundesrecht ersetzt werden kann.

292 Im Grundgesetz nicht eindeutig geregelt ist die Frage, welche Änderungsbefugnisse dem erlassenden Hoheitsträger verbleiben, solange der nunmehr zuständige Verband von seiner Ersetzungskompetenz keinen Gebrauch macht. Einer vollständigen Neufassung des Gesetzes stünde insofern die jetzige Kompetenzverteilung entgegen[326]. Allerdings sind – in engen Grenzen – einzelne Änderungen[327] bis hin zur Verlängerung der Gültigkeit befristet erlassener Gesetze zuzulassen[328].

293 **b) Verwaltungskompetenzen.** Allgemein lässt sich Verwaltungstätigkeit in zwei Kategorien einteilen:

– die gesetzesfreie Verwaltung (= nicht gesetzesakzessorische Verwaltung);
– die gesetzesvollziehende Verwaltung (= gesetzesakzessorische Verwaltung).

---

320 *Degenhart*, Staatsrecht I, Rn. 182 m. w. N.
321 *Degenhart*, Staatsrecht I, Rn. 182; *Kment*, in: Jarass/Pieroth, GG, Art. 70 Rn. 12.
322 BVerfGE 11, 192 (199) – *Freiwillige Gerichtsbarkeit.*
323 BVerfGE 40, 371 (380) – *Werbeverbot.*
324 BVerfGE 97, 198 (221 f.) – *Bahnpolizei.*
325 BVerfGE 132, 1 (6) – *Einsatz der Bundeswehr im Inland.*
326 Zu Art. 125a Abs. 2 GG a. F. BVerfGE 111, 10 (28) – *Ladenschlussgesetz*; 111, 226 (268) – *Juniorprofessur.*
327 *Uhle*, in: Dürig/Herzog/Scholz, GG, Art. 125a Rn. 27 f. A.A. *Wittreck*, in: Dreier, GG, Art. 125a Rn. 29.
328 BVerwGE 139, 42 (54).

Dabei umfasst die *gesetzesfreie* Verwaltung Tätigkeiten des Staates, die nicht aus **294** der Ausführung eines bestimmten Gesetzes bestehen, sondern ganz allgemeine Verwaltungstätigkeiten sind, wie etwa Materialbeschaffung und Personalorganisation. Gesetzesfrei bedeutet dabei nicht, dass das Verwaltungshandeln nicht an Gesetze gebunden wäre, sondern nur, dass nicht der Inhalt eines besonderen Gesetzes ausgeführt wird. Gesetzliche Regelungen der Verwaltungsorganisation, Verfahrensvorschriften sowie insbesondere die verfassungsrechtlichen Bestimmungen sind auch auf dem Gebiet der gesetzesfreien Verwaltung stets zu beachten[329].

Gesetzesvollzug bedeutet demgegenüber die Umsetzung der abstrakt-generellen Re- **295** gelungen des Gesetzgebers in konkrete Maßnahmen gegenüber einzelnen Gesetzesadressaten. Häufig geschieht dies durch konkret-individuelle Regelungen gegenüber dem Bürger, sog. Verwaltungsakte (vgl. § 35 Satz 1 VwVfG). Hier wird nicht allgemeine Verwaltungsorganisation vorgenommen, vielmehr werden vom Parlament beschlossene Gesetze durch die Verwaltung in Einzelfallmaßnahmen umgesetzt.

Die gesetzesvollziehende Verwaltung lässt sich in vier Typen unterteilen: **296**

– Vollzug von Landesgesetzen durch Landesbehörden (sog. landeseigene Verwaltung);
– Ausführung der Bundesgesetze als eigene Angelegenheit der Länder, jedoch unter Bundesaufsicht (Bundesaufsichtsverwaltung, Art. 83, 84 GG);
– Vollzug von Bundesgesetzen durch Landesbehörden im Auftrag des Bundes (Bundesauftragsverwaltung, Art. 85 GG);
– Vollzug von Bundesgesetzen durch bundeseigene Behörden (sog. bundeseigene Verwaltung, Art. 86 GG).

Der Vollzug von Landesgesetzen ist im Grundgesetz nicht ausdrücklich geregelt, **297** so dass sich aus Art. 30 GG die Länderzuständigkeit ergibt[330]. Landesgesetze werden daher durch die Landesbehörden vollzogen (landeseigene Verwaltung). Für den Vollzug von Bundesgesetzen regelt Art. 83 GG wiederum in Wiederholung des Grundsatzes von Art. 30 GG, dass die Länder die Bundesgesetze als eigene Angelegenheit ausführen, soweit das Grundgesetz nichts anderes bestimmt. Bundeseigene Verwaltung und Bundesauftragsverwaltung sind danach nur zulässig, wenn sie im Grundgesetz ausdrücklich angeordnet werden.

aa) Bundesaufsichtsverwaltung. Der Vollzug von Bundesgesetzen *durch die Län-* **298** *der als eigene Angelegenheit* ist gem. Art. 83 GG der verfassungsrechtliche Regelfall. Die Länder vollziehen die Bundesgesetze kraft ihrer originären Staatlichkeit wie eigene Landesgesetze. Nach außen, insbesondere gegenüber dem Bürger, treten Landesbehörden auf, deren Handeln dem Land als Verwaltungsträger zugerechnet wird. Den Ländern kommt also die Sach- und Wahrnehmungskompetenz zu. Grenzen der Ausübung können sich ggf. aus dem Grundsatz des bundesfreundlichen Verhaltens ergeben[331].

Der Vollzug des Bundesrechts durch die Länder richtet sich nach deren eigenem, **299** vom Landesgesetzgeber erlassenen Verfahrensrecht, einschließlich eigenen Verwaltungsvorschriften. Auch die zuständigen Behörden richten die Länder kraft ihrer

---

329 Zur gesetzesfreien Verwaltung sogleich Rn. 313.
330 Zur Bedeutung für die Fallprüfung *Frenzel*, JuS 2012, 1082 ff. (1082 f.).
331 *Frenzel*, JuS 2012, 1082 ff. (1083 f.).

Organisationshoheit selbstständig ein (vgl. Art. 84 Abs. 1 GG). Die Länder sind dabei kein organisatorischer Teil der Bundesverwaltung, es gibt kein verwaltungsinternes Weisungsrecht durch übergeordnete Bundesbehörden oder eine Fachaufsicht. Der Bund ist lediglich im Rahmen einer beschränkten Rechtsaufsicht berechtigt, den gesetzmäßigen Vollzug zu überwachen (vgl. Art. 84 Abs. 3 Satz 1 GG). Zur Durchsetzung der Rechtsaufsicht kann die Bundesregierung Beauftragte entsenden oder zur Feststellung einer Rechtsverletzung den Bundesrat sowie ggf. gegen dessen Beschluss das BVerfG anrufen (vgl. Art. 84 Abs. 3 Satz 2, Abs. 4 GG).

300   Art. 84 Abs. 1 Satz 2 GG regelt den Fall, dass der Bund trotz der grundsätzlichen Organisationshoheit der Länder die Behördeneinrichtung oder das Verwaltungsverfahren in einem Bundesgesetz selbst ausgestaltet. In diesem Fall steht den Ländern eine Abweichungskompetenz zu. Eine Regelung des Bundes, durch die die Abweichungsmöglichkeit der Länder ausgeschlossen werden soll, ist nur bei einem besonderen Bedürfnis nach bundeseinheitlicher Regelung und nur mit Zustimmung des Bundesrates zulässig (Art. 84 Abs. 1 Satz 5 u. 6 GG).

301   **bb) Bundesauftragsverwaltung.** *Auftragsverwaltung durch die Länder* bedeutet zunächst auch, dass die Länder die Bundesgesetze kraft ihrer originären Staatlichkeit vollziehen. Sie sind allein für den Behördenaufbau zuständig und die Ausführung erfolgt nach den landeseigenen Verfahrensvorschriften (vgl. Art. 85 Abs. 1 GG)[332]. Auch bei der Ausführung von Bundesgesetzen im Auftrag des Bundes handeln im Außenverhältnis die Länder. Gem. Art. 85 Abs. 1 Satz 1, Abs. 2 GG kann der Bund (Bundesgesetzgeber oder Bundesregierung) mit Zustimmung des Bundesrates die Behördeneinrichtung regeln sowie Verwaltungsvorschriften erlassen. Eine Abweichungsmöglichkeit besteht auch ohne besondere Begründung des Bedürfnisses für eine bundeseinheitliche Regelung nicht. Obwohl dies in Art. 85 GG nicht ausdrücklich genannt ist, kann der Bundesgesetzgeber auch Verfahrensvorschriften für die Auftragsverwaltung festlegen. Eine Ermächtigung dazu ist in einem Erst-Recht-Schluss anzunehmen; es entspricht nicht der Absicht des Verfassunggebers, die Einflussmöglichkeiten des Bundes bei der Auftragsverwaltung schwächer auszugestalten als i. R. d. landeseigenen Vollzugs gem. Art. 83, 84 GG[333].

302   Im Unterschied zur Eigenverwaltung der Länder unter Bundesaufsicht hat der Bund im Rahmen der Auftragsverwaltung weitergehende Einflussmöglichkeiten. Der bedeutendste Unterschied ist die neben der Rechtsaufsicht bestehende Fachaufsicht des Bundes, die mit einem Weisungsrecht gegenüber den obersten Landesbehörden sowie Informations- und Einsichtsrechten verbunden ist (vgl. Art. 85 Abs. 3, 4 GG). Die Fachaufsicht berechtigt den Bund, nicht nur die Rechtmäßigkeit, sondern auch die Zweckmäßigkeit von landesbehördlichen Sachentscheidungen zu überwachen und ggf. durch abweichende Weisungen zu steuern.

303   Das Weisungsrecht berechtigt den Bund zwar nicht zum Selbsteintritt, da die Wahrnehmungskompetenz beim jeweiligen Land verbleibt. Der Bund kann jedoch jederzeit durch die Erteilung einer Weisung die Sachkompetenz an sich ziehen, also inhaltlich das Handeln des Landes vorschreiben. Dies gilt, da die (politische – passivlegitimiert bleibt aufgrund seiner bestehenden Wahrnehmungs-

---

332   Gesetzliches Verfahrensrecht und Verwaltungsvorschriften.
333   Vgl. BVerfGE 26, 338 (385) – *Eisenbahnkreuzungsgesetz.*

kompetenz das Land) Verantwortung beim Bund liegt, auch, wenn das Land die Weisung für rechtswidrig hält. Eine Ausnahme „ergibt sich aber in dem äußersten Fall, dass eine zuständige oberste Bundesbehörde unter grober Missachtung der ihr obliegenden Obhutspflichten zu einem Tun oder Unterlassen anweist, welches im Hinblick auf die damit einhergehende allgemeine Gefährdung oder Verletzung bedeutender Rechtsgüter schlechterdings nicht verantwortet werden kann. Diese Grenze folgt daraus, dass bei der Ausführung der Bundesgesetze Bund und Länder – unbeschadet bestehender Kompetenzverteilungen – eine gemeinsame Verantwortung für den Bestand des Staates und seiner Verfassungsordnung sowie für die Abwehr kollektiver Existenzgefährdungen tragen."[334]

Nach dem Gebot der Weisungsklarheit muss die angewiesene Behörde den objektiven Sinn der Weisung erkennen können. Das Gebot des bundesfreundlichen Verhaltens verlangt ferner, dass der Bund – außer im Fall von Eilbedürftigkeit – die Absicht einer Weisung gegenüber dem Land äußert und diesem Gelegenheit zur Stellungnahme eröffnet. **304**

Das Weisungsrecht beschränkt sich auf die die Sachkompetenz betreffenden inhaltlichen Fragen. Lediglich der Wahrnehmungskompetenz zuzuordnende organisatorische Fragen (etwa Personalentscheidungen) können nicht zum Gegenstand einer Weisung gemacht werden. Bezüglich dieser organisatorischen Fragen finden sich jedoch Sonderregelungen in Art. 85 Abs. 2 Satz 2, 3 GG: Danach kann der Bund bereichsspezifisch die Ausbildungsregelungen für Landesbedienstete treffen und die Einstellung von Leitern der Mittelbehörden (Landesbeamte!) durch Versagung seines Einvernehmens verhindern. Letzteres gilt allerdings nur, soweit spezielle Mittelbehörden für die Bundesauftragsverwaltung eingerichtet sind (z. B. die Bundesfernstraßenverwaltung), also insbesondere nicht für Regierungspräsidenten, die auch andere Verwaltungsaufgaben im eigenen Landesvollzug wahrnehmen[335]. **305**

Die Auftragsverwaltung muss im Grundgesetz ausdrücklich angeordnet werden. Unterschieden wird zwischen fakultativer und obligatorischer Auftragsverwaltung. Obligatorisch bedeutet, dass die Auftragsverwaltung für einen Sachbereich vom Grundgesetz zwingend vorgeschrieben wird, während bei der fakultativen Auftragsverwaltung die Entscheidung zwischen landeseigener Verwaltung und Bundesauftragsverwaltung dem Bundesgesetzgeber überlassen wird[336]. Angeordnet wird Auftragsverwaltung z. B. für die Kernenergie gem. Art. 87c GG (fakultativ), für die Bundesfernstraßen mit Ausnahme der Bundesautobahnen[337] gem. Art. 90 Abs. 3 GG (obligatorisch), für den überwiegenden Teil der Finanzverwaltung gem. Art. 108 Abs. 3 GG (obligatorisch) und für die Ausführung von Geldleistungsgesetzen, bei denen die Ausgaben mindestens zur Hälfte vom Bund getragen werden, gem. Art. 104a Abs. 3 GG (obligatorisch). **306**

cc) Bundeseigene Verwaltung. *Bundeseigene Verwaltung* bedeutet den Vollzug von Bundesgesetzen durch Bundesbehörden oder selbstständige Bundeseinrichtungen kraft bundesgesetzlichen Verfahrensrechts. Die Länder bleiben vollständig außen vor. Zu unterscheiden ist hinsichtlich der Ausübung der bundeseigenen Verwal- **307**

---

334 BVerfGE 81, 319 (333) – *Kalkar.*
335 Vgl. *Winkler,* in: Sachs, GG, Art. 85 Rn. 21.
336 *Maurer,* Staatsrecht I, § 18 Rn. 17.
337 S. jedoch die Übergangsregelung des Art. 143e Abs. 1 Satz 1 GG.

tung zwischen bundesunmittelbarer und bundesmittelbarer Verwaltung, hinsichtlich ihrer Anordnung wie bei der Auftragsverwaltung zwischen fakultativer und obligatorischer Bundesverwaltung[338].

308   Zur *bundesunmittelbaren Verwaltung* gehören alle rechtlich unselbstständigen Bundesbehörden, die in die allgemeine Verwaltungshierarchie eingebunden sind und den Anordnungen und Weisungen der Bundesregierung oder den einzelnen Bundesministern als Verwaltungsspitze unterstehen. Bundesmittelbar sind die Verwaltungsträger, die als juristische Personen des öffentlichen Rechts rechtlich selbstständig sind. Gegenüber mittelbaren Verwaltungsträgern besteht kein verwaltungsinternes Weisungsrecht, sondern grundsätzlich nur die allgemeine Rechtsaufsicht.

309   Die Gegenstände der Bundeseigenverwaltung werden hauptsächlich in den Art. 87–89 GG aufgeführt. Hinzu kommt seit einer Verfassungsänderung des Jahres 2017 die Verwaltung der Bundesautobahnen nach Art. 90 Abs. 2 Satz 1 GG[339]. Zu unterscheiden ist dabei zwischen obligatorischer und fakultativer Bundesverwaltung.

(1) Obligatorische Bundesverwaltung. Obligatorische Bundesverwaltung bedeutet, dass das Grundgesetz dem *Bund zwingend die Verwaltung zuweist.* Dazu zählen insbesondere:

–   der Auswärtige Dienst gem. Art. 87 Abs. 1 Satz 1 GG;
–   die Bundesfinanzverwaltung gem. Art. 87 Abs. 1 Satz 1 GG;
–   die Bundeswehrverwaltung gem. Art. 87b Abs. 1 Satz 1 GG;
–   die Luftverkehrsverwaltung gem. Art. 87d Abs. 1 Satz 1 GG;
–   die Bundesbank gem. Art. 88 Satz 1 GG;
–   die Bundeswasserstraßenverwaltung gem. Art. 89 Abs. 2 Satz 1 GG;
–   die Verwaltung der Bundesautobahnen gem. Art. 90 Abs. 2 GG[340].

310   Die in Art. 87 GG beschriebenen Aufgaben müssen vom Bund auch tatsächlich wahrgenommen und demzufolge eine entsprechende Verwaltung organisiert werden. Allerdings braucht die Kompetenz zum Aufbau einer eigenen Verwaltungsstruktur nicht vollständig ausgeschöpft zu werden. Eine Privatisierung von Verwaltungsaufgaben ist aber nur in begrenzten Teilbereichen zulässig. Für die Verwaltung der Bundesautobahnen ist sie etwa in Art. 90 Abs. 2 GG ausdrücklich vorgesehen.

311   **(2) Fakultative Bundesverwaltung.** Fakultative Bundesverwaltung bedeutet, dass der *Bund die Möglichkeit besitzt,* durch Erlass eines entsprechenden Bundesgesetzes die *Verwaltungskompetenz anstelle der Länder an sich zu ziehen.* Dies betrifft Sachgebiete, in denen die Verfassung eine zentrale Wahrnehmung durch den Bund als zweckmäßig aber nicht unabdingbar ansieht, z. B. der Bundesgrenzschutz (Bundespolizei) oder das Bundeskriminalamt in Art. 87 Abs. 1 Satz 2 GG.

312   Neben der Aufzählung einzelner Bereiche in Art. 87 Abs. 1 Satz 2 GG besteht in Art. 87 Abs. 3 GG eine Klausel für zusätzliche Verwaltungskompetenzen des Bundes durch *Schaffung neuer bundesunmittelbarer* und *bundesmittelbarer Verwaltungs-*

---

338   Vgl. *Oebbecke*, HStR VI, § 136 Rn. 109 ff.
339   Zu den Folgen *Gröpl*, ZG 2017, 114 ff.
340   S. jedoch die Übergangsregelung des Art. 143e Abs. 1 Satz 1 GG.

einrichtungen. Notwendig ist auch hier ein Bundesgesetz. Voraussetzung für die Schaffung einer Verwaltungseinrichtung ist dann aber, dass dem Bund in diesem Bereich die Gesetzgebungskompetenz zusteht. Davon umfasst sind die Gegenstände der ausschließlichen und konkurrierenden Gesetzgebungskompetenz. Bei letzterer ist erforderlich, dass der Bund spätestens mit der Schaffung neuer Verwaltungskompetenzen auch die entsprechende konkurrierende Gesetzgebungskompetenz durch Erlass eines Gesetzes wahrnimmt. Problematisch ist daran, dass die zusätzliche Schaffung von Bundesverwaltungskompetenzen zu Lasten der Länder kein besonderes gesamtstaatliches Bedürfnis als einschränkendes Tatbestandsmerkmal erfordert[341]. Der Bund kann somit, soweit ihm die Gesetzgebungskompetenz für eine Sachmaterie zusteht, ohne Zustimmung des Bundesrats den Ländern die Verwaltungskompetenzen entziehen.

dd) Gesetzesfreie Verwaltung. Für die Erfüllung von Verwaltungsaufgaben, die **313** nicht unmittelbar den Vollzug von Gesetzen betreffen (gesetzesfreie Verwaltung[342]), gelten die speziellen Kompetenzzuweisungen der Art. 83–85 GG, die sich nach der Überschrift von Abschnitt VIII auf die „Ausführung der Bundesgesetze" beziehen, nicht. Grundsätzlich gilt daher die allgemeine Zuständigkeit der Länder für die Erfüllung staatlicher Aufgaben gem. Art. 30 GG. Davon abweichende Kompetenzen des Bundes ergeben sich aber implizit aus den Kompetenzzuweisungen der bundeseigenen Verwaltung, den Organkompetenzen der Bundesorgane, wie z. B. dem Informationsrecht der Bundesregierung, oder anderen Verfassungsvorschriften, aus denen die Zuweisung von Verwaltungskompetenzen an den Bund erkennbar wird, wie etwa der Zuständigkeit für Behördeneinrichtungen. Keine abweichende Kompetenzzuweisung zugunsten des Bundes sind die Gesetzgebungskompetenzen selbst, da sie nicht die Staatsfunktion Verwaltung regeln. Verwaltungskompetenzen können aber als Annexkompetenz zu einer Gesetzgebungskompetenz bestehen[343].

ee) Gemeinschaftsaufgaben und Mischverwaltung. Das Grundgesetz sieht vor **314** allem in den Art. 91a ff. GG ein Zusammenwirken von Bund und Ländern in bestimmten Sachbereichen vor. Gem. Art. 91a GG kann der Bund bei der Verbesserung der regionalen Wirtschaftsstruktur (Nr. 1) sowie der Agrarstruktur und des Küstenschutzes (Nr. 2) mitwirken, wenn diese Aufgaben für die Gesamtheit bedeutsam sind und die Mitwirkung des Bundes zur Verbesserung der Lebensverhältnisse erforderlich ist. Die Bestimmung hierüber ist durch Bundesgesetz mit Zustimmung des Bundesrates zu treffen (Art. 91a Abs. 2 GG), die Kostenverteilung zwischen Bund und Ländern bestimmt sich nach Art. 91a Abs. 3 GG. Art. 91b GG ermöglicht ein Zusammenwirken im Hochschulbereich auf Basis von Vereinbarungen zwischen Bund und Ländern, welche auch die Kostentragung regeln[344]. Art. 91e GG erlaubt die Zusammenarbeit in gemeinsamen Einrichtungen auf dem Gebiet der Grundsicherung für Arbeitsuchende. Schließlich können Bund und Länder auf Verwaltungsebene zusammenwirken, indem sie die für ihre Aufgabenerfüllung benötigten informationstechnischen Systeme gemeinsam planen, errichten und betreiben (Art. 91c GG) sowie Vergleichsstudien zur Feststellung und Förderung der Leistungsfähigkeit ihrer Verwaltungen durchführen (Art. 91d GG).

---

341 Vgl. *Ibler,* in: Dürig/Herzog/Scholz, GG, Art. 87 Rn. 241 ff.
342 S. oben Rn. 294.
343 Dazu oben Rn. 290.
344 Zum Ganzen vgl. *Isensee,* HStR VI, § 126 Rn. 188 ff.

315   Die dargestellte Aufteilung der staatlichen Kompetenzen zwischen Bund und Ländern durch das Grundgesetz ist abschließend und steht nicht zur Disposition der Verwaltungsträger[345]. Sie verlangt nach einer organisatorischen und rechtlichen „Trennung der Verwaltungsräume von Bund und Ländern"[346], die klare Verantwortlichkeiten gewährleisten soll und nicht durch eine Verflechtung der Verwaltung von Bund und Ländern unterlaufen werden darf. Außerhalb der vor allem gem. Art. 91a, b GG geregelten Gemeinschaftsaufgaben und weiteren im Grundgesetz geregelten Verflechtungen wie etwa im Rahmen der Finanzverwaltung (Art. 108 Abs. 4 Satz 1 GG) gilt daher das *Verbot der Mischverwaltung*[347].

316   c) **Rechtsprechungskompetenzen.** Das Grundgesetz definiert den Begriff der Rechtsprechung, den es in den Art. 92 ff. GG voraussetzt, nicht. Materiell[348] ist Rechtsprechung die in einem besonderen Verfahren zu treffende verbindliche Entscheidung über einen Rechtsstreit mittels Anwendung von Recht und Gesetz durch den Richter als unbeteiligtes staatliches Organ[349].

317   Art. 92–104 GG regeln die Rechtsprechung als Staatsfunktion. Dabei begründet Art. 92 1. Halbsatz GG die Organkompetenz der Richter. Die Richter können staatliche Organe des Bundes oder der Länder sein; bezüglich der Verbandskompetenz regelt Art. 92 2. Halbsatz GG wiederum in Wiederholung der allgemeinen Regel des Art. 30 GG, dass die Rechtsprechung grundsätzlich bei den Gerichten der Länder liegt, soweit sie nicht durch das BVerfG und die im Grundgesetz vorgesehenen Bundesgerichte ausgeübt wird.

318   Durch sämtliche Gerichte unterhalb der Bundesgerichte üben die Länder ihre originäre Staatsgewalt aus, unabhängig von dem Recht, das in den jeweiligen Verfahren zur Anwendung kommt. Die Richter unterliegen der Personalhoheit der Länder, die Gerichte sind Landesbehörden. Allerdings hat der Bund die konkurrierende Gesetzgebungskompetenz für Gerichtsverfassung und Gerichtsverfahren gem. Art. 74 Abs. 1 Nr. 1 GG ausgeübt, so dass den Ländern wenig eigene Spielräume zur Ausgestaltung der Justiz verbleiben. Im Bereich der Finanzgerichtsbarkeit verfügt der Bund sogar über die ausschließliche Gesetzgebung gem. Art. 108 Abs. 6 GG. Zu beachten sind ferner die zwingenden Vorgaben für die Rechtsprechung, die sich aus dem Rechtsstaatsprinzip ergeben[350].

319   Das Grundgesetz sieht in Art. 95 die Errichtung von Bundesgerichten für verschiedene Rechtsgebiete vor, die an der Spitze des gerichtlichen Instanzenzugs für die Überprüfung der Entscheidungen der Gerichte der Länder und die Wahrung der Rechtseinheit zuständig sind (Revisionsinstanz). Der Errichtung weiterer, fakultativer Bundesgerichte ist in Art. 96 GG vorgesehen.

320   Eine besondere Funktion innerhalb der Rechtsprechung kommt dem BVerfG zu. Im Gegensatz zu den Bundesgerichten ist es ein Verfassungsorgan mit besonderen verfassungsrechtlich geregelten Kompetenzen. Das BVerfG ist als einziges Gericht berechtigt, Legislativakte zu verwerfen (vgl. Art. 100 Abs. 1 Satz 1 GG). Seine Ent-

---

345   BVerfGE 32, 145 (156) – *Beförderungssteuer.*
346   BVerfGE 119, 331 (365) – *Hartz IV-Arbeitsgemeinschaft.*
347   Zum Ganzen vgl. *Blümel*, HStR VII, § 101 Rn. 120 ff.
348   Ein formeller Rechtsprechungsbegriff („Rechtsprechung ist richterliche Tätigkeit") führt lediglich zu einem Zirkelschluss, vgl. *Maurer*, Staatsrecht I, § 19 Rn. 3.
349   Vgl. *Stern*, Staatsrecht II, S. 898; *Maurer*, Staatsrecht I, § 19 Rn. 3 ff.
350   Hierzu oben Rn. 195.

scheidungen binden sämtliche staatliche Gewalt des Bundes und der Länder (vgl. § 31 Abs. 1 BVerfGG); in den Verfahren, in denen es um die Vereinbarkeit von Rechtsnormen mit dem Grundgesetz geht, haben seine Entscheidungen Gesetzeskraft (vgl. Art. 94 Abs. 2 Satz 1 GG, § 31 Abs. 2 Satz 1 BVerfGG). Das BVerfG entscheidet jedoch nur über die Vereinbarkeit staatlicher Handlungen mit dem Grundgesetz. Die Kontrolle der Staatsgewalt der Länder am Maßstab der Landesverfassungen obliegt den Landesverfassungsgerichten.

d) Finanzkompetenzen. Im Grundgesetz werden im Rahmen der Finanzverfassung (Art. 104a–115 GG) spezielle Regelungen sowohl für die Gesetzgebungs- als auch für die Verwaltungskompetenzen im Finanzwesen getroffen. Diese Regelungen bilden wohl den komplexesten Teil der Verfassung. Die Regelungen über das Finanzwesen bilden den einzigen Abschnitt des Grundgesetzes, der einem bestimmten Sachbereich gewidmet ist. Zur Funktion der Finanzverfassung führt das Bundesverfassungsgericht aus: **321**

„Die Finanzverfassung des Grundgesetzes ist Eckpfeiler der bundesstaatlichen Ordnung. Sie soll eine Finanzordnung sicherstellen, die den Gesamtstaat und die Gliedstaaten am Gesamtertrag der Volkswirtschaft angemessen beteiligt. Bund und Länder müssen im Rahmen der verfügbaren Gesamteinnahmen so ausgestattet werden, dass sie die Ausgaben leisten können, die zur Wahrnehmung ihrer Aufgaben erforderlich sind [...]. Die grundgesetzliche Finanzverfassung, wie sie in den Art. 104a ff. GG zum Ausdruck kommt, bildet eine in sich geschlossene Rahmen- und Verfahrensordnung und ist auf Formenklarheit und Formenbindung angelegt. Diese Prinzipien erschöpfen sich nicht in einer lediglich formalen Bedeutung. Sie sind selbst Teil der funktionsgerechten Ordnung eines politisch sensiblen Sachbereichs und verwirklichen damit ein Stück Gemeinwohlgerechtigkeit. Zugleich fördern und entlasten sie den politischen Prozess, indem sie ihm einen festen Rahmen vorgeben. [...] Der strikten Beachtung der finanzverfassungsrechtlichen Zuständigkeitsbereiche von Bund und Ländern kommt eine überragende Bedeutung für die Stabilität der bundesstaatlichen Verfassung zu. [...] Bei der Ertragsverteilung der Steuern handelt es sich gemeinsam mit der Verteilung der Gesetzgebungs- und Verwaltungskompetenzen um eine zentrale Frage der politischen Machtverteilung in der Bundesrepublik Deutschland [...]. Über ihre Ordnungsfunktion hinaus entfaltet die Finanzverfassung eine Schutz- und Begrenzungsfunktion, die es dem einfachen Gesetzgeber untersagt, die ihm gesetzten Grenzen zu überschreiten [...]. Diese Schutzwirkung entfaltet die Finanzverfassung auch im Verhältnis zum Bürger, der darauf vertrauen darf, nur in dem durch die Finanzverfassung vorgegebenen Rahmen belastet zu werden [...].“[351]

Die *Finanzhoheit* umfasst die Befugnis des Staates (Bund und Länder) und der Kommunen (vgl. Art. 28 Abs. 2 Satz 3 GG), sich Finanzmittel zu verschaffen und diese für die Erfüllung staatlicher Aufgaben und die staatliche Organisation zu verwenden. Welche Befugnisse welcher Ebene im zweistufigen Staatsaufbau und dreistufigen Verwaltungsaufbau (Bund, Länder und Kommunen) zustehen, muss wie bei allen anderen Kompetenzen vorrangig durch die Bundesverfassung geregelt werden. Die bundesstaatliche Finanzverfassung (Art. 104a bis Art. 109 GG) ist Steuerverfassung, der Staat des Grundgesetzes „Steuerstaat“[352]. Das bedeutet, dass die Steuer die vorrangige Finanzquelle des Staates sein muss. Alle anderen Einnah- **322**

---

351 BVerfGE 145, 171 (190 ff.) – *Kernbrennstoffsteuer* unter Verweis auf BVerfGE 55, 274 (300 f.); 78, 249 (266 f.); 93, 319 (342); 108, 1 (15); 132, 344 (349 Rn. 48).

352 BVerfGE 55, 274 (300 ff.); 82, 159 (178); 93, 319 (342); grundlegend *Isensee*, Steuerrecht als Staatsform, FS H. P. Ipsen, 1977, S. 409 ff.

mequellen – nichtsteuerliche Abgaben (Gebühren, Beiträge, Sonderabgaben), erwerbswirtschaftliche Einkünfte und Kredite (Art. 109, 115 GG) – sind nachrangig und unterliegen besonderen Rechtfertigungsanforderungen. Nur die Steuern stellen eine allgemeine, nicht zweckgebundene und gegenleistungsfreie Einnahme für den Staat dar, die er nach allgemeinen politischen Erwägungen zur Finanzierung aller staatlichen Aufgaben verwenden kann.

323   Die föderale Finanzverfassung hat einen in sich folgerichtigen Aufbau. An der Spitze stehen Regelungen dazu, welche staatliche Ebene die Kosten für die Erfüllung staatlicher Ausgaben zu tragen hat (Art. 104a und Art. 104b GG). Nach der Grundregel des Art. 104a Abs. 1 GG tragen Bund und Länder gesondert die Ausgaben, die sich aus der Erfüllung ihrer Verwaltungsaufgaben ergeben *(Konnexitätsprinzip)*. Das Grundgesetz folgt nicht dem sog. Veranlassungsprinzip, wonach die Kostentragung der Gesetzgebung folgt. Grundsätzlich tragen Bund und Länder ihre *Organisationskosten*, wie z. B. Personalkosten und allgemeine Verwaltungskosten, selbst (Art. 104a Abs. 5 GG). Problematischer ist der Konnexitätsgrundsatz des Art. 104a Abs. 1 GG dagegen bei sog. *Zweckausgaben*, d. h. sachlich gebundenen Ausgaben, die sowohl beim Vollzug von Gesetzen als auch in der gesetzesfreien Verwaltung anfallen. Soweit Bund oder Länder ihre eigenen Gesetze vollziehen oder andere eigene staatliche Aufgaben in der gesetzesfreien Verwaltung erfüllen, ist seine Anwendung sachgerecht. Schwierigkeiten ergeben sich daraus, dass der Bund ein Übergewicht in der Gesetzgebung besitzt, während die Länder regelmäßig für den Verwaltungsvollzug zuständig sind, so dass bei einer strengen Umsetzung des Konnexitätsprinzips der Bund durch finanzrelevante Gesetzgebung die Verwendung der Länderfinanzmittel steuern könnte. Deshalb sehen Art. 104a Abs. 2, 3 GG vor, dass der Bund im Rahmen der Auftragsverwaltung die sich daraus ergebenden Kosten trägt und bei Bundesgesetzen, die Geldleistungen gewähren, eine Kostenaufteilung möglich ist. Nach Art. 104b GG kann der Bund – zeitlich befristet und zwingend degressiv ausgestaltet – den Ländern Finanzhilfen für besonders bedeutsame Investitionen der Länder und Gemeinden gewähren, soweit der Bund für den betreffenden Sachbereich Gesetzgebungskompetenzen hat. Darüber hinaus – ohne Gesetzgebungskompetenzen des Bundes – erlaubt es der 2017 in das Grundgesetz eingefügte Art. 104c, dass der Bund den Ländern Mittel zur Verfügung stellt, die den Gemeinden und Gemeindeverbänden für Investitionen im Bereich der kommunalen Bildungsinfrastruktur zur Verfügung zu stellen sind. Das ist ein systemwidriger Einbruch in die Schulhoheit der Länder (Durchbrechung des sog. „Kooperationsverbots" im Bereich der schulischen Bildung). 2019 kam mit Art. 104d GG eine ähnlich problematische Vorschrift für Investitionen im Bereich des sozialen Wohnungsbaus hinzu[353].

324   Mit der Regelung der Ausgabentragung steht die Kostenbelastung von Bund und Ländern fest (die Kommunen gelten insoweit als Teil der Länder, vgl. Art. 106 Abs. 9 GG). Jetzt geht es darum, den Ebenen aufgabenangemessene Finanzmittel zuzuweisen.

325   Die in Art. 105 GG folgende Verteilung der steuerlichen *Gesetzgebungshoheiten* – eine abschließende Sonderregelung zu den Art. 70 ff. GG – stellt den Bund im Interesse eines einheitlichen Steuerrechts ganz in den Vordergrund. Systematisch sind seit einer Verfassungsänderung 2019 drei Formen der Bundeszuständigkeit

---

353   Dazu *Korioth*, JZ 2019, S. 910 ff. (915 f.).

zu unterscheiden: Für Zölle und Finanzmonopole besteht eine ausschließliche Bundeskompetenz (Art. 105 Abs. 1 GG), für die Grundsteuer eine konkurrierende Bundeskompetenz, die keinen weiteren Einschränkungen unterliegt (Art. 105 Abs. 2 Satz 1 GG). Hinsichtlich der übrigen Steuern hat der Bund die konkurrierende Gesetzgebungskompetenz unter den weiteren Voraussetzungen des Art. 105 Abs. 2 Satz 2 GG. Der Bund hat diese Zuständigkeit extensiv genutzt und alle wichtigen Steuergesetze erlassen, so zur Einkommen-, Umsatz- und Körperschaftsteuer, aber auch zum Beispiel zur Erbschaft- und Kfz-Steuer, ferner zur Mineralölsteuer und zur Stromsteuer (Ökosteuer). Der Einfluss der Länder wird dadurch gewahrt, dass praktisch alle aufkommensrelevanten Steuergesetze und deren Änderungen – Gesetze über Steuern, an deren Aufkommen die Länder partizipieren –, im Bundesrat zustimmungspflichtig sind (Art. 105 Abs. 3 GG). Den Ländern steht allein die Regelungskompetenz zur Bestimmung des Steuersatzes bei der Grunderwerbsteuer zu (Art. 105 Abs. 2a Satz 2 GG); die örtlichen Verbrauch- und Aufwandsteuern (Art. 105a Abs. 2a Satz 1 GG) geben die Länder durch die Kommunalabgabengesetze den Gemeinden weiter.

326 Bei der Verteilung und Umverteilung aller Steuereinnahmen – sie betragen derzeit jährlich mehr als 700 Mrd. Euro – ist die Stellung der Länder erheblich stärker als bei der Steuergesetzgebung (*bundesstaatlicher Finanzausgleich*, Art. 106 und 107 GG). Die Gesetzgebungshoheit über Steuern fällt also nicht mit der Ertragshoheit zusammen. Der Finanzausgleich zwischen Bund und Ländern verläuft – seit 2020 – in drei Stufen:

326a **aa) Vertikale Steuerverteilung, Art. 106 GG.** Bestimmte Steuereinnahmen stehen allein dem Bund zu (Art. 106 Abs. 1 GG, vor allem Kfz- und Versicherungssteuer und der Solidaritätszuschlag als Ergänzungsabgabe zur Einkommensteuer). Für andere Steuern, wie die Erbschaftsteuer, haben gemäß Art. 106 Abs. 2 GG die Länder die Ertragshoheit. Die Ertragsrechte der Kommunen (Anteile an der Einkommen- und Umsatzsteuer, Gewerbesteuer, Grundsteuer) regeln Art. 106 Abs. 5, 5a, 6 GG. Die wichtigsten Steuern, die ca. 70 % aller Steuereinnahmen ausmachen, stehen Bund und Ländern (teilweise mit Vorabanteilen auch den Gemeinden) zu. Dies sind die Einkommen-, Umsatz- und Körperschaftsteuer (Art. 106 Abs. 3 und 4 GG). Dabei sind die Quoten verfassungsrechtlich festgelegt, lediglich die Umsatzsteuerverteilung erfolgt auf der Grundlage eines zustimmungsbedürftigen Bundesgesetzes.

326b **bb) Horizontaler Finanzausgleich, Art. 107 Abs. 1 GG.** Hier geht es um die Verteilung des Gesamtländeranteils am Steueraufkommen auf die einzelnen Länder. Grundsätzlich folgt hier die Verteilung zur Stärkung der Eigenständigkeit der Länder dem Prinzip des örtlichen Aufkommens. Lediglich die Umsatzsteuer wird im Grundsatz nach Einwohnern verteilt (Art. 107 Abs. 1 Satz 4 GG). Seit 2020 übernimmt infolge der Verfassungsänderung des Jahres 2017 die horizontale Umsatzsteuerverteilung darüber hinaus die Aufgabe, die unterschiedliche Finanzkraft der Länder angemessen auszugleichen (Art. 107 Abs. 1 Satz 2 GG). Das Gesetz über den Finanzausgleich zwischen Bund und Ländern (FAG) sieht zu diesem Zweck „Zuschläge zu und Abschläge von der jeweiligen Finanzkraft bei der Verteilung der Länderanteile an der Umsatzsteuer" vor (Art. 107 Abs. 2 Satz 2 GG). Im Rahmen der Umsatzsteuerverteilung müssen nun die Pro-Kopf-Steuereinnahmen der finanzstarken und finanzschwachen Länder angenähert werden, ohne sie vollständig auszugleichen (Nivellierungsverbot). Der Sinn liegt darin, Ertragsschwächen einzelner Länder auszugleichen, um allen Ländern eine aufgabenangemessene Finanzausstattung zu verschaffen. Diese ist das Gesamtziel des föderalen Finanzausgleichs überhaupt.

327 Weggefallen ist durch die Verfassungsänderung 2017 die bisherige dritte Stufe des Finanzausgleichs, der sog. Länderfinanzausgleich (Art. 107 Abs. 2 Satz 1 und 2 GG). Es handelte sich, trotz des mit 11 Mrd. Euro (bei mehr als 700 Mrd. Euro Steuereinnahmen) geringen Volumens, um das bis dato konfliktreichste Thema des Finanzausgleichs. Das Bundesverfassungsgericht hatte darüber mehrfach zu entscheiden[354]. Durch die Neuordnung sind die Konflikte freilich nicht beigelegt. Sie wurden lediglich in die ohnehin schon konfliktträchtige Umsatzsteuerverteilung verlagert. Der bisherige horizontale Streit wird sich in einen Streit über die Höhe der Zu- und Abschläge verlagern. Diese Vertikalisierung führt, wie auch die Einführung zweckgebundener Zuweisungen nach Art. 104b-d GG, zwar nicht zur finanziellen, wohl aber zur institutionellen und politischen Schwächung der Länder. Die Neuordnung der Finanzverfassung verfährt nach dem Prinzip „mehr Geld gegen Selbstentmachtung der Länder"[355].

327a cc) **Bundesergänzungszuweisungen, Art. 107 Abs. 2 Sätze 5–7 GG.** Im Zusammenhang der Verfassungsänderung 2017 stark ausgebaut wurden Bundesergänzungszuweisungen an leistungsschwache Länder. Diese abschließende Stufe des Finanzausgleichs ist fakultativ. Dem Grundsatz nach sollen Bundesergänzungszuweisungen einen abschließenden, ergänzenden Ausgleich aus Bundesmitteln erlauben, der die Verteilungs- und Umverteilungsergebnisse der ersten beiden Stufen des Finanzausgleichs nicht überlagern darf. Berücksichtigt werden können hier eine besondere, unterdurchschnittliche Finanzkraft oder objektive Sonderlasten eines Landes. Bislang macht der Bund von Ergänzungszuweisungen nach Maßgabe des Finanzausgleichsgesetzes vor allem mit Blick auf die neuen Länder Gebrauch.

328 Der bundesstaatliche Finanzausgleich ist ein komplexes Geflecht aus verfassungsrechtlichen Vorgaben sowie Rahmenbestimmungen und einfachgesetzlichen Regelungen vorrangig im Finanzausgleichsgesetz. Eine besondere Stellung genießt das Maßstäbegesetz, das die Maßstäbe der Verteilung des Umsatzsteueraufkommens und der Bundesergänzungszuweisungen regeln soll[356].

329 Innerhalb der (Flächen)Länder regelt der kommunale Finanzausgleich (vgl. zur Grundlage Art. 106 Abs. 7 GG) die Verpflichtung des Landes, den Kommunen durch Zuweisung des Landes in Ergänzung zu den eigenen Steuereinnahmen der Kommunen Mittel in einem solchem Umfang zu gewähren, dass den Kommunen die Erfüllung ihrer pflichtigen Aufgaben und eines Mindeststandards freiwilliger Aufgaben möglich ist.

6. Die Funktion der kommunalen Gebietskörperschaften

330 Die kommunalen Gebietskörperschaften (Gemeinden, Kreise) sind eine verfassungsrechtlich garantierte Verwaltungsebene im staatlichen Aufbau der Bundesrepublik Deutschland (vgl. Art. 28 Abs. 2 GG). Gemeinden und Kreisen wird der

---

354   BVerfGE 1, 117; 72, 330; 86, 148; 101, 158.
355   Zur Verfassungsänderung *Henneke*, DVBl. 2017, 214 ff.; *ders.*, Aufgaben und Finanzbeziehungen von Bund, Ländern und Kommunen ab 2020, 2. Aufl. 2019, S. 31 ff.; *Korioth*, ZG 2017, S. 289 ff.
356   Vgl. BGBl. I 2001, S. 2302; zur Entstehung vgl. *Maurer*, Staatsrecht I, § 17 Rn. 46a m. w. N. Das Maßstäbegesetz geht auf eine Forderung des Bundesverfassungsgerichts zurück, BVerfGE 101, 158.

Status von Gebietskörperschaften verliehen, der mit besonderen Rechten, aber auch Anforderungen, verbunden ist.

Art. 28 Abs. 2 GG gewährleistet Gemeinden und Gemeindeverbänden das Recht, **331** im Rahmen der Gesetze die örtlichen Angelegenheiten selbst in die Hand zu nehmen (*kommunale Selbstverwaltung*). Diese Selbstverwaltungsgarantie ist als subjektives Recht der Gebietskörperschaften ausgestaltet und prozessual gem. Art. 93 Abs. 1 Nr. 4b GG durch ein Verfahren vor dem BVerfG abgesichert, die kommunale Verfassungsbeschwerde. Dem Recht auf kommunale Selbstverwaltung korrespondiert die in Art. 28 Abs. 1 Satz 2 GG als Teil des Homogenitätsprinzips enthaltene Anforderung einer repräsentativen demokratische Struktur der Gebietskörperschaften: Erforderlich ist eine kommunale Volksvertretung, die nach den allgemeinen Wahlrechtsgrundsätzen (vgl. auch Art. 38 Abs. 1 Satz 1 GG) zu wählen ist. Die Gemeinden haben einen Anspruch auf eine wirtschaftskraftbezogene Steuerquelle (vgl. Art. 28 Abs. 2 Satz 3 a. E. GG) und verfügen über finanzverfassungsrechtliche Rechtspositionen (vgl. Art. 106 Abs. 5–9 GG). Zur Bedeutung der kommunalen Selbstverwaltung hat das Bundesverfassungsgericht jüngst ausgeführt:

„Die Garantie der kommunalen Selbstverwaltung ist Ausdruck der grundgesetzlichen Entscheidung für eine dezentral organisierte und bürgerschaftlich getragene Verwaltung [...]. Art. 28 Abs. 1 und Abs. 2 GG konstituieren die Gemeinden als einen wesentlichen Bestandteil der staatlichen Gesamtorganisation; sie sind ein Teil des Staates, in dessen Aufbau sie integriert und mit eigenen Rechten ausgestattet sind [...]. Indem der Verfassungsgeber die gemeindliche Selbstverwaltung in den Aufbau des politisch-demokratischen Gemeinwesens des Grundgesetzes eingefügt und – anders als die Reichsverfassung von 1849 (§ 184), die Weimarer Reichsverfassung von 1919 (Art. 127) oder die Bayerische Verfassung (Art. 11) – nicht als Grundrecht, sondern als institutionelle Garantie ausgestaltet hat, hat er ihr eine spezifisch demokratische Funktion beigemessen [...]. Das Bild der Selbstverwaltung, wie sie der Gewährleistung des Art. 28 Abs. 2 GG zugrunde liegt, wird daher maßgeblich durch das Prinzip der Partizipation geprägt. Kommunale Selbstverwaltung bedeutet ihrer Intention nach Aktivierung der Beteiligten für ihre eigenen Angelegenheiten, die die örtliche Gemeinschaft zur eigenverantwortlichen Erfüllung öffentlicher Aufgaben zusammenschließt mit dem Ziel, das Wohl der Einwohner zu fördern und die geschichtliche und örtliche Eigenart zu wahren.“[357]

Trotz dieser besonderen verfassungsrechtlich normierten Merkmale handelt es sich **332** bei der kommunalen Ebene nicht um eine besondere staatliche Ebene, sondern lediglich um einen mit besonderen Rechten ausgestatteten Teil der Landesverwaltung, dessen Ausgestaltung einem allgemeinen Gesetzesvorbehalt unterliegt. Je nach Regelungsbereich kann der Bundes- oder Landesgesetzgeber durch Zuweisung und Entzug von Aufgaben, gesetzliche Regelung der kommunalen Binnenstruktur (Gemeindeordnung) und durch Neugliederung der Gebietskörperschaften auf die kommunale Verwaltungsebene einwirken.

Die kommunale Selbstverwaltungsgarantie der Gemeinden nach Art. 28 Abs. 2 **333** GG umfasst insbesondere[358]:

–   Gebietshoheit,
–   Personalhoheit,

---

357 BVerfGE 79, 127 (148 f.); 138, 1 (18 Rn. 51); 147, 185.
358 Zu weiteren Ausprägungen der kommunalen Selbstverwaltungsgarantie vgl. *Mehde*, in: Dürig/Herzog/Scholz (Stand 2012), GG, Art. 28 Abs. 2 Rn. 57 ff.

– Planungshoheit,
– Finanzhoheit.

Innerhalb dieser kommunalen Selbstverwaltungsgarantie steht den Kommunen das Recht zu, in Form von Satzungen eigenes Recht zu setzen, allerdings in den Schranken der jeweiligen gesetzlichen Vorgaben, den Gemeindeordnungen und Kommunalgesetzen. Bei der Wahrnehmung ihrer Selbstverwaltungsfunktion unterliegen die Gemeinden nur der Rechts-, nicht der Fachaufsicht (vgl. Art. 109 Abs. 1 BayGO) und sind nur beschränkt weisungsgebunden[359].

334 Die Selbstverwaltungsgarantie reicht jedoch nur soweit, wie es sich auch um eigene Angelegenheiten der örtlichen Gemeinschaft handelt, „diejenigen Bedürfnisse und Interessen, die in der örtlichen Gemeinschaft wurzeln oder auf sie einen spezifischen Bezug haben [...], die also den Gemeindeeinwohnern gerade als solchen gemeinsam sind, indem sie das Zusammenleben und -wohnen der Menschen in der (politischen) Gemeinde betreffen"[360].
Werden den Gemeinden dagegen staatliche, überörtliche Aufgaben (etwa Pass- und Meldewesen, Bauaufsicht) übertragen, unterfällt die Ausführung nicht der kommunalen Selbstverwaltungsgarantie. Die Gemeinden handeln dann vielmehr in staatlichem Auftrag und weisungsgebunden, ihre Maßnahmen unterliegen der Fachaufsicht (Art. 109 Abs. 2 BayGO).

335 Die *Kommunen* verfügen als verfassungsrechtlich garantierte Verwaltungsträger auch über besondere Kompetenzen und Rechte im Finanzbereich. Gem. Art. 28 Abs. 2 Satz 3 GG steht ihnen zur Wahrung ihrer finanziellen Eigenverantwortung eine mit Hebesatzrecht ausgestattete wirtschaftskraftbezogene Steuerquelle zu. Das ist derzeit die bundesrechtlich geregelte Gewerbesteuer. Art. 106 Abs. 6 GG gewährt den Gemeinden dieses Hebesatzrecht für die Grundsteuer und die Gewerbesteuer. Die Kommunen und Kommunalverbände sind auch am verfassungsrechtlichen Finanzausgleich gem. Art. 106 Abs. 5–9 GG beteiligt. Dieser wird durch einfachgesetzliche Regelungen konkretisiert (sog. kommunaler Finanzausgleich).

III. Der Bundesstaat des Grundgesetzes in der Europäischen Union

336 Zentrale verfassungsrechtliche Regelung für die Mitwirkung der Bundesrepublik Deutschland am europäischen Einigungsprozess und die Übertragung von nationalen Hoheitsrechten auf die Europäische Union als supranationalem Staatenverbund ist Art. 23 GG[361]. Diese Norm enthält die materiellen Bedingungen für die Struktur der EU, unter denen der deutsche Staat berechtigt ist, an der europäischen Integration mitzuwirken: demokratische, rechtsstaatliche, soziale und föderative Grundsätze, den Grundsatz der Subsidiarität und einen dem Grundgesetz im Wesentlichen vergleichbaren Grundrechtschutz (Art. 23 Abs. 1 Satz 1 GG). Der Bund kann Hoheitsrechte auf die EU übertragen, wobei die Mitwirkung der Länder über das Zustimmungserfordernis im Bundesrat gewährleistet ist (vgl. Art. 23 Abs. 1 Satz 2 GG). Art. 23 Abs. 1 Satz 3 GG weist auf

---

359 Vgl. zum Ganzen *Maurer/Waldhoff*, Allg. Verwaltungsrecht, § 23 Rn. 2 ff.
360 BVerfGE 79, 127 (151 f.).
361 S. zum Begriff der Supranationalität oben Rn. 240 ff.

die unter der Herrschaft des Grundgesetzes unantastbare Bindung der deutschen Staatsgewalt an die durch Art. 79 Abs. 3 GG aufgestellten Grundsätze hin, an der sich auch Änderungen am Inhalt des Grundgesetzes im Zuge der europäischen Integration messen lassen müssen. Haben Änderungen der vertraglichen Grundlagen der EU oder vergleichbare Regelungen Auswirkungen auf den Inhalt des Grundgesetzes, ist das Verfahren des Art. 79 Abs. 2 GG einzuhalten.

Auf der supranationalen Ebene der EU repräsentiert der Bund die Bundesrepublik **337** Deutschland. Durch die Teilnahme am Europäischen Rat (Art. 10 Abs. 2, 15 Abs. 2 EUV; Bundeskanzler als Regierungschef) und Rat (Art. 10 Abs. 2, 16 Abs. 2 EUV, Vertreter der Regierung auf Ministerebene) nimmt die Bundesregierung laufend Einfluss auf die Ausübung von hoheitlicher Tätigkeit durch die EU. Das völkerrechtliche Alleinvertretungsrecht des Bundes für die Länder ergibt sich in der innerstaatlichen Kompetenzverteilung aus Art. 32 Abs. 1 GG, der dem Bund die Verbandskompetenz für die auswärtigen Angelegenheiten zuweist.
Die den Ländern in der bundesstaatlichen Ordnung eingeräumten Einfluss- und Mitwirkungsrechte (vgl. Art. 32 Abs. 2, 3 und Art. 59 Abs. 2 GG) werden auf supranationaler Ebene nicht widergespiegelt, obwohl der supranationale Charakter der EU auch die Hoheitsrechte der Länder beschneidet. Sie sind lediglich im beratenden Ausschuss der Regionen (vgl. Art. 300 Abs. 1 AEUV) vertreten. In den europäischen Institutionen wirken die Länder selbst nicht mit, sondern sind auf die Vertretung und die Wahrnehmung ihrer Interessen durch den Bund angewiesen.

Einen Ausgleich für diese eingeschränkte Mitwirkungsbefugnis der Länder in der **338** Europäischen Union schafft auf bundesstaatlicher Ebene Art. 23 GG, der in den Absätzen 2, 4 und 5 besondere Mitwirkungsrechte des Bundesrates und der Länder in Fragen der europäischen Einigung begründet[362]. Darüber hinaus regelt Art. 23 Abs. 6 GG die Wahrnehmung der Rechte des Bundes in der EU durch einen Vertreter der Länder, soweit „im Schwerpunkt ausschließliche Gesetzgebungsbefugnisse der Länder auf den Gebieten der schulischen Bildung, der Kultur oder des Rundfunks" betroffen sind. Einfachgesetzlich wird die Zusammenarbeit zwischen Bund und Ländern in Angelegenheiten der Europäischen Union durch das EUZBLG besonders geregelt.

Rechtsprechung: BVerfGE 1, 13 – *Südweststaat*; BVerfGE 1, 82 – *Verfassungsbeschwerde gegen Verwaltungsvorschriften*; BVerfGE 1, 264 – *Schornsteinfegerbezirk*; BVerfGE 1, 299 – *Mittel für sozialen Wohnungsbau*; BVerfGE 3, 407 – *Baugesetz*; BVerfGE 4, 111 – *Besoldung*; BVerfGE 4, 178 – *Besoldung*; BVerfGE 4, 250 – *Neugliederung*; BVerfGE 5, 34 – *Neugliederung*; BVerfGE 6, 309 – *Konkordat*; BVerfGE 6, 376 – *Kommunalwahlgesetz*; BVerfGE 7, 367 – *Volksbefragung zur Atombewaffnung*; BVerfGE 8, 104 u. 122 – *Volksbefragung zur Atomwaffenstationierung*; BVerfGE 11, 192 – *Freiwillige Gerichtsbarkeit*; BVerfGE 12, 205 – *1. Fernsehurteil*; BVerfGE 13, 9 – *Besoldungsgesetz*; BVerfGE 13, 54 – *Neugliederung*; BVerfGE 15, 1 – *Bundeswasserstraßen*; BVerfGE 22, 267 – *Unterhaltszahlung*; BVerfGE 26, 246 – *Berufsbezeichnung Ingenieur*; BVerfGE 26, 281 – *Gebührenpflicht von Bahn und Post*; BVerfGE 26, 338 – *Eisenbahnkreuzungsgesetz*; BVerfGE 32, 145 – *Beförderungssteuer*; BVerfGE 32, 199 – *Besoldungsgesetz*; BVerfGE 34, 9 – *Besoldungsgesetz*; BVerfGE 34, 216 – *Staatsvertrag*; BVerfGE 35, 382 – *Ausweisung*; BVerfGE 36, 342 – *Beamtenbesoldung*; BVerfGE 40, 371 – *Werbeverbot*; BVerfGE 42, 103 – *ZVS*; BVerfGE 49, 15 – *Neugliederung*; BVerfGE 55, 274 – *Berufsausbildungsabgabe*; BVerfGE 60, 175 – *Startbahn West*; BVerfGE 61, 149 – *Staatshaftung*; BVerfGE 72, 330 – *Finanzausgleich*; BVerfGE 78, 249 – *Fehlbelegungsab-*

---

362 Ausführlich *Würtenberger/Kunz*, JA 2010, 406 ff. sowie unten Rn. 1004 ff.

gabe; BVerfGE 79, 127 – *Rastede*; BVerfGE 81, 310 – *Kalkar*; BVerfGE 84, 25 – *Schacht Konrad*; BVerfGE 86, 148 – *Finanzausgleich*; BVerfGE 89, 155 – *Maastricht*; BVerfGE 90, 60 – *Staatsvertrag über Rundfunkgebühren*; BVerfGE 92, 203 – *Fernsehrichtlinie*; BVerfGE 96, 139 – *Neugliederung*; BVerfGE 96, 345 – *Landesverfassungsbeschwerde*; BVerfGE 97, 198 – *Bahnpolizei*; BVerfGE 98, 265 – *Schwangerschaftsberatung*; BVerfGE 99, 319 – *Beamtenkinder*; BVerfGE 101, 158 – *Länderfinanzausgleich*; BVerfGE 106, 62 – *Altenpflegegesetz*; BVerfGE 108, 1 – *Rückmeldegebühr Baden*; BVerfGE 111, 10 – *Ladenschlussgesetz*; BVerfGE 111, 226 – *Juniorprofessur*; BVerfGE 119, 331 – *Hartz IV-Arbeitsgemeinschaft*; BVerfGE 123, 267 – *Lissabon*; BVerfGE 132, 1 – *Einsatz der Bundeswehr im Inland*; BVerfGE 132, 344 – *Rückmeldegebühr Berlin*; BVerfGE 138, 1 – *Schulnetzplanung*; BVerfGE 138, 261 – *Thüringer Ladenöffnungsgesetz*; BVerfGE 140, 65 – *Betreuungsgeld*; BVerfGE 145, 20 – *Spielhallenzulassung*; BVerfGE 145, 171 – *Kernbrennstoffsteuer*; BVerfGE 147, 185 – *Kinderförderungsgesetz Sachsen-Anhalt*; BVerfGE 157, 223 – *Berliner Mietendeckel*; BVerfGK 10, 234; BVerwGE 150, 129 – *Abweichungsgesetzgebung*.

Literatur:

Zur Ergänzung:
Bäumerich, M., Grundfälle zu den Gesetzgebungskompetenzen, JuS 2017, 123 ff.; *Bortnikov, V.*, Staatsverträge der Länder, JuS 2017, 27 ff.; *Brüning, Chr.*, Die Verfassungsgarantie der kommunalen Selbstverwaltung aus Art. 28 Abs. 2 GG, Jura 2015, 592 ff.; *Burgi, M./Zimmermann, P.*, Verwaltungskompetenzen (Art. 83 ff. GG), Jura 2019, 951 ff.; *Dumke, S.*, Die Funktion von Landesverfassungen im modernen Bundesstaat, VR 2010, 299 ff.; *Engels, A.*, Kommunale Selbstverwaltung nach Art. 28 II GG, JA 2014, 7 ff.; *Fehling, M.*, Gesetzgebungskompetenzen im Verfassungsrecht und im Unionsrecht, Jura 2016, 498 ff.; *Koemm, M./Müller, M. W.*, Referendarexamensklausur – Öffentliches Recht: Verfassungsrecht und Steuerrecht – Einführung einer Landes-Vermögensteuer, JuS 2015, 53 ff. (Fallbearbeitung); *Schwarz, K. A.*, Das Finanz- und Haushaltsverfassungsrecht des Grundgesetzes, JA 2021, 184 ff., 276 ff.; *Voßkuhle, A./Kaufhold, A.-K.*, Grundwissen Öffentliches Recht: Das Bundesstaatsprinzip, JuS 2010, 873 ff.; *Voßkuhle, A./Kaiser, A.-B.*, Grundwissen – Öffentliches Recht: Die Ausführung von Bundesgesetzen – Verwaltungskompetenzen, JuS 2017, 316 ff.; *Voßkuhle, A./Wischmeyer, T.*, Grundwissen – Öffentliches Recht: Gesetzgebungskompetenzen, JuS 2020, 315 ff.

Zur Vertiefung:
Aktuelle Diskussionen
Gröpl, Chr., Über das Ziel hinaus: zur geplanten Privatisierung der Bundesautobahnen nach dem Regierungsentwurf vom Februar 2017, ZG 2017, 114 ff.; *Heinz, K. E.*, Staatenbund, Bundesstaat und Supranationale Gemeinschaft, VR 2012, 328 ff.; *Henneke, H.-G.*, Aufgaben und Finanzbeziehungen von Bund, Ländern und Kommunen ab 2020, 2. Aufl. 2019; *Hofmann, H.*, Die Abweichungsgesetzgebung – Fluch oder Segen? Beobachtungen aus der Staatspraxis seit der Förderalismusreform I 2006, DVBl. 2020, 907 ff.; *Honer, M.*, Grundgesetz und Sezession, JuS 2018, 661 ff.; *Ipsen, J.*, Die Ausführung der Bundesgesetze durch die Länder, NdsVBl 2014, 209 ff.; *Lepsius, O.*, Partizipationsprobleme und Abwägungsdefizite im Umgang mit der Corona-Pandemie, JöR n. F. 69 (2021), 705 ff.; *Lindner, J. F.*, „Austritt" des Freistaates Bayern aus der Bundesrepublik Deutschland?, BayVBl 2014, 97 ff.; *ders.*, Aufhebung der Eigenstaatlichkeit der Länder in einer neuen deutschen Verfassung?, BayVBl 2014, 645 ff.; *Knüpling, F.*, Internationale Föderalismusdiskussion und deutsche Bundesstaatlichkeit, ZG 2016, 81 ff.; *Korioth, S.*, Horizontale Steuerverteilung und umverteilender Finanzausgleich nach dem neuen Art. 107 GG, ZG 2017, 289 ff.; *ders.*, Autonomie, Kooperation, Solidarität – Konzepte und Interessen im deutschen Finanzföderalismus seit 1949, JZ 2019, 910 ff.; *Ruffert, M.*, Brexit – oder die Kunst harmonischer Desintegration, JZ 2018, 1005 ff.; *Schwarz, K.-A./Sairinger, L.*, Metamorphosen des Föderalismus in Krisenzeiten, NVwZ 2021, 265 ff.; *Terhechte, J. Ph.*, Elemente und Wandlungen der Mitgliedschaftsverfassung der EU – Beitritt, flexible Integration, Austritt, Ausschluss, JZ 2019, 105 ff.; *Oeter, S.*, Bundesstaat, Föderation, Staatenverbund – Trennlinien und Gemeinsamkeiten föderaler Systeme, ZaöRV 57 (2015), 733 ff.; *v. Ooyen, R. Chr.*, Vom unitarischen Bundesstaat zum Wettbewerbsföderalismus, RuP 2014, 211 ff.; *Waldhoff, Chr.*, Der Bundesstaat in der Pandemie, NJW 2021, 2772 ff.

Grundlegende Texte
Hesse, K., Der unitarische Bundesstaat, 1962; *Isensee, J.*, Idee und Gestalt des Föderalismus im Grundgesetz, HStR IV, 1. Aufl. 1990, § 98; *Kimminich, O.*, Der Bundesstaat, HStR I, 1. Aufl. 1987, § 26; *Nawiasky, H.*, Der Bundesstaat als Rechtsbegriff, 1920; *Sarcévic, E.*, Das Bundesstaatsprinzip, 2000; *Vogel, H.-J.*, Die bundesstaatliche Ordnung des Grundgesetzes, HVerfR, 2. Aufl. 1994, 1041 ff.; *Wieland, J.*, Bundesstaat, VerfassungsR-HdB, 2021, § 8.

§ 20 Sozialstaat

In den Art. 20 Abs. 1, 28 Abs. 1 Satz 1 GG wird ferner eine verfassungsrechtliche **339** Grundentscheidung für das Sozialstaatsprinzip getroffen. Nach Art. 20 Abs. 1 GG ist die Bundesrepublik Deutschland ein *„sozialer* Bundesstaat", Art. 28 Abs. 1 Satz 1 GG spricht im Rahmen des Homogenitätsgebots vom *„sozialen* Rechtsstaat". Die Formulierung als Adjektiv enthält – wie beim Demokratieprinzip – keine Wertung oder Rangfolge. Das Sozialstaatsprinzip steht gleichwertig neben den anderen Prinzipien des Art. 20 GG.

Als verfassungsrechtliche Grundentscheidung weist das Sozialstaatsprinzip isoliert **340** betrachtet dieselbe inhaltliche Unbestimmtheit und Offenheit auf wie die anderen Prinzipien des Art. 20 Abs. 1 GG. Auffallend ist beim Sozialstaatsprinzip jedoch, dass das Grundgesetz auch in der weiteren Ausgestaltung sehr zurückhaltend ist. Zwar existieren konkretisierende Bestimmungen, wie insbesondere das Verbot der Benachteiligung Behinderter (Art. 3 Abs. 3 Satz 2 GG), der Schutz der Mutter (Art. 6 Abs. 4 GG), die Sozialpflichtigkeit des Eigentums (Art. 14 Abs. 2 GG), die Möglichkeit einer Sozialisierung (Art. 15 GG) und Regelungen über die Angelegenheiten von Flüchtlingen und Vertriebenen sowie die Kriegsfolge- und Rentenversicherungslasten (Art. 119–120a GG). Hinzu kommen Kompetenztitel, die dem Bundesgesetzgeber die Befugnis verschaffen, sozialgestaltend tätig zu werden (Art. 74 Abs. 1 Nr. 6, 7, 9, 10, 12, 13, 16, 19, 19a GG). Zumindest andeutungsweise regelt Art. 87 Abs. 2 GG die Organisation der Sozialversicherungsträger. Dabei handelt es sich jedoch durchgehend um Einzelregelungen mit teilweise sehr konkreten Bezugspunkten, nicht um eine umfassende inhaltliche Ausformung des Sozialstaatsprinzips[363].

Die Zurückhaltung des Grundgesetzes bei der verfassungsrechtlichen Ausgestal- **341** tung des Sozialstaats lässt sich historisch auf den im Parlamentarischen Rat bewusst offen gelassenen Streit über die wirtschaftspolitische Ausrichtung der Bundesrepublik (Markt- oder Planwirtschaft) zurückführen. In praktischer Hinsicht stellt sich das Problem, dass sozialstaatliche Normen auf Verfassungsebene grundsätzlich schwieriger vollziehbar sind, weil sie positives Tätigwerden des Staates und den Einsatz staatlicher Ressourcen verlangen, und hierbei mit Freiheitsgewährleistungen in Konflikt treten können – einen Interventionsstaat sollte das Grundgesetz aber gerade nicht etablieren. Die Offenheit des Sozialstaatsprinzips bringt einen größeren (auch beabsichtigten) politischen Gestaltungsspielraum des Gesetzgebers mit sich, als er bei der Umsetzung anderer verfassungsrechtlicher Grundentscheidungen besteht. Eine unmittelbare Anspruchsgrundlage für den

---

363 Die Sozialstaatlichkeit hat vielmehr den Charakter einer Staatszielbestimmung, vgl. *Grzeszick*, in: Dürig/Herzog/Scholz, GG, Art. 20 VIII Rn. 17 ff.; *Ibler*, in: Dürig/Herzog/Scholz, GG, Art. 87 Rn. 162.

Bürger stellt das Sozialstaatsprinzip ebenso wenig dar (diese kann sich aber in Verbindung mit Grundrechten wie etwa Art. 3 Abs. 1 GG ergeben) wie eine unmittelbare Eingriffsermächtigung zugunsten der Verwaltung. Als allgemeiner Verfassungsgrundsatz ist das Sozialstaatsprinzip jedoch bei der Auslegung unbestimmter Rechtsbegriffe, bei der Ermessensausübung sowie im gesetzesfreien Bereich zu berücksichtigen[364].

I. Inhalt des Sozialstaatsprinzips als Strukturprinzip

342 Inhaltlich verpflichtet das Sozialstaatsprinzip den Gesetzgeber, *soziale Gerechtigkeit*, *Gleichheit* und *soziale Sicherheit* zu gewährleisten. „Wenn Art. 20 Abs. 1 GG ausspricht, dass die Bundesrepublik ein sozialer Bundesstaat ist, so folgt daraus nur, dass der Staat die Pflicht hat, für einen Ausgleich der sozialen Gegensätze und damit für eine gerechte Sozialordnung zu sorgen; dieses Ziel wird er in erster Linie im Wege der Gesetzgebung zu erreichen suchen. Keinesfalls folgt aus dem Sozialstaatsprinzip, dass der Gesetzgeber für die Verwirklichung dieses Ziels nur behördliche Maßnahmen vorsehen darf. Art. 20 Abs. 1 GG bestimmt nur das ‚Was‘, das Ziel, die gerechte Sozialordnung; er lässt aber für das ‚Wie‘, d. h. für die Erreichung des Ziels, alle Wege offen. Deshalb steht es dem Gesetzgeber frei, zur Erreichung des Ziels auch die Mithilfe privater Wohlfahrtsorganisationen vorzusehen."[365]

343 *Soziale Gerechtigkeit* verlangt eine faire Verteilung von Gütern, Chancen und Lasten in einer Gesellschaft, bei der die Interessen aller Mitglieder und deren individuelles Wohl berücksichtigt werden. Die verschiedenen Gruppen und Schichten der Bevölkerung sollen auf einem angemessenen ökonomischen und kulturellen Niveau leben. Verhindert werden soll, dass sich auf Basis einer freiheitlichen Gesellschaftsordnung Macht- und Abhängigkeitsverhältnisse ergeben.

344 Der Verpflichtung auf soziale Gerechtigkeit kann der Staat durch *Intervention, Unterstützung* und *Umverteilung* nachkommen. Indem sich der Staat finanzielle Mittel durch Abgaben beschafft und diese als Sozialleistungen im weitesten Sinne wieder verausgabt, können Ungleichheiten, soziale Abhängigkeiten und wirtschaftliche Fehlentwicklungen gemildert oder beseitigt werden. Vollzogen wird diese Umverteilung in den rechtlichen Bahnen des Steuerrechts (Besteuerung nach der Leistungsfähigkeit) und des Sozialrechts (Sozialhilfe, Sozialversicherungen). Hinzu kommt die Aufgabe des Staates im Rahmen der Daseinsvorsorge, die für das Leben in einer modernen Gesellschaft unabdingbaren Voraussetzungen, wie insbesondere Gesundheitsversorgung, Verkehrsnetz und Bildungseinrichtungen zu gewährleisten. Diese damit verbundenen Möglichkeiten sind grundsätzlich jedem unabhängig von seiner individuellen finanziellen Leistungsfähigkeit zur Verfügung zu stellen (Grundsatz der Chancengleichheit). Soziale Gerechtigkeit wird darüber hinaus im Rahmen der Durchsetzung sozialer Bindungen in der Privatrechtsordnung (Mietrecht oder Arbeitsrecht) sowie durch die Gewährleistung von Gleichbehandlung im Prozess- sowie im Straf- und Strafvollzugsrecht gewährleistet[366].

---

364 BVerfGE 59, 231 (262 f.) – *freie Rundfunkmitarbeit*.
365 BVerfGE 22, 180 (204) – *Jugendhilfe, Subsidiarität*.
366 Vgl. zum Ganzen *Zippelius/Würtenberger*, Deutsches Staatsrecht, S. 134 ff.

Der *Grundsatz der sozialen Sicherheit* fordert die Schaffung von Einrichtungen, die **345** im Fall des Fehlens eigener Reserven in individuellen Krisenzeiten, wie etwa der Arbeitslosigkeit, Krankheit oder Pflegebedürftigkeit die notwendige Daseinshilfe zu gewähren[367]. Aus der nach Art. 1 Abs. 1 GG garantierten Menschenwürde folgt die Verpflichtung des Staates, jedem Bürger ein menschliches Existenzminimum zu gewährleisten[368]. Auch dabei ist der Gesetzgeber in den Mitteln zur Umsetzung dieses verfassungsrechtlichen Auftrags grundsätzlich frei.

II. Sozialstaatliche Leistungsansprüche

Das Sozialstaatsprinzip für sich begründet keine Ansprüche des Bürgers gegen den **346** Staat. Solche können sich jedoch – auch ohne ausdrückliche einfachgesetzliche Normierung – aus dem Zusammenwirken mit anderen Verfassungsnormen ergeben. Insbesondere können sich die Grundrechte des Grundgesetzes in Verbindung mit dem Sozialstaatsprinzip im Einzelfall als Leistungsrechte darstellen[369].

Grundrechte sind grundsätzlich Abwehrrechte des Bürgers gegen den Staat. In Aus- **347** nahmefällen, wenn private Freiheitsentfaltung nur durch aktives Handeln des Staates ermöglicht werden kann, können sie jedoch eine Leistungsdimension entfalten. Aufgrund der notwendigerweise beschränkten Leistungsfähigkeit des Staates und des Erfordernisses, zur Mittelbeschaffung Dritte über Steuern zu belasten, ist bei der Annahme von (originären) Leistungspflichten jedoch Zurückhaltung geboten. Auch ist ein weiter gesetzgeberischer Einschätzungsspielraum zu gewährleisten. Weniger problematisch ist die Begründung derivativer (abgeleiteter) Leistungspflichten. Entscheidet sich der Staat dafür, bestimmte Leistungen anzubieten, ist er aufgrund des Sozialstaatsprinzips i. V. m. dem allgemeinen Gleichheitssatz (Art. 3 Abs. 1 GG) dazu verpflichtet, die Leistungsempfänger im Rahmen der Kapazitäten auch am Maßstab der sozialen Gerechtigkeit auszuwählen. Diejenigen, denen die Leistung danach zustehen würde, können aus diesen Grundsätzen einen positiven Leistungsanspruch ableiten.

Bekanntestes Beispiel für die Gewährung eines solchen Anspruch auf Zugang zu **348** staatlichen Leistungen ist die *Numerus-Clausus*-Entscheidung: Das BVerfG leitete aus der Berufsfreiheit (Art. 12 Abs. 1 GG) i. V. m. dem allgemeinen Gleichheitssatz (Art. 3 Abs. 1 GG) und dem Sozialstaatsprinzip einen Anspruch auf gleichberechtigten Zugang zu staatlichen Ausbildungseinrichtungen, wie den Hochschulen, her. Einschränkungen sind nur zulässig, wenn sie unbedingt erforderlich sind, verfügbare Kapazitäten ausgeschöpft werden und die Auswahl und Verteilung der Bewerber nach sachgerechten Kriterien erfolgt[370]. Weitere Beispiele sind die Herleitung einer Förderungspflicht für Privatschulen aus Art. 7 Abs. 4 GG i. V. m. dem Sozialstaatsprinzip[371] und eines Anspruchs auf Gewährleistung einer Witwenrente auch im Fall „hinkender" (d. h. nach ausländischem, nicht aber nach deutschem Recht wirksamer) Ehen gem. Art. 6 Abs. 1 GG i. V. m. dem Sozialstaatsprinzip[372].

---

367 Vgl. *Stern*, Staatsrecht I, S. 911 f.
368 BVerfGE 125, 175 – *Hartz IV-Regelsätze.*
369 BVerfGE 33, 303 – *Numerus Clausus*; BVerfGE 125, 175 – *Hartz IV-Regelsätze.*
370 BVerfGE 33, 303 (331 f.) – *Numerus Clausus.*
371 BVerfGE 75, 40 (65) – *Privatschulen.*
372 BVerfGE 62, 323 (332) – *Witwenrenten.*

III.   Gewährleistung eines menschenwürdigen Existenzminimums

349   Eine besondere Funktion kommt dem Sozialstaatsprinzip als Ergänzung der Menschenwürdegarantie aus Art. 1 Abs. 1 GG zu. Nach der Rechtsprechung des BVerfG gewährt Art. 1 Abs. 1 GG i. V. m. dem Sozialstaatsprinzip ein Grundrecht auf Gewährleistung eines menschenwürdigen Existenzminimums[373]. In seiner Entscheidung zu den Hartz IV-Regelsätzen stellte das BVerfG dabei ausdrücklich klar, dass sich die Verpflichtung des Staates zur Gewährleistung eines Existenzminimums, also der zur Aufrechterhaltung eines menschenwürdigen Daseins unbedingt erforderlichen Mittel, inhaltlich aus dem Sozialstaatsprinzip ergibt und Art. 1 Abs. 1 GG den individuellen Anspruch begründet, der sich aus der verfassungsrechtlichen Grundentscheidung allein nicht ableiten ließe[374].

350   Grundgedanke der Verortung innerhalb der Menschenwürdegarantie ist, dass der vom Grundgesetz als oberster Verfassungswert postulierten menschlichen Autonomie allein durch den Schutz vor staatlicher Erniedrigung nicht Genüge getan wird. Ein autonomes, d. h. selbstständiges und selbstbestimmtes Leben zu führen und am gesellschaftlichen Prozess partizipieren zu können, setzt die Erfüllung materieller Grundbedürfnisse voraus. Die Verpflichtung des Staates, die Menschenwürde „zu schützen" (Art. 1 Abs. 1 Satz 2 GG) verlangt eine Sicherung dieser Grundvoraussetzungen, welche der Einzelne gegenüber dem Staat zu effektuieren in der Lage sein muss.

„Der verfassungsrechtlich garantierte Leistungsanspruch auf Gewährleistung eines menschenwürdigen Existenzminimums erstreckt sich auf die unbedingt erforderlichen Mittel als einheitliche Gewährleistung zur Sicherung sowohl der physischen Existenz als auch zur Sicherung eines Mindestmaßes an Teilhabe am gesellschaftlichen, kulturellen und politischen Leben [...]. Die Verankerung des Gewährleistungsrechts im Grundrecht des Art. 1 Abs. 1 GG bedeutet, dass Gesetzgebung, vollziehende Gewalt und Rechtsprechung (Art. 1 Abs. 3 GG) den Menschen nicht auf das schiere physische Überleben reduzieren dürfen, sondern mit der Würde mehr als die bloße Existenz und damit auch die soziale Teilhabe als Mitglied der Gesellschaft gewährleistet wird. Es widerspräche dem nicht relativierbaren Gebot der Unantastbarkeit, wenn nur ein Minimum unterhalb dessen gesichert würde, was der Gesetzgeber bereits als Minimum normiert hat; insbesondere lässt sich die Gewährleistung aus Art. 1 Abs. 1 in Verbindung mit Art. 20 Abs. 1 GG nicht in einen ‚Kernbereich' der physischen und einen ‚Randbereich' der sozialen Existenz aufspalten. Der Gesetzgeber kann auch weder für einen internen Ausgleich noch zur Rechtfertigung einer Leistungsminderung auf die Summen verweisen, die in der pauschalen Berechnung der Grundsicherungsleistungen für die soziokulturellen Bedarfe veranschlagt werden, denn die physische und soziokulturelle Existenz werden durch Art. 1 Abs. 1 in Verbindung mit Art. 20 Abs. 1 GG einheitlich geschützt"[375].

351   Die genaue Ausgestaltung der Gewährleistung des Existenzminimums lässt sich nicht unmittelbar aus der Verfassung ableiten; vielmehr verbleibt hier dem Gesetzgeber ein weiter Einschätzungsspielraum, in dessen Rahmen er auch die jeweilige gesellschaftliche Realität berücksichtigen muss[376]. Da die verfassungsrechtliche

---

373   BVerfGE 45, 187 (228) – *lebenslanger Strafvollzug;* BVerfGE 82, 60 – *Kindergeld;* BVerfGE 82, 198 – *Kinderfreibetrag.*
374   BVerfGE 125, 175 (222 f.) – *Hartz IV-Regelsätze.*
375   BVerfGE 152, 68 (113) – *Sanktionen im Sozialrecht.*
376   BVerfGE 125, 175 (224) – *Hartz IV-Regelsätze.*

Ausgestaltung des Anspruchs selbst auch keine Quantifizierung zulässt, muss sich die verfassungsgerichtliche Kontrolle darauf beschränken, ob der vom Gesetzgeber gewählten Berechnungsmethode ein transparentes und sachgerechtes Verfahren zugrunde liegt[377]. Auch verlangt die verfassungsrechtliche Fundierung nicht, dass der Anspruch in vollem Umfang bedingungslos besteht: Staatliche Grundsicherungsleistungen haben auch die Funktion, Bedürftigkeit zu überwinden und Betroffene „wieder in Arbeit zu bringen"[378]. Innerhalb gewisser Grenzen ist deshalb die Entscheidung des Gesetzgebers zulässig, Mitwirkungspflichten der Leistungsempfänger vorzusehen und diese mit Sanktionen durchzusetzen[379].

Die sozialstaatliche Verpflichtung zur Gewährleistung eines Existenzminimums **352** entfaltet aber nicht nur diese Leistungsdimension. Bürgern, die sich ihre Lebensgrundlagen durch eigene Einkünfte verschaffen, darf der Staat die unter ein Existenzminimum fallenden Güter und Beträge auch nicht entziehen. Dies führt im Steuerrecht dazu, dass das sog. „ertragsteuerliche Existenzminimum" nicht steuerlich belastet werden darf. Zur dogmatischen Verortung des Existenzminimums wird hier auf die Freiheitsrechte aus Art. 2 Abs. 1, Art. 12 und Art. 14 GG abgestellt (Schutz vor der erdrosselnden Wirkung einer Steuer)[380].

IV. Auslegungsprinzip

Als verfassungsrechtliche Wertentscheidung ist das Sozialstaatsprinzip von Verwal- **353** tung und Rechtsprechung bei der Auslegung und Anwendung des einfachen Rechts, insbesondere bei der Ausübung von Ermessen, zu berücksichtigen. Dies gilt insbesondere mit Blick auf die einfachgesetzlichen Ausgestaltungen des Sozialstaatsprinzips, die in seinem Lichte ausgelegt und angewendet werden müssen.

Das Sozialstaatsprinzip ist aber als objektiv-rechtliche Wertentscheidung grund- **354** sätzlich in der Lage, die gesamte innerstaatliche Rechtsordnung zu durchdringen und in der Auslegung von sämtlichen Rechtssätzen wie auch den Grundrechten eine Rolle zu spielen[381]. Auslegungsgrenzen kann es dabei freilich nicht überwinden, auch darf die Berufung auf ein verfassungsrechtliches Prinzip nicht dazu führen, gesetzgeberische Wertentscheidungen, etwa im Rahmen von Typisierungen, zu revidieren.
Besondere Bedeutung kommt dem Sozialstaatsprinzip als Auslegungsprinzip im Zusammenhang mit der Drittwirkung von Grundrechten zu. Bei der Auslegung von zivilrechtlichen Generalklauseln gebietet das Sozialstaatsprinzip i. V. m. Art. 2 Abs. 1 GG die Rücksichtnahme auf soziale Machtgefälle[382].

Rechtsprechung: BVerfGE 1, 97 – *Hinterbliebenenrente*; BVerfGE 5, 85 – *KPD*; BVerfGE 8, 274 – *Preisbildungs- und -überwachungsgesetz*; BVerfGE 9, 124 – *Armenrecht*; BVerfGE 18, 257 – *Sozialversicherung*; BVerfGE 22, 180 – *Bundessozialhilfegesetz*; BVerfGE 27, 253 – *Kriegsschäden*; BVerfGE 33, 303 – *Numerus Clausus*; BVerfGE 36, 73 – *Knappschaftsruhegeld*; BVerfGE 39, 32 – *AOK*; BVerfGE 40, 121 – *Waisenrechte*; BVerfGE 41, 126 – *Kriegsfolgelasten*; BVerfGE 42, 143 – *Prüfungsmaßstab bei zivilgerichtlichen Entscheidungen*; BVerfGE 45, 187 – *lebenslanger Strafvollzug*; BVerfGE 52, 283; BVerfGE 59, 231 – *freie Rundfunkmitarbeit*; BVerfGE 62, 323 –

---

377 BVerfGE 125, 175 (226) – *Hartz IV-Regelsätze*.
378 BVerfGE 152, 68 (126) – *Sanktionen im Sozialrecht*.
379 BVerfGE 152, 68 (126 f.) – *Sanktionen im Sozialrecht*.
380 BVerfGE 87, 153 (169) – *steuerliches Existenzminimum*.
381 Vgl. BVerfGE 59, 231 (262 f.) – *freie Rundfunkmitarbeit*.
382 BVerfGE 89, 214 (232) – *Bürgenbeschluss*; 81, 242 (255) – *Werbeverbot für Handelsvertreter*.

Witwenrenten; BVerfGE 65, 182 – *Sozialplan*; BVerfGE 68, 193 – *Gesetzliche Krankenversiche-rung*; BVerfGE 70, 278 – *Lohnsteuerjahresausgleich*; BVerfGE 75, 40 – *Privatschulen*; BVerfGE 81, 242 – *Werbeverbot für Handelsvertreter*; BVerfGE 82, 60 – *Kindergeld*; BVerfGE 82, 198 – *Kinderfreibetrag*; BVerfGE 84, 90 – *SBZ-Enteignungen*; BVerfGE 87, 1 – *Kindererziehungszeiten in der Altersvorsorge*; BVerfGE 87, 153 – *steuerliches Existenzminimum*; BVerfGE 89, 214 – *Bür-genbeschluss*; BVerfGE 100, 271 – *Lohnabstandsklauseln*; BVerfGE 102, 254 – *Wiedergutmachung*; BVerfGE 125, 175 – *Hartz IV-Regelsätze*; BVerfGE 152, 68 – *Sanktionen im Sozialrecht*; BVerfGE 157, 30 – *Klimaschutz*; BVerwGE 1, 159 – *Fürsorge*.

Literatur:

Zur Ergänzung:
Voßkuhle, A./Wischmeyer, Th., Grundwissen – Öffentliches Recht: Das Sozialstaatsprinzip, JuS 2015, 693 ff.

Zur Vertiefung:
Aktuelle Diskussionen
Baer, S., Das Soziale und die Grundrechte, NZS 2014, 1 ff.; *Eichenhofer, E.*, Der deutsche Sozi-alstaat und Europa, ZESAR 2012, 455 ff.; *ders.*, Soziale Rechte im deutschen Rechtsdenken, SuP 2014, 226 ff.; *ders.*, Sozialer Rechtsstaat – Staat sozialer Rechte, DVBl 2016, 78 ff.; *Greiser, J./Šušnjar, D.*, Das Grundrecht auf Gewährleistung eines menschenwürdigen Existenzmini-mums, ZFSH/SGB 2018, 256 ff.; *dies.*, Teilweise Verfassungswidrigkeit von Leistungsminde-rungen im SGB II, NJW 2019, 3683 ff.; *Hebeler, T.*, Nachhaltigkeit der Sozialsysteme unter verfassungsrechtlichen Gesichtspunkten, NZS 2018, 848 ff.; *Kirchhof, F.*, Die Entwicklung des Sozialverfassungsrechts, NZS 2015, 1 ff.; *Mückenberger, U.*, Eine europäische Sozialverfassung?, EuR 2014, 369 ff.; *Prümm, H. P.*, Historische Pfade zum Sozialstaat, VR 2014, 153 ff.; *Ruland, F.*, Demografie und Sozialstaat, NZS 2018, 793 ff.

Grundlegende Texte
Bachof, O./Forsthoff, E., Begriff und Wesen des sozialen Rechtsstaats, VVDStRL 12 (1954), 8 ff.; 37 ff.; *Benda, E.*, Der soziale Rechtsstaat, HVerfR, 2. Aufl. 1994, § 17; *Heinig, H. M.*, Der Sozi-alstaat im Dienst der Freiheit, 2008; *Wallrabenstein, A.*, Sozialstaat, VerfassungsR-HdB, 2021, § 7; *Zacher, H.-F.*, Das soziale Staatsziel, HStR I, 1. Aufl. 1987, § 25; *ders.*, Was können wir über das Sozialstaatsprinzip wissen?, Jura 1998, 873 ff.

§ 21 Staatszielbestimmungen

I. Allgemein

355 Staatsziele sind „Verfassungsnormen mit rechtlicher Bindung, die der Staatstätig-keit die fortdauernde Beachtung oder Erfüllung bestimmter Aufgaben – sachlich umschriebener Ziele – vorschreiben"[383]. Die „rechtliche Bindung" der Staatsziel-bestimmungen gilt gegenüber der gesamten staatlichen Gewalt (Art. 20 Abs. 3 GG), in erster Linie ist jedoch die Legislative gefordert, die Staatsziele im Rahmen der Gesetzgebung umzusetzen. Verwaltung und Rechtsprechung müssen sie im Rahmen der Rechtsanwendung als Auslegungsmaxime und Vorgabe für die Er-messensausübung beachten.

356 Die Bindung des Gesetzgebers an die Staatsziele erfasst die generelle Pflicht zur Verwirklichung des Ziels, jedoch nicht die Wahl der Mittel und die konkrete

---

383 Definition der Sachverständigenkommission „Staatszielbestimmungen/Gesetzgebungsauftrag", vgl. *Maurer*, Staatsrecht I, § 6 Rn. 9 m. w. N.

Ausgestaltung des Inhalts eines Staatszieles[384]. Bei der Verwirklichung hat der Gesetzgeber einen besonders weiten Regelungs- und Gestaltungsspielraum[385], der nur eingeschränkt gerichtlich überprüfbar ist. Dem entspricht, dass der einzelne Bürger keine unmittelbaren Ansprüche aus den Staatszielbestimmungen herleiten kann. Die Entscheidung über Art und Inhalt von Ansprüchen soll gerade im Ermessen des Gesetzgebers liegen.

Die Benennung als Staatsziel hebt einen Regelungsgegenstand oder eine Sachmaterie in den Rang eines Verfassungsguts. Diese verfassungsrechtliche Vorgabe beschränkt einerseits den Spielraum des Gesetzgebers bei der Auswahl von ihm verfolgter Zwecke. Andererseits ermöglicht oder erleichtert sie ihm die Begründung von Grundrechtseinschränkungen. Als verfassungsrechtlichen Rechtspositionen kommt den Schutzgütern der Staatszielbestimmungen ein besonderes Gewicht im Rahmen der Abwägung zu; als kollidierendes Verfassungsrecht ermöglichen sie auch Eingriffe in dem Wortlaut nach schrankenlos gewährleistete Grundrechte. **357**

> **Beispiel:**
> Die Baubehörde kann einem Künstler die Errichtung eines überdimensionalen Kunstwerks auf seinem Grundstück wegen der Berührung öffentlicher Belange gem. § 35 BauGB untersagen. Das Staatsziel Umweltschutz legitimiert den auf dem BauGB beruhenden Eingriff in die (vorbehaltlos gewährte) Kunstfreiheit durch Untersagungsverfügung[386].

Im Verhältnis zu anderen verfassungsrechtlichen Vorgaben kann man keine generelle Rangfolge aufstellen. Grundsätzlich gilt das *Gebot der Einheit der Verfassung*. Die verschiedenen Rechtssätze der Verfassung sind miteinander in Einklang zu bringen und Spannungen zwischen einzelnen Verfassungsgütern sind auszugleichen[387]. Insbesondere bei Kollisionen zwischen Grundrechten und Staatszielbestimmungen ist nach dem Grundsatz der praktischen Konkordanz allen betroffenen Rechtsgütern zur größtmöglichen Entfaltung zu verhelfen. Ferner ist zu beachten, dass die Verfolgung verfassungsrechtlich festgelegter Staatsziele nicht von der Einhaltung der sonstigen formellen und materiellen Vorgaben hinsichtlich der Verfassungsmäßigkeit von Gesetzen dispensiert. **358**

Der entscheidende verfassungsrechtliche Unterschied zwischen Strukturprinzipien und Staatszielen findet sich in Art. 79 Abs. 3 GG, der nur die Grundsätze der Strukturprinzipien dem verfassungsändernden Gesetzgeber vorenthält, nicht aber die Staatszielbestimmungen. **359**

II. Natürliche Lebensgrundlagen (Art. 20a GG)

Natürliche Lebensgrundlagen sind zunächst die elementaren Umweltgüter Wasser, Luft, Boden, Pflanzen- und Tierwelt, das Klima und die Natur als solche. Darüber hinaus gehört dazu die Landschaft in ihrer kulturellen Ausgestaltung durch den Menschen[388]. „Schutz" bedeutet das Unterlassen schädigender staatlicher Eingriffe und die Abwehr von Gefahren für die Umwelt oder Beeinträchtigungen durch Eingriffe und Belastungen Dritter, wobei insbesondere auch die Interessen zukünf- **360**

---

384 Vgl. *Maurer*, Staatsrecht I, § 6 Rn. 12.
385 BVerfGE 102, 254 (298) m. w. N. – *Wiedergutmachung*.
386 Vgl. BVerwG, DVBl. 1995, 1008 – *Monumentalplastik*.
387 Vgl. zur Einheit der Verfassung, *Stern*, Staatsrecht I, S. 131 f. m. w. N.
388 Vgl. *Degenhart*, Staatsrecht I, Rn. 610.

tiger Generationen zu berücksichtigen sind[389]. Umfasst ist auch die Schonung und der sparsame Umgang mit natürlichen Ressourcen[390]. Der Einzelne hat allerdings *keinen unmittelbaren Anspruch* gegen den Staat auf die Umwelt schützendes Handeln.

360a In seinem viel beachteten Klimaschutzbeschluss hat das Bundesverfassungsgericht die Anforderungen des Art. 20a GG mit Blick auf die Zulässigkeit von CO_2-Emissionen konkretisiert und der Vorschrift zugleich – unter dem Gesichtspunkt „intertemporaler Freiheitssicherung" – eine erhebliche individualschützende Dimension zugemessen[391].

„Die Möglichkeiten, von grundrechtlich geschützter Freiheit in einer Weise Gebrauch zu machen, die direkt oder indirekt mit CO2-Emissionen verbunden ist, stoßen an verfassungsrechtliche Grenzen, weil CO2-Emissionen nach derzeitigem Stand im Wesentlichen unumkehrbar zur Erwärmung der Erde beitragen, der Gesetzgeber einen ad infinitum fortschreitenden Klimawandel aber von Verfassungs wegen nicht tatenlos hinnehmen darf. Verfassungsrechtlich maßgeblich ist insoweit das Klimaschutzgebot des Art. 20a GG [...], das vom Gesetzgeber durch das Ziel konkretisiert ist, die Erwärmung der Erde auf deutlich unter 2 °C und möglichst auf 1,5 °C gegenüber dem vorindustriellen Niveau zu begrenzen [...]. Geht das dieser Temperaturschwelle entsprechende CO2-Budget zur Neige, dürfen Verhaltensweisen, die direkt oder indirekt mit CO2-Emissionen verbunden sind, nur noch zugelassen werden, soweit sich die entsprechenden Grundrechte in der Abwägung mit dem Klimaschutz durchsetzen können. Dabei nimmt das relative Gewicht der Freiheitsbetätigung bei fortschreitendem Klimawandel aufgrund der immer intensiveren Umweltbelastungen immer weiter ab."[392]

Um einen solchen, künftigen Verlust von Freiheitsrechten zu verhindern, muss der Staat bereits heute ausreichende Klimaschutzmaßnahmen ergreifen.

360b Zum Klimaschutz führt das Bundesverfassungsgericht im Einzelnen aus:

„Zentrale Leitgröße für den klimatischen Zustand des Erdsystems insgesamt ist die mittlere Temperatur der Erde. Entsprechend zielt das Klimaschutzgebot im Kern auf die Einhaltung einer Temperaturschwelle, bei der die durch Menschen verursachte Erwärmung der Erde angehalten werden soll. Die gegenwärtig zu beobachtende Erderwärmung resultiert aus anthropogenen Treibhausgasemissionen, die in die Erdatmosphäre gelangen. Um die Erderwärmung bei der verfassungsrechtlich maßgeblichen Temperaturschwelle [...] anzuhalten, muss eine weitere Anreicherung der Treibhausgaskonzentration in der Erdatmosphäre über diese Schwelle hinaus verhindert werden. Denn die Treibhausgaskonzentration und der daraus über die Erderwärmung resultierende Klimawandel sind nach derzeitigem Stand weitgehend unumkehrbar. [...] Sind die verfassungsrechtlichen Grenzen der weiteren Erderwärmung erreicht, verpflichtet das verfassungsrechtliche Klimaschutzgebot dazu, Treibhausgasemissionen auf ein für die Treibhausgaskonzentration in der Erdatmosphäre neutrales Maß zu begrenzen [...] Insofern zielt Art. 20a GG auch auf die Herstellung von Klimaneutralität."[393]

360c Weil Klimaschutz nur auf globaler Ebene effizient verwirklicht werden kann, hat das verfassungsrechtliche Klimaschutzgebot „auch eine ‚internationale Dimen-

---

389 BVerfGE 128, 1 (37) – *Gentechnikgesetz.*
390 *Degenhart,* Staatsrecht I, Rn. 611.
391 Vgl. auch *Stark,* KritV 2021, 237 ff. (267).
392 BVerfGE 157, 30 (131 f.) – *Klimaschutz.*
393 BVerfGE 157, 30 (138 f.) – *Klimaschutz.*

sion'"[394]. Die Bundesrepublik ist zur internationalen Kooperation – wie derzeit durch das Pariser Abkommen – verpflichtet und kann sich keinesfalls darauf berufen, allein den Klimaschutz nicht gewährleisten zu können:

„Aus der spezifischen Angewiesenheit auf die internationale Staatengemeinschaft folgt vielmehr umgekehrt die verfassungsrechtliche Notwendigkeit, eigene, möglichst international vereinbarte Maßnahmen zum Klimaschutz tatsächlich zu ergreifen. Gerade weil der Staat das ihm in Art. 20a GG auferlegte Klimaschutzgebot nur in internationalem Zusammenwirken erfolgreich umsetzen kann, darf er für andere Staaten keine Anreize setzen, dieses Zusammenwirken zu unterlaufen. Er soll durch sein eigenes Handeln auch internationales Vertrauen stärken, dass Klimaschutz, insbesondere eine Umsetzung vertraglich vereinbarter Klimaschutzziele, auch mit Blick auf grundrechtliche Freiheiten zu lebenswerten Bedingungen gelingen kann."[395]

III.   Tierschutz (Art. 20a GG)

Dem Art. 20a GG wurde im Jahre 2002 durch die Einfügung *„und die Tiere"* der Tierschutz als Staatsziel hinzugefügt[396]. Der Staat soll danach für ein ethisches Mindestmaß bei der Behandlung von Tieren sorgen. Dieses Mindestmaß soll aber keine rechtliche Gleichstellung der Tiere mit den Menschen in Form einer eigenen Rechtsposition begründen[397]. Die einfachrechtliche Umsetzung des Staatszieles Tierschutz stellt das Tierschutzgesetz (TierSchG) dar. Dabei ist zu beachten, dass ein Verstoß gegen die dort aufgestellten Verfahrens- und Kompetenzvorschriften durch die Exekutive (insbesondere beim Erlass von Rechtsverordnungen) zugleich auch eine Verletzung von Art. 20a GG darstellen kann[398]. **361**

Zu Konflikten zwischen Umwelt- und Tierschutz und anderen verfassungsrechtlich geschützten Rechtsgütern kann es insbesondere im Bereich der Forschungs- (Art. 5 Abs. 3 Satz 1 GG) und der Berufsfreiheit (Art. 12 Abs. 1 GG) kommen. Besondere Konfliktlagen ergeben sich hier im Bereich der Gentechnik[399], der Massentierhaltung[400] und des religiös begründeten (Art. 12 Abs. 1, Art. 4 Abs. 1 GG) Schächtens[401]. **362**

IV.   Europäische Integration (Art. 23 Abs. 1 Satz 1 GG)

Bereits die Präambel des Grundgesetzes weist auf die Stellung des deutschen Volkes als gleichberechtigtes Glied in einem vereinten Europa hin. Die Geschichte der Bundesrepublik und ihrer staatlichen Ordnung war von Beginn an mit dem immer intensiveren europäischen Einigungsprozess eng verbunden. Dieser entwickelte sich von der supranationalen Kontrolle der kriegswichtigen Montanindustrie durch die EGKS bis hin zur Gründung der Europäischen Union und der Ein- **363**

---

394 BVerfGE 157, 30 (140) – *Klimaschutz;* vgl. auch *Eifert,* Jura 2021, 1085 ff. (1087).
395 BVerfGE 157, 30 (142) – *Klimaschutz.*
396 BGBl. I 2002, S. 2862; ausführlich *Morlok/Michael,* Staatsorganisationsrecht, § 9 Rn. 578 ff.
397 Vgl. *Murswiek,* in: Sachs, GG, Art. 20a Rn. 31b.
398 BVerfGE 127, 293 (328) – *Legehennenhaltung II.*
399 Vgl. BVerfGE 128, 1 – *Gentechnikgesetz.*
400 Vgl. BVerfGE 127, 293 – *Legehennenhaltung II.*
401 Die bisher maßgebliche Entscheidung des BVerfG zur Schächtproblematik erging vor Inkrafttreten von Art. 20a GG, vgl. BVerfGE 104, 337 – *Schächturteil.*

führung des Euro als gemeinsamer Währung unter Aufgabe der nationalen Währungshoheit in derzeit 19 Staaten.

364 Art. 23 Abs. 1 Satz 1 GG enthält das Staatsziel der Verwirklichung eines geeinten Europas. Er legt die europäische Einigung und die Mitwirkung der Bundesrepublik im institutionellen Rahmen der EU als verbindlichen politischen Handlungsauftrag fest. Allerdings wird keine Aussage über das Ziel des europäischen Einigungsprozesses, etwa ein Aufgehen Deutschlands in einem europäischen Bundesstaat, getroffen. Wie bei allen Staatszielen besteht ein weiter politischer Gestaltungsspielraum. Eine integrationsfeindliche Politik untersagt Art. 23 GG jedoch. Die verfassungsrechtliche Zulässigkeit eines Ausscheidens der Bundesrepublik Deutschland aus der EU, das nach Art. 50 EUV möglich wäre, ist im Hinblick auf Art. 23 GG umstritten[402].

365 Art. 23 Abs. 1 Satz 2 GG erklärt als *lex specialis* zu Art. 24 Abs. 1 GG die Übertragung von Hoheitsrechten auf die Europäische Union ausdrücklich für zulässig. Die Gründung der EU und die Änderung ihrer vertraglichen Grundlagen werden innerstaatlich den formellen und materiellen Voraussetzungen einer Grundgesetzänderung gem. Art. 79 Abs. 2, 3 GG gleichgestellt (vgl. Art. 23 Abs. 1 Satz 3 GG). Gleiches gilt für vergleichbare Regelungen, die eine entsprechende Auswirkung auf das Grundgesetz haben oder ermöglichen (ebenfalls Art. 23 Abs. 1 Satz 3 GG). Die weiteren Bestimmungen des Art. 23 GG stellen für die Verwirklichung des Staatszieles zusätzliche materielle und formelle Vorgaben auf, die von der deutschen Staatsgewalt zu beachten sind.

366 Das Staatsziel Europäische Einigung wird besonders dadurch präzisiert, dass materielle Vorgaben für die Struktur der EU festgelegt werden, die ständige Bedingung für eine Mitwirkung der Bundesrepublik Deutschland an der europäischen Integration sind (Art. 23 Abs. 1 Satz 1 Halbsatz 2 GG). Diese nehmen vor allem Bezug auf die Strukturprinzipien des Art. 20 GG. Die EU *muss* rechtsstaatlichen (Rechtsstaatsprinzip), sozialen (Sozialstaatsprinzip), demokratischen (Demokratieprinzip) und föderativen (Bundesstaatsprinzip) Grundsätzen *verpflichtet* sein. Hinzu kommt der Grundsatz der Subsidiarität sowie ein dem Grundgesetz im Wesentlichen vergleichbarer Grundrechtsschutz. Insoweit ist der politische Gestaltungsspielraum eingeschränkt.

367 Die Absätze 2–7 des Art. 23 GG enthalten spezielle Verfahrensregeln und Mitwirkungsabläufe, die zusätzlich die im Grundgesetz vorgesehenen allgemeinen Organkompetenzen und Verfahren modifizieren. Dadurch soll einerseits die Verbandskompetenz des Bundes für die auswärtigen Angelegenheiten (Art. 32 Abs. 1 GG) zugunsten der Länder durch besondere Beteiligungsrechte des Bundesrates, andererseits die Organkompetenz der Bundesregierung für die Außenpolitik durch Einflussmöglichkeiten von Bundestag und Bundesrat abgemildert werden. Dies trägt der Tatsache Rechnung, dass aufgrund der Übertragung von Hoheitsrechten innerhalb der EU wesentlich weiter reichende Maßnahmen getroffen werden können als dies in außenpolitischen Beziehungen sonst der Fall ist. Die verfassungsrechtlichen Vorgaben sind durch einfachgesetzliche Regelungen konkretisiert worden:

---

402 Vgl. *Jarass*, in: Jarass/Pieroth, GG, Art. 23 Rn. 3, 10, 12 m. w. N.; *Wollenschläger*, in: Dreier, GG, Art. 23 Rn. 36 ff. m. w. N.

– Gesetz über die Zusammenarbeit von Bundesregierung und Deutschem Bundestag in Angelegenheiten der Europäischen Union vom 12. März 1993, zuletzt geändert am 13.9.2012 (EUZBBG)[403];

– Gesetz über die Zusammenarbeit von Bund und Ländern in Angelegenheiten der Europäischen Union vom 12. März 1993, zuletzt geändert am 22.9.2009 (EUZBLG)[404]. Dessen § 9 Satz 2 sieht ergänzende Vereinbarungen zwischen Bund und Ländern vor.

V.   Gesamtwirtschaftliches Gleichgewicht (Art. 109 Abs. 2 GG)

Nach Art. 109 Abs. 2 GG haben Bund und Länder im Rahmen ihrer Haushalts **368** wirtschaft dem Staatsziel des gesamtwirtschaftlichen Gleichgewichts Rechnung zu tragen[405]. Die öffentliche Hand soll eine gesunde Entwicklung der Staatsfinanzen anstreben und den tatsächlichen Einfluss ihrer Finanzmittel – der bei zu hoher Kreditaufnahme gefährdet wäre – sichern. Der unbestimmte Verfassungsbegriff des gesamtwirtschaftlichen Gleichgewichts bedarf der einfachgesetzlichen Konkretisierung und bleibt dabei offen für zukünftige wirtschaftswissenschaftliche Erkenntnisse. Zu berücksichtigen sind nach der einfachgesetzlichen Konkretisierung in § 1 StabG[406] die Preisstabilität, ein hohes Beschäftigungsniveau, außenwirtschaftliches Gleichgewicht sowie ein stetiges und angemessenes Wirtschaftswachstum[407] (sog. magisches Viereck). Überlagert wird das Staatsziel des gesamtwirtschaftlichen Gleichgewichts, wie die gesamte staatliche Haushalts- und Finanzpolitik, durch europarechtliche Vorgaben. Besondere Bedeutung besitzt Art. 126 AEUV, der auch eine der maßgeblichen Rechtsgrundlagen des europäischen Wachstums- und Stabilitätspaktes ist. Europarechtliche Vorgaben bestehen danach vor allem für die Höhe der staatlichen Verschuldung, d. h. in erster Linie die Fähigkeit der öffentlichen Hand, durch Ausweitung der Staatsausgaben die Konjunktur zu stimulieren.

Dem Bund wird hinsichtlich der Verwirklichung des Staatsziels gem. Art. 109 **369** Abs. 4 GG eine Kompetenz zur Grundsatzgesetzgebung eingeräumt[408]. Eine wichtige Rolle spielt Art. 109 Abs. 2 GG im Kontext staatlicher Kreditaufnahme: Diese ist nach Maßgabe des Art. 109 Abs. 3 GG begrenzt, darf aber konjunkturellen Gegebenheiten Rechnung tragen.

VI.   Tatsächliche Durchsetzung der Gleichberechtigung der Geschlechter (Art. 3 Abs. 2 Satz 2 GG)

Der Grundrechtskatalog des Grundgesetzes enthält in Art. 3 Abs. 2 Satz 2 das **370** Staatsziel der tatsächlichen Durchsetzung der Gleichberechtigung von Frauen und Männern. Dieses soll über das in Art. 3 Abs. 3 GG geregelte besondere Verbot einer geschlechtsbezogenen Diskriminierung hinausgehen und sich – als besonderes Gleichberechtigungsgebot – „auch auf die gesellschaftliche Wirklichkeit erstre-

---

403 BGBl. I, S. 311.
404 BGBl. I, S. 313.
405 Vgl. zur Entwicklung der Finanzverfassung z. B. *Stern*, Staatsrecht I, S. 1064 ff.
406 BGBl. I 1967, S. 582 (Gesetz zur Förderung von Stabilität und Wachstum der Wirtschaft).
407 Vgl. BVerfGE 79, 311 (338 f.) – *Kreditobergrenze*.
408 S. dazu oben Rn. 285.

cken"[409]. Sprachlich ist an der Formulierung von Art. 3 Abs. 2 Satz 1 u. 2 GG zweierlei problematisch: Versteht man den Begriff der Gleichberechtigung streng, kann er sich von vornherein nur an den Staat richten, da nur dieser Rechte vermitteln kann. Geht es aber um „die gesellschaftliche Wirklichkeit" – der Begriff Gleichbehandlung wäre dann treffender –, ist die Etablierung einer „Förderungspflicht" ungewöhnlich: Gegenüber Privaten „fördert" der Staat üblicherweise nicht, er setzt seine Ziele durch.

371 Geht man über diese sprachlichen Schwierigkeiten hinweg, kann man Art. 3 Abs. 2 GG also als besondere Verpflichtung des Staates verstehen, die tatsächliche gesellschaftliche Gleichbehandlung von Frauen und Männern anzustreben. Eine Maßnahme, die der Verwirklichung der tatsächlichen und dauerhaften Gleichbehandlung i. S. d. Art. 3 Abs. 2 GG dient, kann dann auch vorübergehende Ungleichbehandlungen von Männern und Frauen ausnahmsweise rechtfertigen[410]. Staatliche, auf Art. 3 Abs. 2 GG gestützte Maßnahmen können etwa die verbindliche Einführung von Frauenförderplänen und Quotenregelungen sowie Regelungen zur Vereinbarkeit von Familie und Beruf (etwa die Zurverfügungstellung von bezahlbaren Kindergartenplätzen auch für einkommensschwache Familien)[411] sein. Bei der Umsetzung der Verfassungspflicht kommt dem Gesetzgeber ein weiter Gestaltungsspielraum zu, ein Anspruch auf konkretes (positives) Handeln des Staates wird nur selten anzunehmen sein[412]. Dies gilt insbesondere dann, wenn der Gesetzgeber bei der Wahrnehmung des Gleichstellungsauftrags „weitere gleichwertige Verfassungsgüter zu berücksichtigen und diesen angemessene Geltung zu verschaffen hat"[413]. Zu beachten ist, dass die besondere Verpflichtung des Staates nach geltendem Verfassungsrecht auf die Gleichberechtigung von Frauen und Männern beschränkt ist. Nicht erfasst sind damit solche Menschen, die sich diesen beiden Kategorien in ihrer geschlechtlichen Identität nicht zuordnen. Auch sie unterfallen aber dem Diskriminierungsverbot des Art. 3 Abs. 3 Satz 1 GG[414].

VII. Gleichstellung behinderter Menschen (Art. 3 Abs. 3 Satz 2 GG)

372 Ähnlich dem Auftrag zur Gleichstellung von Mann und Frau enthält Art. 3 Abs. 3 Satz 2 GG nicht nur ein spezielles Verbot der Diskriminierung behinderter Menschen, sondern auch die Verpflichtung des Staates eine tatsächliche Gleichstellung zu gewährleisten.

„*Das Benachteiligungsverbot des Art. 3 Abs. 3 Satz 2 GG erschöpft sich nicht in der Anordnung, Menschen mit und ohne Behinderung rechtlich gleich zu behandeln. Vielmehr kann eine Benachteiligung auch vorliegen, wenn die Lebenssituation von Menschen mit Behinderung im Vergleich zu derjenigen nicht behinderter Menschen durch gesetzliche Regelungen verschlechtert wird, die ihnen Entfaltungs- und Betätigungsmöglichkeiten vorenthalten, welche anderen offenstehen*"[415].

---

409 BVerfGE 85, 191 (207) – *Nachtarbeitsverbot*; BVerfGE 147, 1 (29) – *Drittes Geschlecht*.
410 BVerfGE 74, 163 (180) – *Altersruhegeld*.
411 Vgl. BVerfGE 97, 332 (348) – *Kindergartengebühren*.
412 Vgl. zu Art. 118 Abs. 2 Satz 2 der Bayerischen Verfassung BayVerfGH, NVwZ-RR 2018, 457 (467).
413 BVerfGE 156, 224 (260) – *Wahlprüfungsbeschwerde 19/VI – Parität*.
414 BVerfGE 147, 1 (28) – *Drittes Geschlecht*.
415 BVerfG (K), NJW 2019, 291 (291) – „*Online-Chat*".

Verwirklicht wird diese Gleichstellung etwa durch den behindertengerechten Ausbau öffentlicher Einrichtungen und die Bevorzugung von Bewerberinnen und Bewerbern mit Behinderung im öffentlichen Dienst bei im Wesentlichen gleicher Eignung. Ferner muss etwa bei der Anwendung verfahrensrechtlicher Vorschriften der spezifischen Situation von Menschen mit Behinderung in einer Weise Rechnung getragen werden, dass ihre Teilhabemöglichkeiten denen nicht behinderter Menschen entsprechen[416].

Rechtsprechung: BVerfGE 37, 271 – *Solange-I*; BVerfGE 52, 187 – *„Vielleicht"-Beschluss*; BVerfGE 74, 163 – *Altersruhegeld*; BVerfGE 74, 339 – *Solange-II*; BVerfGE 75, 223 – *Bindungswirkung bei Vorabentscheidungen*; BVerfGE 79, 211 – *Kreditobergrenze*; BVerfGE 85, 191 – *Nachtarbeitsverbot*; BVerfGE 86, 148 – *Finanzausgleich II*; BVerfGE 89, 155 – *Maastricht*; BVerfGE 92, 91 – *Feuerwehrdienstpflicht*; BVerfGE 92, 203 – *Fernsehrichtlinie*; BVerfGE 96, 288 – *Sonderschulzuweisung*; BVerfGE 97, 332 – *Kindergartengebühren*; BVerfGE 97, 350 – *Euro*; BVerfGE 102, 147 – *Bananenmarkt*; BVerwGE 101, 73 – *Verbandsklage*; BVerfGE 102, 254 – *Wiedergutmachung*; BVerfGE 104, 337 – *Schächturteil*; BVerfG EuR 1989, 270 – *Tabak*; BVerfGE 127, 293 – *Legehennenhaltung*; BVerfGE 128, 1 – *Gentechnikgesetz*; BVerfGE 147, 1 – *Drittes Geschlecht*; BVerfGE 156, 224 – *Wahlprüfungsbeschwerde 19/VI – Parität*; BVerfGE 157, 30 – *Klimaschutz*; BVerfG (K), NJW 2019, 291 – *„Online-Chat"*; BVerwG NJW 1995, 2648 – *Monumentalplastik*; BVerwG NJW 1996, 1163 – *Elfenbein*; BayVerfGH, NVwZ-RR 2018, 457 – *Geschlechterproportionale Wahlvorschläge*; OVG Weimar, NVwZ 1998, 983 – *Windenergieanlage*.

Literatur:

Zur Ergänzung:
Meinke, M., Verbindungen mit Grundrechten in der Rechtsprechung des BVerfG, JA 2009, 6 ff.; *Schladebach, M.*, Staatszielbestimmungen im Verfassungsrecht, JuS 2018, 118 ff.

Zur Vertiefung:
Aktuelle Diskussionen
Berkemann, J., „Freiheitschancen über die Generationen" (Art. 20a GG), DÖV 2021, 701 ff.; *Eifert, M.*, Verfassungsauftrag zum freiheitsschonenden Klimaschutz: Der Klimaschutz-Beschluss des BVerfG, Jura 2021, 1085 ff.; *Frenz, W.*, Klimagrundrecht – Klimaschutzpflichten als Grundrechtsvoraussetzungsschutz nach Klimabeschluss und Jahrhunderthochwasser, DÖV 2021, 715 ff.; *Froese, J.*, Tertium datur: Der Abschied von der Binarität der Geschlechterordnung, DÖV 2018, 315 ff.; *Kahl, W./Mödinger, M.*, Gute Gesetzgebung und Nachhaltigkeit, DÖV 2021, 93 ff.; *Möllers, C./Weinberg, N.*, Die Klimaschutzentscheidung des Bundesverfassungsgerichts, JZ 2021, 1069 ff.; *Ossenbühl, F.*, Frauenquote für Leitungsorgane von Privatunternehmen, NJW 2012, 417 ff.; *Polzin, M.*, Menschenrechtliche Klimaklagen, DÖV 2021, 1089 ff.; *Sinder, R.*, Anthropozänes Verfassungsrecht als Antwort auf den anthropogenen Klimawandel, JZ 2021, 1078 ff.; *Stark, A.*, Klimaschutz als intertemporaler Freiheitsschutz – Zum Klimaschutzbeschluss des Bundesverfassungsgerichts, KritV 2021, 237 ff. (267); *Steiner, U.*, Staatsziel Sportförderung im Grundgesetz?, SpuRt 2012, 238 ff.; *Wahnschaffe, T./Lücke, F.*, Die eingriffsähnliche Vorwirkung auf Freiheitsrechte als Ansatz intertemporaler Freiheitssicherung, DÖV 2021, 1099 ff.

Grundlegende Texte
Bernsdorff, N., Positivierung des Umweltschutzes im GG, NuR 1997, 328 ff.; *Caspar, J./Geissen, M.*, Das neue Staatsziel „Tierschutz" in Art. 20a GG, NVwZ 2002, 913 ff.; *Di Fabio, U.*, Die Gleichberechtigung von Mann und Frau, AöR 122 (1997), 404 ff.; *Friauf, K.-H.*, Gleichberechtigung von Mann und Frau als Verfassungsauftrag, 1981; *Holste, H.*, „… und die Tiere" – Das Staatsziel Tierschutz in Art. 20a GG, JA 2002, 907 ff.; *Sacksofsky, U.*, Das Grundrecht auf Gleichberechtigung, eine rechtsdogmatische Untersuchung zu Art. 3 Abs. 2 GG, 2. Aufl. 1996.

---

416 BVerfG (K), NJW 2019, 291 (291) – *„Online-Chat"*.

Teil III: Die Staatsorgane

Das Staatsorganisationsrecht im engeren Sinn regelt die verfassungsrechtliche Ausgestaltung der Wahrnehmung staatlicher Aufgaben. Die folgende Darstellung orientiert sich am Aufbau des Grundgesetzes: Zunächst werden die Verfassungsorgane mit ihren Kompetenzen und den rechtlichen Anforderungen an ihre Wahrnehmung und Binnenorganisation vorgestellt. Teil IV behandelt ihr Zusammenwirken bei der Ausübung staatlicher Tätigkeit.

§ 22 Der Begriff des Staatsorgans

373 Der Bund stellt als Gebietskörperschaft des öffentlichen Rechts (ebenso wie die Länder und die Kommunen) eine juristische Person des öffentlichen Rechts dar. Juristische Personen sind zwar rechtsfähig, d. h. sie können Träger von Rechten und Pflichten sein. Anders als natürliche Personen sind sie aber nicht in der Lage, ihre Rechte und Pflichten selbstständig auszuüben. Sie sind nicht handlungsfähig. Sie benötigen daher natürliche Personen, die für sie handeln, d. h. ihre Funktionen ausüben, ihre Rechte wahrnehmen und ihre Pflichten erfüllen. Das Handeln dieser natürlichen Personen muss rechtlich der juristischen Person zugerechnet werden, so dass die Rechtsfolgen ausschließlich sie treffen. Abhängig von den für eine juristische Person vorgesehenen Aufgaben und Funktionen bedarf es deshalb einer entsprechenden Organisationsstruktur, die eine Zuweisung der Funktionen und Aufgaben an einzelne handlungsfähige natürliche Personen vornimmt (sachliche und persönliche Zuständigkeiten).

374 Erforderlich ist daher zunächst die Schaffung von *einzelnen Organen* (Werkzeugen) durch einen rechtlichen Organisationsakt. Organe sind verselbstständigte Institutionen innerhalb einer juristischen Person (*Organträger*), die mit Zuständigkeiten betraut sind[417]. Das Handeln der Organe wird der juristischen Person unmittelbar zugerechnet. Die Organe erlangen innerhalb des Organträgers in gewisser Weise Rechtsfähigkeit, weil sie entsprechend ihren Zuständigkeiten über Organrechte und -pflichten verfügen. Diese Organrechte und -pflichten gelten aber nur in der Sphäre des Organträgers, nicht jedoch nach außen gegenüber Dritten. Die Organe setzen sich wiederum aus verschiedenen Organteilen zusammen. Diese können jedoch nicht eigenständig nach außen für die juristische Person handeln, sie sind vielmehr unselbstständige Teile des jeweiligen Organs.

375 Allerdings handelt es sich auch bei der Annahme eines für den Staat auftretenden Organs um eine rechtliche Fiktion. Dem Organ als solchem kommt ebenfalls

---

417 Organe existieren aber auch außerhalb juristischer Personen bei anderen rechtlichen Organisationseinheiten, wie z. B. bei den Personengesellschaften oder auch als (Teil-)Organ innerhalb eines Organs selbst.

keine eigene Handlungsfähigkeit zu. Es bedarf deshalb der Ausfüllung durch eine natürliche Person, einen sog. *Organwalter*. Organwalter erfüllen die dem Organ obliegenden Funktionen und Aufgaben durch tatsächliches menschliches Handeln. Handelt der Organwalter (also etwa die gegenwärtigen Abgeordneten des Bundestags), ist sein Handeln rechtlich zunächst das Handeln des Organs (der Bundestag) und wird über das Organhandeln gleichzeitig dem Organträger als juristischer Person (im Beispiel dem Bund) zugerechnet[418]. Die Existenz eines Organs ist von der Besetzung durch den konkreten Organwalter unabhängig, jedoch unmittelbar an den Bestand des Organträgers gebunden. Geht der Organträger unter, kann er auch keine Organe mehr haben.

Eng mit dem Organbegriff verbunden ist der Begriff des *(öffentlichen) Amtes* und **376** bezogen auf dessen Wahrnehmung durch eine natürliche Person der Begriff des *Amtswalters*. Ein öffentliches Amt kann im staatsrechtlichen Sinne definiert werden als institutionalisierter Zuständigkeitsbereich, der auf eine natürliche Person als Amtswalter zugeschnitten ist. Dieser Amtswalter erfüllt die Aufgaben, die mit seinem Amt verbunden sind, sein Handeln wird dem Träger des Amtes (der Anstellungskörperschaft) zugerechnet. Wird ein Organ nur durch eine Person ausgeübt, stellt es zugleich ein Amt dar (z. B. das Amt des Bundespräsidenten). Organe können sich auch aus mehreren Organteilen zusammensetzen, die jeweils auf eine natürliche Person zugeschnitten sind und deshalb Ämter sind. So besteht etwa der Deutsche Bundestag aus den Bundestagsabgeordneten, das Amt des Bundestagsabgeordneten wird durch natürliche Personen ausgeübt.

Für die Organisation der Staatsfunktionen bedeutet dies, dass durch einen rechtli- **377** chen Organisationsakt die Staatsorgane geschaffen werden müssen, die die staatlichen Zuständigkeiten wahrnehmen. Für die obersten Staatsorgane geschieht dieser Rechtsakt im Rahmen der Verfassunggebung, da durch diese die staatliche Grundordnung definiert wird. Dabei müssen zunächst die Zuständigkeiten geregelt werden, die die Staatsorgane sowohl innerhalb der staatlichen Sphäre, als auch nach außen wahrnehmen dürfen oder müssen. Diese Zuweisung verlangt zum einen die funktionale Einteilung der Zuständigkeiten und gleichzeitig die entsprechende organisatorische Zuordnung. Für die staatliche Ordnung bedeutet dies insbesondere die Zuweisung der klassischen drei Staatsfunktionen Gesetzgebung, Verwaltung und Rechtsprechung an entsprechende Organe. Erforderlich sind die Regelung der inneren Struktur sowie organinterne und organexterne Verfahrensregeln für die Wahrnehmung der zugewiesenen Zuständigkeiten. Um den Staat durch seine Staatsorgane handlungsfähig zu machen, muss auch die personelle Besetzung der Staatsorgane durch Organwalter festgelegt werden.

Im Grundgesetz sind sieben oberste Staatsorgane geregelt, die im Folgenden der **378** Reihe nach vorgestellt werden:

- Der Bundestag (Art. 38 ff. GG);
- Der Bundesrat (Art. 50 ff. GG);
- Der Gemeinsame Ausschuss (Art. 53a GG);
- Der Bundespräsident (Art. 54 ff. GG);
- Die Bundesversammlung (Art. 54 ff. GG);
- Die Bundesregierung (Art. 62 ff. GG);
- Das Bundesverfassungsgericht (Art. 93 GG).

---

418 Zum Ganzen vgl. *Maurer/Waldhoff*, Allg. Verwaltungsrecht, § 21 Rn. 19 ff.

§ 23 Der Bundestag

379 Der Bundestag nimmt unter den obersten Staatsorganen des Bundes eine hervorgehobene Stellung ein, weil er als einziges Bundesorgan unmittelbar demokratisch legitimiert ist. Die demokratische Legitimation erfolgt durch die Wahl der Abgeordneten, aus denen sich der Bundestag zusammensetzt (vgl. Art. 38 Abs. 1 GG, § 1 Abs. 1 Satz 1 BWahlG). Hauptfunktionen des Bundestags sind die zentrale Stellung als Gesetzgebungsorgan des Bundes, die Kontrolle der Exekutive, vor allem der Bundesregierung, die Vermittlung der demokratischen Legitimation der sonstigen Staatsgewalt des Bundes in personeller und sachlich-funktionaler Hinsicht durch Wahl- und Zustimmungsrechte sowie die Wahrnehmung des Budgetrechts als klassische Parlamentskompetenz.

380 Zentrale normative Grundlage des Bundestags im Grundgesetz ist der Abschnitt III mit den Art. 38–48 GG. Dieser Abschnitt trifft die wesentlichen organisatorischen Regelungen, die durch einfachgesetzliche Vorschriften und durch die Selbstorganisation mittels einer Geschäftsordnung konkretisiert oder ergänzt werden (Parlamentsautonomie, Art. 40 Abs. 1 Satz 2 GG). Neben den Art. 38–48 GG nimmt die Verfassung in etlichen weiteren Regelungen funktional auf den Bundestag Bezug, indem sie dem Parlament Kompetenzen, Mitwirkungs- und Informationsrechte bei der Ausübung der Staatsfunktionen einräumt. Wichtigstes Beispiel ist das Gesetzgebungsverfahren des Abschnitts VII in den Art. 70–82 GG.

I. Organteile

381 Der Bundestag besteht aus mehreren Organteilen. Dazu gehören das *Präsidium* mit dem *Präsidenten* an der Spitze, der *Ältestenrat*, die *Fraktionen*, die *Ausschüsse* sowie die *einzelnen Abgeordneten*.

382 Beim Begriff der parlamentarischen *Opposition* handelt es sich nicht um einen ausdrücklichen Rechtsbegriff, sondern zunächst lediglich um die politische Bezeichnung für die parlamentarische Minderheit, die der regierungstragenden Parlamentsmehrheit gegenübersteht. Als solche ist sie aber eine parlamentarische Institution, die in gewissen Parlamentsbräuchen und in der Rechtsprechung des BVerfG anerkannt ist[419].

1. Präsident

383 Vom Bundestag wird ein Abgeordneter für die Dauer der Wahlperiode zum Präsidenten gewählt (vgl. Art. 40 Abs. 1 Satz 1 GG, § 2 GOBT). Es entspricht einer parlamentarischen Gewohnheit, dass die stärkste Bundestagsfraktion den Bundestagspräsidenten stellt und dieser auch von den anderen Fraktionen gewählt wird. Abwählbar ist der Bundestagspräsident mangels rechtlicher Regelung nur im Rahmen einer Abweichung von der Geschäftsordnung des Bundestags (vgl. § 126 GOBT)[420]. Protokollarisch steht der Bundestagspräsident als Spitze des Bundestags an zweiter Stelle im Staat nach dem Bundespräsidenten[421]. Allerdings vertritt er diesen nicht, der Vertreter des Bundespräsidenten ist vielmehr der Präsident des Bundesrates (vgl. Art. 57 GG). Nach der Wahl des Bundestagspräsidenten werden

---

419 Vgl. *Zeh*, HStR III, § 52 Rn. 21 ff.
420 Str., vgl. *Magiera*, in: Sachs, GG, Art. 40 Rn. 5 m. w. N.
421 *Klein*, in: Dürig/Herzog/Scholz, GG, Art. 40 Rn. 93.

dessen Stellvertreter (Vizepräsidenten) gewählt. Die Anzahl der Vizepräsidenten ist variabel, weil jede Fraktion mindestens einen stellen darf (vgl. § 2 GOBT). Für die Wahl der Stellvertreter gelten die gleichen Grundsätze wie für die Wahl des Präsidenten: Findet sich nach drei Wahlgängen keine Mehrheit für einen vorgeschlagenen Kandidaten, finden weitere Wahlgänge mit demselben Bewerber nur nach Vereinbarung des Ältestenrates statt (§ 2 III GOBT), im Übrigen ist der Wahlvorschlag als gescheitert anzusehen. § 2 GOBT geht somit ersichtlich von einer Begrenzung der Anzahl der Wahlgänge aus, womit er dem Prinzip der Begrenzung parlamentarischer Entscheidungsfindungsprozesse Rechnung trägt. Es ist gerade der Sinn von Wahlen und Abstimmungen, den theoretisch endlosen Diskurs zu begrenzen und zu einer Entscheidung zu gelangen. Dem würde es widersprechen, wenn endlose Wahlgänge durchgeführt würden, bis ein bestimmter Kandidat irgendwann einmal die erforderliche Mehrheit hat[422].

Der Bundestagspräsident ist *oberstes Leitungsorgan* des Bundestags und *Vorsitzender* **384** des Bundestagspräsidiums. Damit verbunden sind besondere Organzuständigkeiten sowohl gegenüber den „einfachen" Abgeordneten als auch gegenüber Dritten. Er hat die Aufgabe, den Bundestag zu vertreten und seine Geschäfte zu regeln. Insbesondere leitet er „die Verhandlungen gerecht und unparteiisch und wahrt die Ordnung im Hause" (vgl. § 7 Abs. 1 GOBT). Dazu zählt im parlamentarischen Innenverhältnis die Bestimmung der Rednerreihenfolge (vgl. § 28 Abs. 1 GOBT) und die Erteilung des Wortes (vgl. § 27 GOBT). Der Präsident kann Abgeordnete zur Sache und zur Ordnung rufen und Ordnungsverletzungen sanktionieren (vgl. §§ 36 ff. GOBT). Gegen seine Ordnungsmaßnahmen ist ein Einspruch statthaft, der vom Bundestagsplenum behandelt wird (§ 39 GOBT). Daneben besteht die Möglichkeit eines Organstreitverfahrens, wenn sich ein Abgeordneter durch eine Ordnungsmaßnahme in seinen aus Art. 38 Abs. 1 GG abzuleitenden organschaftlichen Rechten verletzt fühlt (Art. 93 Abs. 1 Nr. 1 GG, §§ 13 Nr. 5, 63 ff. BVerfGG)[423].

Nach außen ist der Bundestagspräsident Inhaber des aus dem Eigentum entspringenden Hausrechts und übt die öffentlich-rechtliche Polizeigewalt im Bundestag aus (Art. 40 Abs. 2 Satz 1 GG). Zur Ausübung der Polizeigewalt bedient er sich des Polizei- und Sicherungsdienstes beim Deutschen Bundestag, dessen Befugnisse in der Dienstanweisung für den Polizeivollzugsdienst der Polizei beim Deutschen Bundestag festgelegt sind. Dieser Dienstanweisung kommt der Charakter einer ermessenslenkenden Verwaltungsvorschrift zu[424]. Ohne Genehmigung durch den Bundestagspräsidenten darf keine Durchsuchung oder Beschlagnahme in den Räumen des Bundestags stattfinden (Art. 40 Abs. 2 Satz 2 GG). Der Bundestagspräsident hat neben dem Vorsitz im Bundestagspräsidium auch den Vorsitz im Ältestenrat sowie im Gemeinsamen Ausschuss inne (§ 6 Abs. 1 GOBT, § 7 Abs. 1 GO Gem. Ausschuss). Weitere Aufgaben des Bundestagspräsidenten ergeben sich aus den §§ 7 ff. GOBT[425].

---

422 Die genaue Ausgestaltung der Begrenzung auf grundsätzlich höchstens drei Wahlgänge und Vornahme zusätzlicher nur nach Vereinbarung im Ältestenrat wurde erst 2006 in die GOBT eingefügt: Bei der Konstituierung des Deutschen Bundestags im Jahr 2005 hatte die Partei Die Linke nach vier gescheiterten Wahlvorgängen bezüglich ihres Kandidaten Bisky angekündigt, solange weitere Wahlvorgänge durchzuführen, bis die erforderliche Mehrheit erreicht sei. Schon damals wurde hiergegen das Prinzip der Begrenzung parlamentarischer Abstimmungsvorgänge angeführt, das nun in § 2 GOBT eine ausdrückliche Fixierung erfahren hat; vgl. hierzu *Lovens*, ZParl 2005, 18 ff.

423 Zur Geltendmachung organschaftlicher Rechte durch Bundestagsabgeordnete s. unten Rn. 398 ff.

424 BVerfGE 154, 354 (367) – *Betreten von Abgeordnetenräumen*.

425 Übersicht bei *Zeh*, HStR III, § 52 Rn. 30.

385 Das Amt des Bundestagspräsidenten *endet* mit dem Ende der Wahlperiode, also mit dem Zusammentritt des neuen Bundestags (vgl. Art. 39 Abs. 1 Satz 2 GG). Den Vorsitz in der konstituierenden Sitzung hat bis zur Wahl des neuen Bundestagspräsidenten der Alterspräsident inne, d. h. der (nach Lebenszeit) älteste Abgeordnete im neuen Bundestag (vgl. § 1 Abs. 2 GOBT).

386 Der Bundestagspräsident hat zwar eine Leitungs- und Repräsentativfunktion, er verliert dabei aber nicht seine Stellung als gewählter Abgeordneter. Er behält seine Stimmrechte und sonstigen parlamentarischen Rechte. Das zusätzliche Amt verpflichtet ihn aber zu einer entsprechend zurückhaltenden Ausübung, da er in der Öffentlichkeit in erster Linie als Bundestagspräsident wahrgenommen wird.

2. Präsidium

387 Das Präsidium des Bundestags besteht gem. § 5 GOBT aus dem Bundestagspräsidenten und seinen Stellvertretern (Vizepräsidenten). In den Sitzungen werden Fragen der Leitungsfunktion des Präsidenten erörtert, d. h. die Handhabung des Ordnungsrechts, organisatorische und verwaltungstechnische Fragen bezüglich der Bundestagsverwaltung etc. Da jede Fraktion mit jeweils mindestens einem Stellvertreter im Präsidium vertreten ist (§ 2 Abs. 1 GOBT) und die Präsidiumssitzungen vor den Sitzungen des Ältestenrats stattfinden, können diese zur vorherigen Besprechung von interfraktionellen Angelegenheiten genutzt werden[426]. Insgesamt hat das Präsidium für die parlamentarischen Geschäfte aber eher geringe Bedeutung.

3. Ältestenrat

388 Der Ältestenrat ist in § 6 GOBT geregelt. Er setzt sich aus dem Bundestagspräsidium und 23 weiteren von den Fraktionen zu benennenden Mitgliedern zusammen. Dabei muss sich im Ältestenrat das Verhältnis der Stärke der Fraktionen im Bundestag widerspiegeln (§§ 6 Abs. 1, 12 GOBT). Regelmäßig nimmt auch ein Vertreter der Bundesregierung an den Sitzungen teil[427]. Der Ältestenrat setzt sich zumeist aus erfahrenen Parlamentariern und den parlamentarischen Geschäftsführern der Fraktionen zusammen[428].

389 Der Ältestenrat ist ein parlamentarisches Gremium, das den Präsidenten des Bundestags bei der Führung seiner Geschäfte unterstützt (vgl. § 6 Abs. 2 Satz 1 GOBT). Sein Zweck ist, zwischen den Fraktionen und dem Präsidium Verständigung über die inneren Angelegenheiten des Bundestags herzustellen und den parlamentarischen Geschäftsablauf zu koordinieren (z. B. Sitzungstermine, Tagesordnung oder Besetzung des Ausschussvorsitzes). Diese Verständigung erfolgt einvernehmlich und nicht durch Mehrheitsbeschluss (vgl. § 6 Abs. 2 Satz 3 GOBT). Kann eine Verständigung nicht erreicht werden, ist eine Beschlussfassung durch den Bundestag selbst erforderlich.

390 Nicht einvernehmlich, sondern als Beschlussorgan wird der Ältestenrat tätig, soweit die inneren Angelegenheiten nicht gesetzlich oder verfassungsrechtlich dem Bundestagspräsidenten oder dem Präsidium vorbehalten sind (vgl. § 6 Abs. 3 Satz 1 GOBT). Dazu gehört die Verteilung der Räumlichkeiten des Bundestags

---

426 Vgl. *Zeh*, HStR III, § 52 Rn. 31 f.
427 Vgl. *Klein*, in: Dürig/Herzog/Scholz, GG, Art. 40 Rn. 119.
428 Vgl. *Stern*, Staatsrecht II, S. 91.

oder der Voranschlag des Haushaltseinzelplans des Bundestags (vgl. § 6 Abs. 3 Satz 2 GOBT).

Im Ältestenrat können in nichtöffentlicher Sitzung Konflikte zwischen verschiedenen Organteilen des Bundestags behandelt, Fragen der Geschäftsordnung geklärt und interfraktionelle Absprachen getroffen werden[429]. **391**

4. Ausschüsse

Die Ausschüsse sind Untergliederungen des Bundestags, die für einen bestimmten **392** Geschäftsbereich der parlamentarischen Arbeit zuständig sind. Aufgrund ihrer Aufgabe, die Sitzungen des Plenums inhaltlich vorzubereiten (§ 54 Abs. 1 Satz 1 GOBT), findet die eigentliche Sacharbeit des Parlaments in den Ausschüssen statt. Das Grundgesetz enthält keine allgemeine Regelung zu den Ausschüssen des Bundestages, schreibt jedoch die Existenz einzelner Ausschüsse vor und regelt besondere Befugnisse der Ausschüsse. Die GOBT regelt die Errichtung von Bundestagsausschüssen in den §§ 54 ff. Werden bestimmte Ausschüsse in der Verfassung oder in anderen Gesetzen erwähnt (vgl. § 54 Abs. 2 GOBT), müssen sie in jeder Legislaturperiode bestehen, sie sind *obligatorisch*. *Fakultative* Ausschüsse sind dagegen solche, die lediglich auf Basis der jeweiligen Geschäftsordnung des Bundestages bestehen.

Zu den *obligatorischen* Ausschüssen gehören der Ausschuss für Angelegenheiten **393** der EU (Art. 45 Abs. 1 GG), der Ausschuss für auswärtige Angelegenheiten und der Verteidigungsausschuss (Art. 45a Abs. 1 GG), der Petitionsausschuss (Art. 45c Abs. 1 GG) und der Haushaltsausschuss (§ 10a Abs. 2 Satz 1 BHO). Keine obligatorischen Ausschüsse sind die parlamentarischen Untersuchungsausschüsse, für die das Grundgesetz nur die Möglichkeit der Einsetzung garantiert (Art. 44 Abs. 1 GG). Der Gemeinsame Ausschuss gem. Art. 53a GG ist kein parlamentarischer Ausschuss, sondern ein eigenes, im Verteidigungsfall einzuberufendes Bundesorgan, das sich aus Mitgliedern des Bundestages und des Bundesrates zusammensetzt[430].

Fakultative Ausschüsse haben trotz fehlender gesetzlicher Existenzgarantie keine **394** geringere Bedeutung als obligatorische. Sie werden aufgrund der Selbstorganisation des Parlaments eingerichtet und spiegeln vor allem die fachliche Organisation der Bundesregierung wider. Zu jedem Ressort (Ministerium) gibt es grundsätzlich einen entsprechenden Fachausschuss, wie etwa den Finanzausschuss oder den Rechtsausschuss. Dadurch wird eine sachverständige parlamentarische Begleitung der Regierungsarbeit möglich. Diese Ausschüsse sind in den meisten Fällen ständige Ausschüsse, die für die gesamte Dauer einer Wahlperiode bestehen und auch in den darauf folgenden Wahlperioden wieder eingerichtet werden (§ 54 Abs. 1 Satz 1 GOBT). Daneben können aber auch im Laufe einer Wahlperiode Sonderausschüsse für einzelne Angelegenheiten eingerichtet werden (§ 54 Abs. 1 Satz 2 GOBT). Zu den Sonderausschüssen gehören die parlamentarischen Untersuchungsausschüsse (Art. 44 GG) sowie die Enquête-Kommission (vgl. § 56 GOBT)[431]. Anders als dem parlamentarischen Untersuchungsausschuss kommt der Enquête-Kommission keine beschließende Funktion zu. Sie verfolgt das Ziel

---

429 Zum Ganzen *Zeh*, HStR III, § 52 Rn. 35 ff.
430 S. Rn. 655 ff.
431 Vgl. *Klein*, in: Dürig/Herzog/Scholz, GG, Art. 40 Rn. 126 ff., 130.

der Informationsbeschaffung „zur Vorbereitung von Entscheidungen über umfangreiche und bedeutsame Sachkomplexe" (§ 56 Abs. 1 Satz 1 GOBT).

394a Grundsätzlich steht es dem Bundestag im Rahmen seiner Geschäftsordnungsautonomie nach Art. 40 Abs. 1 Satz 2 GG auch zu, einen nicht eindeutig thematisch festgelegten „Hauptausschuss" einzusetzen[432]. Dabei sind jedoch zwei verfassungsrechtliche Grenzen zu beachten: Art. 45 ff. GG bringen eine Bestandsgarantie der obligatorischen Ausschüsse zum Ausdruck, die nicht zusammengelegt werden dürfen. Ferner gebietet das aus Art. 38 Abs. 1 Satz 2 GG abgeleitete Mitwirkungsrecht, dass jedem Abgeordneten auch die Möglichkeit zur Mitarbeit in einem parlamentarischen Ausschuss offen steht (vgl. auch § 57 Abs. 1 Satz 2 GOBT). Die Einsetzung eines temporären „Hauptausschusses" als einzigem parlamentarischen Ausschuss, wie zu Beginn der 18. und 19. Wahlperiode des Bundestages, begegnet daher verfassungsrechtlichen Bedenken[433]. Sie ist – auch im Fall schleppender Koalitionsbildung – nicht erforderlich: Die Ausschussbesetzung kann später verändert werden (vgl. § 57 Abs. 3 GOBT) oder die parlamentarische Arbeit in der Übergangsphase vollständig im Plenum stattfinden.

395 Die Ausschüsse nehmen einen wesentlichen Teil der Informations-, Kontroll- und Untersuchungsrechte des Bundestags wahr[434]. Gesetzesvorlagen werden nach erster Lesung an die jeweiligen Ausschüsse verwiesen (§ 80 Abs. 1 GOBT) und dort beraten. Die Ausschüsse bieten die Bedingungen für eine möglichst sachorientierte Arbeit, die das Plenum des Bundestags nicht leisten kann. Die Ausschüsse tagen grundsätzlich in nichtöffentlicher Sitzung (vgl. § 69 Abs. 1 Satz 1 GOBT), so dass Argumente frei von politischem und medialem Echo ausgetauscht werden können. Die mit Fachleuten besetzten Ausschüsse ermöglichen es dem Parlament, dem Fachwissen ministerialer Abteilungen entgegenzutreten, von denen die Gesetzesvorlagen der Bundesregierung erarbeitet worden sind, und effektive parlamentarische Kontrolle zu leisten.

396 Alle Ausschüsse sind zur Erledigung der ihnen vom Plenum oder Bundestagspräsidenten überwiesenen Aufgaben verpflichtet (vgl. § 62 Abs. 1 Satz 1 GOBT). Daneben haben sie auch das Recht, sich mit anderen Fragen ihres Geschäftsbereichs zu befassen, wobei sie sich insbesondere mit relevanten Angelegenheiten der EU auch ohne Überweisung zeitnah befassen sollen (vgl. § 62 Abs. 1 Satz 3 GOBT). Sie werden grundsätzlich nur mit dem Ziel einer Beschlussempfehlung für den Bundestag tätig (sog. vorbereitende Beschlussorgane, §§ 54 Abs. 1 Satz 1, 62 Abs. 1 Satz 2 GOBT), es sei denn, sie werden durch das Grundgesetz, einfachgesetzliche Vorschriften oder Vorschriften der Geschäftsordnung des Bundestags mit weitergehenden Rechten ausgestattet (vgl. § 61 Abs. 1 Satz 4 GOBT). Für Regelungen der Geschäftsordnung gilt dies aber nur insoweit, als dadurch nicht die Stimmrechte der Abgeordneten, insbesondere der in Ausschüssen nicht stimmberechtigten fraktionslosen Abgeordneten, entwertet werden.

397 Die Ausschüsse setzen sich aus dem *Ausschussvorsitzenden* und einer unterschiedlichen Anzahl von *Ausschussmitgliedern* zusammen, wobei grundsätzlich jeder Bundestagsabgeordnete einem Ausschuss angehören soll (§§ 57 f. GOBT). Die Anzahl

---

432 *Fuchs*, DVBl 2014, 886 ff.
433 *Koschmieder*, NVwZ 2014, 852 ff.; *Thielbörger/Ackermann*, ZJS 2014, 497 ff.; *Pfengler*, DVBl 2018, 1268 ff.
434 Vgl. BVerfGE 84, 304 (323) – *Gruppenstatus PDS*.

der Mitglieder eines Ausschusses ist schwankend und kann vom Bundestag bei Bedarf neu festgelegt werden (vgl. § 57 Abs. 1 GOBT). Die Ausschussvorsitzenden werden nach den Vereinbarungen des Ältestenrats bestimmt (vgl. § 58 GOBT) und leiten die Ausschusssitzungen (vgl. § 59 GOBT). Die einzelnen Mitglieder werden von den Fraktionen bestimmt (§ 57 Abs. 2 GOBT). Dabei muss die Ausschussbesetzung den Stärken der Fraktionen im Parlament entsprechen, damit bei den Abstimmungen in den Ausschüssen die entsprechenden Kräfteverhältnisse des Plenums widergespiegelt werden (§§ 57 Abs. 1 Satz 1, 12 GOBT)[435]. Dieser Grundsatz der *Spiegelbildlichkeit* ist verfassungsrechtlich aufgrund der durch die Fraktion vermittelten Mitwirkungsbefugnis aller Abgeordneten geboten[436]. *Fraktionslose Abgeordnete* haben zwar einen aus Art. 38 Abs. 1 GG folgenden verfassungsrechtlichen Anspruch auf einen Ausschusssitz, jedoch nur mit beratender Stimme, da ein Stimmrecht fraktionsloser Abgeordneter die Kräfteverhältnisse in den Ausschüssen notwendigerweise verzerren würde[437]. Fraktionslose Ausschussmitglieder werden vom Bundestagspräsidenten benannt (§ 57 Abs. 2 Satz 2 GOBT).

5. Abgeordnete

Der Bundestag besteht grundsätzlich aus 598 gewählten Abgeordneten (vgl. Art. 38 Abs. 1 Satz 1, Abs. 3 GG, § 1 BWahlG)[438]. Die Abgeordneten sind Inhaber eines öffentlichen Amtes, Träger eines freien Mandats und Vertreter des gesamten Volkes (vgl. Art. 38 Abs. 1 Satz 2 GG)[439]. Als Organteile nehmen die Abgeordneten an der Willensbildung des Bundestages teil. Die Stellung als Mitglied des Bundestags vermittelt Rechte und Pflichten, die im Organstreitverfahren gem. Art. 93 Abs. 1 Nr. 1 GG vor dem BVerfG geltend gemacht werden können[440]. **398**

Basisvorschrift für die Rechtsstellung der Abgeordneten ist der bereits genannte Art. 38 Abs. 1 GG. Weitere normative Grundlagen sind die Art. 46–48 GG, einfachgesetzliche Vorschriften wie das Abgeordnetengesetz (AbgG) und das Bundeswahlgesetz (BWahlG), sowie die Geschäftsordnung des Bundestags (GOBT). **399**

Alle Abgeordneten haben den gleichen verfassungsrechtlichen Status inne. Die Gleichheit der Parlamentarier ist streng formal zu verstehen. Differenzierungen bei den Abgeordnetenentschädigungen sind daher nur in äußerst engen Grenzen zulässig. Besondere Rechte und Pflichten können allenfalls zusätzliche parlamentarische Funktionen oder die Zugehörigkeit zu einem besonderen Organteil des Bundestags rechtfertigen, und dies auch nur in sehr engem Rahmen[441]. **400**

„Das Grundgesetz kennt im Wahlrecht und im Parlamentsrecht keine für den Status des Abgeordneten erheblichen besonderen, in seiner Person liegenden Umstände, die eine Differenzierung innerhalb des Status rechtfertigen können. Alle Mitglieder des Parlaments sind einander formal gleichgestellt.“[442]

---

435 Vgl. BVerfGE 84, 304, (323) m. w. N. – *Gruppenstatus PDS.*
436 Vgl. BVerfGE 140, 115 (151) – *Arbeitsgruppen des Vermittlungsausschusses;* BVerfGE 130, 318 (354) – *Stabilisierungsmechanismusgesetz*; 131, 230 (235) – *Bundesverfassungsrichterwahl.*
437 BVerfGE 80, 188 (224 f.) – *Wüppesahl.* Zum Ganzen vgl. *Klein*, in: Dürig/Herzog/Scholz, GG, Art. 40 Rn. 126 ff., 132.
438 Die gesetzliche Anzahl kann sich durch Überhang- und Ausgleichsmandate erhöhen.
439 Vgl. BVerfGE 40, 296, (314) – *Diäten.*
440 BVerfGE 80, 188 (208 f.) – *Wüppesahl;* BVerfGE 90, 286 (342 f.) – *Auslandseinsätze der Bundeswehr; Schlaich/Korioth*, Das Bundesverfassungsgericht, Rn. 91.
441 Vgl. BVerfGE 102, 224 – *Funktionszulagen.*
442 BVerfGE 40, 296 (317 f.) – *Diäten.*

401 Die Abgeordneten werden als Organwalter des Bundestags tätig und bilden gemeinsam den Organwillen des Staatsorgans Bundestag, der dann dem Staat zugerechnet wird[443]. Ob Abgeordnete auch „Organteile" des Bundestags sind, ist eine rein terminologische Frage, die auch im Prozessrecht keine praktischen Konsequenzen hat: Zwar können nach § 63 BVerfGG nur oberste Bundesorgane und mit besonderen Rechten ausgestattete Teile dieser Organe Antragsteller oder Antragsgegner im Organstreitverfahren sein. Selbst wenn man aus dem Wortlaut von § 22 Abs. 1 Satz 2 BVerfGG, wonach sich Teile gesetzgebender Körperschaften durch ihre Mitglieder vertreten lassen können, einen kategoriellen Unterschied von Organteilen und Mitgliedern ableiten will, sind Abgeordnete im Organstreitverfahren dennoch parteifähig. Dies ergibt sich unmittelbar aus Art. 93 Abs. 1 Nr. 1 GG: Abgeordnete sind andere Beteiligte, die durch das Grundgesetz (Art. 38 ff. GG) und die Geschäftsordnung des Bundestages mit eigenen Rechten ausgestattet sind[444].

402 **a) Beginn und Ende des Abgeordnetenamtes.** Das *Amt* des Abgeordneten *beginnt* mit der Eröffnung der ersten Sitzung des Deutschen Bundestages nach der Bundestagswahl (§ 45 Abs. 1 BWahlG). Einer Annahme der Wahl durch die gewählten Abgeordneten bedarf es nicht; will ein Abgeordneter sein Amt nicht antreten, muss er dies noch vor der ersten Sitzung schriftlich gegenüber dem Wahlleiter erklären. Der Zusammentritt des neuen Bundestags lässt zugleich die vorherige Wahlperiode enden (vgl. Art. 39 Abs. 1 Satz 2 GG).

403 Außer mit dem Ende einer Wahlperiode endet das Amt durch den Tod des Abgeordneten. Weitere Gründe für einen Verlust des Mandats, etwa durch Neufeststellung des Wahlergebnisses oder Verzicht, nennt § 46 Abs. 1 BWahlG. Die Entscheidung hierüber wird in verschiedenen in § 47 BWahlG vorgesehenen Verfahren von Organen des Bundestags (Wahlprüfungsausschuss, Ältestenrat, Bundestagspräsident) getroffen, was die Selbstorganisation und den Selbstverwaltungscharakter des Bundestags gegenüber anderen Staatsteilen unterstreicht. Ohne diese Verfahren und eine entsprechende Entscheidung kann kein Abgeordneter sein Mandat verlieren. Zweck ist, dass grundsätzlich keine externe staatliche Stelle Einfluss auf die Wahlentscheidung des Souveräns (Volk) nehmen darf, sondern allenfalls der Bundestag selbst. Gegen die Entscheidung kann der betroffene Abgeordnete jedoch im Rahmen des Organstreitverfahrens (Art. 93 Abs. 1 Nr. 1 GG) Rechtsschutz vor dem BVerfG suchen.

404 In diesem Rahmen hatte das Bundesverfassungsgericht über die Rechtmäßigkeit von Mandatsverlusten nach Feststellung der Verfassungswidrigkeit einer Partei (Art. 21 Abs. 2 Satz 2 GG) zu entscheiden[445]. Gem. § 46 Abs. 1 Nr. 5 BWahlG verliert ein Abgeordneter, der als Mitglied einer für verfassungswidrig erklärten Partei im Bundestag sitzt, sein Mandat. Diese Regelung soll, ebenso wie das Parteiverbot, die freiheitlich-demokratische Grundordnung vor einer Aushöhlung schützen. Es muss verhindert werden, dass Abgeordnete einer verfassungsfeindlichen Partei innerhalb des Systems auf dessen Selbstzerstörung hinwirken können. Der Schutz der Verfassung und der staatlichen Grundordnung überwiegt insofern die Entscheidung des Souveräns bei der Wahl – zu dessen eigenem Schutz.

---

443 *Achterberg*, Parlamentsrecht, S. 216; zum Staatshandeln durch Organe oben Rn. 373 ff.
444 Zum Ganzen *Schlaich/Korioth*, Das Bundesverfassungsgericht, Rn. 90 ff.
445 BVerfGE 2, 1 – *SRP-Verbot;* BVerfGE 6, 445 – *Mandatsverlust nach KPD-Verbot.* Zum Parteiverbotsverfahren s. unten Rn. 828 ff.

Die Grundsätze der Unmittelbarkeit und Gleichheit der Wahl sowie des freien **405** Mandats stehen einem sog. *ruhenden Mandat* entgegen[446]. Darunter ist die Praxis zu verstehen, dass in die Regierung berufene Abgeordnete ihr Mandat während ihrer Amtszeit als Regierungsmitglieder nicht ausüben, sondern es entsprechend befristet einem Nachfolger oder Ersatzkandidaten überlassen. Eine Regelung auf Landesebene (§ 40a LandtagswahlG 1975), die dies vorsah, erklärte der Hessische Staatsgerichtshof für verfassungswidrig[447]. Ein Mandat kann entweder ausgeführt werden oder der Gewählte verzichtet endgültig und unwiderruflich auf die Ausübung.

b) Abgeordnete als Vertreter des gesamten Volkes, Grundsatz des freien Man- **406** **dats.** Gem. Art. 38 Abs. 1 Satz 2 GG sind die Abgeordneten Vertreter des gesamten Volkes, an Aufträge und Weisungen nicht gebunden und nur ihrem Gewissen unterworfen. Damit wird das *freie Mandat* des Abgeordneten normiert, das Grundlage einer repräsentativen Demokratie ist. Repräsentation bedeutet insofern nicht weisungsgebundenes Handeln, sondern eine eigenständige Willensbildung der Parlamentarier anstelle des Volkes. Gegenteil des freien Mandats wäre ein imperatives Mandat. Dessen Träger entscheidet, wie etwa die Ratsmitglieder in den Versuchen zur Etablierung von Räterepubliken nach der Novemberrevolution 1918/1919, nicht frei, sondern auf Anweisung seiner Wähler. Für die Vielzahl von Entscheidungen, die in einer modernen repräsentativen Demokratie durch das Legislativorgan zu treffen sind, wäre das System des imperativen Mandats gänzlich ungeeignet.

Die Abgeordneten sind *Vertreter des gesamten Volks*. Die Wahl in einem bestimmten **407** Wahlkreis oder über eine Landesliste entbindet nicht von dem damit verbundenen Auftrag, die Interessen aller Bürger in den Blick zu nehmen. Dennoch kann eine besondere Verbindung zwischen den Abgeordneten und den „eigenen" Wählern bestehen, insbesondere den Direktkandidaten und den Bürgern in ihrem jeweiligen Wahlkreis[448].

Gem. Art. 38 Abs. 1 Satz 2 GG unterliegt die Mitwirkung der Abgeordneten an **408** der Entscheidungsfindung des Parlaments keiner Bindung an Aufträge oder Weisungen. Einzige Richtschnur der parlamentarischen Tätigkeit soll das eigene Gewissen sein[449]. Wesentliches Element des *freien Mandats* ist die fehlende Möglichkeit der vorzeitigen Beendigung des Bundestagsmandats gegen den Willen des Mandatsträgers. Das Mandat ist auch nicht an die Zugehörigkeit zu einer Partei oder einer Fraktion gekoppelt. Auch im Wahlkampf angekündigte Maßnahmen (sog. Wahlversprechen) entfalten keine rechtliche Bindungswirkung, die Nichteinhaltung zeitigt keine juristische Konsequenz.

Die vom freien Mandat umfasste Willensbildungsfreiheit der Abgeordneten ge- **408a** nießt Schutz gegenüber allen Trägern staatlicher Gewalt und schützt somit auch vor „exekutiver Beobachtung, Beaufsichtigung und Kontrolle"[450]. Die Beobachtung von Abgeordneten durch Behörden des Verfassungsschutzes stellt einen Eingriff in Art. 38 Abs. 1 Satz 2 GG dar, der einer gesetzlichen Grundlage bedarf und

---

446 Ausführlich zu den Wahlrechtsgrundsätzen unten Rn. 452 ff.
447 HessStGH, NJW 1977, 2065; vgl. *Stern*, Staatsrecht I, S. 1053.
448 Vgl. BVerfGE 84, 304 (333) – *Gruppenstatus PDS.*
449 Vgl. *Klein*, HStR III, § 51 Rn. 4.
450 BVerfGE 134, 141 (175) – *Abgeordnetenüberwachung.*

nur unter strengen Verhältnismäßigkeitsanforderungen gerechtfertigt sein kann[451]. Ebenso schützt das freie Mandat grundsätzlich davor, dass die Büroräumlichkeiten der Abgeordneten ohne ihre Zustimmung von Dritten betreten werden[452].

„Die effektive Wahrnehmung des Mandats setzt in materieller Hinsicht voraus, dass den Abgeordneten eine gewisse Infrastruktur zur Verfügung steht. Sie müssen sich darauf verlassen können, diese Infrastruktur nutzen zu können, ohne eine unberechtigte Wahrnehmung ihrer Arbeit durch Dritte befürchten zu müssen. Die Abgeordnetentätigkeit ist von kommunikativen Elementen und vom Umgang mit schriftlichen Unterlagen geprägt, die eine Meinungsbildung im parlamentarischen Prozess erst ermöglichen. Geistige Haltungen und politische Projekte entstehen regelmäßig in verkörperter Form; sie benötigen einen räumlichen Schutz, damit ihre Entfaltung nicht von vornherein Hemmnissen unterliegt.“[453]

Ein Betreten der Büroräume zur Gefahrenabwehr kommt deshalb nur im Rahmen der Dienstanweisung für den Polizeivollzugsdienst der Polizei beim Deutschen Bundestag (DA-PVD) und nach Maßgabe einer strengen Verhältnismäßigkeitsprüfung in Betracht[454].

409 Die Freiheit des Mandats bezieht sich freilich nur auf die Inhalte der parlamentarischen Arbeit. Sie schließt eine Bindung der Abgeordneten an Verfahrens- und Organisationsregelungen nicht aus. Die Rechte der Abgeordneten werden durch das Erfordernis der Funktionsfähigkeit des Bundestags sowie anderer Staatsorgane, mit denen der Bundestag zusammenwirken muss, wie z. B. im Gesetzgebungsverfahren, beschränkt[455].

410 Auch wenn sich faktische Bindungen und Abhängigkeiten nicht vollständig verhindern lassen, schließt Art. 38 Abs. 1 Satz 2 GG jedenfalls rechtliche Verpflichtungen der Abgeordneten mit Blick auf ihre parlamentarische Tätigkeit aus. Wichtig ist dies vor allem vor dem Hintergrund der in Art. 21 GG explizit anerkannten Parteiendemokratie: Die Organisation der Abgeordneten in parteipolitischen Blöcken (Fraktionen)[456] führt zu politischen Loyalitätspflichten, auch gegenüber den Wählern, die mit der Zweitstimme eine Partei bewusst aufgrund ihrer im Wahlprogramm geäußerten inhaltlichen Linie gewählt haben. Ein Abweichen von der Parteilinie kann im Gegenzug zur Nichtberücksichtigung durch die Partei im Rahmen der nächsten Wahlen führen. Art. 38 Abs. 1 Satz 2 GG stellt jedoch klar, dass diese Bindungen nur politische, keine rechtliche Wirkung entfalten können. Die Grenze zwischen unzulässiger rechtlicher und zulässiger politischer Bindung beschreibt das Begriffspaar „Fraktionszwang" und „Fraktionsdisziplin".

411 Unter dem Begriff *Fraktionszwang* lassen sich alle von einer Fraktion oder der dahinter stehenden Partei ausgehenden Maßnahmen zusammenfassen, durch die an das Abstimmungsverhalten eines Abgeordneten konkrete Rechtsfolgen ge-

---

451 BVerfGE 134, 141 (179 ff.) – *Abgeordnetenüberwachung.*
452 BVerfGE 154, 354 (365 f.) – *Betreten von Abgeordnetenräumen.*
453 BVerfGE 154, 354 (365 f.) – *Betreten von Abgeordnetenräumen.* Kritisch zur damit verbundenen Übertragung der Verhältnismäßigkeitsprüfung in das Staatsorganisationsrecht *Linke,* NVwZ 2021, 1265 ff.
454 BVerfGE 154, 354 (367 ff.) – *Betreten von Abgeordnetenräumen.*
455 Zu diesen formalen Beschränkungen s. u. Rn. 880 ff.
456 S. dazu der nächste Abschnitt Rn. 431 ff.

knüpft werden sollen[457]. Beispiele hierfür wären schriftliche Verpflichtungserklärungen über zukünftiges Abstimmungsverhalten oder daran gekoppelte finanzielle Sanktionen. Maßnahmen des Fraktionszwangs steht der Grundsatz des freien Mandats entgegen, wegen des Verstoßes gegen Art. 38 Abs. 1 Satz 2 GG sind sie rechtlich unwirksam, vgl. § 134 BGB.

Fraktionsdisziplin beschreibt demgegenüber die politische Verpflichtung eines Abgeordneten, seine Entscheidungsfreiheit zugunsten eines einheitlichen Auftretens der Fraktion einzuschränken oder sogar aufzugeben. **412**

> **Beispiele:**
> Festlegung des Abstimmungsverhaltens nach vorheriger Willensbildung der Fraktion durch ihre Mehrheit; ein im Ausschuss erarbeiteter Kompromiss; die Orientierung an der Auffassung des Fraktionsspezialisten zu einer Thematik oder eine vorherige Willensbildung der Parteigremien oder durch Mitgliederentscheid[458].

Die kritische Grenze zum Fraktionszwang liegt dort, wo ein von der Fraktionslinie abweichender Abgeordneter unter Druck gesetzt wird. Zulässig sind etwa namentliche Probeabstimmungen oder fraktionsinterne Sitzungen, auf denen Abweichler von der Fraktion argumentativ in die Pflicht genommen werden. Bei nachhaltiger und schwerwiegender Verletzung der Fraktionsdisziplin kann darüber hinaus der Rückruf eines Abgeordneten aus Parlamentsausschüssen zulässig sein, wenn er die Interessen der Fraktion dort nicht mehr repräsentiert[459]. Im Einzelfall, etwa bei dauerhafter Obstruktionspolitik des Abgeordneten, könnte auch ein vollständiger Fraktionsausschluss zu rechtfertigen sein[460]. Sämtliche dieser Maßnahmen bedürfen jedoch vor dem Hintergrund der verfassungsrechtlich garantierten Entscheidungsfreiheit des Abgeordneten einer besonderen Rechtfertigung[461]. Ohne weiteres zulässig ist die oben angedeutete Variante, Abgeordnete bei der nächsten Wahl nicht erneut zu nominieren: Auf die Aufstellung eines Kandidaten durch eine Partei besteht von vornherein kein Rechtsanspruch.

Die Fraktionsdisziplin ist notwendige Folge der Organisation politischer Mehrheiten im Parlament und keineswegs ein Makel der Demokratie. Die klassische Vorstellung, dass sich für Sachentscheidungen jeweils eine Mehrheit einzelner Parlamentarier aus unterschiedlichen politischen Lagern und Wurzeln bildet – also ein Parlament mit wechselnden Mehrheiten – ist mit der modernen Medien- und Massendemokratie, in der Meinungen öffentlichkeitswirksam zu „Parteiprogrammen" gebündelt werden, kaum vereinbar[462]. Bei der Vielzahl der im parlamentarischen Betrieb zu treffenden Entscheidungen handelt es sich nur in wenigen Fällen um Fragestellungen, aus denen sich tatsächliche Gewissenskonflikte ergeben können. Bei Themen mit engem moralisch-ethischem Bezug wird auch in der politischen Praxis eine Ausnahme von der Fraktionsdisziplin gemacht: Hier sollen sich die Abgeordneten parteiübergreifend für diejenige Lösung aussprechen, die ihrem Gewissen entspricht. So verzichteten etwa bei den Entscheidungen des Bundestages über die Zulassung der Präimplantationsdiagnostik im Jahre 2011, über das **413**

---

457 Vgl. *Klein,* HStR III, § 51 Rn. 14.
458 Dazu BVerfG, BayVBl. 2014, 172 – *Mitgliederabstimmung über Koalitionsvertrag.*
459 Vgl. *Maurer,* Staatsrecht I, § 13 Rn. 68 m. w. N.; *Klein,* HStR III, § 51 Rn. 17 f.
460 Zu den Voraussetzunten unten Rn. 441.
461 Vgl. auch VerfGHBW, NVwZ-RR 2018, 129 zur Abberufung eines Abgeordneten aus einem Landtagsausschuss.
462 Umstritten ist die Frage, ob der Parlamentarische Rat von einer Zulässigkeit einer Fraktionsdisziplin unter dem GG ausging, vgl. dazu *Galka/Schuett-Wetschky,* ZPol 2007, 1095 ff.

Verbot geschäftsmäßiger Sterbehilfe im Jahr 2015, sowie über die Einführung der gleichgeschlechtlichen Ehe im Jahr 2017 sämtliche Fraktionen auf eine Abstimmungsvorgabe[463].

414   c) **Rechte der Abgeordneten.** Das Amt des Abgeordneten berechtigt und verpflichtet den Träger, *an der Willensbildung des Parlaments teilzunehmen.* Unterschieden wird zwischen *organschaftlichen Rechten*, die der Abgeordnete im Rahmen seines Amtes und als Organteil des Bundestags wahrnimmt und den *persönlichen Rechten*, die die verfassungsrechtliche Stellung des Abgeordneten nach außen absichern sollen[464].

415   aa) **Organschaftliche Rechte.** Organschaftliche Rechte sind die Rechte, die erforderlich sind, damit das Organ Bundestag seine Funktion als Staatsorgan und der Abgeordnete seine Aufgabe als „Vertreter des ganzen Volkes" in diesem Organ wahrnehmen kann. Es geht somit um Rechte, die dem Abgeordneten innerhalb des politischen Systems zustehen. Normative Grundlage dieser Rechte ist die verfassungsrechtliche Normierung des Abgeordnetenstatus in Art. 38 Abs. 1 GG sowie dessen Ausgestaltung in der GOBT. In der Praxis bestimmen zudem interfraktionelle Absprachen große Teile der parlamentarischen Abläufe.

416   Unmittelbar aus Art. 38 Abs. 1 GG ergeben sich *Mitwirkungs-, Informations- und Antragsrechte* der Abgeordneten. Mitwirkungsrechte umfassen etwa das Recht, an den Verhandlungen und Beschlüssen des Bundestags durch Wortbeiträge und Stimmabgabe teilzunehmen. Informationsrechte in Gestalt von Frage- und Auskunftsrechten sollen dem Abgeordneten die Möglichkeit geben, sich die zur Ausübung seines Mandats erforderlichen Informationen zu beschaffen, insbesondere auch durch Anfragen gegenüber der Bundesregierung, auf die diese grundsätzlich „Rede und Antwort zu stehen hat"[465]. Durch Antragsrechte soll der Abgeordnete die Gelegenheit erhalten, Themen und Vorgänge zum Gegenstand der parlamentarischen Beratungen und Beschlüsse zu machen[466]. Da die wesentlichen Sachfragen in den parlamentarischen Ausschüssen diskutiert werden, soll jeder Abgeordnete einen Ausschusssitz, wenn auch im Fall des fraktionslosen Abgeordneten ggf. ohne Stimmrecht, innehaben[467].

417   Darüber hinaus existieren Rechte, die einzelnen Abgeordneten nicht allein, sondern nur in Verbindung mit einer bestimmten Anzahl weiterer Abgeordneter zustehen. So muss etwa die Gesetzesinitiative „aus der Mitte des Bundestages" (Art. 76 Abs. 1 GG) nach der verfassungsrechtlich problematischen[468] Ausgestaltung in § 76 Abs. 1 GOBT von mindestens 5 % der Abgeordneten getragen werden.

---

463   Vgl. Süddeutsche.de vom 7.7.2011, abrufbar unter http://www.sueddeutsche.de/politik/entscheidung-im-bundestag-parlament-erlaubt-gentests-an-embryonen-1.1117300 (zuletzt aufgerufen am 15.1.2022); Süddeutsche.de vom 6.11.2015, abrufbar unter https://www.sueddeutsche.de/leben/familie-bundestag-beschliesst-verbot-geschaeftsmaessiger-sterbehilfe-dpa.urn-newsml-dpa-com-20090101-151106-99-04568 (zuletzt aufgerufen am 15.1.2022); Spiegel online vom 28.6.2017, abrufbar unter: http://www.spiegel.de/politik/deutschland/ehe-fuer-alle-fraktionszwang-und-gewissensfrage-kompakt-erklaert-a-1154894.html (zuletzt aufgerufen am 15.1.2022).
464   Zum Folgenden vgl. *Klein*, HStR III, § 51 Rn. 23 ff.; *Stern*, Staatsrecht I, S. 1094 ff.
465   BVerfGE 13, 123 (125) – *Fragestunde*; 57, 1 (5) – *NPD*; 67, 100 (129) – *Flick-Untersuchungsausschuss*; 70, 324 (355) – *Haushaltskontrolle der Nachrichtendienste.* Dazu unten Rn. 583 ff.
466   Vgl. BayVerfGHE 29, 63 (89).
467   BVerfGE 80, 188 (208 f.) – *Wüppesahl*. S. dazu unten Rn. 439.
468   S. dazu unten Rn. 878.

Ausgestaltung und Beschränkungen der dargestellten Rechte wie beispielsweise **418** ein begrenztes Rederecht ergeben sich aus organisatorischen und verfahrensrechtlichen Regelungen, die für die Funktionsfähigkeit des Parlaments erforderlich sind. So sieht etwa die Vorschrift des § 36 GOBT einen Sach- oder Ordnungsruf und bei mehrfacher Wiederholung die Entziehung des Wortes vor, wenn ein Abgeordneter in einer Rede abschweift oder in seinem Verhalten die Ordnung oder Würde des Bundestags verletzt. In schweren Fällen kommt nach § 37 GOBT die Verhängung eines Ordnungsgelds, nach § 38 GOBT ein Sitzungsausschluss in Betracht. Diese Normen stellen eine verfassungskonforme Einschränkung des Rederechts der Abgeordneten zugunsten der Repräsentationsfähigkeit und Funktionsfähigkeit des Bundestags dar. Sie bedürfen jedoch auch einer verfassungskonformen, den Statusrechten des Abgeordneten Rechnung tragenden Anwendung im Einzelfall, wobei dem Bundestagspräsidenten bei der Auswahl der konkreten Ordnungsmittel ein Ermessensspielraum zukommt. Gegen Sach- und Ordnungsrufe, den Entzug des Rederechts, Ordnungsgeld und Sitzungsausschluss können sich betroffene Abgeordnete im Organstreitverfahren wehren und eine Verletzung ihres Teilnahme- und Rederechts aus Art. 38 Abs. 1 Satz 2 GG geltend machen. Auf Grundrechte wie insbesondere die Meinungsfreiheit des Art. 5 Abs. 1 GG können sie sich in ihrer Rolle als Organteil dagegen nicht berufen. Voraussetzung des Organstreits ist, dass die Abgeordneten zunächst erfolglos das in § 39 GOBT vorgesehene Einspruchsverfahren durchgeführt haben. Durch dieses Verfahren wird die Entscheidungskompetenz des Plenums aktiviert und eine innerparlamentarische Reflexions- und Kontrollmöglichkeit eröffnet[469]. Gegen eine bloße Rüge, die keinerlei rechtliche Konsequenzen zeigt, ist das Organstreitverfahren dagegen nicht zulässig, da von vornherein keine Rechtsverletzung droht.

bb) Persönliche Rechte der Abgeordneten. Die zweite Kategorie von Rechten **419** des Abgeordneten sind *persönliche Rechte* des Mandatsträgers, die seinen Status gesellschaftlich absichern sollen. Normative Grundlagen sind verfassungsrechtlich die Art. 46–48 GG und einfachgesetzlich insbesondere das Abgeordnetengesetz (AbgG).

(1) Indemnität und Immunität. Art. 46 GG gewährleistet Indemnität (Freiheit **419a** von rechtlicher Sanktionierung im Parlament getätigter Äußerungen) und Immunität (eingeschränkte Strafverfolgung).

Indemnität i. S. d. Art. 46 Abs. 1 GG bedeutet, dass ein Abgeordneter zu keiner Zeit **420** wegen Abstimmungen im Bundestag oder einem Ausschuss oder dort getätigten Äußerungen gerichtlich, dienstlich oder anderweitig verfolgt oder zur Verantwortung gezogen werden darf. Ausgeschlossen sind somit die Anklage wegen Straftatbeständen wie Beleidigung oder übler Nachrede gem. §§ 185 f. StGB, zivilrechtliche Ansprüche auf Schadensersatz und Disziplinarverfahren[470]. Ausgenommen sind gem. Art. 46 Abs. 1 Satz 2 Verleumdungen, da der Abgeordnete hier nicht schutzwürdig ist (vgl. § 187 StGB: „wider besseres Wissen"). Die Indemnität schützt lebenslang und ist nicht aufhebbar („zu keiner Zeit"). Geschützt wird so das freie Wort und die Meinungsbildung der Parlamentarier und damit die Funktionsfähigkeit des Parlaments. Diese wäre beeinträchtigt, wenn Abgeordnete aus Furcht vor externen Konsequenzen ihre Meinung nicht frei artikulieren könn-

---

469 BVerfGE 152, 35 (50 f.) – *Ordnungsgeld gegen Abgeordnete.*
470 Vgl. *Degenhart*, Staatsrecht I, Rn. 669.

ten. Keine Indemnität genießt ein Abgeordneter jedoch außerhalb des parlamentarischen Bereichs, z. B. bei Wahlkampfveranstaltungen oder Stellungnahmen in den Medien, sowie bei reinen Privatgesprächen.

421 *Immunität* (Art. 46 Abs. 2–4 GG) bedeutet Schutz vor strafrechtlicher Verfolgung (Prozess, Ermittlungsverfahren) während der Zeit des Abgeordnetenmandats. Wird der Abgeordnete nicht „bei Begehung der Tat oder im Laufe des folgenden Tages" festgenommen, d. h. in Fällen, in denen die Tatbegehung offenkundig ist, bedarf jede Strafverfolgung von Abgeordneten (Art. 46 Abs. 2 GG) der Genehmigung des Bundestages ebenso wie andere Beschränkungen der persönlichen Freiheit sowie Grundrechtsverwirkungen i. S. d. Art. 18 GG. Der Bundestag kann in den genannten Fällen auch den Status der Immunität wiederherstellen (vgl. Art. 46 Abs. 4 GG). Der Bundestag verfügt hinsichtlich der Aufhebung oder Wiederherstellung der Immunität über einen weiteren Entscheidungsspielraum; betroffene Abgeordnete können jedoch einen Anspruch auf willkürfreie Entscheidung im Organstreitverfahren geltend machen[471].
Durch das Zustimmungserfordernis des Bundestages soll dieser in seiner Funktionsfähigkeit vor Eingriffen durch die anderen Teile der Staatsgewalt geschützt werden. Zugrunde liegt die Besorgnis, die Exekutive könnte durch gezielt manipulierte Strafverfahren bewusst unliebsame Abgeordnete aus dem Verkehr ziehen und so die parlamentarische Willensbildung verfälschen. Da diese Gefahr nur während des laufenden Abgeordnetenmandats besteht, beschränkt sich auch die Immunität, anders als die Indemnität, auf diesen Zeitraum[472].

422 **(2) Zeugnisverweigerungsrecht.** Art. 47 GG begründet ein Zeugnisverweigerungsrecht der Abgeordneten über Personen, die ihnen in ihrer Eigenschaft als Abgeordnete oder denen sie in dieser Eigenschaft Informationen anvertraut haben, sowie über die Informationen selbst. Einfachgesetzlich wird dieses Zeugnisverweigerungsrecht in den jeweiligen Prozessordnungen ausgestaltet (vgl. z. B. §§ 53 Abs. 1 Nr. 3 StPO, 383 Abs. 1 Nr. 6 ZPO). Es entspricht inhaltlich dort den Zeugnisverweigerungsrechten anderer Vertrauenspersonen wie etwa Geistlichen oder Rechtsanwälten. Da das Zeugnisverweigerungsrecht die effektive Ausübung des parlamentarischen Mandats – einschließlich der Information über alle aus Sicht des Abgeordneten relevanten Vorgänge – ohne Angst vor zukünftigen negativen Konsequenzen absichern soll, muss es wie die Indemnität lebenslang gewährleistet bleiben.

423 **(3) Weitere Rechte.** Gem. Art. 48 GG haben Abgeordnete Anspruch auf Urlaub für den Wahlkampf (Art. 48 Abs. 1 GG, § 3 AbgG), genießen arbeitsrechtlichen Schutz (Art. 48 Abs. 2 GG, §§ 2, 4, 5 ff. AbgG) und erhalten eine angemessene, ihre Unabhängigkeit sichernde Entschädigung für ihre parlamentarische Tätigkeit („Diäten", Art. 48 Abs. 3 Satz 1 GG, §§ 11 ff. AbgG); sie haben das Recht auf freie Benutzung aller staatlichen Verkehrsmittel (Art. 48 Abs. 3 Satz 2 GG). Ziel dieser Vorschriften ist es, sicherzustellen, dass jeder Bürger gleiche Zugangsmöglichkeiten zum Abgeordnetenmandat hat und nicht durch betriebliche oder materielle Hürden von der Bewerbung um ein Abgeordnetenmandat abgehalten wird. Dabei sollen sich auch fähige Bürger, die in Führungspositionen in der Wirtschaft viel Geld verdienen könnten, um einen Parlamentssitz bemühen. Über die angemes-

---

471 BVerfGE 104, 310 (332) – *Immunität von Abgeordneten.*
472 Dazu BVerfG, NJW 2014, 3085 (3086) – *Fall Edathy.*

sene Entschädigung entscheiden die Abgeordneten selbst durch Gesetz (vgl. Art. 48 Abs. 3 Satz 3 GG, §§ 11 ff. AbgG)[473]. Verfassungsrechtlich ist diese Entscheidungsbefugnis des Parlaments in eigener Sache nicht unproblematisch: das Bundesverfassungsgericht sah sie vor dem Hintergrund als gerechtfertigt an, dass „jede Veränderung in der Höhe im Plenum zu diskutieren und vor den Augen der Öffentlichkeit darüber als einer selbstständigen politischen Frage zu entscheiden ist."[474] Bedenklich ist daher die Neuregelung des § 11 Abs. 4 AbgG, wonach die monatliche Entschädigung jährlich auf Basis des Nominallohnindexes angepasst werden soll[475].

Problematisch ist in diesem Zusammenhang die Zulässigkeit von Nebentätigkeiten von Bundestagsabgeordneten. Waren diese lange Zeit uneingeschränkt zulässig, versucht nunmehr § 44a AbgG einen Ausgleich zwischen der Verpflichtung des Abgeordneten, sein Amt gewissenhaft wahrzunehmen und seinem Interesse, nach Ausscheiden aus seinem Mandat seine vorherige berufliche Tätigkeit nahtlos fortführen zu können. § 44a Abs. 1 Satz 1 AbgG stellt klar, dass die Ausübung des Mandats im Mittelpunkt der Tätigkeit des Abgeordneten stehen muss; § 44a Abs. 1 Satz 2 AbgG gestattet nach dieser Maßgabe grundsätzlich Nebentätigkeiten. Allerdings regelt § 44a Abs. 2 AbgG, dass Abgeordnete keine anderen als die gesetzlich vorgesehenen Zuwendungen für die Ausübung ihres Amtes erhalten dürfen, verbietet also etwa „Beraterverträge", auf deren Grundlage sich Abgeordnete verpflichten, Interessen bestimmter Firmen in den Bundestag einzubringen. § 44a Abs. 4 AbgG statuiert eine Anzeigepflicht für Nebenverdienste. Das BVerfG hält diese Einschränkungen der Unabhängigkeit der Abgeordneten für durch das öffentliches Interesse an einem funktionsfähigen Parlament gerechtfertigt[476].   **423a**

d) Anforderungen an die Abgeordneten. Mit dem Amt des Abgeordneten sind auch *Pflichten und Anforderungen* verbunden. Zunächst unterliegt der Abgeordnete wie jeder Träger eines öffentlichen Amtes und insbesondere als Teil eines Staatsorgans den rechtlichen Bindungen, die die Verfassung der Staatsgewalt auferlegt[477]. Hinzu kommen spezifische Abgeordnetenpflichten und weitere Anforderungen, die sich insbesondere aus Inkompatibilitätsvorschriften ergeben.   **424**

aa) Abgeordnetenpflichten. Der Abgeordnete ist verpflichtet sein Amt wahrzunehmen, indem er an der Arbeit des Bundestags teilnimmt (vgl. § 13 Abs. 2 Satz 1 GOBT). Er muss die organisatorischen und verfahrensrechtlichen Regeln des Bundestags beachten und unterliegt bestimmten Verhaltenspflichten (vgl. § 44a AbgG, § 18 GOBT, Anlage 1 GOBT). Diese Pflichten sind mit dem Status des freien Mandats vereinbar. Sie wirken sich nicht auf die innere Entscheidungsfreiheit des Abgeordneten aus und sind grundsätzlich nicht unmittelbar durchsetzbar. Verletzungen ziehen nur mittelbar Nachteile nach sich, wie die Kürzung finanzieller Zuwendungen. Insofern haben sie den Charakter von Obliegenheiten, d. h. Verpflichtungen, die lediglich im Eigeninteresse bestehen. Weitergehende Sanktionen können etwa der Wortentzug oder gar der Ausschluss aus den Parlamentsberatungen sein, was bei gravierenden Ordnungsverletzungen zum Schutz der Funktionsfähigkeit des Parlaments geboten sein kann.   **425**

---

473 Vgl. ausführlich *Maurer*, Staatsrecht I, § 13 Rn. 77 ff. m. w. N.
474 BVerfGE 40, 296 (316 f.) – *Abgeordnetengesetz.*
475 Dazu *v. Arnim*, DVBl. 2014, 605.
476 BVerfGE 118, 277 (324 ff.) – *Nebeneinkünfte von Abgeordneten.*
477 Hierzu umfassend oben Rn. 176 ff.

426 **bb) Inkompatibilitäten.** Eine der wichtigsten Funktionen des Parlaments (Legislative) ist die *Kontrolle von Regierung und Verwaltung* (Exekutive). Notwendige Voraussetzung hierfür ist eine personelle Gewaltenteilung, die die Identität von Kontrolleur und Kontrollierten verhindert. Die Vorschriften zur *Inkompatibilität* (Unvereinbarkeit) von Amt und Mandat bezwecken diese Sicherung der organisatorischen Gewaltenteilung gegen Gefahren, die durch das Zusammentreffen eines Amts in der Exekutive mit dem Abgeordnetenmandat entstehen können[478]. Ähnliches gilt für das Verhältnis von Abgeordnetenmandat und Ämtern in der Rechtsprechung.

427 Verfassungsrechtlich ist die Inkompatibilität von Abgeordnetenmandat und Ämtern im öffentlichen Dienst in Art. 137 Abs. 1 GG geregelt. Für Angehörige des öffentlichen Dienstes – ausgenommen dort beschäftigte Angestellte – kann die Wählbarkeit in den Bundestag durch Gesetz beschränkt werden. Gleiches gilt für die Wählbarkeit in die Landes- und Kommunalparlamente. Aufgrund dieser Ermächtigung regeln die §§ 5 ff. AbgG und weitere gesetzliche Vorschriften des öffentlichen Dienstrechts in umfangreichem Maße die Unvereinbarkeit von Amt und Mandat.

428 Unvereinbarkeit (Inkompatibilität) bedeutet eine Beschränkung, jedoch keinen anfänglichen Ausschluss der Wählbarkeit (*Ineligibilität*)[479]. Der Inhaber eines inkompatiblen Amts kann zwar gewählt werden. Er kann sein Mandat aber nur ausüben, wenn er während dieser Zeit auf die Ausübung seines öffentlichen Amtes verzichtet. Nach dem Ende des Mandats können ehemalige Abgeordnete dagegen wieder in ein bestehendes Dienstverhältnis zurückkehren.

429 Weitere Inkompatibilitäten regelt die Verfassung für den Bundespräsidenten in Art. 55 GG und für Mitglieder des Bundesverfassungsgerichts in Art. 94 Abs. 1 Satz 3 GG, die ebenfalls keiner gesetzgebenden Körperschaft des Bundes oder eines Landes angehören dürfen. Aus dem verfassungsrechtlichen Verhältnis von Bundestag und Bundesrat im Gesetzgebungsverfahren und der wechselseitigen Kontrollfunktion folgt, dass die Mitglieder des Bundesrats nicht gleichzeitig dem Bundestag angehören dürfen (vgl. § 2 GOBR). Dagegen ist ein Doppelmandat in Bundestag und Landtag mit Blick auf Inkompatibilitäten unproblematisch, allerdings aufgrund der Arbeitsbelastung eines Parlamentariers kaum zu bewältigen[480].

430 Die grundsätzliche Unvereinbarkeit von Amt und Mandat gilt in der Exekutive nicht für die Bundesregierung. Das parlamentarische Regierungssystem führt gerade zu einer engen Beziehung zwischen dem Parlament und der Regierung, weil die Parlamentsmehrheit die Regierung trägt. Der Bundeskanzler und die Bundesminister sind regelmäßig Mitglieder des Parlaments und wahren so den Kontakt zu „ihren" Fraktionen. Die Unvereinbarkeit gilt aber für die nachgeordnete „unpolitische" Verwaltung, die unabhängig von den politischen Mehrheiten und den Wechseln an der Spitze der Exekutive agiert.

6. Fraktionen

431 Fraktionen sind Vereinigungen von mindestens 5 % der Mitglieder des Bundestags, die derselben Partei oder solchen Parteien angehören, die aufgrund gleichge-

---

478 Vgl. BVerfGE 48, 64 (82) – *Inkompatibilität auf kommunaler Ebene*.
479 *Jarass*, in: Jarass/Pieroth, GG, Art. 137 Rn. 3.
480 Zum Ganzen vgl. *Klein*, HStR III, § 51 Rn. 26 ff.

richteter politischer Ziele in keinem Land miteinander in Wettbewerb stehen (sog. CDU/CSU-Klausel, vgl. § 45 AbgG, § 10 Abs. 1 GOBT). Die Mindestanzahl von 5 % entspricht der 5 %-Hürde beim Anteil an den Zweitstimmen, die jede Landesliste einer Partei nehmen muss, damit diese in den Bundestag gelangt.

Die Fraktionen sind notwendige Einrichtungen des Verfassungslebens und maß- **432** geblich Faktoren der politischen Willensbildung[481]. In ihnen wird die parlamentarische Arbeit gebündelt und werden Mehrheiten organisiert. Der zwangsläufigen Bildung von Parteien in repräsentativen Demokratien hat das Grundgesetz durch Art. 21 Rechnung getragen, indem es den Parteien eine besondere Stellung bei der politischen Willensbildung des Volkes einräumt. Für die staatliche Willensbildung setzt sich die Funktion der Parteien im Parlament in den Fraktionen fort. Die Fraktionen spiegeln die parteipolitische Aufteilung der gesellschaftlichen Sphäre im Bundestag wider. Faktisch stellen sich die Fraktionen oft in erster Linie als verlängerter Arm der Parteien im Parlament dar. Entscheidend ist in aller Regel die vorherige Aufstellung als Kandidat der Partei, die dann zur späteren Fraktionszugehörigkeit führt. Rechtlich sind die Fraktionen jedoch von den Parteiinstitutionen unabhängige Vereinigungen von Abgeordneten (vgl. § 45 AbgG) und von den Parteien strikt zu trennen. Die Fraktionszugehörigkeit ist nicht zwingende rechtliche Folge der Parteizugehörigkeit, sondern freie Entscheidung des einzelnen Abgeordneten. Dies verdeutlicht erneut den oben[482] dargestellten Vorrang des freien Mandats gem. Art. 38 Abs. 1 Satz 2 GG vor der Parteiendemokratie gem. Art. 21 GG. Fraktionen können deshalb nicht etwa den Anspruch politischer Parteien auf Chancengleichheit nach Art. 21 Abs. 1 GG für diese geltend machen[483]. Wird eine Partei von der staatlichen Finanzierung ausgeschlossen (Art. 21 Abs. 3 GG)[484], kann dies keine Auswirkungen auf etwaige Fraktionszuwendungen haben[485].

Verfassungsrechtliche Grundlage der Fraktionen ist Art. 38 Abs. 1 Satz 2 GG[486]. Aus **433** dem freien Mandat erwächst das Recht des Abgeordneten, sich parlamentarisch zu organisieren. In dieser institutionalisierten Form haben die Fraktionen entsprechende parlamentarische Rechte, insbesondere ein Recht auf gleiche Teilhabe an der parlamentarischen Willensbildung[487]. Eine verfassungsrechtliche Pflicht, Fraktionen zu bilden, besteht dagegen nicht. Das Grundgesetz regelt den rechtlichen Status der Fraktionen nicht, geht aber von ihrer Existenz aus und erwähnt sie ausdrücklich nur in Art. 53a Abs. 1 Satz 2 GG. Die wesentlichen Regelungen finden sich einfachgesetzlich in den §§ 45 ff. AbgG sowie in den §§ 10 ff. GOBT.

In der parlamentarischen Praxis kommt Fraktionen eine erhebliche Bedeutung zu. **434**

„Fraktionen sind für das Verfassungsleben notwendige und zugleich die das Parlament bestimmenden Einrichtungen, denen von Verfassungs wegen das Recht zur Mitwirkung an der Erfüllung der Aufgaben des Landtags garantiert ist [...] Sie organisieren das parlamentarische Geschehen arbeitsteilig und sichern die parlamentarische Funktionsfähigkeit vor allem durch mehrheitsfähige Meinungsbündelung [...]. Den Fraktionen

---

481 BVerfGE 84, 304 (322) – *Gruppenstatus PDS.*
482 Rn. 406 ff.
483 BVerfGE 150, 163 – *Äußerungen des Bundesinnenministers (Fall Seehofer).*
484 Unten Rn. 828 ff.
485 BVerwGE 162, 284 (294 f.) – *Ausschluss von Fraktionszuwendungen;* ausführlich unten Rn. 810a.
486 Vgl. *Maurer,* Staatsrecht I, § 13 Rn. 105.
487 BVerfGE 154, 1 (12) – *Abwahl des Vorsitzenden des Rechtsausschusses – eA.*

kommt im parlamentarischen Willensbildungsprozess eine „Filterfunktion" zu: Die unterschiedlichen Vorstellungen der Abgeordneten sollen durch die Sacharbeit in den Fraktionen gebündelt werden, so dass an das Parlament mehrheitsfähige bzw. vorabgestimmte Positionen herangetragen werden [...] Zudem ist für die Bewältigung der komplexen Aufgaben eines modernen Parlaments die fraktionsinterne Arbeitsteilung unentbehrlich [...]. Eine wirksame parlamentarische Aufgabenerfüllung wäre ohne die innerhalb der Fraktionen stattfindende Vorklärung von Sachfragen, Informationsverarbeitung und Abstimmung divergierender Meinungen nicht möglich, so dass die von den Fraktionen wahrgenommenen „Koordinierungsaufgaben" für die parlamentarische Arbeit unabdingbar sind [...]. In den Parlamentsfraktionen vollzieht sich damit ein erheblicher Teil der Meinungs- und Willensbildung der Abgeordneten und dadurch des Parlaments im Ganzen"[488].

Der *rechtliche Charakter* der Fraktionen ist nicht eindeutig geklärt. Auch das BVerfG hat eine eindeutige Festlegung vermieden. Unterschieden werden muss nach der Rechtssphäre, in der die Fraktionen auftreten.

435   **a) Fraktionen als Organteile des Bundestags.** Innerhalb des Parlaments sind die Fraktionen *Teile des Organs* Bundestag. Sie wirken an der parlamentarischen Willensbildung mit. Ihr Status und ihr Handeln bestimmen sich durch die Verfassung, das AbgG sowie die GOBT. Insoweit ist aufgrund des Demokratieprinzips der interne parlamentarisch-demokratische Aufbau zwingend (vgl. § 48 AbgG).

436   Zur Mitwirkung an der Erfüllung der Aufgaben des Bundestags (§ 47 AbgG) werden den Fraktionen in der GOBT und im AbgG eine Reihe von Rechten und Pflichten eingeräumt. Die Fraktionen besetzen die Ausschüsse mit ihren Mitgliedern (§§ 11 f. GOBT). Sie haben Antrags- und Informationsrechte (vgl. §§ 76 Abs. 1, 85 Abs. 1 GOBT) und Anspruch auf Geld- und Sachleistungen (vgl. § 50 AbgG). Nach § 2 Abs. 1 Satz 2 GOBT muss darüber hinaus jede Fraktion durch mindestens einen Vizepräsidenten im Präsidium vertreten sein, nach § 12 Satz 1 GOBT sind die Zusammensetzung des Ältestenrates und die Regelung des Vorsitzes in den Ausschüssen im Verhältnis der Stärke der einzelnen Fraktionen vorzunehmen. Bei der Wahrnehmung dieser Rechte folgt aus Art. 38 Abs. 1 Satz 2 GG ein Anspruch der Fraktionen auf formale Gleichbehandlung[489]. Differenzierungen ergeben sich aus dem Verhältnis ihrer Sitzanteile, nicht jedoch aus inhaltlichen Gesichtspunkten. Auch wenn eine Fraktion im Bundestag durch offenen Tabubruch auffällt[490], muss deren „verfassungs- und geschäftsordnungsrechtliche Stellung [...] strikt respektiert"[491] werden. Die Auseinandersetzung mit den politischen Zielen der Fraktion und ihrer Abgeordneten hat allein auf der inhaltlichen Ebene stattzufinden. Wie die Abgeordneten unterliegen die Fraktionen bei ihrer Tätigkeit den verfassungsrechtlichen Bindungen und den organisatorischen und verfahrensrechtlichen Normen des Parlaments.

---

488 VerfGH RhPf, Urteil vom 30.10.2020 – VGH O 52/20, BeckRS 2020, 29328, Rn. 31.

489 Dies bedeutet nicht, dass die Bundestagsmehrheit verpflichtet wäre, jeden von einer Fraktion vorgeschlagenen Kandidaten für einen Ausschuss zu wählen, oder nicht das Recht hätte, Ausschussvorsitzende abzuberufen. Ob für eine solche Abwahl besondere verfassungsrechtliche Anforderungen gelten, hat das Bundesverfassungsgericht bislang offen gelassen, vgl. BVerfGE 154, 1 (15) – *Abwahl des Vorsitzenden des Rechtsausschusses – eA.* Für ein Willkürverbot *Glauben*, DVBl 2020, 1174 ff. (1179).

490 Vgl. zur Fraktion der sog. „Alternative für Deutschland" (AfD) *Schönberger/Schönberger*, JZ 2018, 105 ff. (106 f.).

491 *Schönberger/Schönberger*, JZ 2018, 105 ff. (114).

Wie die Abgeordneten können die Fraktionen *ihre Rechte* als Organteile des Bundestags vor dem BVerfG *im Organstreitverfahren* gem. Art. 93 Abs. 1 Nr. 1 GG *geltend machen*[492]. Im Gegensatz zu einzelnen Abgeordneten ist es den Fraktionen gestattet, neben eigenen Rechten auch Rechte des Gesamtorgans Bundestag selbst geltend zu machen (Prozessstandschaft)[493]. Diese Ausnahme soll die Rechte des Bundestags als Verfassungsorgan und insbesondere die parlamentarische Minderheit absichern. Das parlamentarische Regierungssystem führt zu einer weitgehenden politischen Übereinstimmung von Regierung und der sie tragenden Parlamentsmehrheit. Die Kontrollfunktion des Parlaments muss daher insbesondere durch besonders starke Minderheitenrechte geschützt werden. Notwendig ist deshalb auch, dass die oppositionellen Fraktionen die Rechte des Bundestags auch gegenüber anderen Staatsorganen geltend machen können. Allerdings soll der Minderheitenschutz nicht so weit gehen, Gruppen oder gar einzelnen Abgeordneten den Weg zur Prozessstandschaft zu eröffnen[494]. Zu beachten ist weiterhin, dass im Organstreitverfahren lediglich die Verletzung konkreter Rechtspositionen geltend gemacht werden kann: Das Organstreitverfahren eröffnet den Fraktionen keine Möglichkeit zur isolierten Beanstandung des Regierungshandelns[495]. **437**

b) Privilegien der Fraktionen, fraktionslose Abgeordnete. Die Fraktionen werden im parlamentarischen Leben *privilegiert*, vor allem bei der personellen Besetzung von Parlamentsgremien und der Zuteilung von Rederechten (vgl. §§ 12, 28 GOBT). Diese Privilegierung ist gerechtfertigt, soweit sie im parlamentarischen Prozess der Bündelung der Interessen mehrerer Abgeordneter in einem „einheitlichen" Block Rechnung trägt. Nicht beeinträchtigt werden dürfen dadurch jedoch die gem. Art. 38 Abs. 1 Satz 2 GG garantierten Rechte fraktionsloser Mandatsträger. Vollständig erhalten bleiben muss das Stimmrecht im Plenum, da dieses von vornherein nicht an die Fraktionszugehörigkeit geknüpft ist. Ein Rederecht ist ebenfalls zu gewährleisten, wobei die Ausgestaltung im Einzelfall bestimmt werden kann. **438**

Ein besonderer Konflikt ergibt sich in Bezug auf das Stimmrecht in Ausschüssen. Dieses ist Fraktionsmitgliedern vorbehalten, fraktionslose Abgeordnete haben nur beratende Funktion (vgl. § 57 Abs. 2 Satz 2 GOBT). Diese Unterscheidung ist aufgrund der Funktion der Ausschüsse gerechtfertigt: Als vorbereitende Beschlussorgane sollen diese über eine Beschlussempfehlung an das Parlament abstimmen, die dort häufig nur noch umgesetzt wird. Dies setzt voraus, dass die Kräfteverhältnisse in Ausschuss und Plenum übereinstimmen. Ein Stimmrecht eines fraktionslosen Abgeordneten im Ausschuss würde sich im Vergleich zum Plenum überproportional auswirken, so dass die Kräfteverhältnisse verzerrt werden könnten[496]. Dies betrifft aber nur das Stimmrecht in Ausschüssen; das Stimmrecht des fraktionslosen Abgeordneten im Bundestag (als Plenum) wird hierdurch nicht entwertet. Keinen Anspruch hat der fraktionslose Abgeordnete auch auf Mitgliedschaft im Ältestenrat und in Enquête-Kommissionen. Ebenso wenig kann er die den **439**

---

492 BVerfGE 100, 266 – *Auslandseinsatz der Bundeswehr – Kosovo;* BVerfGE 90, 286 – *AWACS Auslandseinsätze der Bundeswehr – Adria* m. w. N.; BVerfGE 123, 267 (336) – *Lissabon-Vertrag.*
493 BVerfGE 67, 100 (125) – *Flick-Untersuchungsausschuss;* BVerfGE 90, 286 (343 f.) – *AWACS Auslandseinsätze der Bundeswehr – Adria.*
494 BVerfGE 90, 286 (344) – *AWACS Auslandseinsätze der Bundeswehr – Adria.*
495 BVerfGE 150, 194 (202) – *Flüchtlingspolitik der Bundesregierung.*
496 BVerfGE 80, 188 (124) – *Wüppesahl.*

Fraktionen und ihren Vorsitzenden vorbehaltene Ausstattung (etwa ein Telefon im Plenarsaal des Parlaments) verlangen. Für fraktionslose Abgeordnete von besonderer Bedeutung ist die allen Abgeordneten zustehende Unterstützung bei der Informationsgewinnung durch die Wissenschaftlichen Dienste des Bundestages[497].

440   **c) Fraktionen im Rechtsverhältnis zu den Abgeordneten.** Die Fraktionsmitgliedschaft und die damit verbundenen Rechte, aber auch Verpflichtungen, etwa Anwesenheits- und Beitragspflichten, haben in der Praxis große Bedeutung für die parlamentarische Tätigkeit der fraktionsangehörigen Abgeordneten.

„Die Möglichkeit, eine Fraktion zu bilden und in ihr mitzuarbeiten, verändert die Wirkungsmöglichkeiten des einzelnen Abgeordneten daher nicht unerheblich. Die Fraktionsmitgliedschaft erweitert nämlich die Mitgestaltungsmöglichkeiten eines Abgeordneten in rechtlicher und in tatsächlicher Hinsicht. Über die jedem Abgeordneten zustehenden Rechte hinaus kann der fraktionsangehörige Abgeordnete vermittelt durch die Fraktion die in der Geschäftsordnung [...] den Fraktionen zugewiesenen Abgeordnetenrechte [...] sowie die dort normierten ausschließlichen Fraktionsrechte wahrnehmen. In tatsächlicher Hinsicht stehen dem fraktionsangehörigen Abgeordneten Hilfestellungen durch die von den Fraktionen unterhaltenen Fraktionsbüros, Archive, Pressestellen und wissenschaftlichen Hilfsdienste zur Verfügung. Die Bildung und Mitarbeit in einer Fraktion hat daher im parlamentarischen Alltag – nicht zuletzt wegen dieser erweiterten Informations- und Mitgestaltungsmöglichkeiten – eine gewichtige Bedeutung bei der Ausübung des Abgeordnetenmandats"[498].

Diese sind Mitglieder der Fraktion und haben entsprechende Mitgliedsrechte, aber auch Verpflichtungen, etwa Anwesenheits- und Beitragspflichten. Unzulässig sind aber alle organisatorischen und sonstigen fraktionsinternen Regelungen, die das freie Mandat einschränken oder die formale Gleichheit der Abgeordneten aufheben (vgl. Art. 38 Abs. 1 Satz 2 GG).

441   Dem Recht der Abgeordneten, sich in einer Fraktion zusammenzuschließen, korrespondiert ein ebenfalls aus dem freien Mandat gem. Art. 38 Abs. 1 Satz 2 GG abzuleitendes Austrittsrecht. Ein Ausschluss eines Abgeordneten aus einer Fraktion ist demgegenüber nur unter besonders strengen Voraussetzungen zulässig. Das ursprüngliche Assoziationsrecht der Abgeordneten verfestigt sich mit Aufnahme der parlamentarischen Arbeit in einer Fraktion zum grundsätzlich bestehenden und im Wege des Organstreitverfahrens durchsetzbaren Recht, der Fraktion auch weiterhin anzugehören[499]. Ein Fraktionsausschluss bedarf daher in materieller Hinsicht eines rechtfertigenden Grundes: Denkbar ist dies insbesondere bei Verlust der Parteizugehörigkeit durch Austritt oder Ausschluss, weil die gemeinsame Parteizugehörigkeit konstitutiv für eine Fraktion ist (vgl. § 10 GOBT)[500]. Auch eine nachhaltige Störung der Fraktionsarbeit – etwa durch wiederholte Abweichung von der Fraktionslinie und von Fraktionsbeschlüssen (Frak-

---

497   Nach der Rechtsprechung des Bundesverwaltungsgerichts haben Bürger einen Anspruch auf Zugang zu den Ausarbeitungen der Wissenschaftlichen Dienste des Bundestages aus § 1 Abs. 1 S. 1 IFG. Sie haben jedoch kein Recht, zu erfahren, welche Abgeordneten die Erstellung der Dokumente beauftragt haben. Vgl. BVerwGE 152, 241 = NJW 2015, 3258 (m. Anm. *Richter/Müller*).

498   VerfGH RhPf, Urteil vom 30.10.2020 – VGH O 52/20, BeckRS 2020, 29328, Rn. 32.

499   Vgl. VerfGH Berlin, NVwZ-RR 2006, 441; VerfGH RhPf, Urteil vom 30.10.2020 – VGH O 52/20, BeckRS 2020, 29328, Rn. 34.

500   Das schließt aber nicht die Möglichkeit aus, auch parteilose Abgeordnete mit in eine Fraktion aufzunehmen.

tionsdisziplin)[501] – oder der Reputation der Fraktion kann einen Ausschluss rechtfertigen. In formeller Hinsicht ist ein Verfahren einzuhalten, das demokratischen und rechtsstaatlichen Anforderungen entspricht[502]. Dies setzt insbesondere die Entscheidung der Fraktionsversammlung über den Ausschluss voraus sowie „ein Ausschlussverfahren, das dem betroffenen Abgeordneten hinreichend Gelegenheit zur wirksamen Stellungnahme einräumt und den Fraktionsmitgliedern die Möglichkeit gibt, diese zu berücksichtigen und an der Entscheidung verantwortlich mitzuwirken"[503].

d) Fraktionen als rechtsfähige Vereinigungen im allgemeinen Rechtsverkehr. **442**
Die Fraktionen können auch außerhalb der organinternen parlamentarischen Sphäre im allgemeinen Rechtsverkehr auftreten. Gem. § 46 Abs. 1 AbgG sind Fraktionen *rechtsfähige Vereinigungen* und auch *prozessual parteifähig* (vgl. § 46 Abs. 2 AbgG). Sie üben jedoch keine öffentliche Gewalt aus und sind kein Teil der öffentlichen Verwaltung (vgl. § 46 Abs. 3 AbgG). Insoweit kann man die Fraktionen als rechtsfähige Vereinigungen einordnen, die zivilrechtliche Vereinbarungen, wie Arbeitsverträge oder Kaufverträge, abschließen können. Das Vereinsgesetz findet keine Anwendung, für die Binnenorganisation bleibt es bei den dargestellten öffentlich-rechtlichen Vorschriften (vgl. § 2 Abs. 2 Nr. 1 VereinsG)[504].

7. Gruppen

Der Normalfall der verfestigten Vereinigung von Abgeordneten im Parlament ist **443**
die Fraktion mit dem gemeinsamen Merkmal der Parteizugehörigkeit und einer Anzahl von mindestens 5 % der gesetzlichen Mitglieder des Bundestags. Es können jedoch auch andere verfestigte Vereinigungen von Abgeordneten gebildet werden, die die Fraktionsstärke nicht erreichen (vgl. § 10 Abs. 4 GOBT). Dieses Recht zur gemeinsamen parlamentarischen Arbeit folgt aus Art. 38 Abs. 1 Satz 2 GG[505]. Das kann beispielsweise der Zusammenschluss mehrerer parteiloser Direktkandidaten sein, aber auch die Abgeordneten einer Partei, die über die sog. Grundmandatsklausel des § 6 Abs. 3 Satz 1 Alt. 2 BWahlG – drei Direktmandate und weitere Abgeordnete entsprechend dem (unter 5 % liegenden) Anteil an den Zweitstimmen – in den Bundestag gewählt worden sind.

Zusammenschlüssen von weniger als 5 % der Abgeordneten kann gem. § 10 **444**
Abs. 4 GOBT der Status einer Gruppe verliehen werden. Ist die Zusammenarbeit genügend verfestigt, darf wegen Art. 38 Abs. 1 Satz 2 GG die Verleihung nicht verweigert werden. Mit diesem Status muss eine Berücksichtigung in den parlamentarischen Gremien verbunden sein, die der proportionalen Größe der Gruppe im Parlament entsprechen, also insbesondere Sitze in den parlamentarischen Ausschüssen[506]. Es besteht jedoch kein Anspruch auf Gewährung der parlamentarischen Rechte, die exklusiv den Fraktionen zugesprochen werden, wie den Ausschussvorsitz oder die Mitgliedschaft in besonderen Ausschüssen (Enquêtekommission oder Untersuchungsausschuss).

---

501 S. oben Rn. 412.
502 Dazu *Lenz*, NVwZ 2005, 364 (366 ff.).
503 VerfGH RhPf, Urteil vom 30.10.2020 – VGH O 52/20, BeckRS 2020, 29328, Rn. 36; vgl. auch *Lenz*, NVwZ 2021, 699.
504 Vgl. zum Ganzen *Maurer*, Staatsrecht I, § 13 Rn. 105 ff.
505 Vgl. BVerfGE 84, 304 – *Gruppenstatus PDS*.
506 Vgl. BVerfGE 84, 304 – *Gruppenstatus PDS*; *Maurer*, Staatsrecht I, § 13 Rn. 110.

445 Die bereits erwähnte Grundmandatsklausel des § 6 Abs. 3 Satz 1 Alt. 2 BWahlG stellt eine Rückausnahme von der 5 %-Klausel des § 6 Abs. 3 Satz 1 Alt. 1 BWahlG dar. Scheitert eine Partei an der 5 %-Hürde hinsichtlich der Zweitstimmen, gelingt es ihr jedoch, mindestens drei Direktmandate zu erreichen, soll diese besondere Bedeutung der Partei in zumindest einigen Wahlkreisen dazu führen, dass sie auch mit ihrem Zweitstimmenanteil bei der Verteilung der Parlamentssitze berücksichtigt wird. Fraglich war jedoch, ob die auf diese Weise ins Parlament gewählten Abgeordneten einer Partei (im konkreten Fall: der PDS in der 13. Wahlperiode von 1994–1998) auf den Gruppenstatus des § 10 Abs. 4 GOBT verwiesen werden durften, oder ob auch sie als Fraktion hätten anerkannt werden müssen. Das BVerfG sah in der im Gegensatz zu § 6 Abs. 3 BWahlG strikt auf die 5 %-Klausel abstellenden Formulierung des § 10 Abs. 1 GOBT keinen Verstoß gegen Art. 38 Abs. 1 GG. Es geht davon aus, dass die Zuerkennung des Gruppenstatus eine effektive parlamentarische Arbeit ausreichend sicherstellt. Die 5 %-Klausel sei demgegenüber ein taugliches Kriterium auch für eine Einschränkung der Mitwirkung im Parlament, der Bundestag habe im Rahmen seiner Selbstorganisation die Mindeststärke der Fraktion somit sachgerecht festgelegt[507].

8. Parlamentarische Opposition

446 Der Begriff der parlamentarischen Opposition bezeichnet die politische, die Regierung nicht tragende Minderheit im Parlament. Politisch bilden die Oppositionsfraktionen gleichwohl das entscheidende parlamentarische Gegengewicht zur Regierungsmehrheit, die die Bundesregierung stützt. Aufgrund des parlamentarischen Regierungssystems wird eine der Hauptfunktionen, nämlich die Kontrolle der Bundesregierung, durch die Opposition ausgeübt. Das Bundesverfassungsgericht hat den Grundsatz der effektiven Opposition als Verfassungsgrundsatz anerkannt:

„Der verfassungsrechtliche Schutz der Opposition wurzelt im Demokratieprinzip, Art. 20 Abs. 1, Abs. 2 und Art. 28 Abs. 1 Satz 1 GG. Aus dem Mehrheitsprinzip nach Art. 42 Abs. 2 GG und den im Grundgesetz vorgesehenen parlamentarischen Minderheitenrechten folgen der Respekt vor der Sachentscheidung der parlamentarischen Mehrheit und die Gewährleistung einer realistischen Chance der parlamentarischen Minderheit, zur Mehrheit zu werden. Dahinter steht die Idee eines – inner- wie außerparlamentarischen – offenen Wettbewerbs der unterschiedlichen politischen Kräfte, welcher namentlich voraussetzt, dass die Opposition nicht behindert wird. Demgemäß ist die Bildung und Ausübung einer organisierten politischen Opposition konstitutiv für die freiheitliche demokratische Grundordnung [...]. Der Senat hat den Grundsatz effektiver Opposition darüber hinaus aus dem Rechtsstaatsprinzip, dem verfassungsrechtlichen Rechtsschutzsystem und aus Art. 38 Abs. 1 Satz 2 GG abgeleitet [...] und dabei die Kontrollfunktion der parlamentarischen Opposition betont. Damit sie diese erfüllen kann, müssen die im Grundgesetz vorgesehenen Minderheitenrechte auf Wirksamkeit hin ausgelegt werden. Eine effektive Opposition darf bei der Ausübung ihrer Kontrollbefugnisse nicht auf das Wohlwollen der Parlamentsmehrheit angewiesen sein. Denn die Kontrollbefugnisse sind der parlamentarischen Opposition nicht nur in ihrem eigenen Interesse, sondern in erster Linie im Interesse des demokratischen, gewaltengegliederten Staates – zur öffentlichen Kontrolle der von der Mehrheit gestützten Regierung und ihrer Exekutivorgane – in die

---

507 Vgl. BVerfGE 96, 264 (278 f.) – *Fraktions- und Gruppenstatus.* Zweifelnd *Maurer*, Staatsrecht I, § 13 Rn. 110.

Hand gegeben. Der Grundsatz der Gewaltenteilung im parlamentarischen Regierungssystem gewährleistet daher die praktische Ausübbarkeit der parlamentarischen Kontrolle gerade auch durch die parlamentarische Opposition "[508].

Rechtsprechung und Literatur: *s. unten nach Rn. 617.*

II.   Die Wahl zum Deutschen Bundestag

1.   Wahlen im repräsentativen parlamentarischen System

Der Wahl zum Deutschen Bundestag kommt in der repräsentativen parlamentari- **447**
schen Demokratie des Grundgesetzes herausragende Bedeutung zu. Diese periodisch wiederkehrende Wahl (Art. 38, 39 GG) ist der einzige Wahlakt i. S. d. Art. 20
Abs. 2 Satz 2 Halbsatz 1 GG, an dem das Volk unmittelbar beteiligt ist. Dabei
bestimmt das Volk zunächst, aus welchen Abgeordneten sich das zentrale Legislativorgan auf Bundesebene zusammensetzt. Aufgrund der Abhängigkeit des Bundeskanzlers von der Mehrheit im Parlament (Art. 63 Abs. 1 GG) entscheidet die
Bundestagswahl zugleich über die personelle Besetzung der Bundesregierung. Im
parlamentarischen Regierungssystem ist daher die Nominierung von „Kanzlerkan-
didaten" vor der Bundestagswahl üblich.

Die Bundestagswahl ist auch die einzige Kontrollmöglichkeit des Volkes, die die **448**
repräsentative Demokratie des Grundgesetzes vorsieht. Während der Wahlperiode
hindert das freie Mandat der Abgeordneten eine rechtliche Einflussnahme durch
das Volk (Art. 38 Abs. 1 Satz 2 GG), es kann somit lediglich im Nachhinein mit
der Wahlentscheidung die Billigung der bisherigen Abgeordnetenarbeit zum Ausdruck bringen. In der „Parteiendemokratie" des Grundgesetzes (vgl. Art. 21
GG)[509] steht die Entscheidung zwischen den verschiedenen politischen Parteien
im Vordergrund. Die Person des einzelnen Abgeordneten hat dagegen immer weniger Gewicht und Bedeutung für die Aufstellung als Wahlkandidat und für die
Entscheidung der Wähler[510].

Das Wahlrecht umfasst sämtliche verfassungsrechtlichen, einfachgesetzlichen und **449**
untergesetzlichen Normen, die die vom Volk ausgehende personelle Besetzung
des Staatsorgans Bundestag regeln. Die Verfassung trifft dabei selbst keine Regelung des konkreten Wahlsystems[511], sondern enthält in den Art. 38, 39 GG in
erster Linie materielle Vorgaben für die Ausgestaltung der Wahl, die deren Funktion als Legitimierung der Staatsgewalt durch Willensäußerung des gesamten Volkes absichern sollen. Dazu zählen die Wahlrechtsgrundsätze des Art. 38 Abs. 1
Satz 1 GG, die Regelungen zum aktiven und passiven Wahlrecht in Art. 38 Abs. 2
GG sowie die Festlegung der Wahlperiode in Art. 39 GG.

Auf einfachgesetzlicher Ebene finden sich die wichtigsten Bestandteile des **450**
Wahlrechts im gem. Art. 38 Abs. 3 GG erlassenen Bundeswahlgesetz (BWahlG)
sowie dem auf Art. 41 Abs. 3 GG beruhenden Wahlprüfungsgesetz (WahlprüfG). Neben den ausdrücklichen Bestimmungen beeinflussen insbesondere
das Demokratieprinzip des Art. 20 Abs. 1 u. 2 GG sowie die Entscheidung für

---

508 BVerfGE 154, 1 (13 f.) – *Abwahl des Vorsitzenden des Rechtsausschusses – eA.*
509 S. unten Rn. 805 ff.
510 Vgl. *Meyer*, HStR III, § 45 Rn. 6 ff.
511 Vgl. dazu Kritik bei *Meyer*, HStR III, § 45 Rn. 22 ff., 31 ff. m. w. N.; *Maurer*, Staatsrecht I, § 13 Rn. 18.

die Parteiendemokratie in Art. 21 GG das Wahlrecht. Das Demokratieprinzip ist der übergeordnete Leitgedanke für das gesamte Wahlrecht, weil die Wahl des Bundestags die zentrale Ausübung demokratischer Rechte in einer repräsentativen Demokratie darstellt, flankiert durch die Meinungs-, Versammlungs- und Pressefreiheit in Art. 5 und 8 GG. Die Parteien wirken, wie Art. 21 GG anerkennt, bei der politischen Willensbildung des Volkes mit. Ihr besonderer Status zeigt sich insbesondere in der bereits angesprochenen Rolle im Rahmen der Bundestagswahl.

451 Dass das Grundgesetz selbst keine Entscheidung über das Wahlsystem trifft, sondern die Entscheidung gem. Art. 38 Abs. 3 GG dem einfachen Gesetzgeber überlässt, ist nicht unproblematisch: Als zentrales Gesetzgebungsorgan erhält hierdurch der Bundestag die Kompetenz, in weitem Umfang die Regelungen und Bedingungen seiner eigenen Existenz festzulegen, ohne sich dabei besonderen Anforderungen wie den Barrieren einer Verfassungsänderung gem. Art. 79 GG gegenüberzusehen. Die Abgeordneten des Bundestags bestimmen mit einfacher Mehrheit darüber, wie ihre Nachfolge geregelt wird. Art. 38 Abs. 3 GG ist als verbindlicher Gesetzgebungsauftrag auszulegen[512]. Der Gesetzgeber ist verpflichtet, ein staatliches Verfahren zu organisieren, in dem der Bürger sein durch das Demokratieprinzip garantiertes Wahlrecht ausüben kann. Dabei kommt ihm jedoch ein Ausgestaltungsspielraum zu:

„Es ist grundsätzlich seine Sache, verfassungsrechtlich geschützte Rechtsgüter und die Wahlrechtsgrundsätze des Art. 38 Abs. 1 – auch im Verhältnis zueinander – zum Ausgleich zu bringen und dabei teilweise gegenläufigen Zielen Rechnung zu tragen"[513].

Dieser Spielraum umfasst auch die angemessene Reaktion auf Entwicklungen der politischen oder gesellschaftlichen Verhältnisse.

„Bei dem ihm gemäß Art. 38 Abs. 3 GG obliegenden Ausgleich der Wahlrechtsgrundsätze und der sonstigen Verfassungsgüter hat er sich an der politischen Wirklichkeit zu orientieren [...]. Der Ausgestaltung des Wahlrechts sind die bestehenden tatsächlichen Verhältnisse und die Prognose ihrer künftigen Entwicklung zugrunde zu legen. Folglich ist der Gesetzgeber verpflichtet, bei neu auftretenden Entwicklungen, die unvorhergesehene Gefahren für die Integrität der Wahl als zentralem demokratischen Legitimationsvorgang mit sich bringen können, die von ihm geschaffenen Regelungen zu überprüfen [...]. Ändern sich die vom Gesetzgeber vorausgesetzten tatsächlichen oder normativen Grundlagen oder erweisen sich die beim Erlass der Norm hinsichtlich ihrer Auswirkungen angestellten Prognosen als irrig, hat er im Rahmen des ihm verfassungsrechtlich zukommenden Spielraums darüber zu befinden, ob er am bestehenden Wahlrecht festhält oder eine Anpassung desselben vornimmt"[514].

Nur in Ausnahmefällen kann sich der gesetzgeberische Gestaltungsspielraum dergestalt verengen, dass konkrete Regelungen geboten sind[515].

---

512 Vgl. *Klein/Schwarz*, in: Dürig/Herzog/Scholz, GG, Art. 38 Rn. 183.
513 BVerfGE 157, 300 (312) – *Unterschriftenquoren Bundestagswahl*.
514 BVerfGE 157, 300 (312 f.) – *Unterschriftenquoren Bundestagswahl*.
515 Zu den damit verbundenen Substantiierungsanforderungen BVerfGE 156, 224 (239 f.) – *Wahlprüfungsbeschwerde 19/VI – Parität*; BVerfGE 157, 300 (313 ff.) – *Unterschriftenquoren Bundestagswahl*. In den konkreten Fällen konnte weder ausreichend dargelegt werden, dass auf Bundesebene eine „Parité-Regelung" (dazu Rn. 479a) erforderlich ist, noch dass es aus Anlass der Corona-Pandemie einer Absenkung des Unterschriftenquorums für die Zulassung zur Bundestagswahl (dazu Rn. 508) bedurfte.

Im Folgenden werden zunächst die zentralen Wahlrechtsgrundsätzen des Art. 38 Abs. 1 Satz 1 GG dargestellt, sodann das System der personalisierten Verhältniswahl, das der Gesetzgeber dem BWahlG zugrunde gelegt hat.
→ *S. hierzu Rn. 1010: Übersicht 3: Wahlsystem der Bundesrepublik Deutschland.*

2. Wahlrechtsgrundsätze

Art. 38 Abs. 1 Satz 1 GG normiert fünf Grundsätze, die den Gesetzgeber bei der einfachgesetzlichen Ausgestaltung des gesamten Wahlrechts binden: Die Wahl muss *allgemein, unmittelbar, frei, gleich* und *geheim* sein. Die Wahlrechtsgrundsätze, die eine lange parlamentarische Tradition haben, konkretisieren verfassungsrechtlich, wie das Volk seine Herrschaft durch Wahlen gem. Art. 20 Abs. 2 Satz 2 Halbsatz 1 GG ausübt. Ursprung der Wahlrechtsgrundsätze ist daher das Demokratieprinzip. Zu ergänzen sind diese fünf geschriebenen Prinzipien um den Grundsatz der Öffentlichkeit der Wahl, den das BVerfG aus den Verfassungsprinzipien der Demokratie, der Republik und des Rechtsstaats herleitet. **452**

Ähnlich den verfassungsrechtlichen Strukturprinzipien haben die Wahlrechtsgrundsätze einen unabdingbaren Kerninhalt, der nicht zur Disposition des einfachen Gesetzgebers und, soweit die Wahlrechtsgrundsätze den Kern des Demokratieprinzips konkretisieren, auch nicht des verfassungsändernden Gesetzgebers steht: Die Entscheidung für eine allgemeine, freie und gleiche Wahl ist für die Demokratie unabdingbar und somit von der Ewigkeitsgarantie des Art. 79 Abs. 3 GG geschützt. Hiervon nicht erfasst sind die Unmittelbarkeit der Wahl sowie das Wahlgeheimnis. **453**

Sofern jedoch nicht dieser Kernbereich betroffen ist, können die Wahlrechtsgrundsätze auch durch einfachgesetzliche Regelungen eingeschränkt werden. Bei näherer Betrachtung zeigt sich, dass nicht alle fünf Wahlrechtsgrundsätze nebeneinander ideal verwirklicht werden können. Sie treten vielmehr in Konflikt miteinander sowie mit anderen verfassungsrechtlichen Gütern. Wie bei anderen verfassungsrechtlichen Regelungen sind gleichrangige oder überwiegende sachliche Gründe in der Lage, eine Einschränkung zu rechtfertigen. Teilweise macht auch das Demokratieprinzip selbst Einschränkungen erforderlich.

Beispiele:

– Die 5 %-Sperrklausel soll eine Kollision zwischen dem Grundsatz der Gleichheit der Wahl und der Funktionsfähigkeit des Parlaments lösen.
– Die Möglichkeit der Briefwahl gefährdet Geheimheit und Öffentlichkeit der Wahl, was jedoch zugunsten der Allgemeinheit der Wahl in Kauf genommen wird.
– Die Regelungen zur Wahlmündigkeit beeinträchtigen den Grundsatz der Allgemeinheit der Wahl. Die Verwirklichung des Demokratieprinzips verlangt aber, dass die Abstimmenden eine eigenverantwortliche und ernsthafte Wahlentscheidung treffen können, also wahlmündig sind.

a) Die Allgemeinheit der Wahl. Der Grundsatz der Allgemeinheit der Wahl fordert, dass grundsätzlich alle Bürger (= alle Angehörigen des Staatsvolks) das vom Demokratieprinzip in Art. 20 Abs. 2 Satz 2 GG garantierte Wahlrecht ausüben können und so das gesamte Volk Träger der Staatsgewalt ist[516]. Das Staatsvolk ist der Staatsgewalt unterworfen, legitimiert sie aber gleichzeitig durch die Ausübung **453a**

---

516 Das Prinzip der Allgemeinheit muss daher genauso für Abstimmungen gelten.

des ihm zustehenden (aktiven und passiven) Wahlrechts. Allgemeinheit beschreibt das demokratische Ideal der Identität von Staatsvolk und Wahlberechtigten.

454   Unzulässig ist damit der Ausschluss von Teilen des Staatsvolkes aufgrund von bestimmten individuellen Kriterien, wie etwa Vermögen, Steueraufkommen, Geschlecht oder anderen in Art. 3 Abs. 3 GG genannten Merkmalen.

„Die Allgemeinheit der Wahl sichert, wie die Gleichheit der Wahl, die vom Demokratieprinzip vorausgesetzte Egalität der Staatsbürger bei der politischen Selbstbestimmung [...] Deren Gleichbehandlung bezüglich der Fähigkeit, zu wählen und gewählt zu werden, ist eine der wesentlichen Grundlagen der Staatsordnung [...] Der Grundsatz der Allgemeinheit der Wahl verbürgt – positiv – die aktive und passive Wahlberechtigung aller Staatsbürger [...] Er untersagt – negativ – den unberechtigten Ausschluss einzelner Staatsbürger von der Teilnahme an der Wahl [...] und verbietet den Ausschluss bestimmter Bevölkerungsgruppen aus politischen, wirtschaftlichen oder sozialen Gründen.“[517]

455   Der Gesetzgeber ist verpflichtet, sich dem Ideal der Allgemeinheit der Wahl bei der einfachgesetzlichen Konkretisierung so weit als möglich zu nähern. Abweichungen dürfen nur auf sachgerechten Gründen beruhen, die sich aus dem Demokratieprinzip selbst oder seiner verfassungsrechtlichen Ausgestaltung, insbesondere in den übrigen Wahlrechtsgrundsätzen, ergeben.

456   Zu unterscheiden ist in diesem Zusammenhang zwischen der Ausübung von aktivem und passivem Wahlrecht. Das aktive Wahlrecht ermöglicht dem Bürger, seine Repräsentanten in den Bundestag zu wählen. Das passive Wahlrecht dagegen garantiert, sich aus dem Volk heraus als dessen Vertreter in den Bundestag wählen zu lassen. Die Regelungen zum passiven Wahlrecht gehen als speziellere Vorschriften dem generellen staatsbürgerlichen Recht auf gleichen Zugang zu öffentlichen Ämtern gem. Art. 33 Abs. 2 GG vor.

457   **aa) Aktives Wahlrecht.** Aktiv wahlberechtigt ist, wer *als Wähler* an den Wahlen der Abgeordneten des Bundestags *teilnehmen darf.* Die normativen Grundlagen für das aktive Wahlrecht sind Art. 38 Abs. 2 Halbsatz 1 GG sowie die §§ 12–14 BWahlG. Wahlberechtigt sind alle Deutschen i. S. d. Art. 116 Abs. 1 GG, die das 18. Lebensjahr vollendet haben (Wahlmündigkeit, § 12 Abs. 1 Nr. 1 BWahlG), nicht gem. § 13 BWahlG vom Wahlrecht ausgeschlossen sind (§ 12 Abs. 1 Nr. 3 BWahlG) und eine in § 12 Abs. 1 Nr. 2 und Abs. 2 BWahlG aufgeführte besondere Verbindung zum Bundesgebiet aufweisen.

458   **(1) Rechtliche Voraussetzungen.** Das Kriterium der *deutschen Staatsangehörigkeit* – in Art. 38 Abs. 2 GG nicht genannt – ergibt sich aus dem Demokratieprinzip. Wählen bedeutet Ausübung der Staatsgewalt durch das Volk. Staatsvolk ist das deutsche Volk, das sich als staatlicher Verband organisiert. Dies schließt im Ausland lebende deutsche Staatsangehörige (sog. „Auslandsdeutsche“ ein). Diese sind nach § 12 Abs. 2 Satz 1 BWahlG wahlberechtigt, sofern sie nach Vollendung ihres vierzehnten Lebensjahres mindestens drei Monate ununterbrochen in der Bundesrepublik Deutschland eine Wohnung innegehabt oder sich sonst gewöhnlich aufgehalten haben und dieser Aufenthalt nicht länger als 25 Jahre zurückliegt oder sie aus anderen Gründen persönlich und unmittelbar Vertrautheit mit den

---

517   BVerfGE 151, 1 (18) – *Wahlrechtsausschlüsse.*

politischen Verhältnissen in der Bundesrepublik Deutschland erworben haben und von ihnen betroffen sind.

Demgegenüber entspricht der Ausschluss nichtdeutscher Bevölkerungsteile vom Wahlrecht den verfassungsrechtlichen Vorgaben, auch wenn Ausländer möglicherweise ihr gesamtes Leben lang der deutschen Staatsgewalt unterliegen und ein vergleichbares Interesse an deren Legitimierung besitzen. Auf kommunaler Ebene verleiht Art. 28 Abs. 1 Satz 3 GG in Umsetzung von Art. 20 Abs. 2 lit. b, 22 Abs. 1 AEUV den Staatsangehörigen anderer EU-Mitgliedstaaten ein Wahlrecht in Deutschland. Dieses Wahlrecht betrifft jedoch nur die Binnenorganisation einer lokalen Selbstverwaltungskörperschaft. Eine vergleichbare unionsrechtliche Vorgabe für die staatlichen Ebene von Bund oder Ländern wäre geeignet, die Eigenstaatlichkeit der Bundesrepublik Deutschland infrage zu stellen und somit von der beschränkten Übertragung von Hoheitsgewalt gem. Art. 23 Abs. 1 GG nicht gedeckt.

459 Auch die Festlegung des *Mindestalters* auf 18 Jahre gem. Art. 38 Abs. 2 GG schränkt das Prinzip der Allgemeinheit der Wahl ein. Sie findet ihre Rechtfertigung im Ziel der Sicherstellung der Wahlmündigkeit der Abstimmenden und damit im Demokratieprinzip. Der Demokratie liegt das idealtypische Bild mündiger Staatsbürger zugrunde, die gleichermaßen vernünftig und gebildet am Prozess der politischen Willensbildung teilhaben. In besonderem Maße gilt das Erfordernis der Mündigkeit für die Ausübung politischer Mitwirkungsrechte wie des Wahlrechts. Der Ausschluss von Kindern (Minderjährigen), die typischerweise noch nicht in der Lage sind, eigenverantwortlich zu entscheiden, ist daher konsequent, weil ihnen die vom Demokratieprinzip vorausgesetzte Fähigkeit fehlt, am demokratischen Prozess teilzunehmen.

460 Allerdings kommt dem verfassungsändernden Gesetzgeber bei der Festlegung des Mindestalters ein gewisser Spielraum zu. Änderungsvorschläge müssen sich an der Funktion der Wahlmündigkeit sowie den Wahlrechtsgrundsätzen, insbesondere dem Grundsatz der Allgemeinheit der Wahl orientieren. Die zentralen Inhalte dieser Grundsätze sind nämlich Teil des durch Art. 79 Abs. 3 GG geschützten Kerns des Demokratieprinzips. Während eine Absenkung des Mindestalters auf 16 Jahren danach durch Verfassungsänderung denkbar erscheint[518], müsste die Einführung eines „Kinder-" oder „Familienwahlrechts", bei dem die Personensorgeberechtigten als gesetzliche Vertreter der Kinder abstimmen dürften, auch auf diesem Wege erheblichen Einwänden begegnen: Es stellte de facto ein Doppelwahlrecht der Eltern dar, das mit den Grundsätzen der Gleichheit und Unmittelbarkeit der Wahl sowie dem Charakter der Wahl als höchstpersönlichem[519] staatsbürgerlichem Recht (vgl. § 14 Abs. 4 BWahlG) kaum vereinbar wäre[520].

460a Die Festlegung des Mindestalters auf 18 Jahre in Art. 38 Abs. 2 Halbsatz 1 GG mag rechtspolitisch angreifbar sein. Jedoch hat der verfassungsändernde Gesetzgeber einen Spielraum bei der Ausgestaltung der Allgemeinheit der Wahl, der sich sowohl in einer Anhebung als auch einer Absenkung der Altersgrenze äußern kann.

---

518 Vgl. *Ziekow*, VerwArch 2022, 47 ff. (58 ff.).
519 *Klein/Schwarz*, in: Dürig/Herzog/Scholz, GG, Art. 38 Rn. 155 f.
520 Vgl. zur Frage nach der Einführung eines Kinder- oder Familienwahlrecht *Rupprecht*, Das Wahlrecht für Kinder, 2011; *Maurer*, Staatsrecht I, § 13 Rn. 6 m. w. N.

Die Altersgrenze muss sich lediglich an der Funktion der Wahlmündigkeit orientieren.

461 § 12 BWahlG geht in Absatz 1 Nr. 2 sowie Absatz 2 weiterhin davon aus, dass die Mitwirkung an der Legitimation der deutschen Staatsgewalt auch einer über die personelle Verbindung der Staatsangehörigkeit hinausgehenden tatsächlichen Verbindung zum deutschen Staat bedarf. Diese kann sich durch einen seit mindestens drei Monaten bestehenden Wohnsitz oder sonstigen gewöhnlichen Aufenthalt im Bundesgebiet (§ 12 Abs. 1 Nr. 2 BWahlG) ebenso manifestieren wie dadurch, dass ein solcher Aufenthalt in nicht allzu weit zurückliegender Vergangenheit nach Vollendung des 14. Lebensjahres bestanden hat (§ 12 Abs. 2 Satz 1 Nr. 1 BWahlG). Ferner sind Fälle anzuerkennen, in denen aus anderen Gründen eine besondere Vertrautheit mit und Betroffenheit von den politischen Verhältnissen der Bundesrepublik Deutschland gegeben ist (§ 12 Abs. 2 Satz 1 Nr. 2 BWahlG). Diese relativ weitreichende Neuregelung knüpft an eine Entscheidung des BVerfG an, das die bisher streng auf einen früheren dreimonatigen Daueraufenthalt im Bundesgebiet abstellende Regelung als verfassungswidrigen Eingriff in die Allgemeinheit der Wahl angesehen hatte: Eine Einschränkung der Allgemeinheit der Wahl und ein damit verbundener Ausschluss könne zwar grundsätzlich zulässig sein; jedoch habe hier ein untaugliches, zu pauschales Differenzierungskriterium vorgelegen[521].

462 Der *Ausschluss vom Wahlrecht* nach §§ 12 Abs. 1 Nr. 3, 13 BWahlG betrifft in seiner aktuellen Fassung aus dem Jahr 2019 ausschließlich die besondere Konstellation, dass einem Wahlberechtigten das Wahlrecht durch richterliche Einzelentscheidung entzogen worden ist. Eine solche Entziehung des Wahlrechts bedarf einer spezialgesetzlichen Rechtsgrundlage, wobei die Entziehung des Wahlrechts gegenwärtig möglich ist durch Strafurteil gem. § 45 StGB bei Straftaten gegen den Staat sowie als Folge der Grundrechtsverwirkung durch Entscheidung des BVerfG gem. § 39 Abs. 2 BVerfGG[522]. Eine frühere Fassung von § 13 BWahlG, wonach auch Menschen vom Wahlrecht ausgeschlossen waren, für die ein Betreuer in allen Angelegenheiten bestellt war (vgl. §§ 1896 ff. BGB) oder die sich aufgrund einer Anordnung nach §§ 63, 20 StGB in einem psychiatrischen Krankenhaus befanden, erklärte das Bundesverfassungsgericht für mit Art. 38 Abs. 1 Satz 1 und 3 Abs. 3 Satz 2 GG unvereinbar[523]. Zwar könne der Gesetzgeber die Entscheidung treffen, eine Personengruppe vom aktiven Wahlrecht auszuschließen, „wenn bei [dieser] davon auszugehen ist, dass die Möglichkeit der Teilnahme am Kommunikationsprozess zwischen Volk und Staatsorganen nicht in hinreichendem Maße besteht"[524]. Die mit dem pauschalen Ausschluss der genannten Personengruppen verbundene Einschränkung der Allgemeinheit der Wahl sowie die Ungleichbehandlung behinderter Menschen (Art. 3 Abs. 3 Satz 2 GG) könne jedoch nicht gerechtfertigt werden. Dem pauschalen Ausschluss Betreuter lag die typisierte Annahme zugrunde, dass „in Fällen der Bestellung eines Betreuers in allen Angelegenheiten [...] die für eine selbstbestimmte Wahlentscheidung erforderliche Einsichtsfähigkeit"[525] fehle. Eine gesetzgeberische Typisierung ist jedoch nur zulässig, wenn „die durch die Typisierung eintretenden Härten und Ungerechtigkeiten nur

---

521 BVerfGE 132, 39 (52 ff.) – *Wahlberechtigung Auslandsdeutscher*. Dazu *Sachs*, JuS 2013, 376 ff.
522 Kritisch *Meyer*, HStR III, § 46 Rn. 4.
523 BVerfGE 151, 1 – *Wahlrechtsausschlüsse*.
524 BVerfGE 151, 1 (20) – *Wahlrechtsausschlüsse*.
525 BVerfGE 151, 1 (39) – *Wahlrechtsausschlüsse*.

unter Schwierigkeiten vermeidbar sind, lediglich eine verhältnismäßig kleine Zahl von Personen betreffen und das Ausmaß der Ungleichbehandlung gering ist"[526]. Angesichts der Tatsache, dass der Wahlrechtsausschluss nach § 13 Nr. 2 BWahlG über 80.000 Menschen betraf und vor dem Hintergrund der besonderen Bedeutung des Wahlrechts sah das Bundesverfassungsgericht diese Voraussetzungen nicht als gegeben an:

„Der Eingriff in den Gleichheitssatz ist auch nicht nur geringfügig, da den Betroffenen durch den Wahlrechtsausschluss das vornehmste Recht des Bürgers im demokratischen Staat […] dauerhaft entzogen wird. Vor diesem Hintergrund genügt der Verweis auf das angebliche Fehlen praktischer Alternativen zu § 13 Nr. 2 BWahlG nicht, um die Schlechterstellung Vollbetreuter gegenüber vergleichbar Betreuungsbedürftigen zu legitimieren."[527]

Auch hinsichtlich des Ausschlusses von Personen, die nach §§ 63, 20 StGB in einem psychiatrischen Krankenhaus untergebracht waren, hielt das Bundesverfassungsgericht die Typisierung für unzulässig: Weder die Schuldunfähigkeit zur Tatzeit noch die ihr zugrunde liegenden Krankheitsbilder nach § 20 StGB erlaubten „den Rückschluss auf das regelmäßige Fehlen der für die Ausübung des Wahlrechts erforderlichen Einsichtsfähigkeit"[528].

(2) Ausübung des Wahlrechts. § 14 BWahlG stellt sozusagen den formellen Teil **463** des aktiven Wahlrechts dar. Für die Ausübung am Wahltag ist es erforderlich, dass jeder gem. §§ 12, 13 BWahlG materiell Wahlberechtigte entweder in einem Wählerverzeichnis geführt wird oder einen Wahlschein besitzt (vgl. § 14 Abs. 1 BWahlG). Diese Vorschrift gehört zu den organisatorischen und verfahrensrechtlichen Vorschriften des Wahlrechts, ohne die ein Massenereignis wie die Bundestagswahl mit ca. 61 Millionen Wahlberechtigten nicht durchgeführt werden könnte[529]. Deshalb ist eine besonders strenge Formalisierung des Wahlverfahrens notwendig und auch zulässig. Wählerverzeichnis und Wahlscheine sollen die Manipulationsmöglichkeiten beispielsweise durch eine mehrfache Stimmabgabe verhindern und so auch den Grundsatz der gleichen Wahl sichern.

bb) Passives Wahlrecht. Das passive Wahlrecht ist die Möglichkeit, sich in den **464** Bundestag *wählen zu lassen*. Normative Grundlage ist verfassungsrechtlich Art. 38 Abs. 2 Halbsatz 2 GG sowie einfachgesetzlich § 15 BWahlG.

Wählbar ist gem. § 15 Abs. 1 BWahlG jeder deutsche Staatsangehörige, der das **465** 18. Lebensjahr vollendet hat. Die unterschiedliche Formulierung hinsichtlich des Mindestalters bei aktivem und passivem Wahlrecht in Art. 38 Abs. 2 GG erklärt sich aus historischen Gegebenheiten. Als das Mindestalter für das aktive Wahlrecht 1970 auf 18 Jahre gesenkt wurde, setzte die Volljährigkeit (und damit das passive Wahlrecht) noch mit 21 Jahren ein[530]. Vom passiven Wahlrecht ausgeschlossen sind gem. § 15 Abs. 2 Nr. 1 BWahlG die Personen, die gem. § 13 BWahlG bereits vom aktiven Wahlrecht ausgeschlossen sind. § 15 Abs. 2 Nr. 2 BWahlG knüpft da-

---

526 BVerfGE 151, 1 (45) – *Wahlrechtsausschlüsse.*
527 BVerfGE 151, 1 (46) – *Wahlrechtsausschlüsse.*
528 BVerfGE 151, 1 (49) – *Wahlrechtsausschlüsse.*
529 Bei der Bundestagswahl 2017 waren 61,5 Millionen Bürgerinnen und Bürger wahlberechtigt, vgl. https://www.bundeswahlleiter.de/info/presse/mitteilungen/bundestagswahl-2017/01_17_wahlberechtigte.html (zuletzt aufgerufen am 15.1.2022).
530 Vgl. *Klein/Schwarz*, in: Dürig/Herzog/Scholz, GG, Art. 38 Rn. 13.

ran an, dass auf Basis einfachgesetzlicher Regelungen auch lediglich das passive Wahlrecht entzogen werden kann. Wie beim aktiven Wahlrecht ist dafür jedoch eine richterliche Entscheidung zwingend erforderlich. Als Hauptfälle sind auch hier die Nebenfolgen eines Strafurteils (vgl. §§ 45 f. StGB)[531] sowie der Entzug durch das Bundesverfassungsgericht gem. § 39 Abs. 2 BVerfGG zu nennen.

466   Auch für die Ausübung des *passiven Wahlrechts* gelten zusätzliche formelle Anforderungen, die vor allem mit der Organisation des Wahlgangs zusammenhängen, etwa Fristen oder Unterschriften von Unterstützern eines Wahlvorschlages (vgl. 18 ff. BWahlG). Diese formellen Anforderungen sind zwingend notwendig und insoweit unbedenklich, als sie nicht die Wahrnehmung des materiellen passiven Wahlrechts unmöglich machen.

467   Die erfolgreiche Ausübung des passiven Wahlrechts ist praktisch nur in Verbindung mit der politischen Zugehörigkeit zu einer Partei möglich[532]. Parteilosen Kandidaten ist nur die Bewerbung für ein Direktmandat in einem Wahlkreis möglich, wobei auch dort die Erfolgsaussichten ohne Parteizugehörigkeit äußerst gering sind. Die Bestimmung der Kandidaten auf einer Listenverbindung für die Zweitstimme ist den Parteien sogar rechtlich gem. § 18 Abs. 1 BWahlG vorbehalten. Dieses Privileg im politischen Kampf um Wählerstimmen, welches das passive Wahlrecht des einzelnen Bürgers einschränkt, basiert auf der von der Verfassung in Art. 21 GG ausdrücklich anerkannten Sonderrolle der Parteien bei der politischen Willensbildung. Anders als das aktive Wahlrecht wird das passive Wahlrecht also durch die Parteien dominiert, die sich im politischen „Wahlkampf" um die Stimmen der Bürger bemühen.

468   **b) Die Unmittelbarkeit der Wahl.** Der Grundsatz der Unmittelbarkeit der Wahl verlangt, dass einzig die Wahl – ohne dazwischengeschaltete Willensakte Dritter – über die Besetzung des Parlaments entscheidet. Die einzige maßgebliche Willensentscheidung muss die Stimmabgabe des Wählers sein, bei deren Abgabe gesetzlich festgelegt sein muss, wie sich die Ausübung des Wahlrechts auf die Zusammensetzung des Parlaments auswirkt. Insbesondere das wahltechnische, mathematische Verfahren zur Umsetzung der Wählerstimmen in Mandate muss endgültig und abschließend sein. Verboten ist, dass zwischen die Stimmabgabe der Wähler und die endgültige Bestimmung der gewählten Volksvertreter eine Instanz tritt, die kraft eigener, freier Willensentscheidung Einfluss auf die Auswahl der Volksvertreter nimmt.

„Um den Grundsatz der Unmittelbarkeit der Wahl [...] zu gewährleisten, ist es [...] erforderlich, daß von Beginn der Stimmabgabe an das Wahlergebnis nur noch von einer einzigen Willensentscheidung, nämlich derjenigen der Wähler selbst abhängt, abgesehen allein von Nichtannahme, späterem Rücktritt oder ähnlichen Handlungen der Gewählten selbst [...].“[533]
„Dem Grundsatz der unmittelbaren Wahl ist mithin dann Genüge getan, wenn das Wahlverfahren so geregelt ist, daß jede abgegebene Stimme bestimmten oder bestimmbaren Wahlbewerbern zugerechnet werden muß, ohne daß erst nach der Stimmabgabe noch eine Zwischeninstanz nach ihrem Ermessen die Abgeordneten endgültig auswählt.“[534]

---

531   Kritisch *Meyer*, HStR III, § 46 Rn. 14.
532   Möglich ist auch die Aufstellung durch eine Partei ohne Parteizugehörigkeit.
533   BVerfGE 3, 45 (50) – *Reserveliste*.
534   BVerfGE 7, 63 (68) – *Starre Liste*.

Der Wähler muss darüber hinaus in der Lage sein, vor dem Wahlakt zu erkennen, **469** welche Personen sich um ein Abgeordnetenmandat bewerben und wie sich die eigene Stimmabgabe auf den Erfolg oder Misserfolg der Wahlbewerber auswirken kann[535]. Dem entspricht nicht nur die unmittelbare Wahl der Direktkandidaten in einem Wahlkreis (§ 5 BWahlG), sondern auch die (Zweit-)Stimme für eine Listenverbindung (§ 6 BWahlG), weil über die starre Reihenfolge auf der Liste die potentiellen Abgeordneten bestimmbar und für den Wähler erkennbar sind.

Den Grundsätzen der unmittelbaren Wahl widerspräche die Zwischenschaltung **470** vom Volk gewählter Wahlmänner, die in einem weiteren Wahlgang nach freiem Ermessen über die personelle Besetzung der staatlichen Institutionen entscheiden. Dieses Verfahren kommt in den Vereinigten Staaten bei der Präsidentschaftswahl zum Einsatz. Auch wenn die gewählten Wahlmänner faktisch stets den Kandidaten der eigenen Partei wählen, sind sie in ihrer Entscheidung rechtlich nicht gebunden.

Wegen Verstoßes gegen die Unmittelbarkeit der Wahl wurde die nach dem Wahl- **471** gang erfolgte nachträgliche Abänderung der Reihenfolge von Kandidaten auf Listenverbindungen einer Partei für unzulässig erklärt[536]. Dagegen ist eine richterliche Entscheidung über die Rechtmäßigkeit oder Gültigkeit von Wahlakten selbstverständlich zulässig. Der Grundsatz der Unmittelbarkeit schließt zwar Willensentscheidungen Dritter zwischen Wahlakt und Parlamentsbesetzung aus, unterbindet aber nicht die Möglichkeit, die Rechtmäßigkeit der Wahl im Übrigen gerichtlich überprüfen zu lassen.

Mit Blick auf die Unmittelbarkeit der Wahl problematisch ist die Regelung des **472** § 48 Abs. 1 Satz 2 BWahlG, bei der es um die Nachfolge für einen ursprünglich gewählten Listenplatzinhaber im Falle des Todes oder sonstigen Ausscheidens aus dem Mandat geht[537]: Bei der Nachbesetzung aus der Liste (vgl. § 48 Abs. 1 Satz 1 BWahlG) sollen diejenigen Bewerber unberücksichtigt bleiben, die in der Zwischenzeit aus der Partei ausgeschieden sind oder sich einer anderen Partei angeschlossen haben. Soweit dieses Ausscheiden freiwillig erfolgt, liegt eine strukturell der Nichtannahme der Wahl oder dem Mandatsverzicht vergleichbare Willensentscheidung des potentiellen Mandatsträgers vor. Das Abstellen auf die Parteizugehörigkeit kann man mit Blick auf die verfassungsrechtliche Privilegierung der Parteien gem. Art. 21 GG, die sich in der Listenwahl niederschlägt, als zulässig ansehen[538]. Schwieriger ist dies mit Blick auf Bewerber, die durch Parteiausschluss aus der Partei ausgeschieden sind. In diesem Fall entscheidet ein mit Dritten besetztes Parteigremium darüber, ob ein gewählter Listenbewerber in den Bundestag einzieht oder nicht[539]. Das BVerfG hat die Verfassungsmäßigkeit von § 48 Abs. 1 Satz 2 BWahlG auch für diesen Fall mit dem Argument bejaht, dass die Parteizugehörigkeit eine vom Gesetzgeber festlegbare objektive Bedingung gleich den sonstigen Wählbarkeitsvoraussetzungen wie etwa der Staatsangehörigkeit ist[540]. Durch die Entscheidung über den Parteiausschluss (vgl. § 10 Abs. 4 PartG) entfalle lediglich diese Eigenschaft. Problematisch ist an dieser Argumentation jedoch, dass

---

535 Vgl. BVerfGE 95, 335 (350) – *Überhangmandate.*
536 BVerfGE 95, 335 (350) – *Überhangmandate.*
537 Vgl. *Meyer*, HStR III, § 46 Rn. 17.
538 Im Ergebnis *Meyer*, HStR III, § 46 Rn. 17.
539 Vgl. *Meyer*, HStR III, § 46 Rn. 17.
540 BVerfGE 7, 63 (72 f.) – *Starre Liste.*

die Parteizugehörigkeit für die Aufstellung von Kandidaten auf den Listen keine erforderliche Eigenschaft ist (vgl. § 27 BWahlG), sondern dies erst im Falle des § 48 Abs. 1 Satz 2 BWahlG nachträglich wird[541].

473   **c) Die Freiheit der Wahl.** Der Grundsatz der Freiheit der Wahl garantiert, dass die Ausübung des Wahlrechts aus freiem Willensentschluss erfolgt und das Ergebnis eines freien und offenen Meinungsbildungsprozesses ist[542]. Der spezielle Akt der Stimmabgabe mittels Wahlzettel wird allerdings besonders durch die geheime Wahl geschützt. Deshalb betrifft der Grundsatz der freien Wahl vor allem den *zeitlichen Bereich vor der Stimmabgabe* einschließlich der Entscheidung, sein Wahlrecht *überhaupt* durch eine Stimmabgabe *auszuüben.* Der Wähler soll vor Beeinflussungen geschützt werden, die geeignet sind, seine Entscheidungsfreiheit trotz bestehenden Wahlgeheimnisses ernstlich zu beeinflussen[543].

474   Unvereinbar mit der freien Wahl wird überwiegend eine Pflicht zur Wahl angesehen[544]. Allerdings wäre eine solche Wahlpflicht ohnehin nicht zweckmäßig, weil die Geheimheit der Wahl auch die Möglichkeit garantiert, unbemerkt eine ungültige Stimme abzugeben. Entsprechend wäre auch eine Bekanntgabe der Nichtwähler unzulässig.

475   Am bedeutsamsten ist der Grundsatz der freien Wahl für die rechtliche Beurteilung von *Wahlbeeinflussungen im Vorfeld der Wahl.* Die Gunst des Wählers am Wahltag ist Ziel eines permanenten und sich bereits Monate vor der Wahl verschärfenden Wahlkampfs vor allem zwischen den politischen Parteien. An diesem Wahlkampf beteiligt sind auch Verbände, Interessengruppen, gesellschaftliche Institutionen und Medien. Dieses der Demokratie immanente und erwünschte Werben um Wählerstimmen findet dort seine Grenze, wo der Grundsatz der freien Wahl verletzt wird. Entscheidend für die rechtliche Einordnung als zulässige oder unzulässige Wahlbeeinflussung ist die Quelle der Beeinflussung. Dabei gilt der Grundsatz, dass Wahlbeeinflussung durch staatliche Institutionen unzulässig, durch Private zulässig ist.

476   Wahlbeeinflussung durch staatliche Institutionen ist grundsätzlich unzulässig: Die Staatsgewalt darf keinen Einfluss auf ihre eigene Legitimierung und Kontrolle nehmen, der die freie Wahlentscheidung dienen soll. Problematisch wäre dies vor allem mit Blick auf den politischen Kampf zwischen parlamentarischer Opposition und Regierungsmehrheit. Hier hätten die die Regierung tragenden Parteien deutliche Vorteile, dürften sie im Wahlkampf die staatlichen Ressourcen der Regierung nutzen. Unzulässig sind daher etwa der Einsatz öffentlicher Finanz- und Sachmittel für den Wahlkampf, ausdrückliches Auftreten der Kandidaten im Wahlkampf als Amtsträger, behördliche Wahlempfehlungen und eine positive Darstellung der Legislaturperiode durch staatliche Stellen kurz vor der Wahl. All dies wären eindeutige Instrumentalisierungen der Regierungsfunktionen für den Wahlkampf[545]. Eine vollständige Trennung zwischen weiterhin zulässigen partei-

---

541   Vgl. *Frowein,* AöR 99 (1977), 102 f.
542   Vgl. BVerfGE 44, 125 (139) – *Öffentlichkeitsarbeit der Bundesregierung.*
543   Vgl. BVerfGE 66, 369 (380) – *Wahlbeeinflussung durch Unternehmer.*
544   Vgl. *Jarass,* in: Jarass/Pieroth, GG, Art. 38 Rn. 21 m. w. N.
545   Vgl. zu den Grenzen der Öffentlichkeitsarbeit der Bundesregierung BVerfGE 44, 125 (141 ff.) – *Öffentlichkeitsarbeit der Bundesregierung;* BVerfGE 63, 230 (243 f.) – *Öffentlichkeitsarbeit der Bundesregierung.*

politischen Aufgaben des Amtsinhabers[546] und amtlicher Öffentlichkeitsarbeit ist demgegenüber freilich faktisch unmöglich. Spitzenkandidaten der Regierungsparteien werden in der Öffentlichkeit immer auch in ihrer Amtsfunktion wahrgenommen und profitieren von dieser (sog. Kanzler- oder Amtsbonus[547]). Dieser Vorteil ist jedoch ein individual-tatsächlicher, der sich bei schlechter Erfüllung des Amtes auch in sein Gegenteil verkehren kann, kein allgemein-rechtlicher. Er ist als systemimmanent hinzunehmen.

Bei nichtstaatlichen Institutionen ist die Grenze der unzulässigen Wahlbeeinflussung schwieriger zu fassen. Ausgangspunkt muss hier der Grundsatz des freien Kampfes politischer Meinungen sein, der in Art. 5 GG abgesichert ist[548]. Der politische Meinungsstreit und Wahlkampf, der insbesondere in den Medien und unter Beteiligung von Interessenverbänden und gesellschaftlichen Gruppierungen wie Gewerkschaften, Vereinen und Kirchen stattfindet, gehört zum Wesen der Demokratie. Unzulässige Wahlbeeinflussung beginnt daher im nicht staatlichen Bereich erst dort, wo sie unter Druck, Täuschung oder unter Missbrauch wirtschaftlicher Macht erfolgt[549]. Gegen derartige Einflussnahmen ist der Grundsatz der freien Wahl in den §§ 108 ff. StGB strafbewehrt. **477**

Aus dem Prinzip der freien Wahl folgen auch die Verbote, während der Wahlzeit in unmittelbarer Umgebung von Wahllokalen Wahlwerbung zu verbreiten und Teile des Wahlergebnisses oder Wahltendenzen bereits vor der Schließung der Wahllokale zu veröffentlichen (§ 32 BWahlG)[550]. **478**

Der Grundsatz der freien Wahl gilt ebenso für das *passive* Wahlrecht. Daraus folgt etwa, dass jeder Wahlberechtigte Wahlvorschläge für Direktkandidaten einreichen kann (§§ 18 Abs. 1 Alt. 2, 20 BWahlG). Das Quorum von 200 Unterstützern (§ 20 Abs. 2 u. 3 BWahlG) ist eine zulässige formelle Einschränkung zur Aussortierung völlig aussichtsloser oder nicht ernst gemeinter Wahlvorschläge. Das Monopol der Parteien zur Einreichung von Listenvorschlägen (§ 18 Abs. 1 Alt. 1 BWahlG) lässt sich durch die verfassungsrechtliche Privilegierung der Parteien im politischen Prozess (Art. 21 GG) rechtfertigen; es steht den einzelnen Bürgern frei, sich in einer Partei zu organisieren und dort auf die Aufstellung als Listenkandidat hinzuwirken. **479**

Eine Einschränkung der Freiheit der Wahl läge auch in der Vorgabe, wonach Wahlvorschläge verpflichtend geschlechterproportional ausgestaltet werden müssen (sog. „Parité-Regelung")[551]. Eine solche Regelung limitiert die Auswahlfreiheit der Parteien[552] bei der Aufstellung der Listenvorschläge und damit zugleich den Kreis **479a**

---

546 Dazu BVerfGE 138, 102 (113 ff.) – *Fall Schwesig*.
547 Ein Beispiel ist der Sieg der SPD bei den Bundestagswahlen 2002, der laut Wahlforschern wesentlich auf dem Kanzlerbonus nach der Flutkatastrophe in Ostdeutschland beruhte.
548 In diesem Zusammenhang zählen auch die Kirchen zu den Privaten, weil die Kirchen trotz des Status als Körperschaften des öffentlichen Rechts nicht Teil der (mittelbaren) Staatsverwaltung sind, vgl. BVerwGE 18, 14 – *Hirtenbrief*.
549 Vgl. *Maurer*, Staatsrecht I, § 13 Rn. 14.
550 Letzteres ergibt sich auch aus der Wahlgleichheit, die die Stimmabgabe in gleicher Weise oder unter gleichen Bedingungen fordert; vgl. dazu unten Rn. 483 ff.
551 Zur Verfassungswidrigkeit solcher Regelungen auf Landesebene gelangten die Verfassungsgerichte der Länder Thüringen (ThürVerfGH, NVwZ 2020, 1266) und Brandenburg (VerfG Bbg, NVwZ 2021, 59); zur Diskussion *von Ungern-Sternberg*, JZ 2019, S. 525 ff.; *Morlok/Hobusch*, DÖV 2019, S. 14 ff.; *Danker*, NVwZ 2020, 1250; *Völzmann*, DVBl 2021, 496; *Möllers*, JZ 2021, S. 338 ff.
552 Vgl. unten Rn. 806.

der potentiellen Kandidatinnen und Kandidaten, aus denen die Bürgerinnen und Bürger auswählen können[553]. Berührt sind durch die relative Beschränkung des Kandidatenkreises auch die Allgemeinheit der Wahl sowie, weil nicht alle passiv Wahlberechtigten in gleicher Weise für jedes Mandat kandidieren können, die Gleichheit der Wahl[554]. Eine Rechtfertigung erscheint *de constitutione lata* allerdings möglich, wenn man Art. 3 Abs. 2 Satz 2 GG als kollidierendes Verfassungsrecht ansieht und dem dortigen Förderauftrag auch die Befugnis zu einer paritätischen Ausgestaltung des Wahlrechts entnimmt[555].

480   **d) Die Geheimheit der Wahl.** Der Grundsatz der geheimen Wahl soll die Freiheit der Wahlentscheidung des Wählers absichern: Seine Stimmabgabe darf kein Dritter einsehen, sie darf nicht rekonstruierbar und individuell zurechenbar sein, auch nicht für andere Zwecke als die Absicht, die Wahlentscheidung des Wählers zu ergründen[556].

481   Durch die Geheimheit wird jeder Druck vom Wähler genommen, sich für die von ihm getroffene Wahlentscheidung rechtfertigen, Sanktionen befürchten oder einer etwaigen Wahlpflicht nachkommen zu müssen. Auf den geheimen Wahlakt kann der Wähler nicht verzichten. Er kann zwar seine (angebliche) Wahlentscheidung vor und nach dem Wahlakt verkünden, aber nicht während der Stimmabgabe selbst, weil die Geheimheit der Wahl nicht nur ein subjektives Recht, sondern – als Kern der zur Legitimierung der Staatsgewalt erforderlichen freien Wahl durch das Volk – auch ein nicht verfügbares objektives Rechtsprinzip ist. Der Staat ist verpflichtet, die geheime Wahl durch eine entsprechende Ausgestaltung des Wahlverfahrens zu sichern, etwa durch anonyme Wahlzettel, die Bereithaltung von Stimmkabinen und eine obligatorische Einzelstimmabgabe (vgl. § 33 BWahlG). Strafrechtlich bewehrt ist die Verletzung des Wahlgeheimnisses in § 107c StGB[557].

482   Die geheime Wahl wird zugunsten der Allgemeinheit der Wahl eingeschränkt durch die Möglichkeit der Briefwahl (vgl. § 36 BWahlG)[558]. Solange das Leitbild der Urnenwahl nicht durch übermäßige Nutzung der Briefwahl gefährdet wird, begegnet der Verzicht auf eine Glaubhaftmachung besonderer Gründe für die Briefwahl, wie etwa Krankheit oder Verhinderung am Wahltag, keinen durchgreifenden verfassungsrechtlichen Bedenken[559]. Ein vollständiger Ausschluss der Präsenzwahl könnte demgegenüber nur in „absoluten Ausnahmefällen" in Erwägung gezogen werden[560].

483   **e) Die Gleichheit der Wahl.** Der Grundsatz der Gleichheit der Wahl ist im Sinne einer streng formalen Gleichheit aller am Wahlverfahren Beteiligten (Wähler, Wahlkandidaten, Parteien) zu verstehen. Er gilt nicht nur für den Wahlgang selbst,

---

553   *von Ungern-Sternberg*, JZ 2019, S. 525 ff. (528).
554   *von Ungern-Sternberg*, JZ 2019, S. 525 ff. (528).
555   Vgl. dazu *Meyer*, NVwZ 2019, S. 1245 ff.; *Röhner*, Der Staat 59 (2020), 421 ff. (447); ablehnend *von Ungern-Sternberg*, JZ 2019, S. 525 ff. (532 ff.); *Morlok/Hobusch*, DÖV 2019, S. 14 ff. Zur Feststellung, wonach Art. 3 Abs. 2 Satz 2 GG ein paritätisch ausgestaltetes Wahlrecht nicht gebietet, oben Rn. 371.
556   Vgl. *Meyer*, HStR III, § 46 Rn. 20.
557   Vgl. *Zimmermann*, ZIS 2011, S. 982 ff.
558   Kritisch *Maurer*, Staatsrecht I, § 13 Rn. 13.
559   Zum Europawahlrecht BVerfGE 134, 25 (31 f.) – *Briefwahl Europawahl*.
560   *Michl*, JuS 2020, 643 ff. (647); auch zur Frage, ob eine Pandemie einen derartigen Ausnahmefall darstellen kann.

sondern für das gesamte Wahlverfahren von der Wahlvorbereitung, über den Wahlkampf bis zur Feststellung des Wahlergebnisses und der Zuteilung der Wahlmandate[561]. Die Wahlrechtsgleichheit durchzieht das gesamte Wahlrecht als Ordnungsprinzip und engt den Spielraum des Gesetzgebers bei der Ausgestaltung des Wahlrechts ein, weil Differenzierungen nur noch aus besonderen, zwingenden Gründen gerechtfertigt sind. Diese zwingenden Gründe müssen „durch die Verfassung legitimiert und von einem der Wahlrechtsgleichheit entsprechenden Gewicht" sein[562].

Die Wahlrechtsgleichheit hat besondere Bedeutung, weil sie Ausdruck der Egalität der Staatsbürger ist, die ihre demokratischen Rechte gleichberechtigt mit allen anderen Staatsbürgern ausüben[563]. Die demokratische Legitimierung der Staatsgewalt durch „das Volk" (vgl. Art. 20 Abs. 2 GG) erfordert, dass jeder Staatsbürger seinen Willen in gleicher Weise und unter den gleichen Bedingungen einbringen kann. „In gleicher Weise" ist deshalb streng formal zu verstehen und lässt grundsätzlich keine Differenzierungen zwischen den Staatsbürgern bei der Ausübung demokratischer Rechte zu[564]. Sie betrifft das aktive und passive Wahlrecht[565]. **484**

„Die durch das Grundgesetz errichtete demokratische Ordnung trägt insoweit einen formalen Charakter, als sie unbeschadet der bestehenden sozialen Unterschiede im Bereich der politischen Willensbildung alle Staatsbürger grundsätzlich absolut gleich bewertet. Eine Durchbrechung dieses Grundsatzes ist nur aus zwingenden Gründen zulässig."[566]

Die Wahlrechtsgleichheit ist eine spezielle Regelung gegenüber dem allgemeinen Gleichheitssatz des Art. 3 Abs. 1 GG, ein Rückgriff auf diesen ist ausgeschlossen[567]. **485**

Beim Wahlgang als solchem muss die Gleichheit der Wahl bei der Stimmabgabe (Wahlvorgang), der Ermittlung des Wahlergebnisses (Zählvorgang) und dessen Umsetzung in Abgeordnetensitze (Wertungsvorgang) gewahrt bleiben. **486**

aa) Wahlvorgang. Jeder Wähler muss die gleiche Anzahl an Stimmen besitzen. Unzulässig wäre eine unterschiedliche Stimmenanzahl, etwa in Verbindung mit Steuerzahlungen oder anderen sozialen Statusmerkmalen. Gem. § 4 BWahlG hat jeder Wähler zwei Stimmen. **487**

bb) Zählvorgang. Bei der Auszählung der Stimmen muss jede Stimme gleich gewichtet werden (gleicher Zählwert). Das Wahlergebnis darf sich nur gleichmäßig aus allen Stimmen zusammensetzen. Die Zählwertgleichheit verlangt die formell gleiche Chance jeder Stimme, sich erfolgreich in der parlamentarischen Sitzverteilung widerzuspiegeln (sog. Erfolgschancenwert). Verboten ist damit eine unterschiedliche Gewichtung der abgegebenen Stimmen. **488**

---

561 Vgl. *Magiera*, in: Sachs, GG, Art. 38 Rn. 96.
562 Vgl. *Magiera*, in: Sachs, GG, Art. 38 Rn. 98; *Stern*, Staatsrecht I, S. 305.
563 Vgl. *Stern*, Staatsrecht I, S. 305.
564 Vgl. BVerfGE 146, 327 (349) – *Eventualstimme*.
565 Zur Einschränkung der passiven Wahlrechtsgleichheit durch Parité-Regelungen oben Rn. 479a.
566 BVerfGE 8, 51 (69) – *Steuerliche Abzugsfähigkeit von Parteispenden*.
567 BVerfGE 99, 1 (10) – *Kommunales Wahlvorschlagsrecht*.

489 Die Wahlrechtsgleichheit gilt hinsichtlich des Zählwerts absolut. Es gibt keinen zwingenden Grund für unterschiedliche Zählwerte. Der gleiche Zählwert ist Grundlage und Ausgangspunkt aller Wahlsysteme, die die Umsetzung des Wahlergebnisses in Parlamentssitze leisten[568].

490 cc) **Wertungsvorgang.** Diese Umsetzung wird als Wertungsvorgang bezeichnet. Das zum Einsatz kommende Wahlsystem wird dabei vom Grundgesetz nicht festgelegt, sondern dem Gesetzgeber zur Entscheidung überlassen[569].

491 Die *Wahlrechtsgleichheit* gebietet hier, dass alle Stimmen bei der Umsetzung in Mandate gleich behandelt werden müssen. Grundsätzlich müssen sich danach alle Stimmen in gleicher Weise in der parlamentarischen Sitzverteilung niederschlagen (gleicher Erfolgswert)[570]. Obwohl die Erfolgswertgleichheit im System der Verhältniswahl besser verwirklicht werden kann als bei der Mehrheitswahl, ist die Entscheidung des Gesetzgebers für die Ausgestaltung des Wahlsystems hierdurch nach Ansicht des Bundesverfassungsgerichts nicht präjudiziert[571]. Entscheidet sich der Gesetzgeber aber (wie dies in § 1 Abs. 1 Satz 2 BWahlG geschieht) für ein (um Elemente der Mehrheitswahl ergänztes) Verhältniswahlsystem, hat er dabei den Anforderungen der Erfolgswertgleichheit in besonderer Weise Rechnung zu tragen. Vor diesem Hintergrund hatte sich das BVerfG in letzter Zeit insbesondere mit der Zulässigkeit der 5%-Sperrklausel, der Überhangmandate sowie dem aus der Verteilung der Bundestagsmandate zwischen den Landeslisten einer Partei resultierenden Effekt des negativen Stimmgewichts zu beschäftigen[572].

492 f) **Die Öffentlichkeit der Wahl.** Aus der Zusammenschau der verfassungsrechtlichen Grundentscheidungen für Demokratie, Republik und Rechtsstaat ergibt sich über die in Art. 38 Abs. 1 GG genannten Prinzipien hinaus der Grundsatz der Öffentlichkeit der Wahl[573]. Dieser dient einer Kontrolle der Delegation von Staatsgewalt und verlangt, dass grundsätzlich „alle wesentlichen Schritte der Wahl öffentlicher Überprüfbarkeit unterliegen"[574]. Unzulässig ist daher der Einsatz von Wahlcomputern, bei denen die abgegebenen Stimmen lediglich elektronisch gespeichert werden und der Wähler ohne eigene Kontrollmöglichkeit auf die Integrität des technischen Systems vertrauen müsste[575].

3. Das System der personalisierten Verhältniswahl, § 1 Abs. 1 Satz 2 BWahlG

493 Im Zusammenhang der Erfolgswertgleichheit wurde bereits das Wahlsystem des BWahlG als um Elemente des Mehrheitswahlsystems ergänzte Verhältniswahl vorgestellt (sog. Personalisierte Verhältniswahl, vgl. § 1 Abs. 1 Satz 2 BWahlG). Dieses

---

568 Dazu unten Rn. 493 ff.
569 BVerfGE 95, 335 (349) m. w. N. – *Überhangmandate*; *Klein/Schwarz*, in: Dürig/Herzog/Scholz, GG, Art. 38 Rn. 178, 182.
570 Vgl. *Meyer*, HStR III, § 46 Rn. 34; *Maurer*, Staatsrecht I, § 13 Rn. 8, 24.
571 BVerfGE 95, 335 (353) m. w. N. – *Überhangmandate*; *Klein/Schwarz*, in: Dürig/Herzog/Scholz, GG, Art. 38 Rn. 176, 178 ff.; zu dieser Problematik *Meyer*, HStR III, § 45 Rn. 25 ff. Zu Bedenken gegen ein „Grabenwahlsystem", bei dem Wahlkreis- und Listenmandate voneinander getrennt vergeben würden, *Kluckert*, NVwZ 2020, 1217.
572 S. hierzu unten Rn. 513, 517, 531.
573 BVerfGE 123, 39 (68) – *Wahlcomputer*.
574 BVerfGE 123, 39 (72 ff.) – *Wahlcomputer*.
575 BVerfGE 123, 39 (72 ff.) – *Wahlcomputer*.

System zur Verteilung der Stimmen auf die zur Verfügung stehenden Parlamentssitze soll im Folgenden, ausgehend von den zugrunde liegenden klassischen Systemen der Mehrheits- und der Verhältniswahl, dargestellt werden. *S. dazu auch die Übersichten Rn. 1010 f.*

a) Mehrheitswahl (Personenwahl). Das System der Mehrheitswahl basiert auf **494** einem strikten *Mehrheitsprinzip.* Es wird in verschiedenen Wahlbezirken jeweils ein Mandat vergeben, welches der Kandidat erhält, der die meisten Stimmen auf sich vereint. Die anderen Stimmen wirken sich nicht aus („The Winner Takes It All"). Dabei ist in manchen Mehrheitswahlsystemen die absolute Mehrheit (mehr als 50 % der abgegebenen Stimmen) und damit ggf. eine Stichwahl erforderlich, in anderen genügt die relative Mehrheit im ersten Wahlgang.

Im Mehrheitswahlsystem hat die Einteilung der Wahlkreise eine herausragende **495** Bedeutung. Bestimmt die Mehrheit in einem Wahlkreis über die Vergabe eines Parlamentssitzes, dann ist eine möglichst gleichmäßige Aufteilung der Wahlbevölkerung in Wahlkreise erforderlich. Anderenfalls könnte es zu erheblichen Missverhältnissen zwischen der Mehrheit der gewonnenen Wahlkreise (= Parlamentssitze = Parlamentsmehrheit) und der Mehrheit der Wählerstimmen insgesamt kommen, was mit dem Mehrheitsprinzip und insbesondere dem Erfordernis der Zählwertgleichheit nicht vereinbar wäre.

Das Mehrheitswahlrecht führt in der Regel zu einer von zwei Lagern dominierten **496** politischen Landschaft, weil sich die für einen Parlamentssitz erforderlichen Stimmen (je nachdem, ob ein relatives oder absolutes Mehrheitserfordernis besteht) in einem Spektrum von ca. 35 % und mehr bewegen. Dauerhaft stehen sich daher zumeist zwei Parteien gegenüber, die abwechselnd die Regierungsmehrheit übernehmen. Allerdings ist es nicht ausgeschlossen, dass sich auch kleinere Parteien in einzelnen Wahlkreisen durchsetzen (wie etwa die Liberal Democrats und weitere kleinere Parteien neben den dominierenden Tories und Labour in Großbritannien) und langfristig möglicherweise auch eine der beiden dominierenden Parteien verdrängen.

Funktion des Mehrheitswahlrechts ist die Bildung klarer und stabiler parlamen **497** tarischer Mehrheiten, weil sich geringe Stimmenanteile von vornherein nicht im Parlament widerspiegeln. Beim reinen Mehrheitswahlrecht besitzt jede Stimme den gleichen Zählwert und die gleiche Erfolgschance, aber nicht den gleichen Erfolgswert. Gleichwohl wird ein (reines) Mehrheitswahlrecht auf Basis des Grundgesetzes als mit dem Grundsatz der gleichen Wahl vereinbar angesehen[576].

b) Verhältniswahl (Listenwahl). Prinzip der Verhältniswahl ist, dass sich das **498** Stimmverhältnis des Wahlergebnisses (im gesamten Wahlgebiet) im Sitzverhältnis des Parlaments abbildet. Die Parlamentssitze werden im Verhältnis der abgegebenen Stimmen auf die Parteien und Wahlbündnisse, die ihre Kandidaten in Listen aufstellen, verteilt. Erforderlich ist prinzipiell keine Einteilung des Wahlgebiets oder der Wahlbevölkerung in Wahlkreise.

Die reine Verhältniswahl nähert sich am engsten dem Ideal der demokratischen **499** Egalität aller Staatsbürger durch weitestgehende Erfolgswertgleichheit aller Stim

---

576 Vgl. *Klein/Schwarz,* in: Dürig/Herzog/Scholz, GG, Art. 38 Rn. 178 ff.; a. A. *Meyer,* HStR III, § 45 Rn. 32 ff.

men an, wonach jede Stimme die gleiche Auswirkung auf die Sitzverteilung im Parlament haben soll. Vollständig lässt sich dieses Ideal aber auch bei der Verhältniswahl nicht verwirklichen, weil sich der aus Bruchteilen bestehende Proporz der Wählerstimmen nicht in der ganzzahligen Sitzverteilung im Parlament widerspiegeln kann. Bei der Verhältniswahl stellt sich deshalb immer das Problem der Behandlung von Reststimmenanteilen, die sich nicht mehr anhand des Wahlquotienten einem Parlamentssitz zuweisen lassen.

500 Die Verhältniswahl unterstützt die Bildung von komplexeren politischen Spektren, weil sie politischen Minderheiten den Weg in das Parlament ebnet. Dieser Effekt ist allerdings auch der bedeutsamste Kritikpunkt am Verhältniswahlsystem. Es ermöglicht eine Zersplitterung des Parlaments und erschwert die Entstehung einer stabilen Regierungsmehrheit. Aufgrund der Notwendigkeit der Koalitionsbildung erhalten kleine parlamentarische Gruppierungen, wie etwa die religiös-orthodoxen Parteien in Israel, unter Umständen ein ihrem Stimmenanteil nicht entsprechendes politisches Gewicht.

501 Gegenüber dem Mehrheitswahlrecht ist der persönliche Aspekt der Listenbewerber als Entscheidungsfaktor für die Wahlentscheidung im Verhältniswahlrecht geringer. Maßgebend ist hier nur das politische Lager, für das die Stimme abgegeben werden soll. Dies gilt jedenfalls, wenn der Wähler nicht über die Reihenfolge der Listenbewerber entscheiden kann (sog. starre Liste). Im deutschen Wahlrecht existiert auf kommunaler Ebene die Möglichkeit, die Reihenfolge der Listenbewerber bei der Wahl abzuändern (sog. freie Liste) oder sogar Kandidaten anderer Listen zu übernehmen (Kumulieren und Panaschieren).

502 **c) Modifikationen und Kombinationssysteme.** Im Ergebnis hat das Mehrheitswahlrecht die Schwäche, dass aufgrund des Mehrheitsprinzips die tatsächlichen Interessenverhältnisse in der Gesellschaft nur unzureichend widergespiegelt werden und der Minderheitenschutz nicht durch kleinere Parteien im Parlament effektuiert werden kann. Demgegenüber gewährt das Verhältniswahlrecht auch politischen Minderheiten institutionellen Einfluss, führt jedoch häufig zu einer Zersplitterung des Parlaments, die die Ausübung der Staatsfunktionen hemmt. Auch ist der persönliche Bezug zwischen Abgeordneten und Bürgern nicht in derselben Weise gesichert wie bei der Abstimmung über einzelne Wahlkreiskandidaten im Mehrheitswahlsystem. Um diesen Nachteilen zu begegnen, werden die Wahlsysteme häufig modifiziert und Kombinationen aus Mehrheits- und Verhältniswahl gebildet.

503 Häufig wird, zur Verhinderung von Parteienzersplitterung, das Verhältniswahlsystem durch Sperrklauseln modifiziert. Bei der proportionalen Zuteilung der Parlamentssitze werden nur solche Listenverbindungen berücksichtigt, die einen bestimmten Stimmenanteil, häufig 5 %, erzielt haben. Die Verhältniswahl wird somit insofern durch ein Mehrheitsprinzip abgeschwächt, als die unter der Sperrklausel liegenden Minderheitsvoten unberücksichtigt bleiben. Grundsätzlich ist eine Sperrklausel aufgrund ihrer für die Funktionsfähigkeit des parlamentarischen Systems notwendigen Zielsetzung, eine Zersplitterung des Parlaments zu verhindern, als Einschränkung der Erfolgswertgleichheit der Stimmen zulässig[577]. Eine andere Möglichkeit der Kombination von Mehrheits- und Verhältniswahlsystem

---

577 S. ausführlich unten Rn. 517.

besteht darin, die Parlamentssitze aufzuteilen in einen Anteil, der durch Wahlkreise mit Mehrheitswahl bestimmt wird und einen anderen, der sich nach den Stimmenverhältnissen im Wahlgebiet zusammensetzt[578].

d) Das Wahlsystem nach dem BWahlG. Die Verfassung überlässt dem Gesetzgeber gem. Art. 38 Abs. 3 GG die einfachgesetzliche Ausgestaltung des Wahlsystems und räumt ihm insbesondere die Wahl zwischen der Mehrheitswahl und der Verhältniswahl oder einer Kombination beider Wahlsysteme ein[579]. Entscheidet sich der Gesetzgeber für ein bestimmtes Wahlsystem, dann muss die gesetzliche Ausgestaltung jedoch im Einzelnen systemtreu und konsequent sein[580]. Bei der Ausgestaltung des Wahlsystems ist der Gesetzgeber überdies durch die oben dargestellten Wahlrechtsgrundsätze des Art. 38 Abs. 1 Satz 1 GG gebunden.   **504**

Das Wahlsystem auf Bundesebene ist im Bundeswahlgesetz (BWahlG) geregelt. Darin hat sich der Gesetzgeber für ein *Kombinationssystem von Verhältniswahlrecht und Mehrheitswahlrecht* entschieden, wobei die Grundsätze der Verhältniswahl maßgebend sind und das Wahlrecht dominieren (§ 1 Abs. 1 Satz 2 BWahlG)[581]. Die 598 Mandate (§ 1 Abs. 1 Satz 1 BWahlG) des Bundestags werden im Verhältnis der Stimmen verteilt, die für die jeweiligen Listenverbindungen der zur Wahl angetretenen Parteien abgegeben wurden. Das Wahlsystem wird durch Elemente der Mehrheitswahl modifiziert, die der Bundestagswahl aber nicht den grundsätzlichen Charakter einer Verhältniswahl nehmen.   **505**

Das deutsche Wahlsystem lässt sich als *personalisierte Verhältniswahl* charakterisieren (vgl. § 1 Abs. 1 Satz 2 BWahlG). Aufgrund der vorgeschalteten Personenwahl besitzt jeder Wähler zwei Stimmen (vgl. § 4 BWahlG): die Erststimme für die Personenwahl sowie die Zweitstimme für die Wahl einer Partei (Landeslisten). Wegen des Grundsatzes der Verhältniswahl ist im Regelfall nur die Zweitstimme entscheidend für die Kräfteverhältnisse im Parlament. Die Erststimme soll sich dagegen nur auf die personelle Zusammensetzung auswirken, indem die Hälfte der Listenmandate durch Direktmandate ersetzt wird (vgl. § 1 Abs. 2 BWahlG). Im Folgenden soll das Wahlsystem der Bundesrepublik Deutschland dargestellt werden, wobei in besonderer Weise auf die Probleme der Sitzverteilung einzugehen ist, die sich aus diesem Zusammenspiel von Elementen der Mehrheits- und der Verhältniswahl ergeben können.   **506**
→ *S. hierzu Rn. 1010: Übersicht 3a: Übersicht zum Wahlsystem I.*

aa) Wahl der Direktkandidaten in den Wahlkreisen. Das Mehrheitswahlrecht entscheidet über die personelle Besetzung (ab 1.1.2024: knapp) der Hälfte der 598 Sitze im Bundestag. 299 (ab 1.1.2024: 280) Abgeordnete werden direkt in den 299 (ab 1.1.2024: 280) Wahlkreisen gewählt (vgl. § 1 Abs. 2 BWahlG)[582]. Gewählt wird   **507**

---

578 Eine Übersicht zu weiteren Kombinationsmöglichkeiten gibt *Meyer*, Wahlsystem und Verfassungsordnung, 1973.
579 Vgl. BVerfGE 95, 335 (349) – *Überhangmandate*.
580 Vgl. BVerfGE 95, 335 (354) m. w. N. – *Überhangmandate*; *Meyer*, HStR III, § 45 Rn. 33 ff.
581 *Ipsen/Kaufhold/Wischmeyer*, Staatsrecht I, § 4 Rn. 43; *Maurer*, Staatsrecht I, § 13 Rn. 27; *Magiera*, in: Sachs, GG, Art. 38 Rn. 113 f., 116.
582 Die Reduzierung der Anzahl der Wahlkreise ab dem 1.1.2024 soll dazu führen, dass weniger Überhangmandate entstehen, welche den Bundestag zuletzt regelmäßig über die gesetzlich vorgesehene Mandatszahl hinaus vergrößert haben; dazu die Begründung des Gesetzentwurfs der Fraktionen der CDU/CSU und SPD zum Gesetz zur Änderung des Bundeswahlgesetzes vom 15.9.2020, BT-Drs. 19/22504, S. 5; zum Problem der Überhangmandate unten Rn. 529 ff.

mit der Erststimme (§ 4 BWahlG). Das Direktmandat bekommt, wer die relative Mehrheit der Erststimmen im Wahlkreis erhält, d. h. die meisten der abgegebenen gültigen Erststimmen auf sich vereinigt (§ 5 BWahlG). Die unterlegenen Stimmenanteile haben keinen Einfluss auf die Parlamentssitzverteilung (kein Erfolgswert, Mehrheitsprinzip).

508 Die *Aufstellung als Kandidat* in einem Wahlkreis regeln die §§ 18–26 BWahlG. Die Aufstellung als Direktkandidat für einen Wahlkreis erfolgt durch Wahlvorschlag, der von Parteien oder von Wahlberechtigten eingereicht werden kann (§ 18 Abs. 1 BWahlG). Die formellen Voraussetzungen bestimmen sich nach §§ 18–22 BWahlG. Für Kreiswahlvorschläge etablierter Parteien gelten dabei geringere Anforderungen als für Vorschläge politisch weniger bedeutender Parteien i. S. d. § 18 Abs. 2 BWahlG sowie für individuelle von Wahlberechtigten eingereichte Nominierungen, die gem. § 20 Abs. 2 u. 3 BWahlG eines Unterschriftenquorums von 200 Unterschriften bedürfen. Diese Einschränkung des passiven Wahlrechts und des Wahlvorschlagsrechts wird durch den Zweck gerechtfertigt, völlig aussichtslose Wahlbewerbungen auszusortieren und so „das Stimmgewicht der einzelnen Wählerstimmen zu sichern und die Wahlberechtigten davor zu bewahren, ihre Stimmen an aussichtslose Wahlvorschläge zu vergeben. Sie dient damit der Sicherung des Charakters der Wahl als eines Integrationsvorgangs bei der politischen Willensbildung des Volkes"[583]. Bisher hat – abgesehen von der ersten Bundestagswahl – auch noch kein parteiloser Bewerber ein Direktmandat im Bundestag erobern können[584].

509 Funktion der Mehrheitswahl ist die personelle Vorauswahl von Abgeordneten zu Lasten der Listenbewerber einer Partei. Obwohl 299 (ab 1.1.2024: 280) direkt gewählte Kandidaten in jedem Fall in den Bundestag einziehen, bedeutet dies nicht, dass (künftig: knapp) die Hälfte der Bundestagsmandate direkt und der Rest nach Listen vergeben werden (sog. Grabensystem). Ausschlaggebend für die Sitzverhältnisse ist das Verhältnis der Zweitstimmen[585]. Die danach berechneten Sitze einer Partei werden soweit an Listenbewerber vergeben, als nach Abzug der Direktmandate noch Restplätze zu vergeben sind. Das ist der gesetzliche Regelfall. Abweichende Fälle sind zum einen der Erfolg parteiloser Bewerber für ein Direktmandat[586], zum anderen Wahlergebnisse, die zu einem Überhang der Direktmandate einer Partei über die der Liste insgesamt nach Zweitstimmen zustehenden Mandate führen[587].

510 Erlangt ein parteiloser Bewerber oder ein Bewerber einer auf Basis der Zweitstimmen erfolglosen Partei ein Direktmandat, dann fallen diese Zweitstimmen und der Parlamentssitz des Gewählten bei der Bestimmung des übrigen parlamentarischen Kräfteverhältnisses weg (vgl. § 6 Abs. 1 Satz 2, 3 BWahlG), weil sich ansonsten diese Stimmen zweimal in der Mandatsverteilung niederschlagen würden[588]. In diesen Fällen ist nur das Mehrheitswahlrecht für die Zuteilung eines Sitzes im Bundestag entscheidend. Das System der Verhältniswahl bleibt insoweit außen vor, als es nur auf Listenverbindungen Anwendung finden kann.

---

583 BVerfGE 157, 300 – *Unterschriftenquoren Bundestagswahl*.
584 Vgl. *Maurer*, Staatsrecht I, § 13 Rn. 38.
585 Daher stellen die Parteien im Wahlkampf auch immer die Zweitstimme als entscheidend heraus.
586 Dazu Rn. 510.
587 Dazu Rn. 513 ff.
588 BVerfGE 79, 161 (167 f.) – *Zweitstimmenabzug*; vgl. *Ipsen/Kaufhold/Wischmeyer*, Staatsrecht I, § 4 Rn. 57.

Wie bereits erwähnt, spielt die Einteilung des Wahlgebiets in Wahlkreise im Mehr- **511** heitwahlsystem eine besondere Rolle. Gem. §§ 2 f. BWahlG müssen die Wahlkreise eine möglichst gleichmäßige Anzahl von Wahlberechtigten aufweisen – Abweichungen vom Durchschnitt sind grundsätzlich nur in engem Rahmen bis 15 % nach oben und unten zulässig (vgl. § 3 Abs. 1 Nr. 2, 3 BWahlG). Eine Vorgängerregelung, die Abweichungen bis zu einem Drittel erlaubte, erklärte das BVerfG für mit dem Grundsatz der Gleichheit der Wahl unvereinbar[589]. Abzustellen ist dabei auf die deutsche Wohnbevölkerung, nicht die Gesamtbevölkerung, so dass Ausländer bei der Berechnung nicht mitzuzählen sind (§ 3 Abs. 1 Satz 2 BWahlG). Sollten sich gravierende Unterschiede hinsichtlich des Anteils (ebenfalls nicht wahlberechtigter) Minderjähriger an der Gesamtbevölkerung der einzelnen Wahlkreise ergeben, wäre auch dies bei der Wahlkreiseinteilung zukünftig zu berücksichtigen[590]. Erforderlich ist aufgrund der föderalen Struktur die Einhaltung der Ländergrenzen, damit eine landesinterne Anrechnung der Direktmandate auf die Landeslisten möglich ist (§ 3 Abs. 1 Nr. 1 BWahlG).

bb) Listenwahl. Entscheidend für die parlamentarische Sitzverteilung im Bundes- **512** tag ist jedoch die Verteilung der Zweitstimmen, mit denen – dem Prinzip der Verhältniswahl folgend[591] – nach Parteilisten gewählt wird (§ 4 Halbsatz 2 BWahlG). Aufgrund der föderalen Struktur der Bundesrepublik werden die Listen nach Ländern getrennt aufgestellt (sog. Landeslisten, vgl. § 6 Abs. 1 Satz 1 BWahlG). Diese Landeslisten können gem. § 27 Abs. 1 Satz 1 BWahlG nur den Parteien aufgestellt werden (Listenprivileg der Parteien). Auf jeder Liste bewerben sich die von einer Partei in fester Reihenfolge aufgestellten Personen für den Bundestag (sog. starre Liste) – je weiter oben ein Bewerber steht, desto höher sind seine Chancen, über die einer Liste zugeteilten Bundestagssitze in den Bundestag gewählt zu werden.

Bis zur Bundestagswahl 2009 wurden die verschiedenen Landeslisten einer Partei **513** als verbundene Listen angesehen und die von diesen Listenverbindungen im gesamten Bundesgebiet errungenen Zweitstimmen als ausschlaggebend für die Sitzverteilung im Bundestag zugrunde gelegt (§§ 7 Abs. 1 u. 2 i. V. m. 6 Abs. 1 BWahlG i. d. F. v. 21.3.2008). In der Konsequenz wurden auch die in einem Bundesland errungenen Überhangmandate (die Anzahl der nach Zweitstimmenverteilung einer Partei zustehenden Parlamentssitze übersteigende Direktmandate[592]) auf die in den anderen Ländern aufgrund der dort erhaltenen Zweitstimmenverteilung erworbenen Zweitstimmen angerechnet (§§ 7 Abs. 3 Satz 2 i. V. m. 6 Abs. 4 u. 5 BWahlG i. d. F. v. 21.3.2008). Dies konnte die paradoxe Folge haben, dass eine geringere Anzahl von Zweitstimmen einer Partei in einem Gebiet aufgrund des dann bestehen bleibenden Überhangmandats in einem anderen Wahlkreis dazu führte, dass die Partei insgesamt mehr Parlamentssitze erhielt (sog. Negatives Stimmgewicht)[593]. Das BVerfG hielt die Regelungen des BWahlG, die diese Paradoxie ermöglichten, zu Recht für verfassungswidrig: Auch wenn der Grundsatz der Erfolgswertgleichheit im System eines personalisierten Verhältniswahlrechts nur in bestimmten Grenzen

---

589 BVerfGE 95, 335 (365) – *Überhangmandate.*
590 BVerfGE 130, 212 (236 f.) – *Minderjährigenanteil in Wahlkreisen.*
591 BVerfGE 6, 84 (90) – *Sperrklausel;* 13, 127 (129) – *Wahlkreisgröße;* 95, 335 (356) – *Überhangmandate.*
592 Ausführlich unten Rn. 530 f.
593 Ausführlich und anschaulich BVerfGE 121, 266 (274 ff.) – *Negatives Stimmgewicht.* Auffällig wurde die Problematik aufgrund der in einem Wahlkreis erforderlich gewordenen Nachwahl im Rahmen der Bundestagswahl des Jahres 2005, vgl. ebd., S. 276 f.

verwirklicht werden kann[594], sind diese Grenzen jedenfalls dann überschritten, wenn eine Stimme negative Konsequenzen für die eigene Partei entfalten kann, weil dies „den demokratischen Wettbewerb um Zustimmung bei den Wahlberechtigten widersinnig erscheinen" lässt[595]. Zugleich liegt darin auch eine Verletzung des Grundsatzes der Unmittelbarkeit der Wahl, weil für den Wähler grundsätzlich nicht ersichtlich ist, ob seine Stimme positive oder negative Konsequenzen zeitigt[596].

513a   Mit der im Jahr 2011 in Kraft getretenen Neufassung des BWahlG wurde in Reaktion auf diese Entscheidung das System der verbundenen Listen aufgegeben. Stattdessen wurden den einzelnen Ländern in Abhängigkeit der jeweiligen Wählerzahl Sitzkontingente zugewiesen, um die die Landeslisten konkurrieren sollten (§ 6 Abs. 1 BWahlG i. d. F. v. 3.12.2011). Auch dadurch ließ sich der Effekt des negativen Stimmgewichts jedoch nicht verhindern, die Abgabe einer Stimme in einem Land konnte wegen der möglicherweise damit verbundenen Verschiebung der Sitzkontingente wiederum negative Auswirkungen auf die in einem anderen Land errungenen Parlamentssitze einer Partei haben – das BVerfG erklärte daher auch diese Neuregelung für verfassungswidrig[597]. Einen weiteren Verstoß gegen die Wahlrechtsgleichheit sah es in der Vergabe von Zusatzmandaten an Parteien, die in mehreren Ländern besonders hohe Rundungsverluste erlitten hatten (§ 6 Abs. 2a BWahlG i. d. F. v. 3.12.2011)[598]. Der Gesetzgeber reagierte auf diese Entscheidung mit einer erneuten Novellierung des Wahlrechts, die zum 9.5.2013 in Kraft trat und erstmals für die Bundestagswahl 2013 galt. Danach werden die auf jedes Land entfallenden Sitze in einem ersten, „vorläufigen" Schritt abstrakt nach der Bevölkerungszahl des jeweiligen Landes ermittelt (§§ 6 Abs. 2 Satz 2, 3 Abs. 1 BWahlG). Nach der sodann erfolgenden Auszählung der Sitze am Maßstab der §§ 4, 5, 6 Abs. 2–4 BWahlG (cc) ist in einem weiteren Schritt die Wahrung des tatsächlichen Zweitstimmenproporzes im Bundesgebiet sicherzustellen. Hierbei soll die 2021 eingeführte Anrechnung der in einem Land erzielten Direktmandate auf Listenmandate derselben Partei in anderen Bundesländern einer – zuvor durch Ausgleichsmandate für andere Parteien bewirkten – „Aufblähung" des Bundestages entgegen wirken (dd).

514   **cc) Ermittlung der Sitzverteilung/Auszählsystem.** Das Auszählsystem rechnet die abgegebenen Stimmen auf die Verteilung der Parlamentssitze um. Normiert ist es für die Direktmandate in §§ 4, 5 BWahlG und für die Listenmandate in § 6 BWahlG.

515   **(1) Auszählung der Wahlkreise und Ermittlung der Direktmandate (§§ 4, 5 BWahlG).** Erster Schritt ist zwingend die Ermittlung der Wahlergebnisse in den 299 (künftig: 280) Wahlkreisen. Dazu werden die abgegebenen gültigen Erststimmen ausgezählt. Gewählt ist, wer die Mehrheit der gültigen Stimmen auf sich vereinigt (relative Mehrheit, § 5 Satz 2 BWahlG). Die gewählten Kandidaten sind sicher im Bundestag.

516   **(2) Ermittlung des Verhältnisses der Zweitstimmen (§ 6 Abs. 1 Satz 1, 2 BWahlG).** Zweiter Schritt ist die Auszählung der Stimmen, die auf die einzelnen Landeslisten entfallen (§ 6 Abs. 1 Satz 1–2 BWahlG). Dabei bleiben jedoch gem.

---

594 S. dazu oben Rn. 491.
595 BVerfGE 121, 266 (299) – *Negatives Stimmgewicht*.
596 BVerfGE 121, 266 (307 f.) – *Negatives Stimmgewicht*.
597 BVerfGE 131, 316 (340 ff.) – *Negatives Stimmgewicht*.
598 BVerfGE 131, 316 (352 ff.) – *Negatives Stimmgewicht*.

§ 6 Abs. 3 Satz 1 BWahlG die Listen der Parteien unberücksichtigt, die im Wahlgebiet (d. h. in der gesamten Bundesrepublik, vgl. § 2 Abs. 1 BWahlG) nicht mindestens 5 % der Stimmen erreichen (sog. Sperrklausel) oder mindestens drei Direktmandate gewinnen konnten (sog. Grundmandatsklausel), es sei denn, es handelt sich um Parteien nationaler Minderheiten, für die die Sperrklausel nicht gilt.

(a) **Die Sperrklausel.** Die *Sperrklausel* schränkt das Prinzip der reinen Verhältnis-   **517**
wahl ein. Zweitstimmen für Parteien, die insgesamt nicht mindestens 5 % der Stimmen im gesamten Bundesgebiet erlangen, fallen ersatzlos weg: Die Verteilung der Bundestagssitze erfolgt nach den Stimmenanteilen der übrigen Parteien in Relation zur Summe der Zweitstimmen nach Anwendung der Sperrklausel. Keine Auswirkung hat die Sperrklausel auf die Ermittlung der Direktmandate. Erringt ein Bewerber ein Direktmandat, dessen Partei an der Sperrklausel scheitert, dann zieht er trotzdem in den Bundestag ein. Die restlichen Bundestagsmandate werden dann nach dem Zweitstimmenanteil der übrigen Parteien aufgeteilt (vgl. § 6 Abs. 1 Satz 3 BWahlG).

Funktion der Sperrklausel ist die Schaffung eines stabilen Parlaments. In ihm   **517a**
sollen nur die politischen Kräfte vertreten sein, die über eine gewisse gesamtdeutsche Bedeutung verfügen. Verhindert werden soll, dass Splitterparteien in den Bundestag einziehen und dadurch die parlamentarische Mehrheitsbildung erschwert wird. Ob ein höherer oder niedrigerer Wert als 5 % der Zweitstimmen sinnvoll ist, bleibt eine rechtspolitische Entscheidung im Ermessen des Gesetzgebers. Allerdings dürfte eine Sperrklausel über 10 % dem Grundsatz der Verhältniswahl zuwiderlaufen[599]. Die Sperrklausel in der jetzigen Form ist verfassungsgemäß[600]: Sie schränkt zwar den Grundsatz der Erfolgswertgleichheit jeder Stimme ein, was ein Verhältniswahlrecht eigentlich verhindern will. Diese Einschränkung kann aber durch sachliche Gründe gerechtfertigt werden, zumal ein reines Mehrheitswahlrecht, für das sich der Gesetzgeber grundsätzlich ebenfalls entscheiden könnte, zu einer viel größeren Erfolgswertungleichheit führen würde[601]. Der die Einführung der 5 %-Sperrklausel rechtfertigende sachliche Grund ist die drohende Gefährdung der Funktionsfähigkeit des Parlaments, wenn Splitterparteien in das Parlament gelangen und dort die Mehrheitsbildung verhindern oder zumindest erschweren würden[602]. Demgegenüber wäre eine Verfassungswidrigkeit der 5 %-Sperrklausel erst zu erwägen,

„[...] *wenn der sperrklauselbedingte Ausfall an Stimmen einen Umfang erreichte, der die Integrationsfunktion der Wahl beeinträchtigen würde. Der Gesetzgeber muss die Funktion der Wahl als eines Vorgangs der Integration der politischen Kräfte des gesamten Volkes sicherstellen und zu verhindern suchen, dass gewichtige Anliegen im Volk von der Volksvertretung ausgeschlossen bleiben. Dies ist auch bei der Ausgestaltung und Anwendung der Sperrklausel zu beachten.*"[603]

Nicht verfassungsrechtlich geboten ist auch die Einführung einer „Eventualstimme für den Fall, dass die über die Hauptstimme mit Priorität gewählte Partei

---

599 Enger *Maurer*, Staatsrecht I, § 13 Rn. 33.
600 BVerfGE 1, 208 (251, 256 f.) – *Landeswahlgesetz Schleswig-Holstein*; BVerfGE 82, 322 (338) – *Wahlrechtsvertrag BRD/DDR*; BVerfGE 95, 408 (419) – *Grundmandatsklausel*; vgl. dazu auch eine Fallbearbeitung bei *Degenhart*, Klausurenkurs im Staatsrecht I, 4. Aufl. 2016, Fall 1 sowie unten Rn. 1047.
601 S. oben Rn. 494 ff.
602 Vgl. *Maurer*, Staatsrecht I, § 13 Rn. 32.
603 BVerfGE 146, 327 (355) – *Eventualstimme*.

wegen der Fünf-Prozent-Sperrklausel nicht die erforderliche Mindeststimmenzahl erhält"[604].

„Einer verfassungsrechtlichen Pflicht zur Einführung eines Eventualstimmrechts steht jedenfalls entgegen, dass dieses zwar einerseits den mit einer Sperrklausel verbundenen Eingriff in den Grundsatz der gleichen Wahl insoweit abzumildern geeignet ist, als sich damit die Zahl der Wählerinnen und Wähler verringern ließe, die im Deutschen Bundestag nicht repräsentiert sind, wenn die von ihnen mit der Hauptstimme gewählte Partei an der Sperrklausel scheitert. Andererseits würde die Einführung einer Eventualstimme aber die Komplexität der Wahl erhöhen, so dass eine Zunahme von Wahlenthaltungen und ungültigen Stimmen nicht ausgeschlossen erscheint. Vor allem aber wäre die Eröffnung der Möglichkeit einer Eventualstimme ebenfalls in relevantem Umfang mit Eingriffen in den Grundsatz der Wahlgleichheit, möglicherweise auch der Unmittelbarkeit der Wahl verbunden. Dies gilt hinsichtlich der Erfolgswertgleichheit, falls sowohl die Haupt- als auch die Eventualstimme an Parteien vergeben werden, die jeweils die Sperrklausel nicht überwinden. Daneben erscheint die Eröffnung der Möglichkeit einer Eventualstimme aber auch mit Blick auf die Zählwertgleichheit nicht unproblematisch: Während die Stimmen derjenigen, die eine Partei wählen, die die Sperrklausel überwindet, nur einmal gezählt werden, ist dies bei Stimmen, mit denen in erster Priorität eine Partei gewählt wird, die an der Sperrklausel scheitert, nicht der Fall. Vielmehr wären sowohl die Haupt- als auch die Eventualstimme gültig. Die Hauptstimme würde bei der Feststellung des Wahlergebnisses berücksichtigt, wäre im Rahmen der staatlichen Parteienfinanzierung relevant und bliebe lediglich bei der Mandatsverteilung ohne Erfolg. Daneben wäre auch die Eventualstimme eine gültige Stimme, die beim Wahlergebnis berücksichtigt und zusätzlich bei der Mandatsverteilung Relevanz entfalten würde. Mit Blick auf den Grundsatz der Unmittelbarkeit der Wahl kann die Eventualstimme Probleme aufwerfen, weil letztlich andere Wähler darüber entscheiden, für wen eine Stimme abgegeben wird."[605]

517b   Für die Wahl der deutschen Abgeordneten des Europäischen Parlaments hat das Bundesverfassungsgericht sowohl eine 5 %-Sperrklausel im EuWG als auch eine infolge der ersten Entscheidung dort eingefügte 3 %-Sperrklausel für verfassungswidrig erklärt[606]. Die mit einer Sperrklausel allgemein verbundene Einschränkung der Wahlrechtsgleichheit und der Chancengleichheit politischer Parteien lasse sich nicht durch eine drohende Zersplitterung des Europäischen Parlaments rechtfertigen. Dieses sei mit über 160 Parteien aus allen EU-Mitgliedstaaten ohnehin schon auf die Bildung flexibler Mehrheiten angewiesen; eine Beeinträchtigung der Funktionsfähigkeit durch die Zunahme von Parteien mit wenigen Abgeordneten sei nicht anzunehmen[607]. Da sich diese Erwägungen ausdrücklich auf die Spezifika des Europäischen Parlaments beziehen, ändern sie an der Beurteilung der Zulässigkeit der 5 %-Sperrklausel auf Bundesebene nichts[608]. Ähnliches gilt für die Entscheidung, wonach eine 5 %-Sperrklausel auf kommunaler Ebene in Schleswig-Holstein für verfassungswidrig erklärt wurde, weil eine Zersplitterung nicht zur Funktionsunfähigkeit einer Gemeindevertretung führen könne[609]. Eine grundsätz-

---

604 BVerfGE 146, 327 (359) – *Eventualstimme.*
605 BVerfGE 146, 327 (359 f.) – *Eventualstimme.*
606 BVerfGE 129, 300 – *Fünf-Prozent-Sperrklausel EuWG*; BVerfGE 135, 259 – *Drei-Prozent-Sperrklausel EuWG.*
607 BVerfGE 129, 300 (324 ff.) – *Fünf-Prozent-Sperrklausel EuWG*; BVerfGE 135, 259 (296 ff.) – *Drei-Prozent-Sperrklausel EuWG.*
608 Vgl. auch *Kahl/Bews*, DVBl 2014, S. 737 ff. (746).
609 BVerfGE 120, 82 (115) – *Fünf-Prozent-Sperrklausel Schleswig-Holstein.*

liche Maßgabe lässt sich den drei Entscheidungen jedoch entnehmen: Sperrklauseln sind nur zulässig, wenn eine Beeinträchtigung der Funktionsfähigkeit des gewählten Organs mit einiger Wahrscheinlichkeit zu erwarten ist.

Die Sperrklausel wurde bei der ersten gesamtdeutschen Wahl nach der Wiedervereinigung nur im westdeutschen Wahlgebiet angewandt, um den beitrittsbedingten besonderen politischen Verhältnissen in Ostdeutschland gerecht zu werden. Ansonsten wäre es für politische Neugründungen kaum möglich gewesen, sich gegen die etablierte westliche Konkurrenz behaupten zu können[610]. **518**

Die Sperrklausel gilt nicht uneingeschränkt, sondern mit zwei Ausnahmen. Eine gilt für Parteien nationaler Minderheiten, auf die die Sperrklausel von vornherein keine Anwendung findet (§ 6 Abs. 3 Satz 2 BWahlG), eine zweite ergibt sich aus der sog. Grundmandatsklausel (vgl. § 6 Abs. 3 Satz 1 BWahlG). **519**

Nationale Minderheiten i. S. d. § 6 Abs. 3 Satz 2 BWahlG sind deutsche Staatsangehörige[611] ohne deutsche Volkszugehörigkeit[612]. Beispiel einer Partei einer nationalen Minderheit ist der Südschleswigsche Wählerverband (SSW), der die dänische Minderheit in dieser Region vertritt. § 6 Abs. 3 Satz 2 BWahlG dient einem besonderen Minderheitenschutz[613], hat aber zu keiner nennenswerten Beeinflussung der politischen Verhältnisse außerhalb Schleswig-Holsteins geführt. → Rn. 1047 **520**

(b) Die Grundmandatsklausel. Die Grundmandatsklausel nimmt solche Parteien von der Sperrklausel aus, deren Bewerber im Wahlgebiet in drei Wahlkreisen ein Direktmandat gewonnen haben (vgl. § 6 Abs. 3 Satz 1 Halbsatz 2 BWahlG). Typisiert wird angenommen, dass eine Partei in diesem Falle eine besondere regionale oder lokale Bedeutung besitzt, die ihren Einzug ins Parlament auch auf Basis der von ihr errungenen Zweitstimmen rechtfertigt. **521**

Ähnlich wie die Sperrklausel ist auch die Grundmandatsklausel eine Einschränkung des Grundsatzes der Gleichheit der Wahl[614]. Durch ihre Anwendung kommt es zu einer Ungleichbehandlung zwischen den von der Abmilderung begünstigten Parteien und denen, die mit möglicherweise mehr errungenen Zweitstimmen dennoch nicht ins Parlament einziehen. Man kann hierin eine strukturelle Begünstigung von Parteien mit regionalem gegenüber solchen mit thematischem Schwerpunkt (sog. Interessenparteien) sehen. Das BVerfG[615] hält jedoch auch diese Differenzierung für sachlich gerechtfertigt und geht daher von der Verfassungsmäßigkeit auch der Grundmandatsklausel aus. Zwar wird durch die Grundmandatsklausel die Zielsetzung der Sperrklausel, eine Zersplitterung des Parlaments zu verhindern, eingeschränkt. Jedoch belegen Parteien durch die Erringung von drei Direktmandaten ihre spezifische Verankerung und Akzeptanz in der Bevölkerung. Der einfache Gesetzgeber darf bei der Ausgestaltung des Wahlrechts die besondere politische Kraft einer Partei und die Billigung ihrer politischen Anliegen, die bei der Wahl von drei Direktkandidaten zum Ausdruck kommt, berücksichtigen. Dies **522**

610　Vgl. BVerfGE 82, 322 – *Wahlrechtsvertrag BRD/DDR.*
611　Ansonsten hätten sie kein Wahlrecht.
612　BVerfGE 6, 84 (98) – *Sperrklausel.*
613　Verfassungsmäßigkeit bejaht in BVerfGE 1, 208 (257) – *Landeswahlgesetz Schleswig-Holstein;* 6, 84 (98) – *Sperrklausel.*
614　Vgl. *Morlok,* in: Dreier, GG, Art. 38 Rn. 116.
615　BVerfGE 95, 408 – *Grundmandatsklausel.*

sichert den Integrationscharakter von Wahlen und rechtfertigt daher die Abmilderung der Sperrklausel ebenso wie den Eingriff in den Grundsatz der Gleichheit der Wahl[616].

Beispiele:

- Die X-Partei erringt 5 % der Zweitstimmen und drei Direktmandate. Insgesamt erhält sie 5 % der Bundestagsmandate, von denen die drei Direktmandate abgezogen werden (Normalfall).
- Die Y-Partei erringt 4 % der Zweitstimmen und drei Direktmandate. Insgesamt erhält sie 4 % der Bundestagsmandate, von denen die drei Direktmandate abgezogen werden (Grundmandatsklausel).
- Die Z-Partei erringt 4 % der Zweitstimmen und zwei Direktmandate. Sofern sie nicht die Partei einer nationalen Minderheit ist, erhält sie keine Listenmandate (Sperrklausel) und zwei Direktmandate.

→ *S. hierzu Rn. 1011: Übersicht 3b: Übersicht zum Wahlsystem II.*

523 **(3) Umwandlung der Zweitstimmenanteile in Bundestagsmandate (Sainte-Languë/Schepers).** Nach dem Verhältnis der Zweitstimmen steht jeder Partei eine bestimmte Anzahl der Parlamentssitze zu (wobei die in § 6 Abs. 1 Satz 2 BWahlG genannten Sitze gem. § 6 Abs. 1 Satz 3 BWahlG außer Acht bleiben).

524 Die genaue Verteilung ist dabei deshalb problematisch, weil bei der Aufteilung in aller Regel Restbruchteile verbleiben, die keinem ganzen Bundestagssitz zugeordnet werden können. Im Umgang mit diesen Reststimmen unterscheiden sich verschiedene mathematische Berechnungsverfahren, die alle bereits bei Bundestagswahlen zum Einsatz gekommen sind: Bis zur Bundestagswahl 1983 galt das auf den Belgier *d'Hondt* zurückgehende Höchstzahlverfahren. Von 1983 bis 2005 kam das sog. *Hare/Niemeyer*-Verfahren zur Anwendung, das auf die prozentuale Gewichtung der Stimmen abstellt und übrig bleibende Sitze nach der Höhe der Nachkommastellen verteilt. Seit der Bundestagswahl 2009 wird das *Sainte-Languë/Schepers*-Verfahren angewendet, das ebenfalls ein Höchstzahlverfahren darstellt, jedoch Schwächen des *d'Hondtschen* Verfahrens abmildern soll. Zugleich sollen Paradoxien, die beim Hare-Niemeyer-Verfahren entstehen können, verhindert werden[617]. Sämtliche dieser Verfahren sind verfassungskonform; es ist Teil des gesetzgeberischen Gestaltungsspielraums gem. Art. 38 Abs. 3 GG, ein Berechnungsverfahren auszuwählen. Die Unterschiede der einzelnen Verfahren sollen hier an einem Beispiel dargestellt werden.

Beispiel[618]:
Es sind 100000 Stimmen abgegeben worden, für die Partei A 50000 Stimmen, für die Partei B 35000 Stimmen und für die Partei C 15000 Stimmen. 11 Abgeordnetensitze sind zu vergeben.

525 Das *d'Hondtsche* Höchstzahlverfahren ist in seiner Berechnungsweise einfach: die von den einzelnen Parteien erreichten Stimmen werden jeweils durch Divisorreihen geteilt, die aus den ganzen natürlichen Zahlen bestehen (also nacheinander durch 1, 2, 3 etc.). Nach Durchführung dieser Division für jede der Parteien wer-

---

616 Vgl. dazu auch die Fallbearbeitung bei *Degenhart*, Klausurenkurs im Staatsrecht I, 4. Aufl. 2016, Fall 1 sowie unten Rn. 1048.

617 Eine gute Einführung in das System der Sitzzuteilung am Beispiel der Bundestagswahl 2017 findet sich auf der Internetseite des Bundeswahlleiters: https://www.bundeswahlleiter.de/dam/jcr/992a9841-b869-49a6-b7b9-0b1366bf2589/btw17_erl_sitzzuteilung.pdf (zuletzt aufgerufen am 15.1.2022).

618 Nach *von Münch/Mager*, Staatsrecht I, 7. Aufl. 2009, S. 75 f.

den die resultierenden Quotienten verglichen und die Parlamentssitze der Reihe nach auf die größten Zahlen („Höchstzahlen") verteilt.

Im Beispiel:

Partei	Stimmen	Dividiert :1	Dividiert :2	Dividiert :3	Dividiert :4	Dividiert :5	Dividiert :6
A	50000	50000 = 1	25000 = 3	16666 = 5	12500 = 7	10000 = 9	8333 = 11
B	35000	35000 = 2	17500 = 4	11666 = 8	8750 = 10	7000	5833
C	15000	15000 = 6	7500	5000	3750	3000	2500

Es müssen die Stimmenanteile der Parteien – also 50000 (A-Partei), 35000 (B-Partei), 15000 (C-Partei) – *jeweils so lange* durch ganze Zahlen geteilt werden, bis eine Zahl von ganzzahligen Brüchen entsteht, die der Anzahl der zu vergebenden Abgeordnetensitze entspricht, hier also 11. Es werden dementsprechend die Zahlen 50000, 35000, 15000 erst durch 1 geteilt; dies ergibt die Zahlen 50000, 35000, 15000. Dann wird durch 2 geteilt; dies ergibt die Zahlen 25000, 17500, 7500. Dann wird durch 3 geteilt; dies ergibt die Zahlen 16666, 11666, 5000 usw. Die Ergebnisse der Teilungen werden in der Reihenfolge der Höhe der Zahlen geordnet: 50000, 35000, 25000, 17500 usw. Jeweils eine Zahl entspricht einem Parlamentssitz und zwar für die Partei, der der Bruch durch Teilung „ihrer" Stimmenzahl entstanden ist. 50000 (A-Partei = 1. Sitz), 35000 (B-Partei = 2. Sitz), 25000 (A-Partei = 3. Sitz), 17500 (B-Partei = 4. Sitz), 16666 (A-Partei = 5. Sitz), 15000 (C-Partei = 6. Sitz) usw., bis alle 11 Sitze vergeben sind.
Entsprechend den Höchstzahlen nach den Gleichheitszeichen erhält die A-Partei von den 11 Parlamentssitzen 6, die B-Partei 4 und die C-Partei 1 Sitz.

Der Vergleich mit den Ergebnissen des *Hare-Niemeyer*-Verfahrens und des Verfahrens nach *Sainte-Languë/Schepers* (unten) veranschaulicht, dass das Verfahren nach *d'Hondt* zu einer strukturellen Benachteiligung kleinerer Parteien führt.

Diesen Nachteil sollte das *Hare/Niemeyer*-Verfahren vermeiden. Dabei wurde zunächst durch Division der zur Verfügung stehenden Sitze durch die Gesamtzahl der abgegebenen Stimmen der sog. Wahlquotient ermittelt, der besagt, wie viele Stimmen eine Partei benötigt, um einen Parlamentssitz zu erhalten. Sodann wurde die Stimmenanzahl jeder Liste durch diesen Quotienten geteilt, wobei nach dem bis 2011 geltenden § 7 BWahlG auf fiktiv gebildete Bundeslisten der jeweiligen Parteien abgestellt wurde. Das Ergebnis dieser Rechnung stellte die Anzahl der Parlamentssitze der jeweiligen Partei dar, wobei zunächst nur auf die ganze Zahl abgestellt wurde, nicht auf die Nachkommastelle. Die Nachkommastellen wurden bei der Verteilung der übrigen Parlamentssitze berücksichtigt: diese wurden in der Reihenfolge der höchsten Nachkommastellen zugewiesen. **526**

Im Beispiel:
Wahlquotient = wie viele Stimmen braucht man für einen Parlamentssitz?
100000 Gesamtstimmen/11 Parlamentssitze = 9090,90
A-Partei = 50000/9090,90 = 5,50 = 5 Sitze plus 0,5 Zahlenbruchteil
B-Partei = 35000/9090,90 = 3,85 = 3 Sitze plus 0,85 Zahlenbruchteil
C-Partei = 15000/9090,90 = 1,65 = 1 Sitz plus 0,65 Zahlenbruchteil
Vergeben sind bisher 9 der 11 Sitze. Die beiden restlichen Sitze werden den Parteien zugewiesen, die die höchsten Zahlenbruchteile haben, d. h. an die Partei B und die Partei C.
Endgültig erhält danach die Partei A 5 Sitze, die Partei B 4 Sitze und die Partei C 2 Sitze.

Nach dem *Hare-Niemeyer*-Verfahren konnten sich jedoch Paradoxien ergeben: so **527**
war es etwa möglich, dass eine Partei, die mehr als die Hälfte der Zweitstimmen

erhielt, trotzdem nicht mehr als die Hälfte der Sitze erlangte. Diesem Fall wurde auf Basis des alten Wahlrechts mit der Zuweisung eines zusätzlichen Sitzes an diese Partei begegnet (vgl. § 6 Abs. 3 BWahlG a. F.).

528 Das 2008 durch eine Änderung von § 6 BWahlG eingeführte Verfahren nach *Sainte-Languë/Schepers* soll diesen Paradoxien durch eine Rückkehr zum Höchstzahlverfahren begegnen, wobei eine Modifikation des *d'Hondt'schen* Verfahrens zugleich die Benachteiligung kleiner Parteien verhindern soll. In § 6 Abs. 2 Satz 2–7 BWahlG n. F. wird hierzu ein iteratives Berechnungssystem vorgestellt, das mathematisch einer Anwendung des Divisorverfahrens mit einer Zahlenreihe von 0,5; 1,5; 2,5 etc. entspricht. Die Anzahl der Zweitstimmen jeder Landesliste (eine fiktive Bundeslistenbildung findet nach Streichung des § 7 BWahlG nicht mehr statt) wird durch einen vorläufigen Quotienten geteilt, die Ergebnisse werden bis 0,5 abgerundet, über 0,5 aufgerundet (§ 6 Abs. 2 Satz 2–3 BWahlG). Ist das Ergebnis genau 0,5, wird so gerundet, dass die Gesamtstimmzahl eingehalten wird. Führt auch diese Vorgabe nicht zu einem eindeutigen Ergebnis, wird gelost (§ 6 Abs. 2 Satz 4 BWahlG). Der vorläufige Zuteilungsdivisor lässt sich ermitteln, indem man die Gesamtzahl der abgegebenen Stimmen durch die Anzahl der zu vergebenden Sitze teilt (§ 6 Abs. 2 Satz 6 BWahlG). Er entspricht dem Wahlquotienten beim Hare-Niemeyer-Verfahren. Sind nach seiner Anwendung zu viele oder zu wenig Sitze vergeben, ist der Divisor herauf- oder herunterzusetzen (§ 6 Abs. 2 Satz 5 u. 7 BWahlG).

> Im Beispiel:
> Der vorläufige Zuteilungsdivisor ergibt sich aus 100000/11 = 9090,90.
> A-Partei: 50000/9090 = 5,50
> B-Partei: 35000/9090 = 3,85
> C-Partei: 15000/9090 = 1,65
> Bei den Parteien B und C wird aufgerundet, B erhält 4, C 2 Sitze. Bei Partei A beträgt die Nachkommastelle genau 0,5. Würde man aufrunden, wären insgesamt 6 + 4 + 2 = 12 Sitze verteilt, also einer zu viel. Rundet man jedoch ab, sind genau 5 + 4 + 2 = 11 Sitze verteilt. Die A-Partei erhält daher 5 Sitze. Da somit alle Sitze verteilt sind, bedarf der Zuteilungsdivisor keiner Modifikation.
> Im Ergebnis erhält die A-Partei 5 Sitze, die B-Partei 4 Sitze und die C-Partei 2 Sitze.

529 **(4) Abzug der in einem Land errungenen Direktmandate (§ 6 Abs. 4 Satz 1 BWahlG).** Von den jeder Landesliste zugeteilten Mandaten werden zunächst alle von Parteibewerbern im Land errungenen Direktmandate abgezogen. Die restlichen Mandate werden als Listenmandate durch die entsprechende Anzahl von Personen der Landesliste besetzt. Nach der gesetzlichen Systematik soll somit grundsätzlich die Zweitstimme über das „Ob" eines Bundestagsmandats für eine Partei entscheiden, während die Erststimme das „Wer" bestimmt. Problematisch ist die Folge, wenn eine Partei in einem Land mehr Direktmandate erringt, als ihr nach Zweitstimmen zustünde.

530 § 6 Abs. 4 Satz 2 BWahlG ordnet an, dass die errungenen Direktmandate einer Partei auch in diesem Fall erhalten bleiben. Wäre dies, wie vor der Änderung des BWahlG 2013, das endgültige Ergebnis, hieße dies, dass sich die Gesamtzahl der Bundestagsabgeordneten um die Anzahl dieser sog. Überhangmandate erhöhen und die Verteilung der grundsätzlich vorhandenen 598 Sitze nach den Zweitstimmenverhältnissen stattfinden würde. In der Konsequenz würde das bedeuten, dass nicht die Zweitstimmenverteilung allein ausschlaggebend für die Zusammensetzung des Parlaments wäre. Vielmehr erhielten einzelne Parteien im Ergebnis pro erhaltener Zweitstimme mehr Bundestagsmandate als andere. Verstärkt wurde dieser Effekt durch das Phänomen des Stimmensplittings, bei dem die Erststimme einer großen Partei, die Zweitstimme einer kleinen Partei, in der Regel dem potentiellen Koalitionspartner, gegeben wurde.

Die unterschiedliche Auswirkung von Zweitstimmen auf die Sitzverteilung im Bundestag stellt eine Einschränkung der Erfolgswertgleichheit einerseits (es trägt nicht jede Zweitstimme in gleicher Weise zur Sitzverteilung im Bundestag bei), der Chancengleichheit der politischen Parteien andererseits dar. Das BVerfG hat diese Einschränkung als Folge der Ausgestaltung des Systems der personalisierten Verhältniswahl für gerechtfertigt gehalten, solange sich die Zahl der Überhangmandate in einem Rahmen bewegte, der keine Verzerrung der Kräfteverhältnisse im Parlament befürchten ließ[619]. Eine neue Beurteilung der Sach- und Rechtslage ergab sich zuletzt jedoch aus einer ständigen Zunahme der Überhangmandate bei den Bundestagswahlen: so kam es 2009 bereits zu insgesamt 24 Überhangmandaten. Bei einer derartigen Anzahl, die mehr als die Hälfte der zur Fraktionsbildung erforderlichen Abgeordnetenzahl (5 %) ausmacht, so dass die Träger der Überhangmandate zusammen eine „politische Kraft im Parlament" darstellen könnten, liegt eine Verzerrung des parlamentarischen Kräfteverhältnisses vor. Die damit verbundene Einschränkung der Wahlrechtsgleichheit (Art. 38 Abs. 1 GG) sowie der Chancengleichheit der politischen Parteien (Art. 21 GG) hielt das BVerfG daher nicht mehr für gerechtfertigt und erklärte § 6 Abs. 4 BWahlG i. d. F. v. 3.12.2011 für verfassungswidrig[620]. Die durch den Überhang der Direktmandate entstehende Kräfteverzerrung soll durch die in Folge der Entscheidung des BVerfG eingeführten und 2021 nochmals modifizierten zweiten Verteilungsstufe ebenso beseitigt werden wie der Effekt des negativen Stimmgewichts[621]. Durch die Reduzierung der Anzahl der Wahlkreise zum 1.1.2024 soll die Problematik von Überhangmandaten nochmals entschärft werden[622]. **531**

dd) Endgültige Stimmenverteilung (§ 6 Abs. 5–7 BWahlG). Am Ende der dargestellten ersten Stufe des Zuteilungsverfahrens steht somit fest, wie viele Mandate einer Partei im Bund sowie in jedem Land mindestens zustehen müssen, einschließlich der in den Wahlkreisen erworbenen Direktmandate. Die bisherige Sitzverteilung ist jedoch nur eine vorläufige (vgl. § 6 Abs. 2 Satz 1 BWahlG). Zum einen ging sie bei der Verteilung der Mandate auf die Länder von der Bevölkerungszahl aus, nicht davon, wie viele Stimmen insgesamt abgegeben wurden. Zum anderen bestehen noch „Überhangmandate", die die Kräfteverhältnisse des Zweitstimmenanteils verzerren würden. Wenn für Überhangmandate kein Ausgleich erfolgte, drohte ein Widerspruch zu den Grundsätzen des Verhältniswahlrechts[623]. § 6 Abs. 5 Satz 4 BWahlG n. F. lässt – verfassungsrechtlich nicht unproblematisch – „drei" nicht ausgeglichene Überhangmandate zu[624]. Im Übrigen erfolgt der Aus- **532**

---

619 Vgl. BVerfGE 95, 335 (358 ff. m. w. N.) – *Überhangmandate*; vgl. *Müller*, in: von Mangoldt/Klein/ Starck, GG, Art. 38 Rn. 157 ff.

620 BVerfGE 131, 316 (375 ff.) – *Negatives Stimmgewicht*.

621 Dazu sogleich Rn. 532.

622 Dazu oben Rn. 507.

623 Vgl. BVerfGE 131, 316 (370) – *Negatives Stimmgewicht*, wonach 15 Überhangmandate verfassungsrechtlich hinnehmbar seien; *Ipsen/Kaufhold/Wischmeyer*, § 4 Rn. 51.

624 Es ist unklar, worauf sich diese Maßgabe bezieht: drei Überhangmandate pro Landesliste, Partei oder insgesamt? Wenn nicht klar ist, welche Überhangmandate unausgeglichen sind, könnte auch das Ausscheiden von Abgeordneten (vgl. §§ 6 Abs. 5 Satz 4, 48 BWahlG) zu Schwierigkeiten führen; vgl. *Ipsen/Kaufhold/Wischmeyer*, § 4 Rn. 58. Das Bundesverfassungsgericht hat einen gegen die Regelung eingelegten Antrag auf Eilrechtsschutz nach Maßgabe einer Folgeabwägung gem. § 31 BVerfGG abgelehnt; BVerfG, NVwZ 2021, 1523 – *Eilantrag zum Bundeswahlgesetzänderungsgesetz*.

gleich in der seit 2021 gültigen Fassung des Bundeswahlgesetzes in einem kompli-
zierten Verfahren, bei dem zwar die Gesamtzahl der Sitze im Bundestag erhöht
wird (§ 6 Abs. 5 BWahlG), jedoch ein Ausgleich zwischen Direktmandaten und
den in anderen Ländern errungenen Listenmandaten erfolgen kann (§ 6 Abs. 6
BWahlG), was die – bis dato häufige – Gewähr von Ausgleichsmandaten, die die
Anzahl der Gesamtsitze weiter erhöhen würde, auf Ausnahmefälle begrenzt (§ 6
Abs. 7 BWahlG).
→ *Rn. 1048*

4.   Wahlperiode, Grundsatz der Diskontinuität

533 Art. 39 Abs. 1 u. 2 GG regeln die Wahlperiode, also den Zeitraum, für den die
Abgeordneten in den Bundestag gewählt werden.

534 Gem. Art. 39 Abs. 1 Satz 1 GG wird der Bundestag grundsätzlich und vorbehalt-
lich der genaueren Bestimmungen in Art. 39 Abs. 1 Satz 2–4, Abs. 2 GG für vier
Jahre gewählt. Art. 39 Abs. 1 Satz 2 GG bestimmt, dass die Wahlperiode eines
Bundestags mit dem Zusammentritt des neu gewählten Bundestags endet. Der
Zusammentritt des neu gewählten Bundestags hat spätestens 30 Tage nach den
Bundestagswahlen zu erfolgen (vgl. Art. 39 Abs. 2 GG). Die Bundestagswahlen
finden zwischen 46 und 48 Monaten nach dem erstmaligen Zusammentritt des
vorherigen Bundestags statt (Art. 39 Abs. 1 Satz 3 GG). Nach diesen Regelungen
endet die Wahlperiode des „alten" Bundestags also nicht vor, sondern gleichzeitig
mit dem Zusammentritt eines neuen Bundestags, dessen Wahlperiode eine juristische Sekunde später beginnt. Sinn dieser Regelung ist, dass immer ein funktions-
fähiges, durch Wahlen legitimiertes Legislativorgan existiert und keine Lücke im
Verfassungsgefüge entstehen kann. Je nach dem Termin der Bundestagswahlen
und des Zusammentritts des gewählten Bundestags (vgl. Art. 39 Abs. 1 Satz 3,
Abs. 2 GG), dauert die Wahlperiode jedes Bundestags somit zwischen 46 und
49 Monaten.

535 Ein *vorzeitiges* Ende der Wahlperiode ist in zwei Fällen möglich. Gem. Art. 63
Abs. 4 Satz 3 GG kann der Bundespräsident für den Fall, dass ein Kanzlerkandidat
nicht mit absoluter, sondern nur mit einfacher Mehrheit vom Bundestag gewählt
wird, sich zwischen der Ernennung des Gewählten und der Auflösung des Bundestags entscheiden. Der Bundespräsident kann außerdem den Bundestag auflösen,
wenn dieser dem Kanzler nicht mit der Mehrheit seiner Mitglieder (sog. Kanzlermehrheit) das Vertrauen ausspricht (Art. 68 Abs. 1 GG). In beiden Fällen hat der
Kanzler nicht das Vertrauen einer Mehrheit im Parlament. Diese für das parlamentarische Regierungssystem des Grundgesetzes unerwünschte Konstellation, die in-
stabile staatspolitische Verhältnisse nach sich zieht, soll durch eine neue Entscheidung des Souveräns (Wähler, Staatsvolk) beendet werden. Nicht zulässig ist
dagegen die Selbstauflösung des Bundestags, wenn keine dieser im Grundgesetz
vorgesehenen Auflösungssituationen vorliegt. Im Fall einer Auflösung des Bundestages sind Neuwahlen innerhalb von 60 Tagen abzuhalten (Art. 39 Abs. 1 Satz 4
GG). Ein Selbstauflösungsrecht des Bundestags sieht das Grundgesetz nicht vor[625].

---

625 Dessen Einführung wurde in der Literatur jedoch insbesondere in der Folge der „auflösungsgerichte-
ten Vertrauensfrage" durch Bundeskanzler *Schröder* im Jahr 2005 (S. dazu BVerfGE 114, 121 ff. –
Vertrauensfrage Schröder sowie unten Rn. 755 f.) diskutiert: S. insbesondere die Kontroversen in den
Zeitschriften RuP (*Struck*, RuP 2006, 140 ff., *Bosbach*, RuP 2006, 142 ff., *Ströbele*, RuP 2006, 144 f.,
Thierse, RuP 2006, 145 f.) und ZParl (*Pieper*, ZParl 2007, 287 ff., *Niclauß*, ZParl 2007, 667 ff., *Leunig*,
ZParl 2008, 157 ff.).

Trotz des Strebens nach Kontinuität durch nahtlosen Anschluss der Wahlperioden **536** des Bundestags findet am Ende jeder Wahlperiode durch den Zusammentritt des neuen Bundestags eine Zäsur statt: Es gilt der *Grundsatz der Diskontinuität* des Bundestags als Verfassungsgewohnheitsrecht[626]. Er besagt, dass alle nicht abgeschlossenen parlamentarischen Vorgänge mit dem Zusammentritt eines neuen Bundestags ihre Wirksamkeit verlieren (materielle Diskontinuität, § 125 GOBT). Die während einer Wahlperiode konstituierten Organe und Organteile des Bundestags wie Ausschüsse, Präsident, Ältestenrat enden gemeinsam mit dem Bundestag (organisatorische Diskontinuität).

> **Beispiele:**
> Gesetzesvorlagen, für die noch kein Gesetzesbeschluss existiert, müssen neu in den Bundestag eingebracht werden. Die Geschäftsordnung des alten Bundestags gilt nicht fort. Ein Untersuchungsausschussverfahren kann nicht über das Ende einer Legislaturperiode fortgeführt werden.

Der Grundsatz der Diskontinuität erfasst nur die unabgeschlossenen parlaments- **537** internen Vorgänge sowie den inneren organisatorischen Aufbau. Der Bundestag als Staatsorgan ist dagegen permanent existent und nach außen gültige Rechtsakte werden ihm auch über die Wahlperiode hinaus zugerechnet, etwa ein Gesetzesbeschluss, ein Normenkontrollantrag vor dem BVerfG oder ein Arbeitsvertrag mit einem Bediensteten der Bundestagsverwaltung.

„Die Diskontinuität des Deutschen Bundestags hat als solche keinen Einfluss auf das Fortbestehen wirksam vorgenommener Rechtshandlungen des Deutschen Bundestags selbst oder eines Teils seiner Mitglieder."[627]

Begrenzt wird der Grundsatz der Diskontinuität auf die parlamentarischen Vor- **538** gänge, die eines Parlamentsbeschlusses bedürfen (vgl. § 125 Satz 2 GOBT). Dazu gehören z. B. nicht beim Parlament eingereichte Petitionen[628]. Gelegentlich wird die Zweckmäßigkeit einer 4-jährigen Wahlperiode diskutiert. Je länger eine Wahlperiode dauert, desto geringer ist das kontrollierende Element, das aus der zeitlichen Begrenzung erwächst. Eine Wahlperiode von mehr als sieben Jahren wird daher überwiegend als nicht mit dem Demokratieprinzip vereinbar angesehen[629]. Unter einer zu kurzen Wahlperiode würde dagegen die Effizienz der parlamentarischen Arbeit leiden. Der Beginn der Legislaturperiode ist geprägt durch die Neukonstituierung des Bundestags. Aufgrund der Diskontinuität fängt jeder Bundestag bei Null an. Schon etwa ein Jahr vor Ende einer Wahlperiode schränkt der Wahlkampf eine längerfristig angelegte Sachpolitik ein. Vor diesem Hintergrund erscheint eine Wahlperiode von vier Jahren als angemessener Ausgleich.

5. Rechtsschutz im Wahlrecht

Rechtsschutz im Wahlrecht kommt einerseits im Wege der Wahlprüfung durch **539** den Bundestag und im Falle einer Beschwerde durch das BVerfG gem. Art. 41 GG, andererseits auf Basis von Rechtsbehelfen im BWahlG und der BWahlO in Betracht (§ 49 BWahlO).

---

626 Vgl. *Stern*, Staatsrecht II, S. 74 ff.; *Maurer*, Staatsrecht I, § 13 Rn. 53 m. w. N.
627 BVerfGE 79, 311 (327) – *Kreditvolumen im Bundeshaushalt.*
628 Vgl. weitere Beispiele bei *Stern*, Staatsrecht II, S. 77 f.
629 Vgl. *Maurer*, Staatsrecht I, § 13 Rn. 51.

540   Das *Wahlprüfungsverfahren* ist verfassungsrechtlich in Art. 41 GG geregelt. Aufgrund des Gesetzgebungsauftrags in Art. 41 Abs. 3 GG wurde das Wahlprüfungsgesetz (WahlprüfG) zur näheren Ausgestaltung des Verfahrens erlassen. Das deutsche Wahlprüfungsrecht folgt dem Grundsatz der Zweistufigkeit: In erster Instanz entscheidet der Bundestag (Art. 41 Abs. 1 GG), in zweiter das BVerfG (Art. 41 Abs. 2 GG)[630].

541   § 1 Abs. 1 WahlprüfG bestimmt, dass im Wahlprüfungsverfahren in erster Instanz der Bundestag über die Gültigkeit der Bundestagswahl sowie über die Verletzung subjektiver Rechte im Zusammenhang mit der Vorbereitung oder Durchführung der Wahl entscheidet. Der Bundestag kann die Wahl für ungültig erklären und die entsprechenden „Folgerungen" anordnen (§ 1 Abs. 2 Satz 1 WahlprüfG) oder die Verletzung einer subjektiven Rechtsposition feststellen (§ 1 Abs. 2 Satz 2 WahlprüfG). Aus einem Verstoß gegen das Wahlrecht folgt die Ungültigkeit der Wahl nur dann, wenn er sich auf das konkrete Wahlergebnis, d. h. auf die parlamentarischen Kräfteverhältnisse, auswirken konnte oder ausgewirkt hat[631]. „Folgerungen" können in diesem Fall die Anordnung der Neuauszählung von Stimmen, eine begrenzte Nachwahl in einem Wahlkreis oder schließlich sogar eine vollständige Neuwahl des gesamten Bundestags sein, was jedoch noch nicht vorgekommen ist.

542   Der Bundestag als erste Wahlprüfungsinstanz wird nur auf *Einspruch* tätig (§ 2 Abs. 1 WahlprüfG), den jeder Wahlberechtigte, jede Gruppe von Wahlberechtigten sowie jeder Landeswahlleiter und der Bundeswahlleiter innerhalb von zwei Monaten nach dem Wahltag erheben können (§ 2 Abs. 2, Abs. 4 Satz 1 WahlprüfG). Der Bundestagspräsident kann darüber hinaus stets innerhalb eines Monats nach Bekanntwerden eines möglichen Wahlmangels Einspruch einlegen (§ 2 Abs. 2, Abs. 4 Satz 2 WahlprüfG). Im Rahmen der Wahlprüfung prüft der Bundestag, dessen Entscheidung durch den Wahlprüfungsausschuss vorbereitet wird (§ 3 Abs. 1 WahlprüfG), nur, ob die Wahl im Einklang mit dem einfachgesetzlichen Wahlrecht durchgeführt worden ist. Er prüft nicht, ob dessen Normen verfassungskonform sind[632]. Der Bundestag ist auch nicht nach Art. 100 Abs. 1 GG berechtigt, die Wahlrechtsnormen dem BVerfG zur Entscheidung über ihre Verfassungswidrigkeit vorzulegen; aufgrund der abschließenden Auflistung der Zuständigkeiten des BVerfG im Grundgesetz und anderen Gesetzen kommt auch keine analoge Anwendung dieser Norm in Betracht[633]. Der Bundestag kann das BVerfG lediglich im Wege der abstrakten Normenkontrolle anrufen (auch hierzu besteht jedoch keine Verpflichtung) oder ein aus seiner Sicht verfassungswidriges Wahlrecht im ordnungsgemäßen Gesetzgebungsverfahren für die Zukunft abändern. Die Zuständigkeit des Bundestags für die Überprüfung der eigenen „Existenzberechtigung" entspricht dem Selbstverwaltungscharakter des Parlaments. Anderen staatlichen Institutionen soll grundsätzlich kein Hebel zur Verfügung stehen, ein politisch missliebiges Parlament im Wege der Wahlprüfung zu beseitigen.

543   Eine Kontrolle der Wahlprüfung soll jedoch durch die Entscheidung des BVerfG in zweiter Instanz ermöglicht werden (Art. 41 Abs. 2 GG, §§ 13 Nr. 3, 48

---

630   Ausführlich *Lackner*, JuS 2010, 307 ff.
631   Vgl. *Maurer*, Staatsrecht I, § 13 Rn. 47.
632   BVerfGE 89, 291 (300) – *Wahlprüfungsverfahren*.
633   BVerfGE 121, 266 (290) – *Negatives Stimmgewicht*.

BVerfGG). Das BVerfG kann darüber hinaus auch das angewendete einfachgesetzliche Wahlrecht auf seine Verfassungsmäßigkeit hin überprüfen. Das Verfahren vor dem BVerfG ist als Beschwerdeverfahren ausgestaltet, das eine vorherige Entscheidung des Bundestags voraussetzt. Dabei müssen nach dem klaren – verfassungsrechtlich nicht zu beanstandenden – Wortlaut des § 48 Abs. 1 BVerfGG Einspruchs- und Beschwerdeführer identisch sein[634]. Zusätzlich sind jedoch auch Abgeordnete beschwerdeberechtigt, deren Mitgliedschaft im Bundestag im Rahmen des Wahlprüfungsverfahrens bestritten worden ist.

544 Wahlprüfungsbeschwerden haben noch nie zur Ungültigerklärung einer Bundestagswahl durch das BVerfG geführt. Das Bundesverfassungsgericht nimmt diesbezüglich eine Abwägung des Wahlrechtsverstoßes oder der Auswirkung der Verfassungswidrigkeit des Wahlrechts mit dem Interesse am Bestand des Wahlergebnisses vor:

„Der Eingriff in die Zusammensetzung einer gewählten Volksvertretung durch eine wahlprüfungsrechtliche Entscheidung muss vor dem Interesse an der Erhaltung der gewählten Volksvertretung gerechtfertigt werden. Je tiefer und weiter die Wirkungen eines solchen Eingriffs reichen, desto schwerer muss der Wahlfehler wiegen, auf den dieser Eingriff gestützt wird [...] Die Ungültigerklärung einer gesamten Wahl setzt einen erheblichen Wahlfehler von solchem Gewicht voraus, dass ein Fortbestand der in dieser Weise gewählten Volksvertretung unerträglich erschiene.“[635]

Häufig hat das BVerfG dem Gesetzgeber jedoch eine Änderung des Wahlrechts aufgegeben und die entsprechenden Korrekturen in späteren Verfahren auch an seinen Vorgaben gemessen[636]. Da das Wahlprüfungsverfahren die gesetzmäßige Zusammensetzung des Deutschen Bundestags gewährleisten soll, erledigt es sich grundsätzlich mit dem Ende von dessen Wahlperiode[637]. Bei zu diesem Zeitpunkt bereits eingelegter Wahlprüfungsbeschwerde kann jedoch ein besonderes öffentliches Interesse – insbesondere hinsichtlich der Beurteilung der Verfassungskonformität des geltenden Wahlrechts – eine Fortführung des Verfahrens gebieten[638].

545 Neben dem Wahlprüfungsverfahren als nachträglichem Rechtsschutz soll *sonstiger Rechtsschutz* gegen hoheitliche Maßnahmen, die sich auf das Wahlverfahren beziehen, nur nach den Rechtsbehelfen des BWahlG sowie der BWahlO eröffnet sein (§ 49 Abs. 1 BWahlG). Typische Anwendungsfälle sind die Geltendmachung der Nichtaufführung eines Wahlberechtigten im Wählerverzeichnis oder der Nichterteilung eines Wahlscheins. Es geht in diesen Fällen um die Ermöglichung der formellen Voraussetzungen für die Ausübung des (materiell gegebenen) aktiven Wahlrechts (vgl. § 14 Abs. 1 BWahlG, §§ 22 Abs. 1, 31 Satz 1 BWahlO).

546 Die Beschränkung auf ein rein behördliches Nachprüfungsverfahren im Vorfeld der Wahl und die Durchführung eines Wahlprüfungsverfahrens erst im Nachhinein ist mit Blick auf die Garantie effektiven Rechtsschutzes in Art. 19 Abs. 4 GG nicht unproblematisch. Insbesondere hinsichtlich der Nichtzulassung von Parteien – 2009 war die auf Redakteure des Satire-Magazins Titanic zurückgehende

---

634 BVerfGE 128, 322 (324) – *Wahlprüfungsbeschwerde „Die PARTEI".*
635 BVerfGE 121, 266 (312) – *Negatives Stimmgewicht.*
636 Besonders eindrucksvoll die Entscheidungen zum negativen Stimmgewicht, BVerfGE 121, 266 (314 ff.) und BVerfGE 131, 316 (146 ff.).
637 BVerfGE 122, 304 (306 f.) – *Wahlprüfungsbeschwerde nach Bundestagsauflösung.*
638 BVerfGE 122, 304 (306 ff.) – *Wahlprüfungsbeschwerde nach Bundestagsauflösung.*

politische Gruppierung „Die PARTEI" nicht als Partei anerkannt und deshalb nach § 18 Abs. 4 BWahlG nicht zur Bundestagswahl zugelassen worden – wurde dies kritisiert und auch von der Organisation für Sicherheit und Zusammenarbeit in Europa in ihrem Wahlprüfungsbericht gerügt[639]. Es wurde daher eine neue Verfahrensart vor dem BVerfG geschaffen, mit der sich Vereinigungen unmittelbar gegen ihre Nichtanerkennung als Partei für die Wahl zum Bundestag zur Wehr setzen können (*Nichtanerkennungsbeschwerde*, Art. 93 Abs. 1 Nr. 4c GG, §§ 13 Abs. 1 Nr. 3a, 96a ff. BVerfGG). Über diesen Sonderfall hinaus wäre die Einführung eines gerichtlichen Rechtsschutzes vor der Wahl auch allgemein geboten: Die Befürchtung, dass das Wahlverfahren als Massenverfahren mit einer Flut von Rechtsbehelfen gegen einzelne Rechtsakte lahm gelegt werden könnte, rechtfertigt den vollständigen Ausschluss des gerichtlichen Rechtsschutzes nicht. Angemessen wäre ein entsprechend verkürzter (vorläufiger) Rechtsschutz im Vorfeld der Wahl, der einerseits dem Rechtsschutzbedürfnis des Wahlberechtigten und andererseits den organisatorischen Besonderheiten und Erfordernissen einer einheitlichen Wahl Rechnung tragen könnte[640].

Rechtsprechung: BVerfGE 1, 208 – *Landeswahlgesetz Schleswig-Holstein*; BVerfGE 3, 45 – *Reserveliste*; BVerfGE 5, 2 – *passives Wahlrecht*; BVerfGE 6, 84 – *Sperrklausel*; BVerfGE 7, 63 – *Starre Liste*; BVerfGE 8, 51 – *Steuerliche Abzugsfähigkeit von Parteispenden*; BVerfGE 8, 104 – *Volksbefragungen*; BVerfGE 13, 127 – *Wahlkreisgröße*; BVerfGE 16, 130 – *Überhangmandate*; BVerfGE 21, 196 – *Wahlgeschenke*; BVerfGE 21, 200 – *Briefwahl*; BVerfGE 24, 300 – *Unterschriftenquorum für Wahlvorschlag*; BVerfGE 32, 157 – *Abgeordnetenentschädigungsgesetz*; BVerfGE 36, 139 – *Wahlrecht von Auslandsdeutschen*; BVerfGE 37, 84 – *Volksentscheid*; BVerfGE 42, 53 – *Volksentscheid*; BVerfGE 44, 125 – *Öffentlichkeitsarbeit der Bundesregierung*; BVerfGE 49, 10 – *Neugliederung des Bundesgebiets*; BVerfGE 51, 222 – *Europawahl*; BVerfGE 58, 202 – *Wahlrecht von Auslandsdeutschen*; BVerfGE 59, 119 – *Briefwahl*; BVerfGE 63, 230 – *Öffentlichkeitsarbeit der Bundesregierung*; BVerfGE 66, 369 – *Wahlbeeinflussung durch Arbeitgeber*; BVerfGE 68, 1 – *Mitwirkungsrechte des BT an auswärtigen Beziehungen*; BVerfGE 70, 324 – *Informationsrecht der Abgeordneten*; BVerfGE 71, 81 – *Arbeitnehmerkammerwahl*; BVerfGE 78, 350 – *Kommunale Wählervereinigung*; BVerfGE 79, 161 – *Zweitstimmenabzug, Stimmensplitting*; BVerfGE 79, 169 – *Überhangmandate*; BVerfGE 79, 311 – *Kreditvolumen im Bundeshaushalt*; BVerfGE 80, 188 – *Abgeordnetenrechte*; BVerfGE 81, 310 – *Bundesauftragsverwaltung*; BVerfGE 82, 322 – *Wahlrechtsvertrag BRD/DDR*; BVerfGE 82, 353 – *Unterschriftenquorum*; BVerfGE 83, 37 – *Ausländerwahlrecht*; BVerfGE 85, 148 – *Wahlprüfung*; BVerfGE 91, 262 – *Parteienbegriff*; BVerfGE 92, 80 – *Überhangmandate*; BVerfGE 93, 195 – *Untersuchungsausschuss*; BVerfGE 94, 351 – *Abgeordnetenstatus*; BVerfGE 95, 335 – *Überhangmandate*; BVerfGE 95, 408 – *Grundmandatsklausel*; BVerfGE 97, 317 – *Nachrückerentscheidung*; BVerfGE 99, 1 – *Kommunales Wahlvorschlagsrecht*; BVerfGE 103, 111 – *Wahlprüfung Hessen*; BVerfGE 120, 82 – *Fünf-Prozent-Sperrklausel Schleswig-Holstein*; BVerfGE 121, 266 – *Negatives Stimmgewicht*; BVerfGE 122, 304 – *Wahlprüfungsbeschwerde nach Bundestagsauflösung*; BVerfGE 123, 39 – *Wahlcomputer*; BVerfGE 128, 322 – *Wahlprüfungsbeschwerde „Die PARTEI"*; BVerfGE 129, 300 – *Fünf-Prozent-Sperrklausel EuWG*; BVerfGE 130, 212 – *Minderjährigenanteile in Wahlkreisen*; BVerfGE 131, 316 – *Negatives Stimmgewicht*; BVerfGE 132, 39 – *Wahlberechtigung Auslandsdeutscher*; BVerfGE 134, 25 (31 f.) – *Briefwahl Europawahl*; BVerfGE 135, 259 – *Drei-Prozent-Sperrklausel EuWG*; BVerfGE 138, 102 – *Fall Schwesig*; BVerfGE 146, 327 – *Eventualstimme*; BVerfGE 151, 1 – *Wahlrechtsausschlüsse*; BVerfGE

---

639 Vgl. Beschlussfassung und Bericht des Ausschusses für Wahlprüfung, Immunität und Geschäftsordnung des Deutschen Bundestages, BT-Drs. 17/9733. Im Wahlprüfungsverfahren vor dem BVerfG war „Die PARTEI" gescheitert, weil die Wahlprüfungsbeschwerde vom Bundesvorsitzenden der Partei im eigenen Namen, der vorherige Einspruch jedoch im Namen der Partei erhoben worden war und es somit an der von § 48 Abs. 1 BVerfGG vorausgesetzten Personenidentität fehlte, vgl. BVerfGE 128, 322 (324) – *Wahlprüfungsbeschwerde „Die PARTEI"*.
640 Vgl. *Meyer*, HStR III, § 46 Rn. 98 ff.; zu Reformvorschlägen *Drossel/Schemmel*, NVwZ 2020, 1318 ff.

154, 372 – *Nachgeschobenes Ausgleichsmandat II* – *eA*; BVerfGE 156, 224 – *Wahlprüfungsbeschwerde 19/VI* – *Parität*; BVerfGE 157, 300 – *Unterschriftenquoren Bundestagswahl*; BVerfG, NVwZ 2021, 1523 – *Eilantrag zum Bundeswahlgesetzänderungsgesetz*; BVerwGE 18, 14 – *Hirtenbrief*; BVerwGE 162, 284 – *Ausschluss von Fraktionszuwendungen*; BayVerfGH, NVwZ-RR 2018, 457 – *Geschlechterproportionale Wahlvorschläge*; ThürVerfGH, NVwZ 2020, 1266 – *Parität*; VerfG Bbg, NVwZ 2021, 59 – *Parität*.

Literatur:

Zur Ergänzung:

Becker, T./Heck, J., „Wahlrechtliche Irrungen und Wirrungen", JA 2020, 440 ff. (Fallbearbeitung); *Gröpl, C. u. a.,* (Original-)Referendarexamensklausur – Öffentliches Recht: Verfassungsrecht – Wahlrechtliche Paritätsklauseln, JuS 2020, 961 ff. (Fallbearbeitung); *Grzeszick, B.,* Verfassungsrechtliche Grundsätze des Wahlrechts, Jura 2014, S. 1110 ff.; *Lenz, S.,* Wahlsystematik, JuS 2021, 832 ff.; *Laufs, D.,* Das Recht auf freie Wahlen nach deutschem und europäischem Recht, JuS 2013, 788 ff.; *Michl, F.,* Der demokratische Rechtsstaat in Krisenzeiten, JuS 2020, 643 ff.; *Schuler-Harms,* M./*Valentiner,* D.-S., Aktuelle Fragen des Wahlrechts und der Wahlrechtsgrundsätze, Jura 2020, 1172 ff.; *Voßkuhle, A./Kaufhold, A.-K.,* Grundwissen – Öffentliches Recht: Die Wahlrechtsgrundsätze, JuS 2013, 1078 ff.

Zur Vertiefung:
Aktuelle Diskussionen

Bechler, L./Neidhardt, St., Verfassungsgerichtlicher Rechtsschutz vor der Bundestagswahl: Die Nichtanerkennungsbeschwerde zum BVerfG, NVwZ 2013, 1438 ff.; *Bretthauer, S.,* Online-Wahlen zu Parlamenten als modernes Instrument demokratischer Partizipation in Zeiten von Pandemie und Digitalisierung, KritV 2021, 3 ff.; *Danker, C.,* Paritätische Aufstellung von Landeswahllisten – Beeinträchtigung der Wahlrechtsgrundsätze, NVwZ 2020, 1250 ff.; *Drossel, J.-M./Schemmel, J.,* Vorgelagerter Rechtsschutz bei Bundestagswahlen, NVwZ 2020, 1318 ff.; *Edinger, F.,* Landes-Parité-Gesetze verfassungswidrig – wie weiter?, DÖV 2021, 442 ff.; *Fremuth, M. L.,* Die Verfassung kennt sie nicht und die Demokratie bedarf ihrer nicht – Zur Notwendigkeit der Revision der Fünf-Prozent-Sperrklausel im Recht zur Wahl des Deutschen Bundestags, JZ 2018, 13 ff.; *Glauben, P.,* Wahlprüfung als Garantie des unverfälschten Willens des Souveräns, NVwZ 2019, 1419 ff.; *Hettlage, M. C.,* Der Wahlleiter und das Gesetz, DÖV 2016, 983 ff.; *Klafki, A.,* Parität – Der deutsche Diskurs im globalen Kontext, DÖV 2020, 856 ff.; *Kluckert, S.,* Das Grabenwahlrecht auf dem Prüfstand der Verfassung, NVwZ 2020, 1217 ff.; *Lang, H.,* Inklusives Wahlrecht – ein Update, ZRP 2018, 19 ff.; *Lenz, C./Schulz, N.,* Der Ausschussrückruf als „kleiner Fraktionsausschluss", NVwZ 2018, 627 ff.; *Luch, A. D./Schulz, S. E./Tischer, J.,* Online-Wahlen und -Abstimmungen in Deutschland, BayVBl 2015, 253 ff.; *Meyer, H.,* Grundgesetzliche Demokratie und Wahlrecht für ansässige Nichtdeutsche, JZ 2016, 121 ff.; *ders.,* Welche Medizin empfiehlt sich gegen einen adipösen Bundestag?, AöR 143 (2018), 521 ff.; *ders.,* Verbietet das Grundgesetz eine paritätische Frauenquote bei Listenwahlen zu Parlamenten?, NVwZ 2019, 1245 ff.; *Möllers, C.,* Krise der demokratischen Repräsentation vor Gericht: zu den Parité-Urteilen der Landesverfassungsgerichte in Thüringen und Brandenburg, JZ 2021, 338 ff.; *Morlok, M./Hobusch, A.,* Ade parité? – Zur Verfassungswidrigkeit verpflichtender Quotenregelungen bei Landeslisten, DÖV 2019, 14 ff.; *Pukelsheim, F.,* 598 Sitze im Bundestag statt 709? 200 Wahlkreise statt 299!, DVBl 2018, 153 ff.; *Rauber, J.,* Mandatslose Wahlkreissieger, ZG 2020, 149 ff.; *Röhner, C.,* Von Repräsentation zu demokratischer Gleichheit, Der Staat 59 (2020), 421 ff.; *Steinbach, A.,* Social Bots im Wahlkampf, ZRP 2017, 101 ff.; *Thiele, A.,* Neugestaltung des Wahlrechts zur Wiederbelebung der Demokratie, ZRP 2017, 105 ff.; *von Ungern-Sternberg, A.,* Parité-Gesetzgebung auf dem Prüfstand des Verfassungsrechts, JZ 2019, 525 ff.; *Volk, L.,* Die Kardinalfrage der Paritätsdebatte: Formeller oder materieller Gleichheitsbegriff im Wahlrecht, DÖV 2021, 413 ff.; *Völzmann, B.,* Paritätsregelungen im Wahlrecht zwischen Parteienfreiheit, Gleichstellungsgebot und Demokratieprinzip, DVBl 2021, 496 ff.; *Ziekow, J.,* Wählen und gewählt werden mit 16 – Frischer Wind für den Bundestag am Maßstab des Verfassungsrechts, VerwArch 2022, 47 ff.; *Zivier, E. R.,* Mehr Demokratie durch „Wahlwochen" und ein Wahlalter 16?, RuP 2015, 94 ff.

Grundlegende Texte

Badura, P., Über Wahlen, AöR 97 (1972), 1 ff.; *Meyer, H.*, Demokratische Wahl und Wahlsystem, HStR II, 1. Aufl. 1987, § 37; *ders.*, Wahlgrundsätze und Wahlverfahren, HStR II, 1. Aufl. 1987, § 38; *Starck, C.*, Wahlen im demokratischen Verfassungsstaat, in: FS für Winkler, 1997, S. 1099 ff.

III.   Zuständigkeiten des Bundestags

→ *Rn. 1012*

1.   Einleitung

547 Der Bundestag besitzt unter den obersten Staatsorganen des Bundes eine hervorgehobene Stellung, die sich in erster Linie aus seinem exklusiven Status als Volksvertretung (Parlament) speist und sich in einer Fülle staatsorganisatorischer Zuständigkeiten äußert. Nach überwiegender Auffassung existiert jedoch trotz der besonderen Stellung im Gefüge der Staatsorgane keine Vermutung oder subsidiäre Zuständigkeit des Bundestags für die Ausübung einer staatlichen Aufgabe. Gleichfalls gibt es keinen allgemeinen Parlamentsvorbehalt, der dem Bundestag generell den Einbruch in die Kompetenzen der übrigen Staatsorgane gestatten würde. Der Bundestag darf, wie alle staatlichen Organe, nur im Rahmen der ihm vom Grundgesetz zugewiesenen Organkompetenzen tätig werden. Eine Lücke in der grundgesetzlichen Zuweisung von Organkompetenzen wird durch die Zuordnung der in Frage stehenden staatlichen Aufgabe zu einer der drei Staatsfunktionen Gesetzgebung, Verwaltung und Rechtsprechung geschlossen. Innerhalb der drei Staatsfunktionen nehmen dann die zuständigen Staatsorgane ihre verfassungsmäßigen Kompetenzen wahr[641].

„Die konkrete Ordnung der Verteilung des Ausgleichs staatlicher Macht, die das Grundgesetz gewahrt wissen will, darf nicht durch einen aus dem Demokratieprinzip fälschlich abgeleiteten Gewaltenmonismus in Form eines allumfassenden Parlamentsvorbehalts unterlaufen werden [...]. Auch der Grundsatz der parlamentarischen Verantwortung der Regierung setzt notwendigerweise einen Kernbereich exekutiver Eigenverantwortung voraus [...]. Die Demokratie, die das Grundgesetz verfasst hat, ist eine rechtsstaatliche Demokratie, und das bedeutet im Verhältnis der Staatsorgane zueinander vor allem eine gewaltenteilende Demokratie."[642]

548 Die *wichtigsten Funktionen und Zuständigkeiten des Bundestags* sind:

–   Wahlfunktion (Kreationsfunktion);
–   Gesetzgebungsfunktion;
–   Mitwirkungs- und Zustimmungsfunktion;
–   Selbstorganisation (Parlamentsautonomie);
–   Kontrollfunktion;
–   Öffentlichkeitsfunktion;
–   Oberste staatliche Finanzverteilung (Budgetrecht);
–   Beschlussorgan;
–   Anklageorgan.

2.   Wahlfunktion (Kreationsfunktion)

549 Der Bundestag ist als einziges Staatsorgan auf Bundesebene unmittelbar demokratisch legitimiert durch die Wahl seiner Abgeordneten (vgl. Art. 38 Abs. 1 GG).

---

641 Vgl. dazu *Stern*, Staatsrecht II, S. 43; *Klein*, HStR III, § 50 Rn. 1 ff. m. w. N.
642 BVerfGE 68, 1 (87) – *NATO-Doppelbeschluss.*

Um das aus dem Demokratieprinzip erwachsende Gebot der lückenlosen demokratischen Legitimation aller staatlichen Gewalt[643] in funktionaler und personeller Hinsicht zu erfüllen, muss alle weitere staatliche Gewalt zumindest mittelbar auf das Volk zurückzuführen sein. Das wichtigste Mittel in personeller Hinsicht ist die Besetzung bestimmter Staatsorgane und staatlicher Stellen durch einen Wahlakt des Bundestags als Ganzes, durch Organteile oder zusammen mit anderen Staatsorganen.

a) Wahl des Bundespräsidenten (Art. 54 GG). Das für die Wahl des Bundespräsi- **550** denten zuständige Bundesorgan ist die *Bundesversammlung* (Art. 54 Abs. 1 Satz 1 GG)[644]. Die Bundesversammlung setzt sich zur Hälfte aus den Abgeordneten des Bundestags zusammen (vgl. Art. 54 Abs. 3 Halbsatz 1 GG). Die andere Hälfte wird über die Volksvertretungen der Länder demokratisch legitimiert.

b) Wahl des Bundeskanzlers (Art. 63 GG). Im parlamentarischen Regierungssys- **551** tem bedeutsamster Kreationsakt des Bundestags ist die Wahl des Bundeskanzlers zum Regierungschef und zur politischen Spitze der Exekutive (Art. 63 Abs. 1 GG)[645]. Der Bundestag hat auch als einziges Staatsorgan die Möglichkeit, den Bundeskanzler seines Amtes zu entheben, indem er einen neuen Bundeskanzler wählt (sog. Konstruktives Misstrauensvotum, vgl. Art. 67 GG). Die Bundesminister als weitere Regierungsmitglieder (Art. 62 GG) werden nicht vom Parlament gewählt, sondern vom Bundespräsidenten auf Vorschlag des gewählten Bundeskanzlers ernannt (Art. 64 Abs. 1 GG). Aufgrund dieser Verknüpfung zwischen Bundeskanzler und Bundesminister enden die Ämter der Bundesminister in jedem Fall mit dem des Bundeskanzlers (Art. 69 Abs. 2 GG).
→ *Rn. 1013*

c) Wahl der Richter des Bundesverfassungsgerichts (Art. 94 Abs. 1 Satz 2 GG). **552** Die Richter des BVerfG werden zur Hälfte vom Bundestag, zur anderen Hälfte vom Bundesrat gewählt (Art. 94 Abs. 1 Satz 2 GG, § 5 Abs. 1 Satz 1 BVerfGG). Nach § 6 Abs. 1 BVerfGG erfolgt die Wahl der vom Bundestag zu bestimmenden Richter seit einer Novelle des BVerfGG im Jahre 2015 im Plenum, nicht länger, wie dies zuvor der Fall war, durch den vom Bundestag zu bildenden Wahlausschuss (vgl. § 6 Abs. 1 BVerfGG). Verfassungsrechtlich war die frühere Wahl im Ausschuss mit Blick auf Art. 94 Abs. 1 Satz 2 GG, der von der Wahl „durch den Bundestag" spricht und damit eine unmittelbare demokratische Legitimation und gleiche Mitwirkungsrechte aller Abgeordneten andeutet, nicht unproblematisch[646]. Das BVerfG hielt die Regelung mit Blick auf die lang andauernde Staatspraxis einerseits, die Notwendigkeit einer vertraulichen Personalentscheidung andererseits für verfassungskonform: Die bei einer direkten Wahl durch den Bundestag erforderliche Erörterung von Befähigung und Eignung der Kandidaten

---

643 Dazu oben Rn. 135 f.
644 S. unten Rn. 712 ff.
645 In präsidialen Systemen, wie Frankreich oder den Vereinigten Staaten, wird der Präsident vom Volk demokratisch legitimiert und besitzt nicht nur überwiegend repräsentative Funktionen wie der Bundespräsident, sondern umfassende echte Machtbefugnisse. Im französischen Staatsgefüge (semipräsidentielles Regierungssystem) existiert aber ein zusätzlicher Dualismus in der Exekutive durch den von der Nationalversammlung abhängigen Ministerpräsidenten als Regierungschef neben dem Staatspräsidenten. Treffen unterschiedliche politische Lager in beiden Positionen zusammen, spricht man von der sog. Kohabitation. Zum Unterschied zwischen parlamentarischen und präsidentiellen Regierungssystemen s. oben Rn. 123 f.
646 *Schlaich/Korioth*, Das Bundesverfassungsgericht, Rn. 42 ff.

im Plenum könnte das Ansehen der Richter und das Vertrauen in ihre Unabhängigkeit und damit die Funktionsfähigkeit des BVerfG gefährden[647]. Diesem Argument trägt der neu gefasste § 6 Abs. 1 S. 1 BVerfGG insofern Rechnung, als die Wahl im Plenum ohne Aussprache erfolgt.

553 **d) Sonstige Wahlfunktionen des Bundestags.** Über die vom Bundestag gewählten Mitglieder des Richterwahlausschusses ist das Parlament auch an der Wahl der obersten Bundesrichter beteiligt (Art. 95 Abs. 2 GG)[648]. Gem. § 5 Abs. 1 Satz 1 BRHG wählt der Bundestag den Präsidenten des Bundesrechnungshofs sowie gem. § 13 Satz 1 WehrbeauftragtenG den parlamentarischen Wehrbeauftragen (vgl. Art. 45b GG). Auch im Rahmen der Wahlfunktion des Bundestags bestehen umfangreiche Frage- und Informationsrechte der Abgeordneten. Teil der in Art. 38 Abs. 1 Satz 2 GG verorteten Statusrechte[649] ist es, insoweit „über sämtliche, den Wahlkandidaten betreffenden Umstände, insbesondere solche finanzieller Art, umfassend informiert zu werden"[650].

„[E]in Wahlakt von Abgeordneten [kann] mangelhaft und [im Organstreitverfahren] zu beanstanden sein, wenn dieser durch eine bewusste Falsch- oder Nichtinformation auch im parlamentarischen Binnenverhältnis in einem die Willensbildung zu verfälschen geeigneten Maße beeinflusst ist. Dazu bedarf es aber hinreichend konkreter Anhaltspunkte. Denn grundsätzlich ist es Aufgabe der Abgeordneten, sich die für ihre Entscheidungen und Abstimmungen notwendigen Informationen zu beschaffen"[651].

3.   Gesetzgebungsfunktion

554 Die Bundesgesetzgebung ist die wichtigste staatliche Funktion, die die Verfassung dem Bundestag zuweist. Nach dem Rechtsstaats- und Demokratieprinzip ist ein formelles Gesetz grundsätzlich für jedes wesentliche staatliche Handeln erforderlich[652]. Aufgrund der Gesetzesbindung nach Art. 20 Abs. 3 GG ist die Legislative in der Lage, verbindliche Vorgaben für die anderen Staatfunktionen und das Handeln der übrigen Staatsorgane zu machen. Rechtsprechung und Verwaltung können nur in dem gesetzlichen Rahmen handeln, den ihnen die Gesetzgebung vorgibt[653]. Im Rahmen der verfassungsändernden Gesetzgebung kann die Legislative sogar grundlegend in das staatsorganisatorische Gefüge eingreifen.

555 Allerdings hat der Bundestag kein Rechtsetzungsmonopol auf Bundesebene. Das Grundgesetz beteiligt den Bundesrat (Art. 50 GG) und den Bundespräsidenten (Art. 82 GG) am ordentlichen Gesetzgebungsverfahren und räumt auch der Bundesregierung gem. Art. 80 GG die Möglichkeit ein, als Rechtsetzungsorgan tätig zu werden. Zentrales Legislativorgan bleibt dennoch, wie die Darstellung der Gesetzgebung als Staatsfunktion im Einzelnen zeigen wird[654], der Bundestag. An diesem Befund ändern auch die Fälle des Gesetzgebungsnotstands (vgl. Art. 81 GG) und des Verteidigungsfalls (vgl. Art. 115e GG) nichts, weil sie Ausnahmesitu-

---

647   BVerfGE 131, 230 (234, 236) – *Wahl der Richter des Bundesverfassungsgerichts.* Krit. *Sachs*, JuS 2013, 285 ff.
648   Zum Ablauf des Verfahrens vgl. BVerfGE 143, 22 (30 ff.) – *Richterwahlausschuss.*
649   Oben Rn. 415 ff.
650   BVerfG, NVwZ 2019, 1196 (1197) – *Wahl eines Richters des Bundesverfassungsgerichts.*
651   BVerfG, NVwZ 2019, 1196 (1197) – *Wahl eines Richters des Bundesverfassungsgerichts.*
652   Zur Wesentlichkeitstheorie s. oben Rn. 187.
653   Ausnahme ist insofern das BVerfG, das die Verfassungsmäßigkeit auch von Legislativakten zu beurteilen hat.
654   S. unten Rn. 845 ff.

ationen betreffen, in denen die regulären staatlichen Funktionszuweisungen durch staatsorganisatorische Krisen beeinträchtigt sind.

Dass das vom Volk gewählte Parlament zentrales Legislativorgan ist, ist in einer repräsentativen Demokratie zwingend[655]: Die Aufstellung der verbindlichen Regeln, die das Zusammenleben in einem demokratischen Staat organisieren, muss dem Volk als Inhaber der verfassunggebenden Gewalt sowie seinen Repräsentanten in der Volksvertretung als demokratisch legitimiertem Gesetzgeber (Volksvertretung) zustehen. Das schließt natürlich nicht aus, dass aus anderen verfassungsrechtlichen Gründen noch andere Staatsorgane an der Gesetzgebung beteiligt sind, wie beispielsweise der Bundesrat aufgrund des Bundesstaatsprinzips.   **556**

4. Mitwirkungs- und Zustimmungsfunktion

Das Grundgesetz räumt dem Bundestag außerhalb der klassischen Gesetzgebungsfunktion wichtige Mitwirkungsrechte in Aufgabenbereichen ein, die kompetenziell eigentlich der Exekutive als Staatsfunktion vorbehalten sind. Diese Mitwirkungsrechte gelten vor allem gegenüber der Bundesregierung als staatspolitischer Spitze der Verwaltung.   **557**

Vereinfachend kann man sagen, dass wichtige Entscheidungen der Exekutive auf den bedeutenden staatlichen Handlungsfeldern immer auch einer zustimmenden Willensäußerung des Bundestags bedürfen. Allerdings muss ein Zustimmungsbedürfnis als Einzelanordnung oder als Ausfluss eines (traditionellen) verfassungsrechtlichen Prinzips ausdrücklich im Grundgesetz angeordnet sein. Wie bereits gesagt: Es existiert kein allgemeiner umfassender Parlamentsvorbehalt. Das Zustimmungserfordernis gewährleistet einerseits die Mitwirkung der Volksvertretung an der Staatsleitung, andererseits ermöglicht sie die Kontrolle der Exekutive durch das Parlament. Zur Erteilung der Zustimmung ist teilweise ein bloßer Beschluss, ggf. mit qualifiziertem Mehrheitserfordernis, teilweise ein formeller Gesetzesbeschluss erforderlich.   **558**
Die *wichtigsten Zustimmungsfunktionen* im Grundgesetz sind:

a) Mitwirkung bei völkerrechtlichen Verträgen (Art. 59 Abs. 2 Satz 1 GG). Die auswärtigen Angelegenheiten gehören zu den originären Kompetenzen der Exekutive, d. h. im Staatsgefüge des Grundgesetzes zu den Kompetenzen der Bundesregierung.   **559**

„Die grundsätzliche Zuordnung der Akte des auswärtigen Verkehrs zum Kompetenzbereich der Exekutive beruht auf der Annahme, dass institutionell und auf Dauer typischerweise allein die Regierung in hinreichendem Maße über die personellen, sachlichen und organisatorischen Möglichkeiten verfügt, auf wechselnde äußere Lagen zügig und sachgerecht zu reagieren und so die staatliche Aufgabe, die auswärtigen Angelegenheiten wahrzunehmen, bestmöglich zu erfüllen."[656]

Art. 59 Abs. 2 Satz 1 GG räumt der Legislative Zustimmungsvorbehalte und Mitwirkungsrechte für Verträge ein, die die politischen Beziehungen des Bundes regeln oder sich auf Gegenstände der Bundesgesetzgebung beziehen. Das nach dieser Norm erforderliche Vertragsgesetz verfolgt zwei Funktionen: zum einen ist es als Zustimmungsgesetz zum Abschluss des völkerrechtlichen Vertrags erforderlich;   **560**

---

655 Zum Begriff der repräsentativen Demokratie und ihrer Ausgestaltung im GG s. oben Rn. 131 ff.
656 BVerfGE 68, 1 (87) – *NATO-Doppelbeschluss.*

die Zustimmungsbedürftigkeit dient insofern der parlamentarischen Kontrolle der Exekutive und schränkt die traditionelle Organkompetenz der Bundesregierung für die Außenpolitik ein. Zum anderen wirkt es als Transformationsgesetz, das die aus dem Vertrag resultierenden völkerrechtlichen Verpflichtungen in nationales Recht umsetzt.

561 Da der Bundestag an jedem formellen Legislativakt zwingend beteiligt sein muss, gehört er immer zu den gem. Art. 59 Abs. 2 Satz 1 GG zu beteiligenden Körperschaften. Der Umfang der Mitwirkung des Bundesrats als zweitem Legislativorgan hängt dagegen von den innerstaatlichen Kompetenzvorschriften ab[657].

562 **b) Mitwirkung in Angelegenheiten der Europäischen Union; Integrationsverantwortung des Bundestags.** Über Art. 59 Abs. 2 Satz 1 GG hinaus etabliert Art. 23 Abs. 1–3 GG besondere Mitwirkungsrechte des Bundestages in Angelegenheiten der Europäischen Union. Aus Art. 23 Abs. 1 Satz 2 GG, wonach die Übertragung von Hoheitsgewalt auf die EU durch Gesetz und dort unter entscheidender Beteiligung des Bundestages geschieht, ergibt sich eine weit reichende „Integrationsverantwortung" des Deutschen Bundestags. Dieser muss dafür Sorge tragen, dass sowohl die Bundesrepublik Deutschland als auch die EU demokratischen und rechtsstaatlichen Grundsätzen verpflichtet bleiben[658]. Dies setzt voraus, dass dem Bundestag auch im Rahmen des europäischen Einigungsprozesses ausreichende Kompetenzen verbleiben. Er muss insbesondere eigenverantwortlich über Einnahmen und Ausgaben im Rahmen des Bundeshaushalts disponieren können; dies darf nicht durch eine Haftungsübernahme für die Willensentscheidungen anderer Staaten ausgehöhlt werden. Prozessual sind diese Entscheidungsbefugnisse des Bundestags abgesichert, indem jeder Wahlberechtigte aus Art. 38 Abs. 1 Satz 1 GG i. V. m. Art. 20 Abs. 1, 2, Art. 79 Abs. 3 GG sein Mitwirkungsrecht am demokratischen Entscheidungsprozess im Wege der Verfassungsbeschwerde geltend machen kann[659]. An der Ausübung der (freilich durch Gesetz und damit unter Beteiligung des Bundestages, vgl. Art. 23 Abs. 1 Satz 2 GG) auf die Europäische Union übertragenen Hoheitsgewalt ist durch die Organe des Europäischen Rates (Art. 15 EUV) und vor allem des gesetzgeberisch tätigen Rates (Art. 16 Abs. 1 Satz 1 EUV) von den deutschen Staatsorganen ausschließlich die Bundesregierung unmittelbar beteiligt. Diese aus nationaler Perspektive systemwidrige besondere Rolle der Exekutive bei der Gesetzgebung soll auf der innerstaatlichen Ebene dadurch abgefangen werden, dass die Regierung den Bundestag umfassend und zum frühestmöglichen Zeitpunkt über alle geplanten Maßnahmen unterrichtet (Art. 23 Abs. 2 Satz 2 GG), dem Bundestag Gelegenheit zur Stellungnahme eröffnet (Art. 23 Abs. 3 Satz 1 GG) und diese Stellungnahmen bei seinen Handlungen auf europäischer Ebene berücksichtigt (Art. 23 Abs. 3 Satz 2 GG). Die Zusammenarbeit zwischen Bundesregierung und Bundestag ist im EuZBBG, das auf Grundlage des Art. 23 Abs. 3 Satz 3 GG ergangen ist, näher ausgestaltet.

562a Außerhalb der durch das Grundgesetz gezogenen formellen und materiellen Integrationsgrenzen kommt eine Übertragung von Hoheitsrechten oder eine Ermächtigung der Unionsorgane, solche Hoheitsrechte in Anspruch zu nehmen, aber keinesfalls in Betracht:

---

657 Dazu unten im Abschnitt zum Gesetzgebungsverfahren Rn. 889 ff.
658 BVerfGE 123, 267 (356) – *Lissabon*; BVerfGE 151, 202 (296 ff.) – *Europäische Bankenunion; Engels*, JuS 2012, 210 ff. (211).
659 Ausführlich hierzu unten Rn. 1000 ff.

„Das Grundgesetz kennt kein Mandatsgesetz, das eine Inanspruchnahme von Hoheitsrechten durch die Europäische Union oder andere zwischenstaatliche Einrichtungen legitimieren könnte. Nimmt die Europäische Union oder eine andere Einrichtung Hoheitsrechte in Überschreitung der ihr in den zugrunde liegenden Verträgen eingeräumten Kompetenzen einseitig und im Widerspruch zum geltenden Integrationsprogramm wahr oder wird durch ihr Handeln die Identität der Verfassung berührt, so ist dieses Handeln vom Zustimmungsgesetz nicht gedeckt und damit verfassungswidrig. Ein solches Handeln bleibt auch dann mit der Verfassung unvereinbar, wenn der deutsche Vertreter im Rat in der Form eines Gesetzes ermächtigt würde, ihm zuzustimmen. Eine Heilung des Verfassungsverstoßes durch Gesetz ist im Falle eines Ultra-vires-Handelns ohne vorangegangene Änderung der Verträge und im Falle eines Identitätsverstoßes gar nicht möglich. Der Gesetzgeber darf die Bundesregierung auch nicht dazu ermächtigen, einem Ultra-vires-Akt von Organen, Einrichtungen und sonstigen Stellen der Europäischen Union zuzustimmen"[660].

Das BVerfG hat die Anforderungen des Art. 23 Abs 2 Satz 2 GG in Organstreitverfahren hinsichtlich der Information des Bundestags über die Einrichtung des Europäischen Stabilitätsmechanismus sowie über Verhandlungen der Euro-Gruppe zu Finanzhilfen für Griechenland konkretisiert[661]: Die Informationspflicht gem. Art. 23 Abs. 2 Satz 2 GG besteht gegenüber dem Bundestag als Ganzem, die Information von Bundestagsausschüssen oder einzelnen Abgeordneten genügt nicht. Je komplexer der Vorgang ist, je stärker er in die Zuständigkeit des Bundestags auf nationaler Ebene eingreift und je mehr er sich einer formellen Entscheidungsfindung annähert, desto umfassender muss die Bundesregierung den Bundestag über ihre eigene Position, die Ergebnisse von Beratungen auf europäischer Ebene sowie der Bundesregierung zur Verfügung stehende Dokumente informieren. Woher die Bundesregierung selbst die Informationen erlangt hat, spielt dabei keine Rolle. Ein etwaiges Geheimhaltungsbedürfnis ändert an der Mitteilungspflicht nichts, da die Informationen vertraulich weitergegeben werden können. Eine Grenze kann sich allenfalls aus dem Kernbereich exekutiver Eigenverantwortung ergeben, solange die interne Willensbildung der Regierung noch nicht abgeschlossen ist.

563

„Der Unterrichtungspflicht steht [aber] nicht entgegen, dass es noch keine endgültig abgestimmte Position zum avisierten Inhalt eines Vorschlags innerhalb der Bundesregierung gibt. Gegenstand der Unterrichtungspflicht ist in derartigen Fällen allein die Absicht der Bundesregierung, einen Prozess zu dessen Ausarbeitung anzustoßen. Die Willensbildung der Bundesregierung ist in derartigen Fällen jedenfalls abgeschlossen, wenn sie mit ihrer Initiative aus dem Bereich der regierungsinternen Abstimmung hinaustreten und mit einer eigenen, auch nur vorläufigen Position in einen Abstimmungsprozess mit Dritten eintreten will"[662].

Insgesamt muss die Unterrichtung möglichst frühzeitig erfolgen, jedenfalls so rechtzeitig, dass der Deutsche Bundestag das Handeln der Bundesregierung nach außen noch beeinflussen kann:

„Deshalb muss der Deutsche Bundestag die Informationen der Bundesregierung spätestens zu einem Zeitpunkt erhalten, der ihn in die Lage versetzt, sich fundiert mit dem

---

660 BVerfGE 157, 1 (21) – *CETA*. Zu den Integrationsgrenzen im Einzelnen unten Rn. 994 ff.
661 BVerfGE 131, 152 – *ESM/Euro-Plus-Pakt*; BVerfG, NVwZ-RR 2021, 697 – *Drittes Hilfspaket für Griechenland*.
662 BVerfG, NVwZ-RR 2021, 697 (700) – *Drittes Hilfspaket für Griechenland*.

Vorgang zu befassen und eine Stellungnahme zu erarbeiten, bevor die Bundesregierung nach außen wirksame Erklärungen, insbesondere bindende Erklärungen zu Rechtset-zungsakten der Union und intergouvernementalen Vereinbarungen, abgibt. Das schließt es aus, dass die Bundesregierung ohne vorherige Beteiligung des Bundestages konkrete Initiativen ergreift oder an Beschlussfassungen mitwirkt, und gebietet die Weiterleitung sämtlicher Dokumente, sobald sie zum Gegenstand von Verhandlungen gemacht werden […]. Offizielle Dokumente, Berichte und Mitteilungen müssen daher ebenso wie alle inoffiziellen Informationen an den Deutschen Bundestag weitergeleitet werden, sobald sie in den Einflussbereich der Bundesregierung gelangen. Über Sitzungen der Organe und informelle Beratungen, an denen die Bundesregierung beteiligt ist, muss der Bundestag – auch wenn noch keine förmlichen Vorschläge oder sonstige Beratungsgrundlagen existie-ren – bereits im Voraus und so rechtzeitig informiert werden, dass er sich über den Gegenstand der Sitzungen eine Meinung bilden und auf die Verhandlungslinie und das Abstimmungsverhalten der Bundesregierung Einfluss nehmen kann. Insoweit besteht kein Ermessen der Bundesregierung hinsichtlich des Zeitpunkts"[663].

Da Art. 23 Abs. 2 GG den gesamten Integrationsprozess auf Europäischer Ebene im Blick hat, gilt er auch für außerhalb des eigentlichen Europarechts abgeschlos-sene völkerrechtliche Verträge, die ein besonderes Ergänzungs- oder Näheverhält-nis zum Recht der Europäischen Union aufweisen.

564 **c) Feststellung des Haushaltsplanes durch Haushaltsgesetz (Art. 110 Abs. 2 Satz 1 GG).** Die jährliche Legitimation der staatlichen Ausgaben durch ein Haus-haltsgesetz ist eines der ältesten parlamentarischen Rechte: das sog. Budgetrecht. Alle Einnahmen und Ausgaben des Bundes sind gem. Art. 110 Abs. 1 Satz 1 GG in den Haushaltsplan einzustellen. Der Haushaltsplan ist gem. Art. 110 Abs. 3 GG von der Bundesregierung als Gesetzentwurf einzubringen. Ohne die Feststellung des Haushalts durch entsprechenden Gesetzesbeschluss (Art. 110 Abs. 2 Satz 1 GG) dürfen nur die zwingenden Ausgaben vollzogen werden (Art. 111 GG). Durch das Budgetrecht erlangt der Bundestag enormen Einfluss auf die politische Gestaltungskraft der Bundesregierung.

565 **d) Feststellung des Verteidigungsfalls (Art. 115a Abs. 1 Satz 1 GG).** Die Feststel-lung des Verteidigungsfalls trifft der Bundestag mit Zustimmung des Bundesrats. Gem. Art. 115a Abs. 1 Satz 2 GG bedarf es hierzu einer Zwei-Drittel-Mehrheit sowie zusätzlich der Mehrheit der Mitglieder des Bundestags. Die Feststellung des Verteidigungsfalls zieht eine Reihe von staatsorganisatorischen Folgen nach sich, die im Grundgesetz in der sog. Notstandsverfassung der Art. 115a–115l GG gere-gelt sind und eine Konzentration staatlicher Befugnisse bei der Exekutive zur Folge hat. Dadurch soll einer existenziellen Bedrohung der staatlichen Integrität Deutschlands durch zügige Maßnahmen begegnet werden.

566 **e) Zustimmung zu militärischen Einsätzen der Bundeswehr.** Der Einsatz der Bundeswehr gehört, wie die Außenpolitik, zum Kernbereich der Exekutive. Der Verteidigungsminister und im Verteidigungsfall der Bundeskanzler haben die oberste Befehls- und Kommandogewalt (vgl. Art. 65a, 115b GG). In ständiger Rechtsprechung entnimmt das BVerfG dem Grundgesetz jedoch einen konstituti-ven Parlamentsvorbehalt für den Einsatz der Streitkräfte[664]. Es stützt diesen auf

663 BVerfG, NVwZ-RR 2021, 697 (700) – *Drittes Hilfspaket für Griechenland.*
664 Vgl. BVerfGE 90, 286 (381 ff.) – *Auslandseinsätze der Bundeswehr – Adria, AWACS*; BVerfGE 121, 135 (154) – *AWACS-Einsatz*; 124, 267 (275 f.) – *Kosovo;* BVerfGE 140, 160 (187 f.) – *Libyen.*

die verfassungsrechtliche Tradition der Bundesrepublik, auf Art. 59a GG a. F., wonach zur Feststellung des Verteidigungsfalls ein Beschluss des Bundestags erforderlich war, sowie auf die Zusammenschau verschiedener Artikel des Grundgesetzes, die besondere Mitwirkungsrechte des Bundestags bei auswärtigen und Verteidigungsangelegenheiten vorsehen (insb. Art. 45a Abs. 1, 45b, 87a Abs. 3, 87a Abs. 4 Satz 1, 115a Abs. 5, 115l Abs. 3 GG)[665]. Die Bundeswehr ist danach als Parlamentsheer konzipiert und mit dem ihr innewohnenden Machtpotential nicht allein der Exekutive überlassen[666]. Neben der eher schwachen Begründung für die Herleitung des Parlamentsvorbehalts – die genannten Normen könnten auch als abschließend aufgelistete Spezialbefugnisse des Bundestags verstanden werden – ist auch problematisch, dass das BVerfG lediglich einen Parlaments-, keinen Gesetzesvorbehalt statuiert, einen bloßen Parlamentsbeschluss also genügen lässt und damit nur den Bundestag, nicht jedoch den Bundesrat an der Legitimierung militärischer Einsätze beteiligt[667]. Einfachgesetzlich sind die Beteiligungsrechte des Bundestags mittlerweile im Parlamentsbeteiligungsgesetz vom 18.3.2005 normiert, das insbesondere in § 8 auch ein umfassendes Rückholrecht des Bundestags vorsieht.

In verschiedenen jüngeren Entscheidungen hat das BVerfG die Reichweite des Parlamentsvorbehalts konkretisiert: Ein Zustimmungsbeschluss ist für alle militärischen Einsätze der Bundeswehr erforderlich, auch wenn diese im Rahmen eines Systems kollektiver Sicherheit i. S. d. Art. 24 Abs. 2 GG unternommen werden[668], zu dessen Beitritt bereits ein Zustimmungsgesetz i. S. d. Art. 59 Abs. 2 Satz 1 GG erforderlich war: **567**

„Wegen der politischen Dynamik eines Bündnissystems ist es umso bedeutsamer, dass die größer gewordene Verantwortung für den Einsatz bewaffneter Streitkräfte in der Hand des Repräsentationsorgans des Volkes liegt."[669]

Ferner gilt der Parlamentsvorbehalt auch bei jedem unilateralen Einsatz bewaffneter Streitkräfte, unabhängig von dessen materiell-rechtlicher Grundlage[670]. Ein solcher Einsatz bewaffneter Streitkräfte liegt schon dann vor,

„wenn deutsche Soldaten in bewaffnete Unternehmungen einbezogen sind. […] Dafür kommt es nicht darauf an, ob bewaffnete Auseinandersetzungen sich bereits im Sinne eines Kampfgeschehens verwirklicht haben, sondern ob die Einbeziehung deutscher Soldaten in bewaffnete Auseinandersetzungen qualifiziert zu erwarten ist."[671]

Nur bei Gefahr im Verzug besteht ausnahmsweise eine Eilkompetenz der Bundesregierung: Diese darf dann den Einsatz bewaffneter Streitkräfte vorläufig allein beschließen, der Bundestag muss dem Einsatz jedoch „umgehend zustimmen, damit dieser fortgesetzt werden darf"[672].

Ändern sich während eines Einsatzes die tatsächlichen Umstände, die dem Zustimmungsbeschluss zugrunde lagen, kann eine erneute Beschlussfassung des Bun- **568**

---

665 BVerfGE 90, 286 (381 ff.) – *Auslandseinsätze der Bundeswehr – Adria, AWACS.*
666 BVerfGE 140, 160 (187 f.) – *Libyen.*
667 *Sachs,* VVDStRL 58 (1999), 39 (71).
668 Dazu unten Rn. 987 ff.
669 BVerfGE 121, 135 (160 f.) – *AWACS-Einsatz.*
670 BVerfGE 140, 160 (188) – *Libyen.*
671 BVerfGE 140, 160 (190.) – *Libyen.*
672 BVerfGE 140, 160 (195) – *Libyen;* zum Beispiel der notwendigen Evakuierung deutscher Staatsangehöriger aus einem Kriegsgebiet ebd., S. 203 ff.

destages erforderlich werden. Dies ist jedoch nur der Fall, „wenn Voraussetzungen, an die die Zustimmung nach dem Wortlaut des Zustimmungsbeschlusses oder des Regierungsbeschlusses, auf den er sich bezieht, ausdrücklich geknüpft ist, offensichtlich entfallen"[673]. Bloße Zweifel am Fortbestand der Umstände genügen nicht[674]. Von vornherein greift der Parlamentsvorbehalt aber nur bei Streitkräfteeinsätzen im Ausland. Soll die Bundeswehr dagegen im Inland eingesetzt werden, bleibt es bei den Voraussetzungen der Art. 35, 87a GG[675]. Ein zusätzlicher Parlamentsvorbehalt besteht dann nicht[676].

5.   Selbstorganisation (Parlamentsautonomie)

569 Der Grundsatz der Selbstorganisation und Selbstverwaltung ist ein Prinzip, das nicht allein für das Parlament, sondern für alle Verfassungsorgane gilt. Die innere Organisation, die Entscheidung über das Ob und Wie des Tätigwerdens, die Festlegung der zu verhandelnden Gegenstände, das Verfahren der Willensbildung usw. obliegen den einzelnen Organen selbst im Rahmen der für sie geltenden verfassungsrechtlichen Vorgaben[677]. Geschützt wird hierdurch die autonome Ausübung der verfassungsrechtlichen Kompetenzen vor äußerer Einflussnahme.

570 Die verfassungsrechtliche Normierung der Parlamentsautonomie enthält Art. 40 GG. Sie äußert sich in den besonderen Befugnissen des Bundestagspräsidenten, dessen Wahl durch den Bundestag selbst sowie in der Geschäftsordnungsautonomie. Teil der Selbstorganisationsbefugnis des Parlaments ist auch die Sitzungsorganisation. Daher konnten während der Corona-Pandemie Ausschusssitzungen nach § 126a GOBT mittels elektronischer Kommunikationsmittel durchgeführt werden. Virtuelle Plenarsitzungen sehen sich demgegenüber mit dem verfassungsrechtlichen Leitbild eines „körperlichen Zusammentritts" des Bundestags konfrontiert (vgl. insb. Art. 39 Abs. 1, 2 GG: „Zusammentritt", Art. 39 Abs. 3 GG: „Sitzungen", Art. 43 Abs. 1 GG: „Anwesenheit" von Regierungsmitgliedern). Jedenfalls zur regelmäßigen Erscheinungsform sollten solche daher allenfalls im Wege der Verfassungsänderung gemacht werden[678].

571 **a) Rechte des Bundestagspräsidenten.** Gem. Art. 40 Abs. 2 Satz 1 GG übt der *Bundestagspräsident* das eigentümerähnliche *Hausrecht* sowie die öffentlich-rechtliche *Polizeigewalt* aus. Durchsuchungen und Beschlagnahmen in Parlamentsräumen sind von seiner Genehmigung abhängig. Durch diese Regelungen soll die Funktionsfähigkeit des Bundestags vor Störungen durch Außenstehende gesichert werden, indem sie dem Bundestagspräsidenten das Recht gibt, diese Störungen aus eigener Zuständigkeit abzuwehren[679]. Ebenfalls dem Schutz des Parlaments dient das Bannmeilengesetz[680], das Demonstrationen in unmittelbarer Nähe des

---

673 BVerfGE 124, 267 (278) – *Kosovo.*
674 BVerfGE 124, 267 (275) – *Kosovo.*
675 Zu diesen s. unten Rn. 951 ff.
676 BVerfGE 126, 55 (72) – *Bundeswehreinsatz Heiligendamm.*
677 Z. B. besteht unter Umständen eine verfassungsrechtlich normierte Pflicht zum Zusammentreten des Bundestags gem. Art. 39 Abs. 3 Satz 3 GG.
678 Zum Ganzen Wiss. Dienste des Dt. Bundestags, Virtuelles Parlament, 31.3.2020, WD 3 – 3000 – 084/20; *Hölscheidt/Leonhardt,* ZParl 2021, 742 ff.; *Lenz/Schulte,* NVwZ 2020, 744 ff.; *Michl,* JuS 2020, 643 ff. (644). Zur Weiterentwicklung „digitalisierter Repräsentation" auch über die Krise hinaus *Kersten/Rixen,* ZParl 2021, 895 ff. (898 f.).
679 Zur Stellung des Bundestagspräsidenten im Einzelnen oben Rn. 383 ff.
680 Gesetz über befriedete Bezirke für Verfassungsorgane des Bundes v. 11.8.1999, BGBl. I S. 1818.

Bundestags untersagt, um öffentlichem Druck auf die Parlamentarier zu begegnen.

b) Wahl der Leitungsorgane. Art. 40 Abs. 1 Satz 1 GG bestimmt die *Wahl der* **572**
Leitungsorgane in der ersten, konstituierenden Sitzung der Wahlperiode. Die Wahl
der Leitungsorgane ist – wie die Festlegung einer Geschäftsordnung – zwingend
notwendig für die Handlungsfähigkeit des Bundestags und versetzt ihn in die
Lage, seine verfassungsmäßig vorgesehenen Organkompetenzen auszuüben.

c) Geschäftsordnungsautonomie. Schließlich räumt Art. 40 Abs. 1 Satz 2 GG **573**
dem Bundestag gleichermaßen das Recht und die Pflicht ein, sich selbst eine
Geschäftsordnung zu geben. Erforderlich ist eine detaillierte Regelung der inneren
Struktur und der Verfahrensweise, weil das Grundgesetz auf eine genauere
Regelung zugunsten der parlamentarischen Autonomie verzichtet hat. Die Geschäftsordnung konkretisiert und ergänzt deshalb den verfassungsrechtlichen
Rahmen.

Die *Rechtsnatur* der Geschäftsordnung ist umstritten. Das BVerfG bezeichnet sie **574**
als „autonome Satzung". Ihre Besonderheit besteht jedoch gegenüber herkömmlichen Satzungen darin, dass sich die Satzungsautonomie nicht aus dem durch
Rechtsakt verliehenen Status einer Selbstverwaltungskörperschaft (z. B. Kommunen, Berufskammern) speist, sondern unmittelbar aus der verfassungsrechtlich
eingeräumten Autonomie. Deshalb ist es vorzugswürdig, die Geschäftsordnung
als Regelungstypus eigener Art zu qualifizieren[681]. In der Sache ergibt sich hieraus
kein Unterschied; die folgenden Aussagen über die Rechtsstellung der Geschäftsordnung des Bundestags sind von ihrer Rechtsnatur unabhängig:

–   Die Geschäftsordnung erzeugt keine Außenrechtswirkung, sondern schafft
    lediglich organinternes Ordnungsrecht. Verletzungen von Ordnungsvorschriften haben grundsätzlich auf die Gültigkeit von Rechtsakten nach außen
    (z. B. Gesetzesbeschlüsse, Wahlakte) keine Auswirkung. Dies bedeutet insbesondere, dass ein Verstoß gegen die Geschäftsordnung im Gesetzgebungsverfahren das entsprechende Gesetz noch nicht formell verfassungswidrig
    macht. Vielmehr ist hierzu (insbesondere in der Klausur) zu untersuchen, ob
    sich die jeweilige Anforderung, gegen die verstoßen wurde, unmittelbar aus
    der Verfassung ergibt.
–   Der Anwendungsbereich der Geschäftsordnung beschränkt sich streng auf
    den parlamentsinternen Bereich. *Persönlich* werden nur Parlamentsmitglieder
    (Abgeordnete) erfasst sowie die Personen (Bürger, Regierungsmitglieder), die
    sich räumlich im Parlamentsbereich aufhalten oder sachlich an parlamentarischen Vorgängen beteiligt sind. *Sachlich* erfasst werden nur Parlamentsvorgänge. *Zeitlich* erstreckt sich die GOBT nur auf die Wahlperiode des Bundestags, welcher sie sich durch Beschluss gegeben hat[682]. Es gilt der Grundsatz
    der Diskontinuität. Regelmäßig wird jedoch die alte Geschäftsordnung durch
    ausdrücklichen Beschluss oder fortführenden Gebrauch (= stillschweigender
    Beschluss) vom neuen Bundestag übernommen[683].
–   In der Normenhierarchie rangiert die Geschäftsordnung *unterhalb der Verfassung und der formellen Gesetze.* Wie bei der einfachgesetzlichen Ausgestal-

---

681   *Magiera*, in: Sachs, GG, Art. 40 Rn. 25; vgl. *Jarass*, in: Jarass/Pieroth, GG, Art. 40 Rn. 7.
682   Formal korrekt wäre deshalb bei der Zitierweise immer ein Hinweis auf die Wahlperiode.
683   Vgl. zu den Anwendungskategorien *Maurer*, Staatsrecht I, § 13 Rn. 89 f.

tung des Grundgesetzes besteht auch bei der GOBT immer die Problematik, ob es sich um eine zulässige Konkretisierung oder um eine unzulässige, unwirksame Überdehnung oder Einschränkung des Grundgesetzes handelt. Die Gültigkeit eines Gesetzes, das Gegenstände der Parlamentsautonomie berührt, hängt seinerseits von der Vereinbarkeit des Gesetzes mit der verfassungsrechtlich (Art. 40 Abs. 2 Satz 2 GG) garantierten Parlamentsautonomie ab. Eine gesetzliche Regelung könnte die Parlamentsautonomie unzulässig einschränken, weil für sie die Regeln des Gesetzgebungsverfahrens gelten, möglicherweise andere Gesetzgebungsorgane (Bundesrat) beteiligt sind und der Grundsatz der Diskontinuität nicht gilt. Vielmehr sind Gesetze bis zu ihrer Änderung oder Aufhebung allgemein verbindlich. Die GOBT ist dagegen nur Gegenstand eines einfachen Bundestagsbeschlusses, für sie gilt der Grundsatz der Diskontinuität, d. h. sie endet in jedem Fall mit der Wahlperiode und von ihr kann im Einzelfall abgewichen werden (vgl. § 126 GOBT). Alle diese Unterschiede sprechen gegen die Zulässigkeit einer gesetzlichen Regelung, die die Parlamentsautonomie berührt und insbesondere zukünftige gewählte Bundestage in ihrer Geschäftsordnungsautonomie einschränkt. Ausnahmsweise hat das BVerfG eine gesetzliche Regelung auf dem Gebiet der Geschäftsordnungsautonomie aber dann für gültig erachtet,

„wenn das Gesetz – auch seine Aufhebung – nicht der Zustimmung des Bundesrates bedarf, der Kern der Geschäftsordnungsautonomie des Bundestages nicht berührt wird und überdies gewichtige sachliche Gründe dafür sprechen, die Form des Gesetzes zu wählen."[684]

575   Inhaltlich regelt die GOBT zwei große Bereiche: die innere Struktur des Bundestages sowie die Ausgestaltung des parlamentarischen Verfahrens.

576   Die *innere Struktur des Bundestags* regelt die GOBT, indem sie dessen Untergliederungen wie die Ausschüsse (Abschnitt VII. GOBT), die Fraktionen (Abschnitt IV. GOBT) oder den Ältestenrat (§ 6 GOBT) normiert und deren Rechte und Pflichten im parlamentarischen Prozess ausgestaltet. Zum Teil werden dabei verfassungsrechtliche Vorgaben ausgestaltet (z. B. bei den Ausschüssen und dem Präsidium[685]), zum Teil gibt es aber kaum oder keine ausdrücklichen Vorgaben im Grundgesetz (z. B. für die nur in Art. 53a GG erwähnten Fraktionen oder den Ältestenrat)[686]. Ebenso wird der verfassungsrechtliche Status des freien Mandats gem. Art. 38 Abs. 1 Satz 2 GG durch eine Vielzahl einzelner Regelungen über den Abgeordneten für den parlamentarischen Prozess konkretisiert.

577   Das *parlamentarische Verfahren* ist vor allem in den Abschnitten VI–IX. der GOBT geregelt. Enthalten sind etwa die Behandlung von parlamentarischen Vorlagen, die Ausgestaltung des Gesetzgebungsverfahrens, die Arbeitsweise der Ausschüsse, der Ablauf von Debatten im Plenum.

578   Besonders wichtig für die Handhabung der GOBT sind die Schlussvorschriften im XII. Abschnitt. Gem. § 126 GOBT kann von den Vorschriften der GOBT *im*

---

684 BVerfGE 70, 324 (361) mit ablehnendem Sondervotum – *Informationsrecht der Abgeordneten*; vgl. *Maurer*, Staatsrecht I, § 13 Rn. 92 m. w. N.
685 S. dazu oben Rn. 387, 392 ff.
686 Zurückgegriffen werden muss für die Bestimmung der verfassungsrechtlichen Vorgaben auf allgemeine verfassungsrechtliche Vorgaben, wie das Demokratieprinzip, das freie Mandat etc.

Einzelfall abgewichen werden, wenn eine Zweidrittelmehrheit der anwesenden Mitglieder dies beschließt und diese Abweichung nicht gegen das Grundgesetz verstößt. Die Auslegung der GOBT obliegt gem. § 127 GOBT in Zweifelsfällen dem Bundestagspräsidenten oder dem Ausschuss für Wahlprüfung, Immunität und Geschäftsordnung (vgl. § 128 GOBT). Allerdings werden solche Zweifelsfälle im Regelfall einvernehmlich gelöst, z. B. im Ältestenrat oder durch sonstige interfraktionelle Absprachen.

6. Kontrollfunktion

Eine der weiteren zentralen Aufgaben des Parlaments ist die Kontrolle der Regierung. **579**

„Das parlamentarische Regierungssystem wird durch die Kontrollfunktion des Parlaments geprägt. Sie ist Ausfluss der aus dem Demokratieprinzip folgenden Verantwortlichkeit der Regierung gegenüber dem Parlament. Zugleich verwirklicht die parlamentarische Kontrolle von Regierung und Verwaltung den Grundsatz der Gewaltenteilung, der für das Grundgesetz ein tragendes Funktions- und Organisationsprinzip darstellt. Der Gewaltenteilungsgrundsatz zielt dabei nicht auf eine absolute Trennung der Funktionen der Staatsgewalt, sondern auf die politische Machtverteilung, das Ineinandergreifen der drei Gewalten und die daraus resultierende gegenseitige Kontrolle und Begrenzung mit der Folge der Mäßigung der Staatsgewalt [...]. Er gebietet gerade im Hinblick auf die starke Stellung der Regierung, zumal wegen mangelnder Eingriffsmöglichkeiten des Parlaments in den der Exekutive zukommenden Bereich unmittelbarer Handlungsinitiative und Gesetzesanwendung, eine Auslegung des Grundgesetzes dahin, dass parlamentarische Kontrolle auch tatsächlich wirksam werden kann. Ohne Beteiligung am Wissen der Regierung kann das Parlament sein Kontrollrecht gegenüber der Regierung nicht ausüben. Daher kommt dem parlamentarischen Informationsinteresse besonders hohes Gewicht zu, soweit es um die Aufdeckung möglicher Rechtsverstöße und vergleichbarer Missstände innerhalb von Regierung und Verwaltung geht.“[687]

Bedingt durch das parlamentarische Regierungssystem besteht allerdings eine enge Verzahnung zwischen Exekutive und Legislative, weil die parlamentarische Mehrheit die Bundesregierung als Spitze der Exekutive stützt (vgl. insb. Art. 63 Abs. 1 GG). Häufig findet eine Kontrolle daher nur durch die Opposition als parlamentarische Minderheit statt. Es genügt daher nicht, dass die Kontrollrechte als Parlamentsrechte verankert sind, vielmehr müssen sie auch durch die parlamentarische Minderheit geltend gemacht werden können, um eine wirksame Kontrolle der Exekutive zu gewährleisten[688].

„Es gilt der Grundsatz effektiver Opposition. Sie darf bei der Ausübung ihrer Kontrollbefugnisse nicht auf das Wohlwollen der Parlamentsmehrheit angewiesen sein. Denn die Kontrollbefugnisse sind der parlamentarischen Opposition nicht nur in ihrem eigenen Interesse, sondern in erster Linie im Interesse des demokratischen, gewaltengegliederten Staates – nämlich zur öffentlichen Kontrolle der von der Mehrheit gestützten Regierung und ihrer Exekutivorgane – in die Hand gegeben.“[689]

Zu besonderen Diskussionen über die Wirksamkeit der Oppositions- und Kontrollrechte kam es in der 18. Wahlperiode des Deutschen Bundestages (2013–2017). **579a**

---

687 BVerfGE 156, 270 (296) – *Amri-Untersuchungsausschuss (Benennung von V-Person-Führer)*.
688 Vgl. zu den Minderheitsrechten im parlamentarischen Regierungssystem *Stern*, Staatsrecht I, S. 988 ff.
689 BVerfGE 142, 25 (58) – *Oppositionsrechte*.

Die dort gebildete große Koalition vereinte etwa 80 % der Parlamentssitze auf sich, sodass die die Regierung nicht tragenden Fraktionen die nach dem Grundgesetz erforderlichen Quoren für verschiedene Minderheitenrechte nicht erfüllten (vgl. Art. 23 Abs. 1a Satz 2 GG: 1/4; Art. 39 Abs. 3 Satz 3 GG: 1/3; Art. 44 Abs. 1 Satz 1, 45a Abs. 2 Satz 2, 93 Abs. 1 Nr. 2: jeweils 1/4)[690]. Trotz der Anerkennung der besonderen verfassungsrechtlichen Bedeutung einer effektiven Opposition begründete das Bundesverfassungsgericht auch für die Zeit einer großen Koalition keine spezifischen „Oppositions(fraktions)rechte"[691]. Die verfassungsrechtlich gewährleisteten Minderheitenrechte bestehen nämlich unabhängig von der Fraktionszugehörigkeit der Abgeordneten, die sie ausüben. Auch Abgeordneten der die Regierung grundsätzlich tragenden Fraktionen räumt das Grundgesetz so eine situative, „verhaltensbezogen-prozedurale Oppositionsmöglichkeit" ein[692]. Vor diesem Hintergrund würden spezifische Oppositionsfraktionsrechte die durch Art. 38 Abs. 1 Satz 2 GG geschützte Gleichberechtigung aller Abgeordneten verletzen[693]. Auch eine Absenkung der Quoren für die Ausübung von Minderheitenrechten durch das Bundesverfassungsgericht kam nicht in Betracht: Aufgrund der klaren Entscheidung des Verfassunggebers hätte es hierzu einer Verfassungsänderung bedurft[694]. In der parlamentarischen Praxis wurde – bemerkenswerterweise auch auf Initiative der Regierungsfraktionen[695] – ein Kompromiss durch die Einfügung einer Regelung in der Geschäftsordnung erzielt, die die Quoren für verschiedene Minderheitenrechte temporär absenkte und diese Änderung der Abweichungsmöglichkeit nach § 126 GOBT entzog. Da hierdurch jedoch die verfassungsrechtlichen Quoren unterschritten wurden, hätte ein Verstoß gegen diese Bestimmungen nicht zugleich einen Verfassungsverstoß dargestellt und daher nicht im Wege des Organstreitverfahrens (vgl. Art. 93 Abs. 1 Nr. 1 GG: „Auslegung dieses Grundgesetzes") vor dem BVerfG angegriffen werden können.

580   Die Kontrollfunktion gegenüber der Exekutive besteht in erster Linie aus *parlamentarischen Minderheitsrechten*. Diese umfassen vor allem *Informations- und Auskunftsrechte* gegenüber der Exekutive und diesen korrespondierende Rechtfertigungspflichten der Regierung. Dadurch entsteht die notwendige Transparenz, die für eine politische und ggf. auch juristische Beurteilung und Kontrolle erforderlich ist. Die Kontrollfunktionen kollidieren häufig mit dem Interesse der Regierung an einer internen Entscheidungssphäre (sog. Kernbereich exekutiver Eigenverantwortung). Auch stellt sich die Frage, inwieweit sensible staatliche Entscheidungsprozesse oder Rechte Dritter ins Licht der Öffentlichkeit gezogen werden dürfen. In solchen Fällen müssen die Informationsrechte zumindest insoweit modifiziert werden, als Auskünfte nicht allgemein der Öffentlichkeit zugänglich gemacht werden dürfen und die Abgeordneten zur Geheimhaltung verpflichtet sind. Die rechtliche Ausgestaltung der parlamentarischen Kontrollrechte erfolgt neben verfassungsrechtlichen Bestimmungen im Wesentlichen durch die GOBT.

580a   Die Kontrollbefugnisse sollen nachfolgend im Einzelnen dargestellt werden. Über diese hinaus stehen dem Bundestag keine aufsichtlichen Befugnisse gegenüber der

---

690 BVerfGE 142, 25 (27 ff.) – *Oppositionsrechte*.
691 BVerfGE 142, 25 (60 ff.) – *Oppositionsrechte*.
692 BVerfGE 142, 25 (62) – *Oppositionsrechte* unter Verweis auf *Ingold*, Das Recht der Oppositionen, 2015, S. 434.
693 BVerfGE 142, 25 (61) – *Oppositionsrechte*.
694 BVerfGE 142, 25 (64 ff.) – *Oppositionsrechte*.
695 Vgl. *Ennuschat*, VR 2015, 1 ff. (2).

Bundesregierung zu. Eine allgemeine „Verfassungsaufsicht" oder „Rechtsaufsicht" über die Bundesregierung gibt es nicht. Dem stünde der Grundsatz der Gewaltenteilung und der Eigenverantwortung der Regierung entgegen. Insbesondere kann der Deutsche Bundestag (oder in Prozessstandschaft für diesen eine Fraktion) daher nicht jedes Handeln der Bundesregierung vor dem Bundesverfassungsgericht mit dem Hinweis beanstanden, dass diese die Verfassung oder sonstiges Bundesrecht verletze[696].

„Das Grundgesetz hat den Deutschen Bundestag als Gesetzgebungsorgan, nicht als umfassendes ‚Rechtsaufsichtsorgan' über die Bundesregierung eingesetzt. Aus dem Grundgesetz lässt sich kein eigenes Recht des Deutschen Bundestages dahingehend ableiten, dass jegliches materiell oder formell verfassungswidrige Handeln der Bundesregierung unterbleibe"[697].

a) Zitierrecht (Art. 43 Abs. 1 GG). Gem. Art. 43 Abs. 1 GG können der Bundestag und seine Ausschüsse die *Anwesenheit jedes Mitglieds der Bundesregierung verlangen*. Dieses Zitierrecht verpflichtet die Bundesregierung, jederzeit dem Parlament Rede und Antwort zu stehen. Das zitierte Regierungsmitglied (vgl. Art. 62 GG) ist nicht nur verpflichtet zu erscheinen und während der gesamten Sitzung im Parlament zu bleiben, sondern muss auch alle dort gestellten, verfassungsrechtlich zulässigen Fragen vollständig und wahrheitsgemäß beantworten[698]. Umgekehrt steht den Mitgliedern des Bundesrates und der Bundesregierung auch ein *Anwesenheitsrecht* gem. Art. 43 Abs. 2 GG zu, um sich jederzeit (rechtfertigendes) Gehör zu verschaffen oder sich über parlamentarische Vorgänge zu informieren. **581**

Diese verfassungsrechtlichen Zitier- und Anwesenheitsrechte sind in den §§ 42, 43, 68 GOBT konkretisiert. Ein Konflikt zwischen Bundesregierung und Bundestag über das Zitierrecht kann Gegenstand eines Organstreitverfahrens sein, z. B. bei der Weigerung eines Regierungsmitglieds wegen angeblich rechtsmissbräuchlicher Ausübung des Zitierrechts[699]. Da das Zitierrecht lediglich als Mehrheitsrecht vorgesehen ist (Art. 43 Abs. 1 GG: „der Bundestag", vgl. auch §§ 42, 68 Satz 2 GOBT), kommt ihm in der Praxis keine besondere Bedeutung zu. **582**

b) Frage-, Auskunfts- und Informationsrechte. Eine wichtigere Rolle spielen demgegenüber Frage-, Auskunfts- und Informationsrechte, die den einzelnen Abgeordneten zustehen. Diese Rechte sind notwendig, um das Mandat als Volksvertreter sinnvoll ausüben zu können; sie werden daher aus Art. 38 Abs. 1 Satz 2 und Art. 20 Abs. 2 Satz 2 GG hergeleitet[700]. Im Gegensatz zum Zitierrecht in Art. 43 Abs. 1 GG sind sie als Rechte der einzelnen Abgeordneten und als parlamentarische Minderheitsrechte zugunsten der Opposition ausgestaltet. Wesentlicher Zweck dieser Instrumente ist – neben dem allgemeinen Bedürfnis nach Informationen zur zweckmäßigen Mandatsausübung – die Kontrolle der Bundesregierung, insbesondere durch die Herstellung von Öffentlichkeit. **583**

Inhalt dieses aus Art. 38 Abs. 1 Satz 2 GG abgeleiteten allgemeinen Frage- und Interpellationsrechts ist insbesondere die Möglichkeit, eine parlamentarische An- **584**

---

696 BVerfGE 150, 194 – *Flüchtlingspolitik der Bundesregierung.*
697 BVerfGE 150, 194 (201) – *Flüchtlingspolitik der Bundesregierung;* BVerfGE 152, 8 (21) – *„Anti-IS-Einsatz".*
698 *Jarass,* in: Jarass/Pieroth, GG, Art. 43 Rn. 3.
699 Vgl. *Stern,* Staatsrecht II, S. 54 f.
700 Zur Veränderung der Herleitung in der Rechtsprechung *Meinel,* Der Staat 60 (2021), 43 ff. (71).

frage an die Bundesregierung zu richten[701]. Die Vorschriften der GOBT gestalten die Möglichkeiten der parlamentarischen Anfrage näher aus:

– Die *Große Anfrage* gem. §§ 100–103 GOBT: Große Anfragen können von einer Fraktion oder einer Gruppe von Abgeordneten mit Fraktionsstärke (5 % der Mitglieder des Bundestags) eingereicht werden (§§ 75 Abs. 1 lit. f, 76 Abs. 1 GOBT). Große Anfragen haben zumeist bedeutende politische Themen zum Gegenstand und ziehen parlamentarische Debatten nach sich (vgl. § 101 Satz 2 GOBT).

– Die *Kleine Anfrage* gem. § 104 GOBT: Kleine Anfragen sind von der Bundesregierung schriftlich zu beantworten. Sie können ebenfalls nur von Fraktionen oder einer Abgeordnetengruppe in Fraktionsstärke an die Bundesregierung gestellt werden (vgl. §§ 75 Abs. 3, 76 Abs. 1 GOBT).

– Die *Frage einzelner Mitglieder* des Bundestags gem. § 105 GOBT: Einzelne Abgeordnete sind berechtigt, kurze Einzelfragen entweder zur schriftlichen Beantwortung an die Bundesregierung zu richten oder mündlich in einer Fragestunde zu stellen. Richtlinien zu dieser Fragestunde und zu schriftlichen Einzelfragen enthält Anlage 4 zur GOBT.

– Die *Aktuelle Stunde* gem. § 106 Abs. 1 GOBT: Eine aktuelle Stunde ist eine Art Kurzdebatte zu einem bestimmten bezeichneten Thema, in der eine verkürzte Redezeit gilt und eine parlamentarische Aussprache mit der Bundesregierung möglich ist. Genauere Regelungen hierzu enthält Anlage 5 zur GOBT.

– Die *Befragung der Bundesregierung* gem. § 106 Abs. 2 GOBT: Die Befragung der Bundesregierung findet in Sitzungswochen des Bundestags in Bezug auf Fragen von aktuellem Interesse, vorrangig jedoch zur vorangehenden Kabinettsitzung statt. Eine detaillierte Ausgestaltung dieser Befragung, die sich auch an einzelne Regierungsmitglieder richten kann, findet sich in Anlage 7 zur GOBT.

585 Den Frage- und Interpellationsrechten korrespondiert die Pflicht der betroffenen Regierungsmitglieder, wahrheitsgemäß und grundsätzlich umfassend Auskunft zu erteilen[702]. Diese Antwortpflicht gilt jedoch nicht uneingeschränkt. Der Sinn des Fragerechts und entgegenstehende verfassungsrechtliche Erwägungen führen zu Grenzen des Informationsanspruchs. Aus der Rechtsprechung des Bundesverfassungsgerichts lassen sich fünf Fallgruppen solcher Grenzen ableiten[703]: Erstens kann sich der Informationsanspruch nur auf Gegenstände beziehen, die dem *Zuständigkeitsbereich des Bundes und der Bundesregierung* unterfallen, da die Bundesregierung nur in diesem Rahmen dem Bundestag verantwortlich ist[704]. Er findet seine Grenzen daher insbesondere, wenn nach der Kompetenzverteilung des Grundgesetzes (Art. 30, 70 ff., 83 ff., 92 ff. GG) die exklusive Zuständigkeit eines Landes begründet ist[705]. Diese Grenze ist etwa zu beachten, wenn sich die Frage auf Unterstützungseinsätze der Bundespolizei nach Art. 35 Abs. 2 Satz 1 GG bezieht: das Konzept des Gesamteinsatzes unterfällt dem Zuständigkeitsbereich des Landes und damit der Kontrolle durch den jeweiligen Landtag. Es kann nicht

---

701 Berichte aus der Praxis finden sich bei *Deutelmoser/Pieper*, NVwZ 2020, 839 ff.; *Singer*, ZParl 2020, 888 ff.
702 BVerfGE 124, 161 (189) – *Fragerecht*; BVerfGE 137, 185 (230 f.) – *Rüstungsexportkontrolle*.
703 Ähnlich *Harks*, JuS 2014, 979 ff. (980 f.).
704 BVerfGE 124, 161 (189) – *Fragerecht*; BVerfGE 137, 185 (233) – *Rüstungsexportkontrolle*; BVerfGE 139, 194 (227 ff.) – *Bundespolizei*.
705 BVerfGE 139, 194 (228 ff.) – *Bundespolizei*.

Gegenstand einer Anfrage an die Bundesregierung sein[706]. Durch die Beschränkung auf den Zuständigkeitsbereich der Bundesregierung werden ferner Fragen ausgenommen, die sich auf ausschließlich private Sachverhalte beziehen[707]. Dem Verantwortungsbereich und damit der Auskunftspflicht der Bundesregierung unterfallen jedoch sämtliche Tätigkeiten der ihr unmittelbar nachgeordneten Behörden, wie etwa der Bundesanstalt für Finanzdienstleistungsaufsicht[708] und des Bundesamts für Verfassungsschutz[709]. Auch die „Tätigkeiten von mehrheitlich oder vollständig in der Hand des Bundes befindlichen Unternehmen in Privatrechtsform unterfallen [...] dem Verantwortungsbereich der Bundesregierung"[710].

Weitere Einschränkungen ergeben sich zweitens aus dem Gewaltenteilungsgrundsatz nach Art. 20 Abs. 2 GG. Dieser ist zwar einerseits Grundlage der parlamentarischen Kontrolle, andererseits aber gewährleistet er, dass die Regierung „ihrer spezifischen Aufgabe und Zuständigkeit nicht beraubt werden" darf[711]. Geschützt sein muss ein „Kernbereich exekutiver Eigenverantwortung [...], der einen grundsätzlich nicht ausforschbaren Intitiativ-, Beratungs- und Handlungsbereich einschließt"[712]. Dieser steht regelmäßig einer parlamentarischen Kontrolle entgegen, solange eine endgültige Entscheidung nicht getroffen ist. „Die Kontrollkompetenz des Bundestages erstreckt sich demnach grundsätzlich nur auf bereits abgeschlossene Vorgänge, sie enthält nicht die Befugnis, in laufende Verhandlungen und Entscheidungsvorbereitungen einzugreifen"[713]. Aus diesem Grund ist die Entscheidung über nach Art. 26 Abs. 2 Satz 1 GG genehmigungspflichtige Rüstungsexporte erst mitzuteilen, wenn die Willensbildung mit der Beschlussfassung im Bundessicherheitsrat abgeschlossen ist"[714]. **585a**

Grenzen ergeben sich drittens auch dort, wo das Bekanntwerden geheimhaltungsbedürftiger Informationen das Wohl des Bundes oder eines Landes (*Staatswohl*) gefährden könnte[715] und viertens aus der Pflicht zur *Beachtung der Grundrechte* nach Art. 1 Abs. 3 GG, der Bundestag wie Bundesregierung unterliegen[716]. Diese Grenzen können etwa greifen, wenn es um den Einsatz verdeckt handelnder Verbindungsleute der Nachrichtendienste geht: **585b**

„[D]ie Bundesregierung [kann sich] zur Begründung einer Antwortverweigerung bei Fragen zum Einsatz verdeckt handelnder Personen in der Regel auf entgegenstehende Gründe des Staatswohls und deren Grundrechte berufen, wenn die an sie gerichteten Fragen einen Bezug zu konkreten Personen aufweisen. Insbesondere bei Fragen, die möglicherweise noch aktive V-Leute betreffen oder sich auf aktuelle beziehungsweise noch nicht weit zurückliegende Ereignisse beziehen, ist regelmäßig von der Gefahr einer Enttarnung

---

706 BVerfGE 139, 194 (228 ff.) – *Bundespolizei*.
707 Vgl. BayVerfGH, BayVBl. 2014, 596 (598), allerdings mit der zutreffenden Feststellung, dass in vielen Fällen auch privates Fehlverhalten für die Beurteilung der Eignung eines Regierungsmitgliedes für die Ausübung seines Amtes von Bedeutung sein kann; es liegt dann keine reine Privatangelegenheit vor.
708 BVerfGE 147, 50 (163) – *Deutsche Bahn/Finanzmarktaufsicht*.
709 BVerfGE 146, 1 (41) – *V-Leute*.
710 BVerfGE 147, 50 (134) – *Deutsche Bahn/Finanzmarktaufsicht*.
711 BVerfGE 137, 185 (233 f.) – *Rüstungsexportkontrolle*.
712 BVerfGE 137, 185 (234) – *Rüstungsexportkontrolle*. Zum Kernbereich exekutiver Eigenverantwortung als Grenze des parlamentarischen Untersuchungsrechts s. unten Rn. 592.
713 BVerfGE 137, 185 (247, 249) – *Rüstungsexportkontrolle*.
714 BVerfGE 137, 185 (247, 249) – *Rüstungsexportkontrolle*.
715 BVerfGE 137, 185 (240 f.) – *Rüstungsexportkontrolle*.
716 BVerfGE 137, 185 (240 f.) – *Rüstungsexportkontrolle*.

der V-Leute und damit zugleich von einer Gefährdung ihrer Grundrechte oder der Grundrechte der ihnen nahestehenden Personen auszugehen. Dies wiederum zieht die Möglichkeit nach sich, dass Rückschlüsse auf die Anwerbung von V-Leuten, die Art und Weise ihres Einsatzes und gegebenenfalls ihre Anzahl, also Erkenntnisse zu der Arbeitsweise der Nachrichtendienste bekannt werden könnten."[717]

In Ausnahmefällen können sich ferner fünftens Grenzen ergeben, wenn Anfragen rechtsmissbräuchlich gestellt werden oder ihre Beantwortung einen Arbeitsaufwand verursacht, der die Funktionsfähigkeit der Bundesregierung gefährden würde[718].

585c   Eine auf diese Grenzen des Fragerechts gestützte Auskunftsverweigerung muss die Bundesregierung begründen und dem Bundestag ermöglichen, die Abwägung „betroffener Belange, die zur Verweigerung von Auskünften geführt haben [...], auf ihre Plausibilität und Nachvollziehbarkeit" hin zu überprüfen[719]. Ggf. ist auch nach Möglichkeiten zu suchen, „das Informationsinteresse des Parlaments unter Wahrung berechtigter Geheimhaltungsinteressen der Regierung zu befriedigen"[720]. In Betracht kommt etwa die Unterrichtung geheim tagender parlamentarischer Untergremien oder die Anwendung der Geheimschutzordnung des Bundestages[721]. Die Pflicht zur Beantwortung einer Frage entfällt nicht dadurch, dass diese bereits Gegenstand einer Unterrichtung des Parlamentarischen Kontrollgremiums oder eines parlamentarischen Untersuchungsausschusses ist[722].

585d   Beantwortet die Bundesregierung eine Frage falsch oder unzureichend, kann der Fragesteller die hieraus resultierende Verletzung seines Rechts aus Art. 38 Abs. 1 Satz 2 i. V. m. 20 Abs. 2 Satz 2 GG im Wege des Organstreitverfahrens geltend machen[723]. Voraussetzung des Rechtsschutzbedürfnisses ist – insbesondere bei einer angeblich fehlerhaften oder unvollständigen Beantwortung der Frage –, dass der Antragsteller die Bundesregierung im politischen Prozess mit diesem Vorwurf konfrontiert hat:

„[Der Antragsteller] muss der Bundesregierung durch den Hinweis auf die (mutmaßliche) Unrichtigkeit der Antwort die Möglichkeit geben, die Sach- und Rechtslage ihrerseits zu prüfen und ihre Antwort gegebenenfalls zu berichtigen oder zu ergänzen. Die damit verbundene Verpflichtung, sich bereits im politischen Prozess mit der Verfassungsrechtslage zu befassen und beanspruchte Rechte einzufordern, stellt keine unzumutbare Belastung dar. Denn sie ist lediglich Konsequenz dessen, dass der Organstreit als kontradiktorisches Verfahren ausgestaltet ist, in dem über streitig gewordene Rechte und Pflichten zwischen den Beteiligten zu befinden ist, und geht nicht über das hinaus, was für den Umgang zwischen Verfassungsorganen als selbstverständlich zu erwarten ist"[724].

---

717 BVerfGE 146, 1 (55) – *V-Leute*. Im konkreten Fall war ein Auskunftsanspruch aber dennoch gegeben, weil der betroffene V-Mann bereits im Jahr 1981 verstorben war und keine Anhaltspunkte dafür bestanden, „dass gleichwohl laufende oder künftige Aufklärungseinsätze oder Ermittlungen gefährdet werden könnten" (vgl. ebd., 61 ff.).

718 *Harks*, JuS 2014, 979 ff. (981).

719 BVerfGE 124, 161 (193) – *Kosovo*; vgl. auch BVerfGE 137, 185 (230 f.) – *Rüstungsexportkontrolle*.

720 BVerfGE 124, 161 (193) – *Kosovo*; BVerfGE 147, 50 (129) – *Deutsche Bahn/Finanzmarktaufsicht*.

721 BVerfGE 147, 50 (129 f.) – *Deutsche Bahn/Finanzmarktaufsicht*.

722 BVerfGE 124, 161 (190 ff.) – *Kosovo*.

723 *Du Mesnil de Rochemont/Müller*, JuS 2016, 603 ff. (608); *dies.*, JuS-Extra 2016, 15 ff. (16).

724 BVerfGE 147, 31 (37 f.) – *Parlamentarischer Informationsanspruch*.

c) Untersuchungsrecht. Über die Fragerechte hinaus besitzt das Parlament gem. **586** Art. 44 Abs. 1 GG ein besonderes *Untersuchungsrecht (Enquêterecht)* zur Beschaffung von Informationen und Aufklärung von Sachverhalten.

„Das in Art. 44 GG gewährleistete Untersuchungsrecht gehört zu den ältesten und wichtigsten Rechten des Parlaments. Über das Zitierrecht nach Art. 43 Abs. 1 GG und das Frage- und Informationsrecht aus Art. 38 Abs. 1 Satz 2 und Art. 20 Abs. 2 Satz 2 GG hinaus verschafft es die Möglichkeiten der Sachverhaltsaufklärung, die das Parlament zur Vorbereitung seiner Entscheidungen und vor allem zur Wahrung seiner Kontrollfunktion gegenüber der ihm verantwortlichen Regierung benötigt. Der Untersuchungsausschuss ist als Aufklärungsinstrument im Rahmen der politischen Kontroverse dabei ein spezifisches Instrument parlamentarischer Kontrolle.“[725]

Das Untersuchungsrecht kann auf bestimmte Fragestellungen zielen und in diesem Zusammenhang die Kontrolle der Regierung ermöglichen (sog. Missbrauchsenquête, Kontrollenquête, Skandalenquête), es kann jedoch auch allgemein der informatorischen Vorbereitung besonderer gesetzgeberischer Vorhaben aus der Mitte des Bundestags dienen (vgl. Art. 76 Abs. 1 GG; sog. Gesetzgebungsenquête)[726]. Wegen seiner spezifischen Funktion demokratischer Kontrolle können parlamentarische Untersuchungsverfahren auch neben gerichtlichen Verfahren betrieben werden, wobei Gerichte wie Untersuchungsausschuss aufgrund ihres jeweiligen verfassungsrechtlichen Auftrags zu gegenseitiger Rücksichtnahme verpflichtet sind[727]. Rechtsgrundlagen des parlamentarischen Untersuchungsrechts und des Untersuchungsverfahrens sind Art. 44 GG sowie das Parlamentarische Untersuchungsausschussgesetz (PUAG)[728]. Das parlamentarische Untersuchungsrecht wird nicht vom Parlament als Organ ausgeübt, sondern von einem von diesem einzusetzenden *Untersuchungsausschuss* als Unterorgan (Hilfsorgan), das anstelle des Bundestags dessen Untersuchungsrecht wahrnimmt[729]. Das Plenum entscheidet lediglich über das Ob durch Einsetzung und Auflösung des Untersuchungsausschusses. Die Wahrnehmung der Kontrollrechte erfolgt eigenständig durch den Untersuchungsausschuss. Der *Verteidigungsausschuss* besitzt gem. Art. 45a Abs. 2 GG die Rechte eines Untersuchungsausschusses, sodass die Ausführungen zum Untersuchungsausschuss hierfür sinngemäß gelten.

aa) Einsetzungsbeschluss. Das parlamentarische Untersuchungsverfahren beginnt mit der Einsetzung des Untersuchungsausschusses durch den Bundestag (Art. 44 Abs. 1 Satz 1 GG, § 1 PUAG). Diese stellt nicht nur ein Recht (vgl. Art. 44 Abs. 1 Satz 1 Alt. 1 GG, sog. Mehrheitsenquête), sondern auch eine Pflicht der Bundestagsmehrheit dar, wenn eine qualifizierte Minderheit von 25 % der Abgeordneten dies verlangt (vgl. Art. 44 Abs. 1 Satz 1 Alt. 2 GG, § 2 Abs. 1 PUAG; sog. Minderheitsenquête). Erforderlich ist in diesem Fall ein hinreichend bestimmter Antrag der Minderheit, der denselben inhaltlichen Grenzen unterliegt wie das Untersuchungsrecht der Mehrheit[730]. **587**

---

725 BVerfGE 143, 101 (133) – *NSA-Selektorenliste*; vgl. auch BVerfGE 156, 270 (296 f.) – *Amri-Untersuchungsausschuss (Benennung von V-Person-Führer)*.
726 Vgl. zu den Einteilungen *Stern*, Staatsrecht II, S. 61; *Klein*, in: Dürig/Herzog/Scholz, GG, Art. 44 Rn. 2.
727 Ausführlich *Glauben*, NVwZ 2021, 452.
728 Gesetz zur Regelung des Rechts der Untersuchungsausschüsse des Deutschen Bundestags v. 19.6.2001 (BGBl. I, S. 1142).
729 Vgl. *Klein*, in: Dürig/Herzog/Scholz, GG, Art. 44 Rn. 62 ff.
730 Dazu sogleich Rn. 589 ff.

588 Die Einsetzungspflicht des Bundestags kann durch die qualifizierte Minderheit im Wege des Organstreitverfahrens geltend gemacht werden: die den Antrag stellenden Abgeordneten bilden zusammen einen Teil des Bundestages, der durch Art. 44 Abs. 1 Satz 1 Alt. 2 GG mit eigenen Rechten i. S. d. Art. 93 Abs. 1 Nr. 1 GG ausgestattet wird[731]. Abgesichert wird das Einsetzungsrecht durch die Bindung eines Untersuchungsausschusses an den Untersuchungsgegenstand (§ 3 Satz 1 PUAG) sowie die fehlende Möglichkeit, den Untersuchungsgegenstand gegen den Willen der die Einsetzung beantragenden Minderheit später abzuändern (vgl. §§ 3 Satz 2, 2 Abs. 2 PUAG) oder das Verfahren abzukürzen.

589 **bb) Zulässige Untersuchungsgegenstände.** Mangels ausdrücklicher Regelung sind Grenzen des Untersuchungsrechts aus den *allgemeinen verfassungsrechtlichen Begrenzungen*, die dem Bundestag bei seiner Tätigkeit auferlegt sind, herzuleiten[732]. Die Zuständigkeiten eines Untersuchungsausschusses können nicht weiter reichen als die Kompetenzen des Bundestags, dessen Recht ausgeübt wird und dem das Handeln letztlich zugerechnet wird (sog. *Korollartheorie*)[733]. Im Ergebnis gelangt das Bundesverfassungsgericht hinsichtlich der Zulässigkeit von Untersuchungsgegenständen zu ähnlichen Einschränkungen wie für das parlamentarische Fragerecht[734].

590 Eine erste Grenze des Untersuchungsrechts ergibt sich aus dem *Prinzip der Gewaltenteilung*. Das parlamentarische Untersuchungsverfahren darf nicht die Wahrnehmung anderer Staatsfunktionen durch die hierzu vorgesehenen Organe ersetzen. So dürfen etwa nicht einzelne Gerichtsurteile Gegenstand eines Untersuchungsausschusses sein, weil sonst die als Rechtsprechung exklusiv den Gerichten vorbehaltene Tätigkeit unterlaufen würde (vgl. Art. 92 GG). Eine allgemeine Kontrolle der Justiz widerspräche der besonders strengen funktionalen Unabhängigkeit der Dritten Gewalt. Dies schließt aber nicht aus, dass das Justizsystem als solches, also etwa allgemeine Missstände im Bereich der Justiz, zum Gegenstand einer parlamentarischen Untersuchung gemacht wird[735].

591 Ebenfalls abzulehnen ist ein ständiger Untersuchungsausschuss zur Überwachung der Bundesregierung, weil eine solche permanente Kontrolle der Exekutive verfassungsrechtlich gerade nicht vorgesehen ist. Es widerspräche der Funktion des Art. 44 GG, der das Instrument des Untersuchungsausschusses gerade als punktuelles Aufklärungsinstrument ansieht[736]. Auch im Rahmen des Untersuchungsrechts ist der Kernbereich exekutiver Eigenverantwortung zu wahren[737], da durch einen permanenten Kontrollzugriff des Parlaments die Effektivität der Regierungsarbeit verhindert werden könnte. Eine Kontrolltätigkeit kann daher erst dann beginnen, wenn ein durch die Regierung abgeschlossener Vorgang vorliegt.

„Die Verantwortung der Regierung gegenüber Parlament und Volk [...] setzt notwendigerweise einen "Kernbereich exekutiver Eigenverantwortung„ voraus [...], der einen

---

731 Dazu ausführlich *Hebeler/Schulz*, JuS 2010, 969 (974).
732 Vgl. *Stern*, Staatsrecht II, S. 62 m. w. N.
733 BVerfGE 77, 1 (44) – *Neue Heimat*; vgl. auch § 1 Abs. 3 PUAG.
734 Vgl. BVerfGE 137, 185 (234) – *Rüstungsexportkontrolle*, zur expliziten Übertragung von für das Untersuchungsrecht entwickelten Grenzen auf das Fragerecht.
735 *Klein*, in: Dürig/Herzog/Scholz, GG, Art. 44 Rn. 166.
736 Vgl. *Maurer*, Staatsrecht I, § 13 Rn. 144.
737 Vgl. *Magiera*, in: Sachs, GG, Art. 44 Rn. 9 m. w. N.; *Klein*, in: Dürig/Herzog/Scholz, GG, Art. 44 Rn. 147 ff.; *Stern*, Staatsrecht II, S. 62 f.; *Maurer*, Staatsrecht I, § 13 Rn. 142 m. w. N.

*auch von parlamentarischen Untersuchungsausschüssen grundsätzlich nicht ausforsch-
baren Initiativ-, Beratungs- und Handlungsbereich einschließt. Dazu gehört z. B. die
Willensbildung der Regierung selbst, sowohl hinsichtlich der Erörterungen im Kabinett als auch bei der Vorbereitung von Kabinetts- und Ressortentscheidungen, die
sich vornehmlich in ressortübergreifenden und -internen Abstimmungsprozessen vollzieht. Die Kontrollkompetenz des Bundestages erstreckt sich demnach grundsätzlich
nur auf bereits abgeschlossene Vorgänge. Sie enthält nicht die Befugnis, in laufende
Verhandlungen und Entscheidungsvorbereitungen einzugreifen. Aber auch bei abgeschlossenen Vorgängen sind Fälle möglich, in denen die Regierung aus dem Kernbereich exekutiver Eigenverantwortung geheimzuhaltende Tatsachen mitzuteilen nicht
verpflichtet ist.*"[738]

Zweitens ist, aufbauend auf dem Bundesstaatsprinzip, die *Aufteilung der Verbands-* **592**
kompetenzen zwischen Bund und Ländern zu beachten[739]. Das parlamentarische
Untersuchungsverfahren erlaubt es nicht, andere Gegenstände als die dem Bund
kompetenziell zugewiesenen wahrzunehmen. Länderkompetenzen sind keine zulässigen Gegenstände eines parlamentarischen Untersuchungsverfahrens. Schwierig ist die Grenzziehung im Bereich des Landesvollzugs von Bundesgesetzen: abzustellen ist hier auf die Reichweite der Bundeskompetenz[740]. Die Einschränkung
der Verbandskompetenz des Bundes gilt nicht nur nach „unten" gegenüber den
Ländern, sondern auch nach „oben" gegenüber der europäischen Ebene (Art. 23
Abs. 1 Satz 2 GG). Verliert der Bund Zuständigkeiten durch Übertragung von Hoheitsrechten auf die europäische Ebene, können diese ebenfalls nicht Gegenstand
des parlamentarischen Untersuchungsrechts sein.

Eine dritte Grenze kann sich auch hier aus dem Wohl des Bundes oder eines **593**
Landes („Staatswohl") ergeben, das möglicherweise die Geheimhaltung sensibler
Informationen gebietet. Dabei ist aber besonders zu beachten, dass auch für den
parlamentarischen Untersuchungsausschuss Geheimhaltungspflichten gelten und
dass „das Staatswohl nicht allein der Bundesregierung, sondern dem Bundestag
und der Bundesregierung gemeinsam anvertraut ist"[741].

Erachtet man mit der überwiegenden Meinung auch *Untersuchungsgegenstände* **594**
außerhalb der staatlichen Sphäre für zulässig, wie z. B. die Untersuchung wirtschaftlicher, gesellschaftlicher oder privater Angelegenheiten[742], wird der Untersuchungsgegenstand (wie das gesamte Verfahren) auch – viertens – durch die
Grundrechte sowie die allgemeinen rechtsstaatlichen Prinzipien, etwa die Verhältnismäßigkeit, eingeschränkt. Es gelten die üblichen Bindungen bei der Ausübung staatlicher Gewalt außerhalb der innerstaatlichen Sphäre (vgl. Art. 1
Abs. 3, 20 Abs. 3 GG). Als Einschränkung für derartige Untersuchungsgegenstände wird das Bedürfnis eines „öffentlichen Interesses von hinreichendem Gewicht" an einer Aufklärung gefordert, welches das grundrechtlich geschützte In-
dividualinteresse überwiegen muss[743].

---

738 BVerfGE 67, 100 (139) – *Flick.*
739 Vgl. *Stern,* Staatsrecht II, S. 62; *Klein,* in: Dürig/Herzog/Scholz, GG, Art. 44 Rn. 138 ff.
740 Ausführlicher *Klein,* in: Dürig/Herzog/Scholz, GG, Art. 44 Rn. 140.
741 BVerfGE 124, 78 (124) – *BND-Untersuchungsausschuss.*
742 Dagegen *Maurer,* Staatsrecht I, § 13 Rn. 139; dafür z. B. BVerfGE 67, 100 – *Flick*; BVerfGE 77, 1
(44 ff.) – *Neue Heimat; Stern,* Staatsrecht II, S. 63; *Magiera,* in: Sachs, GG, Art. 44 Rn. 10; *Klein,* in:
Dürig/Herzog/Scholz, GG, Art. 44 Rn. 110 ff.
743 Vgl. *Magiera,* in: Sachs, GG, Art. 44 Rn. 10 m. w. N.

595 Schließlich besteht, fünftens, wiederum eine Grenze des Untersuchungsrechts bei nicht zielführenden, rechtsmissbräuchlichen Untersuchungsgegenständen, wobei auch hier sehr hohe Anforderungen zu stellen sind.

596 Eine besondere Rechtsfolge im Fall eines auf einen unzulässigen Untersuchungsgegenstand gerichteten Einsetzungsantrags sieht § 2 Abs. 3 PUAG vor. Danach kann der Bundestag den Untersuchungsausschuss auf einen Untersuchungsgegenstand beschränken, den er für nicht verfassungswidrig hält. Will die Bundesregierung dem Untersuchungsausschuss aufgrund verfassungsrechtlicher Bedenken einzelne Beweismittel vorenthalten – etwa indem sie die Erteilung von Aussagegenehmigungen für Beamte verweigert – muss sie diese Bedenken substantiiert und nachvollziehbar darlegen und begründen[744].

596a cc) **Befugnisse des Untersuchungsausschusses.** Gegenüber den anderen parlamentarischen Informationsbeschaffungsrechten zeichnet sich das Untersuchungsrecht durch ein besonderes formalisiertes Verfahren aus. Der Untersuchungsausschuss ist nach Art 44 Abs. 1 Satz 1 GG befugt, „im Rahmen seines Untersuchungsauftrags diejenigen Beweise zu erheben, die er für erforderlich hält."[745] Hierzu stehen ihm Aufklärungsmittel zu, die über die sonstigen parlamentarischen Möglichkeiten hinausgehen (vgl. Art. 44 Abs. 2 und 3 GG). Insbesondere finden nach Art. 44 Abs. 2 Satz 1 GG auf Beweiserhebungen die Vorschriften über den Strafprozess sinngemäß Anwendung[746]. Wegen dieser besonderen Befugnisse gilt:

„Untersuchungsausschüsse sind das schärfste Kontrollinstrument, das dem Parlament zur Verfügung steht."[747]

596b Diese eigenständigen Beweiserhebungsrechte des Untersuchungsausschuss unterliegen lediglich aus der Verfassung abgeleiteten Grenzen[748]: „Begrenzt wird das Beweiserhebungsrecht parlamentarischer Untersuchungsausschüsse zunächst durch den im Einsetzungsbeschluss zu bestimmenden Untersuchungsauftrag."[749] Zwischen Untersuchungsauftrag und Beweiserhebung muss ein plausibler Zusammenhang bestehen. Sodann sind die Grenzen parlamentarischer Kontrolle, die sich schon beim Fragerecht einzelner Abgeordneter[750] und bei der Begrenzung möglicher Untersuchungsgegenstände gezeigt haben, auch bei der Beweiserhebung durch Untersuchungsausschüsse zu berücksichtigen: Dies sind namentlich der aus dem Grundsatz der Gewaltenteilung hergeleitete Kernbereich exekutiver Eigenverantwortung, das Wohl des Bundes oder eines Landes (Staatswohl), Grundrechte Dritter sowie die Funktionsfähigkeit der Bundesregierung[751]. Völkerrechtliche Verpflichtungen allein stellen demgegenüber keine unmittelbare Schranke des Beweiserhebungsrechts dar, „da sie als solche keinen Verfassungsrang besitzen."[752]

---

744 BVerfGE 124, 78 (128) – *BND-Untersuchungsausschuss.*
745 BVerfGE 156, 270 (297) – *Amri-Untersuchungsausschuss (Benennung von V-Person-Führer).*
746 Dazu BVerfGE 143, 101 (133) – *NSA-Selektorenliste.*
747 BVerfGE 156, 270 (302) – *Amri-Untersuchungsausschuss (Benennung von V-Person-Führer).*
748 Zusammenfassend BVerfGE 156, 270 (297 ff.) – *Amri-Untersuchungsausschuss (Benennung von V-Person-Führer).*
749 BVerfGE 143, 101 (136) – *NSA-Selektorenliste*; vgl. auch BVerfGE 156, 270 (298) – *Amri-Untersuchungsausschuss (Benennung von V-Person-Führer).*
750 Vgl. oben Rn. 585 ff., 589 ff.
751 Ausführlich BVerfGE 143, 101 (136 ff.) – *NSA-Selektorenliste.*
752 BVerfGE 143, 101 (135) – *NSA-Selektorenliste.*

Schwierige Abwägungsfragen kann auch hier das Verhältnis von parlamentarischem Aufklärungsinteresse und Geheimhaltungsinteressen hinsichtlich nachrichtendienstlicher Informationsquellen aufwerfen. Sofern diesen nicht durch die Anwendung der Geheimschutzordnung des Deutschen Bundestags und Modalitäten der Zeugenvernehmung (etwa audiovisuelle Vernehmungen gem. Art. 44 Abs. 2 Satz 1 GG i. V. m. § 247a StPO mit Verfremdung von Stimme und Erscheinungsbild)[753] Rechnung getragen werden kann, soll nach der Rechtsprechung des Bundesverfassungsgerichts ausnahmsweise auch eine Verweigerung der Offenbarung von Quellen möglich sein[754].

596c

„Maßgeblich [...] sind insbesondere Struktur und Charakter des konkret beobachteten Milieus, die jeweilige Gefahrenlage für die Quelle und deren Sensibilität, zeitliche Faktoren und die besonderen Umstände und Schwierigkeiten, die sich bei der Gewinnung neuer Quellen im konkret beobachteten Umfeld stellen.“[755]

Die Vorenthaltung von Beweismitteln durch die Bundesregierung bedarf einer qualifizierten Begründung und kann im Wege des Organstreitverfahrens zur Überprüfung durch das Bundesverfassungsgericht gestellt werden[756].

596d

„Die Bundesregierung muss – auch im Hinblick auf das Gebot gegenseitiger Rücksichtnahme im Verhältnis zwischen Verfassungsorganen – den Bundestag in die Lage versetzen, seine Aufgabe der parlamentarischen Kontrolle des Regierungshandelns effektiv wahrzunehmen. Dies kann er nur dann, wenn er anhand einer der jeweiligen Problemlage angemessenen, ausführlichen Begründung beurteilen und entscheiden kann, ob er die Verweigerung der Antwort akzeptiert oder welche weiteren Schritte er unternimmt, sein Auskunftsverlangen ganz oder zumindest teilweise durchzusetzen. Hierzu muss er Abwägungen betroffener Belange, die zur Versagung von Auskünften geführt haben, auf ihre Plausibilität und Nachvollziehbarkeit überprüfen können.“[757]

Ebenfalls Gegenstand eines Organstreitverfahrens können Auseinandersetzungen zwischen einer qualifizierten Ausschussminderheit und der Ausschussmehrheit darüber sein, welche Beweise erhoben werden sollen. Zu beachten ist aber, dass nur das Ob der Beweiserhebung eine verfassungsrechtlich relevante Fragestellung ist. Der Ablauf der Beweiserhebung, etwa die Bestimmung von Ort und Zeit einer Zeugeneinvernahme, untersteht demgegenüber der Verfahrensherrschaft der Ausschussmehrheit[758].

596e

dd) Berücksichtigung von Grundrechten im Untersuchungsverfahren. Innerhalb des Untersuchungsverfahrens sind Grundrechtsbeeinträchtigungen möglichst gering zu halten, etwa indem besonders gravierende Untersuchungsmethoden unterbleiben oder die Öffentlichkeit ausgeschlossen wird. Ausdrücklich unberührt bleibt nach Art. 44 Abs. 2 Satz 2 GG der Grundrechtsschutz durch Art. 10 GG,

597

---

753 BVerfGE 156, 270 (308) – *Amri-Untersuchungsausschuss (Benennung von V-Person-Führer).*
754 BVerfGE 156, 270 (310 ff.) – *Amri-Untersuchungsausschuss (Benennung von V-Person-Führer).* S. aber auch das Sondervotum des Richters Müller, das zurecht auf die Gefahr verweist, dass ein zu weitreichender Schutz nachrichtendienstlicher Vertraulichkeitszusagen „zu einem weitgehenden Ausfall der parlamentarischen Kontrolle des nachrichtendienstlichen Einsatzes von V-Personen in gewaltbereiten klandestinen Milieus und damit zur Entstehung eines nahezu kontrollfreien Raumes" (ebd., S. 317) führt.
755 BVerfGE 156, 270 (312 f.) – *Amri-Untersuchungsausschuss (Benennung von V-Person-Führer).*
756 Vgl. BVerfGE 143, 101 (144 f.) – *NSA-Selektorenliste.*
757 BVerfGE 143, 101 (144) – *NSA-Selektorenliste.*
758 BVerfGE 138, 45 (63 f.) – *NSA-Untersuchungsausschuss.*

der das Brief-, Post- und Fernmeldegeheimnis gewährleistet. Dies hat zur Folge, dass die nach dem zu Art. 10 Abs. 2 GG erlassenen Gesetz (Art. 10-Gesetz) zulässigen Einschränkungen im Rahmen des Untersuchungsverfahrens nicht zur Anwendung kommen. Das Brief-, Post- und Fernmeldegeheimnis kann daher zu weiter reichenden Einschränkungen der Beweiserhebung und -verwertung durch den Untersuchungsausschuss führen[759].

598 **ee) Ende des Untersuchungsverfahrens.** Das Verfahren endet grundsätzlich mit Abschluss der Untersuchung und der Vorlage des Abschlussberichts an den Bundestag (§ 33 PUAG). Die Untersuchung ist abgeschlossen, wenn alle Beweise erhoben worden sind. Durch Minderheitsrechte wird sichergestellt, dass die Beweiserhebung nicht verkürzt oder anderweitig manipuliert werden kann (vgl. etwa § 17 Abs. 2 PUAG). Aufgrund des Grundsatzes der Diskontinuität endet ein Untersuchungsverfahren immer mit dem Ende der Wahlperiode des Bundestags, der die Einsetzung des Untersuchungsausschusses beschlossen hat. Außerdem kann ein Untersuchungsausschuss trotz fehlender gesetzlicher Auflösungsmöglichkeit aufgrund der Geschäftsordnungsautonomie jederzeit wieder durch Bundestagsbeschluss aufgelöst werden. Allerdings sind dabei die Rechte der parlamentarischen Minderheit zu beachten.

7.   Öffentlichkeitsfunktion

599 In einer Demokratie müssen staatliche Entscheidungsprozesse transparent sein, da sonst weder eine Beurteilung noch eine Kontrolle der staatlichen Gewalt möglich ist und auch die Willensbildung des Volkes im Rahmen der Wahlen nicht auf einer hinreichenden Faktengrundlage beruht. Der Grundsatz der Parlamentsöffentlichkeit ist ein „wesentliches Element des demokratischen Parlamentarismus"[760] und an einer dieser Bedeutung entsprechenden, zentralen Stelle normiert: Gemäß Art. 42 Abs. 1 Satz 1 GG verhandelt der Bundestag öffentlich.

„Der Grundsatz der Parlamentsöffentlichkeit [...] ermöglicht dem Bürger die Wahrnehmung seiner Kontrollfunktion und dient damit der effektiven Verantwortlichkeit des Parlaments gegenüber dem Wähler [...] Öffentliches Verhandeln von Argument und Gegenargument, öffentliche Debatte und öffentliche Diskussion sind wesentliche Elemente des Parlamentarismus. Das im parlamentarischen Verfahren gewährleistete Maß an Öffentlichkeit der Auseinandersetzung und Entscheidungssuche eröffnet Möglichkeiten eines Ausgleichs widerstreitender Interessen und schafft die Voraussetzungen der Kontrolle durch den Bürger [...] Entscheidungen von erheblicher Tragweite muss deshalb grundsätzlich ein Verfahren vorausgehen, das der Öffentlichkeit Gelegenheit bietet, ihre Auffassungen auszubilden und zu vertreten, und das die Volksvertretung dazu anhält, Notwendigkeiten und Umfang der zu beschließenden Maßnahmen in öffentlicher Debatte zu klären."[761]

600 *Öffentlichkeit* bedeutet freier Zugang zu den Sitzungen des Parlaments, d. h. zu den Zuschauertribünen und dem Pressebereich. Begrenzt wird der freie Zugang durch die tatsächlichen Kapazitäten sowie das Hausrecht des Bundestagspräsidenten, der Störer entfernen darf. Allerdings kann die Öffentlichkeit auf Antrag ausgeschlossen werden (vgl. Art. 42 Abs. 1 Satz 2 u. 3 GG). Ein solcher Aus-

---

759 Vgl. *Jarass*, in: Jarass/Pieroth, GG, Art. 10 Rn. 1a; *Jarass*, in: Jarass/Pieroth, GG, Art. 44 Rn. 15 m. w. N.
760 BVerfGE 150, 345 (369) – *Besteuerung umwandlungssteuerrechtlicher Übernahmegewinne*; BVerfGE 150, 204 (232) – *Steuergesetze*.
761 BVerfGE 150, 345 (369) – *Besteuerung umwandlungssteuerrechtlicher Übernahmegewinne*; BVerfGE 150, 204 (232 ff.).

schluss bedarf eines sachlichen Grundes, der die Geheimhaltung rechtfertigt, wie z. B. die Vertraulichkeit von Staatsangelegenheiten oder Angelegenheiten der Privat- oder Intimsphäre einer Person. Der Ausschluss der Öffentlichkeit ist nicht zu begründen, um die Geheimhaltung zu gewährleisten. Verfassungsrechtlich nicht unproblematisch ist vor diesem Hintergrund die Neufassung des § 78 Abs. 6 GOBT, wonach nach Vereinbarung im Ältestenrat „anstelle einer Aussprache die schriftlichen Redetexte zu Protokoll genommen werden können"[762].

Für die *Ausschusssitzungen* gilt gem. § 69 Abs. 1 Satz 1 GOBT das Prinzip der Nicht- **601** öffentlichkeit, soweit nicht verfassungsrechtlich oder gesetzlich etwas anderes bestimmt ist. Dadurch soll die ungestörte und reibungslose Sacharbeit unterstützt werden.

8. Beschlussorgan

Der Bundestag als Kollegialorgan entscheidet durch Beschluss – grundsätzlich mit **602** einfacher Mehrheit, wobei eine Modifizierung des erforderlichen Quorums möglich ist (Art. 42 Abs. 2 Satz 1 GG). Nach der Rechtsnatur des Beschlusses wird unterschieden zwischen echten und schlichten Parlamentsbeschlüssen. *Echte Parlamentsbeschlüsse* sind rechtserheblich, d. h. sie erzeugen Rechtswirkung.

Beispiele:
Wahlbeschlüsse, organinterne Beschlüsse etwa zur Geschäftsordnung, die Gesetzesbeschlüsse sowie alle formellen Parlamentsbeschlüsse, bei denen der Bundestag parlamentarische Mitwirkungs- und Kontrollrechte ausübt.

Schlichte Parlamentsbeschlüsse betreffen dagegen allgemeine politische Entschließungen, Absichtserklärungen etc. Trotz ihrer Unverbindlichkeit müssen sich auch schlichte Parlamentsbeschlüsse aber an die grundsätzliche Kompetenzzuweisung der Verfassung halten[763].

9. Anklageorgan

Der Bundestag kann auch als Anklageorgan gegenüber anderen Staatsorganen auf- **603** treten. Neben dem gem. Art. 93 Abs. 1 Nr. 1 GG grundsätzlich allen Staatsorganen offenstehenden Organstreitverfahren vor dem BVerfG, bei dem es um den Schutz eigener Organrechte geht, kann der Bundestag den *Bundespräsidenten* vor dem BVerfG anklagen (Art. 61 Abs. 1 GG). Gegenstand müssen nicht eigene Organrechte des Bundestags sein. Erforderlich ist vielmehr eine vorsätzliche Verletzung verfassungsrechtlicher Pflichten, so dass der Bundestag allgemein zum Schutz der Verfassung tätig wird.

Ein ähnliches Anklagerecht ohne die Verletzung eigener subjektiver Rechte besitzt **604** der Bundestag gegenüber *Bundesrichtern* gem. Art. 98 Abs. 2 GG.

IV. Verfahren

Alle Verfahren des Bundestags, die einer Entscheidung bedürfen, werden nach **605** dem Mehrheitsprinzip durchgeführt. Solche Entscheidungen sind:

– Wahlverfahren;
– Beschlüsse;
– sonstige Abstimmungen.

---

762 Dazu *M. Bauer*, Der Staat 49 (2010), 597 ff.
763 Zum Ganzen vgl. *Klein*, HStR III, § 50 Rn. 13 f.; *Stern*, Staatsrecht II, S. 48 f.

606 Zu den *Wahlverfahren* zählen: die Wahl des Bundeskanzlers (Art. 63 GG); die Wahl des Bundestagspräsidenten (Art. 40 GG); das konstruktive Misstrauensvotum (Art. 67 GG).

607 Der *Beschluss* ist die wichtigste Handlungsform des Bundestags (vgl. Art. 42 Abs. 2 GG). In Beschlussform ergehen alle Gesetze (Art. 77 Abs. 1 Satz 1 GG) sowie die Regelungen über die Geschäftsordnung (Art. 40 Abs. 1 Satz 2, Art. 42 Abs. 2 GG); darüber hinaus gibt es besondere Beschlüsse, wie den Beschluss über die Anklage des Bundespräsidenten (Art. 61 Abs. 1 Satz 3 GG).

608 Zu den *sonstigen Abstimmungen* zählen alle Entscheidungen des Bundestags, die weder Wahlen noch Beschlüsse sind. Hierzu gehören die Entscheidung über die Vertrauensfrage des Bundeskanzlers (Art. 68 Abs. 1 GG), die Feststellung des Spannungs- (Art. 80a Abs. 1 GG) oder Verteidigungsfalls (Art. 115a GG).

609 Hinsichtlich des Begriffs der Mehrheit ist zwischen den einzelnen Verfahren – Wahlverfahren einerseits, Verfahren bei Beschlüssen und sonstigen Abstimmungen andererseits – zu unterscheiden. Der wesentliche Unterschied besteht darin, dass bei Wahlverfahren nicht mit Ja oder Nein gestimmt wird, sondern sich das Gremium zwischen mehreren Kandidaten entscheiden muss.

610 Bei Wahlverfahren gilt im Allgemeinen: Gewählt ist, wer die meisten Stimmen auf sich vereinigt. Das bedeutet, dass auch eine sehr geringe Anzahl von Stimmen zur Wahl eines Kandidaten führt; Voraussetzung ist nur, dass der Kandidat mehr Stimmen erhält als jeder andere. Eine Ausnahme hiervon gilt, wenn das Grundgesetz für einen *Wahlakt eine besondere Mehrheit* anordnet. Dies ist etwa der Fall bei der Wahl des Bundeskanzlers (Art. 63 Abs. 2 Satz 1 GG): „Gewählt ist, wer die Stimmen der Mehrheit der Mitglieder des Bundestages auf sich vereinigt" (sog. absolute Mehrheit). Gem. Art. 121 GG ist dabei auf die Mehrheit der gesetzlichen Mitgliederzahl abzustellen. Die gesetzliche Mitgliederzahl des Bundestags beträgt grundsätzlich 598 (§ 1 Abs. 1 Satz 1 BWahlG), die Mehrheit hiervon sind 300 Stimmen. Die Zahl kann sich jedoch insbesondere im Rahmen des Sitzzuteilungsverfahrens erhöhen (§ 6 Abs. 5 BWahlG) oder durch andere Umstände verändern (vgl. § 1 Abs. 1 Satz 1 BWahlG). In weiteren Wahlgängen kann jedoch auch zum Bundeskanzler gewählt werden, wer nicht die Mehrheit der Stimmen der Mitglieder, sondern nur die „meisten Stimmen" aller Kandidaten erhält (sog. relative Mehrheit, Art. 63 Abs. 4 Satz 2 GG).

611 Für *Beschlussverfahren* des Bundestags gilt in erster Linie Art. 42 GG, wenn das Grundgesetz nicht eine andere Mehrheit verlangt: erforderlich ist die *Mehrheit der abgegebenen Stimmen*. Da die Verfassung *Enthaltungen* nicht ausdrücklich regelt, sind diese als nicht abgegebene Stimmen zu werten[764]. Eine Sonderregelung für Enthaltungen gilt – allerdings nur nach Maßgabe der Geschäftsordnung – beim sog. Hammelsprung[765], bei dem eine eigene Tür mit der Aufschrift „Enthaltung" eingerichtet wird (§ 51 Abs. 2 Satz 2 GOBT). Auswirkungen auf die Wertung der Enthaltung hat diese Regelung jedoch nicht.
Da bei Beschlüssen lediglich mit „Ja" oder „Nein" gestimmt werden kann, also keine Auswahl aus verschiedenen „Optionen" in Betracht kommt, gibt es in diesem Zusammenhang keine „relative Mehrheit" (Mehrheit im Vergleich zu den

---

764 S. auch *Maurer*, Staatsrecht I, § 13 Rn. 115.
765 Erläuterung unten Rn. 617.

anderen Optionen). Zu unterscheiden ist vielmehr zwischen einfacher Mehrheit (Abstimmungsmehrheit, Mehrheit der abgegebenen Stimmen) und Mitgliedermehrheit (Mehrheit der gesetzlichen Mitgliederzahl). Möglich sind darüber hinaus besondere qualifizierte Mehrheiten (insb. 2/3-Mehrheiten).

Für Beschluss- und sonstige Verfahren im Bundestag existieren im GG[766] folgende **612**
Mehrheitsanforderungen:

– die *Mehrheit der abgegebenen Stimmen* („Abstimmungsmehrheit", Regelfall, vgl. Art. 42 Abs. 2 GG, sog. einfache Mehrheit)
– die *Mehrheit von 2/3 der abgegebenen Stimmen* („qualifizierte Abstimmungsmehrheit", Bsp.: Feststellung des Spannungs- oder Verteidigungsfalles, Art. 80a Abs. 1 Satz 2, Art. 115a Abs. 1 Satz 2 GG).
– die *Mehrheit der gesetzlichen Mitgliederzahl* (sog. Mitgliedermehrheit, vgl. Art. 121 GG; Abwesenheiten und Enthaltungen zählen wie „Nein"-Stimmen; gelegentlich wird diese Mehrheit auch als „Kanzlermehrheit" bezeichnet, weil sie der bei der Wahl des Bundeskanzlers erforderlichen absoluten Mehrheit gem. Art. 63 Abs. 1 GG entspricht; Bsp.: Einrichtung von Behörden, Art. 87 Abs. 3 Satz 2 GG, Feststellung des Verteidigungsfalles, Art. 115a Abs. 1 Satz 2 GG).
– die *Mehrheit von 2/3 der gesetzlichen Mitgliederzahl* („qualifizierte Mitgliedermehrheit", Bsp.: Anklage des Bundespräsidenten, Art. 61 Abs. 1 Satz 3 GG; Beschluss eines verfassungsändernden Gesetzes, Art. 79 Abs. 2 GG).
→ Eine Übersicht der Mehrheitserfordernisse im GG findet sich unter Rn. 1013a.

Wird auf die *Mehrheit der abgegebenen Stimmen* abgestellt, ist vorab die Frage der **613**
Beschlussfähigkeit des Bundestages zu klären[767]. Der von einem nicht beschlussfähigen Gremium getroffene Beschluss ist grundsätzlich unwirksam[768]. Das Grundgesetz trifft keine Regelung bezüglich der Beschlussfähigkeit, so dass dies unter die Befugnis des Bundestags zur Selbstorganisation fällt[769]. Nach § 45 Abs. 1 GOBT hängt die Beschlussfähigkeit zwar materiell von der Anwesenheit der Mehrheit der gesetzlichen Mitglieder des Bundestags ab (vgl. § 1 Abs. 1 Satz 1 BWahlG). Gem. § 45 Abs. 2 GOBT muss die fehlende Beschlussfähigkeit aber formell festgestellt werden. Dies geschieht aber nur auf Antrag einer Fraktion oder von mindestens 5 % der Mitglieder des Bundestags und wenn der Sitzungsvorstand die Beschlussfähigkeit nicht einmütig bejaht[770]. Es werden deshalb regelmäßig – wirksame – Be-

---

766 In der GOBT existiert darüber hinaus noch das Erfordernis einer „Anwesenheitsmehrheit" (vgl. etwa §§ 80 Abs. 2 Satz 1, 81 Abs. 1 Satz 2, 84, 126 GOBT): Hier muss die Mehrheit der Anwesenden für einen Beschluss stimmen, Enthaltungen und ungültige Stimmen werden als Nein-Stimmen gewertet.

767 Stimmt die Mehrheit der gesetzlichen Mitglieder für einen Beschluss, war der Bundestag in jedem Fall beschlussfähig, was die Anwesenheit von mehr als der Hälfte der Mitglieder für die Beschlussfähigkeit verlangt.

768 Es handelt sich dabei um eine Vorfrage der Handlungsfähigkeit des Gremiums. Dogmatisch entspricht dies etwa dem zivilrechtlichen Erfordernis der Geschäftsfähigkeit als zwingender Voraussetzung für die Abgabe einer wirksamen Willenserklärung.

769 Vgl. BVerfGE 44, 308 (314 f.) – *Beschlussfähigkeit des Bundestages*.

770 Vgl. *Cancik*, Der Staat 59 (2020), 1 ff. (11): „[e]rforderlich ist gleichsam ein doppeltes, kumulatives Bezweifeln". Scheitert ein Antrag auf Feststellung der Beschlussfähigkeit an diesem zweiten Erfordernis, kann die tatsächlich bestehende Beschlussunfähigkeit im Rahmen einer namentlichen Abstimmung festgestellt werden. Diese kann von den Fraktionen unter den Voraussetzungen des § 52 GOBT beantragt werden. Dazu *Cancik*, a.a.O., 25.

schlüsse gefasst, obwohl der Bundestag materiell beschlussunfähig ist[771]. In der Tatsache, dass somit nur wenige Abgeordnete wirksam den Willen des gesamten Bundestags bilden können, liegt kein Verstoß gegen das Prinzip der repräsentativen Demokratie: Die Arbeit der Abgeordneten findet nämlich in allen parlamentarischen Gremien statt, insbesondere in den Ausschüssen, so dass sich die Willensbildung des Bundestags nicht auf die (endgültige) Beschlussfassung im Plenum reduzieren lässt[772]. Besteht schon vor der Beschlussfassung im Plenum ein breiter Konsens über einen Beschlussgegenstand, ist die Anwesenheit aller Abgeordneten nicht notwendig. Bei umstrittenen Vorhaben und knappen Mehrheiten sind bei der Beschlussfassung demgegenüber regelmäßig alle Abgeordneten anwesend. Dies gilt vor allem, wenn es um die Wahrung der Mehrheitsverhältnisse geht oder nicht nur ein einfacher, sondern ein qualifizierter Mehrheitsbeschluss erforderlich ist.

614 Die GOBT sieht verschiedene *Abstimmungsformen* vor: Dabei gilt entsprechend dem Öffentlichkeitsprinzip der Grundsatz der öffentlichen Beschlussfassung (Art. 42 Abs. 1 GG). Das bedeutet, dass das Abstimmungsverhalten des einzelnen Abgeordneten grundsätzlich erkennbar sein muss.

615 *Abstimmungen (Beschlussfassung über Sachgegenstände)* werden grundsätzlich mittels (gleichzeitigem) Handzeichen oder durch (gleichzeitiges) Aufstehen oder Sitzenbleiben durchgeführt (vgl. § 48 Abs. 1 Satz 1 GOBT). Eine namentliche Abstimmung kann beantragt werden, soweit dies nicht für Verfahrensfragen ausgeschlossen ist (vgl. §§ 52 f. GOBT). Dies verschärft das Öffentlichkeitsprinzip, weil noch klarer das Stimmverhalten der einzelnen Abgeordneten zu Tage tritt.

616 *Wahlen* erfolgen grundsätzlich ebenfalls öffentlich. Ordnen das Grundgesetz, einfache Gesetze oder die GOBT allerdings die geheime Wahl an, werden verdeckte Stimmzettel benutzt (vgl. § 49 GOBT).

617 Eine besondere Form der Beschlussfassung ist der sog. *Hammelsprung* (vgl. § 51 Abs. 1 Satz 3, Abs. 2 GOBT). Bei diesem Verfahren müssen alle Abgeordneten den Sitzungssaal verlassen. Danach wird abgestimmt, indem die Abgeordneten den Sitzungssaal durch eine von drei Türen wieder betreten, die mit „Ja", „Nein" oder „Enthaltung" bezeichnet sind. Der Hammelsprung wird angewendet, wenn Uneinigkeit über das Ergebnis einer Abstimmung besteht oder die Beschlussfähigkeit angezweifelt wird (vgl. § 45 Abs. 2 Satz 1 GOBT).

Rechtsprechung: BVerfGE 1, 115 – *Befugnisse des Bundestagspräsidenten*; BVerfGE 1, 372 – *Deutsch-Französisches Wirtschaftsabkommen*; BVerfGE 2, 1 – *SRP-Verbot*; BVerfGE 6, 445 – *Mandatsverlust nach Parteiverbot (KPD)*; BVerfGE 10, 4 – *Rechtsstellung von Bundestagsabgeordneten*; BVerfGE 18, 172 – *Wählbarkeit von Wahlbeamten*; BVerfGE 20, 56 – *Parteienfinanzierung aus Haushaltsmitteln*; BVerfGE 32, 157 – *Abgeordnetenentschädigung und Altersvorsorge*; BVerfGE 38, 326 – *Inkompatibilität*; BVerfGE 40, 296 – *Abgeordnetengesetz*; BVerfGE 42, 312 – *Inkompatibilität mit Kirchenämtern*; BVerfGE 43, 142 – *Gruppenstatus FDP*; BVerfGE 44, 308 – *Beschlussfähigkeit des Bundestags*; BVerfGE 48, 64 – *Inkompatibilität auf Kommunalebene*; BVerfGE 57, 1 – *NPD*; BVerfGE 60, 374 – *Redefreiheit des Abgeordneten*; BVerfGE 67, 100 – *Flick-Untersuchungsausschuss*; BVerfGE 68, 1 – *NATO-Doppelbeschluss*; BVerfGE 70, 324 – *Haushaltskontrolle der Geheimdienste*; BVerfGE 76, 363 – *Lappas-Untersuchungsausschuss*; BVerfGE 77, 1 – *Neue Heimat*; BVerfGE 80, 188 – *Wüppesahl*;

---

771 Grundsätzlich denkbar ist auch, dass bei einer Abstimmung die Opposition in der Mehrheit ist. Die parlamentarische Mehrheit muss daher darauf achten, dass eine ausreichende Anzahl eigener Abgeordneter anwesend ist, um die Beschlussmehrheit zu garantieren. Üblich sind auch Absprachen, die parlamentarischen Mehrheitsverhältnisse nicht zu unterlaufen.

772 Vgl. auch *Cancik*, Der Staat 59 (2020), 1 ff. (26 f.).

BVerfGE 84, 304 – *Gruppenstatus PDS*; BVerfGE 90, 286 – *Auslandseinsätze der Bundeswehr – Adria, AWACS*; BVerfGE 94, 351 – *Gysi I*; BVerfGE 96, 264 – *Fraktions- und Gruppenstatus*; BVerfGE 97, 408 – *Gysi II*; BVerfGE 100, 266 – *Auslandseinsatz der Bundeswehr – Kosovo*; BVerfGE 102, 224 – *Funktionszulage für Abgeordnete*; BVerfGE 104, 310 – *Immunität von Abgeordneten*; BVerfGE 108, 251 – *Beschlagnahme in Abgeordnetenräumen*; BVerfGE 118, 277 – *Nebeneinkünfte von Abgeordneten*; BVerfGE 121, 135 – *AWACS-Einsatz*; BVerfGE 124, 78 – *BND-Untersuchungsausschuss*; BVerfGE 123, 267 – *Lissabon-Vertrag*; BVerfGE 124, 161 – *Fragerecht*; BVerfGE 124, 267 – *Kosovo*; BVerfGE 126, 55 – *Bundeswehreinsatz Heiligendamm*; BVerfGE 131, 152 – *ESM/Euro-Plus-Pakt*; BVerfGE 131, 230 – *Wahl der Richter des Bundesverfassungsgerichts*; BVerfGE 134, 141 – *Abgeordnetenüberwachung*; BVerfGE 137, 185 – *Rüstungsexportkontrolle*; BVerfGE 138, 45 – *NSA-Untersuchungsausschuss*; BVerfGE 139, 194 – *Bundespolizei*; BVerfGE 140, 115 – *Arbeitsgruppen des Vermittlungsausschusses*; BVerfGE 140, 160 – *Libyen*; BVerfGE 142, 25 (58) – *Oppositionsrechte*; BVerfGE 143, 22 – *Richterwahlausschuss*; BVerfGE 143, 101 – *NSA-Selektorenliste*; BVerfGE 145, 348 – *„Ehe für alle"*; BVerfGE 146, 1 – *V-Leute*; BVerfGE 147, 50 – *Deutsche Bahn/Finanzmarktaufsicht*; BVerfGE 150, 163 – *Äußerungen des Bundesinnenministers (Fall Seehofer)*; BVerfGE 150, 194 – *Flüchtlingspolitik der Bundesregierung*; BVerfGE 150, 240 – *Steuergesetze*; BVerfGE 150, 345 – *Besteuerung umwandlungssteuerrechtlicher Übernahmegewinne*; BVerfGE 151, 191 – *Wahl eines Richters des Bundesverfassungsgerichts*; BVerfGE 151, 202 – *Europäische Bankenunion*; BVerfGE 152, 8 – *„Anti-IS-Einsatz"*; BVerfGE 152, 35 – *Ordnungsgeld gegen Abgeordnete*; BVerfGE 154, 1 – *Abwahl des Vorsitzenden des Rechtsausschusses – eA*; BVerfGE 154, 354 – *Betreten von Abgeordnetenräumen*; BVerfGE 156, 270 – *Amri-Untersuchungsausschuss (Benennung von V-Person-Führer)*; BVerfGE 157, 1 – *CETA*; BVerfG BayVBl. 2014, 172 – *Mitgliederabstimmung über Koalitionsvertrag*; BVerfG, NJW 2014, 3085 – *Fall Edathy*; BVerfG, NVwZ-RR 2021, 697 – *Drittes Hilfspaket für Griechenland*; BVerwGE 152, 241 – *Informationszugang zu Arbeiten der Wissenschaftlichen Dienste des Bundestags*; BayVerfGH, BayVBl 2014, 596; VerfGHBW, NVwZ-RR 2018, 129; VerfGH RhPf, Urteil vom 30.10.2020 – VGH O 52/20, BeckRS 2020, 29328.

Literatur:

Zur Ergänzung:
Austermann, P., Grundfälle zum Geschäftsordnungsrecht des Bundestags, JuS 2018, 760 ff.; *Grosche, N.*, Anfängerhausarbeit – Öffentliches Recht: Staatsorganisationsrecht – Bundestagspräsident im politischen Wettbewerb, JuS 2019, 868 ff.; *Harks, T.*, Das Fragerecht der Abgeordneten, JuS 2014, 979 ff.; *Hollo, A.-L.*, Fraktionszwang und Fraktionsdisziplin, JuS 2020, 928 ff.; *Holterhus, T. P*, Anfängerklausur – Öffentliches Recht: Staatsorganisationsrecht – Entrechtete Opposition, JuS 2016, 711 ff. (Fallbearbeitung); *Kingreen, T.*, Parlamentarische Kontrolle, insbesondere durch Untersuchungsausschüsse (Art. 44 GG), Jura 2018, 880 ff.; *Kulick, A./Bendisch, M.*, Anfängerklausur – Öffentliches Recht: Staatsorganisationsrecht, Grundrechte und Verfassungsprozessrecht – Verlust der Abgeordnetenimmunität, JuS 2017, 1181 ff.; *Linke, C.*, „Kritische Fragen", JA 2018, 920 ff. (Fallbearbeitung); *du Mesnil de Rochemont, T./Müller, M. W.*, Die Rechtsstellung der Bundestagsabgeordneten, JuS 2016, 504 ff., 603 ff.; JuS-Extra 2016, 13 ff., 15 ff. (Übungsfälle); *Müller, M. W.*, Can't Wait to Get on the Road Again, Jura 2017, 471 ff. (Fallbearbeitung); *Nellesen, S./Pützer, B.*, Die Stellung des Bundestagsabgeordneten im Organstreitverfahren, JuS 2018, 429 ff.; *Pracht, R./Ehmer, M.*, Die Beschlussfähigkeit des Deutschen Bundestages, JuS 2019, 531 ff.; *Rademacher, T./Marsch, N.*, Anfängerklausur – Öffentliches Recht: Staatsorganisationsrecht und Verfassungsprozessrecht – Mitgliederbefragung zum Koalitionsvertrag, JuS 2017, 992 ff. (Fallbearbeitung); *Schwanengel, W.*, Die parlamentarische Kontrolle des Regierungshandelns, Jura 2018, 462 ff.; *Seyffarth, M./Mohr, R.*, Übungsklausur zum wehrverfassungsrechtlichen Parlamentsvorbehalt, Jura 2018, 1283 ff. (Fallbearbeitung); *Straßburger, B.*, Einsetzung des Hauptausschusses, JuS 2015, 714 ff. (Fallbearbeitung).

Zur Vertiefung:
Aktuelle Diskussionen
v. Achenbach, J., Reform der Regierungsbefragung im Bundestag, Der Staat 58 (2019), 325 ff.; *v. Arnim, H. H.*, Entscheidungen des Parlaments in eigener Sache: Das Problem ihrer gerichtlichen Kontrolle, DÖV 2015, 537 ff.; *Austermann, P.*, Erwerb und Verlust des Bundestagsmandats,

DÖV 2018, 570 ff.; *Beckermann, B./Weidemann, D.*, K(l)eine Opposition ohne Rechte?, Der Staat 53 (2014), 313 ff.; *Beckermann, B.*, Beschlussfähigkeit des Deutschen Bundestages zwischen Repräsentation und Arbeitsfähigkeit, DÖV 2020, 273 ff.; *Cancik, P.*, Parlamentarische Beschlussfähigkeit und Verfassungsrecht, Der Staat 59 (2020), 7 ff.; *Deutelmoser, A./Pieper, J.*, Das parlamentarische Fragerecht – eine hypertrophe Entwicklung?, NVwZ 2020, 839 ff.; *Fuchs, M.*, Zur Verfassungsmäßigkeit des Hauptausschusses des Deutschen Bundestages, DVBl 2014, 886 ff.; *Glauben, P. J.*, Parlamentarische Untersuchungen versus parallele Gerichtsverfahren, NVwZ 2021, 452 ff.; *ders.*, Nicht mehr „Herr im eigenen Haus" – Zur Regelung geschäftsordnungsrechtlicher Fragen in einem förmlichen Gesetz, DÖV 2021, 915 ff.; *Grzeszick, B.*, Grenzen des parlamentarischen Untersuchungsrechts und Kompetenzen des Parlamentarischen Kontrollgremiums, DÖV 2018, 209 ff.; *Hölscheidt, S./Hoppe, T.*, Es kommt zum Schwur – Die Vereidigung im Untersuchungsausschuss, DÖV 2021, 69 ff.; *Hölscheidt, S./Leonhardt, M.-L.*, Dabeisein ist alles: Zur Notwendigkeit körperlicher Anwesenheit im Parlament, ZParl 2021, 742 ff.; *Ingold, A.*, Oppositionsrechte stärken?, ZRP 2016, 143 ff.; *ders.*, Das „Amt" der Abgeordneten, JÖR 64 (2016), 43 ff.; *Kersten, J.*, Parlamentarismus und Populismus, JuS 2018, 929 ff.; *Kersten, J./Rixen, S.*, Parlamente in der Pandemie: Anlass für Verfassungspessimismus?, ZParl 2021, 895 ff.; *Kleinlein, Th.*, Kontinuität und Wandel in Grundlegung und Dogmatik des wehrverfassungsrechtlichen Parlamentsvorbehalts, AöR 142 (2017), 43 ff.; *Koschmieder, N.*, Verfassungsrechtliche Bedenken gegen die Einsetzung eines „Hauptausschusses" im Bundestag, NVwZ 2014, 852 ff.; *Leisner, W.*, Opposition in der „Großen Koalition", DÖV 2014, 880 ff.; *Lenz, C.*, Der Fraktionsausschluss und seine verfassungsgerichtliche Kontrolle, NVwZ 2021, 699 ff.; *ders./Schulte, H.*, Sitzungen des Bundestags per Videokonferenz: Gehst du noch hin oder streamst du schon?, NVwZ 2020, 744 ff.; *Linke, T.*, Schutz des freien Mandats durch das Übermaßverbot?, NVwZ 2021, 1265 ff.; *Ludwigs, M.*, Entparlamentarisierung als verfassungsrechtliche Herausforderung, DVBl 2021, 353 ff.; *Meinel, F.*, Das Bundesverfassungsgericht in der Ära der der Großen Koalition – Zur Rechtsprechung seit dem Lissabon-Urteil, Der Staat 60 (2021), 43 ff.; *Meyer, H.*, Welche Medizin empfiehlt sich gegen einen adipösen Bundestag?, AöR 143 (2018), S. 521 ff.; *Michl, F.*, Der demokratische Rechtsstaat in Krisenzeiten, JuS 2020, 643 ff.; *Morlok, M./Sokolov, E.*, Beobachtung von Abgeordneten durch den Verfassungsschutz, DÖV 2014, 405 ff.; *Pfengler, C.*, Verfassungsbruch durch Hauptausschuss, DVBl 2018, 1268 ff.; *Schoch, F.*, Informationszugang im parlamentarischen Bereich, NVwZ 2015, 1 ff.; *Schönberger, C./Schönberger, S.*, Die AfD im Bundestag, JZ 2018, 105 ff.; *Schönberger, S.*, Der Plenarsaal als Ort des Gedenkens – Parlamentarische Rituale im Deutschen Bundestag, Der Staat 56 (2017), S. 441 ff.; *Schuster, S.*, Verfassungsrechtliche Anforderungen an die öffentliche parlamentarische Debatte in Zeiten einer Großen Koalition, DÖV 2014, 516 ff.; *Singer, J. P.*, Fragen über Fragen – zum Rechtsrahmen der Interpellation und der exekutiven Antwortpflicht, ZParl 2020, 888 ff.; *Steinbach, A.*, Spiegelbildlichkeit als Proporzprinzip, DÖV 2016, 286 ff.; *Wimmel, A.*, Mitwirkungsrechte des Bundestages an der Haushalts- und Finanzplanung der Europäischen Union, DÖV 2020, 769 ff.

Grundlegende Texte

Oppermann, T., Das parlamentarische Regierungssystem des Grundgesetzes, VVDStRL 33 (1975) 69 ff.; *Schneider, H.-P.*, Die parlamentarische Opposition im Verfassungsrecht der Bundesrepublik Deutschland, Bd. 1, 1974; *ders./Zeh, W. (Hrsg.)*, Parlamentsrecht und Parlamentspraxis in der Bundesrepublik Deutschland, 1989; *Waldhoff, C.*, Parteien-, Wahl- und Parlamentsrecht, VerfassungsR-HdB, 2021, § 10.

§ 24 Der Bundesrat

618 Der Bundesrat ist das Bundesorgan, durch das die Länder (Gliedstaaten) an der Willensbildung und am Staatshandeln des Bundes (Gesamtstaat) mitwirken (Art. 50 GG). Das Grundgesetz enthält einen eigenen Abschnitt IV. „Der Bundesrat" (Art. 50–53 GG). Art. 50 GG enthält eine *generelle Aufgabenzuweisung* an den Bundesrat. Mit dieser Vorschrift werden dem Bundesrat jedoch keine Kompetenzen oder Befugnisse zugewiesen. Dies geschieht vielmehr durch einzelne Normen des Grundgesetzes. Einfachgesetzliche Befugniszuweisungen sind nicht möglich. Regelungsgegenstand der Art. 51–53 GG sind der grundlegende Aufbau als Kollegialorgan, die innere Organisation und das Verfahren im Bundesrat. Die wenigen verfassungsrechtlichen Vorgaben werden, wie bei allen Verfassungsorganen, nach dem Prinzip der Selbstorganisation durch eine Geschäftsordnung konkretisiert und ergänzt (vgl. Art. 52 Abs. 3 Satz 2 GG).

Die Funktion des Bundesrats liegt darin, die Interessen der Länder auf der Ebene **619** der obersten Bundesorgane zu vertreten und zur Geltung zu bringen. Die Mitwirkung der Länder an der Willensbildung und der Ausübung der Staatsfunktionen durch den Bund stellt ein wesentliches Merkmal des Bundesstaatsprinzips dar. Die konkrete Ausgestaltung im Grundgesetz beruht auf einer langen deutschen föderalen Tradition[773]. Sie geht über die von Art. 79 Abs. 3 GG garantierte Mitwirkung an der Bundesgesetzgebung hinaus und erstreckt sich auch auf die Exekutive[774] und die Angelegenheiten der Europäischen Union (vgl. Art. 50 GG).

Die Länderinteressen werden durch die *Vertreter der amtierenden Landesregierungen* **620** wahrgenommen, die in den Bundesrat entsandt sind (vgl. Art. 51 Abs. 1 Satz 1 GG). Der Bundesrat ist daher keine zweite Volksvertretung, die durch Wahlen in den einzelnen Ländern unmittelbar demokratisch legitimiert wäre[775]. Daher gilt auch nicht der Grundsatz der sachlichen Diskontinuität wie im Bundestag[776], weshalb der Bundesrat gelegentlich als permanentes Organ bezeichnet wird. Eine vollständige Neubesetzung wie beim Bundestag (vgl. Art. 39 GG) gibt es nicht, vielmehr ändert sich die Zusammensetzung permanent in Abhängigkeit von den politischen Verhältnissen in den Ländern. Der Bundesrat setzt sich aus Vertretern der Landesregierungen zusammen. Deren Besetzung und damit die Regelung der Entsendung im Einzelnen richtet sich nach dem Verfassungsrecht des jeweiligen Landes[777].

Der Bundesrat soll Rechte und Interessen der Länder wahren. Er hat sich darüber **621** hinaus jedoch zunehmend zu einem parteipolitischen Instrumentarium entwickelt, da er der parlamentarischen Opposition im Bundestag die Möglichkeit gibt, über die Landesregierungen – sofern diese von den Oppositionsparteien gestellt werden – auf die Gesetzgebung des Bundes einzuwirken. Die föderale Funktion tritt demgegenüber teilweise in den Hintergrund.

I. Organe

Der Bundesrat besitzt eine Anzahl von Organen[778]. Dazu zählen der Bundesrats- **622** präsident, das Präsidium, die Ausschüsse sowie als besondere Institution die Euro-

---

773 Vgl. *Stern*, Staatsrecht II, S. 111 ff.; *Maurer*, Staatsrecht I, § 16 Rn. 29 ff.
774 Der Wortlaut „Verwaltung" in Art. 50 GG ist insoweit zu eng, als sich aus den einzelnen Kompetenzen des GG Mitwirkungsrechte des Bundesrats sowohl bei der Erfüllung von Verwaltungsfunktionen als auch von Regierungsfunktionen ergeben, d. h. beide Teilbereiche der Exekutive berührt sind.
775 Bekanntestes Beispiel dafür ist der US-Senat als zweite Kammer des Kongresses.
776 Die Bundesratstätigkeit wird in Geschäftsjahre vom 1. November–31. Oktober eingeteilt (vgl. § 3 GOBR).
777 BVerfGE 106, 310 (329) – *Zuwanderungsgesetz*.
778 Systematisch ist der Bundesrat selbst Organ (der Bundesverfassung) und seine Untergliederungen somit Organteile (vgl. oben Rn. 373 ff.). Es hat sich jedoch eingebürgert auch von diesen Teilen als „Organen" (des Bundesrates) zu sprechen. Dieser Sprachgebrauch wird hier beibehalten.

pakammer. Das Plenum ist kein Organ, soll aber entsprechend den Erläuterungen zum Bundestag an dieser Stelle Erwähnung finden. Die Organe sind im Abschnitt IV. des Grundgesetzes und in der Geschäftsordnung des Bundesrats (GOBR) geregelt.

1. Präsident und Präsidium

623 Der *Präsident* ist das oberste Leitungsorgan des Bundesrats und gleicht in dieser Funktion dem Bundestagspräsidenten. Die Sitzungen des Bundesrats werden von ihm einberufen (vgl. Art. 52 Abs. 2 GG, § 15 GOBR), vorbereitet (vgl. § 15 Abs. 2 GOBR) und geleitet (vgl. § 20 Abs. 1 GOBR). Er ist Chef der Bundesratsverwaltung, Inhaber des Hausrechts, übt während der Sitzungen die Ordnungsgewalt aus und vertritt den Bundesrat nach außen (vgl. §§ 6, 22 GOBR). Im Falle einer Verhinderung des Bundesratspräsidenten nimmt einer der zwei Vizepräsidenten seine Aufgaben wahr (§ 7 GOBR).

624 Gem. Art. 52 Abs. 1 GG wird der Bundesratspräsident für ein Jahr (Geschäftsjahr) aus der Mitte der Mitglieder des Bundesrats gewählt[779]. Diese Wahl modifiziert schon seit dem 30.8.1950 das sog. Königsteiner Abkommen[780]. Danach stellen alle Länder in einer festgelegten wiederkehrenden Reihenfolge nacheinander den Bundesratspräsidenten[781].

625 Das *Präsidium* besteht aus dem Bundesratspräsidenten und zwei Vizepräsidenten. Das Präsidium berät den Präsidenten bei seinen Aufgaben und entscheidet durch Mehrheitsbeschluss über die inneren Angelegenheiten, soweit keine abweichende Entscheidungsbefugnis zugunsten anderer Organe besteht (vgl. § 8 GOBR).

626 Mit dem *Amt des Bundesratspräsidenten* ist eine besondere staatsorganisatorische Funktion verbunden. Im Falle einer Verhinderung des Bundespräsidenten wird dieser durch den Präsidenten des Bundesrates vertreten (Art. 57 GG). Während dieser Zeit ruht seine Funktion im Bundesrat (vgl. § 7 Abs. 1 Satz 2 GOBR). In der (inoffiziellen) protokollarischen Rangordnung steht jedoch der Bundestagspräsident an zweiter Stelle hinter dem Bundespräsidenten, der Bundesratspräsident steht hinter dem Bundeskanzler und vor dem Präsidenten des Bundesverfassungsgerichts auf der vierten Stufe[782].

2. Mitglieder

627 Der Bundesrat ist ein Kollegialorgan, das aus den Vertretern der Länderregierungen besteht (vgl. Art. 51 Abs. 1 Satz 1 GG). Die Entsendung von Vertretern durch die Länder beurteilt sich nach dem jeweiligen Landesrecht.

628 Unterschieden wird zwischen ordentlichen und stellvertretenden Bundesratsmitgliedern. Beide werden nach dem jeweiligen Landesrecht bestellt und ggf. wieder abberufen (vgl. Art. 51 Abs. 1 Satz 1 und 2 GG). Stellvertretung ist unter den

---

779 Vgl. *Müller-Terpitz*, in: Dürig/Herzog/Scholz, GG, Art. 52 Rn. 11 f.
780 Eine schriftliche Fassung dieses Abkommens existiert nicht. Sein Inhalt ergibt sich aus dem Protokoll und dem stenographischen Bericht der Ministerpräsidentenkonferenz dieses Tages; vgl. dazu auch *Ipsen/Kaufhold/Wischmeyer*, Staatsrecht I, § 7 Rn. 12.
781 Die Reihenfolge ergibt sich aus der Stärke der Einwohnerzahl, beginnend mit der höchsten Einwohnerzahl.
782 Vgl. die Internetseite des Bundesministeriums des Innern zu protokollarischen Rangfragen: https://www.protokoll-inland.de/PI/DE/RangTitulierung/Rangfragen/rangfragen_node.html (zuletzt aufgerufen am 15.1.2022).

Bundesratsmitgliedern eines Landes praktisch unbegrenzt möglich, insbesondere bei der Stimmenabgabe (vgl. Art. 51 Abs. 3 Satz 2 a. E. GG).

Die Entscheidung über die ordentlichen und stellvertretenden Mitglieder darf **629** aber unabhängig von der jeweiligen Landesverfassung nur der Exekutive, d. h. der Landesregierung zustehen, weil im Grundgesetz die Mitgliedschaft im Bundesrat als Organkompetenz der Landesregierung angelegt ist. Die Bestellung durch die Landesregierung ist konstitutiv für die Mitgliedschaft im Bundesrat. Die Mitteilung an den Präsidenten des Bundesrats gem. § 1 GOBR hat dagegen nur deklaratorische Bedeutung.

Rechtliche Voraussetzung für eine Bestellung als ordentliches oder stellvertretendes **630** Bundesratsmitglied ist zunächst die Mitgliedschaft in der jeweiligen Landesregierung (vgl. Art. 51 Abs. 1 GG). Deshalb erlischt die Mitgliedschaft automatisch mit dem Verlust des Regierungsamts, insbesondere aufgrund eines Wechsels der Landesregierung. Außerdem besteht Unvereinbarkeit zwischen einer Mitgliedschaft im Bundesrat und dem Mandat als Abgeordneter im Bundestag (vgl. § 2 Satz 1 GOBR)[783]. Die Unvereinbarkeit mit anderen Ämtern folgt auch aus anderen Inkompatibilitätsregelungen, wie z. B. denen des Bundespräsidenten (Art. 55 Abs. 1 GG), des Bundeskanzlers (Art. 66 GG i. V. m. § 4 BMinG) oder denen des BVerfG (Art. 94 Abs. 1 Satz 3 GG)[784].

Den Bundesratsmitgliedern werden durch das Grundgesetz und die Geschäftsordnung **631** *Rechte und Pflichten* eingeräumt, um ihre Aufgaben zu erfüllen. Im Bundesrat stehen den Mitgliedern nach der Geschäftsordnung Rederechte, Frage- und Antragsrechte zu. Gem. Art. 43 Abs. 2 GG haben die Bundesratsmitglieder jederzeit das Zutrittsrecht zum Bundestag und dessen Ausschüssen und müssen jederzeit gehört werden.

Als Angehörige der Landesregierungen sind die Bundesratsmitglieder *weisungs-* **632** *abhängig*. Dies ergibt sich aus einem Umkehrschluss der Formulierung über den Gemeinsamen Ausschuss in Art. 53a Abs. 1 Satz 3 Halbsatz 2 GG. Danach wird jedes Land im gemeinsamen Ausschuss durch ein von ihm bestelltes Mitglied des Bundesrats vertreten. Diese Mitglieder des Gemeinsamen Ausschusses sind an Weisungen nicht gebunden. Daraus schließt man, dass die Mitglieder des Bundesrats im Übrigen an Weisungen gebunden sind. Die Weisungsabhängigkeit gilt aber nur für das Innenverhältnis auf Landesebene. Zu beachten ist dies insbesondere bei der Stimmabgabe: Eine weisungswidrige Stimmabgabe kann allenfalls auf Landesebene sanktioniert werden. Sie hat keine Auswirkungen auf die Rechtswirksamkeit der Handlungen im Bundesrat. Diese beurteilt sich ausschließlich nach dem Bundesrecht und dem Binnenrecht des Bundesrates.

Die *Anzahl* der Mitglieder des Bundesrats beträgt derzeit maximal 69, da jedes **633** Land nur so viele Vertreter entsenden kann, wie es Stimmen hat (vgl. Art. 51 Abs. 3 Satz 1 GG). Aufgrund der Möglichkeit der Stellvertretung und des Erfordernisses der einheitlichen Stimmenabgabe können auch weniger Mitglieder entsendet werden.

---

783 Vgl. *Herzog*, HStR III, § 59 Rn. 9.
784 Vgl. *Herzog*, HStR III, § 59 Rn. 9.

3.   Ausschüsse

634 Wie im Bundestag findet auch im Bundesrat die eigentliche Sacharbeit und Beratung in den Ausschüssen (vgl. Art. 52 Abs. 4 GG, §§ 11 f., 36 ff. GOBR) statt und nicht im Plenum. In den Ausschüssen werden die Beschlussfassungen des Bundesrats vorbereitet (vgl. § 39 Abs. 1 GOBR), die endgültige Entscheidung verbleibt jedoch beim Bundesrat.

635 Der Bundesrat richtet ständige Ausschüsse ein (§ 11 Abs. 1 Satz 1 GOBR), die im Wesentlichen die Fachministerien der Bundesregierung widerspiegeln. Sie tagen grundsätzlich nichtöffentlich, um eine sachliche Arbeitsatmosphäre zu gewährleisten und werden von einem Ausschussvorsitzenden geleitet (§§ 37 Abs. 2 Satz 1, 38 Abs. 1 Satz 3 GOBR). In den Ausschüssen sind die Länder mit jeweils einem Ausschussmitglied vertreten (§ 11 Abs. 1 GOBR). Allerdings ist es nicht notwendig, dass es sich um ein Mitglied des Bundesrats handelt. Zulässig ist auch die Besetzung eines Ausschusssitzes mit einem Beauftragten, so dass regelmäßig Angehörige der Ministerialverwaltung der Länder an den Ausschusssitzungen teilnehmen (vgl. Art. 52 Abs. 4 GG).

636 Die Stimmverteilung in den Ausschüssen entspricht nicht denen des Bundesrats. Jedes Ausschussmitglied verfügt über eine Stimme (vgl. § 42 Abs. 2 GOBR), so dass es anders als bei den Ausschussabstimmungen im Bundestag häufiger zu einer Beschlussempfehlung an den Bundesrat kommt, der im Plenum aufgrund der abweichenden Mehrheitsverhältnisse nicht gefolgt wird.

4.   Europakammer

637 Eine besondere Bedeutung innerhalb des Bundesrats hat die Europakammer (vgl. Art. 52 Abs. 3a GG, §§ 45b–45k GOBR). Strukturell entspricht sie einem einzelnen Fachausschuss für die Angelegenheiten der Europäischen Union. Ihre besondere Bedeutung erwächst aus der in Art. 52 Abs. 3a GG angeordneten Rechtsfolge, dass die Beschlüsse der Europakammer als verbindliche Beschlüsse des Bundesrats gelten. Aus diesem Grund entspricht die Stimmverteilung in der Europakammer derjenigen des Bundesrats (Art. 53 Abs. 3a Halbsatz 2, 51 Abs. 2 GG) und es können nur ordentliche oder stellvertretende Mitglieder des Bundesrats in die Europakammer gesendet werden, nicht dagegen Beauftragte. Verfassungsrechtlich ergibt sich dies aus dem Umkehrschluss zu Art. 52 Abs. 4 GG (die Europakammer ist kein Ausschuss), in der Geschäftsordnung ist es in § 45b Abs. 2 Satz 1 GOBR festgelegt. Regelmäßig nehmen die Ministerpräsidenten der Länder an den Sitzungen der Europakammer teil.

638 Aus Art. 23 Abs. 2 Satz 1, Abs. 4–6 sowie Art. 50 GG ergibt sich die generelle Mitwirkung des Bundesrats in Angelegenheiten der Europäischen Union. Die Mitwirkungsrechte des Bundesrates sind im Einzelnen im EUZBLG ausgestaltet. Inwieweit die Kompetenzen nicht durch das Plenum, sondern durch die Europakammer wahrgenommen werden, ist eine Frage der Selbstorganisation des Bundesrates und wird in § 45d GOBR geregelt. Danach ist die Zuständigkeit der Europakammer in Eilfällen gegeben, sowie in Fällen, in denen die Vertraulichkeit gewahrt sein soll (vgl. § 45d Abs. 2, 3 GOBR).

5.   Plenum

639 Das Plenum bezeichnet kein Organ des Bundesrats, sondern die Gesamtheit der Bundesratsmitglieder. Im Plenum versammelt sich der Bundesrat für die Debatten und Abstimmungen.

II. Stimmverteilung

Art. 51 Abs. 2 GG regelt die Stimmverteilung im Bundesrat. Danach haben die **640** Länder eine unterschiedliche Anzahl Stimmen in Abhängigkeit von der Einwohnerzahl. Die Stimmen eines Landes können jedoch *nur einheitlich* abgegeben werden, vgl. Art. 51 Abs. 3 Satz 2 GG.

Die Stimmenanzahl bemisst sich nach der Zahl der Einwohner (unabhängig von **641** deren Staatsangehörigkeit) jedes Landes aufgrund amtlich ermittelter Daten (vgl. Art. 51 Abs. 2 GG, § 27 GOBR). Dabei gibt es vier unterschiedliche Wertigkeiten; einem Land können drei, vier, fünf oder sechs Stimmen zustehen. Diese Regelung stellt einen Kompromiss zwischen einer einheitlichen Stimmenanzahl für alle Länder und einer zur Einwohnerzahl proportionalen Stimmenverteilung dar. So soll einerseits der besonderen Bedeutung von Ländern, die einen größeren Teil der Bevölkerung repräsentieren, Rechnung getragen werden, was vor dem Hintergrund sehr unterschiedlicher Ländergrößen in Deutschland erforderlich ist. Andererseits käme bei einem streng proportionalen System den Ländern lediglich die (ggf. untergeordnete) Bedeutung zu, die sie auch bei der Zusammensetzung des Bundestages haben. Demgegenüber trägt die Stimmverteilung, die auch kleinen Ländern zumindest drei der (derzeit) 69 Stimmen zuweist, der Existenz und dem Eigenwert der Bundesstaaten in besonderer Weise Rechnung. Diese besondere Betonung des Föderalismus ist auch vor dem Hintergrund des Entstehungsprozesses des Grundgesetzes durch Ratifikation in den bereits vorher bestehenden Ländern zu sehen.

– *drei Stimmen* (Länder mit einer Einwohneranzahl von bis zu zwei Millionen): Bremen, Hamburg, Mecklenburg-Vorpommern und das Saarland.
– *vier Stimmen* (Länder mit zwei bis sechs Millionen Einwohnern): Brandenburg, Berlin, Rheinland-Pfalz, Sachsen, Sachsen-Anhalt, Schleswig-Holstein und Thüringen.
– *fünf Stimmen* (Länder mit sechs bis sieben Millionen Einwohnern): Hessen[785].
– *sechs Stimmen* (Länder mit mehr als sieben Millionen Einwohnern): Baden-Württemberg, Bayern, Niedersachsen und Nordrhein-Westfalen.

Daraus ergibt sich zurzeit eine Anzahl von 69 Stimmen[786]. Da der Bundesrat nur **642** mit der absoluten Mehrheit seiner Mitglieder Beschlüsse fasst (vgl. Art. 52 Abs. 3 Satz 1 GG), benötigt jeder Beschluss mindestens 35 Ja-Stimmen. Ein Vetorecht ist nicht vorgesehen.

III. Zuständigkeit

→ *Rn. 1023*

Die einzelnen Befugnisse und Kompetenzen des Bundesrates sind nicht zentral **643** geregelt. Art. 50 GG enthält lediglich eine allgemeine Umschreibung der Aufga-

---

785 Nach dem Zensus 2011 liegt die Einwohnerzahl Hessens unter fünf Millionen. Eine in der Zwischenzeit erfolgte Bevölkerungsfortschreibung kommt jedoch auf knapp über sechs Millionen, so dass es bei einem Zählwert von fünf Stimmen bleibt; vgl. Zeit Online vom 30.5.2013: „Bevölkerungsrückgang löst Streit ums Geld aus", abrufbar unter: http://www.zeit.de/gesellschaft/zeitgeschehen/2013-05/volkszaehlung-zensus-deutschland-gesellschaft (zuletzt aufgerufen am 15.1.2022).
786 Eine Verschiebung der einzelnen Stimmengewichte und eine entsprechende Veränderung der Gesamtstimmen erfolgt bei sich wandelnder Einwohnerzahl.

ben des Bundesrates. Kompetenzzuweisungen finden sich in verschiedenen Bestimmungen im gesamten Grundgesetz[787]. Sie lassen sich nach den in Art. 50 GG genannten Bereichen in die Mitwirkung im Bereich der Legislative, der Exekutive und in Angelegenheiten der Europäischen Union unterteilen.

644   Die mit Abstand bedeutsamsten verfassungsrechtlichen Mitwirkungsrechte des Bundesrats betreffen die *Zustimmungsfunktion im Gesetzgebungsverfahren*. Daneben bedarf es auch der Zustimmung bei anderen Akten des Bundes, wie z. B. dem Erlass von Verwaltungsvorschriften im Bereich der Auftragsverwaltung (Art. 85 Abs. 2 Satz 1 GG) oder der Durchführung des Bundeszwangs (Art. 37 Abs. 1 GG). Ein Zustimmungserfordernis besteht in allen Fällen, in denen das Grundgesetz die Formulierung „mit Zustimmung des Bundesrats" gebraucht. Die mit Mehrheitsbeschluss erteilte Zustimmung des Bundesrates ist in diesen Fällen Wirksamkeitsvoraussetzung.

645   Der Bundesrat wirkt bei der *Gesetzgebung des Bundes* an mehreren Stellen des Gesetzgebungsverfahrens mit: Zu Beginn besitzt er ein Recht zur Stellungnahme bei Gesetzesinitiativen der Bundesregierung (vgl. Art. 76 Abs. 2 Satz 2 GG). Er kann auch selbst ein Gesetzgebungsverfahren einleiten durch Ausübung eines eigenen Gesetzesinitiativrechts (vgl. Art. 76 Abs. 1 Var. 3, Abs. 3 GG). Dabei unterstützt ihn die Ministerialbürokratie der Länder, die die Gesetzesinitiative vorbereitet und die insofern auch ein Gegengewicht zur Ministerialverwaltung des Bundes bildet[788]. Nach dem Gesetzesbeschluss des Bundestags gem. Art. 77 Abs. 1 GG erfolgt die Mitwirkung des Bundesrats entweder über das Einspruchs- oder das Zustimmungsverfahren (vgl. Art. 77 Abs. 2–4 GG). Im Rahmen des Einspruchsverfahrens beschränkt sich die Mitwirkung des Bundesrates letztlich auf die Möglichkeit einer zeitlichen Verschiebung des Gesetzes[789]. Bei einem Zustimmungsgesetz kann der Bundesrat das Zustandekommen des Gesetzes allerdings endgültig verhindern[790].

646   Im *Bereich der Exekutive* besitzt der Bundesrat ebenfalls weitreichende Mitwirkungsrechte. Zustimmungsbedürftig sind der überwiegende Teil der von der Exekutive erlassenen Rechtsverordnungen (Art. 80 Abs. 2 GG) und Verwaltungsvorschriften, die den Verwaltungsvollzug der Länder regeln (z. B. Art. 84 Abs. 2, 85 Abs. 2 Satz 1 GG). Gegenüber der Bundesregierung bestehen Zitier-, Interpellations- und Anhörungsrechte (vgl. Art. 53 Satz 1 u. 2 GG). Generell ist der Bundesrat von der Bundesregierung über die Führung der Regierungsgeschäfte ständig auf dem Laufenden zu halten (vgl. Art. 53 Satz 3 GG).

647   Die Mitwirkungsrechte des Bundesrates in *Angelegenheiten der Europäischen Union* (EU) sind verfassungsrechtlich in Art. 23 GG geregelt. Neben der Zustimmungsbedürftigkeit für die Übertragung von Hoheitsrechten auf die EU gem. Art. 23

---

787   Vgl. den Überblick bei *Stern*, Staatsrecht II, S. 131, 149 ff.; *Korioth*, in: v. Mangoldt/Klein/Starck, GG, Art. 50 Rn. 20 ff.

788   Die Fachkenntnisse der Ministerialverwaltungen der Länder werden im weiteren Verlauf des Gesetzgebungsverfahrens auch bei der Beratung der vom Bundestag beschlossenen Gesetze, insbesondere in den Ausschüssen des Bundesrates, benötigt. Die Bundesratsverwaltung selbst dient nur der verwaltungstechnischen Unterstützung.

789   Besteht im Bundesrat aber eine Zwei-Drittel-Mehrheit der Opposition, dann können auch Einspruchsgesetze blockiert werden, es sei denn die Bundesregierung verfügt ebenfalls über eine solche Mehrheit im Bundestag. Dieser Fall ist aber aufgrund der politischen Konstellation von zwei großen Volksparteien auf absehbare Zeit nur theoretisch denkbar.

790   Ausführlich zum Gesetzgebungsverfahren Rn. 859 ff.

Abs. 1 Satz 2 GG enthalten die Absätze 4–6 umfangreiche Beteiligungsrechte. Insgesamt soll Art. 23 GG eine möglichst einvernehmliche Zusammenarbeit von Bundestag, Bundesregierung und Bundesrat sicherstellen und gerade durch die Beteiligung des Bundesrates die Mitwirkung der Länder am europäischen Integrationsprozess gewährleisten, zu deren Lasten die Übertragung von Hoheitsgewalt gehen kann und die selbst auf europäischer Ebene nur unzureichend beteiligt sind (vgl. Art. 23 Abs. 2 Satz 1 GG)[791]. Der Bundesrat besitzt in diesem Zusammenhang Informations- und Anhörungsrechte sowie das Recht zur formellen Stellungnahme (Art. 23 Abs. 5 GG). Sind im Schwerpunkt ausschließliche Gesetzgebungsbefugnisse der Länder in den in Art. 23 Abs. 6 GG genannten Gebieten betroffen, bestimmt der Bundesrat einen Vertreter der Länder, der die Beteiligungsrechte der Bundesrepublik auf europäischer Ebene wahrnimmt. Die Beteiligungsrechte werden einfachgesetzlich durch das EUZBLG konkretisiert (vgl. Art. 23 Abs. 7 GG)[792]. Ausgeübt werden die Mitwirkungsrechte im Bereich der EU durch den Bundesrat oder durch die Europakammer (Art. 52 Abs. 3a GG, §§ 45b ff. GOBR).

Neben diesen drei großen Bereichen werden dem Bundesrat *weitere vereinzelte Mit-* **648** *wirkungsrechte* eingeräumt. Die Hälfte der Bundesverfassungsrichter wird vom Bundesrat gewählt (Art. 94 Abs. 1 Satz 2 GG). Beim BVerfG kann der Bundesrat ein Organstreitverfahren einleiten (Art. 93 Abs. 1 Nr. 1 GG, §§ 13 Nr. 5, 63 BVerfGG), ein Parteiverbot beantragen (§ 43 Abs. 1 BVerfGG) und den Bundespräsidenten anklagen (Art. 61 Abs. 1 Satz 1 GG). Der Bund-Länder-Streit betrifft nicht den Bundesrat (Bundesorgan), sondern das Verhältnis des Bundes zu den Ländern selbst, weshalb nicht der Bundesrat, sondern eine einzelne Landesregierung ein Verfahren einleiten kann (vgl. Art. 93 Abs. 1 Nr. 3 GG, §§ 13 Nr. 7, 68 BVerfGG). Gleiches gilt für das abstrakte Normenkontrollverfahren (vgl. Art. 93 Abs. 1 Nr. 2 GG, §§ 13 Nr. 6, 76 Abs. 1 BVerfGG), soweit es sich nicht um das spezielle Verfahren des Art. 93 Abs. 1 Nr. 2a GG handelt (vgl. §§ 13 Nr. 6a, 76 Abs. 2 BVerfGG).

Wie alle obersten Verfassungsorgane ist der Bundesrat auch zuständig für die Rege- **649** lungen seiner inneren Struktur und die inneren Verfahrensabläufe. Diese Kompetenz räumt ihm die Verfassung ausdrücklich in Art. 52 Abs. 3 Satz 2 GG ein. Die Grenzen der Selbstorganisation finden sich in den verfassungsrechtlichen Vorgaben.

IV.   Verfahren

Das Verfahren des Bundesrats wird über die verfassungsrechtlichen Vorgaben des **650** IV. Abschnitts hinaus vor allem in der GOBR ausgestaltet. Angelegenheiten des Bundesrats werden vom Bundesratspräsidenten unmittelbar an die zuständigen Ausschüsse verwiesen (vgl. § 36 Abs. 1 Satz 1 GOBR). Dort finden die Sachberatungen statt und werden die Beschlussfassungen des Bundesrats vorbereitet (§ 39 GOBR). Im Anschluss entscheidet der Bundesrat im Plenum.

Für das Plenum des Bundesrats gilt das *Mehrheitsprinzip* als klassisches Verfahrens- **651** prinzip für die Beschlussfassung eines Kollegialorgans. Beschlüsse des Bundesrats werden mit der Mehrheit der Stimmen seiner Mitglieder gefasst (vgl. Art. 52 Abs. 3 Satz 1 GG). Die Beschlüsse werden mit dem Ende der jeweiligen Sitzung

---

791   Vgl. oben Rn. 336 ff.
792   Gesetz über die Zusammenarbeit von Bund und Ländern in Angelegenheiten der Europäischen Union v. 12.3.1993, BGBl. I S. 313.

wirksam (vgl. § 32 Satz 1 GOBR). Aufgrund des verfassungsrechtlichen Mehrheitserfordernisses ist der Bundesrat auch nur beschlussfähig, wenn mindestens die Mehrheit der Stimmen vertreten ist (vgl. § 28 Abs. 1 GOBR).

652 Die *Stimmen eines Landes* können nur einheitlich abgegeben werden (vgl. Art. 51 Abs. 3 Satz 1 GG). Ein Stimmensplitting ist unzulässig und führt zu einer ungültigen Stimmenabgabe[793]. Da für einen Beschluss die (absolute) Mehrheit der Stimmen des Bundesrates erforderlich ist (Art. 53 Abs. 3 Satz 1 GG), zählt eine ungültige Stimme effektiv als Ablehnung des Beschlussgegenstandes. Die gleiche Wirkung haben Enthaltungen[794]. Abgestimmt wird grundsätzlich durch gleichzeitiges Handaufheben (§ 29 Abs. 1 Satz 1 GOBR), auf Antrag eines Landes jedoch durch Aufruf der einzelnen Länder in alphabetischer Reihenfolge (vgl. § 29 Abs. 1 Satz 2, 3 GOBR).

653 Aufgrund der weitreichenden Stellvertretungsmöglichkeiten erfolgt in Abstimmungen üblicherweise die *Bündelung der Stimmabgabe eines Landes durch einen Stimmführer*, was dem Grundgesetz nicht entgegensteht. Dieser ist bei der Stimmabgabe regelmäßig im Innenverhältnis festgelegt, übt aber sein Stimmrecht autonom aus. Die Weisungswidrigkeit der Stimmabgabe hat daher für die Wirksamkeit der Stimme keine Auswirkung. Widerspricht aber ein stimmberechtigtes ordentliches Mitglied eines Landes dem Stimmführer, entfallen die Voraussetzungen der Stimmführerschaft: Es liegt dann eine uneinheitliche Stimmabgabe vor, die zur Ungültigkeit der gesamten Stimmabgabe des Landes führt. Die landesrechtlichen Verhältnisse, also z. B. eine Richtlinienkompetenz des Ministerpräsidenten als Stimmführer, spielen auf Bundesebene keine Rolle.
Eine uneinheitliche Stimmabgabe wegen Widerspruchs eines Mitglieds gegen die Abstimmung des Stimmführers führte zur Nichtigkeitserklärung des Zuwanderungsgesetzes durch das BVerfG[795]. Problematisch war in diesem Zusammenhang, ob der damalige Bundesratspräsident *Wowereit* berechtigt war, nach der uneinheitlichen Stimmabgabe zweier Vertreter des Landes Brandenburg durch Nachfrage beim Ministerpräsidenten *Stolpe* auf ein einheitliches Stimmverhalten Brandenburgs hinzuwirken. Eine solche Nachfrage bewegt sich außerhalb der mit dem Abstimmungsverfahren des § 29 Abs. 1 Satz 2 u. 3 GOBR gewählten Form des Aufrufs nach Ländern und muss insofern besonders gerechtfertigt werden. Zwar ist der Bundesratspräsident als unparteiischer Sitzungsleiter grundsätzlich berechtigt, bei Unklarheiten im Abstimmungsverlauf mit geeigneten Maßnahmen eine Klärung herbeizuführen und auf eine wirksame Abstimmung eines Landes hinzuwirken. Das Recht zur Nachfrage entfällt allerdings, wenn ein einheitlicher Landeswille erkennbar nicht besteht und nach den gesamten Umständen auch nicht zu erwarten ist, dass ein solcher noch während der Abstimmung zustande kommt. Bereits im Vorfeld der Bundesratssitzung und auch während der vorausgehenden Debatte im Plenum hatte der Innenminister des Landes Brandenburg, *Schönbohm*, unmissverständlich seine ablehnende Haltung gegenüber dem Zuwanderungsgesetz dargelegt, so dass der uneinheitliche Wille des Landes Brandenburg offensichtlich war. Die Nachfrage des Bundesratspräsidenten war dementsprechend unberechtigt, so dass die Stimmen des Landes Brandenburg als uneinheitlich

---

793 BVerfGE 106, 310 (331 ff.) – *Zuwanderungsgesetz*. Siehe hierzu auch die Fallbearbeitung von *Palme*, Jura 2003, 272 sowie unten Rn. 1044.
794 Die Praxis in koalitionsregierten Ländern, sich bei Uneinigkeit über den Gegenstand der Abstimmung zu enthalten, wirkt daher als Ablehnung im Bundesrat.
795 BVerfGE 106, 310 – *Zuwanderungsgesetz*; hierzu *Dörr/Wilms*, ZRP 2002, 265.

protokolliert und damit als Nein-Stimmen hätten gewertet werden müssen. Eine Nachfrage greift in diesem Fall in den Verantwortungsbereich des Landes ein und erweckt den Anschein, es gelte den „wahren Landeswillen" festzustellen oder doch noch auf eine einheitliche Stimmabgabe des Landes hinzuwirken[796]. → Rn. 1044

Das *Öffentlichkeitsprinzip* ist ein weiteres grundsätzliches Verfahrensmerkmal. Die **654** Sitzungen des Bundesrats finden grundsätzlich öffentlich statt (vgl. Art. 52 Abs. 3 Satz 3 GG). Die Öffentlichkeit einer Sitzung kann aber gem. Art. 53 Abs. 3 Satz 4 GG ausgeschlossen werden. Die Ausschüsse tagen dagegen nichtöffentlich, um eine möglichst reibungslose Sacharbeit zu gewährleisten.

Rechtsprechung: BVerfGE 1, 299 – *Wohnungsbaumittel*; BVerfGE 8, 104 – *landesinterne Bindung der Bundesratsmitglieder*; BVerfGE 8, 274 – *Preisgesetz*; BVerfGE 26, 338 – *Zustimmung zu Verwaltungsvorschriften*; BVerfGE 28, 66 – *Postverwaltungsgesetz*; BVerfGE 37, 363 – *Rentenversicherungsänderungsgesetz*; BVerfGE 48, 127 – *Wehrpflichtänderungsgesetz*; BVerfGE 55, 274 – *Ausbildungsplatzförderungsgesetz*; BVerfGE 75, 108 – *Künstlersozialversicherungsgesetz*; BVerfGE 92, 203 – *Mitwirkung beim Erlass von EG-Richtlinien*; BVerfGE 106, 310 – *Zuwanderungsgesetz*.

Literatur:

Zur Ergänzung:
Mehlhorn, L., Der Bundesrat, ZG 2015, 260 ff.; *Voßkuhle, A./Kaufhold, A.-K.*, Grundwissen – Öffentliches Recht: Der Bundesrat, JuS 2020, 1160 ff.

Zur Vertiefung:

Aktuelle Diskussionen
Roßbach, M., Modernisierung des Bundesratsverfahrens?, ZG 2021, 249 ff.

Grundlegende Texte
Herzog, R., Stellung des Bundesrates im demokratischen Bundesstaat, HStR II, 2. Aufl. 1998, § 44; *ders.*, Aufgaben des Bundesrates, HStR II, 2. Aufl. 1998, § 45; *ders.*, Zusammensetzung und Verfahren des Bundesrates, HStR II, 2. Aufl. 1998, § 46; *Klein, H.H.*, Der Bundesrat im Regierungssystem der Bundesrepublik Deutschland, ZG 2002, 297 ff.; *Maurer, H.*, Der Bundesrat im Verfassungsgefüge der Bundesrepublik Deutschland, in: FS für Winkler, 1997, S. 615 ff.; *Meyer, H. (Hrsg.)*, Abstimmungskonflikt im Bundesrat im Spiegel der Staatsrechtslehre, 2003.

§ 25 Der Gemeinsame Ausschuss

Der Gemeinsame Ausschuss wurde im Zuge der Erweiterung des Grundgesetzes **655** um die Regelungen zum *Verteidigungsfall* (vgl. Abschnitt Xa., Art. 115a–115l GG) durch Art. 53a in das Grundgesetz eingefügt. Der Verteidigungsfall wird festgestellt, wenn das Bundesgebiet mit Waffengewalt angegriffen wird oder ein solcher Angriff unmittelbar droht (Art. 115a Abs. 1 Satz 1 GG). In diesem Falle übernimmt der Gemeinsame Ausschuss die Funktionen von Bundestag und Bundesrat,

---

796 BVerfGE 106, 310 (332 f.) – *Zuwanderungsgesetz*. A. A. das Sondervotum der Richterinnen *Osterloh* und *Lübbe-Wolff*, BVerfGE 106, 310 (337 ff.), die aus der Formulierung des Art. 51 Abs. 3 Satz 2 GG („können nur") schließen, dass bei uneinheitlicher Stimmabgabe eines Landes noch gar kein beachtliches Stimmverhalten des Landes vorliege. Dieses sei somit erst durch die Nachfrage des Bundesratspräsidenten herbeigeführt worden, jedenfalls aber liege in der Folge eine zulässige Korrektur des Stimmverhaltens vor.

wenn der Bundestag nicht in der Lage ist, seine Befugnisse wahrzunehmen (Art. 115e Abs. 1 GG). Bisher hat der Gemeinsame Ausschuss mangels Eintritt des Verteidigungsfalls keine praktische Bedeutung erlangt.

656 Der Gemeinsame Ausschuss setzt sich zu *zwei Dritteln* aus Mitgliedern des *Bundestags* und zu *einem Drittel* aus Mitgliedern des *Bundesrats* zusammen (Art. 53a Abs. 1 Satz 1 GG). Weil jedes Land durch ein Mitglied vertreten wird (Art. 53a Abs. 1 Satz 3 GG), hätte der Gemeinsame Ausschuss derzeit 48 Mitglieder[797]. Die Geschäftsordnung des Gemeinsamen Ausschusses wurde gem. Art. 53a Abs. 1 Satz 4 GG vom Bundestag mit Zustimmung des Bundesrates beschlossen.

657 Der Gemeinsame Ausschuss hat die Funktion eines *legislativen Notorgans*. Im Verteidigungsfall besteht die hohe Wahrscheinlichkeit, dass die tatsächlichen Verhältnisse keine regulären verfassungsrechtlichen Abläufe zulassen. Aufgrund der existentiellen Bedrohung der Bundesrepublik, deren Abwehr schnelles und effektives Handeln und insbesondere den Einsatz der Streitkräfte erfordert, erlangt die Exekutive ein enormes Übergewicht, das sich auch in den verfassungsrechtlichen Regelungen des Verteidigungsfalls niederschlägt (vgl. Art. 115a–115l GG). Der Gemeinsame Ausschuss soll das Vakuum in der Legislative füllen und eine Mindestkontrolle der Exekutive gewährleisten.

658 Sobald die regulären Bundesorgane der Legislative wieder fähig sind, ihre Kompetenzen wahrzunehmen, verliert der Gemeinsame Ausschuss seine Befugnisse. Gleiches gilt bei Beendigung des Verteidigungsfalls. Die Akte des Gemeinsamen Ausschusses können rückgängig gemacht werden (vgl. Art. 115l Abs. 1 GG).

§ 26 Der Bundespräsident

659 Das Grundgesetz widmet dem Bundespräsidenten einen eigenen Abschnitt V. mit den Art. 54–61 GG. In diesen Vorschriften sind die wesentlichen Regelungen zur verfassungsrechtlichen Stellung des Bundespräsidenten, sowohl als Staatsorgan als auch mit Blick auf den Amtsinhaber getroffen.

I.   Stellung von Organ und Amtsinhaber

1.   Staatsoberhaupt

660 Der Bundespräsident ist das Staatsoberhaupt der Bundesrepublik Deutschland, formell und protokollarisch das höchste aller Staatsorgane. Die Stellung als Staatsoberhaupt ist nicht unmittelbar verfassungsrechtlich normiert, sondern wurde bei der Schaffung des Grundgesetzes als selbstverständlich vorausgesetzt[798]. Sie lässt sich auch aus den verfassungsrechtlichen Zuständigkeiten des Bundespräsidenten herleiten, die klassische Kompetenzen eines Staatsoberhaupts umfassen, insbesondere der völkerrechtlichen Vertretungsmacht (vgl. Art. 59 Abs. 1 GG) oder der Ernennung und Entlassung der Regierungsmitglieder (vgl. Art. 63 f. GG)[799].

---

797 16 Ländermitglieder sowie 32 Abgeordnete des Bundestages.
798 Vgl. *Stern*, Staatsrecht II, S. 190 ff.
799 Vgl. *Herzog*, in: Dürig/Herzog/Scholz, GG Art. 54 Rn. 2 ff.

Die formelle Spitzenposition des Bundespräsidenten geht nicht mit gleichwerti- **661** gen materiellen verfassungsrechtlichen Kompetenzen einher. Das Grundgesetz stattet den Bundespräsidenten mit nur wenigen rechtlichen Befugnissen aus. Seine Funktionen als Staatsoberhaupt werden von repräsentativen, integrativen und staatsnotariellen Zwecken dominiert, so dass die persönliche Autorität des Amtsinhabers und der Stil der Amtsführung die Bedeutung des Bundespräsidenten maßgeblich mitbestimmen. Zum echten politischen Machtfaktor im Staatsgefüge mit entsprechenden Befugnissen erwächst der Bundespräsident nur dann, wenn das parlamentarische Regierungssystem in eine situative funktionelle Krise gerät (sog. *Reservefunktion*). Der Bedeutungszuwachs des Bundespräsidenten ist in diesen Fällen jedoch streng befristet, um eine dauerhafte Präsidialherrschaft, wie während der Geltung der Weimarer Reichsverfassung, auszuschließen (vgl. Art. 63 Abs. 4 Satz 3, 66 Abs. 1 Satz 1, Art. 81 Abs. 1 GG).

Die wenigen *echten verfassungsrechtlichen Zuständigkeiten* des Bundespräsidenten **662** ergeben keine eindeutige Zuordnung zu einer der drei Staatsfunktionen Legislative, Exekutive oder Judikative. Aus diesem Grund wird der Bundespräsident zum Teil als Organ *sui generis* bezeichnet[800]. Geht man jedoch davon aus, dass die Staatsfunktionen in Art. 1 Abs. 3 GG und Art. 20 Abs. 3 GG lückenlos erfasst sind, ist der Bundespräsident funktional Teil der Exekutive. Zum einen ist das (monarchische) Staatsoberhaupt, solange und soweit es seit der Gewaltenteilung noch über zentrale Kompetenzen verfügte, traditionell Teil der Exekutive gewesen, der das Parlament als Legislativorgan gegenüber stand[801]. Zum anderen enthalten die echten materiellen Befugnisse des Bundespräsidenten keine Rechtsprechungskompetenzen und lediglich begrenzte Kontrollfunktionen im Bereich der Gesetzgebung. Für die Einordnung des Bundespräsidenten als Teil der Exekutive sprechen auch die verbleibenden Befugnisse wie das Begnadigungsrecht (Art. 60 Abs. 2 GG) oder die Ernennung von Staatsbediensteten (Art. 60 Abs. 1 GG).

Die aufgrund des Demokratieprinzips notwendige demokratische Legitimation **663** erlangt der Bundespräsident über die Wahl durch die Bundesversammlung (Art. 54 Abs. 1 Satz 1 GG), welche ein eigenes Staatsorgan darstellt. Eine unmittelbare Legitimation durch eine Volkswahl, wie in der Weimarer Reichsverfassung, ist nicht vorgesehen.

2. Amtsvoraussetzungen

Amtsvoraussetzungen meint die rechtlichen Eigenschaften, die eine Person besit- **664** zen muss, um das Amt des Bundespräsidenten ausüben zu können. Der spätere Wegfall einer Amtsvoraussetzung führt daher zur automatischen Beendigung des Amts.

Die Voraussetzungen für die Ausübung des Bundespräsidentenamts ergeben sich **665** unmittelbar aus der Verfassung. Gem. Art. 54 Abs. 1 Satz 2 GG ist als Bundespräsident nur wählbar, wer Deutscher ist (vgl. Art. 116 Abs. 1 GG), das 40. Lebensjahr vollendet hat und das Wahlrecht zum Bundestag[802] besitzt.

---

800 Vgl. *Stern*, Staatsrecht II, S. 212.
801 Zwar hatte das Staatsoberhaupt (Monarch) auch legislative Kompetenzen. Je mehr sich aber das Parlament durch das Erstarken der Gewaltenteilung als zentrales Legislativorgan etablierte, desto weiter rückte das Staatsoberhaupt in die Exekutive. Im Übrigen hat es eine vollständige funktionale Gewaltenteilung, bei der die Organkompetenzen eines Staatsorgans nur einer der drei Gewalten angehörten, auch nie gegeben, vgl. auch *Stern*, Staatsrecht II, S. 211 f.
802 Gemeint ist das aktive und passive Wahlrecht, vgl. *Jarass*, in: Jarass/Pieroth, GG, Art. 54 Rn. 4.

666 Ferner ist nur eine *anschließende Wiederwahl* derselben Person zulässig (Art. 54 Abs. 2 GG). Nach zwei Amtszeiten kann der Amtsinhaber also nicht erneut unmittelbar wiedergewählt werden. Da Art. 54 Abs. 2 GG aber nur die „anschließende" Wiederwahl regelt, kann der frühere (und in diesem Zusammenhang bereits einmal wiedergewählte) Amtsinhaber später erneut gewählt werden, wenn dazwischen ein anderer Bundespräsident amtiert hat[803].

3. Persönlicher Status

667 Der Amtsinhaber steht in einem *öffentlich-rechtlichen Amtsverhältnis*, für das jedoch keine spezielle einfachgesetzliche Regelung existiert, wie etwa für die Mitglieder der Bundesregierung das BMinG oder für die parlamentarischen Staatssekretäre das ParlStG. Teilweise können jedoch Vorschriften aus diesen Gesetzen analog herangezogen werden, soweit keine abschließende verfassungsrechtliche Regelung besteht, wie z. B. das Verbot eines Disziplinarverfahrens oder die Geheimhaltungspflicht nach dem BMinG[804]. Die Amtsbezüge des Bundespräsidenten werden im Haushaltsplan festgelegt[805].

668 Art. 55 GG bestimmt eine weitgehende *Inkompatibilität* des Bundespräsidentenamtes mit anderen Ämtern und Funktionen, um eine neutrale, integrative Position des Amtsinhabers ohne Interessenkonflikte zu gewährleisten. Art. 55 Abs. 1 GG betrifft die Ausübung legislativer und exekutiver Funktionen. Der Bundespräsident darf weder der Regierung noch einer gesetzgebenden Körperschaft des Bundes oder eines Landes angehören. Gem. Art. 55 Abs. 2 GG gilt dies auch für die Leitung und den Aufsichtsrat von Unternehmen, die auf Erwerb ausgerichtet sind. Diese Positionen müssen aufgegeben werden, während das Bundespräsidentenamt ausgeübt wird[806]. Auch die Ausübung besoldeter Ämter (Beamter, Richter), Berufe und Gewerbe muss während der Amtszeit unterbleiben. Die Inkompatibilität gilt jedoch erst zum Zeitpunkt des Amtsantritts, sie ist keine Amtsvoraussetzung. Kandidaten für das Amt des Bundespräsidenten dürfen daher auch Träger von in Art. 55 GG genannten Ämtern sein: zum einen besteht vor der Wahl nicht die Gefahr einer „Funktionsvermischung"[807], zum anderen wären aufgrund der weitreichenden Inkompatibilitätsregelungen anderenfalls kaum geeignete Kandidaten zu finden.

669 Ein Verstoß des amtierenden Bundespräsidenten gegen Art. 55 GG stellt eine Amtspflichtverletzung dar. Er beendet jedoch, anders als der Wegfall einer Amtsvoraussetzung, nicht automatisch das Amt des Bundespräsidenten. *Amtspflichtverletzungen* des Bundespräsidenten müssen entweder im Wege des Organstreits oder mittels der Präsidentenanklage durchgesetzt oder sanktioniert werden und können zur Beendigung des Amts durch Amtsenthebung führen (vgl. Art. 61 Abs. 2 Satz 1 GG).

670 Im Ergebnis darf der Bundespräsident nur in Vereinigungen mit allgemein gesellschaftlich anerkannten neutralen Zwecken öffentliche Ämter innehaben[808]. Die Mitgliedschaft in einer politischen Partei ist zulässig. Allerdings gehört zur Stel-

---

803 Str., dafür z. B. *Jarass*, in: Jarass/Pieroth, GG, Art. 54 Rn. 4.
804 Vgl. dazu *Herzog*, in: Dürig/Herzog/Scholz, GG, Art. 54 Rn. 60 ff.
805 Ausnahme ist das Gesetz über die Ruhebezüge des Bundespräsidenten v. 17.6.1953, BGBl. I S. 406. Die Amtsbezüge ergeben sich unmittelbar aus den Zuweisungen im Haushaltsplan.
806 Zur Frage der Geltung des Art. 55 GG für ehemalige Bundespräsidenten vgl. *Stern*, Staatsrecht II, S. 206.
807 BVerfGE 128, 278 (280) – *Bundespräsidentenwahl*.
808 Caritas, Deutscher Sportbund etc.

lung als Staatsoberhaupt und der integrativen Funktion des Bundespräsidenten die entsprechende parteipolitische Zurückhaltung[809].

Gem. Art. 60 Abs. 4 i. V. m. Art. 46 Abs. 2–4 GG besitzt der Bundespräsident dieselben *Immunitätsrechte* wie die Abgeordneten des Bundestags. Mit Blick auf die herausgehobene Stellung des Bundespräsidenten ist an dieser Ausgestaltung nicht unproblematisch, dass danach der Bundestag über die Aufhebung der Immunität entscheiden kann[810]. Die Indemnität gem. Art. 46 Abs. 1 GG ist dagegen ausgenommen, weil ihre Funktion sich auf den Schutz der freien Rede in der politischen Parlamentssphäre beschränkt, in der sich der Bundespräsident nicht bewegt. Aufgrund seiner Stellung als Staatsoberhaupt besitzt der Bundespräsident außerdem völkerrechtliche Vorrechte wie insbesondere die diplomatische Immunität im Ausland. **671**

4. Amtszeit

Die Amtszeit des Bundespräsidenten dauert fünf Jahre (Art. 54 Abs. 2 Satz 1 GG). **672**

Sie *beginnt* mit dem Ablauf der Amtszeit seines Vorgängers, nicht jedoch vor Eingang der Annahmeerklärung beim Präsidenten des Bundestages (§ 10 BPraesWahlG). Im Normalfall der Beendigung des Amtes durch Zeitablauf wird der neue Bundespräsident noch vor Ablauf der Amtszeit des amtierenden Bundespräsidenten gewählt (vgl. Art. 54 Abs. 4 Satz 1 Halbsatz 1 GG) und kann somit unmittelbar mit Ablauf der Amtszeit seines Vorgängers sein Amt antreten (§ 10 Halbsatz 1 BPraesWahlG). Der 2. Halbsatz betrifft den Fall der vorzeitigen Beendigung einer Amtszeit, z. B. durch den Tod des Amtsinhabers (vgl. Art. 54 Abs. 4 Satz 1 Halbsatz 2 GG). In diesem Fall beginnt die Amtszeit des neuen Bundespräsidenten mit der Annahme des Amtes, diese wirkt nicht zurück auf den Zeitpunkt des Ausscheidens des Vorgängers[811]. **673**

Die Amtszeit *endet* generell durch Zeitablauf. Sonstige Beendigungsgründe sind – mit Ausnahme der Amtsenthebung (Art. 61 Abs. 2 Satz 1 GG) – nicht ausdrücklich in der Verfassung genannt, jedoch geht Art. 54 Abs. 4 Satz 1 Halbsatz 2 GG von einer „vorzeitigen Beendigung" des Amtes aus. Als weitere Beendigungsgründe sind daher der Tod des Amtsinhabers, der vorzeitige Rücktritt[812] und (eher theoretisch) der Verlust einer Amtsvoraussetzung, z. B. der Verlust der deutschen Staatsangehörigkeit, anerkannt. **674**

Im Falle des Rücktritts ist unklar, ob dieser einem bestimmten Empfänger, etwa dem Bundestagspräsidenten, der gem. Art. 54 Abs. 4 Satz 2 GG die Bundesversammlung einberuft, oder dem Bundesratspräsidenten als Stellvertreter des Bundespräsidenten (Art. 57 GG) gegenüber erklärt werden muss. Mangels eindeutiger Regelung ist jedoch davon auszugehen, dass jede eindeutige Erklärung des Bundespräsidenten, dass er sein Amt nicht weiterführen wolle, ausreichend ist[813]. **675**

Die *Amtsenthebung* ist eine mögliche Rechtsfolge der Präsidentenanklage vor dem BVerfG (Art. 61 Abs. 2 Satz 1 GG). Mittels dieses speziellen Verfahrens kann eine **676**

---

809 *Ruhen der Parteiämter*, vgl. *Nettesheim*, HStR III, § 61 Rn. 63.
810 Vgl. *Hömig*, ZRP 2012, 110 ff., der die Einräumung einer besonderen Kompetenz des BVerfG vorschlägt; umgekehrt wird jedoch die Auffassung vertreten, die Immunität des Bundespräsidenten könne insgesamt aus der Verfassung gestrichen werden, vgl. *Glauben*, DÖV 2012, 378 ff.
811 BVerfGE 128, 278 (281) – *Bundespräsidentenwahl*.
812 *Hebeler*, DVBl. 2011, 317 ff. (318 f.). Zu den Rücktritten der Bundespräsidenten *Köhler* und *Wulff* und der Rolle der Medien in diesem Zusammenhang vgl. *Fechner*, JZ 2012, 453 ff.
813 Vgl. *Hebeler*, DVBl. 2011, 317 ff. (318).

vorsätzliche Verletzung des Grundgesetzes durch den Bundespräsidenten sanktioniert werden[814].

677 Das Ausscheiden des Bundespräsidenten aus seinem Amt führt zum Anspruch auf einen sog. Ehrensold (§ 1 BPräsRuhebezG). Dies gilt sowohl im Falle der Beendigung des Amtes durch Zeitablauf als auch bei einem Ausscheiden „aus politischen oder gesundheitlichen Gründen". Problematisch ist daher der Fall eines Rücktritts aufgrund persönlicher Verfehlungen des Bundespräsidenten; aufgrund der engen Verknüpfung des Amtes des Bundespräsidenten mit der Person des Amtsinhabers wird man auch hier jedoch das Vorliegen „politischer Motive" bejahen können[815]. Im Falle der Präsidentenanklage entscheidet das BVerfG auch über den möglichen Wegfall der Ruhebezüge (§ 5 BPräsRuhebezG).

5. Amtseid

678 Gem. Art. 56 GG hat der Bundespräsident bei seinem Amtseintritt vor den versammelten Mitgliedern von Bundesrat und Bundestag einen Amtseid zu leisten. Darin beschwört der Bundespräsident insbesondere seine Pflicht, das Grundgesetz zu „wahren und verteidigen". Der Amtseid begründet allerdings keine Rechte und Pflichten, sondern ist nur ein feierliches Gelöbnis des Amtsträgers, seine anderweitig begründeten Rechte und Pflichten zugunsten des deutschen Volkes und der deutschen Rechtsordnung wahrzunehmen[816]. Der Eid ist auch keine Amtsvoraussetzung[817]. Bei einer Wiederwahl ist streitig, ob ein erneuter Amtseid zu leisten ist. Die Verfassungspraxis verzichtet darauf[818].

6. Vertretung

679 Der Bundespräsident wird bei einer Verhinderung im Amt oder einer vorzeitigen Erledigung des Amts durch den Präsidenten des Bundesrats vertreten (vgl. Art. 57 GG). Aufgrund der im Jahresturnus rotierenden Bundesratspräsidentschaft gibt es keinen ständigen Vizebundespräsidenten. Während der Zeit der Vertretung ist der Bundesratspräsident in der Ausübung seines eigenen Amts verhindert und wird selbst durch einen seiner Vizepräsidenten vertreten (vgl. § 7 Abs. 1 GOBR).

680 Vertretung bedeutet, dass der Bundesratspräsident die Organfunktionen des Bundespräsidenten ausübt[819] und die damit verbundenen Rechte und Pflichten besitzt[820]. Das Stellvertreterhandeln des Bundesratspräsidenten kann im Wege der Präsidentenanklage[821] oder des Organstreitverfahrens überprüft werden. Der persönliche Status des Bundespräsidenten geht dagegen im Vertretungsfall nicht über[822].

II. Zuständigkeiten

681 Die Zuständigkeiten des Bundespräsidenten sind von seiner Stellung als Staatsoberhaupt geprägt und finden sich verstreut in Vorschriften des Grundgesetzes

---

814 Vgl. *Wiemers*, VR 2012, S. 223 ff.; *Schlaich/Korioth*, Das Bundesverfassungsgericht, Rn. 334 ff.
815 *Degenhart*, ZRP 2012, 74 ff. (74); s. auch *Wagner*, DÖV 2012, 517 ff.
816 *Jarass*, in: Jarass/Pieroth, GG, Art. 56 Rn. 2 m. w. N.
817 So die h. M.; vgl. z. B. *Herzog*, in: Dürig/Herzog/Scholz, GG, Art. 56 Rn. 14.
818 Vgl. *Herzog*, in: Dürig/Herzog/Scholz, GG, Art. 56 Rn. 18 m. w. N.
819 Vgl. Art. 57 GG: „die Befugnisse werden wahrgenommen".
820 Ausführlich dazu und zur verfassungsrechtlichen Stellung des Vertreters *Meiertöns/Ehrhardt*, Jura 2011, 166 ff.; *Schaefer*, DÖV 2012, 417 ff.
821 Dagegen *Herzog*, in: Dürig/Herzog/Scholz, GG, Art. 57 Rn. 29, dafür *Stern*, Staatsrecht II, S. 210.
822 Vgl. *Stern*, Staatsrecht II, S. 210.

und einfachgesetzlichen Regelungen. Teilweise sind sie auch gar nicht positiv normiert. Eine gewisse Systematisierung erreicht die Einordnung in verschiedene Kategorien anhand der Funktionen des Bundespräsidenten. Dazu zählen die Integrationsfunktion, die Repräsentationsfunktion sowie die Reservefunktion. Für die Verwirklichung dieser Funktionen besitzt der Bundespräsident bestimmte Zuständigkeiten. Außerdem hat der Bundespräsident gewisse staatsnotarielle und sonstige Befugnisse, die sich traditionell aus der Stellung als Staatsoberhaupt ergeben.

1. Integrationsfunktion

Die Integrationsfunktion des Bundespräsidenten beschreibt die Aufgabe, als überparteiliche, neutrale Figur unterschiedliche gesellschaftliche Strömungen auszugleichen und miteinander zu versöhnen. Für diese Funktion steht dem Bundespräsidenten vor allem das eigene amtliche Auftreten in der Öffentlichkeit zur Verfügung, öffentliche Reden, mahnende Worte und Hinweise auf gesellschaftliche und politische (Fehl-)Entwicklungen, Gespräche mit staatlichen Funktionsträgern etc. Geschriebene Befugnisse oder Regelungen im Grundgesetz zu dieser Funktion existieren nicht, sind nach der Rechtsprechung des Bundesverfassungsgerichts jedoch auch nicht erforderlich. Die Befugnis ergibt sich unmittelbar aus dem Amt des Bundespräsidenten und „den mit diesem Amt verbundenen Erwartungen"[823]. **682**

Nach der Rechtsprechung des BVerfG schließt die Integrationsfunktion des Bundespräsidenten die Befugnis zur Identifikation von und Warnung vor gesellschaftlichen Fehlentwicklungen und Gefahren auch dann ein, wenn diese nach Auffassung des Bundespräsidenten von politischen Parteien ausgehen[824]. Zwar ist auch der Bundespräsident an das Recht der Parteien auf Chancengleichheit im politischen Wettbewerb, Art. 21 GG i. V. m. Art. 38 Abs. 1 GG oder Art. 28 Abs. 1 GG, gebunden[825]. Bei der Entscheidung über die Identifkation von Gefahren und die Wahl von Kommunikationsmedien kommt dem Bundespräsidenten, der nicht in einem direkten Wettbewerb mit den Parteien steht, jedoch ein weiter Gestaltungsspielraum zu[826]: **682a**

„Äußerungen des Bundespräsidenten sind [...] verfassungsrechtlich nicht zu beanstanden, solange sie erkennbar einem Gemeinwohlziel verpflichtet und nicht auf die Ausgrenzung oder Begünstigung einer Partei um ihrer selbst willen angelegt sind. [...] [Der Bundespräsident] ist insbesondere nicht gehindert, sein Anliegen auch in zugespitzter Wortwahl vorzubringen, wenn er dies für angezeigt hält. Mit der Repräsentations- und Integrationsfunktion des Bundespräsidenten nicht mehr im Einklang stehen Äußerungen, die keinen Beitrag zur sachlichen Auseinandersetzung liefern, sondern ausgrenzend wirken, wie dies grundsätzlich bei beleidigenden, insbesondere solchen Äußerungen der Fall sein wird, die in anderen Zusammenhängen als 'Schmähkritik' [...] qualifiziert werden.“[827]

In der zitierten Entscheidung hielt das BVerfG vor diesem Hintergrund die Bezeichnung von Anhängern der NPD als „Spinner" für zulässig. Ob diese Wortwahl nur mit Blick auf nationalsozialistische Parteien und vor dem Hintergrund der **682b**

823 BVerfGE 136, 323 (332) – „Spinner".
824 BVerfGE 136, 323 (334 ff.) – „Spinner".
825 BVerfGE 136, 323 (333) – „Spinner".
826 BVerfGE 136, 323 (334 f.) – „Spinner".
827 BVerfGE 136, 323 (335 f.) – „Spinner".

besonderen Auseinandersetzung des durch das Grundgesetz verfassten Staates mit der NS-Diktatur gerechtfertigt werden kann, gegenüber anderen Parteien daher grundsätzlich unzulässig sein muss, wird gegenwärtig diskutiert[828]. Den oben dargestellten Maßstäben kommt jedenfalls allgemeine Geltung zu, sie sind nicht auf Äußerungen zu rechtsextremistischen Parteien beschränkt.

2. Repräsentationsfunktion

683 Mit der Integrationsfunktion eng zusammen hängt die Repräsentationsfunktion. An einer repräsentativen Autorität und Ausstrahlung für den gesamten Staat fehlt es meist, wenn der Repräsentant innerstaatlich nicht als integrierender Faktor anerkannt ist.

684 Das Staatsoberhaupt ist auf der völkerrechtlichen Ebene *Vertreter der Bundesrepublik Deutschland*. Art. 59 Abs. 1 GG räumt dem Bundespräsidenten die entsprechenden Organkompetenzen ein. Gem. Art. 59 Abs. 1 Satz 1 GG vertritt der Bundespräsident völkerrechtlich den Bund, d. h. den Gesamtstaat, jedoch nicht die Länder als Gliedstaaten. Gem. Art. 32 Abs. 1 GG haben die Länder grundsätzlich keine eigenen Kompetenzen in auswärtigen Angelegenheiten. Sie sind jedoch vor dem Abschluss völkerrechtlicher Verträge, die ihre besonderen Verhältnisse berühren, zu hören (Art. 32 Abs. 2 GG) und können ausnahmsweise Kompetenzen zum Abschluss völkerrechtlicher Verträge hinsichtlich Angelegenheiten erhalten, in denen sie für die Gesetzgebung zuständig sind (Art. 32 Abs. 3 GG). Gem. Art. 59 Abs. 1 Satz 2, 3 GG schließt der Bundespräsident im Rahmen der völkerrechtlichen Vertretung des Bundes in dessen Namen Verträge mit auswärtigen Staaten. Er beglaubigt und empfängt (akkreditiert) die Gesandten anderer Staaten (z. B. Botschafter).

685 Zu beachten ist jedoch, dass es sich hierbei um eine formelle Repräsentationsfunktion handelt. Der Bundespräsident „schließt" die Verträge, aber er verhandelt sie nicht. Die Wahrnehmung der Außenpolitik, d. h. die Beeinflussung des Inhalts völkerrechtlicher Verträge, die Stellungnahme Deutschlands zu internationalen Angelegenheiten und die Mitwirkung in den Gremien der Europäischen Union, der Vereinten Nationen und der NATO ist Sache der Regierung; die interne Willensbildung liegt bei der Regierung und beim Parlament. Abstrakt formuliert verleiht die in Art. 59 Abs. 1 Satz 1 GG zum Ausdruck kommende Repräsentativfunktion dem Bundespräsidenten lediglich die Kompetenz, einen von anderen Staatsorganen gebildeten Willen durch seine völkerrechtliche Vertretungsmacht wirksam nach außen zu artikulieren.

3. Reservefunktion

686 Mit dem Begriff Reservefunktion wird die Aufgabe des Bundespräsidenten bezeichnet, *in einer Krise des parlamentarischen Regierungssystems* an einer möglichst schnellen Beilegung mitzuwirken. Funktionsstörungen im bundesstaatlichen Bereich (Konflikt zwischen Bundestag und Bundesrat) sind dagegen von der Reservefunktion nicht erfasst[829].

687 Das parlamentarische Regierungssystem beruht darauf, dass die Mehrheit des Parlaments die Regierung bestimmt und stützt. Ist diese Mehrheit aufgrund von politischen Veränderungen nicht mehr vorhanden, kann der Bundeskanzler durch ein

---

828 Vgl. *Barczak*, NVwZ 2015, 1014 (1019 f.).
829 Vgl. *Maurer*, Staatsrecht I, § 15 Rn. 23.

konstruktives Misstrauensvotum abgewählt und zugleich ein neuer Bundeskanzler bestimmt werden (Art. 67 Abs. 1 Satz 1 GG). In diesem Fall muss der Bundespräsident den Gewählten ernennen, ihm kommt kein Ermessensspielraum zu (Art. 67 Abs. 1 Satz 2 GG). Entschließt sich der Bundestag hierzu nicht, kann der Bundeskanzler gem. Art. 68 Abs. 1 Satz 1 GG die sog. Vertrauensfrage stellen und, falls ihm das Vertrauen nicht ausgesprochen wird, dem Bundespräsidenten vorschlagen, den Bundestag aufzulösen (Art. 68 Abs. 1 Satz 2 GG). In dieser Konstellation kommt dem Bundespräsidenten als Reserveorgan ein eigener Gestaltungsspielraum zu. Er kann entscheiden, ob der Bundeskanzler trotz fehlender Mehrheit der Mitglieder des Bundestags weiterregieren soll (sog. *Minderheitskanzler*) oder ob der Bundestag aufgelöst wird, damit eine Neuwahl zu stabilen parlamentarischen Mehrheiten mit einem Mehrheitskanzler führt. Der Bundespräsident wird zum echten politischen Machtfaktor, weil die Entscheidung allein in seinem politischen Ermessen liegt. Daher gibt es hier auch keine Gegenzeichnungspflicht (vgl. Art. 58 Satz 2 GG). Beschränkt ist das Ermessen des Bundespräsidenten hier freilich dadurch, dass er nur auf Veranlassung des Bundeskanzlers tätig werden darf, also nicht etwa auf Basis einer gänzlich eigenständigen Entscheidung den Bundestag auflösen kann (vgl. Art. 68 Abs. 1 Satz 1 GG). Allerdings bleibt der Bundestag in der Lage, durch Bildung einer neuen Regierungsmehrheit das Auflösungsrecht des Bundespräsidenten zu beseitigen (Art. 68 Abs. 1 Satz 2 GG). Ferner muss die Auflösung des Bundestages innerhalb von 21 Tagen erfolgen (Art. 68 Abs. 1 Satz 1 GG)[830]. Durch diese Beschränkungen soll verhindert werden, dass der Bundespräsident dauerhaft in eine präsidialdemokratische Position gelangt, wie dies auf Basis der Weimarer Reichsverfassung möglich war.

„Das Grundgesetz hat, anders als die Weimarer Verfassung, die Entscheidung über die Auflösung des Bundestages nicht einem Verfassungsorgan allein in die Hand gegeben, sondern sie auf drei Verfassungsorgane verteilt und diesen dabei jeweils eigene Verantwortungsbereiche zugewiesen [...]. Die drei Verfassungsorgane – der Bundeskanzler, der Deutsche Bundestag und der Bundespräsident – haben es jeweils in der Hand, die Auflösung nach ihrer freien politischen Einschätzung zu verhindern. Dies trägt dazu bei, die Verlässlichkeit der Annahme zu sichern, die Bundesregierung habe ihre parlamentarische Handlungsfähigkeit verloren."[831]

Im Zuge einer gescheiterten Vertrauensfrage kann der Bundespräsident auch auf　**688** Antrag der Bundesregierung und mit Zustimmung des Bundesrats den sachlich und zeitlich begrenzten Gesetzgebungsnotstand erklären, um einen Minderheitskanzler zumindest für eine gewisse Zeit zu stabilisieren (vgl. Art. 81 Abs. 1 GG). Den Gesetzgebungsnotstand kann der Bundespräsident zwar nicht alleine, aber nach eigenem politischen Ermessen erklären. Dieser Fall ist bisher nie praxisrelevant geworden.

Eine der gescheiterten Vertrauensfrage vergleichbare Krisensituation kann bereits　**689** zu Beginn der Legislativperiode entstehen, wenn der Bundestag einen Bundeskanzler nicht mit der sog. Kanzlermehrheit (vgl. Art. 63 Abs. 2 Satz 1 GG: Mehrheit der Mitglieder des Bundestages), sondern in einem späteren Wahlgang nur mit der einfachen Mehrheit der Stimmen wählt (Art. 63 Abs. 4 Satz 1 GG). In diesem Fall hat der Bundespräsident gem. Art. 63 Abs. 4 Satz 3 GG binnen sieben

---

830　Vgl. BVerfGE 62, 1 (34) – *Vertrauensfrage Kohl*.
831　BVerfGE 114, 121 (157 f.) – *Bundestagsauflösung II*.

Tagen die Entscheidung zu treffen, ob er den Gewählten als Minderheitskanzler ernennt oder ob er den Bundestag auflöst, um Neuwahlen zu ermöglichen. Diese Entscheidung steht allein in seinem politischen Ermessen und bringt seine verfassungsrechtliche Aufgabe, für stabile staatspolitische Verhältnisse zu sorgen, zum Ausdruck.

4. Staatsnotarielle Funktionen und Prüfungsrecht

690 Mit der Stellung als Staatsoberhaupt sind bestimmte staatsnotarielle Funktionen verbunden. Dazu gehören die Ernennung und Entlassung der Mitglieder der Bundesregierung (Art. 63 Abs. 1 u. 2, Art. 64 Abs. 1 GG) sowie bestimmter Bediensteter des Bundes (Art. 60 Abs. 1 GG) und die Mitwirkungsbefugnisse des Bundespräsidenten im Gesetzgebungsverfahren des Bundes (Art. 82 Abs. 1 Satz 1 GG). Staatsnotariell werden diese Funktionen wegen ihres vornehmlich förmlich feststellenden und dokumentierenden Charakters genannt, der kaum echte inhaltliche Einflussnahme auf einen staatlichen Rechtsakt gestattet[832]. Ähnlich der Notarsfunktion sind damit aber gewisse Kontrollrechte verbunden, die sich zumindest auf die Prüfung des Vorliegens der rechtlichen Voraussetzungen eines staatlichen Rechtsakts erstrecken. Sie unterliegen nur teilweise der Gegenzeichnungspflicht, vgl. Art. 58 Abs. 1 Satz 2 GG.

691 **a) Ernennung und Entlassung der Mitglieder der Bundesregierung und bestimmter Beamter.** Der Bundespräsident *schlägt* dem Bundestag eine Person zur *Wahl als Bundeskanzler* vor, von der er der Überzeugung ist, dass sie über eine parlamentarische Mehrheit verfügt (Art. 63 Abs. 1 GG). Ist der Bundeskanzler vom Bundestag gewählt, so muss ihn der Bundespräsident ernennen (Art. 63 Abs. 2 Satz 2 GG). Prüfen kann er lediglich das Vorliegen rechtlicher Voraussetzungen[833]. Gleiches gilt für die *formelle Entlassung des Bundeskanzlers* im Falle eines Rücktritts oder in der Folge eines konstruktiven Misstrauensvotums (Art. 67 Abs. 1 Satz 2 GG). Nur im Rahmen der Reservefunktion besitzt der Bundespräsident einen politischen Ermessensspielraum hinsichtlich der Ernennung (Art. 63 Abs. 4 Satz 3 GG) oder Entlassung (Art. 68 Abs. 1 Satz 1 GG) des Bundeskanzlers. Die *Ernennung* und *Entlassung der Bundesminister* erfolgt gem. Art. 64 Abs. 1 GG auf Vorschlag des Bundeskanzlers. Auch hier steht dem Bundespräsidenten nur ein formelles Prüfungsrecht zu, die politische Entscheidung obliegt allein dem Bundeskanzler.

692 Der Bundespräsident *ernennt* und *entlässt* gem. Art. 60 Abs. 1 GG *bestimmte Bedienstete*, soweit nicht gesetzlich etwas anderes vorgesehen ist. Diese Befugnis wird überwiegend gem. Art. 60 Abs. 3 GG delegiert. Die persönliche Auswahl ist bei wichtigen Ämtern, wie etwa den Bundesrichtern (Art. 95 Abs. 2 GG), durch abweichende gesetzliche Regelungen anderen Gremien zugewiesen, so dass der Bundespräsident auch hier nur formell die Ernennung oder Entlassung durchführt. Dabei steht ihm immer ein Prüfungsrecht bezüglich der rechtlichen Voraussetzungen zu.

693 **b) Mitwirkung im Gesetzgebungsverfahren.** Besondere Bedeutung hat die Mitwirkung des Bundespräsidenten im *Gesetzgebungsverfahren* des Bundes[834]. Diese ist in Art. 82 Abs. 1 Satz 1 GG geregelt. Danach werden die „nach den Vorschriften

---

832 Es sei denn, der Bundespräsident übt gleichzeitig seine Reservefunktion aus.
833 Vgl. *Brinktrine*, in: Sachs, GG, Art. 63 Rn. 23 f.
834 Vgl. dazu auch *Erichsen*, Jura 1985, 424.

dieses Grundgesetzes zustande gekommenen Gesetze vom Bundespräsidenten nach Gegenzeichnung ausgefertigt und im Bundesgesetzblatt verkündet". Fraglich ist dabei, inwieweit der Bundespräsident bei seiner Mitwirkung eine *Kontrollfunktion in Form eines Prüfungsrechts* besitzt und ob er infolge dieses Prüfungsrechts berechtigt ist, die Ausfertigung eines Gesetzes abzulehnen[835].

Zu differenzieren ist hier zwischen einem politischen, einem formellen und einem materiellen Prüfungsrecht. **694**

aa) Politisches Prüfungsrecht. Weitgehend unstreitig ist, dass dem Bundespräsidenten kein politisches Prüfungsrecht im Sinne einer Zweckmäßigkeitskontrolle zusteht[836]. Denn als nicht unmittelbar demokratisch legitimiertes Staatsorgan darf der Bundespräsident nicht in die politische Staatsleitung eingreifen. **695**

bb) Formelles Prüfungsrecht. Dagegen wird ein formelles Prüfungsrecht, d. h. die Überprüfung der Einhaltung der verfassungsrechtlichen Vorschriften des Gesetzgebungsverfahrens und damit der formellen Verfassungsmäßigkeit des Gesetzes, kaum bestritten und ist eindeutig zu bejahen[837]. Herleiten lässt es sich aus der Formulierung „nach den Vorschriften dieses Grundgesetzes zustande gekommenes Gesetz" in Art. 82 Abs. 1 Satz 1 GG. Der Begriff des „Zustandekommens" wird auch in Art. 78 GG verwendet und bezieht sich dort auf die formelle Wirksamkeit des Gesetzes[838]. Darüber hinaus ist aufgrund der von allen Verfassungsorganen zu beachtenden Verfassungsbindung (Art. 20 Abs. 3 GG) davon auszugehen, dass der Bundespräsident als Verfassungsorgan nicht verpflichtet sein kann, „sehenden Auges" an einem formell verfassungswidrigen Rechtsakt mitzuwirken. Dies muss insbesondere deshalb gelten, weil bei der Ausfertigung durch den Bundespräsidenten erstmals die Möglichkeit besteht, das gesamte Gesetzgebungsverfahren zu überblicken und zu beurteilen, und weil die Prüfung der formellen Rechtmäßigkeit keinerlei Wertungsfragen mit sich bringt, sondern sich in der einfachen Nachprüfung des durch die Verfassung vorgegebenen Verfahrens erschöpft. **696**

Der Bundespräsident hat daher insbesondere die Kompetenz des Bundes zur Gesetzgebung (Art. 70 ff. GG), die Einleitung des Gesetzgebungsverfahrens durch ein hierzu berechtigtes Staatsorgan (Gesetzesinitiative, Art. 76 Abs. 1 GG), das parlamentarische Verfahren mit dem Mehrheitsbeschluss des Bundestags (Art. 77 Abs. 1 Satz 1 GG) sowie die ordnungsgemäße Beteiligung des Bundesrats (Art. 77 Abs. 1 Satz 2, Abs. 2–4 GG) nachzuprüfen. **697**

cc) Materielles Prüfungsrecht. Stark umstritten ist die Frage, ob dem Bundespräsidenten auch ein *materielles Prüfungsrecht* zukommt, ob er also berechtigt ist, ein Gesetz nicht auszufertigen, weil er es inhaltlich mit der Verfassung für unvereinbar hält. Auch hier muss Anknüpfungspunkt der Untersuchung der Wortlaut des Art. 82 GG (sog. grammatische Auslegung) und dessen Zusammenhang zu den anderen Bestimmungen bezüglich des Gesetzgebungsverfahrens sein (sog. systematische Auslegung). Der enge Zusammenhang mit den formellen Bestimmungen der Art. 76 ff. GG und insbesondere des Art. 78 GG, der ebenfalls vom „Zustandekommen" des Gesetzes spricht, könnte dafür sprechen, das Prüfungsrecht **698**

---

835 S. dazu auch Rn. 1046.
836 *Maurer*, Staatsrecht I, § 17 Rn. 86; *Stern*, Staatsrecht II, S. 234 f.
837 Ganz h. M.; vgl. nur *Degenhart*, Staatsrecht I, Rn. 808; *Ipsen/Kaufhold/Wischmeyer*, Staatsrecht I, § 9 Rn. 22; *Kment*, in: Jarass/Pieroth, GG, Art. 82 Rn. 3; *Schneider/Zeh*, Hb Parlamentsrecht § 30 Rn. 60.
838 *Stern*, Staatsrecht II, S. 233.

des Bundespräsidenten auf das Vorliegen der dort genannten (formellen) Voraussetzungen zu beschränken[839]. Andererseits spricht Art. 82 GG pauschal von den „Vorschriften dieses Grundgesetzes", was die materiell-rechtlichen Bestimmungen des Grundgesetzes gerade nicht ausschließt[840]. Darin liegt ein wichtiges Indiz für die Annahme auch eines materiellen Prüfungsrechts.

699 Historisch könnte man hiergegen einwenden, dass der Verfassunggeber – auch in Abgrenzung von den negativen Erfahrungen der Weimarer Republik – bestrebt war, dem Bundespräsidenten im Vergleich zum Reichspräsidenten weniger Kompetenzen zu verleihen. Diese Zielsetzung besagt aber noch nichts darüber, welche Kompetenzen dem Bundespräsidenten tatsächlich verbleiben sollten, kann also den Streit nicht zugunsten eines bloß formellen Prüfungsrechts entscheiden[841]. Hierzu könnte jedoch eine umfassendere systematische Interpretation der Stellung des Bundespräsidenten innerhalb des Grundgesetzes beitragen.

700 Als zirkulär sind dabei Argumentationen abzulehnen, die aus dem Amtseid (Art. 56 GG) und der Möglichkeit der Präsidentenanklage (Art. 61 GG) materielle Befugnisse oder Verpflichtungen des Bundespräsidenten herleiten wollen. Das Gelöbnis des Bundespräsidenten, das Grundgesetz zu wahren und zu verteidigen, knüpft an die Tätigkeiten des Bundespräsidenten an, zu dem ihm das Grundgesetz an anderer Stelle die entsprechenden Befugnisse einräumen muss[842]. Art. 56 GG bezieht sich auf die Ausübung bestehender Kompetenzen zum „Wohle des deutschen Volkes", er räumt selbst keine Kompetenzen ein[843]. Ebenso kommt eine im Rahmen des Art. 61 Abs. 1 GG justiziable Verfassungsverletzung nur insoweit in Betracht, als dem Bundespräsidenten entsprechende Verpflichtungen oder Befugnisse durch das Grundgesetz zugewiesen sind. Steht ihm gar kein materielles Prüfungsrecht zu, kann er durch die Ausfertigung eines materiell verfassungswidrigen Gesetzes auch keine entsprechende verfassungsrechtliche Vorschrift verletzen. Auch die im Übrigen schwache Stellung des Bundespräsidenten im Verfassungsgefüge der Bundesrepublik Deutschland (Gegenzeichnungspflicht, Art. 58 GG, „oberster Staatsnotar") trifft keine entscheidende Aussage über ein materielles Prüfungsrecht.

701 Einer vertiefteren Auseinandersetzung bedarf es mit Blick auf die Rolle des BVerfG bei der Überprüfung der materiellen Verfassungsmäßigkeit von Gesetzen. Einer materiellen Prüfungskompetenz des Bundespräsidenten könnte das durch Art. 100 Abs. 1 Satz 1 GG etablierte Normverwerfungsmonopol des BVerfG für formelle, nachkonstitutionelle Gesetze entgegenstehen. Zu beachten ist aber zunächst, dass sich das Normverwerfungsmonopol des Art. 100 Abs. 1 Satz 1 GG zunächst nur auf das Verhältnis zu den anderen Gerichten bezieht und keine unmittelbare Aussage über das Verhältnis zum Bundespräsidenten trifft[844]. Darüber hinaus besteht auch inhaltlich kein echtes Konkurrenzverhältnis: Ohne die Ausfertigung durch den Bundespräsidenten tritt ein Gesetz schon gar nicht in Kraft; der Bundespräsident verwirft somit kein geltendes Recht, sondern fertigt lediglich ein seiner Meinung nach verfassungswidriges Gesetz nicht aus und verhindert damit schon das

---

839 *von Lewinski*, in: Bonner Kommentar, Art. 82 GG Rn. 104.
840 Vgl. für die h.M. *Butzer*, in: Dürig/Herzog/Scholz, GG, Art. 82 Rn. 188. Für die ältere Literatur: *Ipsen*, DV 49, 490; *Schäfer*, DVBl. 1951, 434; *Arndt*, DÖV 1958.
841 Vgl. *Degenhart*, Staatsrecht I, Rn. 810.
842 Vgl. *Jarass*, in: Jarass/Pieroth, GG, Art. 56 Rn. 2 m. w. N.
843 Vgl. *Butzer*, in: Dürig/Herzog/Scholz, GG, Art. 82 Rn. 169.
844 Vgl. *Maurer*, Staatsrecht I, § 17 Rn. 88.

Inkrafttreten des Gesetzes. Darüber hinaus ist eine Prüfung durch das BVerfG nicht ausgeschlossen, da gegen die Entscheidung des Bundespräsidenten das Organstreitverfahren gem. Art. 93 Abs. 1 Nr. 1 GG angestrengt werden kann. Dort hat das Gericht inzident die in Rede stehende Norm in Bezug auf ihre Verfassungsmäßigkeit zu überprüfen.

Entscheidend für ein materielles Prüfungsrecht spricht jedoch die *Bindung der Verfassungsorgane an das Grundgesetz* in Art. 1 Abs. 3, Art. 20 Abs. 3 GG. Mit dieser Verfassungsbindung ist es nicht vereinbar, wenn der Bundespräsident verpflichtet wäre, ein Gesetz auszufertigen und damit dessen Rechtswirkungen in Kraft treten zu lassen, das seiner Meinung nach mit der Verfassung nicht im Einklang steht. Der Bundespräsident kann nicht verpflichtet werden, „sehenden Auges" einem verfassungswidrigen Gesetz zur Gültigkeit zu verhelfen und damit an einem verfassungswidrigen Akt mitzuwirken. Dies gilt besonders, da er nicht als Antragsteller im Normenkontrollverfahren vorgesehen ist und eine verfassungsrechtliche Überprüfung somit auf diesem Wege nicht herbeiführen kann (vgl. Art. 93 Abs. 1 Nr. 2 GG). **702**

Teilweise wird vorgeschlagen, dieses materielle Prüfungsrecht des Bundespräsidenten auf evidente und offensichtliche Verfassungsverstöße zu begrenzen[845]. Diese Einschränkung rührt aus den dargestellten verfassungssystematischen Bedenken her, insbesondere der schwachen Stellung des Bundespräsidenten. Verweigert der Bundespräsident die Ausfertigung eines Gesetzes, blockiert er damit das gesamte Gesetzgebungsverfahren, was seiner Stellung als integrativem, überparteilichem Staatsorgan ohne echte Machtbefugnisse in den drei Staatsfunktionen nicht entspräche. Allerdings ist auch eine solche Begrenzung des Prüfungsrechts abzulehnen: Für eine Unterscheidung zwischen evidenten und nicht evidenten Verfassungsverstößen findet sich im Grundgesetz keinerlei Anhaltspunkt, im Gegenteil schreibt Art. 20 Abs. 3 GG eine umfassende Verfassungsbindung vor. Außerdem wäre die Abgrenzung zwischen evidenten und nicht evidenten Verfassungsverstößen in Ermangelung eines rechtlichen Maßstabs äußerst schwierig[846]. Dem Bundespräsidenten steht ein *umfassendes materielles Prüfungsrecht* zu[847]. **703**

dd) Ergebnis. Im Ergebnis ist dem Bundespräsidenten somit ein umfassendes formelles und materielles Prüfungsrecht zuzugestehen. Der Bundespräsident kann somit die Ausfertigung von Gesetzen verweigern, die seines Erachtens in irgendeiner Weise mit dem Grundgesetz nicht in Einklang stehen. Obwohl das BVerfG noch nicht ausdrücklich über die Frage des materiellen Prüfungsrechts zu entscheiden hatte, lassen einige Bemerkungen des Gerichts den Schluss zu, dass es die materielle Prüfungskompetenz wohl bejaht[848]. **704**

In der Praxis kam die Verweigerung der Ausfertigung nicht allzu häufig vor. Üblich geworden sind informellere Vorgehensweisen, in denen der Bundespräsident seine **705**

845　Vgl. *Degenhart*, Staatsrecht I, Rn. 813; *Kment*, in: Jarass/Pieroth, GG, Art. 82 Rn. 3.
846　Wohl in Auseinandersetzung mit dieser Auffassung hat Bundespräsident *Köhler* seine – auf materielle Gründe gestützte – Verweigerung der Ausfertigung der Gesetze zur Neuregelung der Flugsicherung sowie des Rechts der Verbraucherinformation im Jahre 2006 gleichsam „zur Sicherheit" auf „evidente" oder „klare" Verfassungsverstöße gestützt; vgl. hierzu die Pressemitteilungen vom 24. Oktober und 8. Dezember 2006, abrufbar unter http://www.bundespraesident.de/DE/Amt-und-Aufgaben/Wirken-im-Inland/Amtliche-Funktionen/amtliche-funktionen-node.html (zuletzt aufgerufen am 15.1.2022).
847　Vgl. *Stern*, Staatsrecht II, S. 235.
848　BVerfGE 1, 396 (413) – *Deutschlandvertrag*; 2, 143 (169) – *EVG-Vertrag*.

Zweifel an der Verfassungsmäßigkeit eines Gesetzes dem Bundeskanzler sowie den Präsidenten von Bundesrat und Bundestag mitteilt und so auf eine Gesetzesänderung oder die Einleitung eines abstrakten Normenkontrollverfahrens hinwirkt[849]. Zuletzt verzögerte Bundespräsident *Gauck* die Ausfertigung der Gesetze zum Europäischen Stabilitätsmechanismus (ESM) und zum Fiskalpakt, um die Entscheidung des BVerfG im einstweiligen Rechtsschutz hinsichtlich der bereits eingeleiteten Verfassungsbeschwerde- und Organstreitverfahren abzuwarten[850]. Die Weigerung des Bundespräsidenten, ein Gesetz auszufertigen, kann vom BVerfG in einem Organstreitverfahren überprüft werden (Art. 93 Abs. 1 Nr. 1 GG).
→ *Rn. 1046*

5.   Sonstige Funktionen

706 Der Bundespräsident übt das traditionell Staatsoberhäuptern zustehende *Begnadigungsrecht* aus (Art. 60 Abs. 2 GG). Dies umfasst den (partiellen) Verzicht auf einen rechtskräftig festgestellten staatlichen Strafanspruch in einem Einzelfall[851]. Art. 60 Abs. 2 GG stellt eine Durchbrechung des Rechtsstaatsprinzips, jedoch zugunsten des einzelnen Bürgers dar („Gnade vor Recht").

707 Traditionell wurde zu den Befugnissen des Staatsoberhaupts auch die Festlegung der Staatssymbole (Fahne, Wappen, Nationalhymne, Orden, Feiertage, Hauptstadt etc.) gezählt. So wurde etwa die deutsche Nationalhymne in einem Briefwechsel von Bundeskanzler *Adenauer* und Bundespräsident *Heuss* bestimmt. Im Grundgesetz existierte zunächst lediglich eine Regelung über die Nationalfarben schwarz-rot-gold (Art. 22 Abs. 1 GG). Erst 2006 wurde die Hauptstadt Berlin in Art. 22 Abs. 1 Satz 1 GG aufgenommen[852]. Bereits zuvor wurde sie jedoch ebenso wie der Nationalfeiertag durch den Einigungsvertrag festgelegt (vgl. Art. 2 EV)[853]. Bezüglich der Schaffung und Verleihung von Orden hat der Bundestag durch eine ausdrückliche Regelung dem Bundespräsidenten gesetzliche Vorgaben gemacht[854]. Aufgrund des Demokratieprinzips des Art. 20 Abs. 1 u. 2 GG ist es vorzugswürdig, statt einer gewohnheitsrechtlichen Kompetenz des Bundespräsidenten stets die Organkompetenz des Bundestages anzunehmen[855].

III.   Gegenzeichnungspflicht

708 Die Gegenzeichnungspflicht gem. Art. 58 Satz 1 GG besagt, dass Präsidialakte für ihre Gültigkeit der Gegenzeichnung durch den Bundeskanzler oder durch den

---

849 Zu Fallbeispielen aus der Geschichte der Bundesrepublik Deutschland vgl. die informative Darstellung auf der Internetseite des Bundespräsidialamtes: http://www.bundespraesident.de/DE/Amt-und-Aufgaben/Wirken-im-Inland/Amtliche-Funktionen/amtliche-funktionen-node.html (zuletzt aufgerufen am 15.1.2022).

850 Vgl. Zeit Online vom 21.6.2012: *Gauck* unterzeichnet ESM und Fiskalpakt vorerst nicht, abrufbar unter: http://www.zeit.de/politik/deutschland/2012-06/gauck-esm-verfassungsgericht (zuletzt aufgerufen am 15.1.2022).

851 Dazu gehören auch Nebenstrafen, Disziplinarmaßnahmen und die Grundrechtsverwirkung gem. Art. 18 GG, nicht aber Maßregeln zur Besserung und Sicherung. Streitig sind Ordnungswidrigkeiten. Vgl. *Jarass*, in: Jarass/Pieroth, GG, Art. 60 Rn. 3 m. w. N. Von besonderer Bedeutung in der Verfassungsgeschichte der Bundesrepublik Deutschland ist der Umgang mit den Gnadengesuchen verurteilter RAF-Terroristen; vgl. hierzu *Hindrichs*, JZ 2008, 242 ff.

852 Zu dieser Regelung *Meinel*, AöR 2013, 584 ff.

853 Vgl. weitere Beispiele bei *Maurer*, Staatsrecht I, § 15 Rn. 19.

854 Vgl. *Nettesheim*, HStR III, § 62 Rn. 46 ff.

855 Für eine gewohnheitsrechtliche Kompetenz des Bundespräsidenten, soweit es an anderen Regelungen mangelt, *Maurer*, Staatsrecht I, § 15 Rn. 20.

zuständigen Bundesminister bedürfen. Wer innerhalb der Bundesregierung zuständig ist, hängt von den jeweiligen Zuständigkeitsverteilungen innerhalb der Bundesregierung ab (Richtlinienkompetenz, Ressortprinzip, GOBReg).

Vornehmlicher Zweck der Gegenzeichnung ist, dass der Bundespräsident nicht an der Bundesregierung vorbei eigenständig Politik führen kann. Die Staatsleitung durch die Exekutive soll einheitlich der Bundesregierung zustehen und nicht, wie noch in der Weimarer Reichsverfassung, zwischen Regierung und Präsident aufgeteilt sein. Die Gegenzeichnungspflicht unterstreicht, dass der Bundespräsident kaum echte staatspolitische Machtbefugnisse haben soll, abgesehen von den geschriebenen Ausnahmen in staatspolitischen Krisen. **709**

Die Gegenzeichnungspflicht erstreckt sich dem Wortlaut des Art. 58 Satz 1 GG nach auf Anordnungen und Verfügungen des Bundespräsidenten. Nur bei rechtsverbindlichen und schriftlichen Akten kommt eine Gegenzeichnung im wörtlichen Sinne in Betracht. Im Rahmen eines weiteren Verständnisses der Norm kann man ihr jedoch eine allgemeine Pflicht zur Abstimmung *jedes positiven Verhaltens* entnehmen, mit der faktisch die mit dem Amt des Bundespräsidenten verbundene Autorität ausgeübt wird. Dies sind etwa öffentliche Reden, Interviews und Gespräche mit Repräsentanten ausländischer Staaten. Nur so lassen sich „politische Alleingänge" des Bundespräsidenten verhindern. Einer ausdrücklichen Formbindung unterliegen die erforderlichen Absprachen bezüglich informeller Handlungen des Bundespräsidenten jedoch nicht[856]. **710**

Ausdrücklich von der Gegenzeichnung *ausgenommen* sind nach Art. 58 Abs. 1 Satz 2 GG die Fälle, in denen der Bundespräsident aufgrund seiner Reservefunktion eigene politische Entscheidungsbefugnisse besitzt und Adressat seiner Entscheidung der zur Gegenzeichnung berechtigte Bundeskanzler ist. Ebenso können Unterlassungen des Bundespräsidenten nicht Gegenstand einer Gegenzeichnungspflicht sein[857]. **711**

§ 27 Die Bundesversammlung

Die Bundesversammlung hat – obwohl Verfassungsorgan – keinen eigenen Abschnitt im Grundgesetz. Geregelt ist sie in einigen Absätzen des Art. 54 GG sowie im gem. Art. 54 Abs. 7 GG zu erlassenden BPräsWahlG[858]. Die Bundesversammlung hat nur eine einzige Organfunktion, die Wahl des Bundespräsidenten[859]. Mit Abschluss der Wahl ist die jeweilige Bundesversammlung beendet, bei der nächsten Wahl eines Bundespräsidenten tritt eine neue Bundesversammlung zusammen[860]. Zur Klärung verfassungsrechtlicher Fragen im Zusammenhang mit der Wahl des Bundespräsidenten besteht die Bundesversammlung für ein Organstreitverfahren jedoch über eine Wahl hinaus fort[861]. **712**

---

856 Vgl. dazu auch *Erichsen*, Jura 1985, 373 (378 ff.).
857 Vgl. *Herzog*, in: Dürig/Herzog/Scholz, GG, Art. 58 Rn. 44. Verweigert der Bundespräsident eine Amtshandlung, kann er nur über ein Organstreitverfahren zu ihrer Ausführung gezwungen werden, vgl. dazu ebd., Rn. 45.
858 Gesetz über die Wahl des Bundespräsidenten durch die Bundesversammlung v. 25.4.1959, BGBl. I S. 230.
859 BVerfGE 136, 277 (318) – *Bundesversammlung*.
860 Vgl. BVerfGE 136, 277 (299) – *Bundesversammlung*.
861 BVerfGE 136, 277 (300) – *Bundesversammlung*.

I. Zusammensetzung

713 Die Zusammensetzung der Bundesversammlung regelt Art. 54 Abs. 3 GG. Danach besteht die Bundesversammlung zur Hälfte aus den Mitgliedern des Bundestags, d. h. im Regelfall 598 Abgeordneten, vgl. § 1 Abs. 1 Satz 1 BWahlG[862]. Die andere Hälfte wählen die Volksvertretungen der Länder (Landtage) nach den Grundsätzen der Verhältniswahl, d. h. unter Wahrung des landesparlamentarischen Parteienproporzes. Die gleich starke Vertretung von Bund und Ländern in der Bundesversammlung verfolgt das Ziel, „bei der Wahl des Bundespräsidenten die Einheit des Staatshandelns auch in seiner föderalen Gliederung zu repräsentieren"[863]. Die näheren Reglungen über die Wahlen in den Landtagen treffen die §§ 1–7 BPräsWahlG. Weil Voraussetzung für die Wählbarkeit durch die Landtage nur die Wählbarkeit zum Bundestag ist (vgl. § 3 BPräsWahlG), werden regelmäßig verdiente Bürger und prominente Persönlichkeiten in die Bundesversammlung gewählt. Die Regelung des § 4 BPräsWahlG stellt sicher, dass der landesparlamentarische Parteienproporz durch Listenwahlen gewahrt bleibt. Ein Einspruch gegen die Delegiertenwahl durch die Landtage kann nur im Rahmen des in § 5 BPräsWahlG erhoben werden; darüber hinaus gehende Überprüfungsrechte bestehen nicht[864].

II. Wahl des Bundespräsidenten

714 Zur Wahl des Bundespräsidenten wird die Bundesversammlung vom Präsidenten des Bundestags einberufen (Art. 54 Abs. 4 Satz 2 GG). Die Wahl des (neuen) Bundespräsidenten erfolgt spätestens 30 Tage vor Ablauf der Amtszeit des (amtierenden) Bundespräsidenten, bei vorzeitiger Beendigung spätestens 30 Tage nach Ablauf der Amtszeit (Art. 54 Abs. 4 Satz 1 GG)[865].

715 Die Wahl selbst erfolgt ohne vorherige Aussprache (Art. 54 Abs. 1 Satz 1 GG). Eine Personaldebatte über die Bewerber wäre mit der Stellung als Staatsoberhaupt und der Funktion als Integrationsfigur nicht vereinbar[866]. Die Wahl erfolgt mit verdeckten Zetteln (vgl. § 9 Abs. 3 Satz 1 BPräsWahlG) und wird vom Bundestagspräsidenten geleitet (vgl. § 8 Satz 1 BPräsWahlG). Wahlvorschläge für das Amt des Bundespräsidenten können von jedem Mitglied der Bundesversammlung gemacht werden (§ 9 BPräsWahlG). Nach dem ersten oder zweiten Wahlgang ist gewählt, wer die Mehrheit der gesetzlichen Mitglieder der Bundesversammlung erhält (Art. 54 Abs. 6 Satz 1 GG). Erreicht innerhalb von zwei Wahlgängen kein Bewerber das erforderliche Quorum, genügt in einem dritten Wahlgang die Mehrheit der abgegebenen Stimmen (vgl. Art. 54 Abs. 6 Satz 2 GG).

Zu §§ 26 f.

Rechtsprechung:
BVerfGE 1, 396 – *Deutschlandvertrag*; BVerfGE 2, 143 – *EVG-Vertrag*; BVerfGE 62, 1 – *Vertrauensfrage Kohl*; BVerfGE 89, 359 – *Kandidatur des Bundesverfassungsgerichtspräsidenten für das*

---

862 Zu möglichen Abweichungen vgl. oben Rn. 532.
863 BVerfGE 136, 277 (306) – *Bundesversammlung*.
864 Dazu ausführlich BVerfGE 136, 277 (303 ff.) – *Bundesversammlung*; BVerfGE 138, 125 (131 f.) – *Mitglieder der Bundesversammlung*.
865 Art. 54 Abs. 5 GG ist gegenstandslos, weil die Wahlperiode des alten Bundestags immer mit dem Zusammentritt des neuen Bundestags abläuft (vgl. Art. 39 Abs. 1 Satz 2 GG).
866 Vgl. auch BVerfGE 136, 277 (318) – *Bundesversammlung*: „Würde des Wahlakts, der dem parteipolitischen Streit enthoben sein soll".

Amt des Bundespräsidenten; BVerfGE 114, 121 – *Vertrauensfrage Schröder*; BVerfGE 128, 278–
Bundespräsidentenwahl; BVerfGE 136, 277 – *Bundesversammlung*; BVerfGE 136, 323 – „*Spinner*"; BVerfGE 138, 125 – *Mitglieder der Bundesversammlung*.

Literatur:

Zur Ergänzung:
Hauk, J., Das Prüfungsrecht des Bundespräsidenten im Hinblick auf die Verfassungs-, Europarechts- und Völkerrechtskonformität eines Gesetzes, JA 2017, 93 ff.; *Milker, J.*, Äußerungen von Hoheitsträgern im Wahlkampf und darüber hinaus, JA 2017, 647 ff.; *Muckel, S.*, Original-Examensklausur: „Si tacuisses…" Öffentliche Äußerungen von Amtsträgern, JA 2017, 523 ff.; *Schladebach, M./Koch, N.*, Das unions- und völkerrechtliche Prüfungsrecht des Bundespräsidenten, Jura 2016, 355 ff.; *Spitzlei, T.*, Die politische Äußerungsbefugnis staatlicher Organe, JuS 2018, 856 ff.; *Voßkuhle, A./Schemmel, J.*, Grundwissen – Öffentliches Recht: Der Bundespräsident, JuS 2021, 118 ff.

Zur Vertiefung:
Aktuelle Diskussionen
Barczak, T., Die parteipolitische Äußerungsbefugnis von Amtsträgern, NVwZ 2015, 1014 ff.; *Brade, A./Gentzsch, M.*, Das Konzept der Integrationsverantwortung, DÖV 2021, 327 ff.; *Butzer, H.*, Im Streit – Die Äußerungsbefugnisse des Bundespräsidenten, ZG 2015, 97 ff.; *ders.*, Hat Adenauer damals richtig hingeschaut? Anmerkungen zur These von der politischen Machtlosigkeit des Bundespräsidentenamt, NJW 2017, 210 ff.; *Degenhart, Chr.*, Der „Ehrensold" des Bundespräsidenten, ZRP 2012, 74 ff.; *Hömig, D.*, Angemessener Immunitätsschutz für den Bundespräsidenten?, ZRP 2012, 110 ff.; *Meyer, H.*, Das Prüfungsrecht des Bundespräsidenten – Staatsrechtliche Argumente auf dem Prüfstand, JZ 2011, 601 ff.; *v. Ooyen, R.*, Kompetenzüberschreitung des Bundespräsidenten?, RuP 2014, 127 ff.; *Schaefer, J.P.*, Die Vakanz an der Spitze des Bundes: zur verfassungsrechtlichen Schwebelage nach dem Rücktritt des Bundespräsidenten, DÖV 2012, 417 ff.

Grundlegende Texte
Lange, E., Die Diskussion um die Stellung des Staatsoberhauptes 1945–1949 mit besonderer Berücksichtigung der Erörterungen im Parlamentarischen Rat, Vierteljahreshefte der Zeitgeschichte 26 (1978), 601 ff.; *Schlaich, K.*, Der Bundespräsident, HStR II, 2. Aufl. 1998, §§ 47–49.

§ 28 Die Bundesregierung

Die Bundesregierung ist das oberste Staatsorgan der vollziehenden Gewalt (Exeku- **716**
tive). Die wesentlichen Organkompetenzen für die Erfüllung beider Teilbereiche der vollziehenden Gewalt (Regierungsfunktion im engeren Sinne und Verwaltungsfunktion auf Bundesebene) werden der Bundesregierung im Grundgesetz an verschiedenen Stellen zugewiesen. Die Bundesregierung setzt sich aus dem *Bundeskanzler* und den *Bundesministern* zusammen (Art. 62 GG), die teilweise als Kollegialorgan, teilweise als einzelne Staatsorgane handeln.

Die verfassungsrechtlichen Regelungen über Struktur, inneren Aufbau und Orga- **717**
nisation der Bundesregierung enthält der Abschnitt VI. „Die Bundesregierung" in den Art. 62–69 GG. Weitere normative Grundlagen des Regierungshandelns sind verfassungsrechtliche Befugnisnormen, die entsprechend dem Prinzip der Selbstorganisation beschlossene Geschäftsordnung sowie die einfachgesetzliche Regelung zum Status der Regierungsmitglieder im Bundesministergesetz (BMinG)[867],

---

867 Gesetz über die Rechtsverhältnisse der Mitglieder der Bundesregierung v. 27.7.1971, BGBl. I S. 1166.

das entgegen seinem missverständlichen Titel auch für den Bundeskanzler gilt (vgl. § 1 BMinG: „Die Mitglieder der Bundesregierung").

718 Maßgeblich geprägt wird die Stellung der Bundesregierung im staatsorganisatorischen Gefüge durch die Entscheidung des Grundgesetzes für ein parlamentarisches Regierungssystem (vgl. Art. 63 Abs. 1, 67 Abs. 1 Satz 1, 68 Abs. 1 Satz 1, 69 Abs. 2 GG). Zwischen Regierung und Parlament besteht kein strenger Gegensatz von kontrollierter Exekutive und kontrollierender Legislative. Regierung und Parlamentsmehrheit sind durch die Wahl und Unterstützung des Bundeskanzlers eng miteinander verzahnt, während die Kontrolle effektiv durch die politische Opposition (Parlamentsminderheit, ggf. Bundesratsmehrheit[868]) ausgeübt wird[869]. Im Gegensatz zum Präsidialsystem, in dem die präsidiale Spitze der Exekutive durch direkte Wahl des Volks legitimiert wird, vermittelt nach dem Grundgesetz das Parlament die demokratische Legitimation. Die Regierung ist unmittelbar dem Parlament verantwortlich und abhängig vom Vertrauen der Parlamentsmehrheit. Ihre Amtszeit reicht, abgesehen von der Interimsphase bis zur Ernennung eines Nachfolgers, nicht über die Wahlperiode des Parlaments hinaus (Art. 69 Abs. 2 u. 3 GG). Innerhalb der Exekutive besteht auch keine Konkurrenz zwischen Präsident und Regierung wie etwa im Weimarer Verfassungssystem. Die generell geringe staatspolitische Machtposition des Bundespräsidenten wird im Verhältnis zur Bundesregierung deutlich durch die Gegenzeichnungspflicht gem. Art. 58 GG, die die Wirksamkeit präsidialer Rechtsakte von der Billigung der Bundesregierung abhängig macht.

719 Die innere Struktur der Bundesregierung wird durch die dominierende Stellung des Bundeskanzlers geprägt, auf der auch die Bezeichnung „Kanzlerdemokratie" fußt. Nur der Bundeskanzler wird vom Parlament gewählt (Art. 63 Abs. 1 GG). Ihm obliegt die Entscheidung über die personelle und sachliche Zusammensetzung sowie die politische Ausrichtung der Bundesregierung (Art. 64 Abs. 1 GG).

I. Organe (**Mitglieder**)

720 Gem. Art. 62 GG besteht die Bundesregierung aus dem Bundeskanzler und den Bundesministern. Üblicherweise werden diese als Mitglieder der Bundesregierung bezeichnet. Bei Regierungshandlungen wird zwischen solchen des Kollegialorgans und einzelner Mitglieder unterschieden. Bundeskanzler und Bundesministern kommt danach eine *doppelte Organstellung* zu. Sie sind einerseits Teile des Staatsorgans Bundesregierung, andererseits eigenständige Staatsorgane mit eigenständigen Kompetenzen.

721 Alle Mitglieder der Bundesregierung stehen in einem *öffentlich-rechtlichen Amtsverhältnis* zum Bund (§ 1 BMinG). Dieses wird in den Vorschriften des BMinG näher ausgestaltet und ähnelt dem Beamtenstatus. Mit dem öffentlichen Amt sind besondere Treuepflichten gegenüber Staat und Verfassung verbunden, die sich aus dem Amtseid gem. Art. 62 Abs. 2, 56 GG sowie den §§ 3, 6 BMinG

---

868 Zu diesem Funktionswandel oder -zuwachs des Bundesrates, der grundsätzlich der Wahrnehmung der Länderinteressen auf Bundesebene dienen soll, s. oben Rn. 621.

869 In wesentlich geringerem Umfang erfolgt innerhalb der Parlamentsmehrheit eine Kontrolle, z. B. durch den kleineren Partner einer Koalition oder durch die politischen Parteien, vermittelt über die Regierungsfraktionen. Denkbar ist auch eine extreme Missachtung des Parlaments durch die Regierung, die zu einem Vertrauensentzug der Regierung führen könnte.

ergeben. Das Regierungsamt ist grundsätzlich unvereinbar mit anderen Ämtern, Berufen und Positionen (Art. 66 GG, §§ 4 f. BMinG)[870]. Zulässig und üblich ist aber die gleichzeitige Mitgliedschaft in Bundesregierung und Bundestag. Bei einer Doppelstellung, die mit entsprechenden Rechten und Pflichten verbunden ist, bedarf es daher immer einer Prüfung, in welcher Funktion eine Person auftritt[871].

Die Mitglieder der Bundesregierung werden wie Beamte besoldet (vgl. § 11 BMinG) und erwerben für die Zeit nach dem Ende ihres Amts Versorgungsansprüche (vgl. §§ 13 ff. BMinG). Im staatshaftungsrechtlichen Sinne gelten die Mitglieder der Bundesregierung als Beamte. Gleiches gilt für die strafrechtlichen Vorschriften[872].   **722**

1. Bundeskanzler

Der Bundeskanzler bildet die Spitze der Bundesregierung. Er bedarf des *ständigen Vertrauens der Mehrheit im Bundestag* (Art. 63 Abs. 1, Art. 67 Abs. 1 Satz 1, Art. 68 Abs. 1 Satz 1 GG) und vermittelt durch dieses Vertrauen der gesamten Bundesregierung die notwendige Legitimation. Als Mitglied der Bundesregierung ist er dem Bundestag jederzeit zu Rede und Antwort verpflichtet (Art. 43 Abs. 1 GG). Gem. Art. 69 Abs. 1 GG ernennt der Bundeskanzler einen Bundesminister zu seinem Stellvertreter (sog. Vizekanzler). Dieser gehört in der Regel der zweitstärksten Regierungsfraktion an. Die Bezeichnung „Kanzler" ist die traditionelle Bezeichnung des deutschen Regierungschefs[873]. Sein Verhältnis zu den übrigen Regierungsmitgliedern sowie zum Staatsoberhaupt hat sich im Laufe der deutschen verfassungsrechtlichen Entwicklung mehrfach gewandelt[874]. Das Grundgesetz räumt dem Bundeskanzler eine dominierende Position innerhalb der Bundesregierung und der Exekutive ein, auf der der Begriff „Kanzlerdemokratie" aufbaut.   **723**

Nur die *Person des Bundeskanzlers* wird *unmittelbar durch den Bundestag demokratisch* legitimiert (Art. 63 Abs. 1 GG). Die Bundesminister ernennt und entlässt der Bundespräsident auf Vorschlag des Bundeskanzlers (Art. 64 Abs. 1 GG), so dass nur der entsprechende Wille des amtierenden Bundeskanzlers die notwendige Legitimation vermittelt. Konsequenterweise enden daher die Ämter aller Bundesminister mit dem Ende der Amtszeit „ihres" Bundeskanzlers, Art. 69 Abs. 2 GG.   **724**

Neben der alleinigen unmittelbaren Legitimation durch den Bundestag beruht die dominierende Stellung des Bundeskanzlers als Regierungschef auf seiner alleinigen sachlichen und personellen Organisationsgewalt innerhalb der Bundesregierung sowie auf seiner Richtlinien- und Geschäftsleitungskompetenz. Umschrieben wird diese Position mit dem Begriff *„Kanzlerprinzip"*. Für die Ausübung seines Amtes untersteht dem Bundeskanzler mit dem Bundeskanzleramt ein eigener Verwaltungsunterbau parallel zu den Ministerialverwaltungen der Bundesminister. Geleitet wird das Bundeskanzleramt vom Chef des Bundeskanzleramts als beamtetem Staatssekretär oder Bundesminister für besondere Aufgaben[875].   **725**

---

870 Weitere Unvereinbarkeiten ergeben sich aus den Amtsvoraussetzungen anderer Staatsämter, wie z. B. beim Bundespräsidenten (vgl. Art. 55 Abs. 1 GG).
871 Vgl. auch BVerfGE 138, 102 (118 ff.) – *Fall Schwesig*. Dazu auch unten Rn. 782a.
872 Vgl. *Stern*, Staatsrecht II, S. 277.
873 „Erzkanzler", „Kanzler", „Reichskanzler", „Bundeskanzler".
874 Vgl. *Stern*, Staatsrecht II, S. 275 f.
875 Zu dessen Stellung s. unten Rn. 779.

2. Bundesminister

726 Die Bundesminister werden *auf Vorschlag des Bundeskanzlers* vom Bundespräsidenten ernannt und entlassen (Art. 64 Abs. 1 GG). Ihr Amt hängt vom Amt des Kanzlers und von dessen Vertrauen ab. Sie sind *nicht dem Parlament direkt verantwortlich*, auch wenn sie verpflichtet sind, im Bundestag jederzeit Rede und Antwort zu stehen (Art. 43 Abs. 1 GG). Ihnen wird mit der Ernennung zugleich ein Geschäftsbereich zugewiesen, den sie selbstständig und eigenverantwortlich leiten (*Ressortprinzip*). Sie unterliegen als Mitglieder der Bundesregierung der Richtlinienkompetenz des Bundeskanzlers (*Kanzlerprinzip*). Gleichzeitig sind sie stimmberechtigte Mitglieder des Kollegialorgans Bundesregierung.

727 Die Bundesminister besitzen im Gegensatz zum Bundeskanzler, dessen Schwerpunkt im Regierungshandeln liegt, eine doppelte Funktion als *Regierungsmitglied* und *Verwaltungsspitze*. Regierungsfunktionen üben sie als stimmberechtigte Mitglieder der Bundesregierung, aber auch innerhalb ihres Geschäftsbereiches (Ressorts) aus. Gleichzeitig fungieren sie als Verwaltungsspitze ihres Ressorts.

728 Während das Amt des Bundeskanzlers zwingend erforderlich ist, bestehen für die konkrete Anzahl der Bundesminister und die Ressorteinteilung nur wenige verfassungsrechtliche Vorgaben. *Zwingend erforderlich* ist das Amt des Bundesministers für Verteidigung (vgl. Art. 65a GG), des Bundesjustizministers (vgl. Art. 96 Abs. 2 Satz 4 GG) sowie des Bundesministers der Finanzen (vgl. Art. 108 Abs. 3, 112 Satz 1, 114 Abs. 1 GG). Im Übrigen obliegt die Zusammensetzung der Bundesregierung der Organisationsgewalt des Bundeskanzlers, die als „Annexkompetenz" zu dem in Art. 64 Abs. 1 GG geregelten Kabinettsbildungsrecht verstanden werden kann. Es handelt sich bei der Festlegung der einzelnen Ministerien um keine derart „wesentliche" Frage, dass der Parlamentsvorbehalt eine Einrichtung durch Gesetz erforderlich machen würde[876]. Weitere klassische, in der politischen Praxis nicht hinwegzudenkende, wenngleich im Grundgesetz nicht genannte, Ministerien sind das Innen- und das Außenministerium. In der 20. Wahlperiode des Bundestags gehörten der Bundesregierung neben Bundeskanzler *Scholz* 16 Bundesministerinnen und Bundesminister an[877].

729 Grundsätzlich verfügt jeder Bundesminister über einen *Geschäftsbereich*, für dessen Angelegenheiten er verantwortlich ist. Unterstützt wird er dabei von einem ministerialen Unterbau im entsprechenden Bundesministerium. Zulässig ist auch die Ernennung von *Ministern ohne Geschäftsbereich* als sog. „Bundesminister für besondere Aufgaben". Häufig wird der Chef des Bundekanzleramts zum Bundesminister für besondere Aufgaben ernannt.

3. Bundeskabinett

730 Der Begriff Kabinett findet sich im Grundgesetz nicht. Er bezeichnet traditionell das aus Bundeskanzler und Bundesministern bestehende Regierungskollegium. Im Kabinett werden Entscheidungen getroffen, wenn die Bundesregierung als Kollegialorgan auftritt. Wann dies erforderlich ist, hängt vor allem von der Anordnung im Grundgesetz ab und wird ergänzt durch die von der Bundesregierung beschlossene Geschäftsordnung.

---

876   Vgl. VerfGH NRW, NJW 1999, 1243 ff. (1245).
877   Siehe hierzu die Internetseite der Bundesregierung https://www.bundesregierung.de/breg-de/bundesregierung/bundeskanzleramt/bundeskabinett (zuletzt aufgerufen am 15.1.2022).

4. Staatssekretäre

In enger Verbindung zur Regierungsorganisation stehen die Staatssekretäre. Sie **731** gehören nicht der Bundesregierung an (vgl. Art. 62 GG), sind jedoch an der Erfüllung der Regierungs- und Verwaltungsfunktion unmittelbar beteiligt. Zu unterscheiden ist zwischen verbeamteten und parlamentarischen Staatssekretären.

Die *beamteten* Staatssekretäre stehen als politische Beamte an der Spitze der Bun- **732** desministerien. Sie unterstehen unmittelbar einem Bundesminister und leiten für diesen die Ministerialverwaltung. Neben der Unterstützung ihres jeweiligen Ministers in dessen Regierungsarbeit üben sie die laufenden Verwaltungsgeschäfte aus. Für sie gelten die Vorschriften des Bundesbeamtenrechts.

Die *parlamentarischen* Staatssekretäre stehen in einem beamtenähnlichen öffent- **733** lich-rechtlichen Amtsverhältnis, welches im ParlStG[878] geregelt ist. Grundsätzlich können nur *Abgeordnete des Bundestags* während ihres Mandats parlamentarische Staatssekretäre werden; eine Ausnahmeregelung besteht für Parlamentarische Staatssekretäre beim Bundeskanzler (§ 1 Abs. 1 ParlStG). Sie unterstützen Regierungsmitglieder in der Ausübung ihrer Regierungstätigkeit (vgl. § 1 Abs. 2 ParlStG), z. B. durch Öffentlichkeitsarbeit, regelmäßige Kontakte zum Parlament, zu Fraktionen, Ausschüssen etc. Insbesondere vertreten sie den Minister gegenüber dem Parlament, § 14 Abs. 2 GOBReg. Die von § 14a GOBReg vorgesehene Möglichkeit, dem parlamentarischen Staatssekretär (als Abgeordnetem!) ministerielle Aufgaben zu übertragen, stellt eine Durchbrechung des Gewaltenteilungsgrundsatzes dar. Gem. § 8 ParlStG kann dem parlamentarischen Staatssekretär der Titel eines „Staatsministers" verliehen werden. Seine Amtszeit endet gem. § 4 ParlStG mit Ablauf der Amtszeit seines Ministers oder seinem Ausscheiden aus dem Bundestag.

II. Amtszeit

Aufgrund des parlamentarischen Regierungssystems hängt die Amtszeit jeder Bun- **734** desregierung von der *Wahlperiode* des Bundestags ab. Jeder Bundestag ist für eine Wahlperiode vom Volk legitimiert und kann diese Legitimation nur während dieser Zeit an die Bundesregierung vermitteln (vgl. Art. 69 Abs. 2 Halbsatz 1 GG). Verliert die Bundesregierung das Vertrauen des Bundestags, sieht das Grundgesetz Verfahren zur Ablösung durch eine neue Bundesregierung vor, wobei stets nur über das Amt des Bundeskanzlers entschieden wird, von dem wiederum die Bundesminister unmittelbar abhängen (Art. 67 Abs. 1 Satz 1, 68 Abs. 1, 69 Abs. 2 Halbsatz 2 GG).

1. Bundeskanzler

Für das Amt des Bundeskanzlers sind im Grundgesetz nur wenige Voraussetzun- **735** gen vorgesehen. Als ungeschriebene Voraussetzung wird die Wählbarkeit in den Bundestag angesehen (§ 15 BWahlG analog)[879]. Art. 66 GG enthält eine dem Art. 55 GG entsprechende Inkompatibilitätsregelung, die ebenfalls erst ab dem Zeitpunkt der Amtsübernahme gilt. Danach sind mit dem Amt des Bundeskanzlers die Ausübung eines anderen besoldeten Amts, eines Berufes oder Gewerbes

---

878 Gesetz über die Rechtsverhältnisse der Parlamentarischen Staatssekretäre v. 24.7.1974, BGBl. I S. 1538.
879 Vgl. *Jarass*, in: Jarass/Pieroth, GG, Art. 63 Rn. 1.

unvereinbar. Die Zugehörigkeit zur Leitung eines Unternehmens oder der Sitz in einem Aufsichtsrat ist mit Zustimmung des Bundestags zulässig. Diese Regelung ist nicht auf Unternehmen mit maßgeblicher Bundesbeteiligung beschränkt und könnte im Zuge der Privatisierung von Staatsaufgaben besondere Bedeutung erlangen[880]. Zulässig ist ferner die gleichzeitige Mitgliedschaft im Bundestag.

736 **a) Beginn der Amtszeit.** Das Amt des Bundeskanzlers beginnt mit seiner Wahl durch den Bundestag und der sich daran anschließenden Ernennung durch den Bundespräsidenten. Wahl und Ernennungsverfahren sind in Art. 63 GG geregelt. Die Wahl entscheidet materiell über die Person des Bundeskanzlers. Formell hängt der Beginn der Amtszeit aber von der Ernennung durch den Bundespräsidenten ab. Art. 63 GG sieht drei aufeinander folgende Verfahren vor, an deren Ende entweder ein Bundeskanzler ernannt oder der Bundestag für Neuwahlen aufgelöst wird.
→ *S. hierzu auch die Übersicht bei Rn. 1013.*

737 **aa) Verfahren nach Art. 63 Abs. 1, 2 GG.** Im *ersten Wahlgang* besitzt der *Bundespräsident das Vorschlagsrecht* für das Amt des Bundeskanzlers (Art. 63 Abs. 1 GG). Er unterliegt dabei keinen rechtlichen Bindungen abgesehen von den rechtlichen Voraussetzungen, an die das Amt des Bundeskanzlers geknüpft ist[881]. Vorgeschlagen wird die Person, die über eine politische Mehrheit im Bundestag verfügt. Ein von der in der Regel unmittelbar nach Verkündung des Wahlergebnisses beginnenden Koalitionsbildung abweichender Vorschlag wäre politisch wenig sinnvoll – zumal nach erfolglosem Durchlauf des ersten Wahlgangs der Bundestag auch allein die Möglichkeit hat, „seinen" Mehrheitskandidaten zum Bundeskanzler zu wählen. Für das Vorschlagsrecht existiert keine geschriebene Frist – der Bundespräsident hat aber die ungeschriebene Organpflicht, in angemessener Zeit nach Beginn der Wahlperiode durch den Zusammentritt des neu gewählten Bundestags von seinem Vorschlagsrecht Gebrauch zu machen. Andernfalls erlischt es und das zweite Verfahren gem. Art. 63 Abs. 3 GG beginnt.

738 Die *Wahl* des vorgeschlagenen Kandidaten ergeht ohne Aussprache (Art. 63 Abs. 1 GG). Der potentielle Bundeskanzler soll vor beschädigenden Debatten geschützt werden. Die Wahl selbst erfolgt geheim (§ 4 Satz 1 GOBT). Als Bundeskanzler ist gewählt, wer die *Mehrheit der Mitglieder* des Bundestags auf sich vereinigt (Art. 63 Abs. 2 Satz 1 GG, sog. *Kanzlermehrheit*), d.h. in einem nicht gem. § 6 BWahlG vergrößerten Bundestag benötigt der Bundeskanzler im ersten Wahlgang 300 Stimmen (vgl. § 1 Abs. 1 Satz 1 BWahlG).

739 Der Gewählte ist vom Bundespräsidenten zu ernennen (Art. 63 Abs. 2 Satz 2 GG). Die Ernennung erfolgt nach Leistung des in Art. 64 Abs. 2, Art. 56 GG vorgesehenen Amtseids durch Überreichung der Ernennungsurkunde. Erst zu diesem Zeitpunkt bekleidet der Gewählte das Amt.

740 **bb) Verfahren nach Art. 63 Abs. 3 GG.** Wird der vom Bundespräsidenten vorgeschlagene Kandidat nicht gewählt, kann der *Bundestag binnen 14 Tagen einen „eigenen" Kandidaten wählen.* Das Vorschlagsrecht ist in der GOBT geregelt. § 4 Satz 2 GOBT erfordert, dass der Wahlvorschlag von einem Viertel der Mitglieder des Bundestags oder einer Fraktion, die mindestens ein Viertel der Mitglieder des

---

880 *Herzog*, in: Dürig/Herzog/Scholz, GG, Art. 66 Rn. 48.
881 Vgl. *Jarass*, in: Jarass/Pieroth, GG, Art. 63 Rn. 1.

Bundestags umfasst, zu unterzeichnen ist. Das Quorum soll aussichtslose Vorschläge verhindern, damit der zweite Wahlgang nicht entwertet wird, z. B. durch ein zersplittertes Parlament mit vielen kleinen Fraktionen. Innerhalb der 14-Tages-Frist kann der Bundestag beliebig viele Wahlgänge durchführen[882].

Die Wahl erfolgt ebenfalls ohne Aussprache, weil insoweit der Schutzgedanke des **741** Art. 63 Abs. 1 GG entsprechend gilt[883]. Erforderlich ist, wie im ersten Wahlgang, die *Mehrheit der Mitglieder des Bundestags*. Wird auf diese Weise ein Bundeskanzler gewählt, ist er ebenfalls gem. Art 62 Abs. 2 GG vom Bundespräsidenten zu ernennen.

cc) Verfahren nach Art. 63 Abs. 4 GG. Das dritte Verfahren ist als Notlösung für **742** den Fall konzipiert, dass sich bis dahin keine eindeutigen Mehrheitsverhältnisse im Bundestag gebildet haben, die zu einem erfolgreichen zweiten Wahlgang geführt hätten. In dieser verfassungspolitischen Krisensituation verstärkt sich die Position des Bundespräsidenten („Reservefunktion"[884]).

Wird innerhalb von 14 Tagen kein Bundeskanzler mit absoluter Mehrheit der Bun- **743** destagsmitglieder gewählt, *führt der Bundestag unverzüglich einen weiteren Wahlgang durch* (Art. 63 Abs. 4 Satz 1 GG). Das Vorschlagsrecht verbleibt beim Bundestag (§ 4 Satz 2 GOBT). Gewählt ist nun, wer die *meisten abgegebenen Stimmen* auf sich vereint (Art. 63 Abs. 4 Satz 1 GG). Die weitere Vorgehensweise hängt nun davon ab, ob der Gewählte die Stimmen der Mehrheit der Mitglieder (Kanzlermehrheit oder absolute Mehrheit) erhalten hat oder nicht.
Ist dies der Fall, haben sich also die politischen Mehrheitsverhältnisse im Bundestag nach Ablauf der 14-Tages-Frist doch noch stabilisiert, ist er vom Bundespräsidenten innerhalb von sieben Tagen zu ernennen (Art. 63 Abs. 4 Satz 2 GG).
Verfehlt der Gewählte die absolute Mehrheit der Mitglieder, hat der Bundespräsident innerhalb von sieben Tagen eine politische Ermessensentscheidung zu treffen: er kann den Gewählten dennoch – auch ohne absolute Mehrheit – zum Bundeskanzler ernennen (sog. *Minderheitskanzler*) oder den Bundestag für Neuwahlen auflösen. Diese Ermessensentscheidung unterliegt nur einer Missbrauchskontrolle[885].
→ *S. hierzu Rn. 1013, Übersicht 5: Die Wahl des Bundeskanzlers.*

b) Ende der Amtszeit. Die gewöhnliche Beendigung der Amtszeit des Bundes- **744** kanzlers ist gemäß dem parlamentarischen Regierungssystem an den Ablauf der Wahlperiode des Bundestags geknüpft, der den Bundeskanzler gewählt hat. Die Amtszeit des Bundeskanzlers endet somit mit dem Zusammentritt des neu gewählten Bundestags (Art. 69 Abs. 2 Halbsatz 1 i. V. m. Art. 39 Abs. 1 Satz 2 GG). Bis zum Amtsbeginn des neuen Bundeskanzlers erfüllt regelmäßig der bisherige Amtsträger das Amt als geschäftsführender Bundeskanzler auf Ersuchen des Bundespräsidenten, damit die laufenden Regierungsgeschäfte nicht brachliegen (Art. 69 Abs. 3 GG).

Andernfalls endet die Amtszeit des Bundeskanzlers nur unter besonderen Umstän- **745** den. Nicht geschriebene, selbstverständliche Gründe sind der Tod, die Amtsunfä-

---

882 *Jarass*, in: Jarass/Pieroth, GG, Art. 63 Rn. 3.
883 Vgl. *Brinktrine*, in: Sachs, GG, Art. 63 Rn. 22 m. w. N.
884 S. oben Rn. 686 ff.
885 Vgl. *Brinktrine*, in: Sachs, GG, Art. 63 Rn. 31 m. w. N.

higkeit oder der Rücktritt des amtierenden Bundeskanzlers. In diesen Fällen führt der zum Stellvertreter ernannte Bundesminister die Amtsgeschäfte fort (vgl. Art. 69 Abs. 1, 3 GG). Den Nachfolger bestimmt der Bundestag durch erneute Wahl gem. Art. 63 GG.

746 Im Grundgesetz sind zwei Möglichkeiten vorgesehen, nach denen das Amt des Bundeskanzlers vorzeitig endet. Das sind das erfolgreiche konstruktive Misstrauensvotum gem. Art. 67 GG sowie das Scheitern der Vertrauensfrage gem. Art. 68 GG. Nach dem Grundgedanken beider Regelungen verfügt der Bundeskanzler in diesen Konstellationen nicht mehr über das Vertrauen der Parlamentsmehrheit.

747 **aa) Konstruktives Misstrauensvotum nach Art. 67 GG.** Im Falle des konstruktiven Misstrauensvotums erfolgt die Abwahl des amtierenden Bundeskanzlers durch *gleichzeitige* Neuwahl eines anderen Kandidaten. Dazu ist ein unterzeichneter Antrag eines Viertels der gesetzlichen Mitglieder des Bundestags oder einer entsprechend starken Fraktion an den Bundespräsidenten erforderlich, in dem dieser ersucht wird, den amtierenden Bundeskanzler zu entlassen und den neu Gewählten zu ernennen (Art. 67 Abs. 1 Satz 1 GG, § 97 Abs. 1 Satz 2 GOBT). Zwischen dem Antrag und der Wahl müssen gem. Art. 67 Abs. 2 GG 48 Stunden liegen. Die Wahl selbst erfolgt geheim (§ 97 Abs. 2 Satz 1 GOBT). Vereinigt der Gewählte die Mehrheit der Mitglieder des Bundestags auf sich, ist der amtierende Bundeskanzler abgewählt und der Gewählte vom Bundespräsidenten zu ernennen (Art. 67 Abs. 1 Satz 2 GG).

748 *Zweck* des konstruktiven Misstrauensvotums ist einerseits, zu verhindern, dass dauerhaft ein Bundeskanzler ohne legitimierende Regierungsmehrheit im Amt ist. Andererseits soll die Abwahl eines amtierenden Bundeskanzlers dadurch erschwert werden, dass sich die parlamentarische Opposition auf einen mehrheitsfähigen neuen Bundeskanzler einigen muss und das Instrument der Abwahl nicht rein destruktiv verwenden kann[886].

749 **bb) Vertrauensfrage nach Art. 68 GG.** Durch die Vertrauensfrage vergewissert sich der Bundeskanzler der eigenen parlamentarischen Mehrheit, die von einer handlungsfähigen Bundesregierung insbesondere im Bereich der Gesetzgebung benötigt wird. Die Vertrauensfrage ermöglicht die Disziplinierung der Abgeordneten des Regierungslagers und schafft insbesondere bei gleichzeitiger Verknüpfung mit einer Sachfrage ein besonderes Druckmittel, um eine politische Entscheidung zugunsten der Bundesregierung zu erzwingen. In politischen Krisensituationen kann die Vertrauensfrage, wenn sie positiv beantwortet wird, stabilisierend wirken.

750 Die Vertrauensfrage wird in der *positiven Formulierung* gestellt, dass der Bundeskanzler im Bundestag den Antrag stellt, ihm in einer Abstimmung das Vertrauen auszusprechen (vgl. Art. 68 Abs. 1 Satz 1 GG, § 98 Abs. 1 GOBT). Zwischen dem Antrag und der Abstimmung müssen 48 Stunden liegen (Art. 68 Abs. 2 GG). Der Antrag kann sowohl isoliert gestellt, als auch mit einer Sachfrage (z. B. Gesetzesvorlage) verknüpft werden (vgl. Art. 81 Abs. 1 Satz 2 GG).

751 Der Bundestag spricht dem Bundeskanzler das Vertrauen aus, wenn bei der beantragten Abstimmung *mehr als die Hälfte der gesetzlichen Mitglieder des Bundestags*

---

886 In der Geschichte der Bundesrepublik Deutschland wurden zwei Anträge nach Art. 67 Abs. 1 Satz 1 GG gestellt: 1972 scheiterte die hierdurch angestrebte Abwahl *Willy Brandts*, 1982 wurde *Helmut Kohl* als Nachfolger *Helmut Schmidts* zum Bundeskanzler gewählt.

für ihn stimmen. Wird ihm das Vertrauen nicht ausgesprochen, muss der Bundeskanzler entscheiden, ob er trotz fehlender Kanzlermehrheit weiter regieren will oder ob er dem Bundespräsidenten die Auflösung des Bundestags für Neuwahlen vorschlägt (vgl. Art. 68 Abs. 1 Satz 1 GG). Darüber hinaus hat der Bundeskanzler die Möglichkeit, durch Rücktritt die Wahl eines anderen Bundeskanzlers durch das Parlament zu ermöglichen. Die Entscheidung liegt im *politischen* Ermessen des Bundeskanzlers.

Schlägt der Bundeskanzler dem Bundespräsidenten die Auflösung des Bundestags **752** vor, wird der Bundespräsident vorübergehend zu einem echten Machtfaktor. Die Entscheidung über die Auflösung hängt alleine von seinem politischen Ermessen ab, insbesondere von der *Prüfung*, ob eine *materielle Auflösungslage vorliegt*. Der Bundespräsident ist nicht verpflichtet, dem Vorschlag des Bundeskanzlers zu entsprechen. 21 Tage nach der Vertrauensfrage erlischt das Auflösungsrecht. Es erlischt schon vorher, wenn der Bundestag einen neuen Bundeskanzler mit absoluter Mehrheit der Mitglieder wählt (Art. 68 Abs. 1 Satz 2 GG).

Für die Auflösung des Bundestags ist als ungeschriebene Voraussetzung auch eine **753** *materielle Auflösungslage erforderlich*, d. h. der Bundeskanzler *darf nicht über eine sichere dauerhafte Mehrheit* im Parlament *verfügen*[887]. Grund hierfür ist, dass das Grundgesetz weder ein Selbstauflösungsrecht des Parlaments noch ein freies Auflösungsrecht des Bundestags durch die Exekutive vorsieht. Nur im Ausnahmefall, dass eine stabile Regierung nicht mehr gewährleistet ist, soll es zu Neuwahlen kommen. Für die Beurteilung dieser materiellen Auflösungslage hat der Bundeskanzler eine Einschätzungs- und Beurteilungskompetenz, die der Bundespräsident bei seiner Entscheidung über die Auflösung berücksichtigen muss.

Nach dem dargestellten Verständnis von Art. 68 GG muss daher das Ziel des Bundeskanzlers bei der Stellung der Vertrauensfrage sein, das Vertrauen ausgesprochen zu bekommen. Unzulässig wäre es demgegenüber, durch eine manipulierte Abstimmung die Vertrauensfrage trotz stabiler Mehrheitsverhältnisse formell scheitern zu lassen, um vorzeitige Neuwahlen herbeizuführen. In diesem Fall hätte der Bundespräsident die Pflicht, die Auflösung des Bundestags zu verweigern[888]. **754**

„Der Bundeskanzler, der die Auflösung des Bundestags auf dem Wege des Art. 68 GG anstrebt, soll dieses Verfahren nur anstrengen dürfen, wenn es politisch für ihn nicht mehr gewährleistet ist, mit den im Bundestag bestehenden Kräfteverhältnissen weiterzuregieren. Die politischen Kräfteverhältnisse im Bundestag müssen seine Handlungsfähigkeit so beeinträchtigen oder lähmen, dass er eine vom stetigen Vertrauen der Mehrheit getragene Politik nicht sinnvoll zu verfolgen vermag. Dies ist ungeschriebenes sachliches Tatbestandsmerkmal des Art. 68 Abs. 1 Satz 1 GG.
Eine Auslegung dahin, dass Art. 68 GG einem Bundeskanzler, dessen ausreichende Mehrheit im Bundestag außer Zweifel steht, gestattete, sich zum geeignet erscheinenden Zeitpunkt die Vertrauensfrage negativ beantworten zu lassen mit dem Ziel, die Auflösung des Bundestags zu betreiben, würde dem Sinn des Art. 68 GG nicht gerecht. Desgleichen rechtfertigen besondere Schwierigkeiten der in der laufenden Wahlperiode sich stellenden Aufgaben die Auflösung nicht.“[889]

---

887 BVerfGE 62, 1 (42) – *Vertrauensfrage Kohl*; BVerfGE 114, 121 (149) – *Vertrauensfrage Schröder*.
888 Vgl. BVerfGE 62, 1 (42) – *Vertrauensfrage Kohl*.
889 Vgl. BVerfGE 62, 1 (2) – *Vertrauensfrage Kohl*.

755   Nach der neueren Rechtsprechung des BVerfG soll jedoch auch eine von vornherein auf die Auflösung des Parlaments zielende, sog. *auflösungsgerichtete Vertrauensfrage* zulässig sein, wenn die Handlungsfähigkeit der parlamentarisch verankerten Bundesregierung verloren gegangen ist[890]. Dies sei zweifellos der Fall, wenn sich eine Bundestagsmehrheit „offen und andauernd obstruktiv"[891] verhalte, könne jedoch auch in einer „verdeckte[n] Minderheitssituation" gegeben sein, in der „die nominelle Kanzlermehrheit sich zwar zu dem von ihr gewählten Kanzler erklärt und ihm äußerlich politische Unterstützung leistet, diese Unterstützung seines politischen Kurses aber in Wirklichkeit nicht so wirksam ist, dass der Bundeskanzler die von ihm konzeptionell vertretene Politik durchzusetzen vermag"[892]. Da der Verlust der Handlungsfähigkeit im Rahmen der Vertrauensfrage und der Herbeiführung von Neuwahlen bereits von drei Verfassungsorganen – Bundeskanzler, Bundestag und Bundespräsident – geprüft werde, sei die Prüfungskompetenz des Bundesverfassungsgerichts durch den damit verbundenen Einschätzungsspielraum eingeschränkt[893].

„Der Einschätzungsspielraum des Kanzlers wird nur dann in verfassungsrechtlich gefordertem Umfang geachtet, wenn bei der Rechtsprüfung gefragt wird, ob eine andere Einschätzung der politischen Lage aufgrund von Tatsachen eindeutig vorzuziehen ist [...] Tatsachen, die auch andere Einschätzungen als die des Kanzlers zu stützen vermögen, sind nur dann geeignet, die Einschätzung des Bundeskanzlers zu widerlegen, wenn sie keinen anderen Schluss zulassen als den, dass die Einschätzung des Verlusts politischer Handlungsfähigkeit im Parlament falsch ist."[894]

756   Die hierauf basierende Entscheidung zur *Vertrauensfrage von Bundeskanzler Schröder im Jahr 2005* verdient unter mehreren Gesichtspunkten Kritik. Zum einen kennt das Grundgesetz gerade keine auflösungsgerichtete Vertrauensfrage, sondern nur eine solche, mit der sich der Bundeskanzler des tatsächlichen Vertrauens der Parlamentsmehrheit vergewissern will, um auf dieser Basis weiterregieren zu können. Will er selbst nicht weiterregieren, bleibt ihm die Möglichkeit des Rücktritts mit anschließender Wahl eines neuen Bundeskanzlers; eine Neuwahl ist dann gem. Art. 63 Abs. 4 GG nur vorgesehen, wenn sich keine Kanzlermehrheit für einen Nachfolger findet. Zum Zweiten ist die Kategorie der „verdeckten Minderheit" als Kategorie des materiellen Vertrauensverlustes nicht anzuerkennen: „Vertrauen" i. S. d. Art. 68 GG bezeichnet die Zustimmung zu den Entscheidungen der Regierung durch entsprechendes Abstimmungsverhalten, kein darüber hinaus gehendes politisches Vertrauen oder zusätzliche Unterstützung der Politik[895]. Solange die parlamentarischen Entscheidungen im Sinne der Regierung getroffen werden, ist daher nicht ersichtlich, worin sich die „Handlungsunfähigkeit" der Regierung in dieser Konstellation manifestieren soll[896]. Drittens führt die Rücknahme der Prüfungskompetenz des BVerfG dazu, dass die zuvor etablierten materiellen Voraussetzungen der Auflösungslage de facto kaum mehr justitiabel sind. Abgestellt werden kann im Wesentlichen nurmehr auf die tatsächliche Vertrauensbekundung durch das Parlament, der Gefahr missbräuchlich gestellter Vertrauensfragen und

---

890 BVerfGE 114, 121 (153) – *Vertrauensfrage Schröder.*
891 BVerfGE 114, 121 (156) – *Vertrauensfrage Schröder.*
892 BVerfGE 114, 121 (157) – *Vertrauensfrage Schröder.*
893 BVerfGE 114, 121 (159) – *Vertrauensfrage Schröder.*
894 BVerfGE 114, 121 (160) – *Vertrauensfrage Schröder.*
895 Vgl. das Sondervotum des Richters *Jentsch,* BVerfGE 114, 121 (175) – *Vertrauensfrage Schröder.*
896 *Schenke,* ZfP 2006, 26 ff. (29 ff.).

einer damit verbundenen „Selbstauflösung" des Parlaments kann kaum mehr wirksam begegnet werden[897]. Schließlich hätte man auch auf Basis der eingeschränkten Kontrolle zu dem Ergebnis gelangen müssen, dass die Voraussetzungen materieller Handlungsunfähigkeit der Regierung als Voraussetzung der „auflösungsgerichteten Vertrauensfrage" nicht vorlagen[898]: 2005 bestanden keinerlei Anzeichen dahingehend, dass der Bundestag den politischen Absichten von Bundeskanzler *Schröder* seine Zustimmung verweigern würde. Vielmehr hatten bisherige Abstimmungen über Gesetzesprojekte und andere Entscheidungen eine Zustimmung durch die Fraktionen von SPD und Grünen gezeigt und offenbarten die Äußerungen des Kanzlers und weiterer Politiker, dass es gerade um die Herbeiführung von Neuwahlen gehen sollte, um – nach verlorenen Landtags- und Europawahlen – eine Entscheidung des Volkes über die Bundespolitik herbeizuführen. Die Vertrauensfrage wurde hierzu in einer die verfassungsrechtlichen Grenzen des Art. 68 GG sprengenden Art und Weise eingesetzt[899].

2. Bundesminister

Das Amt der Bundesminister ist unmittelbar mit dem des Bundeskanzlers verknüpft (vgl. Art. 64 Abs. 1, 69 Abs. 2 Halbsatz 2 GG). Das Amt eines Bundesministers *beginnt* mit der Ernennung des Bundespräsidenten auf Vorschlag des Bundeskanzlers (Art. 64 Abs. 1 GG). Der Bundesminister hat vor dem Bundestag den Amtseid gem. Art. 56 GG zu leisten (Art. 64 Abs. 2 GG). Der Bundespräsident ist grundsätzlich verpflichtet, jede vorgeschlagene Person zum Bundesminister zu ernennen. Allein die fehlenden rechtlichen Voraussetzungen für ein Ministeramt berechtigen zur Ablehnung eines Vorschlags. **757**

Die Amtszeit aller Bundesminister *endet* mit dem Ende der Amtszeit des Bundeskanzlers, der sie vorgeschlagen hat (vgl. Art. 64 Abs. 2 Halbsatz 2 GG). Abgesehen von den ungeschriebenen Fällen von Rücktritt, Tod oder Amtsunfähigkeit hängt die Amtszeit jedes Bundesministers nur *vom Vertrauen des Bundeskanzlers ab*, nicht aber vom Vertrauen des Bundestags. Einzelne Bundesminister können nicht gegen den Willen des Bundeskanzlers durch Bundestagsbeschluss aus dem Amt entfernt werden. **758**

Ein Bundesminister wird auf Vorschlag des Bundeskanzlers vom Bundespräsidenten *entlassen* (Art. 64 Abs. 1 GG). Der Bundespräsident muss dem Entlassungsvorschlag entsprechen. Es handelt sich um eine rein politische Entscheidung des Bundeskanzlers. **759**

III. Organisation

1. Kanzlerprinzip

Der Begriff „Kanzlerprinzip" steht für die dominierende Rolle des Bundeskanzlers innerhalb der Bundesregierung. Das Kanzlerprinzip besteht aus der sachlichen und personellen Organisationsgewalt des Bundeskanzlers, seiner Richtlinienkompetenz sowie der Befugnis zur Geschäftsleitung. Die persönliche und sachliche **760**

---

897 Vgl. zur Deutung der Entscheidung des BVerfG als faktischer Etablierung eines Selbstauflösungsrechts *Winkler*, AöR 2006, 441 ff. (461).
898 Sondervotum *Jentsch*, BVerfGE 114, 121 (171 ff.) – *Vertrauensfrage Schröder*.
899 *Schenke*, ZfP 2006, 26 ff. (29 ff.).

Kabinettsbildung sowie dessen Regierungspolitik liegen somit in den Händen des Bundeskanzlers.

761 Die *personelle Organisationsgewalt* betrifft die Auswahl der Mitglieder der Bundesregierung. Sie steht dem *Bundeskanzler allein*, uneingeschränkt und während seiner gesamten Amtszeit zu. Der Bundeskanzler wählt die Personen aus, die seinem Kabinett angehören sollen und kann diese auch wieder entlassen (Art. 64 Abs. 1 GG). Die Ernennung durch den Bundespräsidenten ist rein formeller Natur.

762 Die *sachliche Organisationsgewalt* bedeutet die Befugnis, über die innere Einteilung der Bundesregierung in einzelne Geschäftsbereiche (*Ressorts*) mit ihren Zuständigkeiten und Aufgaben zu entscheiden, d. h. insbesondere die Anzahl der Ministerien sowie den Inhalt und Umfang der ihnen zugeordneten Fachbereiche festzulegen. Wegen der Erwähnung im Grundgesetz sind verfassungsrechtlich das Amt des Verteidigungsministers (vgl. Art. 65a GG), des Justizministers (vgl. Art. 96 Abs. 3 GG) sowie das des Finanzministers (vgl. Art. 108, 112, 114 GG) verbindlich angeordnet und der sachlichen Organisationsgewalt des Bundeskanzlers insoweit entzogen.

763 Die *Richtlinienkompetenz* sichert dem Bundeskanzler die Entscheidung über die grundsätzliche politische Ausrichtung der Bundesregierung (Art. 65 Satz 1 GG) und ermöglicht eine einheitliche Geschäftsführung und ein einheitliches Auftreten der Bundesregierung (§§ 1–4 GOBReg). Adressaten sind die Bundesminister. Zwar garantiert das Ressortprinzip ihnen die eigenverantwortliche und selbstständige Leitung ihrer Geschäftsbereiche. Diese ist jedoch im Einklang mit den Richtlinienvorgaben des Bundeskanzlers auszuüben (vgl. Art. 65 Satz 2 GG). Indem der Bundeskanzler eine Thematik zum Gegenstand einer Richtlinienentscheidung macht, wird das Ressortprinzip zugunsten einer verbindlichen Weisungsmöglichkeit durchbrochen (vgl. §§ 1–4 GOBReg). Die Richtlinienkompetenz erstreckt sich auf die Wahrnehmung der einzelnen Ministern zugewiesenen Geschäftsbereiche (vgl. Art. 65 Satz 2 GG), nicht jedoch auf die Wahrnehmung von Aufgaben durch das Kollegialorgan Bundesregierung (insb. Gesetzesinitiativrecht, Art. 76 GG, Erlass von Rechtsverordnungen, Art. 80 GG, Anrufung des BVerfG, Art. 93 Abs. 1 GG)[900].

764 Die Richtlinien sind ihrer Rechtsnatur nach *innerdienstliche Anweisungen*, deren Nichtbeachtung jedoch keine unmittelbare Sanktion nach sich zieht. Denkbar wäre zwar ein Organstreit vor dem BVerfG. Entscheidend ist aber, dass ein Bundesminister vom Vertrauen des Bundeskanzlers abhängig ist. Eine dauerhafte eigenständige Ressortpolitik gegen den Willen des Bundeskanzlers führt letztlich zur Entlassung des Bundesministers. Was zum Gegenstand einer Richtlinienentscheidung gemacht werden kann, steht im politischen Ermessen des Bundeskanzlers. Systematisch handelt es sich um die grundlegende sachpolitische Ausrichtung der Bundesregierung. Einzelregelungen und Einzelentscheidungen fallen üblicherweise in den ministeriellen Geschäftsbereich. Das *Ressortprinzip verbietet* dem Bundeskanzler *unmittelbare* und *direkte Eingriffe* im Sinne eines „Hineinregierens". Dennoch kann auch eine vom Minister zu treffende Einzelentscheidung Gegenstand einer Richtlinienentscheidung sein, wenn sie grundlegenden Charakter hat und eine entsprechende politische Bedeutung für die Bundesregierung besitzt.

---

900 Dazu *Maurer*, Staatsrecht I, § 14 Rn. 53.

Der Bundeskanzler leitet die Regierungsgeschäfte (vgl. Art. 65 Satz 4 GG). Regel- **765** mäßig leitet er als Vorsitzender die Kabinettssitzungen (vgl. § 22 Abs. 1 Satz 1 GOBReg) und verfügt bei einem Abstimmungspatt innerhalb der Regierung über die ausschlaggebende Stimme (vgl. § 24 Abs. 2 Satz 2 GOBReg).

2. Ressortprinzip

Das Ressortprinzip besagt, dass die Bundesminister ihren *Geschäftsbereich selbst-* **766** *ständig* und *in eigener Verantwortung* leiten (Art. 65 Satz 2 GG)[901]. Der Bundeskanzler hat keine Möglichkeit, direkt und unmittelbar in den Geschäftsbereich einzuwirken – insbesondere verfügt er nicht über ein Selbsteintrittsrecht, um Vorgänge aus einem Geschäftsbereich an sich zu ziehen.

Den *Umfang des Geschäftsbereichs* legt der Bundeskanzler bei der sachlichen Zu- **767** schneidung im Zuge der Kabinettsbildung fest. Zum Geschäftsbereich gehören das entsprechende Bundesministerium sowie die dem Bundesministerium nachgeordneten Bundesbehörden, für die jeder Bundesminister die innere Organisationsgewalt hat[902]. Innerhalb ihrer Zuständigkeiten üben die Bundesminister die Regierungs- und Verwaltungsfunktionen aus. Sie sind Inhaber der obersten Fachund Dienstaufsicht. Ihre Weisungsbefugnis erfasst den gesamten nachgeordneten Verwaltungsunterbau. Als oberste Bundesbehörde erlassen sie Verwaltungsakte und Rechtsverordnungen. Akte des Bundespräsidenten sind dem zuständigen Bundesminister zur Gegenzeichnung vorzulegen (Art. 58 Satz 1 GG).

Das Ressortprinzip wird *begrenzt durch das Kanzlerprinzip*. Zum einen besteht eine **768** rechtliche Abhängigkeit von der Richtlinienkompetenz, zum anderen hängt das Amt jedes Bundesministers politisch vom Vertrauen des Bundeskanzlers ab. Konkretisiert wird die Abhängigkeit der Bundesminister bei der Geschäftsführung auch durch die Informations- und Berichtspflichten gemäß der GOBReg.

Begrenzt wird das Ressortprinzip auch *vom Kollegialprinzip*. Soweit verfassungs- **769** rechtlich oder einfachgesetzlich die Bundesregierung als Kollektiv zuständig ist, wird das Ressortprinzip überlagert (vgl. auch § 15 Abs. 1 lit. e GOBReg). Gleiches gilt in den übrigen Fällen, die § 15 GOBReg anordnet. Allerdings führt eine Verletzung von Vorschriften der Geschäftsordnung grundsätzlich nicht zur Unwirksamkeit ministerieller Handlungen, weil diese Vorschriften keine Außenwirkung erzeugen.

3. Kollegialprinzip

Das Kollegialprinzip bedeutet, dass die Bundesregierung ein Kollegialorgan aus **770** Bundeskanzler und Bundesministern ist, das nach dem Mehrheitsprinzip Beschlüsse fasst. In welchen Fällen nicht die einzelnen Mitglieder, sondern die Bundesregierung als Ganzes zuständig ist, ergibt sich aus dem GG, einfachen Gesetzen und der GOBReg. Wie die Bundesregierung als Kollegialorgan handelt, ergibt sich aus den Regelungen der GOBReg.

Die Fälle, in denen die Bundesregierung *als Kollegium* zuständig ist, ergeben sich **771** im Grundgesetz aus der Bezeichnung „die Bundesregierung". Wesentlich sind die

---

901 Für Minister ohne eigenen Geschäftsbereich gelten diese Erwägungen natürlich nicht. Ihre Aufgabenstellung ähnelt zumeist denen von parlamentarischen Staatssekretären.
902 Zu beachten ist die Möglichkeit des Gesetzgebers, durch entsprechende gesetzliche Regelungen in die Organisationsgewalt einzugreifen.

Ausübung der Gesetzesinitiative und andere Mitwirkungsrechte im Gesetzgebungsverfahren (Art. 76, 77 Abs. 2 Satz 4, Art. 113 GG), der Erlass von Rechtsverordnungen und Verwaltungsvorschriften (Art. 80, 84 GG) oder die Anrufung des BVerfG (Art. 93 Abs. 1 GG)[903]. Auch über den Einsatz von Streitkräften im Inland (Art. 87a Abs. 4 Satz 1, Art. 35 Abs. 3 Satz 1 GG) entscheidet die Bundesregierung als Kollegialorgan. Diese grundgesetzlich zugewiesenen Kompetenzen stehen nicht zur Disposition der Bundesregierung, sie kann sie daher nicht etwa auf einen Bundesminister delegieren[904]. Strittig ist, ob der Umgang mit Kriegswaffen zwingend von der gesamten Bundesregierung genehmigt werden muss, insbesondere Kriegswaffenexporte (Art. 26 Abs. 2 S. 1 GG). In der Praxis entscheidet mit dem Bundessicherheitsrat ein Kabinettsausschuss. Über Meinungsverschiedenheiten unter den Bundesministern entscheidet das Kabinett (Art. 65 Satz 3 GG). Gegenstand eines Kabinettsbeschlusses ist auch die Geschäftsordnung der Bundesregierung (Art. 65 Satz 4 GG). In der GOBReg sind die Zuständigkeiten des Kollegialorgans in den §§ 15, 15a GOBReg aufgeführt.

772   Das Kabinett entscheidet durch *Beschlussfassung nach dem Mehrheitsprinzip* (§ 20 Abs. 1, § 24 Abs. 2 Satz 1 GOBReg). Jedes teilnehmende Kabinettsmitglied hat eine Stimme. Bei einem Patt ist die Stimme des Vorsitzenden entscheidend (§ 24 Abs. 2 Satz 2 GOBReg). Den Vorsitz hat üblicherweise der Bundeskanzler inne (vgl. § 22 Abs. 1 Satz 1 GOBReg). Möglich ist demnach, dass der Bundeskanzler eine Abstimmungsniederlage erleidet, zumal in den wichtigsten Regierungsfunktionen die Bundesregierung als Kollegium zuständig ist. Nicht zulässig ist, den Gegenstand einer Abstimmung zum Ziel einer Richtlinienentscheidung zu machen und so eine richtlinienkonforme Abstimmung herbeizuführen[905].

773   Die Tatsache, dass bei wichtigen Regierungsfunktionen die Bundesregierung als Kollektivorgan zuständig ist und der Bundeskanzler über keine Richtlinienkompetenz verfügt, ändert nichts an der dominierenden Stellung des Bundeskanzlers. Der Bundeskanzler kann Bundesminister jederzeit entlassen und könnte auf Abstimmungsniederlagen daher mit Kabinettsumbildungen reagieren.

4.   Selbstorganisation

774   Das Prinzip der Selbstorganisation gilt, wie bei allen Verfassungsorganen, auch für die Bundesregierung. Normiert ist das Prinzip hier in Art. 65 Satz 4 GG. Danach gibt sich die Bundesregierung durch Mehrheitsbeschluss eine Geschäftsordnung, die vom Bundespräsidenten genehmigt werden muss. Diesem steht ein Prüfungsrecht hinsichtlich der Vereinbarkeit mit den sonstigen rechtlichen Vorgaben des Grundgesetzes oder einfachen Gesetzesvorschriften zu. Das Selbstorganisationsprinzip kann insbesondere nicht die verfassungsrechtlichen Organisationsprinzipien der Bundesregierung aufheben. Letztere unterliegen nur dem verfassungsändernden Gesetzgeber.

775   Die Geschäftsordnung hat *organinternen* Charakter und ordnet den Geschäftsablauf innerhalb der Bundesregierung. Verletzungen sind grundsätzlich für die Wirksamkeit und Rechtmäßigkeit des Regierungshandelns unbeachtlich. Anderes gilt, wenn gleichzeitig gegen gesetzliche oder verfassungsrechtliche Vorgaben verstoßen wird, die in der Geschäftsordnung konkretisiert werden.

---

903   Vgl. Übersicht bei *Schröder*, HStR III, § 64 Rn. 24.
904   BVerfGE 132, 1 (21 f.) – *Einsatz der Bundeswehr im Inland*.
905   A. A. *Hesse*, Verfassungsrecht, Rn. 642; *Stern*, Staatsrecht II, S. 304.

5. Koalitionsvereinbarung

Seit den 1960er Jahren sind in der Bundesrepublik ausschließlich Koalitionsregierungen gebildet worden, da es keiner Partei gelang, die absolute Mehrheit (Kanzlermehrheit) im Bundestag zu erringen. Deren parteipolitisches Fundament stellen die Koalitionsvereinbarungen dar, in denen die politischen Absprachen für die kommende Regierungsperiode schriftlich niedergelegt werden. Üblicherweise werden die Koalitionsvereinbarungen zwischen dem Wahltag und der Wahl des Bundeskanzlers von den an der zukünftigen Koalition beteiligten Parteien verhandelt und durch Parteitage genehmigt. **776**

Die *Rechtsnatur* der Koalitionsvereinbarung ist umstritten. Sie stellt jedenfalls keinen öffentlich-rechtlichen Vertrag dar, da die Koalitionspartner keine Behörden i. S. d. § 54 Satz 2 VwVfG sind. Auch wenn man sie als verfassungsrechtlichen Vertrag begreift, wäre dieser rechtlich nicht durchsetzbar: Berührt ist der Kernbereich der politischen Verantwortung der Regierung. Über diesen haben die Parteien keine Verfügungsbefugnis[906]. Naheliegender erscheint es, von vornherein von *rein politischen, nicht rechtserheblichen Absprachen* auszugehen. In jedem Fall können Koalitionsvereinbarungen nicht in das verfassungsrechtliche Kompetenzgefüge eingreifen, insbesondere können sie die Regierungsprinzipien des Art. 65 GG nicht modifizieren. Das zukünftige Verhalten von Staatsorganen wie auch das Stimmverhalten der einzelnen Abgeordneten kann nicht zum Gegenstand verbindlicher Absprachen gemacht werden. **777**

6. Verwaltungsunterbau

Die Bundesregierung und ihre einzelnen Mitglieder stehen an der Spitze eines Verwaltungsunterbaus aus Bundesministerien und nachgeordneten Einrichtungen der Bundesverwaltung. **778**

Der *Bundeskanzler* verfügt über das Bundeskanzleramt als eigenen Verwaltungsunterbau, der ihn bei der Ausübung seiner Regierungsfunktion unterstützt (z. B. Kontakt zu anderen Staatsorganen, Koordinierung der Bundesregierung, Vorbereitung der Kabinettssitzungen, Öffentlichkeitsarbeit etc.). Geleitet wird es vom Chef des Bundeskanzleramts, der häufig zum Bundesminister für besondere Angelegenheiten ernannt wird, bei der Leitung des Kanzleramts jedoch funktionell als Staatssekretär tätig wird und gegenüber dem Bundeskanzler weisungsgebunden ist[907]. **779**

Die *Bundesminister* werden in ihrer Regierungs- und Verwaltungsfunktion durch ihre Ministerialverwaltung unterstützt. Diese übt auch die Dienst- und Rechtsaufsicht über die nachgeordnete Bundesverwaltung sowie die von der Bundesregierung delegierte Fach- oder Rechtsaufsicht über den Ländervollzug von Bundesgesetzen aus. **780**

IV. Zuständigkeiten

1. Regierungsfunktion

Die Bundesregierung besitzt ihre wesentlichen Organkompetenzen im Bereich der Regierungsfunktion, d. h. der Staatsleitung im Ganzen. Die Staatsleitung im weite- **781**

---

906 Ausführlich *Degenhart*, Staatsrecht I, Rn. 767.
907 Vgl. *Maurer*, Staatsrecht I, § 14 Rn. 15.

ren Sinne teilt sie sich vor allem mit der Legislative, der Mitwirkungs- und Kontrollrechte zukommen. Mangels eigenen Geschäftsbereichs und aufgrund seiner Richtlinienkompetenz dominiert innerhalb der Bundesregierung der Bundeskanzler die Ausübung der Regierungsfunktionen.

782 Die einzelnen Regierungsfunktionen sind über das gesamte Grundgesetz verteilt[908]. Wesentlich sind die Befugnisse im Gesetzgebungsverfahren (Gesetzesinitiativrecht, Art. 76 Abs. 1 GG, Anrufung des Vermittlungsausschusses, Art. 77 Abs. 2 Satz 4 GG, Zustimmung zu finanzwirksamen Gesetzen, Art. 113 GG), die Befugnisse in der Haushalts- und Finanzverfassung (Entwurf des Haushalts, Art. 110 Abs. 3 GG) sowie im Bereich der Verteidigung (Genehmigungsvorbehalt bei Kriegswaffen, Art. 26 Abs. 2 Satz 1 GG) und den auswärtigen Angelegenheiten (Zustimmung zu Verträgen der Länder mit auswärtigen Staaten, Art. 32 Abs. 3 GG). Aus der Staatsleitungsfunktion wird ferner die Befugnis der Bundesregierung zur Öffentlichkeits- und Informationstätigkeit hergeleitet, die nach der Rechtsprechung des BVerfG auch zu Grundrechtsbeeinträchtigungen durch staatliche Warnungen berechtigt, ohne dass es einer einfachgesetzlichen parlamentarischen Rechtsgrundlage bedürfte[909]. Die Informationstätigkeit wird entweder durch die Bundesregierung als Kollegialorgan oder durch die einzelnen Regierungsmitglieder ausgeübt, wobei auch hier das Ressortprinzip zu beachten ist[910].

782a Für die Öffentlichkeitsarbeit der Bundesregierung gelten besondere und strenge Voraussetzungen, wenn sie sich auf politische Parteien bezieht: Die Chancengleichheit politischer Parteien im Wettbewerb, Art. 21 Abs. 1 GG, verbietet es der Bundesregierung, sich der ihr aufgrund ihrer Amtsstellung zustehenden Kommunikationsformen zum Zweck der Wahlwerbung zu bedienen[911].

„Die Staatsorgane haben als solche allen zu dienen und sich im Wahlkampf neutral zu verhalten […] Einseitige Parteinahmen während des Wahlkampfs verstoßen gegen die Neutralität des Staates gegenüber politischen Parteien und verletzen die Integrität der Willensbildung des Volkes durch Wahlen und Abstimmungen"[912].

Auch außerhalb des Wahlkampfs folgt aus dem Grundsatz der Chancengleichheit politischer Parteien eine Verpflichtung der Bundesregierung – und damit auch der einzelnen Bundesminister[913] – zur Neutralität:

„Denn der Prozess der politischen Willensbildung ist nicht auf den Wahlkampf beschränkt, sondern findet fortlaufend statt. Die Willensbildung des Volkes und die Willensbildung in den Staatsorganen vollziehen sich in vielfältiger und vor allem tagtäglicher Wechselwirkung […] Zwar mag der politische Wettbewerb zwischen den Parteien im Wahlkampf mit erhöhter Intensität ausgetragen werden; er herrscht aber auch außerhalb von Wahlkämpfen und wirkt auf die Wahlentscheidung der Wählerinnen und Wähler zurück."[914]

---

908 Vgl. Überblick bei *Maurer*, Staatsrecht I, § 14 Rn. 52.
909 Vgl. BVerfGE 105, 252 – *Glykol*; 105, 279 – *Osho*.
910 *Spitzlei*, JuS 2018, 856 ff. (858).
911 BVerfGE 44, 125 (141 ff.) – *Öffentlichkeitsarbeit der Bundesregierung*; BVerfGE 63, 230 (243 f.) – *Öffentlichkeitsarbeit der Bundesregierung*; BVerfGE 138, 102 (118) – *Fall Schwesig*.
912 BVerfGE 148, 11 (25) – *„Rote Karte" für die AfD*; BVerfGE 154, 320 (335 f.) – *Seehofer-Interview auf der Homepage des BMI*.
913 BVerfGE 148, 11 (31) – *„Rote Karte" für die AfD*; BVerfGE 154, 320 (338) – *Seehofer-Interview auf der Homepage des BMI*.
914 BVerfGE 148, 11 (25 f.) – *„Rote Karte" für die AfD*; BVerfGE 154, 320 (336) – *Seehofer-Interview auf der Homepage des BMI*.

Bei Äußerungen von Regierungsmitgliedern ist daher genau zu untersuchen, ob **782b** diese in amtlicher oder in privater, etwa parteipolitischer, Eigenschaft erfolgt[915]. Die Übernahme eines Regierungsamtes schließt nicht aus, dass der Amtsinhaber in privater Eigenschaft auch weiterhin am politischen Wettbewerb teilnimmt[916]. Die Chancengleichheit politischer Parteien verbietet es dann jedoch, für private Äußerungen „die mit dem Regierungsamt verbundenen Mittel und Möglichkeiten" in Anspruch zu nehmen[917].

„Nimmt das Regierungsmitglied für sein Handeln die Autorität des Amtes oder die damit verbundenen Ressourcen in spezifischer Weise in Anspruch, ist es dem Neutralitätsgebot unterworfen [...]. Eine Beeinträchtigung der Chancengleichheit im politischen Wettbewerb findet statt, wenn der Inhaber eines Regierungsamtes im politischen Meinungskampf Möglichkeiten nutzt, die ihm aufgrund seines Regierungsamtes zur Verfügung stehen, während sie den politischen Wettbewerbern verschlossen sind"[918].

Die Abgrenzung muss nach den „Umständen des jeweiligen Einzelfalls" erfolgen, wobei etwa darauf einzugehen ist, ob ausdrücklich auf das Amt abgestellt oder auf Maßnahmen oder Vorhaben des Ministeriums Bezug genommen wird. Auch die Erklärung „durch amtliche Verlautbarungen etwa in Form offizieller Publikationen, Pressemitteilungen oder auf offiziellen Internetseiten seines Geschäftsbereichs" oder die „Verwendung von Staatssymbolen und Hoheitszeichen" deutet auf einen Amtsbezug[919].

„Veranstaltungen des allgemeinen politischen Diskurses (Talkrunden, Diskussionsforen, Interviews) bedürfen differenzierter Betrachtung. Der Inhaber eines Regierungsamtes kann hier sowohl als Regierungsmitglied als auch als Parteipolitiker oder Privatperson angesprochen sein [...]. Die Verwendung der Amtsbezeichnung ist dabei für sich genommen noch kein Indiz für die Inanspruchnahme von Amtsautorität, weil staatliche Funktionsträger ihre Amtsbezeichnung auch in außerdienstlichen Zusammenhängen führen dürfen [...] Zeitungsinterviews stehen nicht nur Inhabern von Regierungsämtern, sondern auch Angehörigen der sie tragenden politischen Parteien und der Opposition offen. Die Auswahl der Interviewpartner liegt in der journalistischen Verantwortung des jeweiligen Presseorgans. Dass dabei Inhabern von Regierungsämtern besonderes Interesse zuteil wird, gehört zu den Gegebenheiten des politischen Wettbewerbs, die im Prozess einer freiheitlichen Demokratie hinzunehmen sind. Der Inhaber eines Regierungsamtes ist nicht verpflichtet, sich im Rahmen eines Interviews auf die Regierungstätigkeit betreffende Aussagen zu beschränken, da auch dies mit dem Recht politischer Parteien auf Chancengleichheit nicht zu vereinbaren wäre. Vielmehr ist er auch insoweit zur Teilnahme am politischen Meinungskampf befugt. Nimmt er aber für eine Aussage in einem Interview die mit seinem Amt verbundene Autorität in spezifischer Weise in Anspruch, ist er an das Neutralitätsgebot gebunden"[920].

Konkret kann dies zur Folge haben, dass ein Bundesminister sich in einem – außerhalb seiner amtlichen Eigenschaft – geführten Zeitungsinterview kritisch gegenüber einer politischen Partei positionieren darf. Die spätere Veröffentlichung

---

915 Vgl. auch *Spitzlei*, JuS 2018, 856 ff. (859); *Krude/Pilniok*, KritV 2020, 290 ff.
916 BVerfGE 44, 125 (141) – *Öffentlichkeitsarbeit der Bundesregierung*; BVerfGE 138, 102 (118) – *Fall Schwesig*; BVerfGE 154, 320 (338) – *Seehofer-Interview auf der Homepage des BMI*.
917 BVerfGE 140, 225 (227) – *Äußerungsbefugnis Bundesministerin*; BVerfGE 154, 320 (339) – *Seehofer-Interview auf der Homepage des BMI*.
918 BVerfGE 140, 225 (227) – *Äußerungsbefugnis Bundesministerin*.
919 Zum Ganzen BVerfGE 154, 320 (340 ff.) – *Seehofer-Interview auf der Homepage des BMI*.
920 BVerfGE 154, 320 (341 f.) – *Seehofer-Interview auf der Homepage des BMI*.

des Interviews auf der Homepage des von ihm geführten Ministeriums kann jedoch zu einer Verletzung des Rechts auf Chancengleichheit führen, weil mit hierdurch auf Ressourcen zurückgegriffen wird, die dem Amtsträger „allein aufgrund seines Regierungsamtes zur Verfügung stehen"[921].

782c Besondere Schwierigkeiten bestehen in diesem Zusammenhang, wenn sich Parteien ihrerseits kritisch zum Handeln der Bundesregierung äußern. Der Bundesregierung muss dann die Möglichkeit zukommen, ihr Handeln zu erläutern und gegen Kritik zu verteidigen:

„Die Befugnis der Bundesregierung zur Erläuterung von ihr getroffener Maßnahmen und künftiger Vorhaben schließt das Recht ein, sich mit darauf bezogenen kritischen Einwänden sachlich auseinanderzusetzen. Die Bundesregierung muss es insbesondere nicht hinnehmen, wenn ihre Arbeit auf der Grundlage unzutreffender Tatsachenbehauptungen oder in unsachlicher und diffamierender Weise angegriffen wird. Andernfalls wäre das Ziel der Öffentlichkeitsarbeit, durch die Erläuterung der Regierungspolitik den notwendigen Grundkonsens der Bürgerinnen und Bürger im demokratischen Gemeinwesen lebendig zu erhalten, nicht oder nur unter erheblich erschwerten Bedingungen erreichbar. Daher darf die Bundesregierung gegen ihre Politik erhobene Vorwürfe aufgreifen, fehlerhafte Tatsachenbehauptungen richtigstellen und unsachliche Angriffe zurückweisen."[922]

Nach der Rechtsprechung des Bundesverfassungsgerichts entbindet auch der unsachliche Angriff einer Partei die Bundesregierung nicht von ihrer Neutralitätspflicht. Ein „Recht auf Gegenschlag" gibt es nicht[923].

„Das Neutralitätsgebot verpflichtet die Bundesregierung allerdings auch in diesen Fällen, einseitig parteiergreifende Stellungnahmen zugunsten oder zulasten einzelner politischer Parteien zu unterlassen. Die Erläuterung ihrer Politik und die Zurückweisung der darauf zielenden Einwände darf sie nicht zum Anlass nehmen, für Regierungsparteien zu werben oder Oppositionsparteien zu bekämpfen. Stattdessen hat sie sich darauf zu beschränken, ihre politischen Entscheidungen zu erläutern und dagegen vorgebrachte Einwände in der Sache aufzuarbeiten."[924]

Im Angesicht populistisch auftretender Parteien und bei Verwendung neuer Kommunikationsmedien zwingt diese Rechtsprechung die Bundesregierung zu einer schwierigen Gratwanderung. Dies verdeutlicht der Sachverhalt, der einer Entscheidung des Bundesverfassungsgerichts aus dem Jahr 2018 zugrunde liegt:

Die Partei „Alternative für Deutschland" (AfD)[925] hatte eine Versammlung mit dem Motto angemeldet: „Rote Karte für [Bundeskanzlerin] Merkel! – Asyl braucht Grenzen". Die damalige Bundesministerin für Bildung und Forschung, Johanna Wanka, ließ daraufhin folgende Pressemitteilung auf der Homepage des von ihr geführten Ministeriums veröffentlichen:
„Rote Karte für die AfD
Johanna Wanka zur geplanten Demonstration der AfD in Berlin am 7.11.2015
,Die Rote Karte sollte der AfD und nicht der Bundeskanzlerin gezeigt werden. Björn Höcke und andere Sprecher der Partei leisten der Radikalisierung in der Gesellschaft

---

921 BVerfGE 154, 320 (349 f.) – *Seehofer-Interview auf der Homepage des BMI.*
922 BVerfGE 148, 11 (29) – *„Rote Karte" für die AfD;* vgl. auch BVerfGE 154, 320 (338) – *Seehofer-Interview auf der Homepage des BMI.*
923 BVerfGE 148, 11 (30) – *„Rote Karte" für die AfD.*
924 BVerfGE 148, 11 (29) – *„Rote Karte" für die AfD.*
925 Zu deren politischem Programm *Schönberger/Schönberger,* JZ 2018, 105 ff. (106): „Tabubruch als entscheidende inhaltliche Neuerung".

Vorschub. Rechtsextreme, die offen Volksverhetzung betreiben wie der Pegida-Chef Bachmann, erhalten damit unerträgliche Unterstützung:" Unter Bezug auf die dargelegten Grundsätze nahm das Bundesverfassungsgericht an, dass die Bundesministerin durch diese Pressemitteilung die AfD in ihrem Recht auf Chancengleichheit der Parteien aus Art. 21 Abs. 1 Satz 1 GG verletzt habe. Es handle sich um einen „parteiergreifenden Angriff auf die Antragstellerin im politischen Wettbewerb aus Anlass der Ankündigung einer politischen Kundgebung [...] Damit überschreitet die Antragsgegnerin die Grenzen zulässiger Öffentlichkeitsarbeit der Bundesregierung und ihrer Mitglieder"[926].

Im Ergebnis ist der Auffassung des Bundesverfassungsgerichts zuzustimmen: Gerade in Zeiten eines sich verschärfenden Tonfalls der öffentlichen Auseinandersetzungen ist es Aufgabe der Staatsorgane, sich um Mäßigung zu bemühen und das politische Klima nicht weiter aufzuheizen.

2. Verwaltungsfunktion

783 Der Schwerpunkt der Verwaltungsfunktion liegt bei den einzelnen Bundesministern. Sie stehen an der Spitze ihres Geschäftsbereichs. Ihnen unterstehen eine Ministerialverwaltung sowie die nachgeordnete Bundesverwaltung. Außerdem üben sie regelmäßig anstelle der Bundesregierung die Fach- und Rechtsaufsicht beim Vollzug von Bundesgesetzen durch die Länder aus.

784 Die Gegenstände der Bundesverwaltung ergeben sich insbesondere aus den verfassungsrechtlichen Normierungen (Art. 86 ff. GG, insb. Auswärtiger Dienst, Bundesfinanzverwaltung, Art. 87 Abs. 1 GG, Bundeswehrverwaltung, Art. 87b Abs. 1 Satz 1 GG). Im Übrigen entspricht die Einteilung des Kabinetts in Geschäftsbereiche den Gegenständen der jeweiligen Ministerialverwaltung.

3. Rechtsetzungsfunktion

785 Rechtsetzend können die Bundesregierung oder einzelne Bundesminister beim Erlass von Rechtsverordnungen und Verwaltungsvorschriften tätig werden. Rechtsverordnungen stellen Gesetze im materiellen Sinn dar, die nur auf Basis eines formellen Gesetzes durch die Bundesregierung oder einzelne Bundesminister erlassen werden dürfen (Art. 80 GG). Verwaltungsvorschriften (vgl. insb. Art. 86 Satz 1, Art. 84 Abs. 2, Art. 85 Abs. 2 Satz 1 GG) wirken ebenso wie interne Weisungen grundsätzlich nur im verwaltungsinternen Innenverhältnis, eine Außenwirkung kann sich nur ausnahmsweise im Wege der Selbstbindung der Verwaltung gem. Art. 3 Abs. 1 GG sowie bei sog. normkonkretisierenden Verwaltungsvorschriften ergeben[927].

Rechtsprechung: BVerfGE 27, 44 – *Parlamentarisches Regierungssystem*; BVerfGE 44, 125 – *Öffentlichkeitsarbeit der Bundesregierung*; BVerfGE 62,1 – *Vertrauensfrage Kohl*; BVerfGE 63, 230 – *Öffentlichkeitsarbeit der Bundesregierung*; BVerfGE 67, 100 – *Herausgabe von Akten für ein parlamentarisches Untersuchungsverfahren*; BVerfGE 90, 286 – *Entscheidung über den Einsatz der Bundeswehr im Ausland*; BVerfGE 91, 148 – *Bundesregierung als Kollegialorgan*; BVerfGE 100, 249 – *Verwaltungsvorschriften für den Vollzug von Bundesgesetzen*; BVerfGE 105, 252 – *Glykol*; BVerfGE 105, 279 – *Osho*; BVerfGE 114, 121 – *Vertrauensfrage Schröder*; BVerfGE 132, 1 – *Einsatz der Bundeswehr im Inland*; BVerfGE 138, 102 – *Fall Schwesig.*; BVerfGE 140, 225 – *Äußerungsbefugnis Bundesministerin*; BVerfGE 148, 11 – *„Rote Karte" für die AfD*; BVerfGE 154, 320 – *Seehofer-Interview auf der Homepage des BMI.*

---

926 BVerfGE 148, 11 (39) – *„Rote Karte" für die AfD.*
927 Dazu ausführlich *Maurer/Waldhoff*, Allg. Verwaltungsrecht, § 24.

Literatur:

Zur Ergänzung:
Friehe, M., „Corona im Bundestag", JA 2021, 831 ff. (Fallbearbeitung); *Hobusch, A./Schröder, J.,* Anfängerklausur – Öffentliches Recht: Staatsorganisationsrecht – Der widerspenstige Innenminister, JuS 2019, 359 ff.; *Huggins, B.,* Anfängerklausur – Öffentliches Recht: Staatsorganisationsrecht – Unvorhersehbare Ministerpräsidenten, JuS 2020, 944 ff. (Fallbearbeitung); *Lohse, E. J.,* Die Hüter der Verfassung, JA 2014, 519 ff. (Fallbearbeitung); *Martini, M./Kühl, B.,* Staatliches Informationshandeln, Jura 2014, 1221 ff.; *Spitzlei, T.,* Die politische Äußerungsbefugnis staatlicher Organe, JuS 2018, 856 ff.; *Voßkuhle, A./Kaiser, A.-B.,* Grundwissen – Öffentliches Recht: Informationshandeln des Staates, JuS 2018, 343 ff.; *Voßkuhle, A./Schemmel, J.,* Grundwissen – Öffentliches Recht: Die Bundesregierung, JuS 2020 736 ff.

Zur Vertiefung:
Aktuelle Diskussionen
Barczak, T., Die parteipolitische Äußerungsbefugnis von Amtsträgern, NVwZ 2015, 1014 ff.; *Czisnik, M.,* Die verfassungsrechtliche Stellung der politischen Beamten, DÖV 2020, 603 ff.; *Gusy, Chr.,* Neutralität staatlicher Öffentlichkeitsarbeit – Voraussetzungen und Grenzen, NVwZ 2015, 700 ff.; *Heck, J./Heffinger, M.,* Die Bildung der Bundesregierung in Krisensituationen, DÖV 2018, 739 ff.; *Hölscheidt, S./Mundil, D.,* Wer hat die meisten Stimmen? Die Wahl des Bundeskanzlers in der dritten Wahlphase, DVBl 2019, 73 ff.; *Krude, E./Pilniok, A.,* Die Äußerungsbefugnisse von Regierungsmitgliedern, KritV 2020, 290 ff.; *Linke, T.,* Ministerielle Amtsverschwiegenheit vs. ressortbezogene Informationshoheit, AöR 141 (2016), 317 ff.; *Meinel, F.,* Das Bundesverfassungsgericht in der Ära der Großen Koalition: Zur Rechtsprechung seit dem Lissabon-Urteil, Der Staat 60 (2021), 43 ff.; *Meyer, S.,* Die Vertrauensfrage eines „geborenen" Minderheitskanzlers, DVBl 2018, 628 ff.; *Payandeh, M.,* Die Neutralitätspflicht staatlicher Amtsträger im öffentlichen Meinungskampf, Der Staat 55 (2016), 519 ff.

Grundlegende Texte
Berthold, L., Das konstruktive Misstrauensvotum und seine Ursprünge in der Weimarer Staatsrechtslehre, Der Staat 36 (1997), 87 ff.; *Böckenförde, E.-W.,* Die Organisationsgewalt im Bereich der Regierung, 2. Aufl. 1998; *Kersten J.,* Parlamentarisches Regierungssystem, VerfassungsR-HdB, 2021, § 11; *Magiera, S.,* Parlament und Staatsleitung in der Verfassungsordnung des Grundgesetzes, 1979.; *Schenke, W.-R.,* Die Bundesrepublik als Kanzlerdemokratie – zur Rechtsstellung des Bundeskanzlers nach dem Grundgesetz, JZ 2015, 1009 ff.

§ 29 Das Bundesverfassungsgericht

786 Das BVerfG ist das Rechtsprechungsorgan der Verfassungsgerichtsbarkeit des Bundes (vgl. Art. 92 Halbsatz 2 GG). Normative Grundlagen sind neben den verfassungsrechtlichen Vorgaben das gem. Art. 94 Abs. 2 Satz 1 GG erlassene Bundesverfassungsgerichtsgesetz (BVerfGG). Aufgrund seines Verfassungsorganstatus gibt sich das BVerfG im Rahmen der bestehenden verfassungsrechtlichen und gesetzlichen Vorgaben eine Geschäftsordnung (GO BVerfG; vgl. § 1 Abs. 3 BVerfGG).

I.   Aufbau und Status

787 Das BVerfG besteht aus *zwei Spruchkörpern* (Senate) mit je acht Richtern, von denen jeweils drei von den obersten Bundesgerichten (vgl. Art. 95 f. GG) stammen müssen (§ 2 BVerfGG). Zwischen den beiden Senaten werden die Verfahren, für die das BVerfG zuständig ist, exklusiv aufgeteilt (§ 14 BVerfGG). Jeder Senat ist bei seinen Entscheidungen das Bundesverfassungsgericht. Im Schwerpunkt beschäftigt sich der 1. Senat mit Grundrechtsfragen, der 2. Senat mit dem Staatsorganisationsrecht. Jeder Senat bildet Kammern, die mit jeweils drei Richtern zu besetzen sind (§ 15a BVerfGG). Besteht in einzelnen Fragen Uneinigkeit zwischen den beiden Senaten, entscheidet das Plenum (§ 16 Abs. 1 BVerfGG)[928].

Die *Richter* des BVerfG werden je zur Hälfte vom Bundestag und vom Bundesrat **788** gewählt (vgl. Art. 94 Abs. 1 Satz 1 GG, §§ 5–9 BVerfGG)[929]. Dieses Verfahren verleiht der Rechtsprechungstätigkeit eine besondere demokratische Legitimation, die der hervorgehobenen Stellung des BVerfG im Verfassungsgefüge der Bundesrepublik Deutschland Rechnung trägt[930]. Teil der Wahl ist auch die Bestimmung von Präsident und Vizepräsident, die jeweils verschiedenen Senaten angehören müssen (vgl. § 9 Abs. 1 BVerfGG). Die einzelnen Voraussetzungen für die Wählbarkeit in das Amt des Bundesverfassungsrichters sind in § 3 BVerfGG geregelt. Danach ist die Vollendung des 40. Lebensjahres, das passive Wahlrecht zum Bundestag, die Befähigung zum Richteramt nach dem Deutschen Richtergesetz (DRiG) sowie das vorab erklärte Einverständnis mit der Wahl in das Amt erforderlich. Die Amtszeit beträgt zwölf Jahre ohne Möglichkeit der Wiederwahl und endet spätestens mit Ablauf des 68. Lebensjahres (§ 4 BVerfGG). Gründe für eine vorherige Beendigung des Amts sind etwa Tod, Dienstunfähigkeit oder nach § 12 BVerfGG die Entlassung auf eigenen Wunsch. Während der Amtszeit gilt eine umfassende Unvereinbarkeit mit anderen Ämtern und Funktionen – zulässig ist lediglich eine Tätigkeit als Hochschullehrer des Rechts (Art. 94 Abs. 1 Satz 3 GG, § 3 Abs. 3 u. 4 BVerfGG). Diese Regelung soll, ebenso wie der Ausschluss von Richtern wegen Verwandtschaft oder Beteiligung in der Sache und die Ablehnung bei Besorgnis der Befangenheit, die Unabhängigkeit der Entscheidung gewährleisten (vgl. §§ 18, 19 BVerfGG).

II. Zuständigkeiten

Die besondere Bedeutung des BVerfG besteht darin, dass es unmittelbar in Verfas- **789** sungsrechtsfragen entscheidet und das Handeln sämtlicher Staatsgewalten am Maßstab der Verfassung kontrollieren kann[931]. Besonders wichtig ist die exklusive Kompetenz zur Verwerfung nachkonstitutionellen einfachen Rechts (vgl. Art. 100 Abs. 1 Satz 1 GG). Dem BVerfG kommt eine enorme Machtfülle und daraus resultierende Verantwortung zu, weil seine Entscheidungen nicht von einer anderen Institution überprüft werden können und die Entscheidungsgegenstände häufig von großer staatspolitischer Bedeutung sind[932].

Dennoch existiert keine Generalklausel zur Begründung der Zuständigkeit des **790** BVerfG. Es ist nur in den *ausdrücklich zugewiesenen Fällen zuständig (Enumerationsprinzip)*. Die Zuständigkeit wird hinsichtlich verschiedener Verfahrensarten etabliert, für die jeweils eigene Regeln gelten. Normative Grundlagen sind neben der enumerativen Auflistung der Verfahrensarten in Art. 93 Abs. 1 GG andere verfassungsrechtliche Zuständigkeiten an gesonderter Stelle, wie etwa Art. 18 Satz 2, Art. 21 Abs. 2 Satz 2, Art. 61 oder Art. 100 GG. Die Zuständigkeiten werden einfachgesetzlich in § 13 BVerfGG zusammengefasst. Dem BVerfG können darüber

---

928 Zuletzt im Fall des Streitkräfteeinsatzes auf Basis des Luftsicherheitsgesetzes, vgl. BVerfGE 132, 1 (3) – *Einsatz der Bundeswehr im Inland*.
929 Zur Richterwahl durch den Bundestag s. oben Rn. 552.
930 *Schlaich/Korioth*, Das Bundesverfassungsgericht, Rn. 43.
931 *Schlaich/Korioth*, Das Bundesverfassungsgericht, Rn. 4 ff.
932 Vgl. das Beispiel bei *Maurer*, Staatsrecht I, § 20 Rn. 11.

hinaus weitere Zuständigkeiten durch einfaches Gesetz eingeräumt werden (vgl. Art. 93 Abs. 3 GG, § 13 Nr. 15 BVerfGG)[933]. Von besonderer praktischer Bedeutung sind neben der Verfassungsbeschwerde (Art. 93 Abs. 1 Nr. 4a GG, § 13 Nr. 8a BVerfGG) die konkrete (Art. 100 Abs. 1 GG, § 13 Nr. 11 BVerfGG) und abstrakte Normenkontrolle (Art. 93 Abs. 1 Nr. 2 GG, § 13 Nr. 6 BVerfGG) sowie speziell für staatsorganisationsrechtliche Fragestellungen das Wahlprüfungsverfahren (Art. 41 Abs. 2 GG, § 13 Nr. 3 BVerfGG), das Organstreitverfahren (Art. 93 Abs. 1 Nr. 1 GG, § 13 Nr. 5 BVerfGG) und der Bund-Länder-Streit (Art. 93 Abs. 1 Nr. 3 GG, 84 Abs. 4 Satz 2 GG, § 13 Nr. 7 BVerfGG)[934].

→ *Zu den einzelnen Verfahrensarten siehe Rn. 1032 ff.*

III. Prozessuale Grundsätze

791 Das Verfahren vor dem BVerfG richtet sich grundsätzlich nach den Vorschriften des BVerfGG. Dabei sind vorrangig die Spezialregelungen zu den einzelnen Verfahrensarten im III. Teil (§§ 36–97 BVerfGG) zu beachten. Subsidiär finden sich in Teil II (§§ 17–35c BVerfGG) allgemeine prozessuale Grundsätze, wobei teilweise, wie etwa beim Öffentlichkeitsgrundsatz (§ 17 BVerfGG), auf die Normen des einfachgesetzlichen Gerichtsverfassungs- und Prozessrechts verwiesen wird. Lücken im Verfassungsprozessrecht können durch die analoge Anwendung von einfachgesetzlichen Prozessnormen geschlossen werden[935].

1. Antragsprinzip

792 Für die Einleitung eines Verfahrens gilt das Antragsprinzip. Das BVerfG wird nur auf schriftlichen, mit Begründung versehenen Antrag und *nicht von Amts wegen* tätig (§ 23 Abs. 1 BVerfGG). Es ist in seinem Untersuchungsrecht allerdings nicht durch den Antrag begrenzt und nimmt anlässlich eines zulässigen Verfahrens auch ohne ausdrücklichen Antrag regelmäßig eine umfassende Sachprüfung vor (uneingeschränkter Untersuchungsgrundsatz)[936].

2. Zulässigkeit und Begründetheit des Antrags

793 Das Bundesverfassungsgericht prüft die Zulässigkeit und Begründetheit des Antrags. Zulässig ist dieser, wenn die verfahrensrechtlichen Voraussetzungen einer Entscheidung in der Sache gegeben sind. Diese Voraussetzungen sind verfahrensabhängig und richten sich nach den Vorgaben des Grundgesetzes und des BVerfGG. Insbesondere werden dabei Vorgaben hinsichtlich zulässiger Antragsteller sowie deren Position zum Verfahrensgegenstand gemacht. So soll etwa bei der Verfassungsbeschwerde das Merkmal der individuellen Betroffenheit („Beschwerdebefugnis", Art. 93 Abs. 1 Nr. 4a GG, §§ 13 Nr. 8a, 90 Abs. 1 BVerfGG) Popularklagen ausschließen, während ein Gericht im Verfahren der konkreten Normenkontrolle Normen nur dann dem BVerfG zur Entscheidung vorlegen soll, wenn es diese einerseits selbst für verfassungswidrig, andererseits im konkreten Fall für entscheidungserheblich hält (Art. 100 Abs. 1 GG, §§ 13 Nr. 11, 80 Abs. 2 BVerfGG). In der Begründetheitsprüfung beurteilt das BVerfG den materiellen

---

933 Vgl. die Beispiele bei *Benda/Klein*, Verfassungsprozessrecht, Rn. 424.
934 Übersicht bei *Schlaich/Korioth*, Das Bundesverfassungsgericht, Rn. 78. Zu den einzelnen Verfahren ausführlich dort, Rn. 79 ff. Knapper *Gersdorf*, Verfassungsprozessrecht und Verfassungsmäßigkeitsprüfung, 5. Aufl. 2019; *Maurer*, Staatsrecht I, § 20.
935 *Schlaich/Korioth*, Das Bundesverfassungsgericht, Rn. 54 ff.
936 Vgl. BVerfGE 15, 249 (253).

Sachvortrag, also etwa bei der Verfassungsbeschwerde, ob tatsächlich eine Grundrechtsverletzung vorliegt, bei der Normenkontrolle, ob die angegriffene Norm verfassungswidrig ist. Vor der endgültigen Entscheidung kann das BVerfG auf Antrag eine einstweilige Anordnung aussprechen, wobei es, wenn der Antrag in der Hauptsache nicht offensichtlich begründet oder offensichtlich unbegründet ist, eine „Doppelhypothese" vornimmt und die Folgen des Nichterlasses einer einstweiligen Anordnung im Falle späterer Begründetheit der Hauptsache dem umgekehrten Fall gegenüberstellt[937]. Eine genauere inhaltliche Prüfung im Eilrechtsschutz kommt nur dann in Betracht, wenn anderenfalls irreversible Folgen eintreten könnten, insbesondere „wenn das Zustimmungsgesetz zu einem völkerrechtlichen Vertrag (Art. 59 Abs. 2 Satz 1 GG) zur Überprüfung gestellt wird, weil hier mit der Hinterlegung der Ratifikationsurkunde der Eintritt einer völkerrechtlichen Bindung der Bundesrepublik Deutschland droht, die nicht mehr ohne Weiteres rückgängig gemacht werden kann"[938].

3. Entscheidung des Bundesverfassungsgerichts

Abgeschlossen wird jedes beantragte Verfahren durch eine Entscheidung des Gerichts. Entschieden wird nach dem gesetzlichen Regelfall, der in der Praxis jedoch die Ausnahme ist, durch Urteil, d. h. aufgrund mündlicher Verhandlung. Entscheidungen ohne mündliche Verhandlung werden als Beschluss bezeichnet (§ 25 Abs. 1 u. 2 BVerfGG). Zur Entlastung des Gerichts gibt es die Möglichkeit, einen Antrag, der offensichtlich ohne Erfolgsaussichten ist, in einem abgekürzten Vorverfahren durch einstimmigen Beschluss des Gerichts abzulehnen (§ 24 BVerfGG, sog. *a-limine-Abweisung*)[939]. In den Verfahren der Verfassungsbeschwerde und der konkreten Normenkontrolle ist das *Kammerverfahren* vorgesehen, bei der mit drei Richtern besetzte Kammern über die Zulässigkeit des Antrags und die Annahme zur Entscheidung bestimmen; ausnahmsweise können sie Verfassungsbeschwerden auch selbstständig stattgeben (vgl. §§ 81a, 93a ff. BVerfGG). **794**

Für die *Beschlussfähigkeit eines Senats*, d. h. die Fähigkeit eine wirksame Entscheidung zu treffen, ist die Anwesenheit von mindestens sechs Richtern erforderlich, so dass nicht immer alle Richter eines Senats an einer Entscheidung mitwirken müssen (§ 15 Abs. 2 Satz 1 BVerfGG). Allerdings sind nach Beginn der Sachberatung die übrigen Richter von der Mitwirkung ausgeschlossen (§ 15 Abs. 3 BVerfGG). Welche Richter mitgewirkt haben, ergibt sich aus der Unterzeichnung der Entscheidung (vgl. § 30 Abs. 1 Satz 2 a. E. BVerfGG). **795**

Ein Senat entscheidet grundsätzlich mit *einfacher Mehrheit* (§ 15 Abs. 4 Satz 2 BVerfGG). Aufgrund der gesetzlich vorgesehenen geraden Anzahl von acht Richtern ist eine *Stimmenparität* möglich. In diesem Fall wird ein Verstoß gegen das Grundgesetz oder gegen Bundesrecht nicht bejaht, so dass der auf diese Feststellung gerichtete Antrag abgewiesen wird (§ 15 Abs. 4 Satz 3 BVerfGG). Bei bestimmten Verfahren ist eine *qualifizierte Zweidrittelmehrheit* der gesetzlichen Mitglieder des Senats erforderlich (6 Stimmen). Dazu gehören die Entscheidung über eine Grundrechtsverwirkung, das Parteiverbot, die Präsidentenanklage sowie die Richterklage (§ 15 Abs. 4 Satz 1 BVerfGG). Das Stimmverhältnis einer Entscheidung kann veröffentlicht werden (§ 30 Abs. 2 Satz 2 BVerfGG). **796**

---

937 Ausführlich *Bäcker*, JuS 2013, 119 ff.
938 BVerfG, NVwZ 2021, 561 (562) – *Beendigung bilateraler Investitionsschutzverträge* m. w. N.
939 *Schlaich/Korioth*, Das Bundesverfassungsgericht, Rn. 70 ff.

797 Entscheidungen des BVerfG ergehen *schriftlich* und mit *Begründung* (§ 30 Abs. 1 Satz 2 BVerfGG). Zulässig ist die Beifügung einer abweichenden Meinung (*Sondervotum*), die sich sowohl auf die Entscheidung selbst als auch auf die Begründung beziehen kann (§ 30 Abs. 2 Satz 1 BVerfGG). Zur Wahrung einer einheitlichen Rechtsprechung beider Senate entscheidet bei unterschiedlicher Rechtsauffassung das Plenum, das sich aus allen 16 Richtern zusammensetzt (§ 16 BVerfGG). Die bedeutenden Entscheidungen sowohl des Plenums und der Senate (BVerfGE) als auch der Kammern (BVerfGK) werden in amtlichen Entscheidungssammlungen veröffentlicht.

798 Entscheidungen des BVerfG *binden* nach § 31 Abs. 1 BVerfGG *alle staatlichen Institutionen*, d. h. die Rechtswirkung tritt nicht nur zwischen den Parteien ein („inter partes"). Entscheidungen, die nach bestimmten Verfahren ergehen, haben sogar *Gesetzeskraft*, d. h. sie binden grundsätzlich jedermann („inter omnes"; vgl. Art. 94 Abs. 2 Satz 1 GG, § 31 Abs. 2 BVerfGG)[940]. Dies betrifft Verfahren, in denen das Gericht über die Verfassungsmäßigkeit von Gesetzen entscheidet und diese somit unmittelbar außer Kraft setzen kann. Entscheidungen, denen Gesetzeskraft zukommt, sind auch im Bundesgesetzblatt zu veröffentlichen (vgl. § 31 Abs. 2 Satz 3, 4 BVerfGG).

799 Inhaltlich umfasst die *Bindungswirkung* die *Entscheidungsformel*, nicht dagegen, auch wenn dies das Bundesverfassungsgericht oft behauptet, die *tragenden Gründe* der Entscheidung. Diese ergeben sich aus den der Begründung vorangestellten Leitsätzen sowie der Begründung selbst. In zeitlicher Hinsicht gelten die Rechtswirkungen einer Entscheidung des BVerfG regelmäßig rückwirkend („ex tunc"), wenn sich diese auf die Verfassungswidrigkeit einer Norm bezieht. Ausnahmen gelten, wenn eine rückwirkende Nichtigkeit zu unübersehbaren oder faktisch nicht zu korrigierenden Folgen führt oder der Gesetzgeber mehrere Korrekturmöglichkeiten besitzt. Letzteres gilt hauptsächlich bei einem Verstoß gegen das Gleichheitsgebot in Art. 3 Abs. 1 GG[941].

IV. Verhältnis zu überstaatlicher Gerichtsbarkeit

800 Aufgrund der Einbindung in das Europäische und Internationale Mehrebenensystem können im Bereich der Rechtsprechung Jurisdiktionskonflikte entstehen[942]. Zu klären ist insofern das Verhältnis des BVerfG zum Europäischen Gerichtshof (EuGH), zum Internationalen Gerichtshof (IGH) sowie zum Europäischen Gerichtshof für Menschenrechte (EGMR).

1. Das Verhältnis zum EuGH

801 Grundsätzlich entscheidet das BVerfG über die Verfassungsmäßigkeit des Handelns der deutschen Staatsgewalt, der EuGH überprüft die Rechtsakte von Unionsorganen am Maßstab des Unionsrechts. Zu *Überschneidungen* dieser eigentlich getrennten Zuständigkeiten kann es kommen, wenn unionsrechtliche Rechtsakte innerstaatliche Wirkung in Deutschland entfalten. Es stellt sich dann die Frage, ob unmittelbar geltende Unionsrechtsakte oder deren Umsetzung ins nationale Recht durch die deutsche Staatsgewalt durch das BVerfG am Maßstab des Grund-

---

940 Zu diesem heutigen Verständnis der „Gesetzeskraft" und deren historischen Wurzeln *Schlaich/Korioth*, Das Bundesverfassungsgericht, Rn. 495 ff.
941 Vgl. Fallgruppen bei *Benda/Klein*, Verfassungsprozessrecht, § 37 Rn. 1460 ff.
942 Ausführlich *Schlaich/Korioth*, Das Bundesverfassungsgericht, Rn. 358 ff. Zum Verhältnis zur Verfassungsgerichtsbarkeit der Länder ebd., Rn. 347 ff.

gesetzes überprüft werden können. Das Verhältnis von EuGH und BVerfG ist weder im deutschen Verfassungsrecht noch im Unionsrecht auf dem Stand des Vertrags von Lissabon geregelt. Abzustellen ist auf das Verhältnis von Unionsrecht und nationalem Verfassungsrecht[943].

Aus der Sicht des EuGH gilt ein grundsätzlicher *Vorrang des Unionsrechts* vor jeder wie auch immer gearteten nationalen Vorschrift, d. h. es besteht ein Anwendungsvorrang des Unionsrechts vor entgegenstehendem einfachem nationalem Recht wie auch nationalem Verfassungsrecht[944]. In der Folge nimmt der EuGH für sich die Befugnis in Anspruch, allein letztverbindlich über die Rechtmäßigkeit von Rechtsakten der Gemeinschaft zu entscheiden.

Auch das BVerfG erkennt den Anwendungsvorrang des Unionsrecht grundsätzlich an; allerdings versteht es diesen als durch den Integrationsauftrag des Art. 23 Abs. 1 GG vermittelt und daher relativ[945]: Einen eigenen Prüfungsanspruch hält es in Fällen für gegeben, in denen die Fortentwicklung des Unionsrechts die verfassungsrechtliche Ermächtigung nicht einhält. Dies ist erstens der Fall, wenn das Unionsrecht keinen „diesem Grundgesetz im Wesentlichen vergleichbaren Grundrechtsschutz gewährleistet"[946]. „Solange" ein adäquater Grundrechtsschutz auf Unionsebene gewährleistet ist, verzichtet das BVerfG darauf, das sekundäre Unionsrecht am Maßstab des Grundgesetzes zu überprüfen. Im Rahmen einer Verfassungsbeschwerde muss der Beschwerdeführer somit geltend machen, dass das Niveau des Grundrechtsschutzes auf europäischer Ebene, einschließlich der Rechtsprechung des EuGH, deutlich unter das durch das Grundgesetz vorgesehene abgesunken sei. Insofern geht das BVerfG von einem „Kooperationsverhältnis" zum EuGH aus[947]. Eine Reservekompetenz macht das BVerfG zweitens geltend, wenn sich Handlungen der Unionsorgane nicht auf die durch das nationale Verfassungsrecht übertragenen Unionszuständigkeiten stützen können (sog. *ultra-vires-Akte*). Erforderlich ist hier jedoch, da derartiges kompetenzwidriges Handeln wegen des damit verbundenen Verstoßes gegen das Prinzip der begrenzten Einzelermächtigung (Art. 5 Abs. 1 u. 2 EUV) oder das Subsidiaritätsprinzip (Art. 5 Abs. 3 EUV) auch unionsrechtswidrig ist, eine vorherige Vorlage zum EuGH[948]. Ferner muss der Verstoß „hinreichend qualifiziert" sein:

802

943　Vgl. ausführlich zum Rangverhältnis *Streinz*, Europarecht, Rn. 198 ff.
944　Grundlegend EuGH, RS. 6/64 – *Costa/ENEL*, Slg. 1964, 1251, 1269 f.; für den Vorrang vor nationalem Verfassungsrecht EuGH RS. 11/70 – *Internationale Handelsgesellschaft*, Slg. 1970, 1125; EuGH, RS. 106/77– *Simmenthal II*, Slg. 1978, 629; zuletzt EuGH, RS. C-409/06 – *Winner Wetten*, Rn. 61, 67.
945　Ausführlich *Polzin*, JuS 2012, 1 ff.
946　Vgl. Art. 23 Abs. 1 Satz 1 GG, der den durch BVerfGE 73, 339 (387) – *Solange II* aufgestellten Prüfungsmaßstab kodifiziert.
947　BVerfGE 89, 155 (175 ff.) – *Maastricht*.
948　BVerfGE 126, 286 (304) – *Honeywell*. Zu einer solchen Vorlage kam es erstmals durch BVerfGE 134, 366 – *OMT-Vorlagebeschluss*. In seinem Urteil vom 16. 6. 2015 (EuGH, C-62/14, NVwZ 2015, 1033 – *Gauweiler*) hat der Europäische Gerichtshof die Europarechtskonformität des Programms, das den Ankauf von Staatsanleihen durch die Europäische Zentralbank vorsieht, bejaht. In der Folge ging auch das BVerfG nicht von einem *ultra-vires*-Akt aus; vgl. BVerfGE 142, 123 (214) – *OMT*: „In der vom Gerichtshof der Europäischen Union vorgenommenen Auslegung sind der Grundsatzbeschluss über die technischen Rahmenbedingungen des OMT-Programms und dessen mögliche Durchführung [...] nicht als Ultra-vires-Maßnahmen zu qualifizieren. In dieser Auslegung, die das Bundesverfassungsgericht grundsätzlich bindet, bestehen gegen den Grundsatzbeschluss [...] letztlich keine durchgreifenden verfassungsrechtlichen Einwände". Anders war dies nun hinsichtlich eines nochmals erweiterten Anleihenkaufprogramms der EZB: Sowohl das Handeln der EZB im Rahmen des PSPP-Programms als auch die auf den Vorlagebeschluss des BVerfG (BVerfGE 146, 216 – *PSPP-Vorlagebeschluss*) ergangene Entscheidung des EuGH stellten *ultra-vires*-Akte dar (BVerfGE 154, 94 ff. – *PSPP*).

„Ein hinreichend qualifizierter Verstoß setzt voraus, dass das kompetenzwidrige Handeln der Unionsgewalt offensichtlich ist und der angegriffene Akt im Kompetenzgefüge zu einer strukturell bedeutsamen Verschiebung zulasten der Mitgliedstaaten führt. Eine strukturell bedeutsame Verschiebung zulasten mitgliedstaatlicher Kompetenzen liegt nur vor, wenn die Kompetenzüberschreitung ein für das Demokratieprinzip und die Volkssouveränität erhebliches Gewicht besitzt.“[949]

Schließlich kommt als dritte Kompetenz des BVerfG die Entscheidung im Rahmen der sog. Verfassungsidentitätskontrolle in Betracht, die sicherstellen soll, dass Art. 79 Abs. 3 GG als Grenze der Integrationsermächtigung (Art. 23 Abs. 1 Satz 3 GG) gewahrt bleibt[950]. Mit der Verfassungsidentitätskontrolle kann also eine Verletzung der in Art. 1 und 20 GG niedergelegten Grundsätze vor dem BVerfG geltend gemacht werden. Besondere Bedeutung hat in diesem Zusammenhang das durch Art. 20 Abs. 1 u. 2 GG geschützte Demokratieprinzip erhalten, weil hierdurch der Verbleib substantieller Rechte beim Deutschen Bundestag im Zuge des voranschreitenden Integrationsprozesses justitiabel gemacht wird[951]. Ferner kann so die Aufrechterhaltung des Grundrechts-, insbesondere Menschenrechtsschutzes in supranationalen Konstellationen sichergestellt werden:

„Die in Art. 23 Abs. 1 Satz 3 in Verbindung mit Art. 79 Abs. 3 GG für integrationsfest erklärten Schutzgüter dulden auch keine Relativierung im Einzelfall. Dies gilt insbesondere mit Blick auf Art. 1 Abs. 1 GG. Die Menschenwürde stellt den höchsten Rechtswert innerhalb der verfassungsmäßigen Ordnung dar. Ihre Achtung und ihr Schutz gehören zu den Konstitutionsprinzipien des Grundgesetzes, denen auch der in der Präambel und in Art. 23 Abs. 1 Satz 1 GG zum Ausdruck kommende Integrationsauftrag und die Europarechtsfreundlichkeit des Grundgesetzes Rechnung tragen müssen. Vor diesem Hintergrund gewährleistet das Bundesverfassungsgericht im Wege der Identitätskontrolle den gemäß Art. 23 Abs. 1 Satz 3 in Verbindung mit Art. 79 Abs. 3 und Art. 1 Abs. 1 GG unabdingbar gebotenen Grundrechtsschutz uneingeschränkt und im Einzelfall.“[952]

Betrifft die *ultra-vires*-Kontrolle die Frage, ob sich das unionale Handeln in den Grenzen der übertragenen Kompetenzen bewegt, überprüft die Identitätskontrolle somit die Wahrung einer absoluten Grenze der überhaupt übertragbaren Kompetenzen[953]. Dabei kann ein Rechtsakt, wie die PSPP-Entscheidung zeigt, auch beide Grenzen überschreiten[954].

802a Der Vollzug von Unionsrecht durch nationale Behörden wird als innerstaatliches Handeln zwar vollumfänglich durch das Bundesverfassungsgericht auf seine Vereinbarkeit mit Grundrechten geprüft. Bei vollständig unionsrechtlichem Handeln nationaler Stellen bilden den Maßstab hierfür jedoch die Grundrechte des Unionsrechts. Da für die Auslegung jedoch der EuGH zuständig ist, muss das BVerfG nach Art. 267 Abs. 3 AEUV vorlegen, sofern eine Auslegungsfrage nicht schon entschieden oder vollkommen eindeutig ist[955].

---

949 BVerfGE 146, 216 (25) – *PSPP-Vorlagebeschluss*; BVerfGE 126, 286 (Ls. 1a) – *Honeywell*; BVerfGE 134, 366 (392 ff.) – *OMT-Vorlagebeschluss*.
950 BVerfGE 123, 267 (354) – *Lissabon*; BVerfGE 140, 317 (336 ff.) – *Europäischer Haftbefehl*.
951 Dazu unten Rn. 1000 ff.
952 BVerfGE 140, 317 (341) – *Europäischer Haftbefehl*.
953 BVerfGE 142, 123 (203) – *OMT*; näher *Schlaich/Korioth*, Das Bundesverfassungsgericht, Rn. 360b.
954 BVerfGE 154, 17 (96) – *PSPP*.
955 BVerfGE 152, 216 (237 ff.) – *Recht auf Vergessen II*; vgl. auch BVerfGE 156, 182 (197 ff.) – *Rumänien II*.

„*Ob eine Rechtsfrage vollständig unionsrechtlich determiniert ist, richtet sich in aller Regel nach den Normen, aus denen die Rechtsfolgen für den streitgegenständlichen Fall abzuleiten sind, also danach, ob das streitgegenständliche Rechtsverhältnis und die sich aus ihm konkret ergebenden Rechtsfolgen durch das Unionsrecht oder das nationale Recht festgelegt werden. Maßgeblich sind die im konkreten Fall anzuwendenden Vorschriften in ihrem Kontext, nicht eine allgemeine Betrachtung des in Rede stehenden Regelungsbereich*"[956].

Bei verbleibenden Spielräumen der innerstaatlichen Behörden bilden weiterhin die Grundrechte des Grundgesetzes den zentralen Maßstab, allerdings mit der Maßgabe, dass das Bundesverfassungsgericht von „Wechselwirkungen zwischen Charta, Konvention und mitgliedstaatlichen Verfassungen als Grundlage eines für Vielfalt geöffneten, aber doch durch einen gemeinsamen Grund unterfangenen Grundrechtsschutzes" ausgeht[957].

2.   Das Verhältnis zum IGH

Der Internationale Gerichtshof ist das richterliche Hauptorgan der Vereinten Nationen (Art. 92 VN-Charta). Gem. Art. 59 IGH-Statut sind seine Urteile nur zwischen den Streitparteien („inter partes") und in Bezug auf die Sache bindend, in der entschieden wurde. Aufgrund der aus Art. 25, 59 Abs. 2 GG hergeleiteten sog. „Völkerrechtsfreundlichkeit des GG" sind Entscheidungen des IGH grundsätzlich bei der Auslegung internationaler Rechtsnormen zu berücksichtigen[958]. Ein Zuständigkeitskonflikt zwischen BVerfG und IGH besteht schon deshalb nicht, weil vor dem IGH nur Staaten Verfahrensparteien sein können (Art. 34 Abs. 1 IGH-Statut). **803**

3.   Das Verhältnis zum EGMR

Der *Europäische Gerichtshof für Menschenrechte* ist ein ständiger Gerichtshof, vor dem im Wege der Staaten-, vor allem aber der Individualbeschwerde Verletzungen der Europäischen Menschenrechtskonvention, eines völkerrechtlichen Vertrages, geltend gemacht werden können (§§ 19, 33 f. EMRK). Wegen der Parallelität zur Verfassungsbeschwerde zum BVerfG drohen hier in besonderer Weise Jurisdiktionskonflikte. Art. 35 Abs. 1 EMRK verlangt die Erschöpfung des innerstaatlichen Rechtswegs, welcher die Verfassungsbeschwerde einschließt, so dass im konkreten Einzelfall grundsätzlich das BVerfG vorrangig entscheidet. Möglich ist jedoch auch hier eine Berücksichtigungspflicht vorangegangener Entscheidungen durch deutsche Gerichte und insbesondere durch das BVerfG. Grundsätzlich hat die EMRK als völkerrechtlicher Vertrag i.S.d. Art. 59 Abs. 2 Satz 1 GG den Status einfachen Bundesrechts[959], auch binden die Entscheidungen des EGMR gem. Art. 46 Abs. 1 EMRK die Vertragsparteien nur in den Fällen, in denen sie Beteiligte des konkreten Verfahrens sind. Dennoch leitet das BVerfG auch hier aus der Völkerrechtsfreundlichkeit des Grundgesetzes eine umfassende Berücksichtigungspflicht der nationalstaatlichen Gerichte ab[960] und erhebt die EMRK somit „mittelbar zum verfassungsrechtlichen Prüfungsmaßstab"[961]. **804**

956 BVerfG, NVwZ 2021, 1211 (1213) – *Britisches Tier-Generikum.*
957 BVerfGE 152, 152 (176 f.) – *Recht auf Vergessen I*; ausführlich *Michl*, Jura 2020, 479 ff.
958 BVerfGK 9, 174 – 198.
959 S. dazu und zur Bedeutung i.R.d. Art. 31 GG oben Rn. 260.
960 BVerfGE 111, 307 (322 ff.) – *Görgülü.*
961 *Voßkuhle*, NVwZ 2010, 1 ff. (4).

*„Auch wenn Entscheidungen des Europäischen Gerichtshofs für Menschenrechte als feststel-
lende Judikate keine unmittelbare Änderung der Rechtslage, zumal auf der Ebene des
Verfassungsrechts, herbeiführen, können sie gleichwohl für die Auslegung des Grundgesetzes
rechtserhebliche Bedeutung erlangen. Soweit verfassungsrechtlich entsprechende Auslegungs-
spielräume eröffnet sind, versucht das Bundesverfassungsgericht wegen des Grundsatzes der
Völkerrechtsfreundlichkeit des Grundgesetzes, Konventionsverstöße zu vermeiden [...]. Vor
diesem Hintergrund können Entscheidungen des Europäischen Gerichtshofs für Menschenrechte einer rechtserheblichen Änderung gleichstehen. [...] Im Rahmen der Heranziehung
der Europäischen Menschenrechtskonvention als Auslegungshilfe berücksichtigt das Bundesverfassungsgericht Entscheidungen des Europäischen Gerichtshofs für Menschenrechte auch
dann, wenn sie nicht denselben Streitgegenstand betreffen. Dies beruht auf der jedenfalls
faktischen Orientierungs- und Leitfunktion, die der Rechtsprechung des Europäischen Gerichtshofs für Menschenrechte für die Auslegung der Europäischen Menschenrechtskonvention auch über den konkret entschiedenen Einzelfall hinaus zukommt."*[962]

804a Grenzen findet die Berücksichtigungspflicht aber – ähnlich der Verfassungsidentitätskontrolle mit Blick auf das Unionsrecht – im durch Art. 79 Abs. 3 GG geschützten Kern der Verfassungsidentität[963]. Auch ist bei Entscheidungen mit Bezug auf
andere Konventionsstaaten genau zu überprüfen, ob diese mit Blick auf die zugrunde liegenden Umstände auf die Situation in Deutschland übertragbar ist[964].

Rechtsprechung: BVerfGE 20, 1 – *Befangenheit des Richters Leibholz*; BVerfGE 72, 296 – *Selbst-
ablehnung des Richters Herzog*; BVerfGE 73, 330 – *Ablehnung des Bundesverfassungsrichters Simon*;
BVerfGE 89, 155 – *Maastricht*; BVerfGE 102, 192 – *Ablehnung des Richters Jentsch wegen Besorgnis der Befangenheit*; BVerfGE 111, 307 – *Görgülü*; BVerfGE 123, 267 – *Lissabon*; BVerfGE 126,
284 – *Honeywell*; BVerfGE 131, 152 – *ESM/Informationsrechte des Bundestags*; BVerfGE 132,
195 – *ESM/Einstweilige Anordnung*; BVerfGE 134, 366 – *OMT-Vorlagebeschluss*; BVerfGE 140,
317 – *Europäischer Haftbefehl*; BVerfGE 142, 123 – *OMT*; BVerfGE 146, 216 – *PSPP-Vorlagebeschluss*; BVerfGE 148, 296 – *Streikverbot für Beamte*; BVerfGE 152, 152 – *Recht auf Vergessen I*;
BVerfGE 152, 216 – *Recht auf Vergessen II*; BVerfGE 154, 17 – *PSPP*; BVerfGE 156, 182 –
Rumänien II; BVerfG, NVwZ 2021, 561 – *Beendigung bilateraler Investitionsschutzverträge*;
BVerfG, NVwZ 2021, 1211 – *Britisches Tier-Generikum*; EuGH, C-62/14, NVwZ 2015, 1033 –
Gauweiler.

Literatur:

Lehrbücher zum Bundesverfassungsgericht und zum Verfassungsprozessrecht:
Benda, E./Klein, E./Klein, O., Verfassungsprozessrecht, 4. Aufl. 2020; *Fleury, R.*, Verfassungsprozessrecht, 10. Aufl. 2015; *Gersdorf, H.*, Verfassungsprozessrecht und Verhältnismäßigkeitsprüfung, 5. Aufl. 2019; *Schlaich, K./Korioth, S.*, Das Bundesverfassungsgericht, 12. Aufl. 2021;
Zuck, H./Eisele, R., Das Recht der Verfassungsbeschwerde, 6. Aufl. 2022.

Zur Ergänzung:
Aust, H. Ph./Meinel, F., Entscheidungsmöglichkeiten des BVerfG, JuS 2014, 25 ff., 113 ff.; *Jäkel,
M.*, Zuständigkeiten und Verfahrensarten vor dem Bundesverfassungsgericht. Verfassungspro-
zessualer Überblick abseits der gängigen Verfahrenskonstellationen, JA 2018, 200 ff.; *Michl,
W.*, Die Neuausrichtung des Bundesverfassungsgerichts in der digitalisierten Grundrechte-
landschaft, Jura 2020, 479 ff.; *Voßkuhle, A./Schemmel J.*, Grundwissen – Öffentliches Recht:
Die Verfassungsgerichtsbarkeit, JuS 2021, 1137 ff.; *Wenglarczyk, F.*, Grundzüge des Eilrechts-
schutzverfahrens vor dem BVerfG nach § 32 BVerfGG, JuS 2021, 1024 ff.

---

962 BVerfGE 128, 326 (364 f., 368) – *Sicherungsverwahrung II*.
963 BVerfGE 148, 296 (355) – *Streikverbot für Beamte*.
964 BVerfGE 148, 296 (378 ff.) – *Streikverbot für Beamte*.

Zur Vertiefung:

Alexy, R./Kunig, P./Heun, W./Hermes, G., Verfassungsrecht und einfaches Recht – Verfassungsgerichtsbarkeit und Fachgerichtsbarkeit, VVDStRL 61 (2002) 7 ff.; *Böckenförde, E.-W.*, Verfassungsgerichtsbarkeit: Strukturfragen, Organisation, Legitimation, NJW 1999, 9 ff.; *Dederer, H.-G.*, Die Grenzen des Vorrangs des Unionsrechts – Zur Vereinheitlichung von Grundrechts-, Ultra-vires- und Identitätskontrolle, JZ 2014, 313 ff.; *Dietz, S.*, Die europarechtsfreundliche Verfassungsidentität in der Kontrolle des Bundesverfassungsgerichts, AöR 142 (2017), 78 ff.; *Gläß, A.-C.*, Das Bundesverfassungsgericht als „Hüter der Verfassung" in Krisenzeiten, DÖV 2020, 263 ff.; *Korioth, S.*, Bundesverfassungsgericht und Rechtsprechung („Fachgerichte"), in: FS BVerfG, 2001, 55 ff.; *Masing, J.*, Das Bundesverfassungsgericht, VerfassungsRHdB, 2021, § 15; *Ruffert, M.*, Das Bundesverfassungsgericht als Akteur im Prozess der europäischen Integration, EuGRZ 2017, 241 ff.; *Schulze-Fielitz, H.*, Wirkung und Befolgung verfassungsgerichtlicher Entscheidungen, in: FS BVerfG, 2001, 385 ff.; *Voßkuhle, A.*, Verfassungsgerichtsbarkeit und europäische Integration, NVwZ 2013, Beil. 1, 27 ff.; *ders.*, „Integration durch Recht" – Der Beitrag des Bundesverfassungsgerichts, JZ 2016, 161 ff.

§ 30 Die Parteien als Organe des Verfassungslebens

Politische Parteien sind für die Funktionsfähigkeit repräsentativer Demokratien **805** notwendige Institutionen. In einer repräsentativen Demokratie wird der Staatswille nicht unmittelbar durch das Volk in seiner Gesamtheit, sondern durch eine Volksvertretung gebildet. Die Notwendigkeit der parlamentarischen Repräsentation wie der Entscheidungsfindung nach dem Mehrheitsprinzip führt zu einer Verfestigung von politischen Gruppierungen und Lagern, die für moderne Massendemokratien charakteristisch ist. In diesem System stehen Parteien als intermediäres Organ, das einerseits die Bündelung der im Volk artikulierten Interessen, andererseits die Information des Volks über die parlamentarischen Vorgänge ermöglicht, zwischen Volk und Volksvertretung. Ihnen kommt daher eine besondere Bedeutung nicht nur innerhalb des Parlaments, wo sich Fraktionen entlang den Parteizugehörigkeiten bilden[965], sondern auch und insbesondere bei der politischen Willensbildung der Öffentlichkeit zu. Diese besondere Rolle der politischen Parteien erkennt das Grundgesetz in Art. 21 GG an und verbindet damit eine besondere rechtliche Stellung der Parteien im Staatsgefüge, aber auch verfassungsrechtliche Vorgaben für Aufbau und Betätigung.

I. Funktion und verfassungsrechtliche Stellung der politischen Parteien

1. Organisation und Vermittlung der politischen Willensbildung des Volkes

Gem. Art. 21 Abs. 1 Satz 1 GG wirken die Parteien bei der politischen Willensbil **806** dung des Volkes mit. Zentraler Akt der politischen Willensbildung des Volkes ist die Wahl der Volksvertretungen (vgl. Art. 20 Abs. 2 Satz 1 GG). Aus diesem Grund spielen die politischen Parteien hier eine hervorgehobene Rolle: sie stellen ihre Kandidaten auf (vgl. auf Bundesebene § 18 Abs. 1 BWahlG) und führen Wahlkampf, um die staatlichen Mandate und Ämter in Parlament und Regierung zu besetzen und so die eigenen politischen Überzeugungen in die Willensbildung der Staatsorgane einzubringen. In dieser vorrangigen Tätigkeit als *Wahlvorberei-*

---

965 Vgl. oben Rn. 431 ff.

tungsorganisationen erschöpft sich die politische Mitwirkung der Parteien aber nicht.

807 Eine wichtige Funktion der Parteien besteht auch über die Wahlen hinaus. Sie sind *Träger der ständigen Auseinandersetzung um den richtigen politischen Kurs*. Sie formulieren die politischen Ziele und vermitteln sie den Bürgern, wodurch dem Einzelnen oft erst eine aktive Teilnahme am Willensbildungsprozess des Staates ermöglicht wird. Die Parteien sind somit das Rückkopplungsinstrument zwischen dem Willen der Bürger und der Willensbildung der Staatsorgane[966]. Die politischen Parteien besitzen zwar kein Monopol, nehmen jedoch eine Schlüsselstellung bei der politischen Willensbildung des Volks ein. Punktuelle Einflussnahme durch Lobbyisten, Interessenverbände, Kirchen etc. findet zwar statt, öffentliche Ämter auf Bundesebene werden aber fast ausschließlich durch Parteimitglieder besetzt. Eine besondere Bedeutung kommt dabei der Freiheit zu, neue Parteien zu gründen.

„Auch kleine Parteien sind für den politischen Prozess und die politische Landschaft von Bedeutung. Das institutionalisierte politische System, das auf politische Parteien und effektiven Wettbewerb zwischen ihnen setzt, braucht die Mitwirkung neuer Konkurrenten, aber auch der bestehenden kleinen Parteien. Der Wettbewerb zwischen den Parteien kann auf Dauer nur wirken, wenn er nicht auf die Konkurrenz zwischen den bereits existierenden und erfolgreichen beschränkt bleibt, sondern durch das Hinzutreten neuer Wettbewerber und die anhaltende Herausforderung durch die kleinen Parteien erweitert, intensiviert und gefördert wird. Kleine Parteien können die Lernfähigkeit des politischen Systems eher stärken, wenn sie eine realistische Chance haben, selbst politische Erfolge zu erzielen. Für das Mehrparteiensystem politisch bedeutsam und für den Wettbewerb förderlich erweisen sich vor allem auch die Resonanzen bei den Parlamentsparteien, die im Hinblick auf Wahlerfolge der kleinen Konkurrenten häufig gezwungen werden, sich mit den von diesen Parteien in den Mittelpunkt gestellten Themen auseinanderzusetzen.“[967]

808 Ausgeschlossen ist die unmittelbare Einflussnahme der Parteien auf die Rechtsprechung und die Verwaltung. Die zuständigen Staatsorgane und Ämter werden nicht direkt durch Volkswahlen nach parteipolitischen Präferenzen besetzt. Für die persönliche Besetzung sind rechtlich nur „unpolitische“ Kriterien maßgeblich (vgl. Art. 33 Abs. 2, Art. 97 f. GG).

2.   Funktionsgerechter Verfassungsstatus

809 Die durch Art. 21 GG normierte Schlüsselfunktion der politischen Parteien erfordert einen besonderen, ihrer Funktion gerecht werdenden Verfassungsstatus.

810 **a) Rechtliche Trennung von Staatsinstitutionen und Parteien.** Ausgangspunkt ist die rechtliche Zugehörigkeit der Parteien zur politisch-gesellschaftlichen Sphäre und damit verbunden die strikte rechtliche Trennung von den staatsorganisatorisch geregelten Abläufen. Parteien sind keine unmittelbaren rechtlichen Akteure der staatlichen Willensbildung, sondern außerhalb der staatlichen Sphäre aktiv. Die politische Willensbildung des Volkes, an der die Parteien unmittelbar beteiligt sind, kann nur im *staatsfreien Raum* stattfinden, wenn sie dem demokratischen Prinzip gerecht werden will.

---

966 BVerfGE 91, 262 (267) – *Parteiverbot „Nationale Liste“.*
967 BVerfGE 111, 382 (404 f.) – *Drei-Länder-Quorum.*

„Das Verfassungsgebot der grundsätzlich staatsfreien und offenen Meinungs- und Willens-bildung vom Volk zu den Staatsorganen wehrt eben wegen dieser Tätigkeit der politischen Parteien jede staatlich-institutionelle Verfestigung der Parteien ab und verbietet ihre Ein-fügung in den Bereich der organisierten Staatlichkeit."[968]

Strikt zu unterscheiden sind insbesondere Parteien und Fraktionen[969]. Daher kann **810a** insbesondere eine Fraktion den Anspruch einer politischen Partei auf Chancen-gleichheit im politischen Wettbewerb gem. Art. 21 Abs. 1 GG nicht geltend ma-chen[970]. Auch darf ein Ausschluss der Partei von der staatlichen Finanzierung (Art. 21 Abs. 3 GG)[971] nicht auch zum Entzug von Fraktionszuwendungen führen. Das Bundesverwaltungsgericht hat dies für Zuwendungen an kommunale Fraktio-nen entschieden[972], die Ausführungen lassen sich sinngemäß jedoch auch auf Fraktionen des Bundestags und der Landtage übertragen.

„Art. 21 Abs. 3 GG n. F. ermächtigt nur zum bundesgesetzlichen Ausschluss von der Parteienfinanzierung im Sinne des Parteiengesetzes [...] Art. 21 Abs. 4 GG behält die Entscheidung über einen solchen Ausschluss dem Bundesverfassungsgericht vor. Die Par-teienfinanzierung bezieht sich auf die Mitwirkung der Parteien an der politischen Wil-lensbildung des Volkes, die dem gesellschaftlichen Bereich zuzuordnen ist. Sie hat die Beteiligung an Wahlen und das Erringen von Mandaten zum Ziel. [...] Der Ausschluss von Fraktionszuwendungen betrifft dagegen die Finanzierung der Arbeit einer Untergli-derung der demokratisch gewählten Volksvertretung, die als Tätigkeit eines staatlichen Organs oder Organteils dem staatlichen Bereich zuzuordnen ist. Das gilt auch für die Tätigkeit der kommunalen Fraktionen als Untergliederungen der Gemeindevertretung. Wie bereits dargelegt, sind Fraktionszuwendungen nicht zur Finanzierung etwa ‚hinter' den Fraktionen stehender Parteien bestimmt und dürfen dazu auch nicht zweckentfrem-det werden. [...] Einer Gleichsetzung von Parteien- und Fraktionsfinanzierung steht überdies entgegen, dass die demokratische Legitimation der Mitglieder der kommunalen Vertretung und der von ihnen gebildeten Fraktionen nicht auf der politischen Ausrich-tung ihrer Tätigkeit beruht, sondern aus ihrer Wahl und dem dabei errungenen Mandat folgt."[973]

Parteien sind *keine Staatsorgane*[974], ihre Willensbildung wird nicht dem Staat zuge- **811** rechnet. Das BVerfG hat sie in seiner Rechtsprechung in den frühen Jahren der Bundesrepublik jedoch als Verfassungsorgane „im inneren Bereich des Verfas-sungslebens" bezeichnet[975]. Mittlerweile spricht es stattdessen von *„verfassungs-rechtlichen Institutionen"*[976]. Letztlich ist der Unterschied vor allem terminologi-scher Art: Art. 21 Abs. 1 Satz 1 GG bringt einen Sonderstatus der Parteien als intermediärer Gewalt zwischen Staat und Gesellschaft zum Ausdruck, mit dem eine gewisse verfassungsrechtliche Sonderstellung verbunden ist. Wie man diese bezeichnet, ist von untergeordneter Bedeutung.

---

968 *Hesse,* VVDStRL 17 (1959), S. 33, zitiert durch BVerfGE 20, 56 (101 f.) – *Parteienfinanzierung.*
969 Oben Rn. 431 ff.
970 BVerfGE 150, 163 (167 f.) – *Äußerungen des Bundesinnenministers (Fall Seehofer).*
971 Unten Rn. 828 ff.
972 BVerwGE 162, 284 – *Ausschluss von Fraktionszuwendungen.*
973 BVerwGE 162, 284 (294 f.) – *Ausschluss von Fraktionszuwendungen.*
974 *Ipsen/Kaufhold/Wischmeyer,* Staatsrecht I, § 18 Rn. 14.
975 Vgl. BVerfGE 1, 208 – *SSW;* BVerfGE 4, 27 – *Parteifähigkeit politischer Parteien im Organstreit.* Kritik bei *Stern,* Staatsrecht I, S. 457 f.; *Maurer,* Staatsrecht I, § 11 Rn. 23 ff.
976 S. *Maurer,* Staatsrecht I, § 11 Rn. 24; s. auch BVerfGE 20, 56 – *Parteienfinanzierung;* BVerfGE 91, 262 m. w. N. – *Parteiverbot „Nationale Liste".*

812 **b) Verfassungsprozessualer Sonderstatus.** Zu beachten ist, dass Parteien im Verfassungsprozessrecht nach der Rechtsprechung des BVerfG *teilweise wie Verfassungsorgane* behandelt werden[977].

–   Parteien sollen verfassungsprozessual insoweit die Stellung eines Verfassungsorgans innehaben, als sie ihre speziell *aus der Verfassung herrührenden Mitwirkungsrechte* wie Organrechte im Wege des Organstreitverfahrens vor dem BVerfG geltend machen können. Sie seien insofern andere Beteiligte, „die durch dieses Grundgesetz [...] mit eigenen Rechten ausgestattet sind" (Art. 93 Abs. 1 Nr. 1 GG).

–   Parteien sind kein Teil des Staates und keine Träger öffentlicher Gewalt. Sie sind daher *grundrechtsfähig* i. S. d. Art. 19 Abs. 3 GG und können Grundrechtsverletzungen mit der Verfassungsbeschwerde geltend machen. Dabei ist Art. 21 GG kein Grundrecht oder grundrechtsgleiches Recht i. S. d. Art. 93 Abs. 1 Nr. 4a GG, die dort enthaltene Funktionszuweisung intensiviert aber den Schutz anderer Grundrechte. So wird aus Art. 21 GG insbesondere der Grundsatz der Chancengleichheit aller Parteien hergeleitet, der eine verschärfte formelle Anwendung des Gleichheitsgebots des Art. 3 Abs. 1 GG durch den Staat fordert. Diese Intensivierung der *grundrechtlich geschützten politischen Betätigungsfreiheit* durch Art. 21 GG gilt sowohl für die Parteien selbst, als auch für die in einer Partei organisierten Bürger als selbstständige Grundrechtsträger.

–   Diese verfassungsprozessuale Differenzierung zwischen der Geltendmachung ihrer Sonderstellung und ihrer Grundrechte wird überwiegend kritisiert[978]. Naheliegender ist es, da Parteien der Sache nach keine Staatsorgane darstellen, durchgehend die Verfassungsbeschwerde als statthaftes Verfahren anzuerkennen. Für die sachliche Prüfungsintensität ergibt sich kein Unterschied. Im Rahmen der Verfassungsbeschwerde sind die Grundrechte Prüfungsmaßstab, allerdings verstärkt durch den Funktionsauftrag in Art. 21 GG. Im Rahmen des Organstreitverfahrens ist Art. 21 GG Maßstab, intensiviert durch die politischen Grundrechte, die die politischen Parteien und ihre Mitglieder über die Parteibetätigung wahrnehmen[979].

–   Im weiteren Sinne zum verfassungsprozessualen Sonderstatus ist auch die Regelung des Art. 21 Abs. 2 GG zu zählen (sog. Parteienprivileg). Anders als andere Verbände können Parteien danach nur verboten werden, wenn sie verfassungswidrig sind, wobei über das Parteiverbot ebenso wie über den als milderes Mittel hierzu vorgesehenen Ausschluss von der staatlichen Finanzierung das BVerfG in einem eigenständigen Verfahren entscheidet (vgl. Art. 21 Abs. 4 GG, §§ 13 Nr. 2 f., 43 ff. BVerfGG)[980].

–   Eine eigenständige verfassungsprozessuale Verfahrensart stellt die *Nichtanerkennungsbeschwerde* nach Art. 93 Abs. 1 Nr. 4c GG, §§ 13 Abs. 1 Nr. 3a, 96a ff. BVerfGG dar, mit der Vereinigungen geltend machen können, sie seien zu Unrecht nicht als wahlvorschlagsberechtigte Partei anerkannt worden[981].

---

977 Vgl. *Ipsen/Koch*, in: Sachs, GG, Art. 21 Rn. 48; *Maurer*, Staatsrecht I, § 11 Rn. 21 ff. S. dazu auch unten Rn. 1050.
978 Vgl. *Ipsen/Koch*, in: Sachs, GG, Art. 21 Rn. 50 ff.; *Stern*, Staatsrecht I, S. 465 f.; *Schlaich/Korioth*, Das Bundesverfassungsgericht, Rn. 92.
979 Vgl. *Maurer*, Staatsrecht I, § 11 Rn. 60.
980 Unten Rn. 828 ff.; zur Systematik *Müller*, DVBl. 2018, 1035 ff.
981 Oben Rn. 546.

Rechtlich bleiben die Parteien zivilrechtliche Vereinigungen (eingetragene oder **813** nicht rechtsfähige Vereine) der außerstaatlichen Sphäre, die jedoch permanent faktisch und funktional in den staatsorganisatorischen Bereich, insbesondere in die Willensbildung der Staatsorgane hineinwirken.
→ *Rn. 1050*

II. Stellung und Aufbau der politischen Parteien

Normative Grundlage für Stellung und Aufbau der politischen Parteien ist verfas- **814** sungsrechtlich Art. 21 GG. Einfachgesetzlich finden zwar grundsätzlich die Vorschriften des Zivilrechts aufgrund des Status der Parteien als zivilrechtliche Vereinigungen Anwendung. Sie werden aber durch öffentlich-rechtliche Regelungen überlagert. Zu diesen gehören in erster Linie das gem. Art. 21 Abs. 3 GG erlassene Parteiengesetz (PartG), die Regelungen des Bundeswahlgesetzes (BWahlG) sowie die spezifische Ausgestaltung des Parteiverbotsverfahrens im Bundesverfassungsgerichtsgesetz (BVerfGG). Spezielle Vorschriften finden sich auch im Steuerrecht im Hinblick auf Steuerbefreiungstatbestände und die Abzugsfähigkeit von Spenden an politische Parteien.

1. Begriff der politischen Partei

Das Grundgesetz definiert den Begriff der politischen Partei nicht. Eine einfachge- **815** setzliche Legaldefinition findet sich in § 2 Abs. 1 PartG. Danach sind Parteien *Vereinigungen von Bürgern, die dauernd oder für längere Zeit für den Bereich des Bundes* oder *eines Landes* auf die *politische Willensbildung Einfluss nehmen und an der Vertretung des Volks im Deutschen Bundestag oder einem Landtag mitwirken wollen*, wenn sie nach dem Gesamtbild der tatsächlichen Verhältnisse [...] eine ausreichende Gewähr für die Ernsthaftigkeit dieser Zielsetzungen bieten.

Entscheidend sind damit die *Dauerhaftigkeit* und die *Zielsetzung, in einem Parla-* **816** *ment vertreten* zu sein. Zwar kann eine einfachgesetzliche Norm aufgrund der Normenhierarchie nicht über die Auslegung des Begriffs der Partei in Art. 21 GG disponieren. Aber:

„Das Bundesverfassungsgericht geht in ständiger Rechtsprechung davon aus, dass der Gesetzgeber den Parteienbegriff des Art. 21 Abs. 1 GG durch diese Legaldefinition in verfassungskonformer Weise konkretisiert hat [...] § 2 PartG muss allerdings im Lichte des Art. 21 Abs. 1 GG ausgelegt und angewendet werden"[982].

Nur wenn eine Vereinigung die nachfolgend dargestellten Voraussetzungen erfüllt, stehen ihr die verfassungs- und einfach-rechtlichen Privilegien politischer Parteien zu.

a) Vereinigung von Bürgern. Eine politische Partei ist eine Vereinigung von Bür- **817** gern, d. h. der freiwillige Zusammenschluss *natürlicher* Personen (vgl. § 2 Abs. 1 Satz 2 PartG). Der Begriff „Bürger" bedeutet aber zunächst nicht, dass nur deutsche Staatsangehörige als Mitglieder zulässig sind, was sich im Umkehrschluss aus § 2 Abs. 3 Nr. 1 PartG ergibt. Eine politische Vereinigung ist aber dann keine Partei und *verliert* ggf. ihren *Parteistatus*, wenn nicht die Mehrheit der Mitglieder

---

982 BVerfGE 146, 319 (323) – *Parteieigenschaft politischer Vereinigungen*; BVerfG, NVwZ 2021, 1291 (1292) – *Nichtanerkennungsbeschwerde DKP.*

und des Vorstands deutsche Staatsangehörige sind oder der Sitz oder die Geschäftsleitung sich im Ausland befindet.

Rechtliche Grundlage für die Parteien als Vereinigungen natürlicher Personen
sind die Vereinigungsformen, die das Zivilrecht anbietet, also insbesondere die
des rechts- oder nichtrechtsfähigen Vereins mit den dafür geltenden Vorschriften
(vgl. §§ 21 ff. BGB). Möglich wäre auch die Wahl gesellschaftsrechtlicher Formen
zur Parteiorganisation. Traditionell sind die Parteien nichtrechtsfähige Vereine[983].

818 **b) Ziel der politischen Einflussnahme.** Ziel der Vereinigung muss sein, *dauerhaft*
und *langfristig* auf die politische Willensbildung im Bund oder einem Land Einfluss
nehmen zu wollen und dafür die Mitwirkung im Bundestag oder einem Landtag
anzustreben, d. h. an Wahlen zum Parlament teilzunehmen. Dies entspricht der
oben beschriebenen Funktion der Parteien, den politischen Willen des Volkes in
die Staatsorgane zu tragen und vor allem Wahlvorbereitungsorganisation zu sein.

„Allein der Wille, ,Partei' zu sein, ist nicht ausreichend. Im Blick auf die bei der Zulas-
sung zur Wahl zu stellenden Anforderungen hat der Senat festgestellt, sie sollten gewähr-
leisten, dass sich nur ernsthafte politische Vereinigungen und keine Zufallsbildungen von
kurzer Lebensdauer um Wähler bewerben [...] Daraus folgt im vorliegenden Zusammen-
hang, dass es gewisser objektiver, im Verlauf der Zeit an Gewicht gewinnender Vorausset-
zungen bedarf, um einer politischen Vereinigung den Status einer Partei zuerkennen zu
können"[984].

Ausgenommen sind deshalb *kommunale Wählervereinigungen*, weil diese keine Mitwirkung in den staatlichen Parlamenten anstreben, sondern nur in besonderen
Selbstverwaltungsorganen auf kommunaler Ebene (sog. Rathausparteien). Für diesen Bereich gilt nicht Art. 21 GG, sondern die Regelungen der kommunalen
Selbstverwaltungsgarantie (vgl. Art. 28 GG)[985]. Ebenfalls nicht unter den Parteienbegriff würden Vereinigungen fallen, die ausschließlich eine Mitwirkung auf europäischer Ebene anstreben[986].

819 **c) Ernsthaftigkeit der Zielsetzung.** Das Tatbestandsmerkmal der Ernsthaftigkeit
der Zielsetzung soll einen Missbrauch des Parteienstatus durch Vereinigungen mit
anderer Zielrichtung verhindern[987]. Es soll ausgeschlossen werden, dass sich Zufallsbildungen von kurzer Lebensdauer um Wähler bewerben[988]. Die Ernsthaftigkeit hängt neben der nicht effektiv zu kontrollierenden Absicht der Parteimitglieder von einer Gesamtschau objektiver Merkmale wie der organisatorischen
Verfestigung, der Gesamtzahl der Mitglieder sowie dem nachhaltigen Hervortre-
ten in der Öffentlichkeit ab[989].

„Insgesamt kommt es darauf an, ob die Gesamtwürdigung der tatsächlichen Verhältnisse
einer Partei – unter Einschluss der Dauer ihres Bestehens – den Schluss zulässt, dass sie

---

983 Ursache war die repressive Haltung des Staates im 19. Jahrhundert, insbesondere die staatliche Auf-
     sicht bei eingetragenen rechtsfähigen Vereinen, der durch eine möglichst gering staatlich reglemen-
     tierte Rechtsform ausgewichen werden sollte.
984 BVerfGE 146, 319 (323) – *Parteieigenschaft politischer Vereinigungen;* BVerfG, NVwZ 2021, 1291 (1292)
     – *Nichtanerkennungsbeschwerde DKP.*
985 Vgl. BVerfGE 99, 69 m. w. N. – *Kommunale Wählervereinigungen.*
986 Für eine analoge Anwendung des PartG *Maurer,* Staatsrecht I, § 11 Rn. 32.
987 Vgl. *Stern,* Staatsrecht I, S. 442.
988 BVerfGE 91, 262 (270) – *Verbotsverfahren „Nationale Liste".*
989 Die Aufzählung in § 2 Abs. 1 PartG ist nicht abschließend, vgl. BVerfGE 91, 262 (271) – *Verbotsverfah-*
     ren „Nationale Liste"; vgl. auch BVerfGE 146, 319 (323) – *Parteieigenschaft politischer Vereinigungen:*
     „Entscheidend ist das ,Gesamtbild der tatsächlichen Verhältnisse'".

ihre erklärte Absicht, an der politischen Willensbildung des Volkes mitzuwirken, ernsthaft verfolgt. Daraus ergibt sich, dass Vereinigungen, die nach ihrem Organisationsgrad und ihren Aktivitäten offensichtlich nicht imstande sind, auf die politische Willensbildung des Volkes Einfluss zu nehmen, bei denen die Verfolgung dieser Zielsetzung erkennbar unrealistisch und aussichtslos ist und damit nicht (mehr) als ernsthaft eingestuft werden kann, nicht als Parteien anzusehen sind"[990].

An der Ernsthaftigkeit der Zielsetzung mangelt es insbesondere, wenn eine Partei sechs Jahre lang weder an einer Bundestagswahl noch an einer Landtagswahl teilgenommen hat (vgl. § 2 Abs. 2 Satz 1 PartG) oder sechs Jahre keinen (nach § 23 PartG verpflichtend vorgesehenen) Rechenschaftsbericht eingereicht hat[991]. Auf den erfolgreichen Einzug in die Parlamente kommt es nicht an. Auch ist einer Vereinigung unmittelbar nach ihrer Gründung eine gewisse Zeit zum Aufbau ihrer Organisation zuzugestehen:

„Wegen der den Parteien um der Offenheit des politischen Prozesses willen verfassungsrechtlich verbürgten Gründungsfreiheit ist bei politischen Vereinigungen, die am Beginn ihres Wirkens als Parteien stehen, zu berücksichtigen, dass der Aufbau einer Organisation, die sie zur Wahrnehmung ihrer Funktionen befähigt, eine gewisse Zeit erfordert. Parteien müssen aber auch in der Gründungsphase mindestens ansatzweise in der Lage sein, die ihnen nach § 2 Abs. 1 Satz 1 PartG in Übereinstimmung mit dem Grundgesetz zugedachten Aufgaben zu erfüllen [...]. Während es in der Phase des Beginns mehr auf den sich in der Gründung als Partei artikulierenden Willen zur Mitwirkung an der politischen Willensbildung ankommen mag, muss sich mit fortschreitender Dauer des Bestehens der politischen Vereinigung die Ernsthaftigkeit ihrer politischen Zielsetzung vor allem auch anhand objektiver Kriterien bestätigen, die ihre Fähigkeit zur Erfüllung der Aufgaben einer Partei erkennen lassen"[992].

Umgekehrt bedeutet dies aber nicht, dass bei einer Teilnahme an einer Wahl zwingend der Parteienbegriff erfüllt ist[993]. Entscheidend ist, ob eine Gesamtschau den Schluss zulässt, dass es eine realistische Chance der dauerhaften politischen Betätigung und Wahrnehmung in der Öffentlichkeit gibt, auch wenn sich dies nicht in gewonnenen Parlamentsmandaten niederschlägt.

Beispiele:
1. Die rechtsradikale Nationale Liste (NL) hat zweimal an den Hamburger Bürgerschaftswahlen teilgenommen und dabei nur Stimmen im absoluten Bagatellbereich gewonnen. Sie tritt in der Öffentlichkeit kaum auf und hat nicht genug Mitglieder, um alle Vereinsämter zu besetzen. Ein regelmäßiges Vereinsleben findet nicht statt. Eine öffentliche Wahrnehmung existiert praktisch nicht, von einer spezifisch rechtsradikalen Szene und dem Verfassungsschutz abgesehen. Daher fehlt es an der Ernsthaftigkeit der Zielsetzung, politisch mitzuwirken. Die NL kann sich im Rahmen eines Vereinsverbots nicht auf den Parteienstatus und das daraus folgende Monopol des BVerfG für ein Parteiverbot berufen (vgl. BVerfGE 92, 262 – *Verbotsverfahren Nationale Liste*).
2. Die Sächsische Volkspartei (SVP) ist eine in der Stadt Meißen gegründete Vereinigung mit 30 Mitgliedern. Sie hat bisher insgesamt vier Kundgebungen in Meißen durchgeführt und unterhält ein Facebook-Profil sowie einen Youtube-Kanal. Nun beantragt sie die

---

990 BVerfGE 146, 319 (323) – *Parteieigenschaft politischer Vereinigungen;* BVerfG, NVwZ 2021, 1291 (1292) – *Nichtanerkennungsbeschwerde DKP.*
991 Da der Ausschluss von der Parteieigenschaft *ultima ratio* sein muss, kann allein die verspätete Einreichung von Rechenschaftsberichten diese Rechtsfolge nicht auslösen; vgl. BVerfG, NVwZ 2021, 1291 (1293) – *Nichtanerkennungsbeschwerde DKP.*
992 BVerfGE 146, 319 (324) – *Parteieigenschaft politischer Vereinigungen.*
993 BVerfGE 91, 262 (271) – *Verbotsverfahren „Nationale Liste".*

Anerkennung als wahlvorschlagsberechtigte Partei für die Bundestagswahl und geht gegen die Verweigerung mit der Nichtanerkennungsbeschwerde vor[994]. Diese ist unbegründet, weil die SVP keine Partei im Sinne von Art. 21 GG, § 2 Abs. 1 Satz 1 PartG ist. Das Gesamtbild der Verhältnisse bietet keine ausreichende Gewähr für die Ernsthaftigkeit der Zielsetzung der SVP, dauerhaft für den Bereich des Bundes oder eines Landes auf die politische Willensbildung Einfluss zu nehmen. Die Partei hat keine Aktivitäten nachgewiesen, die über die Stadt Meißen hinausgehen. „Allein die Präsenz in sozialen Medien bietet keine ausreichende Gewähr für die Ernsthaftigkeit der Zielsetzung, die politische Willensbildung im Bund oder in einem Land zu beeinflussen. Um im Wettbewerb mit anderen Parteien und sonstigen auf die Bildung der öffentlichen Meinung Einfluss nehmenden Einrichtungen und Verbänden die Bürger von der Richtigkeit ihrer Politik zu überzeugen, bedarf es über die bloße Präsenz im Internet hinausgehender Tätigkeiten und Aktionen" (vgl. BVerfGE 146, 319 [325 ff.] – *Parteieigenschaft politischer Vereinigungen*).

820   Aufgrund der mangelnden organisatorischen Verfestigung und der fehlenden nachhaltigen politischen Betätigung fallen kurzfristige Wahlkampfbündnisse, Bürgerinitiativen und Aktionsgemeinschaften ebenfalls nicht unter den Parteibegriff[995].

821   **d) Inhalt der Zielsetzung.** Die inhaltliche Zielsetzung selbst ist zunächst irrelevant für den Parteienbegriff. Alle Parteien werden im Hinblick auf ihre politischen Ziele gleichbehandelt, d. h. letztere sind rechtlich unbeachtlich. Welche politischen Ziele eine Partei verfolgt, kann im Rahmen des Parteiverbotsverfahrens relevant werden (vgl. Art. 21 Abs. 2 GG). Im Übrigen gilt der *rein formelle Parteibegriff* des § 2 PartG. Ausgeschlossen sein soll jegliche inhaltliche staatliche Einflussnahme oder politische Zensur. Auch Parteien, die die freiheitlich demokratische Grundordnung bekämpfen, sind bis zu ihrem Verbot durch das BVerfG Parteien i. S. d. Art. 21 GG[996].

2.   Politische Betätigung

822   Nach Art. 21 Abs. 1 Satz 2 GG ist die Gründung einer politischen Partei frei. Die politische Betätigung jeglicher Art der Partei wird nicht nur von Art. 21 GG garantiert, sondern auch durch die Grundrechte verfassungsrechtlich geschützt. Dazu gehören vor allem die politischen Grundrechte in Art. 5 und 8 GG, auf die sich die Parteien bei ihrer politischen Betätigung gegenüber dem Staat berufen können (Art. 19 Abs. 3 GG).

823   Dieser Grundrechtsschutz wird durch die Funktionszuweisung des Art. 21 GG verstärkt. Soweit eine (prozessuale) Berufung auf Grundrechte nicht möglich ist, schützt Art. 21 GG die politische Betätigung der Parteien. Prozessual drückt sich dies vor allem in der vom Bundesverfassungsgericht in ständiger Rechtsprechung zugelassenen Möglichkeit aus, ein Organstreitverfahren vor dem BVerfG anzustrengen. Dabei ist stets der formelle Parteibegriff zu beachten, d. h. der politische Inhalt der Partei darf für die Reichweite des Rechtsschutzes keine Rolle spielen.

824   Aus der Gründungsfreiheit und dem daraus folgenden Mehrparteienprinzip folgt, dass alle Parteien *formal gleich behandelt* werden müssen[997]. Die freiheitlich-demokratische Grundordnung sieht einen Wettbewerb der Parteien um die Stimmen des Volks vor, der ohne Beeinflussung durch die staatliche Sphäre entschieden

---

994   Hierzu oben Rn. 546.

995   Vgl. *Stern*, Staatsrecht I, S. 441.

996   *Maurer*, Staatsrecht I, § 11 Rn. 30.

997   BVerfGE 82, 322 (337) – *Anwendung der Sperrklausel nach der Wiedervereinigung*; BVerfGE 111, 54 (104 f.) – *Rechnungslegung*.

werden soll. Voraussetzung sind freiheitliche und gleiche Bedingungen im politischen Kampf. Neben der Gründungs- und Betätigungsfreiheit sowie dem formellen Parteibegriff ist deshalb die Chancengleichheit der Parteien im politischen Wettbewerb erforderlich[998]. Sie korrespondiert mit der freiheitlich-egalitären Ausgestaltung der demokratischen Mitwirkungsrechte der Staatsangehörigen, insbesondere dem allgemeinen, freien und gleichen Wahlrecht, und ist in ähnlicher Weise formell ausgestaltet[999]. Einen wichtigen Anwendungsfall für den Grundsatz der gleichen Wettbewerbschancen politischer Parteien bildet die Vergabe von Hörfunk- und Fernsehzeiten für Wahlwerbesendungen: Nach der Rechtsprechung des BVerfG haben grundsätzlich alle Parteien Anspruch auf Zuweisung von Wahlkampfzeiten.

„Zum Zwecke der Wahlwerbung vorgesehene Sendungen der politischen Parteien [dürfen] nur bei einem evidenten und ins Gewicht fallenden Verstoß gegen allgemeine Normen des Strafrechts zurückgewiesen werden […] Maßgeblich für die Beurteilung des Wahlwerbespots ist allein dieser selbst, nicht die innere Haltung oder die parteiliche Programmatik, die seinen Hintergrund bildet.“[1000]

Die Chancengleichheit politischer Parteien beschränkt auch die Äußerungsbefugnisse von Amtsträgern. Während dem Bundespräsidenten, der nicht im direkten Wettbewerb zu Parteien steht, ein weiter Spielraum zukommt, auch Fehlentwicklungen und Gefahren zu identifizieren, die von politischen Parteien ausgehen, wird die Öffentlichkeitsarbeit der Bundesregierung hierdurch deutlich beschränkt[1001]. **824a**

Gegenüber dem allgemeinen Gleichheitssatz verschärft die Chancengleichheit die Rechtmäßigkeitsvoraussetzungen für eine staatliche Ungleichbehandlung. Ausreichend für eine Ungleichbehandlung ist nicht ein sachliches Differenzierungskriterium, sondern nur ein zwingender verfassungsrechtlicher Grund. Als rechtfertigender Grund ist aufgrund des formellen Parteienbegriffs die politische Zielsetzung ausgeschlossen. Vor allem darf der Gesetzgeber die vorgefundene Wettbewerbslage der Parteien nicht verändern[1002]. Akzeptiert wird von der Rechtsprechung eine eingeschränkte Differenzierung nach der politischen Bedeutung einer Partei bei der Gewährung öffentlicher Leistungen, wie z.B. der Zuteilung von Wahlkampfzeiten im öffentlich-rechtlichen Rundfunk und Fernsehen[1003] oder der Nutzung von öffentlichen Einrichtungen. **825**

§ 5 Abs. 1 Satz 1 PartG normiert das *verfassungsrechtliche Gleichbehandlungsgebot* bei der Gewährung öffentlicher Leistungen als „Soll-Vorschrift". Den Trägern öffentlicher Gewalt wird ein Ermessensspielraum belassen, der durch weitere Kriterien in § 5 PartG rechtlich reguliert wird. Bei verfassungskonformer Auslegung reduziert sich das Ermessen regelmäßig auf eine Verpflichtung zur streng formellen Gleichbehandlung nach den verfassungsrechtlichen Vorgaben, soweit nicht die **826**

---

998 Vgl. *Hesse*, Verfassungsrecht, Rn. 176.
999 Vgl. zur Wechselbeziehung auch BVerfGE 82, 322 (337 ff.) – *Anwendung der Sperrklausel nach der Wiedervereinigung.*
1000 BVerfG, NVwZ 2019, 963 (964) – *Wahlwerbung zur Europawahl.*
1001 Zum Unterschied BVerfGE 138, 102 (112 f.) – *Fall Schwesig* sowie oben Rn. 682a f., einerseits, 782a andererseits. Zu den Zulässigkeitsvoraussetzungen parteipolitischer Äußerungen von Amtsträgern oben Rn. 782a f.
1002 BVerfGE 111, 54 (104 f.) – *Rechnungslegung.*
1003 Vgl. dazu ein Beispiel bei *Maurer*, Staatsrecht I, § 11 Rn. 45.

begrenzte Verfügbarkeit der öffentlichen Leistungskapazitäten eine Ungleichbehandlung erforderlich macht.

827 Zu beachten ist, dass § 5 PartG und die verfassungsrechtlich gebotene Chancengleichheit der Parteien keinen originären Anspruch der Parteien auf Gewährung öffentlicher Leistungen begründen. Aus diesen Anforderungen ergibt sich nur ein abgeleiteter Anspruch im Falle der Gewährung öffentlicher Leistungen an die politische Konkurrenz: werden anderen Parteien öffentliche Leistungen oder Einrichtungen zur Verfügung gestellt (häufig: Vermietung einer Stadthalle für Parteiveranstaltungen), so kann sich daraus ein Anspruch auf Gleichbehandlung aus § 5 Abs. 1 PartG i. V. m. Art. 3 Abs. 1 GG ergeben.

3.   Parteiverbot und Ausschluss von der staatlichen Parteienfinanzierung

828 Das Grundgesetz sieht in Art. 21 GG zwei Formen vor, mit denen die „streitbare" oder „wehrhafte Demokratie" den Gegnern des demokratischen Staates kämpferisch entgegentritt: Das Parteiverbot nach Art. 21 Abs. 2 GG und den Ausschluss von der staatlichen Parteienfinanzierung nach Art. 21 Abs. 3 GG . Über beides hat nach Art. 21 Abs. 4 GG das BVerfG zu entscheiden (sog. *Parteienprivileg*), damit das Parteiverbot nicht im politischen Wettbewerb durch politische Gegner in Exekutive oder Parlament missbraucht werden kann. Vor der Entscheidung des BVerfG darf der Staat keine Rechtsfolgen an die angebliche Verfassungswidrigkeit einer Partei knüpfen. Das Parteienprivileg hindert die Behörden aber nicht daran, eine Partei in Publikationen als „radikal" oder „extremistisch" zu bezeichnen[1004] oder sie verfassungswidriger Betätigung zu verdächtigen[1005]. Auch Maßnahmen zur Vorbereitung von Anträgen nach Art. 21 Abs. 2 und 3 GG, etwa die Beobachtung durch den Verfassungsschutz, sind zulässig.

829 Ein Parteiverbot darf nach Art. 21 Abs. 2 GG nur erfolgen, wenn eine Partei verfassungswidrig ist. Dazu muss sie nach ihren Zielen oder nach dem Verhalten ihrer Anhänger darauf ausgehen, die freiheitliche demokratische Grundordnung zu beeinträchtigen oder zu beseitigen oder den Bestand der Bundesrepublik Deutschland zu gefährden (Art. 21 Abs. 2). Das BVerfG definiert die *freiheitliche demokratische Grundordnung* als Ordnung, „die unter Ausschluss jeglicher Gewalt- und Willkürherrschaft eine rechtsstaatliche Herrschaftsordnung auf der Grundlage der Selbstbestimmung des Volkes nach dem Willen der jeweiligen Mehrheit und der Freiheit und Gleichheit darstellt"[1006]. Zu den *grundlegenden Prinzipien dieser Ordnung* sind zu rechnen:

–   die Menschenwürde als oberster und unantastbarer Wert in der freiheitlichen Demokratie,
–   die Achtung vor den im Grundgesetz konkretisierten Menschenrechten, vor allem vor dem Recht der Persönlichkeit auf Leben und freie Entfaltung,
–   das Grundrecht auf freie Meinungsäußerung,
–   den freien und offenen Prozess der Meinungs- und Willensbildung des Volkes,
–   die Rundfunk-, Presse- und Informationsfreiheit,

1004 So BVerfGE 40, 287 – *Bezeichnung einer Partei als „verfassungsfeindlich"*.
1005 BVerfGE 133, 100 (108) – *Verfassungskonformität NPD*.
1006 BVerfGE 2, 1 (12 f.) – *Sozialistische Reichspartei*.

- das Bekenntnis zu religiöser und weltanschaulicher Neutralität und die Religionsfreiheit,
- die Vereinigungsfreiheit
- die Volkssouveränität,
- die Gewaltenteilung,
- die Verantwortlichkeit der Regierung,
- die Gesetzmäßigkeit der Verwaltung,
- die Unabhängigkeit der Gerichte,
- das Mehrparteienprinzip und der daraus fließende Parlamentarismus,
- freie Wahlen mit regelmäßiger Wiederholung in relativ kurzen Zeitabständen,
- Chancengleichheit für alle politischen Parteien mit dem Recht auf verfassungsmäßige Bildung und Ausübung einer Opposition[1007].

Die *verfassungsfeindliche Grundhaltung* der Partei muss politisches Programm und **830** Zielsetzung für den Fall der Erlangung von politischer Macht sein. Sie kann sich auch in der inneren Struktur und dem Auftreten der Mitglieder in der Öffentlichkeit äußern, welches jedoch der Partei zurechenbar sein muss[1008]. Nicht ausreichend sind Ausfälle einzelner Parteimitglieder oder einzelne Programmpunkte, deren Verwirklichung mit der Verfassung kollidieren würde. Maßgeblich ist eine Gesamtschau der tatsächlichen Verhältnisse. Das Parteiverbot kann sich auch auf einen *rechtlichen* oder *organisatorischen Teil einer Partei beschränken*, wie z. B. einen Landesverband oder eine institutionalisierte Gruppierung (vgl. § 46 Abs. 2 BVerfGG).

Wegen der einschneidenden Wirkung eines Parteiverbots genügt es nach der **831** Rechtsprechung des BVerfG jedoch nicht, dass lediglich das Programm der Partei Nachweis einer verfassungsfeindlichen Gesinnung ist. Vielmehr muss die Partei auf die Beeinträchtigung oder Beseitigung der freiheitlichen demokratischen Grundordnung „ausgehen":

„Ein solches ‚Ausgehen' setzt bereits begrifflich ein aktives Handeln voraus. Das Parteiverbot ist kein Gesinnungs- oder Weltanschauungsverbot. Notwendig ist vielmehr ein Überschreiten der Schwelle zur Bekämpfung der freiheitlichen demokratischen Grundordnung durch die Partei. Ausgehend von der bisherigen Rechtsprechung setzt dies ein planvolles Handeln voraus, das im Sinne einer qualifizierten Vorbereitungshandlung auf die Beeinträchtigung oder Beseitigung der freiheitlichen demokratischen Grundordnung oder auf die Gefährdung des Bestandes der Bundesrepublik Deutschland gerichtet ist. Dass dadurch eine konkrete Gefahr für die durch Art. 21 Abs. 2 GG geschützten Rechtsgüter begründet wird, ist nicht erforderlich. Allerdings bedarf es konkreter Anhaltspunkte von Gewicht, die einen Erfolg des gegen die freiheitliche demokratische Grundordnung oder den Bestand der Bundesrepublik Deutschland gerichteten Handelns zumindest möglich erscheinen lassen."[1009]

Zur Ermittlung dieser „Potentialität" bedarf es einer „wertenden Gesamtbetrachtung":

„Dabei sind die Situation der Partei (Mitgliederbestand und -entwicklung, Organisationsstruktur, Mobilisierungsgrad, Kampagnenfähigkeit, finanzielle Lage), ihre Wirkkraft in die Gesellschaft (Wahlergebnisse, Publikationen, Bündnisse, Unterstützerstrukturen), ihre Vertretung in Ämtern und Mandaten, die von ihr eingesetzten Mittel, Strategien

---

1007 Ausführlich, auch zur historischen Herleitung dieser Kriterien, BVerfGE 144, 20 (203 ff.) – *NPD-Verbotsverfahren II.*
1008 BVerfGE 144, 20 (216) – *NPD-Verbotsverfahren II.*
1009 BVerfGE 144, 20 (219) – *NPD-Verbotsverfahren II.*

*und Maßnahmen sowie alle sonstigen Umstände zu berücksichtigen, die Aufschluss darü-
ber zu geben vermögen, ob eine Umsetzung der von der Partei verfolgten Ziele möglich
erscheint. Erforderlich ist, dass sich ein hinreichendes Maß an konkreten und gewichtigen
Anhaltspunkten ergibt, die den Rückschluss auf die Möglichkeit erfolgreichen Agierens
der Partei gegen die Schutzgüter des Art. 21 Abs. 2 Satz 1 GG rechtfertigen. Dabei sind
sowohl die Erfolgsaussichten einer bloßen Beteiligung der Partei am politischen Meinungskampf als auch die Möglichkeit einer Durchsetzung der politischen Ziele der Partei
mit sonstigen Mitteln in Rechnung zu stellen.*

*Versucht eine Partei ihre verfassungswidrigen Ziele durch den Einsatz von Gewalt oder
die Begehung von Straftaten durchzusetzen, ist die Anforderung des ‚Darauf Ausgehens'
regelmäßig erfüllt. Die Anwendung von Gewalt beinhaltet neben der Missachtung des
staatlichen Gewaltmonopols einen schwerwiegenden Eingriff in das Prinzip freier und
gleichberechtigter Teilhabe an der politischen Willensbildung. Sie indiziert auch eine
gewisse Potentialität hinsichtlich der Erreichung der von der Partei verfolgten Ziele. Die
Anwendung von Gewalt ist daher bereits für sich genommen hinreichend gewichtig, um
die Annahme der Möglichkeit erfolgreichen Agierens gegen die Schutzgüter des Art. 21
Abs. 2 Satz 1 GG zu rechtfertigen. Gleiches gilt, wenn eine Partei unterhalb der Ebene
strafrechtlich relevanten Verhaltens in einer die Freiheit des politischen Willensbildungs-
prozesses einschränkenden Weise handelt. Dies ist zum Beispiel der Fall, wenn eine Partei
eine ‚Atmosphäre der Angst' oder der Bedrohung herbeiführt, die geeignet ist, die freie
und gleichberechtigte Beteiligung aller am Prozess der politischen Willensbildung nach-
haltig zu beeinträchtigen. Ausreichend ist es dabei, wenn derartige Beeinträchtigungen
in regional begrenzten Räumen herbeigeführt werden. Erforderlich ist allerdings, dass
das Agieren der Partei objektiv geeignet ist, die Freiheit der politischen Willensbildung
zu beschränken. Rein subjektive Bedrohungsempfindungen reichen insoweit nicht.*

*[F]ür ein ‚Darauf Ausgehen' nicht ausreichend ist, dass die Äußerungen einer Partei
darauf angelegt sind, politisch verwirklicht zu werden, und ihnen insoweit eine hand-
lungsleitende Qualität zukommt; dies ist bei den Äußerungen einer politischen Partei
ausnahmslos der Fall. Erforderlich ist vielmehr, dass konkrete Anhaltspunkte von Gewicht bestehen, die einen Erfolg der mit der Verbreitung des verfassungswidrigen Gedan-
kenguts der Partei verbundenen Handlungsaufforderung möglich erscheinen lassen.*"[1010]

832 Die Rechtsfolgen des Parteiverbots wie des Ausschlusses von der Parteienfinanzierung werden erst mit der konstitutiven Feststellung ihrer Voraussetzungen durch
das BVerfG wirksam (Art. 21 Abs. 4 GG). Hierfür stellt das Bundesverfassungsgerichtsgesetz spezielle Verfahren zur Verfügung (§§ 13 Nr. 2, 2a, 43 ff. BVerfGG)[1011].
Dort finden sich auch weitere Regelungen zu den Folgen eines Parteiverbots:
Gem. § 46 Abs. 3 Satz 1 BVerfGG ist die Feststellung der Verfassungswidrigkeit
mit der Auflösung der Partei zu verbinden. Nicht nur ist ihr jegliches politische
Auftreten in der Zukunft verboten, das Gesetz ordnet auch den Verlust aller bestehenden parlamentarischen Mandate gesetzlich an (vgl. § 46 Abs. 1 Nr. 5 BWahlG).
Gleichzeitig tritt das Verbot in Kraft, anstelle der verfassungswidrigen Partei eine
Ersatzorganisation zu gründen, die an deren Stelle die verfassungswidrigen Bestre-
bungen weiterverfolgt, um so das Parteiverbot ad absurdum zu führen (§ 33
PartG). Mit der Auflösung kann außerdem die Einziehung des Parteivermögens
ausgesprochen werden (§ 46 Abs. 3 Satz 2 BVerfGG). Weitere Rechtsfolgen ergeben sich im Zivil- und Strafrecht[1012].

1010 BVerfGE 144, 20 (225) – *NPD-Verbotsverfahren II.*
1011 Im Einzelnen *Schlaich/Korioth*, Das Bundesverfassungsgericht, Rn. 340 ff.
1012 Vgl. *Stern*, Staatsrecht I, S. 214 f.

Fehlt es an der Voraussetzung des tatsächlichen Gefährdungspotentials, kommt **833**
zwar kein Verbot, jedoch nach dem 2017 eingefügten Art. 21 Abs. 3 GG n. F. ein
Ausschluss von der staatlichen Parteienfinanzierung in Betracht. Der geringeren
Anforderung auf Tatbestandsebene (es genügt, dass die Partei auf die Beseitigung
der freiheitlichen demokratischen Grundordnung „ausgerichtet" ist) korrespondiert eine gegenüber dem Parteiverbot weniger schwerwiegende Rechtsfolge: Zwar
hat der Ausschluss von der staatlichen Parteienfinanzierung und der damit verbundene Wegfall der steuerrechtlichen Privilegierung von Parteispenden (Art. 21
Abs. 3 Satz 2 GG) gravierende finanzielle Auswirkungen. Anders als beim Verbot
verbleibt der Partei jedoch die Möglichkeit, weiterhin am Verfassungsleben teilzunehmen und nach einer Rückkehr auf den Boden der freiheitlichen demokratischen Grundordnung auch wieder zur staatlichen Finanzierung zugelassen zu werden[1013].

Besondere Bedeutung hat Art. 21 GG zuletzt im Zusammenhang mit der Natio- **834**
naldemokratischen Partei Deutschlands (NPD) erlangt. Im Jahr 2017 lehnte das
BVerfG einen vom Bundesrat gestellten Antrag auf Verbot der NPD ab. Diese
missachte zwar „die Grundprinzipien, die für den freiheitlichen demokratischen
Verfassungsstaat unverzichtbar sind. Ihre Ziele und das Verhalten ihrer Anhänger verstoßen gegen die Menschenwürde und den Kern des Demokratieprinzips
und weisen Elemente der Wesensverwandtschaft mit dem historischen Nationalsozialismus auf."[1014] Allerdings fehle es der Partei am Potential, eine Gefährdung
der freiheitlichen demokratischen Grundordnung zu bewirken[1015]. In Reaktion
auf diese Entscheidung, die die Möglichkeit der Bereitstellung „unterhalb der
Ebene des Parteiverbots liegende[r] Sanktionen – etwa die Kürzung oder Streichung staatlicher Finanzmittel"[1016] – durch den verfassungsändernden Gesetzgeber offenhielt, wurde Art. 21 Abs. 3 GG n. F. (oben Rn. 832) geschaffen. Muss
der Staat nach der Entscheidung des BVerfG somit „ungefährliche Verfassungsfeinde" zwar tolerieren, braucht er sie wenigstens nicht finanziell zu unterstützen.

Zuvor hatte das Gericht bereits im Jahr 2003 ein gegen die NPD gerichtetes Partei- **834a**
verbotsverfahren eingestellt, da der Antrag nicht die nach § 15 Abs. 4 Satz 1
BVerfGG erforderliche qualifizierte Mehrheit fand[1017]. Drei Richter des BVerfG
waren zu der Überzeugung gelangt, dass die vor Einleitung des Verbotsverfahrens
erfolgte Beobachtung der NPD durch V-Leute staatlicher Behörden, die als Mitglieder des Bundes- oder eines Landesvorstandes eingesetzt worden waren, einen
Verstoß gegen die sich aus Art. 21 Abs. 1 GG sowie 20 Abs. 3 GG ergebenden
Grundsätze eines fairen Verfahrens darstellte[1018]. Umgekehrt war die NPD 2013
mit einem eigenen Antrag vor dem BVerfG gescheitert, ihre Verfassungskonformität feststellen zu lassen: § 43 Abs. 1 BVerfGG sieht einen solchen Antrag nicht
vor. Da der Partei aus der bloßen Tatsache, dass sie von staatlichen Stellen für
verfassungswidrig gehalten wird, keine Nachteile erwachsen können, besteht auch
keine planwidrige Regelungslücke[1019].

1013 Zur Systematik ausführlich *Müller*, DVBl. 2018, 1035 ff.
1014 BVerfGE 144, 20 (246) – *NPD-Verbotsverfahren II.*
1015 BVerfGE 144, 20 (307 ff.) – *NPD-Verbotsverfahren II.*
1016 BVerfGE 144, 20 (242) – *NPD-Verbotsverfahren II.*
1017 BVerfGE 107, 339 (356) – *NPD-Verbotsverfahren I.*
1018 BVerfGE 107, 339 (365) – *NPD-Verbotsverfahren I.*
1019 BVerfGE 133, 100 – *Verfassungskonformität NPD.*

4.   Innere Ordnung und Aufbau

835   **a) Rechtliche Vorgaben.** Die innere Ordnung und der Aufbau der politischen Parteien wird durch Art. 21 GG, das gem. Art. 21 Abs. 3 GG erlassene PartG sowie die Vorschriften des Zivilrechts geregelt. Für die bedeutsamste Funktion der Parteien, die in der Aufstellung der Kandidaten für die Parlamentswahlen besteht, macht das Wahlrecht die rechtlichen Vorgaben. Diese gesetzlichen Vorgaben schränken das Recht der Partei- oder Gründungsmitglieder ein, die innere Ordnung nur durch die Satzung zu gestalten.

836   **b) Demokratische Grundsätze.** Art. 21 Abs. 1 Satz 3 GG schreibt einen inneren Aufbau der Parteien nach demokratischen Grundsätzen vor. Das Grundgesetz dehnt an dieser Stelle die Anwendung des Demokratieprinzips auf den außerstaatlichen Bereich aus. Es soll keine Partei mit undemokratischen Strukturen Einfluss auf die politische Willensbildung des Volks und der Staatsorgane bekommen. Dies erfordert die *Willensbildung nach dem Mehrheitsprinzip von der Basis der Partei aus*, sei es durch programmatische Beschlüsse oder durch die regelmäßige Wahl der Parteiorgane und die Beschränkung des Mehrheitsprinzips durch den Minderheitenschutz. Vor allem die Mitwirkungsrechte der Parteimitglieder wie das Stimmrecht müssen streng egalitär ausgestaltet sein[1020]. Ausgestaltet werden die demokratischen Grundsätze durch das PartG.

837   **c) Föderativer Aufbau.** § 7 PartG schreibt, über die Anforderungen des Art. 21 Abs. 1 Satz 3 GG hinaus, einen föderalen Aufbau der politischen Parteien vor. Sie müssen sich in *Gebietsverbände gliedern*, die dem einzelnen Parteimitglied eine angemessene Mitwirkung an der Willensbildung ermöglichen. Die föderale Dezentralisierung soll den inneren demokratischen Aufbau und die Willensbildung von der Basis aus unterstützen. Üblicherweise läuft der föderative Aufbau parallel zu der staatlichen Gebiets- und Verwaltungsstruktur und reicht vom Bundesverband über die Landesverbände bis zu den Bezirks-, Kreis- und Gemeindeverbänden.

838   **d) Satzung und Programm.** Zwingend erforderlich ist für jede Partei die Schaffung einer *schriftlichen Satzung* sowie eines *schriftlichen Programms* (§ 6 Abs. 1 Satz 1 PartG). Die Satzung ist das innere Organisationsstatut, das Aufbau und Struktur der Partei im Rahmen der gesetzlichen Vorgaben regelt. Das PartG macht für den Inhalt der Satzung detaillierte Vorgaben. Das Programm fixiert die politischen Zielsetzungen der Partei. Über Programm und Satzung wird von der Mitgliederversammlung auf dem Parteitag entschieden (§ 9 Abs. 3 PartG).

839   **e) Parteiorgane.** Das PartG schreibt zwingend die Mitgliederversammlung sowie den Vorstand als Parteiorgane vor (§ 8 Abs. 1 Satz 1 PartG). Die *Mitgliederversammlung* ist das oberste Organ; sie wählt den Vorstand und entscheidet über alle wesentlichen, die gesamte Partei betreffenden Fragen, wie etwa das Parteiprogramm, die Satzung und die Beitragsordnung (§ 9 PartG). Der *Vorstand* ist das Leitungsorgan, das die Geschäfte führt und die Partei nach außen vertritt. Er wird mindestens alle zwei Jahre gewählt (§ 11 Abs. 1 Satz 1 PartG). Als weitere Parteiinstitution muss ein *Parteischiedsgericht* zur Schlichtung von Streitigkeiten zwischen Partei und Mitgliedern eingerichtet werden (§ 14 Abs. 1 Satz 1 PartG). Im Übrigen unter-

---

1020 Vgl. *Stern*, Staatsrecht I, S. 445 f.

liegt die organschaftliche Struktur der Partei nach Maßgabe der Gesetze der Satzungshoheit der Mitglieder.

f) Beteiligung an privatwirtschaftlichen Unternehmen. Grundsätzlich steht es **840** Parteien als privatwirtschaftlichen Vereinigungen frei, sich erwerbswirtschaftlich zu betätigen und sich insbesondere an privatwirtschaftlichen Unternehmen zu beteiligen. Eine Ausnahme ergibt sich aufgrund des Gebotes der Staatsferne des Rundfunks für die Beteiligung an privaten Rundfunkunternehmen. Aufgrund der personellen Überschneidungen zwischen Partei- und Staatsorganen und der Teilnahme der Parteien auch an der staatlichen Willensbildung, gilt der Grundsatz der Staatsferne des Rundfunks, mit dem die freie Meinungsbildung ohne staatliche Einflussnahme verfolgt werden soll, auch gegenüber den Parteien[1021]. Mit dieser Zielsetzung kann jedoch nur das (auf Basis landesrechtlicher Normen zu erlassende) Verbot einer Parteibeteiligung an Rundfunkunternehmen gerechtfertigt werden, die der Partei einen bestimmenden Einfluss auf die Programmgestaltung ermöglichen würde. Ein weitergehendes Verbot verstößt gegen die durch Art. 21 Abs. 1 Satz 1 GG verstärkte Rundfunkfreiheit des Art. 5 Abs. 1 Satz 2 GG[1022].

5. Parteifinanzen

a) Finanzierung der politischen Parteien. Jede Partei benötigt eine finanzielle **841** Ausstattung. Die Parteien finanzieren sich durch private und öffentliche Zuwendungen. *Private* Finanzquellen sind die Mitgliedsbeiträge der Parteimitglieder sowie gem. § 25 Abs. 1 Satz 1 PartG zulässige Spenden von Parteimitgliedern oder Dritten. Hinzu kommen Gewinne aus erwerbswirtschaftlicher Betätigung und Vermögensanlagen. Neben diese privaten Einnahmen tritt eine *staatliche Teilfinanzierung*, die sich am politischen Erfolg der einzelnen Parteien orientiert (§§ 18 ff. PartG)[1023]. Dabei enthält § 18 PartG sowohl eine absolute, als auch eine relative Höchstgrenze der Parteienfinanzierung: § 18 Abs. 2 PartG regelt den Gesamtbetrag der staatlichen Parteienfinanzierung. § 18 Abs. 5 PartG bestimmt, dass die staatliche Parteienfinanzierung den Betrag nicht übersteigen darf, den die Partei selbst durch Spenden, Beiträge oder sonstige Einnahmen erwirtschaftet hat. Mit Blick auf die Vorgabe, durch die Parteienfinanzierung die gesellschaftliche Verwurzelung der Parteien zu honorieren, ist die durch die Berücksichtigung sonstiger Einnahmen erfolgende Prämierung unternehmerischer Tätigkeit nicht unproblematisch[1024]. Durch die Neufassung von § 19a IV PartG wurde die Problematik zumindest insoweit entschärft, als die Einnahmen aus unternehmerischer Tätigkeit nur nach Abzug der Ausgaben der Partei berücksichtigt werden. Dies führt dazu, dass Parteien die staatliche Finanzierung nicht mehr durch den Handel mit Gold[1025] oder gar Geld[1026] aufblähen können. Neben der unmittelbaren staatlichen Parteifinanzierung trägt der Staat auch mittelbar zur Parteifinanzierung bei,

1021 BVerfGE 121, 30 (50 ff.) – *Parteibeteiligung an Rundfunkunternehmen.*
1022 BVerfGE 121, 30 (63) – *Parteibeteiligung an Rundfunkunternehmen.*
1023 Zu dieser verfassungsrechtlichen Vorgabe für die staatliche Parteienfinanzierung vgl. BVerfGE 85, 264 (290) – *Parteienfinanzierung.*
1024 Dazu *Schönberger,* Verfassungsblog, 10.11.2014, http://www.verfassungsblog.de/gold-bringt-geld-wie-die-afd-die-luecken-etablierter-parteienfinanzierung-entlarvt/#.Vcjr-rVzKcw (zuletzt aufgerufen am 15.1.2022).
1025 Vgl. zu dieser früheren Erwerbsquelle der Partei „Alternative für Deutschland" *Schönberger,* Verfassungsblog, 10.11.2014, http://www.verfassungsblog.de/gold-bringt-geld-wie-die-afd-die-luecken-etablierter-parteienfinanzierung-entlarvt/#.Vcjr-rVzKcw (zuletzt aufgerufen am 15.1.2022).
1026 Vgl. OVG Berlin-Brandenburg v. 7.3.2018 – OVG 3 B 26.17 – juris, zu dieser Einnahmequelle der Partei „Die PARTEI".

indem er *Zuwendungen* an politische Parteien steuerlich begünstigt, vgl. §§ 34g, 10b Abs. 2 EStG.

„Der verfassungsrechtliche Grundsatz der Staatsfreiheit erlaubt jedoch nur eine Teilfinanzierung der allgemeinen Tätigkeit der politischen Parteien aus staatlichen Mitteln. Er untersagt – unbeschadet der für den politischen Prozess in der freiheitlichen Demokratie kennzeichnenden Verschränkung der Willensbildung des Volkes mit der Willensbildung der Staatsorgane – eine Einflussnahme des Staates auf die Willensbildung in den Parteien und damit auf den Prozess der politischen Willensbildung insgesamt"[1027].

Aus Art. 21 Abs. 1 GG folgt ein Anspruch jeder politischen Partei, gleichberechtigt in das System staatlicher Parteienfinanzierung einbezogen zu werden – ein Ausschluss ist nur durch das Bundesverfassungsgericht im Verfahren nach Art. 21 Abs. 3 GG möglich[1028].

842   **b) Transparenz.** Im Grundgesetz gehört die Transparenz der Parteifinanzen zu den Vorgaben, die Art. 21 GG für den Aufbau der politischen Parteien macht. Gem. Art. 21 Abs. 1 Satz 4 GG müssen die Parteien über die Herkunft und Verwendung ihrer Mittel sowie über ihr Vermögen öffentlich Rechenschaft geben. Die *Rechnungslegungspflicht* ist in den §§ 23 ff. PartG einfachgesetzlich konkretisiert. Vor dem Hintergrund der verfassungsrechtlichen Verpflichtung zur Rechenschaftslegung sind auch die in § 31b PartG vorgesehenen Sanktionen bei Verstößen nicht zu beanstanden[1029].

„Diesem Verfassungsgebot kommt zentrale Bedeutung zu. Es zielt darauf ab, den Prozess der politischen Willensbildung für den Wähler durchschaubar zu machen und ihm offen zu legen, welche Gruppen, Verbände oder Privatpersonen durch Geldzuwendungen auf die Parteien politisch einzuwirken suchen. Der Wähler soll über die Herkunft der ins Gewicht fallenden Spenden an politische Parteien korrekt und vollständig unterrichtet werden und die Möglichkeit haben, daraus Schlüsse zu ziehen."[1030]

843   Wichtigste Regelung in dieser Hinsicht ist die *namentliche Offenlegung von privaten Spendern* ab einer Einzelspende von mehr als 3300 € gem. § 24 Abs. 8 PartG sowie die *Unzulässigkeit von Spenden in bar,* die höher als 1000 € sind (§ 25 Abs. 1 Satz 2 PartG).

Rechtsprechung: BVerfGE 1, 208 – *SSW;* BVerfGE 2, 1 – *SRP-Verbot;* BVerfGE 4, 27 – *Parteifähigkeit politischer Parteien im Organstreit;* BVerfGE 5, 85 – *KPD-Verbot;* BVerfGE 8, 51 – *Steuerliche Abzugsfähigkeit von Parteispenden;* BVerfGE 11, 266 – *„Rathausparteien"/Freie Wählervereinigungen;* BVerfGE 20, 56 – *Staatliche Parteienfinanzierung;* BVerfGE 24, 260 – *Politische Partei;* BVerfGE 24, 300 – *Parteiengesetz;* BVerfGE 34, 160 – *Sendezeiten;* BVerfGE 40, 287 – *Bezeichnung einer Partei als „verfassungsfeindlich";* BVerfGE 41, 399 – *Wahlkampfkostenerstattung für Einzelbewerber – Fall Daniel;* BVerfGE 47, 198 – *Verfassungswidrige Wahlwerbung;* BVerfGE 52, 63 – *Parteispenden – „Niedersachsen-Urteil";* BVerfGE 69, 92 – *Steuerliche Absetzbarkeit von Spenden an Wählervereinigungen;* BVerfGE 69, 257 – *Zurückweisung von Wahlwerbespots;* BVerfGE 73, 1 – *Globalzuschüsse an parteinahe Stiftungen;* BVerfGE 73, 40 – *Steuerliche Abzugsfähigkeit von Parteispenden, Wahlkampfkostenerstattung;* BVerfGE 78, 350 – *Ausschluss kommunaler Wählervereinigungen von steuerlichen Entlastungen;* BVerfGE 82, 54 – *Teilnahme an Fernsehdiskussionen;* BVerfGE 82, 322 – *Anwendung der Sperrklausel nach der Wiedervereinigung;* BVerfGE 84, 290 – *Vermögen der DDR-Parteien;* BVerfGE 85, 264 – *Parteienfinanzierung;* BVerfGE 87, 394 –

1027 BVerfGE 85, 264 (287) – *Parteienfinanzierung.*
1028 Dazu oben Rn. 828 ff.
1029 BVerfG, NVwZ 2019, 1432 (1434 ff.) – *Zahlungsverpflichtung nach Parteiengesetz.*
1030 BVerfGE 52, 63 (87) – *Parteispenden.*

staatliche Finanzierung; BVerfGE 91, 262 – *Verbotsverfahren „Nationale Liste"*; BVerfGE 99, 69 – *Kommunale Wählervereinigungen*; BVerfGE 105, 287 – *Parteienfinanzierung, Nichtberücksichtigung ehrenamtlicher Leistungen*; BVerfGE 107, 339 – *NPD-Verbotsverfahren I*; BVerfGE 121, 30 – *Parteibeteiligung an Rundfunkunternehmen*; BVerfGE 133, 100 – *Verfassungskonformität NPD*; BVerfGE 136, 323 – *„Spinner"*; BVerfGE 138, 102 – *Fall Schwesig*; BVerfGE 140, 211 – *Äußerungsbefugnis Bundesministerin*; BVerfGE 144, 20 – *NPD-Verbotsverfahren II*; BVerfGE 146, 319 – *Parteieigenschaft politischer Vereinigungen*; BVerfGE 148, 1 – *„Rote Karte" für die AfD*; BVerfGE 150, 163 – *Äußerungen des Bundesinnenministers (Fall Seehofer)*; BVerfGE 155, 30 – *AfD – Finanzierung Desiderius-Erasmus-Stiftung – eA*; BVerfG, NVwZ 2019, 1432 – *Zahlungsverpflichtung nach Parteiengesetz*; BVerfG, NVwZ 2021, 1291 – *Nichtanerkennungsbeschwerde DKP*; BVerwGE 31, 368 – *Öffentliche Einrichtungen für Parteien – „Stadthalle"*; BVerwGE 75, 67 und 79 – *Wahlwerbesendungen von Parteien im Rundfunk und Fernsehen*; BVerwGE 87, 270 – *Wahlwerbesendungen von Parteien im Rundfunk und Fernsehen*; BVerwGE 106, 177 – *Voraussetzungen für die Genehmigung einer parteinahen Stiftung*; BVerwGE 110, 126 – *Beobachtung einer Partei durch den Verfassungsschutz*; BVerwGE 162, 284 – *Ausschluss von Fraktionszuwendungen*; OVG Berlin DVBl. 2002, 1426 – *Rechenschaftsbericht*; VG Berlin, NJW 2001, 1367 – *CDU-Rechenschaftsbericht 1998*; BGHZ 75, 158 – *Ausschluss aus Parteien*; BGHZ 79, 265 – *Namensrecht der Parteien*; BGHZ 101, 193 – *kein Anspruch auf Aufnahme in eine Partei*; BGH NJW 1994, 2610 – *Parteiausschluss*.

Literatur:

Zur Ergänzung:
Augsberg, S., Die politischen Parteien als zentrale Akteure des demokratischen Wettbewerbs, Jura 2018, 1110 ff.; *Hornung, G./Schmidt, M.*, Referendarexamensklausur – Öffentliches Recht: Staatsorganisationsrecht – Rassismusprävention durch Parteibeschimpfung, JuS 2015, 343 ff. (Fallbearbeitung); *Krüper, J./Kühr, H.*, Der Lebenszyklus politischer Parteien – Eine „evolutionäre" Einführung in das Parteienrecht, ZJS 2014, 16 ff.; 143 ff.; 241 ff.; 346 ff.; 477 ff.; 609 ff.; *Müller, M. W.*, Der Ausschluss von der staatlichen Finanzierung als milderes Mittel zum Parteiverbot – Zur Systematik von Art. 21 n. F. GG, DVBl. 2018, 1035 ff.; *Shirvani, F.*, Parteiverbot und Parteienfinanzierungsausschluss, Jura 2020, 448 ff.; *Uhle, A.*, Das Parteiverbot gem. Art. 21 II GG, NVwZ 2017, 583 ff.

Zur Vertiefung:
Aktuelle Diskussionen
v. Arnim, H. H., Parteienfinanzierung in Deutschland, DÖV 2020, 593 ff.; *Frau, R.*, Nochmals zum Rechtsschutz für Kleinstparteien: Nichtanerkennungsbeschwerden bei der Bundestagswahl 2017, DÖV 2018, 152 ff.; *Hobusch, A.*, Politische Parallelaktionen – Entfesselung der Parteienfinanzierung, DÖV 2020, 548 ff.; *Janson, N. J.*, Staatliche Politikfinanzierung in Bewegung – Keine Fraktionszuwendungen für „Verfassungsfeinde"?, NVwZ 2018, 288 ff.; *Kingreen, T.*, Auf halbem Weg von Weimar nach Straßburg: Das Urteil des Bundesverfassungsgericht im NPD-Verbotsverfahren, Jura 2017, 499 ff.; *Koß, M.*, Plädoyer für eine Ausweitung der staatlichen Parteienfinanzierung, Der Staat 57 (2018), 387 ff.; *Lenski, S.-Ch.*, Vom Suchen und Finden der Macht im Verfassungsrecht – Neujustierungen im Verständnis von Art. 21 GG, JZ 2017, 701 ff.; *Koß, M.*, Die beste aller schlechten Lösungen. Plädoyer für eine Ausweitung der staatlichen Parteienfinanzierung, Der Staat 57 (2018), 387 ff.; *Morlok, M./Jürgensen, S.*, Faktische Chancengleichheit – insbesondere im Recht der politischen Parteien, JZ 2018, 695 ff.; *Morlok, M./Lehmann, S.*, Der Anspruch auf Bekanntgabe von Rechenschaftsberichten politischer Parteien, NVwZ 2015, 470 ff.; *Nikkho, R.*, Staatliche Parteienfinanzierung als verfassungsrechtliches Institut – der freie Wettbewerb als Schutz der freiheitlichen demokratischen Grundordnung, DVBl. 2018, 337 ff.; *Schwerdtfeger, A.*, Vereinbarungen zwischen Schwesterparteien im Verfassungsrecht, NVwZ 2017, 841 ff.; *Shirvani, F.*, Das „scharfe Schwert" des parteienrechtlichen Transparenzgebots, NVwZ 2017, 1321 ff.; *ders.*, Die Crux des Parteienverbots, DÖV 2017, 477 ff.; *ders.*, Parteienfinanzierungsausschluss als verfassungsrechtliche Ausprägung streitbarer Demokratie, DÖV 2018, 921 ff.; *Walter, C./Herrmann, S.*, Der Ausschluss verfassungsfeindlicher Parteien von der Parteienfinanzierung, ZG 2017, 306 ff.

Grundlegende Texte

Grimm, D., Politische Parteien, HVerfR, 2. Aufl. 1994, 599 ff.; *Hesse, K.*, Die verfassungsrechtliche Stellung der politischen Parteien im modernen Staat, VVDStRL 17 (1959) 11 ff.; *Kunig, P.*, Parteien, HStR II, 2. Aufl. 1998, § 33; *Waldhoff, C.*, Parteien-, Wahl- und Parlamentsrecht, VerfassungsR-HdB, 2021, § 10; *Shirvani, F.*, Das Parteienrecht und der Strukturwandel im Parteiensystem, 2010; *Volkmann, U.*, Parteispenden als Verfassungsproblem, JZ 2000, 539 ff.

Teil IV: Die Staatsfunktionen

Nach der Vorstellung der wichtigsten Verfassungsorgane in den Abschnitten III–VI **844** des Grundgesetzes widmen sich die Abschnitte VII–IX den staatlichen Gewalten. Dabei folgt die Einteilung in „Gesetzgebung" (*Legislative*), „Ausführung der Bundesgesetze und Bundesverwaltung" (*Exekutive*) und Rechtsprechung (*Judikative*) dem klassischen Gewaltenteilungsprinzip. Von dieser Einteilung der Staatsfunktionen geht das Grundgesetz auch in Art. 1 Abs. 3, 20 Abs. 3 aus. Grundsätzlich kann jedes staatliche Handeln auf der Ebene des klassischen Nationalstaates einer dieser Kategorien zugeordnet werden. Die Gegenüberstellung von Verfassungsorganen einerseits, Staatsfunktionen andererseits zeigt, dass das Grundgesetz nicht von einer strikten Zuweisung von Tätigkeit auf einzelne Organe ausgeht, sondern vielmehr unterschiedliche Organe bei der Erfüllung von Staatsfunktionen jeweils zusammenwirken[1031].

Noch schwieriger wird die Einteilung, wenn es um das Auftreten des Staates im Verhältnis zur internationalen Staatenwelt geht, welches über klassische völkerrechtliche Rechtsbeziehungen hinaus die Beteiligung am supranationalen Staatenverbund der Europäischen Union sowie an kollektiven Sicherheitssystemen einschließt. Die zunehmende Bedeutung dieser internationalen Rechtsbeziehungen und die Vielschichtigkeit des damit verbundenen staatlichen Handelns lassen es berechtigt erscheinen, von einer zusätzlichen Staatsfunktion zu sprechen (sog. *auswärtige Gewalt*). Einen eigenen Abschnitt für die auswärtige Gewalt gibt es nicht; die verschiedenen Vorschriften sind über das gesamte Grundgesetz verteilt, sollen hier jedoch gesammelt dargestellt werden.

§ 31 Die Gesetzgebung

Im VII. Abschnitt regelt das Grundgesetz die „Gesetzgebung des Bundes". Dies **845** betrifft zum einen die bereits dargestellte Abgrenzung der Gesetzgebungskompetenzen zwischen Bund und Ländern, zum anderen das Verfahren beim Erlass von Bundesgesetzen, wobei das Verfahren beim Erlass von sowohl formellen Parlamentsgesetzen als auch von (exekutivischen) Rechtsverordnungen, die lediglich Gesetze im materiellen Sinn darstellen, behandelt wird. Im Folgenden sollen nach einer Klärung der verschiedenen Gesetzesbegriffe die Verfahren beim Erlass von einfachen ebenso wie verfassungsändernden formellen Gesetzen sowie von Rechtsverordnungen dargestellt werden. Diese sind sehr häufig Gegenstand von Klausuren, wobei die Prüfung im Rahmen der formellen Rechtmäßigkeit des Gesetzes, die sich in Zuständigkeit–Verfahren–Form unterteilen lässt, zu verorten ist.

1031 Dazu *Meinel*, Der Staat 2021, 43 ff. (49).

I.   Der Begriff des Gesetzes

846 Traditionell wird zwischen einem materiellen und einem formellen Gesetzesbegriff unterschieden. Diese sollen kurz dargestellt werden, ehe der Begriff des Gesetzes im Grundgesetz und die Normenhierarchie in der Bundesrepublik Deutschland thematisiert werden.

1.   Der materielle Gesetzesbegriff

847 Unter einem *materiellen Gesetz* ist, unabhängig von ihrer Form, jede Norm zu verstehen, die eine abstrakt-generelle Regelung trifft. Generell ist eine Regelung, die für eine unbestimmte und nicht bestimmbare Anzahl von Gesetzesadressaten (persönlicher Regelungsbereich) gilt. Abstrakt bedeutet, dass der sachliche Regelungsbereich kein Einzelfall ist, sondern der Tatbestand einer Norm auf eine unbestimmte Zahl von Sachverhalten Anwendung findet.

848 Bedeutsam ist der materielle Gesetzesbegriff vor allem für das Verwaltungsrecht und dort für die Abgrenzung von Normen und Verwaltungsakten (§ 35 VwVfG). Verwaltungsakte sind Einzelfallregelungen, d. h. konkret-individuelle Regelungen. Sie setzen eine Rechtsfolge für einen konkreten Sachverhalt und betreffen individuell eine bestimmte Person oder zumindest einen bestimmbaren Personenkreis als Adressaten[1032].

849 Weil der materielle Gesetzesbegriff nur auf den Inhalt einer Norm abstellt, kann ein Gesetz im materiellen Sinn verschiedene Formen haben. Unter den materiellen Gesetzesbegriff fallen Parlamentsgesetze (diese sind zugleich formelle Gesetze), Rechtsverordnungen und Satzungen. Auf europäischer Ebene können Verordnungen und Richtlinien unter den materiellen Gesetzesbegriff subsumiert werden.

2.   Der formelle Gesetzesbegriff

850 Entscheidend für die Qualifizierung als Gesetz im formellen Sinn ist die *Art und Weise seiner Entstehung*. Formelle Gesetze sind solche, die *vom parlamentarischen Gesetzgeber im verfassungsmäßig vorgesehenen Gesetzgebungsverfahren* erlassen worden sind. Auf den Inhalt kommt es nicht an[1033]. Ist Gegenstand des Gesetzes eine abstrakt-generelle Regelung, liegt zugleich ein Gesetz im materiellen Sinne vor. Rein formelle Gesetze sind im Wege des parlamentarischen Verfahrens erlassene Einzelfallregelungen, insbesondere Maßnahmegesetze oder Organisationsgesetze. Dies sind insbesondere das Haushaltsgesetz (Art. 110 Abs. 2 Satz 1 GG) und reine Zustimmungsgesetze zu völkerrechtlichen Verträgen (Art. 59 Abs. 2 Satz 1 GG). Weiterhin kommen die Einrichtung von Behörden und sonstigen staatlichen Institutionen (Organisationsgesetze), die Planung von Verkehrswegen (Maßnahmegesetz) und die Bereitstellung von Hilfen in Krisen- und Notsituationen (etwa Flutkatastrophen) als Gegenstände von rein formellen Gesetzen in Betracht.

851 Anstelle der Bezeichnung „formelles Gesetz" wird häufig auch der Begriff des *Parlamentsgesetzes* verwendet. Dieser darf aber nicht darüber hinwegtäuschen, dass am förmlichen Gesetzgebungsverfahren nicht nur das Parlament, sondern auch

---

1032 Vgl. dazu *Maurer/Waldhoff*, Allg. Verwaltungsrecht, § 9 Rn. 15 ff.
1033 Ob die Form des Parlamentsgesetzes rechtmäßig gewählt wurde, ist eine andere Frage und betrifft vor allem rechtsstaatliche Fragen und die Einhaltung der Kompetenzgrenzen zwischen den Staatsorganen.

noch weitere Organe beteiligt sind. Der beim förmlichen Gesetzgebungsverfahren nach dem Grundgesetz jedoch im Mittelpunkt stehende Bundestag rechtfertigt aber die einprägsame und traditionelle Verkürzung.

Keine Gesetze im formellen Sinn sind dagegen Rechtsverordnungen und Satzungen. Sie werden in anderen als den förmlichen Gesetzgebungsverfahren erlassen. Rechtsverordnungen sind von der Exekutive erlassene Rechtssätze mit abstrakt-generellem Inhalt. Satzungen sind die von verselbstständigten juristischen Personen des öffentlichen Rechts erlassenen Normen zur Regelung ihrer eigenen Angelegenheiten, wie insbesondere Gemeindesatzungen oder etwa Universitätssatzungen. **852**

Im juristischen Sprachgebrauch werden die Begriffe „Gesetz" oder „einfaches Gesetz" (im Gegensatz zur Verfassung) zumeist zur Bezeichnung eines formellen Gesetzes verwendet.

3. Der Gesetzesbegriff im Grundgesetz

Der Gesetzesbegriff wird im Grundgesetz nicht einheitlich gebraucht. Die Bedeutung „ist jeweils aus dem Zusammenhang, in dem er verwendet wird, aus dem Zusammenhang der Vorschrift mit anderen Bestimmungen der Verfassung sowie aus ihrem Sinn und Zweck zu ermitteln"[1034]. **853**

Zum Teil wird ausdrücklich auf das Erfordernis eines formellen Gesetzes verwiesen (vgl. Art. 104 Abs. 1 Satz 1, Art. 59 Abs. 2 Satz 1 GG). Aus dem Budgetrecht des Parlaments sowie aus der Struktur von Art. 110 GG ergibt sich, dass das Haushaltsgesetz ein Parlamentsgesetz ist (vgl. Art. 110 Abs. 2 u. 3 GG). Zu differenzieren ist bei den in verschiedenen Grundrechten enthaltenen Gesetzes- oder Regelungsvorbehalten (vgl. Art. 2 Abs. 2 Satz 2, Art. 8 Abs. 2, Art. 10 Abs. 2 Satz 1, Art. 11 Abs. 2, Art. 12 Abs. 1 Satz 2, Art. 12a Abs. 3 Satz 1, Art. 13 Abs. 7, Art. 14 Abs. 3 Satz 2, Art. 15 Satz 1, Art. 16 Abs. 1, Art. 16 Abs. 2 Satz 1, Art. 16a Abs. 3 Satz 1, Art. 16a Abs. 4 Satz 2, Art. 17a Abs. 1 u. 2, Art. 19 Abs. 1 Satz 1 GG): Heißt es dort „durch Gesetz", ist ein Gesetz im formellen Sinne erforderlich. Ein Eingriff „aufgrund eines Gesetzes" lässt zwar ein Gesetz im rein materiellen Sinn als Rechtsgrundlage des Eingriffs genügen. Allerdings ist zu beachten, dass eine Rechtsverordnung, um rechtmäßig zu sein, stets einer formell-gesetzlichen Ermächtigungsgrundlage bedarf. Für Rechtsverordnungen auf Bundesebene ist dies in Art. 80 Abs. 1 Satz 1 GG ausdrücklich normiert. Im Übrigen ergibt sich der Vorbehalt des Parlamentsgesetzes für Grundrechtseingriffe aus dem in Art. 20 Abs. 3 GG verankerten Rechtsstaatsprinzip. **854**

4. Normenhierarchie

Zwischen unterschiedlichen Normkategorien besteht ein Hierarchieverhältnis. Im Fall eines Konflikts zwischen zwei Normen setzt sich die höherrangige Norm durch, d. h. ihre Rechtsfolgen kommen zur Anwendung. Dabei gilt (im öffentlichen Recht) grundsätzlich diese Rangfolge: **855**

- 1. Verfassung;
- 2. Parlamentsgesetz;
- 3. Rechtsverordnung;
- 4. Satzung.

1034 BVerfGE 24, 184 (195 f.) – *Zustimmungsgesetz*. Ausführlich *Pieroth*, Jura 2013, 248 ff.

856 Zu unterscheiden ist dabei zwischen unterschiedlichen staatlichen Ebenen. Innerhalb des Bundes- und des Landesrechts gilt jeweils die dargestellte Rangfolge. Bundesrecht geht dabei grundsätzlich Landesrecht vor[1035]. Im Rahmen der kommunalen Selbstverwaltung (Art. 28 Abs. 2 Satz 1 GG) erlassene Satzungen stehen im Rang unterhalb des Landesrechts.

857 Von besonderer Bedeutung ist die Einordnung des *supranationalen Unionsrechts* sowie des *Völkerrechts* in die Normenhierarchie. Das unionsrechtliche Primär- (Verträge, insb. EUV und AEUV) und Sekundärrecht (unmittelbar wirkende Verordnungen sowie Richtlinien, die grundsätzlich einer Umsetzung ins nationale Recht bedürfen) gehen nationalem Recht vor. Dieses Hierarchieverhältnis folgt nach Ansicht des BVerfG europarechtlich aus einer „ungeschriebene(n) Norm des primären Gemeinschafts[jetzt: Unions-]rechts"[1036], innerstaatlich aus dem auf Basis von Art. 23 Abs. 1 Satz 2 GG erteilten „Rechtsanwendungsbefehl"[1037]. Völkerrechtliche Verträge haben grundsätzlich gem. Art. 59 Abs. 2 Satz 1 GG den Rang einfachen Bundesrechts. Dies hat zur Folge, dass sich der Gesetzgeber innerstaatlich über völkerrechtliche Bindungen hinwegsetzen kann – es gilt nämlich die Regel, wonach später erlassenes Recht früherem vorgeht (*lex posterior derogat legi generali*)[1038]. Auch die Europäische Menschenrechtskonvention hat innerstaatlich nur den Rang eines einfachen Gesetzes nach Art. 59 Abs. 2 Satz 1 GG. Sie ist jedoch wegen der Völkerrechtsfreundlichkeit des Grundgesetzes bei der Auslegung der Grundrechte zu berücksichtigen[1039]. Die sog. „allgemeinen Regeln des Völkerrechts", d. h. Völkergewohnheitsrecht sowie international allgemein anerkannte Rechtsprinzipien (vgl. Art. 38 Abs. 1 lit. b und c IGH-Statut) sind gem. Art. 25 GG Bestandteil des Bundesrechts und gehen den einfachen Bundesgesetzen vor. Sie stehen jedoch unterhalb der deutschen Verfassung.
→ *S. hierzu auch die Übersichten bei Rn. 1014f.*

858 Das Grundgesetz regelt das Gesetzgebungsverfahren nur für Bundesgesetze. Die Ausgestaltung des Gesetzgebungsverfahrens auf Landesebene ist den Landesverfassungen vorbehalten. Die Abgrenzung von Bundes- und Länderkompetenzen bei der Gesetzgebung wurde bereits oben dargestellt[1040]. Sie ist in der Klausur im vorgelagerten Punkt der Zuständigkeit für den Erlass des Gesetzes zu thematisieren. Auf Bundesebene ist zu unterscheiden zwischen den Verfahren beim Erlass von einfachen und verfassungsändernden Gesetzen sowie Rechtsverordnungen.

II. Das Gesetzgebungsverfahren für einfache Bundesgesetze

859 Das Verfahren beim Erlass einfacher Bundesgesetze ist in den Art. 76–78 GG sowie Art. 82 GG geregelt. Es unterfällt in die folgenden Abschnitte:

– Gesetzesinitiative (Art. 76 GG);
– Verfahren im Bundestag (Art. 77 Abs. 1 GG);
– Mitwirkung des Bundesrats (Art. 77, 78 GG);

1035 Im Einzelnen oben Rn. 258 ff.
1036 BVerfGE 75, 223 (244 f.) – *Kloppenberg-Beschluss*; 85, 191 (204) – *Nachtarbeitverbot*.
1037 BVerfGE 73, 339 (375) – *Solange*; BVerfGE 75, 223 (244 f.) – *Kloppenberg-Beschluss*; BVerfGE 85, 191 (204) – *Nachtarbeitverbot*; BVerfGE 89, 155 (190) – *Maastricht*.
1038 BVerfGE 141, 1 (31 ff.) – *Treaty Override*.
1039 Hierzu oben Rn. 804.
1040 S. Rn. 269 ff.

- Ausfertigung durch den Bundespräsidenten (Art. 82 GG);
- Verkündung im Gesetzblatt (Art. 82 GG);
- Inkrafttreten des Gesetzes (Art. 82 GG).

Diese Schritte sind bei jedem Gesetzgebungsverfahren einzuhalten, unabhängig vom sachlichen Gegenstand des Gesetzes.

Verfassungsrechtliche Vorgaben ergänzende Bestimmungen finden sich in den Ge- **860**
schäftsordnungen von Bundestag (§§ 75 ff. GOBT), Bundesrat (§§ 23 ff. GOBR)
und Vermittlungsausschuss (GOVerm). Dabei ist stets zu beachten, dass es sich bei
diesen um Organinnenrecht handelt, dem keine Außenwirkung zukommt. Das
hat zur Folge, dass ein Verstoß gegen reines Geschäftsordnungsrecht nicht zur
Unwirksamkeit der betroffenen Norm führt[1041]. Diese ist nur anzunehmen, wenn
mit dem Verstoß gegen die Geschäftsordnung zugleich ein Verfassungsverstoß verbunden ist, etwa weil parlamentarische Mitwirkungsrechte der Abgeordneten
(Art. 38 Abs. 1 GG) verletzt werden. Verstöße gegen verfassungsrechtliche Verfahrensvorschriften führen zur formellen Verfassungswidrigkeit und damit Nichtigkeit eines Gesetzes.

Auf einzelnen Sachgebieten gelten besondere verfassungsrechtliche Regelungen, **861**
etwa im Bereich der Finanzverfassung (vgl. Art. 110 Abs. 3 GG). Weiterhin gelten
Modifikationen des Gesetzgebungsverfahrens im Fall des Gesetzgebungsnotstands
(Art. 81 GG) sowie im Verteidigungsfall (Art. 115d GG). Die folgende Darstellung
beschränkt sich auf die Behandlung des im verfassungsrechtlichen Regelfall zur
Anwendung kommenden Verfahrens.
→ *S. hierzu das Schema bei Rn. 1030: Verfassungskonformität eines formellen Bundesge-
setzes sowie die Übersichten bei Rn. 1017 ff. zum Gesetzgebungsverfahren.*

1.   Die Gesetzesinitiative (Art. 76 GG)

Gesetzesinitiative bedeutet die *Einleitung des Gesetzgebungsverfahrens durch Erstel-* **862**
lung eines Gesetzentwurfs und seine *Einbringung als Gesetzesvorlage* in den Bundestag.

Gem. Art. 76 Abs. 1 GG können Gesetzesvorlagen nur   **863**

- von der Bundesregierung,
- durch den Bundesrat oder
- aus der Mitte des Bundestags

eingebracht werden. Die Gesetzesvorlage enthält den *Gesetzentwurf*. Gesetzentwurf
bedeutet den Vorschlag einer vollständigen Gesetzesformulierung, regelmäßig ergänzt durch eine Gesetzesbegründung. Ziel der Einbringung des Gesetzentwurfes
als Gesetzesvorlage beim Bundestag ist, dass der Bundestag die Gesetzesvorlage als
Gesetz beschließt. Der Bundestag ist verpflichtet, in angemessener Frist über die
Gesetzesvorlage zu beraten und abschließend Beschluss zu fassen[1042]. Die Initian-
ten haben hierauf einen Anspruch, den sie im Organstreitverfahren vor dem Bundesverfassungsgericht geltend machen können[1043]. Zu beachten ist jedoch, dass
dem Parlament ein weitreichender politischer Gestaltungsspielraum zukommt,
„die Prioritäten bei der Bearbeitung der ihm vorliegenden Angelegenheiten selbst

---

1041 *Degenhart*, Staatsrecht I, Rn. 221.
1042 Vgl. *Stern*, Staatsrecht II, S. 618; *Kment*, in: Jarass/Pieroth, GG, Art. 76 Rn. 6 m. w. N.
1043 BVerfGE 145, 348 (358) – „*Ehe für alle*".

zu bestimmen"[1044]. Ein Verfassungsverstoß kommt daher nur in Betracht, wenn „die Behandlung eines Gesetzentwurfs erkennbar ohne jeden sachlichen Grund verschleppt und auf diese Weise versucht wird, das Gesetzesinitiativrecht zu entleeren."[1045]

864 Das Initiativrecht enthält auch die Befugnis, einen Gesetzentwurf – auch nach Beginn des parlamentarischen Gesetzgebungsverfahrens – *zurückzuziehen*[1046]. Erforderlich ist ein entsprechender Beschluss des Initiativorgans (actus contrarius), das den Gesetzentwurf eingebracht hat. Ausgeschlossen ist die negative Ausübung des Initiativrechts, wenn eine Pflicht zur Einbringung eines Gesetzentwurfs besteht, wie etwa beim Haushaltsgesetz (vgl. Art. 110 Abs. 2 Satz 1, Abs. 3 GG)[1047].

865 **a) Gesetzesinitiative der Bundesregierung.** Die meisten Gesetzesinitiativen (ca. 80 %) gehen von der Bundesregierung aus. Die Erstellung des Gesetzentwurfs erfolgt durch den Verwaltungsunterbau, d. h. durch die Ministerialbürokratie. Sie besitzt die personellen, fachlichen und organisatorischen Ressorcen, um Gesetzentwürfe für eine moderne Gesellschaft mit einem komplexen Rechtssystem zu erstellen.

866 Gelegentlich wird in diesem Zusammenhang von Referenten- und Ministerialentwürfen gesprochen. Beide Begriffe verweisen auf das Stadium, bevor die Bundesregierung über die Einbringung des Gesetzentwurfs entschieden hat. Zunächst werden die Entwürfe in der Ministerialbürokratie vorbereitet, wobei ein Bundesministerium federführend ist und dort ein Referent des Ministers die inhaltliche Verantwortung trägt (sog. *Referentenentwurf*). Bereits in diesem Stadium können externe Stellungnahmen, wie etwa von Gewerkschaften und Interessenverbänden („Lobbyisten"), Parteifunktionären, externen Fachleuten, Kommissionen oder Ländervertretern einbezogen werden. Hierunter fällt auch die – problematische – Einschaltung von Anwaltskanzleien zur Unterstützung bei der Abfassung des Gesetzentwurfs (sog. „Gesetzgebungs-Outsourcing")[1048]. Als *Ministerialentwurf* wird der Entwurf sodann vom zuständigen Bundesminister der Bundesregierung als Vorlage zur Beratung und Beschlussfassung unterbreitet (vgl. § 15 Abs. 1 lit. a GOBReg). Zur Einbringung als Gesetzentwurf der Bundesregierung bedarf es eines entsprechenden Mehrheitsbeschlusses des Kabinetts, wobei der Bundeskanzler nicht von seiner Richtlinienkompetenz Gebrauch machen kann[1049]. Nach der Beschlussfassung erfolgt gem. § 28 Abs. 1 GOBReg die Zuleitung als Regierungsvorlage an die gesetzgebenden Körperschaften Bundestag und Bundesrat (vgl. Art. 76 Abs. 1 u. 2 GG).

867 *Regelfall* ist der *Ablauf gem. Art. 76 Abs. 2 Satz 1–3 GG*. Die Bundesregierung leitet die Regierungsvorlage dem Bundesrat zu. Der Bundesrat kann innerhalb von sechs Wochen zu der Regierungsvorlage Stellung nehmen. Es besteht allerdings keine Pflicht des Bundesrats, eine Stellungnahme abzugeben. Die Frist kann aus wichtigem Grund auf neun Wochen verlängert werden, bei Vorlagen zu verfassungsändernden Gesetzen und Gesetzen zur Übertragung von Hoheitsrechten beträgt sie

---

1044 BVerfGE 145, 348 (360) – *„Ehe für alle"*.
1045 BVerfGE 145, 348 (361) – *„Ehe für alle"*.
1046 Vgl. *Kment*, in: Jarass/Pieroth, GG, Art. 76 Rn. 7; *Stern*, Staatsrecht II, S. 617 f.
1047 Vgl. *Stern*, Staatsrecht II, S. 617; weitere Beispiele bei *Mann*, in: Sachs, GG Art. 76 Rn. 14.
1048 *Kloepfer*, NJW 2011, 131 ff.; *Meßerschmidt*, Der Staat 2012, 387 ff.
1049 S. oben Rn. 763.

stets neun Wochen (Art. 76 Abs. 2 Satz 5 1. Halbsatz GG). Nach Eingang der Stellungnahme bei der Bundesregierung leitet diese die Vorlage zusammen mit der Stellungnahme und ggf. einer Erwiderung an den Bundestag weiter. Das parlamentarische Gesetzgebungsverfahren gem. Art. 77 GG beginnt.

Art. 76 Abs. 2 Satz 4 GG berechtigt die Bundesregierung, eine von ihr als *eilbedürftig bezeichnete Vorlage* bereits vor Ablauf der normalen Fristen beim Bundestag einzureichen, ohne den Eingang der Stellungnahme des Bundesrats abzuwarten. Die Stellungnahme ist dann nachträglich von der Bundesregierung an den Bundestag weiterzuleiten. Die Möglichkeit zur Beschleunigung des Gesetzgebungsverfahrens steht der Bundesregierung aber *nicht* bei verfassungsändernden Gesetzen sowie bei Gesetzen zur Übertragung von Hoheitsrechten auf supranationale Einrichtungen zu (Art. 76 Abs. 2 Satz 5 2. Halbsatz GG). **868**

Die Funktion der *Zuleitung an den Bundesrat* zur Stellungnahme ist, dass dieser frühzeitig Kenntnis über ein Gesetzgebungsverfahren erlangt und Bundestag und Bundesregierung über seine Auffassung informieren kann. Die Bundesregierung kann als Reaktion und mit entsprechendem Beschluss auf die Weiterleitung an den Bundestag verzichten und das Gesetzgebungsverfahren abbrechen, ihren Gesetzentwurf modifizieren oder sich in ihrer Antwort mit den Einwänden des Bundesrates auseinandersetzen. **869**

Die Zuleitung an den Bundesrat ist die erste obligatorische Mitwirkung des Bundesrats im Gesetzgebungsverfahren (sog. *erster Durchlauf beim Bundesrat*). Eine echte materielle Mitwirkung besteht jedoch nicht, weil dem Bundesrat nur ein Recht zur Stellungnahme eingeräumt wird und die Stellungnahme auch nicht rechtserheblich ist. Fraglich ist, ob die Nichtbeachtung des Art. 76 Abs. 2 GG ein Gesetz formell verfassungswidrig macht[1050]. Die Stellungnahme des Bundesrates ist weder rechtlich bindend, noch ist sie zwingend vorgeschrieben. Dies könnte es rechtfertigen, Art. 76 Abs. 2 GG als bloße Ordnungsvorschrift anzusehen, so dass ein Verstoß nicht zur formellen Verfassungswidrigkeit der Norm führen würde. Nach dem Wortlaut des Art. 76 Abs. 2 GG ist die Zuleitung an den Bundesrat jedoch zwingend („sind"). Ferner soll nach dem Sinn und Zweck des Art. 76 Abs. 2 GG der Bundesrat möglichst frühzeitig am Gesetzgebungsverfahren beteiligt werden, was ihm und den durch diesen an der Bundesgesetzgebung beteiligten Ländern eine besonders starke Verfahrensposition verschaffen soll. Dies spricht für den materiellen Gehalt der Vorschrift und damit für die Nichtigkeitsfolge bei deren Verletzung[1051]. **870**

→ *S. hierzu Rn. 1017 (Übersicht 8): Gesetzesinitiative durch die Bundesregierung.*

b) Gesetzesinitiative des Bundesrates. Über das Gesetzesinitiativrecht des Bundesrates haben die Länder, genauer die Landesregierungen die Möglichkeit, ein Gesetzgebungsverfahren auf Bundesebene einzuleiten. Der Bundesrat kann dabei auf die Ministerialbürokratie der Landesregierungen zurückgreifen. **871**

Um einen Gesetzentwurf in den Bundestag einzubringen, ist zunächst von einem Land im Bundesrat ein Antrag auf Abstimmung dieses Entwurfs zu stellen (§ 26 GOBR). Erlangt der Antrag bei der Abstimmung die Mehrheit der Stimmen des Bundesrates (Art. 52 Abs. 3 Satz 1 GG), wird der Gesetzentwurf über die Bundes- **872**

1050 S. dazu auch Rn. 1041.
1051 *Degenhart*, Staatsrecht I, Rn. 215.

regierung an den Bundestag weitergeleitet (Art. 76 Abs. 3 GG). Die Bundesregierung hat dabei die Möglichkeit, ihre eigene Auffassung der Gesetzesinitiative beizufügen.

873 Die Funktion der Weiterleitung über die Bundesregierung ist, dass diese ebenfalls möglichst früh von einem parlamentarischen Gesetzgebungsverfahren Kenntnis erlangt und dabei ihre Auffassung oder ihre Bedenken äußern kann. Auch hier ist eine Stellungnahme jedoch nicht zwingend erforderlich (Art. 76 Abs. 3 Satz 2 GG: „soll").

874 Den *Regelfall beschreibt Art. 76 Abs. 3 Satz 1–3 GG*. Die Bundesregierung hat von der Zuleitung durch den Bundesrat an sechs Wochen Zeit, den Gesetzentwurf zusammen mit ihrer Auffassung an den Bundestag weiterzuleiten (Sätze 1–2). Aus wichtigem Grund kann die Frist auf neun Wochen verlängert werden (Satz 3).

875 Art. 76 Abs. 3 Satz 4 GG ermöglicht dem Bundesrat, das Verfahren der Gesetzesinitiative in der Weise zu beschleunigen, dass der Gesetzentwurf von der Bundesregierung nach nur drei oder sechs Wochen an den Bundestag weitergeleitet werden muss. Dies gilt auch hier *nicht* bei verfassungsändernden Gesetzen sowie bei Gesetzen zur Übertragung von Hoheitsrechten auf supranationale Einrichtungen (Art. 76 Abs. 3 Satz 5 GG).

876 Mit der Weiterleitung durch die Bundesregierung ist der Gesetzentwurf des Bundesrats als Gesetzesvorlage in den Bundestag eingebracht. Das parlamentarische Gesetzgebungsverfahren beginnt.
→ *S. hierzu Rn. 1019: Schema 7: Gesetzesinitiative durch den Bundesrat.*

877 **c) Gesetzesinitiative des Bundestages.** Die Gesetzesinitiative aus der Mitte des Bundestages ist vor allem eine Möglichkeit der parlamentarischen Opposition, eigene Gesetzentwürfe in den Bundestag einzubringen.
Häufig werden jedoch aus taktischen Gründen die Gesetzesvorhaben der Bundesregierung von der Regierungsfraktion als Gesetzesvorlage „aus der Mitte des Bundestags" eingebracht (sog. „verkappte Regierungsvorlagen")[1052]. So kann die in Art. 76 Abs. 2 GG vorgesehene frühzeitige Beteiligung des Bundesrates bei Regierungsvorlagen gezielt umgangen werden. Daher wird diese Vorgehensweise gelegentlich als verfassungswidrig eingestuft[1053]. Allerdings entspricht das Verfahren der Staatspraxis und ist richtigerweise verfassungsrechtlich nicht zu beanstanden. Denn das Initiativrecht des Bundestags ist unbegrenzt, so dass der Bundestag auch das Recht hat, sich einen Gesetzentwurf der Bundesregierung zu Eigen zu machen[1054].
→ *Rn. 1039*

878 Gem. Art. 76 Abs. 1 GG wird das Initiativrecht *„aus der Mitte"* des Bundestags ausgeübt. Diese Verfassungsbestimmung wird durch § 76 Abs. 1 GOBT konkretisiert. Erforderlich ist, dass die Gesetzesvorlage von einer Fraktion oder einer Anzahl von 5 % der gesetzlichen Mitglieder des Bundestags (Fraktionsstärke) eingebracht wird. Die Verfassungskonformität dieser Regelung, die insbesondere dazu führt, dass dem einzelnen Abgeordneten kein Initiativrecht zusteht, ist umstrit-

---

1052 S. dazu auch Rn. 1039.
1053 Vgl. *Maurer*, Staatsrecht I, § 17 Rn. 63.
1054 Vgl. *Degenhart*, Staatsrecht I, Rn. 216; *Ipsen/Kaufhold/Wischmeyer*, Staatsrecht I, § 6 Rn. 27; *Bryde*, in: v. Münch/Kunig, GG, Art. 76 Rn. 31; differenzierend *Mann*, in: Sachs, GG, Art. 76 Rn. 24 ff.

ten[1055]. Dagegen spricht, dass begrifflich durchaus auch ein einzelner Abgeordneter die „Mitte des Bundestages" darstellen kann[1056], das Grundgesetz die Rechte gerade des einzelnen Abgeordneten in besonderer Weise schützen will (vgl. Art. 38 Abs. 1 GG) und kaum Gründe für eine Beschränkung des Initiativrechts bestehen, da es in der Praxis nicht zu einer Überhäufung des Parlaments mit Gesetzesinitiativen einzelner Abgeordneter kommt[1057]. Auf die Frage der Verfassungsmäßigkeit des § 76 Abs. 1 GOBT kommt es dann nicht an, wenn das Parlament eine Vorlage, die dieser Vorschrift nicht entspricht (etwa die Initiative eines einzelnen Abgeordneten), dennoch annimmt: Zum einen könnte man dies so werten, dass sich das Parlament die Vorlage zu Eigen gemacht hat und damit eine von der Parlamentsmehrheit und damit in jedem Fall eine von der „Mitte des Bundestags" getragene Vorlage vorliegt. Zum anderen ist zu beachten, dass auch ein Verstoß gegen § 76 Abs. 1 GOBT nicht zur Nichtigkeit des Gesetzes führt; es handelt sich hier um bloßes Ordnungsrecht, das keine Außenwirkung entfaltet. Gem. § 76 Abs. 2 GOBT müssen Gesetzesentwürfe von Mitgliedern des Bundestags mit einer kurzen Begründung versehen sein. Mit der Einbringung beginnt das parlamentarische Gesetzgebungsverfahren.
→ *Rn. 1040*

Eine informatorische Beteiligung der beiden anderen initiativberechtigten Staatsorgane Bundesregierung und Bundesrat ist in diesem Fall durch das Grundgesetz nicht vorgesehen. Allerdings werden gem. § 77 Abs. 1 GOBT die Vorlagen an die Mitglieder des Bundestags und des Bundesrats sowie an die Bundesministerien verteilt.   **879**

2.   Das Verfahren im Bundestag (Art. 77 Abs. 1 GG)

Das parlamentarische Verfahren ist aufgrund der zentralen Stellung des Bundestages als Legislativorgan der *Kern des Gesetzgebungsverfahrens*. Die Verfahrensvorschriften finden sich jedoch „nur" in der Geschäftsordnung des Bundestags. Im Grundgesetz wird lediglich der Gesetzesbeschluss normiert (vgl. Art. 77 Abs. 1 Satz 1 GG). Darüber hinaus gelten die allgemeinen Grundsätze des parlamentarischen Verfahrens, d. h. insbesondere Öffentlichkeits- und Mehrheitsprinzip.   **880**

Ziel und Abschluss des Gesetzgebungsverfahrens im Bundestag ist der endgültige Gesetzesbeschluss i. S. d. Art. 77 Abs. 1 Satz 1 GG. Danach wird das Gesetz vom Bundestagspräsidenten *unverzüglich an den Bundesrat weitergeleitet* (vgl. Art. 77 Abs. 1 Satz 2 GG). Das Verfahren bis dahin ist in den §§ 75 ff. GOBT geregelt. Es gliedert sich in *drei Lesungen (Beratungen)* im Plenum (§ 78 Abs. 1 Satz 1 GOBT), in denen der ursprüngliche Gesetzentwurf inhaltlich bearbeitet wird, bis der Bundestag die endgültige Fassung *in der Schlussabstimmung billigt* (Art. 77 Abs. 1 Satz 1 GG, § 86 Satz 1 GOBT).   **881**

Mangels ausdrücklicher verfassungsrechtlicher Normierung führt ein Verstoß gegen das Verfahren der drei Lesungen nicht zur formellen Verfassungswidrigkeit eines Gesetzes[1058], solange durch die Verkürzung des Verfahrens nicht die verfas-   **882**

1055 S. dazu auch Rn. 1040.
1056 So wird dies auch von mehreren Landtagsgeschäftsordnungen gesehen, vgl. etwa Art. 49 Abs. 1 Satz 1 GOLT als Konkretisierung von Art. 71 BayVerf, der ebenfalls von der „Mitte des Landtags" spricht.
1057 Ausführlich *Kersten*, in: Dürig/Herzog/Scholz, GG, Art. 76 Rn. 46 ff.
1058 BVerfGE 1, 144 (151) – *Geschäftsordnungsautonomie*; BVerfGE 29, 221 (234) – *Jahresarbeitsverdienstgrenze*.

sungsrechtlichen Mitwirkungsrechte der Abgeordneten ausgehebelt werden[1059]. Gleiches gilt für die Vorschriften zur Beteiligung der Ausschüsse am Gesetzgebungsverfahren[1060].

→ *Rn. 1042*

883 Nach Einbringung einer Gesetzesvorlage werden die Vorlagen gedruckt und an die Mitglieder des Bundestags verteilt (§ 77 Abs. 1 GOBT). Anschließend wird die erste Lesung in einer der kommenden Bundestagssitzungen auf die Tagesordnung gesetzt.

884 Die *erste Lesung* ist in den §§ 79, 80 GOBT normiert. Sie endet mit der Überweisung der Gesetzesvorlage an den zuständigen Ausschuss (§ 80 Abs. 1 GOBT). In der ersten Lesung kann eine allgemeine Aussprache über die Grundsätze der Gesetzesvorlage stattfinden (vgl. § 79 Satz 1 u. 2 GOBT). Sie erfolgt vor allem bei politisch bedeutsamen Gesetzesvorlagen. Dann dient sie der Bundesregierung zur öffentlichen Rechtfertigung vor dem Parlament und der Opposition als Möglichkeit, eine mögliche Ablehnung oder Kritik zu äußern. Regelmäßig wird die erste Lesung des Haushalts (d. h. die erste Haushaltsdebatte) zur Aussprache über die Politik der Regierung genutzt. Bei Gesetzesvorlagen ohne besondere politische Bedeutung wird dagegen meist auf die allgemeine Aussprache verzichtet. Dann erfolgt die direkte Überweisung der Gesetzesvorlagen an die Ausschüsse, so dass die erste Lesung lediglich formalen Charakter hat. Allgemein ist vor den Ausschussberatungen noch kein Sachantrag zulässig (§ 79 Satz 3 GOBT). Die *inhaltliche Arbeit am Gesetzentwurf* soll erst in den Ausschüssen beginnen, was ihrer beschlussvorbereitenden Funktion entspricht. Es ist gem. § 80 Abs. 2 GOBT aber auch möglich, auf Ausschussberatungen zu verzichten und sofort mit der zweiten Lesung zu beginnen, wenn ein Fall überwältigender politischer Übereinstimmung im Bundestag besteht[1061]. Mit dieser Vorgehensweise „kann das Plenum des Bundestages seinen verfassungsrechtlichen Beratungspflichten Rechnung tragen, ohne das Ergebnis der Ausschussberatungen abwarten zu müssen."[1062]

885 Der Gesetzentwurf ist je nach Regelungsgegenstand an den *zuständigen Ausschuss zu überweisen*. Sind mehrere Ausschüsse der Sache nach zuständig, wird ein federführender Ausschuss bestimmt, während weitere Ausschüsse nur beratend auftreten (§ 80 Abs. 1 GOBT). In den Ausschusssitzungen wird der Gesetzentwurf von den Fachpolitikern beraten, überprüft und ggf. inhaltlich abgeändert. Es gelten die für die Ausschüsse normierten Verfahrensvorschriften (§§ 54 ff. GOBT). Der Gesetzentwurf wird schließlich wieder an den Bundestag für die zweite Lesung zurückverwiesen und auf die Tagesordnung gesetzt.

886 Die *zweite Lesung* ist in den §§ 81–83 GOBT geregelt. Sie kann auch mit einer allgemeinen Aussprache eröffnet werden (§ 81 Abs. 1 GOBT). Gegenstand der zweiten Lesung ist die Beratung und Abstimmung über die einzelnen Bestimmungen des Gesetzentwurfes in der Gestalt, die dieser durch die Ausschussberatungen angenommen hat (§ 81 Abs. 2 GOBT). Möglich ist es auch, in größeren Blöcken bis hin zum gesamten Gesetzentwurf abzustimmen (vgl. § 81 Abs. 3 u. 4 GOBT).

1059　S. dazu auch Rn. 1042.

1060　Vgl. BVerfGE 145, 348 (359) – *„Ehe für alle"*.

1061　Für diesen Beschluss ist eine Zweidrittel-Mehrheit der anwesenden Bundestagsmitglieder notwendig (vgl. § 80 Abs. 2 Satz 1 GOBT).

1062　BVerfGE 145, 348 (359) – *„Ehe für alle"*.

Von den einzelnen Abgeordneten können Änderungsanträge gestellt werden, was dazu führt, dass Einzelabstimmung erforderlich ist (§ 82 Abs. 1 Satz 1 GOBT). Die zweite Lesung ist erst abgeschlossen, wenn über alle Bestimmungen des Gesetzentwurfs abgestimmt wurde. Solange können Gesetzentwürfe oder Teile davon erneut an die Ausschüsse überwiesen werden mit der Folge, dass die zweite Lesung nicht abgeschlossen ist (§ 82 Abs. 3 GOBT). Werden *alle Teile* eines Gesetzentwurfes in der zweiten Lesung *abgelehnt*, dann ist der Gesetzentwurf *gescheitert* (§ 83 Abs. 3 GOBT).

Die *dritte Lesung* regeln die §§ 84–86 GOBT. Im Anschluss an diese findet die **887** *Schlussabstimmung* statt (§ 86 Abs. 1 Satz 1 GOBT). Grundlage der dritten Lesung ist der Inhalt des Gesetzentwurfes, wie er in der zweiten Lesung beschlossen worden ist (§ 83 Abs. 2 GOBT). In der dritten Lesung sind Änderungsanträge nicht mehr durch einzelne Abgeordnete, sondern nur noch durch die Fraktionen oder von Abgeordneten in Fraktionsstärke (5 %) möglich (§ 85 Abs. 1 Satz 1 GOBT). Sachlicher Gegenstand eines Änderungsantrags darf nur noch eine Bestimmung sein, die in der zweiten Lesung geändert worden ist (§ 85 Abs. 1 Satz 2 GOBT). Nur ausnahmsweise ist eine allgemeine Aussprache zu Beginn der dritten Lesung zulässig (§ 84 Satz 2 GOBT). Wurden in der zweiten Lesung keine Änderungen beschlossen, erfolgt direkt im Anschluss die dritte Lesung mit der Schlussabstimmung (§ 84 Satz 1 lit. a GOBT), ansonsten zu einem späteren Zeitpunkt (§ 84 Satz 1 lit. b GOBT). Zulässig ist es allerdings auch, die Schlussabstimmung durch eine (teilweise) Verweisung des Gesetzentwurfes zur Beratung an einen anderen Ausschuss zu verhindern (§ 85 Abs. 2 Satz 1 GOBT). Dann kann erneut eine zweite Lesung erforderlich werden (§ 85 Abs. 2 Satz 2 GOBT).

Die Schlussabstimmung i. S. d. Art. 77 Abs. 1 Satz 1 GG bildet den Endpunkt des **888** parlamentarischen Verfahrens. Gem. Art. 42 Abs. 2 Satz 1 GG ist hier die Mehrheit der abgegebenen Stimmen zum Gesetzesbeschluss ausreichend. Das beschlossene Gesetz wird vom Bundestagspräsidenten unverzüglich dem Bundesrat zugeleitet (Art. 77 Abs. 1 Satz 2 GG). „Unverzüglich" ist dabei, wie in § 121 BGB, als „ohne schuldhaftes Zögern" zu verstehen, wobei in der Praxis auf den Sitzungsrhythmus des Bundesrates Rücksicht genommen wird[1063].
→ *S. hierzu Rn. 1020: Parlamentarisches Verfahren.*

3. Die Mitwirkung des Bundesrates (Art. 77, 78 GG)

Unabänderlicher Bestandteil des Bundesstaatsprinzips ist die *grundsätzliche Mitwir-* **889** *kung der Länder* an der Gesetzgebung des Bundes (vgl. Art. 79 Abs. 3 GG). Dieses Mitwirkungsrecht ist durch die Beteiligung des Bundesrats am Gesetzgebungsverfahren verfassungsrechtlich konkretisiert.

Die *Mitwirkung des Bundesrats* ist in den Art. 77 Abs. 2–4, 78 GG normiert. Dabei **890** kommen zwei unterschiedliche Arten der Bundesratsbeteiligung in Betracht, die davon abhängen, ob das betreffende Gesetz als Einspruchs- oder Zustimmungsgesetz zu qualifizieren ist. Bei *Einspruchsgesetzen* ist der Bundesrat nicht in der Lage, ein Gesetzgebungsverfahren aus eigener Kraft endgültig scheitern zu lassen. Gegen den Willen des Bundestags kann das Gesetzgebungsverfahren hier *nur zeitlich verzögert* werden. Der Einspruch hat nur den Charakter eines aufschiebenden Vetos, da der Bundestag den Einspruch des Bundesrats (ggf. jedoch nur mit einer qualifizier-

---

1063 *Kersten*, in: Dürig/Herzog/Scholz, GG, Art. 77 Rn. 28.

ten Mehrheit) zurückweisen kann (Art. 77 Abs. 3 u. 4 GG). Verzichtet der Bundesrat darauf, durch Einlegung eines Einspruchs am Gesetzgebungsverfahren mitzuwirken, kommt das Gesetz zustande. Für *Zustimmungsgesetze* ist dagegen ein *positiver Mitwirkungsakt*, d. h. die Erteilung der Zustimmung zum Gesetz zwingend. Verweigert der Bundesrat den Zustimmungsakt, ist das Gesetz gescheitert (Art. 77 Abs. 2a GG). Die Verweigerung der Zustimmung hat den Charakter eines endgültigen Vetos.

891 Weder beim Einspruch noch bei der Zustimmung kann der Bundesrat den Inhalt eines Gesetzes unmittelbar verändern. Inhaltliche Abänderungen nach dem Gesetzesbeschluss des Bundestags gem. Art. 77 Abs. 1 Satz 1 GG erfolgen nur im Vermittlungsverfahren (Art. 77 Abs. 2 GG). In der Praxis beeinflusst der Bundesrat jedoch regelmäßig schon im Vorfeld die inhaltlichen Beratungen und Beschlussfassungen im Bundestag mit Hinweis auf sein späteres Mitwirkungsverhalten.

892 a) **Unterscheidung zwischen Einspruchs- und Zustimmungsgesetzen.** Das Tatbestandsmerkmal zur Unterscheidung zwischen Zustimmungsgesetzen und Einspruchsgesetzen ist die *Zustimmungsbedürftigkeit* eines Gesetzes. Diese besteht nur, wenn *im Grundgesetz ausdrücklich* die „Zustimmung des Bundesrates" *angeordnet* ist, d. h. die Zustimmungsgesetze sind im Grundgesetz einzeln aufgeführt (*Enumerationsprinzip*)[1064]. Ungeschriebene Fallgruppen der Zustimmungsbedürftigkeit gibt es nicht. Insbesondere kommt es nicht darauf an, dass aus politischer, gesellschaftlicher oder sonstiger Sicht ein Gesetz elementare Interessen der Länder betrifft. Ist die Zustimmungsbedürftigkeit im Grundgesetz nicht ausdrücklich angeordnet, folgt im Umkehrschluss, dass es sich um ein Einspruchsgesetz handelt. Nach der gesetzlichen Konzeption ist also das Einspruchsgesetz der Regelfall, das Zustimmungsgesetz die einer ausdrücklichen Anordnung bedürfende Ausnahme.

893 Im Laufe der Zeit hat sich die Anzahl zustimmungsbedürftiger Gesetze deutlich erhöht[1065]. Ein Rückgang sollte sich durch die Änderung des Art. 84 Abs. 1 GG im Rahmen der Föderalismusreform ergeben, die bei der Landeseigenverwaltung das Zustimmungserfordernis durch eine Abweichungskompetenz der Länder ersetzt hat und nur noch in „Ausnahmefällen" eine bundeseinheitliche Regelung mit Zustimmung des Bundesrates vorsieht[1066].

894 Die in der Praxis wichtigsten Beispiele für Vorschriften, in denen das Grundgesetz die *Zustimmungsbedürftigkeit für ein Gesetz anordnet*, sind[1067]:

– verfassungsändernde Gesetze (Art. 79 Abs. 2 GG);
– Übertragung von Hoheitsrechten auf die supranationale europäische Ebene (Art. 23 Abs. 1 Satz 2 GG);
– Zustimmung zu bestimmten völkerrechtlichen Verträgen (Art. 59 Abs. 2 Satz 1 GG);
– Gesetze, die abweichende Regelungen für den Verwaltungsvollzug durch die Länder untersagen (Art. 84 Abs. 1 Satz 6 GG) oder die Einrichtung von Behörden im Falle der Bundesauftragsverwaltung (Art. 85 Abs. 1 GG) anordnen;

1064 *Ipsen/Kaufhold/Wischmeyer*, Staatsrecht I, § 7 Rn. 17.
1065 Vgl. dazu auch *Mann*, in: Sachs, GG, Art. 77 Rn. 16 f.
1066 Zur vorherigen Rechtslage und dem extensiven Verständnis des Art. 84 Abs. 1 durch das BVerfG vgl. BVerfGE 37, 363 (384 f.) – *Zustimmungsgesetz*; 55, 274 (320 f.) – *Berufsausbildungsabgabe*; 75, 108 (152) – *Künstlersozialversicherung*.
1067 Eine Übersicht über alle zustimmungspflichtigen Gesetze nach dem GG findet sich bei *Masing/Risse*, in: v. Mangoldt/Klein/Starck, GG, Art. 77 Rn. 48.

– Gesetze, die bestimmte Regelungen für die Bundesverwaltung treffen gem. Art. 87 Abs. 3 Satz 2 GG, Art. 87b Abs. 1 Satz 3 u. 4 GG, Art. 87c GG, Art. 87d Abs. 2 GG, Art. 87e Abs. 5 GG, Art. 87f Abs. 1 GG;

– Gesetze im Bereich der Finanzverfassung gem. Art. 104a Abs. 4, 5 Satz 2, Abs. 6, Art. 104b Abs. 2 Satz 1, Art. 105 Abs. 3, Art. 106 Abs. 3 Satz 3 u. 6, Abs. 4 Satz 2, Abs. 5 Satz 2, Abs. 5a Satz 3, Abs. 6 Satz 5, Art. 107 Abs. 1 Satz 2, Abs. 2 Satz 1 u. 5, Art. 108 Abs. 2 Satz 2, Abs. 4 Satz 1, Abs. 5 Satz 2, Art. 109 Abs. 4, Abs. 5 Satz 3, Art. 109a Abs. 1 GG;

– Gesetze über Gemeinschaftsaufgaben gem. Art. 91a Abs. 2; Art. 91c Abs. 4 Satz 2, Art. 91e Abs. 3 GG;

– Gesetze im Bereich des Asylrechts gem. Art. 16a Abs. 2 Satz 2, Abs. 3 Satz 1 GG.

895 Zulässig ist es, *Gesetzentwürfe*, die inhaltlich auf einer Gesamtkonzeption beruhen, so *aufzuspalten*, dass zustimmungsbedürftige und nicht zustimmungsbedürftige Regelungsgegenstände in *getrennten Gesetzgebungsverfahren* ablaufen[1068]. Dies geschieht regelmäßig durch Aufspaltung in einen materiell-rechtlichen und einen verfahrensrechtlichen Teil. Ein bekanntes Beispiel dieser Vorgehensweise ist die rechtliche Aufwertung gleichgeschlechtlicher Lebensgemeinschaften durch das Lebenspartnerschaftsgesetz (2001), bei der die oppositionelle Bundesratsmehrheit die Gleichstellung in zustimmungspflichtigen Bereichen, wie der Steuergesetzgebung, verhindern konnte, aber nicht die Einrichtung des Rechtsinstituts der Lebenspartnerschaft selbst[1069].

896 Die zunächst so eindeutig erscheinende ausdrückliche Anordnung der „Zustimmung durch den Bundesrat" wird problematisch, wenn es um die *Bestimmung der Reichweite* der Zustimmungsbedürftigkeit eines Gesetzes geht[1070].

897 **aa) Erstmalig erlassene Gesetze.** Ein erstmalig zu einem Regelungsgegenstand erlassenes Gesetz ist bereits dann Zustimmungsgesetz, wenn es auch nur *eine einzelne Norm mit einer zustimmungsbedürftigen Regelung enthält.* Die sachliche Reichweite der Zustimmungsbedürftigkeit erfasst das Gesetz als Ganzes, d. h. das vom Bundestag beschlossene Gesetz wird als gesetzestechnische Einheit begriffen, es sei denn, der Bundestag spaltet das Gesetz selbst wie oben beschrieben auf. Ihm kann vom Bundesrat nur insgesamt zugestimmt werden, auch wenn nur eine einzige Regelung die Zustimmungsbedürftigkeit auslöst[1071]. Für diese Ansicht spricht, dass das nur partielle Zustandekommen eines Gesetzes nicht dem Gesetzgebungswillen des Bundestags entspricht.

898 **bb) Änderungsgesetze.** Änderungsgesetze haben die Funktion, den Inhalt bereits erlassener Gesetze abzuändern („Gesetz zur Änderung des Gesetzes ..."). Enthält das Änderungsgesetz selbst zustimmungsbedürftige Regelungen, ist es zustimmungsbedürftig. Problematisch ist der Fall, wenn das Änderungsgesetz selbst keine zustimmungsbedürftigen Regelungen enthält. Für die Frage der Zustim-

---

1068 *Masing/Risse*, in: von Mangoldt/Klein/Starck, GG, Art. 77 Rn. 52.
1069 Vgl. hierzu *Beck*, NJW 2001, 1894 ff.
1070 S. dazu auch Rn. 1043.
1071 Für die Gesamtbetrachtung s. auch BVerfGE 8, 274 (294 f.) – *Preisgesetz*; 37, 363 (381) – *Bundesrat*; 55, 274 (318, 326 f.) – *Berufsausbildungsabgabe*; *Stern*, Staatsrecht II, S. 145; *Kersten*, in: Dürig/Herzog/Scholz, GG, Art. 77 Rn. 100; *Ipsen/Kaufhold/Wischmeyer*, Staatsrecht I, § 7 Rn. 22; a. A. und damit für eine Einzelbetrachtung *Mann*, in: Sachs, GG, Art. 77 Rn. 16; *Kment*, in: Jarass/Pieroth, GG, Art. 77 Rn. 4a.

mungsbedürftigkeit kommt es darauf an, ob nur auf das Änderungsgesetz als Gegenstand des Gesetzgebungsverfahrens abgestellt wird oder ob auch die Eigenschaft des zu ändernden Gesetzes beachtlich ist.

899 Man könnte annehmen, dass auch jede Änderung eines zustimmungsbedürftigen Gesetzes selbst zustimmungspflichtig ist. Dies ließe sich damit begründen, dass der Bundesrat durch seine in der Vergangenheit erteilte Zustimmung die Mitverantwortung für das gesamte Gesetz übernommen hat. Dagegen spricht aber, dass hierdurch eine zu weit reichende Beteiligung des Bundesrates etabliert würde, der gem. Art. 50 GG lediglich an der Gesetzgebung des Bundes mitwirken soll. Es ist daher *grundsätzlich* nur *auf das Änderungsgesetz und dessen Auswirkungen auf die ursprünglich zustimmungsbedürftigen Regelungen abzustellen*[1072].

900 Ein *Änderungsgesetz* ist somit *zustimmungsbedürftig,* wenn

– das Änderungsgesetz selbst zustimmungsbedürftige Regelungen enthält;
– das Änderungsgesetz Vorschriften des ursprünglichen Gesetzes betrifft, die dessen Zustimmungsbedürftigkeit begründet haben;
– das Änderungsgesetz zwar keine zustimmungsbedürftigen Teile des Ursprungsgesetzes abändert, die Änderungen aber dem Ursprungsgesetz inhaltlich eine wesentlich andere Bedeutung und Tragweite verleihen und damit eine „Systemverschiebung im föderativen Gefüge" bewirken, die von der ursprünglichen Zustimmung des Bundesrates nicht mehr als gedeckt angesehen werden können[1073].

→ *Rn. 1043*

901 **b) Das Vermittlungsverfahren und der Vermittlungsausschuss.** Das *Vermittlungsverfahren* ist in Art. 77 Abs. 2 GG sowie in der Geschäftsordnung des dafür zu bildenden Vermittlungsausschusses (GOVermA)[1074] geregelt. Das Vermittlungsverfahren hat die Funktion, zwischen den unterschiedlichen Auffassungen von Bundestag und Bundesrat über den Inhalt eines Gesetzgebungsverfahrens einen Kompromiss herbeizuführen. „Dieses Ziel soll dadurch erreicht werden, dass auf höherer politischer Ebene und unter übergeordneten Gesichtspunkten ein Interessenausgleich gesucht wird."[1075] Die Einleitung des Vermittlungsverfahrens kann gem. Art. 77 Abs. 2 Satz 1 GG vom Bundesrat binnen drei Wochen nach Eingang des Gesetzesbeschlusses verlangt werden, bei Zustimmungsgesetzen gem. Art. 77 Abs. 2 Satz 4 GG auch von Bundestag und Bundesregierung.
→ *S. hierzu Rn. 1022 f.: Vermittlungsverfahren.*

902 Nach seiner grundsätzlichen Konzeption ist das Vermittlungsverfahren auf die *Lösung einer Interessenkollision zwischen Bund und Ländern* ausgerichtet. Bei unterschiedlichen parteipolitischen Mehrheiten in Bundesrat und Bundestag wird der Bundesrat jedoch seit langem und zulässigerweise als Blockadeinstrument der Opposition auf bundespolitischer Ebene genutzt. In diesen Fällen dient das Vermittlungsverfahren häufig nicht mehr dem Ausgleich von Bundes- und Länderinteressen, sondern der Findung eines Kompromisses zwischen Regierungs- und Oppositionsparteien.

1072 BVerfGE 37, 363 (381 f.) – *Bundesrat; Kment,* in: Jarass/Pieroth, GG, Art. 77 Rn. 5.
1073 BVerfGE 48, 127 (180 f.) – *Kriegsdienstverweigerung.*
1074 Gemeinsame Geschäftsordnung des Bundestags und des Bundesrats für den Ausschuss nach Art. 77 GG – *Vermittlungsausschuss.*
1075 BVerfGE 140, 115 (156) – *Arbeitsgruppen des Vermittlungsausschusses.*

Es besteht dabei die Gefahr, dass wesentliche inhaltliche Fragen des Gesetzgebungsverfahrens in den Vermittlungsausschuss verlagert werden und es damit zu einer „Entparlamentarisierung" des Gesetzgebungsverfahrens kommt. Diese wäre verfassungsrechtlich in mehrfacher Hinsicht problematisch: Zentralorgan des Gesetzgebungsverfahrens ist nach Art. 77 Abs. 1 Satz 1 GG der Bundestag, Teil der in Art. 38 Abs. 1 Satz 2 GG gewährleisteten Rechtsstellung der Bundestagsabgeordneten ist die Mitwirkung an der Beratung und Beschlussfassung der Gesetze, Art. 42 Abs. 1 und 2 GG, der „Grundsatz der Parlamentsöffentlichkeit nach Art. 42 Abs. 1 Satz 1 GG ist ein wesentliches Element des demokratischen Parlamentarismus"[1076]. Im Vermittlungsausschuss berät demgegenüber eine kleine Gruppe von Vertretern von Bundestag und Bundesrat innerhalb enger Fristen und unter Ausschluss der Öffentlichkeit[1077]. Damit der Vermittlungsvorschlag dem Bundestag zurechenbar bleibt, verlangt das BVerfG daher, dass dieser „inhaltlich und formal an den durch den Deutschen Bundestag vorgegebenen Rahmen gebunden bleibt"[1078].

„Der Vermittlungsausschuss hat kein eigenes Gesetzesinitiativrecht, sondern vermittelt zwischen den zuvor parlamentarisch beratenen Regelungsalternativen [...]. Die Einrichtung des Vermittlungsausschusses zielt auf die Aushandlung von Kompromissen zwischen den gesetzgebenden Körperschaften, indem die für ein konkretes Gesetzgebungsvorhaben maßgeblichen politischen Meinungen zum Ausgleich gebracht werden [...] Der Einigungsvorschlag soll eine Brücke zwischen schon erörterten Alternativen schlagen. Der Vermittlungsausschuss ist darauf beschränkt, auf der Grundlage des Gesetzesbeschlusses und des vorherigen Gesetzgebungsverfahrens Änderungsvorschläge zu erarbeiten, die sich, ausgehend vom Anrufungsbegehren, im Rahmen der parlamentarischen Zielsetzung des Gesetzgebungsvorhabens bewegen und die jedenfalls im Ansatz sichtbar gewordenen politischen Meinungsverschiedenheiten zwischen Deutschem Bundestag und Bundesrat ausgleichen."[1079]

Für das Vermittlungsverfahren bedeutet diese Vorgabe: Der Vermittlungsausschuss **902a** darf eine „Änderung, Ergänzung oder Streichung der vom Bundestag beschlossenen Vorschriften nur vorschlagen, wenn und soweit dieser Einigungsvorschlag im Rahmen des bisherigen Gesetzgebungsverfahrens"[1080] verbleibt. Insbesondere dürfen im Rahmen des Vermittlungsverfahrens keine vollständig neuen Regelungsgegenstände in ein Gesetz eingebracht werden[1081]. Der Bundestag kann den Vermittlungsauftrag darüber hinaus auch weiter einschränken:

„Wird der Anrufungsauftrag präzise gefasst und auf einzelne Vorschriften begrenzt, muss der Vermittlungsausschuss die übrigen Regelungen des vom Bundestag beschlossenen Gesetzes als endgültig hinnehmen. Dem Vermittlungsausschuss ist der eigenständige Zugriff auf Gesetzesteile, auf die sich das Anrufungsbegehren nicht erstreckt, verwehrt."[1082]

Jenseits des Vermittlungsauftrags kommt eine Korrektur nur in sehr engen Grenzen in Betracht:

1076 BVerfGE 150, 345 (369) – *Besteuerung umwandlungssteuerrechtlicher Übernahmegewinne*; BVerfGE 150, 204 (232) – *Steuergesetze*.
1077 Vgl. dazu *Wilms*, ZRP 2003, 86 (90).
1078 BVerfGE 101, 297 (307) – *Häusliches Arbeitszimmer*; 125, 104 (122) – *Personenbeförderung*.
1079 BVerfGE 150, 345 (367) – *Besteuerung umwandlungssteuerrechtlicher Übernahmegewinne*; BVerfGE 150, 204 (229 f.) – *Steuergesetze*.
1080 BVerfGE 150, 345 (367) – *Besteuerung umwandlungssteuerrechtlicher Übernahmegewinne*.
1081 BVerfGE 125, 104 (123) – *Personenbeförderung*; BVerfGE 150, 345 (367 ff.) – *Besteuerung umwandlungssteuerrechtlicher Übernahmegewinne*; BVerfGE 150, 204 (229 ff.) – *Steuergesetze*.
1082 BVerfGE 150, 345 (370) – *Besteuerung umwandlungssteuerrechtlicher Übernahmegewinne*.

„Sie beschränkt sich auf offensichtliche Unrichtigkeiten. Dabei kann sich eine offensichtli-che Unrichtigkeit nicht allein aus dem Normtext, sondern insbesondere auch unter Be-rücksichtigung des Sinnzusammenhangs und der Materialien des Gesetzes ergeben. Maß-gebend ist hier, dass mit der Berichtigung nicht der rechtlich erhebliche Gehalt der Norm und mit ihm seine Identität angetastet wird"[1083].

Die Überschreitung dieser Grenzen führt zur Verfassungswidrigkeit des betroffe-nen Gesetzes[1084].

903 Das für das Vermittlungsverfahren zuständige Organ ist der *Vermittlungsausschuss* (vgl. Art. 77 Abs. 2 Satz 1 GG). Seine Zusammensetzung und Arbeitsweise wird nach dem Prinzip der Selbstorganisation durch eine Geschäftsordnung geregelt (Art. 77 Abs. 2 Satz 2 GG). Danach setzt sich der Vermittlungsausschuss aus insge-samt 32 Mitgliedern zusammen, von denen paritätisch jeweils 16 aus dem Bundes-tag und dem Bundesrat entsandt werden (§ 1 GOVermA). Die vom Bundesrat entsandten Mitglieder unterliegen gem. Art. 77 Abs. 2 Satz 3 GG keinen Weisun-gen. Der Vermittlungsausschuss tagt nichtöffentlich (vgl. § 6 GOVermA) und wird von einem Ausschussvorsitzenden geleitet (§ 2 GOVermA). Nur Vertreter der Bun-desregierung haben ein Recht auf Teilnahme an den Sitzungen und können durch Beschluss des Vermittlungsausschusses auch zur Anwesenheit verpflichtet werden (§ 5 GOVermA). Der Vermittlungsausschuss kann Unterausschüsse einsetzen (§ 9 GOVermA). Aufgrund seiner Zielsetzung, einen Ausgleich zwischen ursprünglich divergierenden Positionen zu ermöglichen, besteht bei der Besetzung dieser Unter-ausschüsse ein „weiter Spielraum autonomer Verfahrensgestaltung"[1085]. Dabei darf auch vom für Parlamentsausschüsse geltenden Grundsatz der Spiegelbildlichkeit abgewichen werden, es müssen also nicht alle im Bundestag vertretenen Parteien auch an einem Unterausschuss oder einer Arbeitsgruppe des Vermittlungsaus-schusses beteiligt sein[1086].

903a Der Vermittlungsausschuss bildet seinen Willen durch *Mehrheitsbeschluss* (vgl. § 8 GOVermA). Ein Vermittlungsverfahren muss jedoch nicht durch Mehrheitsbe-schluss enden. Das Verfahren bleibt *erfolglos*, wenn es in zwei Anläufen (Sitzungen) nicht zu einer Einigung durch Mehrheitsbeschluss kommt (§ 12 GOVermA). In diesen Fällen entscheiden die üblichen verfassungsrechtlichen Regelungen des Art. 77, 78 GG über das Schicksal des Gesetzes.

904 *Gegenstand des Vermittlungsverfahrens* ist der vom Bundestag beschlossene Gesetzes-inhalt. Die Abänderung erfolgt jedoch nicht im Vermittlungsverfahren selbst. Der Vermittlungsausschuss formuliert nur per Mehrheitsbeschluss Einigungsvor-schläge für die umstrittenen Bestandteile (§§ 10, 11 GOVermA). Sie sind in keiner Weise bindend für das weitere Verhalten von Bundestag und Bundesrat. Über das weitere Schicksal des Gesetzes und der Einigungsvorschläge entscheiden danach Bundestag und Bundesrat im Rahmen des Einspruchs- oder Zustimmungsverfah-rens. Zu beachten ist aber, dass der Bundesrat, wenn kein Zustimmungsgesetz vorliegt, einen Einspruch gem. Art. 77 Abs. 3 Satz 1 GG nur einlegen kann, wenn ein Vermittlungsverfahren vorangegangen ist.

1083 BVerfGE 150, 345 (371) – *Besteuerung umwandlungssteuerrechtlicher Übernahmegewinne*.
1084 BVerfGE 150, 345 (375 ff.) – *Besteuerung umwandlungssteuerrechtlicher Übernahmegewinne*; BVerfGE 150, 204 (241 f.) – *Steuergesetze*.
1085 BVerfGE 140, 115 (156) – *Arbeitsgruppen des Vermittlungsausschusses*.
1086 BVerfGE 140, 115 (156 f.) – *Arbeitsgruppen des Vermittlungsausschusses*.

c) Beteiligung des Bundesrates bei Zustimmungsgesetzen. Ein Zustimmungs- **905** gesetz kommt nur zustande, wenn der *Bundesrat ausdrücklich zustimmt* (Art. 78 Abs. 1 Var. 1 GG). Die Entscheidung über die Zustimmung ist durch Beschlussfassung innerhalb angemessener Frist zu fassen (Art. 77 Abs. 2a GG). Verweigert der Bundesrat die Zustimmung, d. h. wird kein Mehrheitsbeschluss über die Zustimmung gefasst (Art. 53 Abs. 3 Satz 1 GG), ist das Gesetz gescheitert. Das Gleiche gilt, wenn der Bundesrat untätig bleibt. Der Bundesrat kann die Zustimmung auch ohne Anrufung des Vermittlungsausschusses verweigern (vgl. Art. 77 Abs. 2a GG: „wenn ein Verlangen nach Absatz 2 Satz 1 GG nicht gestellt ist").

Bei Zustimmungsgesetzen können neben dem Bundesrat auch die *Bundesregierung* **906** und der *Bundestag den Vermittlungsausschuss anrufen* (Art. 77 Abs. 2 Satz 4 GG). Weil bei einem Zustimmungsgesetz ein positiver Akt des Bundesrats erforderlich ist und bereits die Verweigerung der Zustimmung zum Scheitern des Gesetzgebungsverfahrens führt, haben hier in erster Linie der Bundestag, d. h. seine parlamentarische Mehrheit, sowie die Bundesregierung ein Interesse daran, mit Hilfe des Vermittlungsverfahrens ein inhaltlich konsensfähiges Gesetz zu formulieren, das die Zustimmung des Bundesrats findet. Grundsätzlich gilt für die Einberufung des Vermittlungsausschusses durch Bundesregierung und Bundestag keine Frist. Aus Gründen der Rechtsklarheit ist allerdings zu fordern, dass das Einberufungsverlangen nach der Zustimmungsverweigerung durch den Bundesrat innerhalb einer angemessenen Frist erfolgt[1087]. Für die Anrufung des Vermittlungsausschusses durch den Bundesrat gilt gem. Art. 77 Abs. 2 Satz 1 GG eine Ausschlussfrist von drei Wochen. Art. 77 Abs. 2 Satz 1 GG gilt, da der Wortlaut nicht differenziert und die Bestimmung der in den Absätzen 2a–4 GG erfolgenden Unterscheidung von Zustimmungs- und Einspruchsgesetzen vorgelagert ist, auch für Zustimmungsgesetze[1088].

Wird von einem der Organe der Vermittlungsausschuss angerufen, so sind für den **907** *weiteren Verlauf des Gesetzgebungsverfahrens* zwei Konstellationen zu unterscheiden.

– Schlägt der Vermittlungsausschuss vor, den *Gesetzentwurf unverändert* zu belassen oder endet das Vermittlungsverfahren *ohne eine Einigung* auf einen Vermittlungsvorschlag, dann entscheidet der Bundesrat über die Zustimmung zur ursprünglichen Gesetzesfassung innerhalb einer angemessenen Frist (Art. 77 Abs. 2a GG).
– Schlägt dagegen der Vermittlungsausschuss eine *Änderung des Gesetzentwurfs* vor, so hat der Bundestag erneut Beschluss zu fassen (Art. 77 Abs. 2 Satz 5 GG). Nach der Beschlussfassung durch den Bundestag hat sodann der Bundesrat über die Zustimmung zum (geänderten) Gesetzentwurf Beschluss zu fassen (Art. 77 Abs. 2a GG). Verweigert der Bundesrat seine Zustimmung, ist das Gesetzesvorhaben endgültig gescheitert. Erteilt er seine Zustimmung, kommt das Gesetz zustande (Art. 78 GG).
  → S. hierzu Rn. 1023: Mitwirkung des Bundesrats im Gesetzgebungsverfahren bei Zustimmungsgesetzen.

d) Beteiligung des Bundesrates bei Einspruchsgesetzen. Das Verfahren bei Ein- **908** spruchsgesetzen ist in den Art. 77 Abs. 3 u. 4 GG normiert. Ein Einspruchsgesetz

---

1087 *Kment*, in: Jarass/Pieroth, GG, Art. 77 Rn. 12 m. w. N.; *Masing/Risse*, in: v. Mangoldt/Klein/Starck, GG, Art. 77 Rn. 79; a. A. *Stern*, Staatsrecht II, S. 629, der für eine Frist von drei Wochen plädiert.
1088 *Kersten*, in: Dürig/Herzog/Scholz, GG, Art. 77 Rn. 51.

kommt nach Art. 78 GG entweder zustande, wenn der Bundesrat effektiv keinen Einspruch einlegt (Art. 78 Var. 2–4 GG)[1089] oder ein eingelegter Einspruch durch eine erneute Willensbildung des Bundestags überstimmt wird (Art. 78 Var. 5 GG). Aufgrund der Möglichkeit der Überstimmung durch den Bundestag kann der Bundesrat das Zustandekommen von Einspruchsgesetzen nicht dauerhaft verhindern, vielmehr hat er nur ein aufschiebendes und das Verfahren im Bundestag ggf. aufgrund eines erhöhten Mehrheitserfordernisses erschwerendes Vetorecht.

909 Beabsichtigt der Bundesrat gegen ein Gesetz Einspruch einzulegen, so muss er *zuvor* innerhalb von drei Wochen nach Eingang des Gesetzesbeschlusses zwingend den Vermittlungsausschuss anrufen (Art. 77 Abs. 3 GG). Unterlässt er die Anrufung innerhalb der Frist, so kommt das Einspruchsgesetz zustande (Art. 78 Var. 2 GG).

910 *Nach Anrufung des Vermittlungsausschusses* durch den Bundesrat sind für den weiteren Verlauf des Gesetzgebungsverfahrens erneut zwei Konstellationen zu unterscheiden.

– Schlägt der Vermittlungsausschuss die Bestätigung des ursprünglichen Gesetzentwurfs vor oder endet das Vermittlungsverfahren ohne Einigung auf einen Vermittlungsvorschlag, dann kann der Bundesrat innerhalb von zwei Wochen über den Einspruch entscheiden (Art. 77 Abs. 3 Satz 1 GG). Die zweiwöchige Frist beginnt bei erfolglosen Vermittlungsverfahren nach entsprechender Mitteilung durch den Ausschussvorsitzenden (Art. 77 Abs. 3 Satz 2 Var. 2 GG, § 12 Abs. 4 GOVermA).

– *Schlägt* dagegen der *Vermittlungsausschuss eine Änderung* des Gesetzentwurfs vor, so hat der Bundestag über diese geänderte Fassung erneut Beschluss zu fassen (Art. 77 Abs. 2 Satz 5 GG). Nach dieser Beschlussfassung durch den Bundestag wird der geänderte Gesetzentwurf im Bundesrat behandelt. Dieser kann innerhalb von zwei Wochen Einspruch einlegen (Art. 77 Abs. 3 Satz 1 GG). Die Einspruchsfrist beginnt in diesem Falle nach Art. 77 Abs. 3 Satz 2 Var. 1 GG mit dem Eingang des vom Bundestag erneut gefassten Beschlusses.

911 Legt der Bundesrat innerhalb von zwei Wochen keinen Einspruch ein, so ist das Gesetz zustande gekommen (Art. 78 Var. 3 GG). Das gleiche gilt, wenn ein eingelegter Einspruch durch den Bundesrat zurückgenommen wird (Art. 78 Var. 4 GG).

912 Einen fristgemäßen Einspruch des Bundesrats kann der Bundestag allerdings mit einer dem Art. 77 Abs. 4 GG entsprechenden *Mehrheit zurückweisen*. Die für eine Zurückweisung des Einspruchs erforderliche Mehrheit richtet sich danach, mit welchem Mehrheitsquorum der Bundesrat Einspruch eingelegt hat. Bei bloßer Mehrheit der Stimmen des Bundesrates (vgl. Art. 52 Abs. 3 Satz 1 GG) ist – in Abweichung von Art. 42 Abs. 2 Satz 1 GG – die Mehrheit der Mitglieder des Bundestages erforderlich (Art. 77 Abs. 4 Satz 1 GG). Bei Zweidrittelmehrheit im Bundesrat bedarf es auch einer Zurückweisung mit Zweidrittelmehrheit, die mindestens auch die Mehrheit der Mitglieder des Bundestags umfassen muss (Art. 77 Abs. 4 Satz 2 GG).

1089 Darunter fallen folgende Varianten des Art. 78 GG: der Bundesrat ruft den Vermittlungsausschuss nicht innerhalb von drei Wochen an (Art. 78 Var. 2, Art. 77 Abs. 2 GG), der Bundesrat legt nach Beendigung des Vermittlungsverfahrens und Beschlussfassung über den abgeänderten Gesetzesinhalt durch den Bundestag nicht binnen zwei Wochen Einspruch ein (Art. 78 Var. 3, Art. 77 Abs. 3 GG) oder der Bundesrat nimmt einen bereits eingelegten Einspruch zurück (Art. 78 Var. 4 GG).

Weist der Bundestag den Einspruch mit entsprechender Mehrheit zurück, dann **913** kommt das Gesetz zustande (Art. 78 Var. 5 GG). Ansonsten ist das Gesetzesvorhaben gescheitert.
→ *S. hierzu Rn. 1024: Mitwirkung des Bundesrats im Gesetzgebungsverfahren bei Einspruchsgesetzen.*

e) Umdeutung einer verweigerten Zustimmung in einen Einspruch. Oft ist **914** die Unterscheidung von Einspruchs- und Zustimmungsgesetzen nicht ganz unproblematisch. Fraglich ist daher, wie zu verfahren ist, wenn der *Bundesrat ein Einspruchsgesetz fälschlicherweise als Zustimmungsgesetz behandelt* und die Zustimmung *ausdrücklich verweigert*[1090]. Es erscheint möglich, die ausdrückliche Zustimmungsverweigerung in die Einlegung eines Einspruchs nach Art. 77 Abs. 3 Satz 1 GG oder die Anrufung des Vermittlungsausschusses nach Art. 77 Abs. 2 Satz 1 GG umzudeuten. Gegen diese Umdeutung wird vorgebracht, dass der Bundesrat nach § 30 Abs. 1 GOBR zur Formstrenge verpflichtet sei und daher nur eindeutig einzuordnende Beschlüsse fassen könne. Allerdings handelt es sich dabei wiederum um bloßes Innenrecht; im Übrigen erkennt die deutsche Rechtsordnung die Umdeutung eines nichtigen Rechtsgeschäftes in ein wirksames grundsätzlich an (vgl. § 140 BGB). Voraussetzung hierfür ist, dass das wirksame Rechtsgeschäft ein „minus" gegenüber dem nichtigen darstellt und die Umdeutung dem hypothetischen Parteiwillen entspricht. Die Anrufung des Vermittlungsausschusses sowie die Einlegung eines Einspruchs stellen aufgrund der geringeren Rechtsfolgen (sie führen nicht unmittelbar zum Scheitern des Gesetzes) ein „minus" gegenüber der ausdrücklichen Zustimmungsverweigerung dar. Mit der Zustimmungsverweigerung bringt der Bundesrat eindeutig zum Ausdruck, dass er die in seiner Macht stehenden Schritte unternehmen will, das Zustandekommen des Gesetzes zu verhindern[1091]. Da dies bei einem Einspruchsgesetz allenfalls durch die Anrufung des Vermittlungsausschusses sowie die Einlegung des Einspruchs möglich ist, entspricht dieses Vorgehen dem hypothetischen Willen des Bundestages. Im Fall der ausdrücklichen Zustimmungsverweigerung ist daher eine Umdeutung möglich. Mangels einer der Umdeutung zugänglichen Erklärung kann demgegenüber ein bloßes Untätigbleiben, das ebenfalls zum Scheitern des Zustimmungsgesetzes führen würde, nicht als Einspruch oder Anrufung des Vermittlungsausschusses gedeutet werden.
→ *Rn. 1045*

In der Praxis legt der Bundesrat regelmäßig bei einer Zustimmungsverweigerung **915** hilfsweise Einspruch ein, um die dargestellte Problematik zu vermeiden. Der umgekehrte Fall, dass der Bundesrat fälschlich von einem Einspruchsgesetz ausgeht, ist demgegenüber nicht nur unwahrscheinlich (der Bundesrat würde zu seinem Nachteil irren), sondern auch unproblematisch: legt der Bundesrat Einspruch ein oder tut er gar nichts, liegt keine Zustimmung i. S. d. Art. 77 Abs. 2a GG vor.

4.　Die Ausfertigung durch den Bundespräsidenten (Art. 82 Abs. 1 GG)
Als letztes oberstes Staatsorgan ist der Bundespräsident am Gesetzgebungsverfah- **916** ren beteiligt. Ein nach den Vorschriften des Grundgesetzes zustande gekommenes Gesetz – also ein Gesetz, das das Verfahren gem. Art. 76–78 durchlaufen hat – wird vom Bundespräsidenten nach Gegenzeichnung ausgefertigt (vgl. Art. 82

1090　S. dazu auch Rn. 1045.
1091　Vgl. *Nolte/Tams*, Jura 2000, 158 ff.

Abs. 1 Satz 1 Halbsatz 1 GG). Ausfertigung bedeutet die Erstellung der Urschrift des Gesetzes, die dann vom Bundespräsidenten unterschrieben wird[1092].

917 Durch die Ausfertigung wird der Bundespräsident seiner staatsnotariellen Funktion im Staatsgefüge der Bundesrepublik Deutschland und seiner Stellung als Staatsoberhaupt gerecht. Er bestätigt in der unterzeichneten Urschrift den Wortlaut des zustande gekommenen Gesetzes durch die förmliche Fassung und bescheinigt den Abschluss des Gesetzgebungsverfahrens. Das Gesetz wird so Teil der Rechtsordnung. Er bestätigt zudem, dass das Gesetz nach den Vorschriften des Grundgesetzes zustande gekommen ist[1093].

918 An der letztgenannten Aussage entzündet sich der Streit um die Reichweite der *Prüfungskompetenz* des Bundespräsidenten. Richtigerweise hat der Bundespräsident sowohl ein formelles als auch ein materielles Prüfungsrecht, d. h. er ist bei formellen und materiellen Verfassungsverstößen berechtigt, die Ausfertigung des Gesetzes zu verweigern[1094].

919 Zum Akt der Ausfertigung gehört die *Gegenzeichnung*. Dies entspricht der in Art. 58 Satz 1 GG normierten Regel, dass Verfügungen und Anordnungen des Bundespräsidenten der Gegenzeichnung durch den Bundeskanzler oder den zuständigen Bundesminister bedürfen. Durch die Gegenzeichnung, die in der Praxis vor der Unterzeichnung durch den Bundespräsidenten erfolgt, bestätigt auch die Bundesregierung das zustande gekommene Gesetz. Sie verfügt dabei ebenfalls über eine Prüfungskompetenz.

5. Die Verkündung im Gesetzblatt (Art. 82 Abs. 1 GG)

920 Das ausgefertigte Gesetz – also der Text der Urschrift – wird gem. Art. 82 Abs. 1 Satz 1 Halbsatz 2 GG im Bundesgesetzblatt verkündet. Durch die amtliche Verkündung wird vor allem rechtsstaatlichen Erfordernissen (vgl. Art. 20 Abs. 3 GG) genügt. Jeder Gesetzesadressat hat die Möglichkeit, vom Inhalt des Gesetzes Kenntnis zu nehmen. Erst ab dem Zeitpunkt der Verkündung existiert das Gesetz in rechtlicher Hinsicht.

„Das Rechtsstaatsprinzip gebietet, dass förmlich gesetzte Rechtsnormen verkündet werden; denn die Verkündung stellt einen integrierenden Teil der förmlichen Rechtsetzung dar, ist also Geltungsbedingung. Verkündung bedeutet regelmäßig, dass die Rechtsnormen der Öffentlichkeit in einer Weise förmlich zugänglich gemacht werden, dass die Betroffenen sich verlässlich Kenntnis von ihrem Inhalt verschaffen können [...]."[1095]

921 In der Praxis erfolgt die Verkündung im Bundesgesetzblatt durch das Bundesjustizministerium. Verkündet ist das Gesetz, wenn das Gesetzblatt gedruckt und sein Inhalt für die Öffentlichkeit allgemein zugänglich ist. Der Wortlaut des Art. 82 Abs. 1 Satz 1 GG lässt die Verkündung eher als zweiten Akt des Bundespräsidenten nach der Ausfertigung erscheinen. Dogmatisch wird dieser Widerspruch dadurch gelöst, dass der Bundesjustizminister einen Verkündungsbefehl des Bundespräsidenten ausführt[1096].

1092 Vgl. *Maurer*, Staatsrecht I, § 17 Rn. 82 f.
1093 Vgl. *Maurer*, Staatsrecht I, § 17 Rn. 82 f.
1094 Die Problematik, die in der Klausur an dieser Stelle zu erörtern wäre, wurde bereits oben bei der Stellung des Bundespräsidenten im Verfassungsgefüge der Bundesrepublik behandelt, s. Rn. 693 ff.
1095 BVerfGE 65, 283 (291) – *Bundesbaugesetz*.
1096 Vgl. *Stern*, Staatsrecht II, S. 632 ff.

Mit der Verkündung ist das Gesetzgebungsverfahren abgeschlossen. Wirksam wird **922** das Gesetz aber erst mit seinem Inkrafttreten (Art. 82 Abs. 2 GG).

6. Das Inkrafttreten des Gesetzes (Art. 82 Abs. 2 GG)

Der Zeitpunkt des Inkrafttretens soll im Gesetz selbst festgelegt sein (vgl. Art. 82 **923** Abs. 2 Satz 1 GG). Für Gesetze, deren Inkrafttreten sich in die Zeit vor der Verkündung erstreckt, gelten die rechtsstaatlichen Grenzen der Rückwirkung[1097]. Grundsätzlich kann das Inkrafttreten des Gesetzes beliebig weit in die Zukunft verlagert werden. Fehlt es an einem durch das Gesetz selbst festgelegten Zeitpunkt, dann tritt das Gesetz 14 Tage nach seiner Verkündung in Kraft (vgl. Art. 82 Abs. 2 Satz 2 GG).

Im Rahmen enger verfassungsrechtlicher Grenzen kann das Inkrafttreten eines **923a** Gesetzes auch von einer Bedingung abhängig gemacht werden.

„Dabei darf die Bestimmung des Tags des Inkrafttretens jedoch nicht delegiert werden; Bedingungseintritt und Inkrafttreten dürfen nicht beliebig Dritten überlassen werden […]. Zudem muss die Bedingung so klar formuliert sein, dass über deren Bedeutung keine Unsicherheit besteht; der Bedingungseintritt muss für alle Beteiligten, insbesondere für Bürgerinnen und Bürger, erkennbar sein. Dies folgt aus Art. 82 Abs. 2 Satz 1 GG. Die grundgesetzliche Regelung will sicherstellen, dass über den Zeitpunkt der Normverbindlichkeit Klarheit herrscht. Die Bestimmung des zeitlichen Geltungsbereichs einer Rechtsvorschrift muss wegen der vielfach weittragenden Wirkung hinreichend genau fixiert sein, damit die Normadressaten den Beginn ihres Berechtigt- oder Verpflichtetseins erkennen können. Auch Exekutive und Rechtsprechung müssen auf möglichst einfache Weise feststellen können, von wann ab die neue Vorschrift anzuwenden ist. Die klare Bestimmung des Inkrafttretens dient den rechtsstaatlichen Geboten der Rechtssicherheit und Rechtsklarheit über die zeitliche Geltung des Rechts."[1098]

In Betracht kommt insbesondere Bedingungen, die das Inkrafttreten eines Gesetzes von Entscheidungen auf Unionsebene abhängig machen. So ist etwa im Rahmen des Beihilferechts die Kommission „nicht beliebige Dritte, sondern […] das hier für die Anwendung des insoweit vorrangigen Unionsrechts zuständige Organ (vgl. Art. 108 AEUV). Zum anderen ist die Entscheidung der Kommission durch Art. 107 und 108 AEUV sowie das konkretisierende Sekundärrecht rechtlich vorgezeichnet, ist also nicht in deren Belieben gestellt."[1099] Maßgeblich für den Bedingungseintritt ist dann, dass die entsprechenden Verfahrensschritte auf Unionsebene vollzogen werden, was anhand des Unionsrechts zu bestimmen ist[1100].

III. Das Gesetzgebungsverfahren für verfassungsändernde Gesetze

Das Grundgesetz als Verfassung der Bundesrepublik Deutschland kann durch Ge- **924** setz geändert werden (Art. 79 Abs. 1 Satz 1 GG). Erforderlich dafür ist ein förmliches Bundesgesetz, für das das normale Gesetzgebungsverfahren nach Art. 76 ff. GG zu beachten ist. Allerdings sind für Grundgesetzänderungen einige formelle und materielle Besonderheiten zu berücksichtigen. Nach Art. 79 Abs. 1 GG muss ein verfassungsänderndes Gesetz den *Wortlaut des Grundgesetzes ausdrücklich ändern*

1097 Zu diesen s. oben Rn. 210 ff.
1098 BVerfGE 155, 378 (396 f.) – *16. AtG-Novelle.*
1099 BVerfGE 155, 378 (398) – *16. AtG-Novelle.*
1100 BVerfGE 155, 378 (401 ff.) – *16. AtG-Novelle.*

oder ergänzen. Außerdem sind verfassungsändernde Gesetze stets Zustimmungsgesetze und bedürfen sowohl im Bundestag als auch im Bundesrat einer *qualifizierten Mehrheit* von zwei Dritteln der Mitglieder (Art. 79 Abs. 2 GG).

925　Als materielle Schranke für Verfassungsänderungen sind die in Art. 79 Abs. 3 GG niedergelegten Grundsätze zu beachten[1101]. Diese umfassen die für die Verfassungsidentität der Bundesrepublik prägenden Merkmale der Gliederung des Bundes in Länder (bundesstaatliches Prinzip), die grundsätzliche Mitwirkung der Länder an der Gesetzgebung und die Grundsätze des Art. 1 und 20 GG. Dabei ist der verbotene Bereich des Art. 79 Abs. 3 GG erst erreicht, wenn die Grundsätze „berührt", d. h. grundlegend abgeändert werden, nicht etwa im Fall einer bloßen Ausgestaltung oder Modifikation.

IV.　Das Verfahren beim Erlass von Rechtsverordnungen

1.　Rechtsverordnungen als Gesetzgebung durch die Exekutive

926　Das Grundgesetz räumt der Exekutive in Art. 80 die Befugnis ein, unter bestimmten Voraussetzungen und in einem engen Rahmen *Rechtsverordnungen* zu erlassen. Rechtsverordnungen sind *abstrakt-generelle Regelungen (Gesetze im materiellen Sinn), die von der Exekutive nach Ermächtigung durch die Legislative erlassen werden.* Da ein parlamentarisches Gesetzgebungsverfahren fehlt, sind Rechtsverordnungen nur materielle Gesetze. In der Normenhierarchie stehen Rechtsverordnungen unterhalb der formellen Gesetze (Parlamentsgesetze), aber über Satzungen und Verwaltungsvorschriften. Im Gegensatz zu den Verwaltungsvorschriften beschränkt sich die rechtliche Wirkung von Rechtsverordnungen nicht auf den inneren Verwaltungsbereich, sondern erstreckt sich auch nach außen. Anders als bei Satzungen, die auf Basis der Selbstverwaltungsautonomie von Körperschaften des öffentlichen Rechts erlassen werden, leitet sich die Befugnis zum Erlass von Rechtsverordnungen aus der parlamentarischen Ermächtigung ab.

2.　Funktion

927　Rechtsverordnungen dienen im Wesentlichen dazu, formell-gesetzliche Vorschriften im Einzelnen auszugestalten, Detailbestimmungen als Gesetzesergänzung festzulegen und für spezielle, oftmals technische oder verfahrensrechtliche Problematiken, die beim Gesetzesvollzug auftreten, der Exekutive eigene Regelungskompetenzen einzuräumen.

928　Dadurch wird die Gesetzgebung entlastet, weil anstelle des oft langwierigen, formalisierten parlamentarischen Gesetzgebungsverfahrens das weitaus einfachere Erlassverfahren des Art. 80 GG tritt. Das Fachwissen der Exekutive und der Ministerialbürokratie steht beim Erlass direkt zur Verfügung. Auch der Inhalt des formellen Gesetzes ist übersichtlicher, wenn ihm die grundsätzliche Regelung vorbehalten bleibt und einzelne Detailbestimmungen außerhalb durch Rechtsverordnung geregelt werden.

Beispiele:
Durchführungsverordnungen betreffend die Durchführung einzelner Gesetzesbestimmungen; Organisationsverordnungen betreffend die Verwaltungsorganisation für den Gesetzesvollzug; Zuständigkeitsverordnungen, die Zuständigkeiten im Einzelnen regeln; Polizeiverordnungen wie die StVO etc.

1101　Dazu oben Rn. 56 ff.

Die Funktion der Rechtsverordnung, den Gesetzgeber zu entlasten und Detailregelungen der gesetzvollziehenden Exekutive zu überlassen, darf sich aber nicht zu weit von der Gewaltenteilung und vom Grundsatz des Vorbehalts des Gesetzes entfernen. Das Demokratieprinzip verlangt, dass wesentliche Entscheidungen grundsätzlich vom Parlament als gewählter Volksvertretung getroffen werden (sog. Wesentlichkeitstheorie)[1102]. Aus diesem Grund knüpft Art. 80 GG die Rechtmäßigkeit der Gesetzgebung durch die Exekutive an enge Voraussetzungen.

3. Voraussetzungen und Rechtsfolgen

Gem. Art. 80 Abs. 1 Satz 1 GG ist für jede Rechtsverordnung eine *Ermächtigungsgrundlage* in Gestalt eines Parlamentsgesetzes erforderlich. Diese Ermächtigung kann Bestandteil eines Gesetzes sein, mit dem die Rechtsverordnung zusammenhängen soll. Sie kann aber auch formell durch ein eigenes Gesetzgebungsverfahren erfolgen. Das ermächtigende Gesetz muss gem. Art. 80 Abs. 1 GG bestimmten Anforderungen genügen und darf nur bestimmte Adressaten ermächtigen. **929**

a) Ermächtigungsadressaten. Adressaten der parlamentarischen Ermächtigung können gem. Art. 80 Abs. 1 Satz 1 GG nur bestimmte Organe der Exekutive sein. Dazu gehören die Bundesregierung als Kollegialorgan, die Bundesminister für ihr jeweiliges Ressort sowie die Landesregierungen. Andere Ermächtigungen sind verfassungswidrig. Der Gesetzgeber kann eine erteilte Ermächtigung jederzeit widerrufen. Da er von vornherein schon nicht zur Erteilung der Ermächtigung verpflichtet ist, stellt es auch keinen Verstoß gegen den Gewaltenteilungsgrundsatz dar, wenn der Gesetzgeber die Ermächtigung unter den Vorbehalt seiner Zustimmung im Einzelfall stellt. Unzulässig ist demgegenüber die spätere Abänderung einer Verordnung durch die Legislative (Eingriff in den Verordnungsbestand). Dem Bundestag steht keine Kompetenz zum Verordnungserlass zu; andernfalls droht eine Umgehung der Mitwirkungsrechte des Bundesrates an der Gesetzgebung. Aus diesem Grund wäre auch ein Änderungsvorbehalt in der Ermächtigungsgrundlage verfassungswidrig. Gem. Art. 80 Abs. 1 Satz 4 GG ist es mittels Rechtsverordnung möglich, die Ermächtigung zum Erlass der eigentlichen Rechtsverordnung weiterzuübertragen, wenn die parlamentarische Ermächtigungsgrundlage dies vorsieht (sog. Subdelegation). Allerdings ist nur eine Delegation zulässig, die sich im Rahmen der verfassungsrechtlichen oder der ursprünglichen parlamentarischen Ermächtigung hält, also nur an die der Bundesregierung oder den Bundesministern nachgeordneten Behörden und die Mitglieder der Landesregierung und nachgeordnete Landesbehörden. **930**

Die Zuordnung einer Rechtsverordnung zum Bundes- oder Landesrecht richtet sich nach der Zugehörigkeit des erlassenden Exekutivorgans. Erlässt eine Landesregierung gem. Art. 80 GG eine Rechtsverordnung zu einem Bundesgesetz, dann ist die Rechtsverordnung Landesrecht.

b) Bestimmtheitsgrundsatz und Wesentlichkeitstheorie. Gem. Art. 80 Abs. 1 Satz 2 GG müssen *Inhalt, Zweck* und *Ausmaß* der erteilten Ermächtigung *im Gesetz bestimmt* sein. Zur Operationalisierung dieser Vorgabe, die es als Konkretisierung allgemeiner rechtsstaatlicher Anforderungen versteht, hat das Bundesverfassungsgericht drei Formeln entwickelt: Selbstentscheidungs-, Programm- und Vorhersehbarkeitsformel[1103]. Deren Anwendung im Einzelfall muss sicherstellen, dass die **931**

1102 S. oben Rn. 187.
1103 Oben Rn. 187 ff.

wesentlichen Gesetzesinhalte, insbesondere hinsichtlich der Einschränkung von Grundrechten, durch den parlamentarischen Gesetzgeber festgelegt werden, die weiteren Inhalte der Verordnung schon hierdurch vorgezeichnet sind und die Normunterworfenen schon aufgrund der parlamentarischen Ermächtigung ersehen können, welchen rechtlichen Vorgaben sie unterworfen werden.

931a Besonders intensiv diskutiert wurde die Reichweite der Wesentlichkeitstheorie im Zusammenhang der Corona-Pandemie ab dem Jahr 2020. Zwar hat der Bund von seiner konkurrierenden Gesetzgebungskompetenz für die Bekämpfung übertragbarer Krankheiten nach Art. 74 Abs. 1 Nr. 19 GG durch den Erlass des Infektionsschutzgesetzes Gebrauch gemacht. Dieses sieht jedoch in § 32 IfSG eine – grundsätzlich nach Art. 80 Abs. 1 Satz 1 GG zulässige – Verordnungsermächtigung zugunsten der Landesregierungen vor, konkrete Eindämmungsmaßnahmen anzuordnen. Das Instrumentarium für solche Maßnahmen war in den §§ 28 ff. IfSG a. F. nur ganz vage bezeichnet. Angesichts der mit den Coronamaßnahmen verbundenen, trotz ihrer zeitlichen Begrenzung intensiven Freiheitseinschränkungen, wurde zurecht zunehmend an der hinreichenden Bestimmtheit der Ermächtigungsgrundlage gezweifelt[1104]. Die Novellierungen des IfSG im November 2020 und März 2021 führten dann zur genaueren Darstellung der im Einzelnen möglichen Maßnahmen sowie der Inzidenzschwellen, ab denen die Maßnahmen greifen sollten. Wichtig ist die – schon in anderem Zusammenhang vom Bundesverfassungsgericht formulierte – Erkenntnis, dass sich die Bestimmtheitsanforderungen an Ermächtigungsgrundlagen im Gefahrenabwehrrecht mit Fortdauer einer Gefahr verdichten können[1105]. Weit gefasste Generalklauseln ermöglichen,

„[...] auf unvorhergesehene Gefahrensituationen auch mit im Grunde genommen näher regelungsbedürftigen Maßnahmen zu reagieren, und ermöglichen so dem Gesetzgeber, eventuelle Regelungslücken zu schließen. [...]. Es liegt dann in der Verantwortung des Gesetzgebers hierauf zu reagieren oder in Kauf zu nehmen, dass solche Maßnahmen von den Gerichten auf Dauer als von der geltenden Rechtslage nicht als gedeckt angesehen werden."[1106]

Durch die Novellierungen des Infektionsschutzgesetzes ist der Bundesgesetzgeber – wenn auch spät – dieser Verantwortung gerecht geworden.

931b Vor der Anpassung des IfSG hat sich noch eine zweite, dogmatisch interessante Frage gestellt. Spricht der Bundesgesetzgeber – wie in § 32 IfSG – eine Verordnungsermächtigung an die Landesregierungen aus, sind die Länder nach Art. 80 Abs. 4 GG zu einer Regelung auch durch Gesetz befugt (sog. verordnungsvertretende Landesgesetze)[1107]. Bedeutet dies, dass die Landesparlamente einen Verstoß gegen den aus der Wesentlichkeitstheorie folgenden Parlamentsvorbehalt „heilen" können, indem sie die Verordnungsermächtigung an sich ziehen[1108]? Immerhin wären „Inhalt. Zweck und Ausmaß" dann in einem Parlamentsgesetz bestimmt.

1104 Vgl. aus der Rechtsprechung etwa VGH Mannheim, BeckRS 2020, 6531 Rn. 34 ff.; VGH Mannheim, BeckRS 2020, 8653 Rn. 22; OVG Bremen, BeckRS 2020, 5629 Rn. 29; aus der Literatur etwa *Brocker*, NVwZ 2020, 1485 ff. (1486); *Pautsch/Haug*, NJ 2020, 281 ff. (285); *Kluckert*, DVBl 2021, 96 ff. (101).

1105 Vgl. auch *Brocker*, NVwZ 2020, 1485 ff. (1487); *Kluckert*, DVBl 2021, 96 ff. (101).

1106 BVerfGK ZD 2013, 126 (127); im Zusammenhang der Corona-Pandemie herangezogen bei OVG Münster, COVuR 2020, 423 (427); *Brocker*, NVwZ 2020, 1484 ff. (1486).

1107 Ausführlich *Klafki*, NVwZ 2020, 1718 ff. (1721).

1108 In diese Richtung SaarlVerfGH, NVwZ 2020, 1514; dagegen *Brocker*, NVwZ 2020, 1485 ff. (1487): „Holzweg".

Der Wortlaut von Art. 80 GG spricht eher gegen ein derartiges Verständnis: Nach Art. 80 Abs. 1 Satz 2 GG müssen Inhalt, Zweck und Ausmaß der Ermächtigung „im Gesetze", d. h. dem ermächtigenden Gesetz nach Art. 80 Abs. 1 Satz 1 GG bestimmt sein[1109]. Auch systematische und teleologische Erwägungen stehen der Heilung eines solchen Bestimmtheitsmangels entgegen: Macht der Bundesgesetzgeber von seiner konkurrierenden Gesetzgebungskompetenz Gebrauch, muss er auch die inhaltliche Grundverantwortung übernehmen. Art. 80 Abs. 4 GG weist den Landesgesetzgebern nur die Funktion als „Alternativdelegatare" zu, die Vorschrift führt gerade nicht zu einer Übertragung der Gesetzgebungskompetenz[1110]. Mit anderen Worten: Nach Art. 80 Abs. 4 GG erlassene Gesetze ersetzen Rechtsverordnungen der Landesregierungen, nicht die bundesgesetzliche Ermächtigungsgrundlage. Landesrechtliche Regelungen konnten den Bundesgesetzgeber somit nicht aus seiner Regelungsverantwortung entlassen[1111].

Zur schnellen und effektiven Umsetzung europäischer Rechtsakte kann der Gesetzgeber zu Umsetzungsverordnungen ermächtigen. Dabei verweist die ermächtigende Gesetzesnorm häufig nur auf das umzusetzende europäische Recht[1112]. Das kann zu Bestimmtheitsproblemen führen. **931c**

„Die Verordnungsermächtigung muss nach Inhalt, Zweck und Ausmaß hinlänglich bestimmt sein [...]. Von diesen Grundsätzen ist auch in Ansehung der Umsetzung, Ausfüllung und Durchführung von europäischem Gemeinschaftsrecht nicht abzugehen. [...]. Allerdings entfaltet das verfassungsrechtliche Bestimmtheitsgebot hier nur in dem Umfang seine Wirkungen, in dem das Gemeinschaftsrecht den Mitgliedstaaten eigene Regelungsspielräume eröffnet oder belässt; denn nur insoweit besteht eine innerstaatliche Rechtsetzungsmacht [...]. Es bestehen auch keine prinzipiellen Bedenken gegen dynamische Verweisungen, also gegen Ermächtigungen zur Umsetzung, Ausfüllung oder Durchführung von künftigem Gemeinschaftsrecht; denn der Gesetzgeber entäußert sich damit nicht einer eigenen Gesetzgebungsmacht, sondern bezeichnet nur näher, worauf sich die erteilte Verordnungsermächtigung bezieht [...]. Dabei ist allerdings zu bedenken, dass sich das Gesetz durch die Verweisung von der Bestimmtheit des in Bezug genommenen Gemeinschaftsrechts abhängig macht. Wird das Gemeinschaftsrecht geändert und nimmt seine Bestimmtheit dabei ab, so verringert sich auch die Bestimmtheit der gesetzlichen Verordnungsermächtigung [...]"[1113].

c) Anforderungen an die Rechtsverordnung. Im Gegensatz zum parlamentarischen Gesetzgebungsverfahren fehlt – ganz bewusst – ein entsprechend umfassend geregeltes *Verfahren*. Ermöglicht werden soll eine schnelle, flexible Gesetzgebung. Im Grundgesetz wird das Verfahren in Art. 80 sowie in Art. 82 normiert. Daneben gilt das Geschäftsordnungsrecht der erlassenden Exekutivorgane. Aus Art. 80 Abs. 2 GG ergibt sich in bestimmten Fällen das Erfordernis einer Zustimmung durch den Bundesrat. Rechtsverordnungen sind gem. Art. 82 Abs. 1 Satz 2 GG von der erlassenden Stelle *auszufertigen* und vorbehaltlich anderweitiger Regelungen im Bundesgesetzblatt *zu verkünden*. In bestimmten Fällen ist die Verkündung im Bundesanzeiger möglich[1114]. Nach Art. 80 Abs. 1 **932**

1109 *Klafki*, NVwZ 2020, 1718 ff. (1722).
1110 *Brocker*, NVwZ 2020, 1485 ff. (1488).
1111 *Brocker*, NVwZ 2020, 1485 ff. (1488).
1112 Allgemein zu Verweisungen ins Unionsrecht oben Rn. 220.
1113 BVerwGE 121, 382 (387 ff.) – *Milchquote*.
1114 Gesetz über vereinfachte Verkündung und Bekanntgabe v. 18.7.1975, BGBl. I S. 1919.

Satz 3 GG müssen Rechtsverordnungen das ermächtigende Gesetz benennen (Zitiergebot)[1115].

„Das Zitiergebot des Art. 80 Abs. 1 Satz 3 GG fördert im gewaltenteilenden System des Grundgesetzes die vergewissernde Selbst- und die Fremdkontrolle des Verordnunggebers und hat rechtsschützende Funktion. Es zwingt den Verordnunggeber, festzulegen, von welcher Verordnungsermächtigung er Gebrauch macht. Der Verordnung kann nicht im Nachhinein eine weitere oder eine andere Verordnungsermächtigung unterlegt werden. Ihre Rechtmäßigkeit bemisst sich vielmehr an der vom Verordnunggeber selbst benannten Ermächtigung. Die Festlegung und die Angabe der Verordnungsermächtigung machen den gesetzlichen Ermächtigungsrahmen transparent und fördern so die interne und externe Überprüfung, ob sich die Verordnung im Rahmen der erteilten Ermächtigung hält: Der Verordnunggeber wird durch die Pflicht zur Angabe der Ermächtigungsgrundlage angehalten, sich selbst der Reichweite seiner Rechtsetzungsbefugnis zu vergewissern. Der Öffentlichkeit, den von der Verordnung Adressierten und den Gerichten wird die Prüfung erleichtert, ob die getroffenen Regelungen den gesetzlichen Ermächtigungsrahmen wahren."[1116]

Im Fall der Subdelegation[1117] muss die delegierende Verordnung sowohl die gesetzliche Grundlage als auch die Ermächtigung zur Weiterübertragung angeben. Die subdelegierte Verordnung dagegen braucht nur ihre unmittelbare Grundlage in der subdelegierenden Verordnung zu nennen, nicht auch die dieser zugrunde liegende gesetzliche Bestimmung.

„Die Nennung beider Rechtsgrundlagen in der subdelegierten Verordnung würde die inhaltliche Befassung mit subdelegierender Verordnung und Gesetz nicht entbehrlich machen. Die Prüfung, ob die Ermächtigungsgrenzen gewahrt sind, wird auch nicht erheblich erschwert, wenn in der subdelegierten Verordnung nur die ihr zugrunde liegende Verordnung, nicht aber das Gesetz angegeben wird. Eine Unklarheit über die Rechtsgrundlage tritt dadurch nicht ein. Wenn die subdelegierte Verordnung ihre Ermächtigungsgrundlage in der subdelegierenden Verordnung nennt und diese wiederum die durch Art. 80 Abs. 1 Satz 3 GG gebotenen Angaben zur gesetzlichen Verordnungsermächtigung enthält, wird die Suche nach dem Ermächtigungsrahmen sicher über die subdelegierende Verordnung zur gesetzlichen Grundlage geleitet."[1118]

933 *Materiell* muss sich die Verordnung in den durch die Ermächtigung vorgezeichneten Bahnen (vgl. Art. 80 Abs. 1 Satz 2 GG) halten und mit den sonstigen verfassungsrechtlichen Vorgaben (insb. Grundrechte) in Einklang stehen.

934 **d) Fehlerfolge.** Unwirksame Rechtsverordnungen können durch die Entscheidung *eines einfachen Gerichts* aufgehoben werden. Da sie mangels parlamentarischen Gesetzgebungsverfahrens keine formellen Gesetze sind, gilt das Verwerfungsmonopol des Art. 100 Abs. 1 GG nicht. Dieses greift jedoch, wenn das Gericht bereits die zugrunde liegende parlamentarische Ermächtigung für verfassungswidrig hält.
→ *S. hierzu das Schema: Rechtmäßigkeit von Rechtsverordnungen, Rn. 1031.*

Rechtsprechung: BVerfGE 1, 144 – *Geschäftsordnungsautonomie;* BVerfGE 2, 213 – *Straffreiheitsgesetz;* BVerfGE 3, 407 – *Bundesbaugesetz;* BVerfGE 4, 115 – *Beamtenbesoldung;* BVerfGE 8, 104 – *Volksbefragung über Atomwaffen;* BVerfGE 12, 205 – *Deutschland-Fernsehen;* BVerfGE 13, 230 – *Ladenschlussgesetz;* BVerfGE 18, 305 – *Niedersächsisches LJagdG;* BVerfGE 19, 354

1115 BVerfGE 101, 1 (41 f.) – *Hennenhaltungsverordnung.*
1116 BVerfGE 151, 173 (182) – *Subdelegierte Verordnung.*
1117 Oben Rn. 930.
1118 BVerfGE 151, 173 (183) – *Subdelegierte Verordnung.*

– *Kriegsschadensrente*; BVerfGE 24, 184 – *Zustimmungsgesetz*; BVerfGE 24, 367 – *Hamburger Deichordnungsgesetz*; BVerfGE 26, 246 – *Ingenieurgesetz*; BVerfGE 26, 338 – *Eisenbahnkreuzungsgesetz*; BVerfGE 28, 119 – *Spielbankengesetz*; BVerfGE 29, 221 – *Jahresarbeitsverdienstgrenze*; BVerfGE 34, 9 – *Hessisches Besoldungsgesetz*; BVerfGE 37, 363 – *Bundesrat*; BVerfGE 42, 20 – *Hamburger Wegegesetz*; BVerfGE 45, 297 – *Hamburger Enteignungsgesetz*; BVerfGE 48, 127 – *Kriegsdienstverweigerung*; BVerfGE 48, 367 – *Hessisches Pressegesetz*; BVerfGE 61, 149 – *Staatshaftungsgesetz*; BVerfGE 65, 283 – *Bundesbaugesetz*; BVerfGE 72, 175 – *Vermittlungsausschuss*; BVerfGE 75, 108 – *Künstlersozialversicherungsgesetz*; BVerfGE 73, 339 – *Solange*; BVerfGE 75, 223 – *Kloppenburg-Beschluss*; BVerfGE 77, 288 – *Annexregelung zur Bauleitplanung*; BVerfGE 78, 249 – *Fehlbelegungsabgabe*; BVerfGE 85, 191 – *Nachtarbeitsverbot*; BVerfGE 89, 155 – *Maastricht*; BVerfGE 91, 148 – *Umlaufverfahren*; BVerfGE 98, 106 – *kommunale Verpackungssteuer*; BVerfGE 101, 297 – *Häusliches Arbeitszimmer*; BVerfGE 102, 26 – *Frischzellenherstellung*; BVerfGE 102, 99 – *Abfallbeseitigung*; BVerfGE 103, 197 – *Pflegeversicherung*; BVerfGE 111, 191 – *Notarkassensatzung*; BVerfGE 120, 56 – *Teilwertabschreibung*; BVerfGE 125, 104 – *Personenbeförderung*; BVerfGE 136, 69 – *Fahrzeuge mit Überlänge*; BVerfGE 140, 115 – *Arbeitsgruppen des Vermittlungsausschusses*; BVerfGE 141, 1 – *Treaty Override*; BVerfGE 145, 348 – *„Ehe für alle"*; BVerfGE 150, 240 – *Steuergesetze*; BVerfGE 150, 345 – *Besteuerung umwandlungssteuerrechtlicher Übernahmegewinne*; BVerfGE 151, 173 – *Subdelegierte Verordnung*; BVerfGE 155, 378 – *16. AtG-Novelle*; BVerfGK ZD 2013, 126; BVerwGE 121, 382 – *Milchquote*; BVerwG, NVwZ 2018, 1401; VerfGH NW NWVBl. 1987, 13 – *Volksbegehren zur Stilllegung von Kernkraftwerken und Atomgesetz*; SaarlVerfGH, NVwZ 2020, 1514; OVG Münster, COVuR 2020, 423; OVG Bremen, BeckRS 2020, 5629; VGH Mannheim, BeckRS 2020, 6531; VGH Mannheim, BeckRS 2020, 8653.

Literatur:

Zur Ergänzung:
Bäumerich, M./Fadavian, B., Grundfälle zum Gesetzgebungsverfahren, JuS 2017, 1067 ff.; *Hebeler, T./Deppenkemper, L.*, Die Rolle des Vermittlungsausschusses im Gesetzgebungsprozess, AL 2012, 87 ff.; *Hebeler, T.*, Die Einbringung von Gesetzesvorlagen gem. Art. 76 GG, JA 2017, 413 ff.; *ders.*, Die Beschlussfassung von Gesetzesvorlagen sowie die Mitwirkung des Bundesrates an der Gesetzgebung gem. Art. 77 GG, JA 2017, 484 ff.; *Huber, M. J.*, Der enttäuschte Parteispender, Jura 2014, 1282 ff. (Fallbearbeitung); *Lepsius, O.*, Die Rückwirkung von Gesetzen, Jura 2018, 577 ff., 695 ff.; *ders.*, Gesetzesstruktur im Wandel, Jura 2019, 14 ff., 123 ff.; *Meßerschmidt, K.*, Rechtsverordnungen: Rechtmäßigkeit und Rechtsschutz, Jura 2016, 747 ff.; *Pernice-Warnke, S.*, Die Gesetzgebungsverfahren auf Bundes- und Unionsebene, JuS 2018, 666 ff.; *dies.*, Das parlamentarische Gesetzgebungsverfahren – aktuelle Entscheidungen des BVerfG, Jura 2018, 160 ff.; *Voßkuhle, A./Wischmeyer, Th.*, Grundwissen – Öffentliches Recht: Die Rechtsverordnung, JuS 2015, 311 ff.

Zur Vertiefung:
Aktuelle Diskussionen
Brocker, L., Exekutive versus parlamentarische Normsetzung in der Corona-Pandemie, NVwZ 2020, 1485 ff.; *Hebeler, T.*, Ist der Gesetzgeber verfassungsrechtlich verpflichtet, Gesetze zu begründen?, DÖV 2010, 754 ff.; *Klafki, A.*, Mehr Parlament wagen? – Die Entdeckung des Art. 80 IV GG in der Corona-Pandemie NVwZ 2020, 1718 ff.; *Kloepfer, M.*, Gesetzgebungsoutsourcing – Die Erstellung von Gesetzentwürfen durch Rechtsanwälte, NJW 2011, 131 ff.; *Kluckert, S.*, Die Generalklausel des § 28 Abs. 1 Satz 1 IfSG im Spannungsverhältnis zwischen epidemiologischer Fachlichkeit, rechtsstaatlicher Machtbegrenzung und demokratischer Verantwortlichkeit, DVBl. 2021, 96 ff.; *Meinel, F.*, Das Bundesverfassungsgericht in der Ära der Großen Koalition: Zur Rechtsprechung seit dem Lissabon-Urteil, Der Staat 60 (2021), 43 ff.; *Merten, D.*, „Gute" Gesetzgebung als Verfassungspflicht oder Verfahrenslast?, DÖV 2015, 349 ff.; *Meßerschmidt, K.*, Private Gesetzgebungshelfer – Gesetzgebungsoutsourcing als privatisiertes Regulierungsmanagement in der Kanzleiendemokratie, Der Staat 51 (2012), 388 ff.; *Pautsch, A./Haug, V. M.*, Parlamentsvorbehalt und Corona-Verordnungen – ein Widerspruch, NJ 2020, 281 ff.; *Rauber, J.*, Die modifizierende Subdelegation von Verordnungsermächtigun-

gen durch verordnungsvertretendes Gesetz, VerwArch 2021, 205 ff.; *Robra, R.*, Gerechtigkeit in der Gesetzgebung, ZG 2012, 34 ff.; *Wrase, M.*, Das Gesetzesinitiativrecht des Bundesrates im Kontext der politischen Mitwirkung der Länder an der Bundesgesetzgebung, KJ 2015, 314 ff.; *von Weschpfennig, A.*, Das Parlamentsvorbehalt in der Corona-Krise, Die Verwaltung 53 (2020), 469 ff.; *Wissmann, H.*, Verordnungsvertretende Gesetzgebung, JöR n. F. 69 (2021), 619 ff.; *Wolff, D.*, Function Follows Form. Eine rechtsvergleichende Analyse der Kodifizierung von Verfassungsänderungen, AöR 146 (2021), 353 ff.

Grundlegende Texte

Bullinger, M., Ungeschriebene Gesetzgebungskompetenzen im Bundesstaat, AöR 96 (1971) 237 ff.; *Eichenbrecher, K./Novak, R./Kloepfer, M.*, Gesetzgebung im Rechtsstaat, VVDStRL 40 (1982) 7 ff.; *Karpen, U.*, Verfassungsgeschichtliche Entwicklung des Gesetzesbegriffs in Deutschland, in: GS für W. Martens, 1987, S. 137 ff.; *Lepsius, O.*, Gesetz und Gesetzgebung, VerfassungsR-HdB, 2021, § 12; *Schneider, H.*, Gesetzgebung, 3. Aufl. 2002.

§ 32　Die vollziehende Gewalt

935　In Abschnitt VIII. (Art. 83–91e) regelt das Grundgesetz die „Ausführung der Bundesgesetze und die Bundesverwaltung" und damit einen wesentlichen Teil der in Art. 1 Abs. 3, Art. 20 Abs. 3 GG so bezeichneten „vollziehenden Gewalt" (Synonyme: Exekutive, ausführende Gewalt). Neben der Verwaltung fällt unter die vollziehende Gewalt noch die Regierung, die im Grundgesetz jedoch schon im Rahmen der Staatsorgane („Die Bundesregierung", Abschnitt VI, Art. 62 ff. GG) behandelt wird[1119]. Im Folgenden sollen einerseits die Abgrenzung von Regierung und Verwaltung veranschaulicht, andererseits die Grundzüge der Bundesverwaltung dargestellt werden. Schließlich ist auf die Vorgaben des Art. 87a u. b GG zur Bundeswehr, d. h. den Streitkräften und der Bundeswehrverwaltung, einzugehen. Da Verwaltungsrecht im Wesentlichen Ländersache ist (vgl. Art. 30, 83 GG) und viele Problemkreise auch im Rahmen der Bundesverwaltung das Verhältnis zwischen Bund und Ländern betreffen, kann auch hier in weiten Teilen nach oben verwiesen werden[1120].

I.　Trennung von Regierung und Verwaltung

936　Die Begriffe Regierung und Verwaltung bezeichnen einerseits (in einem funktionellen Sinn) Teile der Staatsfunktion der vollziehenden Gewalt. Andererseits werden damit (im organisatorischen Sinn) auch die Organe und Institutionen verstanden, die Verwaltungs- und Regierungsfunktionen ausüben.

1.　Regierung

937　In einem weiten Sinn ist Regieren die politische Leitung und Lenkung des Staatswesens[1121]. In diesem weiten Sinn sind in den Regierungsbegriff neben der Bundesregierung (Art. 62 ff. GG) auch andere Staatsorgane, wie insbesondere der Bundestag und das BVerfG einzubeziehen: durch grundlegende Gesetze und die Zustimmung zu außenpolitisch bedeutsamen Verträgen i. S. d. Art. 59 Abs. 2 Satz 1 GG werden ebenso politische Lenkungsentscheidungen getroffen wie durch zentrale verfassungsgerichtliche Entscheidungen.

1119　Oben Rn. 716 ff.
1120　S. oben Rn. 293 ff.
1121　Vgl. zu den Definitionen *Stern*, Staatsrecht II, S. 674 ff. m. w. N.

Im Bereich der Exekutive wird demgegenüber allgemein ein engerer funktionaler **938** Regierungsbegriff verwendet, der zusätzlich auf die zentrale Organkompetenz der Bundesregierung (Art. 62 ff. GG) abstellt. Nach der grundgesetzlichen Ausgestaltung der Gewaltenteilung nimmt diese die Staatsleitung zwar nicht streng organisatorisch getrennt von den anderen Staatsfunktionen wahr, vielmehr existieren vielfältige Kontroll- und Mitwirkungsrechte[1122]. Zentral ist aber dennoch die Wahrnehmung durch die Bundesregierung im Wege politischer Grundsatzentscheidungen, wie etwa den Kabinettsbeschluss über eine Steuerreform, die Planung einer Haushaltssanierung durch den Finanzminister, die Entscheidung des Bundeskanzlers, nicht an einem multinationalen Kriegseinsatz teilzunehmen. Freilich kann die Exekutive diese Beschlüsse häufig nicht ohne Mitwirkung anderer Staatsorgane ausführen (so könnte die Steuerreform etwa nur durch Erlass eines formellen Gesetzes vollzogen werden). Das Regierungshandeln besitzt aber Initiativ- und Anstoßfunktion und gibt eine Richtung der Politik vor[1123].

Diese politische Dimension ist wesentliches Merkmal des Regierungshandelns. Poli- **939** tische Entscheidungen sind nur sehr begrenzt rechtlich überprüfbar. Die politische Staatsleitung gibt Entscheidungen vor, die in neue Gesetze oder unmittelbare Verwaltungstätigkeit münden. Sie dürfen natürlich nicht gegen die Verfassung verstoßen. Ob sie aber sinnvoll oder zweckmäßig sind, fällt unter die politische Einschätzungsprärogative der Staatsleitung. Zusammenfassend gehören zur Regierung im engeren funktionalen Sinne alle Akte mit staatspolitischem Leitungs- und Lenkungscharakter, die weder Gesetzgebungs- noch Rechtsprechungsakte sind und die der Bundesregierung zuzurechnen sind. Regelmäßig sind die Handlungen der Bundesregierung als Kollegialorgan (Kabinettsbeschlüsse) Regierungsakte, während bei den einzelnen Bundesministern (Ressortprinzip) untersucht werden muss, ob diese als Verwaltungsorgane oder in ihrer politischen Funktion tätig werden. Neuere Entscheidungen des Bundesverfassungsgerichts, etwa zu den oben ausführlich behandelten Äußerungsbefugnissen von Regierungsmitgliedern[1124], haben hier strenge Maßstäbe entwickelt, die als Begrenzung der politischen Dimension zugunsten eines „administrative[n] Ethos der Sachlichkeit, Neutralität, Unparteilichkeit und Gemeinwohlverantwortung" gedeutet werden können[1125].

2. Verwaltung

Gegenüber dem Begriff der Regierung wird der der Verwaltung als Teil der vollzie- **940** henden Gewalt überwiegend negativ definiert. Verwaltung ist demnach staatliche Tätigkeit, die funktional nicht Gesetzgebung oder Rechtsprechung ist und auch nicht der Staatsleitung zuzurechnen ist[1126]. In einem weiten funktionalen Sinn können wiederum auch Staatsorgane, die zur Gesetzgebung oder Rechtsprechung gehören, Verwaltungsmaßnahmen ausführen, wie etwa Gerichte im Rahmen der freiwilligen Gerichtsbarkeit und der Organisation der gerichtlichen Tätigkeit. Kern der Verwaltungstätigkeit ist aber die Vollziehung der Gesetze durch Verwaltungsbehörden. Soweit das Grundgesetz dem Bund Verwaltungskompetenzen einräumt, besitzt die Bundesregierung die zentrale Organkompetenz. Allerdings werden große Teile der Verwaltungskompetenzen des Bundes nicht direkt durch die

---

1122 Zum Konzept der Gewaltenteilung oben Rn. 162 ff.
1123 Vgl. *Schröder*, HStR V, § 106 Rn. 1.
1124 Oben Rn. 782a ff.
1125 Ausführlich *Meinel*, Der Staat 2021, 43 ff. (Zitat auf S. 49).
1126 Vgl. *Schröder*, HStR V, § 106 Rn. 9 ff.

Bundesregierung wahrgenommen, sondern durch organisatorisch oder sogar rechtlich selbstständige Bundesbehörden.

941 Die dargestellte rein negative Definition der Staatsfunktion Verwaltung trifft regelmäßig auf Kritik[1127]. Positive Definitionsversuche stellen auf einzelne typische Merkmale des Verwaltungsrechts ab[1128]. Griffig ist die Definition, dass Verwaltungshandeln die Erfüllung von öffentlichen Aufgaben (Gemeinwohlaufgaben) durch konkrete Maßnahmen ist, die auf Regierungsentscheidungen oder Gesetzesinhalten beruhen[1129]. Im Rahmen des Verwaltungshandelns tritt der Staat aktiv und gezielt gegenüber dem einzelnen Bürger auf oder ergreift Maßnahmen zur Lösung eines einzelnen Sachgegenstands.

3. Trennung von Regierung und Verwaltung

942 Die Frage der Trennung von Regierungs- und Verwaltungshandeln stellt sich an der Spitze der Exekutive, weil beide Funktionen durch dieselben Organe oder Organwalter ausgeübt werden[1130]. Auf Bundesebene sind die Mitglieder der Bundesregierung Teil der politischen Staatsführung und lenken den Staat durch die Regierungspolitik. Gleichzeitig bilden die Bundesminister die Spitzen der Bundesverwaltung in ihren Ressorts[1131]. Wegen dieser engen organisatorischen Einheit muss bei einzelnen Handlungen der Bundesregierung und ihrer Mitglieder genau geprüft werden, ob einzelne Handlungen der Regierungs- oder der Verwaltungstätigkeit zuzuordnen sind. Denn Regierungsakte entziehen sich aufgrund ihres politischen Charakters einer umfassenden rechtlichen Beurteilung, während *Verwaltungshandeln rechtlich weitgehend überprüfbar* ist.

Unterscheidungskriterium ist die politische Leitungsfunktion. Die Regierung lenkt den Staat als Ganzes. Verwaltungshandeln hat dagegen den Charakter eines laufenden Geschäfts ohne besondere Auswirkungen auf das gesamte Staatswesen. Die Verwaltung führt lediglich Regierungsentscheidungen aus und vollzieht Gesetze.

II. Die Ausgestaltung der Bundeseigenverwaltung

943 Wie bereits oben dargestellt, ist beim Verwaltungsaufbau des Grundgesetzes in doppelter Hinsicht zu differenzieren. Zum einen nach der Art der Verwaltungstätigkeit zwischen Gesetzesvollzug (gesetzesakzessorische Verwaltung) und gesetzesfreier Verwaltung (nicht gesetzesakzessorische Verwaltung). Diese Unterscheidung spricht das Grundgesetz in der Überschrift von Abschnitt VIII an, wenn es von „Ausführung der Bundesgesetze" und „Bundesverwaltung" spricht. Zum anderen ist danach zu unterscheiden, wer die Verwaltungstätigkeit ausübt, wobei zwischen bundeseigener Verwaltung und Landesvollzug zu differenzieren ist.

944 Diese Unterscheidung zwischen bundeseigener Verwaltung und Landesvollzug betrifft die oben dargestellte Kompetenzverteilung zwischen Bund und Ländern.

1127 Vgl. *Maurer/Waldhoff*, Allg. Verwaltungsrecht, § 1 Rn. 6.
1128 Vgl. Beispiele bei *Maurer/Waldhoff*, Allg. Verwaltungsrecht, § 1 Rn. 7 ff.
1129 Vgl. *Stern*, Staatsrecht II, S. 696 f.
1130 Soweit nachgeordnete Behörden handeln, ergibt sich die Trennung und Zuordnung zur Verwaltung dagegen schon aus der fehlenden Organkompetenz und fehlenden Leitungsfunktion.
1131 Der Bundeskanzler hat keine echten Verwaltungskompetenzen. Er übt die zentrale Regierungsfunktion innerhalb der Bundesregierung durch seine Richtlinienkompetenz aus (vgl. Art. 65 Satz 1 GG). Der ihm nachgeordnete Unterbau, das Bundeskanzleramt, unterstützt ihn bei dieser Regierungstätigkeit.

Dabei ist gem. Art. 30, 83 GG die Ausführung auch der Bundesgesetze durch die Länder der gesetzliche und (anders als etwa bei der Zuständigkeitsverteilung zwischen den beiden Ebenen im Rahmen der Gesetzgebungskompetenzen) auch tatsächliche Regelfall. Zu unterscheiden ist im Rahmen der Länderzuständigkeit beim Vollzug von Bundesgesetzen (Landesgesetze führen die Länder ohnehin selbst als eigene Angelegenheiten aus) zwischen Bundesaufsichtsverwaltung (Eigenverwaltung der Länder unter Rechtsaufsicht des Bundes, Art. 84 GG) und Bundesauftragsverwaltung (Eigenverwaltung der Länder unter Rechts- und Fachaufsicht des Bundes, Art. 85 GG). Diese Formen der Verwaltung und die damit verbundenen Rechtsbeziehungen zwischen Bund und Ländern sind oben dargestellt worden[1132].

Im Folgenden ist nurmehr auf die sog. Bundeseigenverwaltung einzugehen, also die **945** Ausführung von Bundesgesetzen durch die bundeseigene Verwaltung oder durch bundesunmittelbare Körperschaften oder Anstalten des öffentlichen Rechts (vgl. Art. 86 Abs. 1 Satz 1 GG). Die Verwaltungskompetenzen im Rahmen der Bundesverwaltung werden in den Art. 87 ff. GG enumerativ zugewiesen, wobei zwischen obligatorischer und fakultativer Bundesverwaltung unterschieden wird[1133].
→ *S. hierzu Rn. 1027 Übersicht Verwaltungsfunktionen.*

1. Zuweisung der Organisationsgewalt

Art. 86 GG weist der Bundesregierung im Bereich der bundeseigenen Verwaltung **946** die Organisationsgewalt zu, soweit das Gesetz nichts anderes bestimmt. Diese umfasst, entgegen dem missverständlichen Wortlaut des Art. 86 Satz 2 GG, sowohl Errichtung (Gründung) als auch Einrichtung (d. h. Ausgestaltung einer bereits errichteten Behörde mit Personal und Sachmitteln) von Behörden. Ebenfalls missverständlich ist die Formulierung „durch bundeseigene Verwaltung oder durch bundesunmittelbare Körperschaften und Anstalten". Gemeint ist in Art. 86 GG die Organisationsgewalt der Bundesregierung sowohl für die rechtlich nicht selbstständige unmittelbare Bundesverwaltung als auch für die rechtlich selbstständige mittelbare Bundesverwaltung inklusive des Erlasses der allgemeinen Verwaltungsvorschriften.

Die Organisationsgewalt der Bundesregierung gem. Art. 86 GG gilt aber nur, so- **947** weit das Gesetz nichts Abweichendes bestimmt. Solche abweichenden Bestimmungen finden sich in den Art. 87 ff. GG. Sie orientieren sich an der punktuellen, auf einzelne Sachgebiete bezogenen Zuweisung der Verbandskompetenz an den Bund und weisen die Organisationsgewalt in diesem Zusammenhang dem Gesetzgeber zu. Diese Zuweisung erfolgt teilweise obligatorisch, so dass der Gesetzgeber sie ausüben muss und keine Reservekompetenz der Regierung verbleibt. Teilweise ist sie aber auch fakultativ, so dass ohne gesetzliche Regelung die Bundesregierung alleinige Inhaberin der Organisationsgewalt bleibt.

Wird eine Konstellation aufgrund des Einzelvorschriftencharakters der Art. 86 ff. **948** GG nicht eindeutig geregelt, gelten die allgemeinen Verfassungsprinzipien. Grundsätzlich hat der Gesetzgeber immer die Möglichkeit, durch Erlass eines Gesetzes im Bereich der Verwaltungsorganisation tätig zu werden. Ein unantastbarer Raum wie bei der Regierungsfunktion gilt für die Verwaltung nicht. Soweit der

---

1132 S. ausführlich Rn. 293 ff.
1133 S. oben Rn. 309 ff.

Gesetzgeber keine gesetzlichen Regelungen trifft, begrenzt der Vorbehalt des Gesetzes die Organisationsgewalt der Exekutive.

2. Aufbau der Bundesverwaltung

949 Die Bundesverwaltung ist nicht grundsätzlich – wie etwa die Landesverwaltungen – mehrstufig aufgebaut. Es existiert oft nur eine bundesweit zuständige oberste Verwaltungsstufe, die für eine punktuelle Aufgabe zuständig ist, die den Staat als Ganzes oder das gesamte Staatsgebiet betrifft oder typischerweise eine so intensive Koordinierung auf Bundesebene erfordert, dass eine Zusammenarbeit der Landesbehörden nicht oder wenig effektiv erscheint.

Beispiele:
Bundeskriminalamt, Bundeskartellamt, Bundesamt für Verfassungsschutz oder Statistisches Bundesamt.

In einzelnen Bereichen gibt es einen *mehrstufigen Behördenaufbau*.

Beispiel:
Auswärtiger Dienst mit dem Außenministerium als oberster Bundesbehörde und den Vertretungen im Ausland als nachgeordneten Behörden; mehrstufige Bundeswehrverwaltung.

950 Zu unterscheiden ist zwischen unmittelbarer und mittelbarer Staatsverwaltung:

– Die *unmittelbare* Bundesverwaltung besteht aus den obersten Bundesbehörden (z. B. Bundesregierung, Bundesminister, Bundesrechnungshof) und den oberen Bundesbehörden (z. B. Bundeskriminalamt, Bundeskartellamt, Bundesamt für Verfassungsschutz). Obere Bundesbehörden sind den obersten Bundesbehörden nachgeordnet und unterliegen grundsätzlich deren Weisungsbefugnis.

– Die *mittelbare* Bundesverwaltung besteht aus rechtlich selbstständigen Verwaltungsträgern (Körperschaften, Anstalten, Stiftungen), die durch Bundesgesetz eingerichtet und denen bestimmte Verwaltungsaufgaben zugewiesen werden (z. B. Sozialversicherungsträger, Bundesanstalt für einigungsbedingte Sonderaufgaben, Bundesagentur für Arbeit, Stiftung preußischer Kulturbesitz).

III. Die Bundeswehr

951 Vorgaben über die Bundeswehr enthält das Grundgesetz in Art. 87a u. b GG. Dabei betrifft Art. 87b GG die Bundeswehrverwaltung, die gem. Art. 87b Abs. 1 Satz 1 GG als Bundeseigenverwaltung geführt wird. Art. 87a GG beschäftigt sich mit den Streitkräften und stellt als „Zentralnorm des Wehrverfassungsrechts"[1134] verfassungsrechtliche Voraussetzungen für deren Einsatz auf[1135]. Gem. Art. 87a Abs. 1 Satz 1, Abs. 2 GG dienen die Streitkräfte in erster Linie der Verteidigung des Bundesgebietes gegenüber von außen kommenden Angriffen. Dies schließt neben der Landesverteidigung i. S. d. Art. 115a Abs. 1 GG auch die Bündnisverteidigung im Rahmen kollektiver Sicherheitssysteme ein[1136]. Nach der Rechtsprechung des BVerfG bedürfen Auslandseinsätze der Bundeswehr jedoch stets der Zustimmung durch Parlamentsbeschluss[1137].

1134 *Depenheuer*, in: Dürig/Herzog/Scholz, GG, Art. 87a Rn. 59.
1135 Dazu *Schoch*, Jura 2013, 255 ff.
1136 BVerfGE 90, 286 (353 ff.) – *Auslandseinsatz der Bundeswehr, AWACS*; 121, 135 (137) – *AWACS-Einsatz (Türkei)*.
1137 Zuletzt BVerfGE 124, 267 (279) – *Kosovo*. Vgl. insg. oben Rn. 566.

Mit der Abgrenzung von äußerer („Verteidigung" – Art. 87a Abs. 1 Satz 1, Abs. 2 **952** GG) und innerer Sicherheit bringt das Grundgesetz ein Trennungsgebot zwischen Polizei und Streitkräften zum Ausdruck[1138]. Gem. Art. 87a Abs. 2 GG ist der Einsatz der Streitkräfte zu anderen Zwecken als zur Verteidigung auf die ausdrücklich im Grundgesetz genannten Befugnisse beschränkt: Diese umfassen den Objektschutz und die Verkehrsregelung im Verteidigungs- (Art. 115a GG) und Spannungsfall (Art. 80a GG) (sog. „äußerer Notstand", Art. 87a Abs. 3) sowie den Objektschutz und die Bekämpfung Aufständischer zur Abwehr einer drohenden Gefahr für den Bestand oder die freiheitlich-demokratische Grundordnung des Bundes oder eines Landes (sog. „innerer Notstand", Art. 87a Abs. 4 GG).

Von größerer praktischer Bedeutung als die Regelung der Extremsituationen in **953** Art. 87a Abs. 3 u. 4 GG sind die in Art. 35 GG vorgesehenen Fälle der Amts- und Katastrophenhilfe zugunsten einzelner Länder. Art. 35 Abs. 2 Satz 2 GG bestimmt, dass ein Land bei einer Naturkatastrophe oder einem besonders schweren Unglücksfall die Hilfe der Streitkräfte anfordern kann; gem. Art. 35 Abs. 3 GG ist auch eine überregionale Katastrophenhilfe möglich, wenn mehr als ein Land betroffen ist. Zu beachten ist dabei, dass ein besonders schwerer Unglücksfall keinen zufälligen Schadenseintritt verlangt, sondern auch auf menschliche Absicht, etwa im Fall eines terroristischen Anschlags, zurückgehen kann[1139]. Allerdings besteht im Fall innerer Unruhen eine Sperrwirkung von Art. 87a Abs. 4 i. V. m. Art. 91 GG[1140]. Bei Ausführung der Amts- oder Katastrophenhilfe sind die Streitkräfte im Einsatz ihrer Mittel nicht von vornherein beschränkt, sondern können grundsätzlich auf alle verfügbaren Mittel zurückgreifen[1141]. Allerdings stellt das BVerfG aufgrund der dargestellten grundsätzlichen Trennung von äußerer und innerer Sicherheit hohe Anforderungen an das Vorliegen eines „besonders schweren Unglücksfalls": Es muss ein Ereignis von katastrophischen Dimensionen zumindest unmittelbar bevorstehen; die eingesetzten Mittel müssen ultima ratio sein[1142].

Der Einsatz der Streitkräfte unterliegt also engen Voraussetzungen: Einsätze im **954** Ausland bedürfen im Grundsatz der Zustimmung des Bundestages. Einsätze im Inland, die nicht der unmittelbaren Verteidigung gegen äußere Angriffe dienen, unterliegen sehr engen und überdies restriktiv auszulegenden verfassungsrechtlichen Grenzen.

Rechtsprechung: BVerfGE 1, 14 – *Südweststaat*; BVerfGE 8, 274 – *Preisbildung*; BVerfGE 11, 6 – *Dampfkessel-Verordnung*; BVerfGE 11, 77 – *Landesausgleichsabgabe*; BVerfGE 11, 105 – *Familienausgleichskassen*; BVerfGE 12, 205 – *Errichtung von Rundfunkanstalten: Deutschland-Fernsehen*; BVerfGE 14, 197 – *Bundesaufsichtsamt für Kreditwesen*; BVerfGE 21, 312 – *Anwendung von Landesrecht durch Bundesbehörden*; BVerfGE 26, 338 – *Eisenbahnkreuzungsgesetz: Verwaltungskompetenzen des Bundes*; BVerfGE 31, 113 – *Bundesprüfstelle für jugendgefährdende Schriften*; BVerfGE 37, 363 – *Zustimmungsbedürftigkeit*; BVerfGE 55, 274 – *Berufsbildungsabgabe*; BVerfGE 58, 257 – *Schulentlassung*; BVerfGE 63, 1 – *Versorgungsanstalt der deutschen Bezirksschornsteinfeger*; BVerfGE 75, 108 – *Einrichtung von Behörden nach Art. 84 Abs. 1 GG*; BVerfGE 78, 249 – *Fehlbelegungsabgabe*; BVerfGE 81, 310 – *Weisungsrecht bei Bundesauftragsverwaltung – „schneller Brüter"*; BVerfGE 83, 130 – *Besetzung der Bundesprüfstelle für jugendgefährdende Schriften*; BVerfGE 84, 25 – *Weisungsrecht bei Bundesauftragsverwaltung*; BVerfGE 90, 286 –

1138 *Ladiges/Glawe*, DÖV 2011, 621 (626).
1139 BVerfGE 115, 118 (143 f.) – *Luftsicherheitsgesetz*.
1140 BVerfGE 132, 1 (17 f.) – *Einsatz der Bundeswehr im Inland*.
1141 BVerfGE 132, 1 (19 f.) – *Einsatz der Bundeswehr im Inland*.
1142 BVerfGE 132, 1 (18 f.) – *Einsatz der Bundeswehr im Inland*.

Auslandseinsatz der Bundeswehr, AWACS; BVerfGE 91, 148 – *Umlaufverfahren*; BVerfGE 97, 198
– *Übertragung von Aufgaben der Bahnpolizei und der Flughafensicherung auf den Bundesgrenz-
schutz*; BVerfGE 100, 249 – *Verwaltungsvorschriften gem. Art. 85 II GG*; BVerfGE 101, 1 – *Hen-
nenhaltungsverordnung*; BVerfGE 102, 167 – *Weisungsrecht bei Bundesauftragsverwaltung – Abstu-
fung einer Bundesstraße*; BVerfGE 104, 249 – *Biblis: Maßnahmen im Vorfeld einer Weisung gem.
Art. 85 III GG*; BVerfGE 115, 118 – *Luftsicherheitsgesetz*; BVerfGE 121, 135 – *AWACS-Einsatz
(Türkei)*; BVerfGE 124, 267 – *Kosovo*; BVerfGE 132, 1 – *Einsatz der Bundeswehr im Inland*;
BVerwGE 98, 18 – *Personalausweisdruck*.

Literatur:

Zur Ergänzung:

Lehrwerke zum Allgemeinen Verwaltungsrecht
Detterbeck, S., Allgemeines Verwaltungsrecht, 19. Aufl. 2021; *Groß, Th.*, Die Verwaltungsorganisation als Teil organisierter Staatlichkeit, in: Hoffmann-Riem, W./Schmidt-Aßmann, E./Voß-
kuhle, A. (Hrsg.), Grundlagen des Verwaltungsrechts, Bd. 1, 2. Aufl. 2012, S. 841 ff.; *Je-
staedt, M.*, Grundbegriffe des Verwaltungsorganisationsrechts, in: Hoffmann-Riem, W./
Schmidt-Aßmann, E./Voßkuhle, A. (Hrsg.), Grundlagen des Verwaltungsrechts, Bd. 1, 2. Aufl.
2012, S. 891 ff.; *Maurer, H./Waldhoff, C.*, Allgemeines Verwaltungsrecht, 20. Aufl. 2020; *Siegel,
T.*, Allgemeines Verwaltungsrecht, 14. Aufl. 2022.

Ausbildungsliteratur
Droege, M./Broscheit, J., (Original-)Referendarexamensklausur – Öffentliches Recht: Staatsorganisationsrecht – Land unter…Der Einsatz der Bundeswehr als letztes Mittel?, JuS 2015,
633 ff. (Fallbearbeitung); *Frenzel, E. M.*, Grundfälle zu den Art. 83 ff. GG, JuS 2012, 1082 ff.;
Ladiges, M., Verfassungsrechtliche Grundlagen für den Einsatz der Streitkräfte, JuS 2015,
598 ff.; *Schoch, F.*, Verfassungsrechtliche Anforderungen an den Einsatz der Streitkräfte im
Inland, Jura 2013, 255 ff.

Zur Vertiefung:
Aktuelle Diskussionen
Bäumerich, M./Schneider, M., Terrorismusbekämpfung durch Bundeswehreinsätze im Innern:
Eine neue alte Diskussion, NVwZ 2017, 189 ff.; *Cancik, P.*, Verwaltung und Selbstverwaltung,
VerfassungsR-HdB, 2021, § 14; *Durner, W.*, Der Gesetzesvollzugsanspruch des Gesetzgebers
gegenüber der Exekutive, JZ 2015, 157 ff.; *Froese, J.*, Bundeswehreinsätze im Innern zur Terro-
rismusbekämpfung: Die „terroristische Großlage" als Katastrophennotstand?, DVBl. 2017,
546 ff.; *Kremser, H.*, Der bewaffnete Einsatz der Bundeswehr gegen die Terrororganisation
„Islamischer Staat" im Lichte des Staats-, Europa- und Völkerrechts, DVBl. 2016, 881 ff.;
Marxsen, Chr., Verfassungsrechtliche Regeln für Cyberoperationen der Bundeswehr, JZ 2017,
543 ff.; *Meinel, F.*, Das Bundesverfassungsgericht in der Ära der Großen Koalition: Zur Rechtsprechung seit dem Lissabon-Urteil, Der Staat 60 (2021), 43 ff.; *Payandeh, M./Sauer, H.*, Die
Beteiligung der Bundeswehr am Antiterroreinsatz in Syrien, ZRP 2016, 34 ff.

§ 33 Die Rechtsprechung

→ *Rn. 1029*

955 Die Rechtsprechung oder Judikative ist die dritte Staatsfunktion neben Gesetzgebung und Exekutive. Das Grundgesetz widmet ihr einen eigenen Abschnitt IX.
mit den Art. 92–104 GG, der jedoch keine in sich geschlossene Regelung darstellt.
Insbesondere aufgrund der engen Verknüpfung mit dem Rechtsstaatsprinzip finden sich weitere Verfassungsnormen, die unmittelbaren Bezug zur Rechtspre-

chung haben, wie z. B. die Richtervorbehalte in den Grundrechtsnormen oder die Rechtsweggarantie in Art. 19 Abs. 4 GG.

Die staatliche Institution, die für die Ausübung der Rechtsprechung zuständig ist, **956** heißt *Gerichtsbarkeit*, wobei zwischen einfacher Gerichtsbarkeit und Verfassungsgerichtsbarkeit unterschieden werden kann. Gegenstand der einfachen Gerichtsbarkeit ist in erster Linie die Anwendung und Auslegung des Gesetzesrechts. Nach Art. 1 Abs. 3, Art. 20 Abs. 3 GG ist das Grundgesetz, insbesondere die Grundrechte, von allen Gerichten zu beachten. Die Verfassungsgerichtsbarkeit befasst sich zum einen mit der Überprüfung staatlichen Handelns am Maßstab der Verfassung. Zum anderen entscheidet sie Streitigkeiten zwischen den obersten Staatsorganen und zwischen Bund und Ländern und hat besondere Anklagefunktionen. → *S. hierzu die Übersicht bei Rn. 1029.*

I. Definition und Abgrenzung

Das BVerfG führt zum *verfassungsrechtlichen Rechtsprechungsbegriff* aus: **957**

„Der Begriff der rechtsprechenden Gewalt ist durch die Verfassung nicht abschließend geklärt. [...] Von der Ausübung rechtsprechender Gewalt kann – in allein organisationsrechtlicher Betrachtung – nicht schon dann gesprochen werden, wenn ein staatliches Gremium mit unabhängigen Richtern im Sinne der Art. 92 ff. GG besetzt ist [...].
Zu den wesentlichen Begriffsmerkmalen der Rechtsprechung [...] gehört das Element der Entscheidung, der letztverbindlichen, der Rechtskraft fähigen Feststellung und des Ausspruches dessen, was im konkreten Fall rechtens ist [...]. Nach Art. 92 GG ist es Aufgabe der Gerichte, Rechtssachen mit verbindlicher Wirkung zu entscheiden, und zwar in Verfahren, in denen durch Gesetz die erforderlichen prozessualen Sicherungen gewährleistet sind und der verfassungsrechtlich geschützte Anspruch auf rechtliches Gehör besteht [...]. Kennzeichen rechtsprechender Tätigkeit ist daher typischerweise die letztverbindliche Klärung der Rechtslage in einem Streitfall im Rahmen besonders geregelter Verfahren.“[1143]

Rechtsprechung kann damit qualifiziert werden als *verbindliche rechtliche Entschei-* **958** *dung über die Rechtslage in einem konkreten Einzelfall auf der Grundlage eines förmlichen, durch Richter durchgeführten Verfahrens, das durch die Initiative eines nichtrichterlichen Antragstellers ausgelöst wurde*[1144].

Anhand der einzelnen Merkmale werden zum einen die wesentlichen Funktionen **959** der Rechtsprechung (Judikative) deutlich. Zum anderen lässt sich an ihnen die Abgrenzung zu den beiden anderen Staatsfunktionen Legislative und Exekutive aufzeigen. Die Abgrenzung zu den beiden anderen Staatsfunktionen hat Bedeutung für besondere Regelungen im Grundgesetz, die sich ausdrücklich auf den Bereich der Rechtsprechung beziehen:

– das rechtliche Gehör (Art. 103 Abs. 1 GG), das Recht auf den gesetzlichen Richter (Art. 101 Abs. 1 Satz 2 GG);
– die Unabhängigkeit der Richter (Art. 97 GG).

Rechtliche Entscheidung bedeutet zunächst die Anwendung der Rechtsordnung **960** auf einen vorgefundenen Sachverhalt (Subsumtion). Maßstab sind allein die vor-

---

1143 BVerfGE 103, 111 (136 ff.) – *Wahlprüfung Hessen.*
1144 Ähnlich *Ipsen/Kaufhold/Wischmeyer*, Staatsrecht I, § 14 Rn. 6; *Stern*, Staatsrecht II, S. 894 ff.; *Maurer*, Staatsrecht I, § 19 Rn. 4 ff. m. w. N.

handenen Normen der Rechtsordnung, d. h. in erster Linie die Gesetze (Art. 97 Abs. 1 GG).

961   Die Rechtsprechung *entscheidet endgültig und verbindlich für alle Beteiligten.* Dadurch soll die Rechtslage abschließend geklärt und der Streit um das Recht erledigt werden, um Rechtsfrieden und Rechtssicherheit herzustellen. In Kauf genommen wird dafür, dass verbindlich getroffene eventuelle Fehlentscheidungen endgültig rechtswirksam bleiben. Nur ausnahmsweise sind Entscheidungen noch revisibel, wenn Fehlerhaftigkeit oder Unrechtsgehalt ein für die Rechtsordnung unerträgliches Maß erreichen. Die Rechtsprechung trifft ihre Entscheidungen *nach den Regeln eines förmlichen Verfahrens.* Die besonderen Verfahrensanforderungen sollen Gewähr dafür bieten, dass die nach diesen Verfahrensregeln am Ende gefällten materiellen Entscheidungen rechtmäßig sind. Die zentralen Verfahrensanforderungen sind weitgehend im Rechtsstaatsprinzip verankert. Dazu gehören z.B. das rechtliche Gehör (Art. 103 Abs. 1 GG), der Grundsatz des fairen Verfahrens und das Recht auf den gesetzlichen Richter (Art. 101 Abs. 1 Satz 2 GG). Einfachgesetzlich werden die Gerichtsverfahren in den einzelnen Prozessordnungen ausgestaltet. Auch der Instanzenzug ist eine solche Verfahrensausgestaltung, weil eine (potentielle) Überprüfbarkeit richterlicher Entscheidungen durch eine zweite Instanz mehr Gewähr für eine rechtmäßige Entscheidung bietet. Der Instanzenzug ist zwar verfassungsrechtlich nicht geboten[1145], aber rechtspolitisch unverzichtbar.

962   Die Rechtsprechungsfunktion wird durch einen unbeteiligten Dritten auf Antrag ausgeübt. Unbeteiligte Dritte sind die *Richter,* denen Art. 92 GG die Rechtsprechung anvertraut. Richter im Sinne der Verfassung sind Personen, die *persönlich und sachlich unabhängig* sind. Abhängig darf die Gerichtsbarkeit nur von Recht und Gesetz sein (Art. 97 Abs. 1 und Art. 20 Abs. 3 GG).

II.   Aufgabe der Rechtsprechung

963   Aufgabe der Rechtsprechung ist in erster Linie, allen Rechtssubjekten, die der staatlichen Rechtsordnung unterworfen sind, die Möglichkeit zu geben, ihre Rechte gegen andere Rechtssubjekte, aber auch gegen den Staat durchzusetzen. Nimmt der Staat für sich das Gewaltmonopol in Anspruch, muss er Gewähr dafür bieten, dass der Einzelne seine Rechte mit Hilfe der Staatsgewalt auch durchsetzen kann. Aus der allgemeinen Handlungsfreiheit und dem Rechtsstaatsprinzip (Art. 2 Abs. 1, 20 Abs. 3 GG) ergibt sich ein allgemeiner Justizgewährleistungsanspruch, dessen spezielle Ausprägung die besondere Garantie eines Rechtsschutzes gegen die öffentliche Gewalt in Art. 19 Abs. 4 GG ist.

III.   Organkompetenz der Gerichtsbarkeit

964   Die Unabhängigkeit der Rechtsprechung bringt die Zuweisung dieser Gewalt an besondere, von den übrigen Gewalten strikt getrennte Staatsorgane mit sich. Dieser sog. *Richtervorbehalt* ist in Art. 92 GG verfassungsrechtlich verankert und Kernbestandteil des Rechtsstaatsprinzips.

965   Rechtsprechung darf nur durch die Gerichtsbarkeit ausgeübt werden. Allerdings darf nicht im Umkehrschluss gefolgert werden, dass jegliche Richtertätigkeit auch

---

1145 BVerfGE 87, 48 (61); 92, 365 (410).

Rechtsprechung darstellt. Rechtspflegende Aufgaben der freiwilligen Gerichtsbarkeit (z. B. Nachlasswesen, Registergericht) sowie die Vollstreckung von gerichtlichen Entscheidungen oder die innere Verwaltungstätigkeit der Gerichtsorganisation gehören nicht zur Rechtsprechung, hängen aber so eng mit ihr zusammen, dass eine gesetzliche Aufgabenzuweisung an die Gerichte sachgerecht ist. Allerdings dürfen die eigentlichen Funktionen der Gerichtsbarkeit durch diese Tätigkeiten nicht beeinträchtigt werden[1146].

Die Zuweisung der Organkompetenz anhand der funktionalen Definition der **966** Rechtsprechung gibt allerdings keinen Aufschluss, welche Sachbereiche Gegenstand der Rechtsprechung sind und der Gerichtsbarkeit vorbehalten bleiben. Spezielle Regelungen finden sich im Rahmen einzelner Grundrechte oder grundrechtsgleicher Rechte (vgl. Art. 13 Abs. 2, Abs. 3 Satz 3, Abs. 4, Abs. 5 Satz 1 GG, Art. 14 Abs. 3 Satz 3 GG, Art. 104 Abs. 2 Satz 1 GG). Die Rechtsschutzgarantie aus Art. 19 Abs. 4 GG bezüglich sämtlicher Akte der öffentlichen Gewalt sowie der aus Art. 2 Abs. 1 GG und dem Rechtsstaatsprinzip (Art. 20 Abs. 3 GG) hergeleitete allgemeine Justizgewährleistungsanspruch führen dazu, dass grundsätzlich jede Rechtsstreitigkeit zum Gegenstand eines gerichtlichen Verfahrens gemacht werden kann. Als Kompensation für das staatliche Gewaltmonopol müssen dem Bürger staatliche Institutionen zur Verfügung stehen, um seine Rechte mittels staatlicher Gewalt durchsetzen zu können.

IV.   Gerichtsbarkeit

Die staatliche Gerichtsbarkeit kann definiert werden als die institutionalisierte **967** Gesamtheit aller Rechtsprechungsorgane (Gerichte), denen die Ausübung von Rechtsprechungsfunktionen zugewiesen wird. Zusätzlich gibt es noch ein Bedürfnis nach einer Institution, die Streitigkeiten zwischen Staatsorganen schlichtet, die Verfassungsmäßigkeit staatlichen Handelns, insbesondere auch von Gesetzen, überprüft und die Einhaltung des föderalen Kompetenzsystems überwacht. Es muss daher zusätzlich zwischen der sog. Fachgerichtsbarkeit[1147] und der Verfassungsgerichtsbarkeit unterschieden werden.

1.   Verfassungsgerichtsbarkeit

Die besondere Rolle des BVerfG wurde bereits oben dargestellt. Es kann Akte **968** staatlicher Gewalt auf ihre Verfassungskonformität hin überprüfen und dabei auch mit Gesetzeskraft (*inter omnes*) Normen verwerfen. Die Zuständigkeiten des BVerfG sind im Grundgesetz aufgelistet, eine Generalklausel existiert nicht. Allerdings ist eine Zuweisung von weiteren Fällen durch Bundesgesetz gem. Art. 93 Abs. 3 GG möglich[1148]. Diese Zuweisungskompetenz ist aber durch das Bundesstaatsprinzip begrenzt, der Zuständigkeitsbereich der Landesverfassungsgerichtsbarkeit darf nicht angetastet werden. Allerdings können gem. Art. 99 GG auch Landesgesetzgeber dem BVerfG Streitigkeiten auf dem Gebiet des jeweiligen Landesverfassungsrechts zuweisen. Es wäre also nicht erforderlich, dass die Länder eigene Landesverfassungsgerichte unterhalten[1149]. Entschließen sie sich hierzu,

---

1146 Vgl. *Stern*, Staatsrecht II, S. 900 ff.
1147 Diese Terminologie (vgl. erstmals BVerfGE 42, 243 [248] und seitdem in st. Rspr.) ist nicht unproblematisch; vgl. *Schlaich/Korioth*, Das Bundesverfassungsgericht, Rn. 22.
1148 Vgl. Beispiele bei *Benda/Klein*, Verfassungsprozessrecht, Rn. 424.
1149 Bis 2008 hat Schleswig-Holstein von dieser Möglichkeit Gebrauch gemacht. Seit der Änderung von Art. 44 Abs. 1 LV Schleswig-Holstein haben alle Länder ein Landesverfassungsgericht.

was inzwischen alle Länder tun, können sie eigenständig über die Zuständigkeiten ihrer Verfassungsgerichte entscheiden.

2.   Fachgerichtsbarkeit

969   Die Bezeichnung „Fachgerichtsbarkeit" umfasst die Gesamtheit der staatlichen Gerichte mit Ausnahme der Verfassungsgerichtsbarkeit. Das Grundgesetz selbst regelt neben der Organkompetenz der Richter in Art. 92 GG lediglich die Verbandskompetenz für Organisation, Verfahren und Ausübung der Gerichtsbarkeit. Die einfachgesetzliche Ausgestaltung ist Sache des Gesetzgebers und Gegenstand eigener spezieller Rechtsgebiete wie des Verwaltungsprozessrechts oder des Zivilprozessrechts. Das Grundgesetz macht dafür inhaltliche Vorgaben durch das Rechtsstaatsprinzip und seine speziellen Ausprägungen für die Rechtsprechung.

970   Gem. Art. 30, 92 Halbsatz 2 GG ist auch die Rechtsprechung grundsätzlich Sache der Länder[1150]. Auf Bundesebene sieht das Grundgesetz nur das BVerfG und die in Art. 95, 96 GG aufgeführten Bundesgerichte vor, die jeweils am Ende eines Instanzenzugs stehen, der vor den Gerichten der Länder beginnt. Klassisch ist der *Aufbau der Landesgerichtsbarkeit* mit einer ersten Instanz und einer Berufungsinstanz. Beide Instanzen sind sog. Tatsacheninstanzen, das bedeutet, der Prozessgegenstand wird in tatsächlicher und rechtlicher Hinsicht umfassend für die Entscheidung berücksichtigt. Auf die Berufungsinstanz folgt die Revisionsinstanz, die lediglich die rechtliche Richtigkeit einer Entscheidung überprüft. Ihre Aufgabe ist in erster Linie die Wahrung einer einheitlichen Rechtsauslegung im gesamten Bundesgebiet. Diese Dreiteilung ist allerdings nur das Gerüst. Es wird im einfachen Gerichtsorganisationsrecht und in den Prozessordnungen vielfach modifiziert. Grund ist die Entlastung höherer Instanzen von Bagatellverfahren sowie die Beschleunigung der Gerichtsverfahren oder die Verlagerung besonderer, bedeutsamer Prozessgegenstände an höhere Gerichte.

971   Aus Art. 95, 96 GG folgt, dass die *einfache Gerichtsbarkeit* aus der ordentlichen Gerichtsbarkeit, der Arbeitsgerichtsbarkeit, der Verwaltungsgerichtsbarkeit, der Finanzgerichtsbarkeit sowie der Sozialgerichtsbarkeit besteht. Als ordentliche Gerichtsbarkeit wird traditionell die Gerichtsbarkeit in Strafrechts- und Zivilrechtsangelegenheiten bezeichnet. Die *Gesetzgebungskompetenz für Verfahren und Aufbau* der Gerichtsbarkeit von Bund und Ländern hat der Bund inne (Art. 74 Abs. 1 Nr. 1, Art. 108 Abs. 6 GG). Sowohl die Gerichtsorganisation als auch die einzelnen Prozessordnungen sind daher Bundesrecht. Den Ländern bleibt im Ergebnis nur die Ausübung der Staatsgewalt nach den Vorgaben des Bundesrechts durch die eigenen Rechtsprechungsorgane.

V.   Rechtlicher Status des Richters

972   Gem. Art. 92 GG ist die Rechtsprechung „den Richtern anvertraut". Gerichte müssen sich aus Richtern zusammensetzen. Um die Rechtsprechungsfunktion sachgerecht auszufüllen, bedarf es eines besonderen rechtlichen Status, der die Rechtsprechungstätigkeit des Richters als unbeteiligter Dritter gewährleistet. Einflussnahmen durch andere staatliche Institutionen oder Manipulationsversuche, die von außerstaatlichen Quellen ausgehen, müssen ausgeschlossen sein.

1150 Zur Kompetenzverteilung s. oben Rn. 316 ff.

Die Gesetzgebungskompetenz zur Regelung des Richteramts ist in Art. 98 Abs. 1, **973**
3 GG geregelt. Hinsichtlich der Bundesrichter hat der Bund gem. Art. 98 Abs. 1
GG die ausschließliche Gesetzgebungskompetenz. Bezüglich der Richter in den
Ländern gilt Art. 98 Abs. 3 i. V. m. Art. 74 Abs. 1 Nr. 27 GG. Danach kann der
Bund im Rahmen der konkurrierenden Gesetzgebung die Statusrechte und
-pflichten, mit Ausnahme der Laufbahnen, Besoldung und Versorgung regeln,
wobei ein entsprechendes Gesetz gem. Art. 74 Abs. 2 GG der Zustimmung des
Bundesrats bedarf. Danach hat der Bund die ausschließliche Gesetzgebungskom-
petenz für „seine" Bundesrichter und eine Gesetzgebungskompetenz für den
Grundstatus der Richter der Länder. Von diesen Kompetenzen hat der Bund durch
Erlass des Richtergesetzes Gebrauch gemacht[1151]. Richter stehen in einem Dienstverhältnis zum Bund oder einem Land (§ 3 DRiG).

Die wesentlichen *Vorgaben für richterliche Dienstverhältnisse* finden sich in der Ver- **974**
fassung. Der verfassungsrechtliche Status ergibt sich aus den Art. 97, 98 GG. Gem.
Art. 97 Abs. 1 GG sind Richter unabhängig. Die sachliche und persönliche *Unabhängigkeit* der Richter bei der Erfüllung ihrer Aufgabe ist Kernelement des Richter-
status. Sie soll gewährleisten, dass der Richter seine Tätigkeit nur als unbeteiligter
Dritter und allein am Maßstab der Rechtsordnung orientiert ausübt. Sachliche
Unabhängigkeit besagt, dass Richter bei der Rechtsprechungstätigkeit nur Recht
und Gesetz unterworfen sind (Art. 97 Abs. 1, Art. 20 Abs. 3 GG). Die in Art. 97
Abs. 2 GG konkretisierte persönliche Unabhängigkeit soll den Richter davor
schützen, dass seine sachliche Unabhängigkeit durch Einwirkungen auf seinen
persönlichen Rechtsstatus, etwa durch Versetzung, Entlassung, finanzielle Einbu-
ßen etc. umgangen wird. Verbunden mit dem Richteramt ist eine umfassende
Inkompatibilität mit sonstigen staatlichen Tätigkeiten (§ 4 DRiG). Spezielle Vorschriften gelten für die Richter des BVerfG (Art. 94 GG, § 3 BVerfGG).

Die sachliche und persönliche Unabhängigkeit bewahrt den Richter nicht vor **975**
Regelungen hinsichtlich der Ausübung seines Amts. Diese Regelungen betreffen
aber nur das persönliche Dienstverhältnis und dürfen nicht die sachliche Rechtsprechungstätigkeit unterlaufen. Eine Grenze für die Unabhängigkeit des Richters
beginnt dort, wo der Richter seinen verfassungsrechtlichen Freiraum offensichtlich und vorsätzlich missbraucht, z. B. durch Rechtsbeugung oder durch eine gravierende oder vollständige Verweigerung seiner Dienstpflichten. Die Entscheidung
über rechtliche Konsequenzen muss jedoch wiederum durch Organe der Rechtsprechung erfolgen (vgl. Art. 97 Abs. 2, Art. 98 Abs. 2 GG).

Rechtsprechung: BVerfGE 4, 331 – *Gericht i. S. d. GG*; BVerfGE 8, 174 – *Erstinstanzliche
Zuständigkeit des BVerwG*; BVerfGE 11, 56 – *persönliche Unabhängigkeit von Ehrenrichtern*;
BVerfGE 14, 56 – *Gemeindegerichtsbarkeit*; BVerfGE 17, 252 – *Ausschluss von richterlicher Tätig-
keit durch Geschäftsverteilungsplan*; BVerfGE 21, 139 – *Ablehnung eines Nachlassrichters*;
BVerfGE 22, 49 – *Strafrechtspflege*; BVerfGE 22, 125 – *gebührenpflichtige Verwarnungen*;
BVerfGE 24, 33 – *Verfassungsbeschwerde gegen Vertragsgesetz*; BVerfGE 25, 352 – *Gnadenentschei-
dung*; BVerfGE 26, 141 – *Richterbesoldung*; BVerfGE 26, 186 – *Senat für Anwaltssachen beim
BGH*; BVerfGE 27, 18 – *Ordnungswidrigkeiten*; BVerfGE 30, 108 – *Widerruf einer Gnadenent-
scheidung*; BVerfGE 30, 149 – *unzulässige Mitwirkung eines Richters*; BVerfGE 34, 269 – „*Soraya*";
BVerfGE 40, 272 – *Rechtsschutzeffektivität*; BVerfGE 40, 356 – *Erneute Wahl eines Bundesverfassungsrichters: „Fall Zeidler"*; BVerfGE 48, 300 – *Ehrengerichte für Rechtsanwälte*; BVerfGE 55,
372 – *Bundesbesoldungsgesetz für Landesrichter*; BVerfGE 65, 76 – *Asylverfahrensgesetz*; BVerfGE

1151 Deutsches Richtergesetz (DRiG) v. 19.4.1972, BGBl. I S. 713.

70, 35 – *Normenkontrolle von Bebauungsplänen in Gesetzesform*; BVerfGE 96, 345 – *Bundes- und Landesverfassungsgerichtsbarkeit*; BVerfGE 96, 375 – *richterliche Rechtsfortbildung*; BVerfGE 103, 44 – *Fernsehaufnahmen in Gerichtsverhandlungen*; BVerfGE 103, 111 – *Wahlprüfung Hessen*; BVerfGE 155, 1 – *Richterbesoldung II.*

Literatur:

Zur Vertiefung:
Böckenförde, E.-W., Verfassungsfragen der Richterwahl, 2. Aufl. 1998; *Ehlers, D.*, Verfassungsrechtliche Fragen der Richterwahl, 1998; *Gärditz, K. F.*, Rechtsschutz und Rechtsprechung, VerfassungsR-HdB, 2021, § 13; *Kuch, D.*, Recht auf den gesetzlichen Richter (Art. 101 Abs. 1 Satz 2 GG), Jura 2020, 228 ff.; *Papier, H.-J.*, Die richterliche Unabhängigkeit und ihre Schranken, NJW 2001, 1089 ff.; *Rennert, K.*, Legitimation und Legitimität des Richters, JZ 2015, 529 ff.

§ 34 Auswärtige Gewalt

976   Die „auswärtige Gewalt" (der Begriff taucht im Grundgesetz nicht auf) umfasst die Wahrnehmung der Außenbeziehungen der Bundesrepublik Deutschland im Verhältnis zu anderen Staaten. Es geht dabei um das Handeln auf dem Gebiet des allgemeinen Völkerrechts – in Zeiten des Friedens insbesondere durch den Abschluss völkerrechtlicher Verträge –, die Beteiligung an kollektiven Sicherheitssystemen und anderen internationalen Organisationen sowie insbesondere die Mitwirkung am Europäischen Einigungsprozess im Rahmen der Europäischen Union. Die Beziehung des deutschen Staates zur internationalen Staatenwelt ist häufig Gegenstand von Lehrbüchern zum „Staatsrecht III" und soll daher hier nur in den Grundzügen dargestellt werden.

977   Das Grundgesetz enthält keinen eigenen Abschnitt, der die auswärtige Gewalt als Staatsfunktion ausgestaltet. Es finden sich jedoch über das Grundgesetz verteilt Kompetenzvorschriften (Art. 32, 59 GG) sowie Bestimmungen zur Beteiligung an internationalen Organisationen (Art. 23, 24 GG) sowie zur Wirkung bestimmter Völkerrechtssätze im deutschen Recht (Art. 25 GG), aus denen sich ein einheitliches System der verfassungsrechtlichen Vorgaben für das internationale Auftreten der Bundesrepublik Deutschland herleiten lässt. Nachdem die meisten dieser Normen bereits im Zusammenhang mit den Staatszielen und Staatsorganen vorgestellt wurden, geht es im Folgenden darum, ihr Zusammenwirken in diesem System zu veranschaulichen.

I.   Art. 32 Abs. 1 GG als allgemeine Regelung der Verbandskompetenz

978   Art. 32 Abs. 1 GG enthält eine grundlegende Regelung der Verbandskompetenz bei der Wahrnehmung auswärtiger Beziehungen. Die Pflege der Beziehungen zu auswärtigen Staaten ist grundsätzlich Sache des Bundes. Der Begriff der Beziehungen umfasst dabei sowohl rechtsverbindliche Handlungen wie auch politische und informelle Kontakte der Bundesrepublik Deutschland zu anderen Staaten und internationalen Organisationen. Art. 32 Abs. 1 GG soll gewährleisten, dass die Bundesrepublik Deutschland nach außen hin als Einheit auftritt. Besondere Kompetenzen der Länder regeln Art. 32 Abs. 2 u. 3 GG für den Abschluss völkerrechtlicher Verträge.

II. Abschluss und Transformation völkerrechtlicher Verträge

Das Völkerrecht im klassischen Sinne regelt die Rechtsbeziehungen zwischen Staaten und internationalen Organisationen. Als Völkerrechtsquellen sind gem. Art. 38 Abs. 1 IGH-Statut anerkannt: **979**

- Völkerrechtliche Verträge als dem Völkerrecht unterliegende Vereinbarungen zwischen zwei oder mehr Staaten oder anderen Völkerrechtssubjekten;
- Völkergewohnheitsrecht als durch allgemeine Übung über einen längeren Zeitraum in der Überzeugung rechtlicher Gebotenheit entstandenes Recht;
- Allgemeine Rechtsgrundsätze, die sich in den verschiedenen nationalen Rechtsordnungen finden.

Auf die Regeln des Völkergewohnheitsrechts und die allgemeinen Rechtsgrundsätze bezieht sich Art. 25 GG, der in Satz 1 die unmittelbare Geltung der „allgemeinen Regeln des Völkerrechts" anordnet. Art. 25 Satz 2 GG bringt die „Völkerrechtsfreundlichkeit des Grundgesetzes" zum Ausdruck, wenn er diese Regeln in der nationalen Normenhierarchie über einfachen Gesetzen (aber unterhalb des Verfassungsrechts) positioniert. Zur Feststellung, ob eine Regel des Völkerrechts Bestandteil des Bundesrechts i. S. d. Art. 25 GG ist, steht vor dem BVerfG das Normverifikationsverfahren nach Art. 100 Abs. 2 GG zur Verfügung[1152]. **980**

Im Umkehrschluss zu Art. 25 GG ergibt sich, dass völkervertragliche Regelungen zu ihrer Geltung in der Bundesrepublik Deutschland noch eines Transformationsakts bedürfen (sog. dualistische Theorie). Bei den Regelungen, die das Grundgesetz zu völkerrechtlichen Verträgen zu treffen hat, ist somit zwischen dem Abschluss auf internationaler Ebene und der Transformation in nationales Recht zu unterscheiden. **981**

1. Der Abschluss völkerrechtlicher Verträge

Grundsätzlich gilt für den Abschluss völkerrechtlicher Verträge die in Art. 32 Abs. 1 GG zugewiesene Verbandskompetenz des Bundes. Art. 32 Abs. 2 GG statuiert ein besonderes Anhörungsrecht, wenn ein Vertrag die besonderen Verhältnisse eines Landes berührt. Problematisch ist Art. 32 Abs. 3 GG. Danach können die Länder, denen eigene Staatsqualität zukommt, mit Zustimmung der Bundesregierung Verträge mit ausländischen Staaten abschließen, soweit ihnen innerstaatlich die Gesetzgebungskompetenz in Bezug auf den Vertragsgegenstand zukommt. Das Verständnis dieser Norm ist umstritten. Nach einer Lesart stellt Art. 32 Abs. 3 GG eine Ausnahmevorschrift zu Art. 32 Abs. 1 GG dar: wann immer ein Vertragsgegenstand in den Kompetenzbereich der Länder fällt, sollen diese ausschließlich zum Abschluss völkerrechtlicher Verträge befugt sein, die Verbandskompetenz also entfallen (sog. föderalistische Theorie)[1153]. Andererseits könnte man Art. 32 Abs. 3 GG als lediglich die Verbandszuständigkeit des Bundes ergänzende Vorschrift verstehen: Die Zuständigkeit der Länder träte dann neben die des Bundes, **982**

1152 Vgl. dazu *Ruffert*, JZ 2001, 633 ff.
1153 Vgl. *Degenhart*, Staatsrecht I, Rn. 582.

der umfassend und von den innerstaatlichen Gesetzgebungskompetenzen zum Abschluss völkerrechtlicher Verträge befugt wäre (sog. zentralistische Theorie)[1154].

983　In der Praxis wurde diese Frage durch einen Kompromiss gelöst – das sog. Lindauer Abkommen vom 14.11.1957[1155]: Danach soll der Bund zwar im Außenverhältnis die Abschlusskompetenz auch dann haben, wenn der Vertragsgegenstand in den Kompetenzbereich der Länder fällt. Allerdings bedarf das außenpolitische Handeln des Bundes dann der Zustimmung der Länder im Innenverhältnis. Der Streit zwischen föderalistischer und zentralistischer Theorie wirkt freilich fort bei der Frage, wie die Rechtsnatur des Lindauer Abkommens zu beurteilen ist: nach der zentralistischen Theorie wird mit der Abschlusskompetenz des Bundes lediglich die grundgesetzliche Rechtslage bestätigt. Nach der föderalistischen Theorie entfaltet das Lindauer Abkommen dagegen kompetenzbegründende Wirkung in der Landesgesetzgebung unterfallenden Bereichen.

984　Die Organkompetenz zum Abschluss völkerrechtlicher Verträge für den Bund ist in Art. 59 Abs. 1 GG geregelt: Sie kommt dem Bundespräsidenten zu, der gem. Art. 59 Abs. 1 Satz 1 GG den Bund völkerrechtlich vertritt und gem. Art. 59 Abs. 1 Satz 2 die Verträge mit auswärtigen Staaten schließt. Dabei bezieht sich Art. 59 Abs. 1 GG jedoch nur auf den förmlichen Akt des Vertragsschlusses, der Bundespräsident muss nicht auf allen Verfahrensstufen persönlich handeln[1156]. Da die Gestaltung der Außenpolitik grundsätzlich Sache der Bundesregierung ist, entspricht es vielmehr allgemeiner Praxis, dass der Bundespräsident seine Kompetenzen für das Stadium der Vertragsverhandlungen stillschweigend oder ausdrücklich auf die Bundesregierung delegiert, die diese Befugnisse dann wiederum weiter delegieren kann.

985　Mitwirkungsrechte weiterer Bundesorgane – d.h. des Bundestages und des Bundesrates – bestimmen sich nach Art. 59 Abs. 2 GG. Dabei adressiert Art. 59 Abs. 2 Satz 1 GG völkerrechtliche Verträge, die die politischen Beziehungen des Bundes betreffen oder sich auf Gegenstände der Bundesgesetzgebung beziehen. Hier bedarf es der Mitwirkung und Zustimmung der für das Gesetzgebungsverfahren zuständigen Körperschaften in der Form eines Bundesgesetzes. Es muss also ein Gesetzgebungsverfahren i.S.d. Art. 76 ff. GG durchgeführt und ein sog. Zustimmungsgesetz erlassen werden. Dabei hängt die Beteiligung des Bundesrates vom Vertrags- und damit Gesetzesinhalt ab. Bei Verwaltungsabkommen i.S.d. Art. 59 Abs. 2 Satz 2 GG bedarf es des Gesetzgebungsverfahrens nicht, jedoch kann sich aus Art. 50 GG, wonach der Bundesrat an der Verwaltung des Bundes mitwirkt, ein Zustimmungserfordernis des Bundesrates herleiten lassen[1157].

2. Transformation des völkerrechtlichen Vertrages

986　Die Transformation des völkerrechtlichen Vertrages ins nationale Recht geschieht durch den Erlass eines Gesetzes, wobei sich die Verbandskompetenz nach der Kompetenzordnung der Art. 70 ff. GG und damit nach dem Vertragsinhalt richtet. Im Fall der Bundeszuständigkeit wirkt das gem. Art. 59 Abs. 2 Satz 1 GG erforderliche Zustimmungsgesetz zugleich als Transformationsgesetz.

1154　Vgl. *Streinz*, in: Sachs, GG, Art. 32 Rn. 31 ff.; *Kempen*, in: v. Mangoldt/Klein/Starck, GG, Art. 32 Rn. 48 ff., 55.

1155　Abgedruckt bei *Streinz*, in: Sachs, GG, Art. 32 Rn. 35.

1156　Vgl. dazu BVerfGE 68, 1 (82) – *Nachrüstungsbeschluss*.

1157　*Ipsen/Kaufhold/Wischmeyer*, Staatsrecht I, § 21 Rn. 41.

III.   Die Beteiligung an internationalen Einrichtungen

Art. 24 GG regelt die Beteiligung der Bundesrepublik Deutschland an internatio-   **987**
nalen Einrichtungen, wobei zwischen den Bestimmungen über „zwischenstaatliche Einrichtungen" in Art. 24 Abs. 1 GG und „Systeme kollektiver Sicherheit" in
Art. 24 Abs. 2 GG lediglich graduelle Unterschiede bestehen. In beiden Vorschriften kommt eine grundsätzliche Entscheidung des Grundgesetzes zur internationalen Integration der Bundesrepublik Deutschland zum Ausdruck.

Art. 24 Abs. 1 GG sieht vor, dass der Bund durch Gesetz Hoheitsrechte auf zwi-   **988**
schenstaatliche Organisationen „übertragen" kann. Zwischenstaatliche Einrichtungen sind dabei grundsätzlich alle durch Verträge zwischen Völkerrechtssubjekten
geschaffene Organisationen[1158]. „Übertragung von Hoheitsgewalt" bedeutet den
Verzicht des Bundes auf die ausschließliche Ausübung von Herrschaftsbefugnis-
sen, um so die Ausübung von Hoheitsgewalt durch die zwischenstaatliche Organisation zu ermöglichen. Ebenso können gem. Art. 24 Abs. 1a GG die Länder mit
Zustimmung der Bundesregierung innerhalb ihrer Kompetenzbereiche die Ausübung von Hoheitsgewalt auf „grenznachbarschaftliche Einrichtungen" übertragen. Beispiele für „zwischenstaatliche Einrichtungen" i. S. d. Art. 24 Abs. 1 GG
sind Eurocontrol[1159] sowie das Europäische Patentamt[1160].

Art. 24 Abs. 2 GG ermöglicht die Einordnung in ein System kollektiver Sicherheit   **989**
und damit verbunden die „Beschränkung" von Hoheitsrechten. Anders als die
„Übertragung" sieht die „Beschränkung" von Hoheitsrechten lediglich den eigenen
Verzicht auf die Ausübung von Hoheitsgewalt vor, ohne dass diese zugleich einer
zwischenstaatlichen Organisation ermöglicht wird. Art. 24 Abs. 2 enthält höhere
Anforderungen an die Bestimmtheit des die Ausübung von Hoheitsrechten be-
schränkenden Gesetzes[1161] – die Organisation muss eine „friedliche und dauerhafte
Ordnung in Europa und zwischen den Völkern der Welt herbeiführen und sichern."
„Systeme gegenseitiger kollektiver Sicherheit" sind auf Grundlage des Völkerrechts
gegründete Organisationen, die ihre Mitglieder vor militärischen Angriffen und
Bedrohungen nicht nur untereinander, sondern auch gegenüber Drittstaaten sowie
vor terroristischen Angriffen schützen sollen. Das Bündnis muss rein defensiven
Charakter haben, wobei gegenseitige Einstandspflichten im Falle eines von außen
erfolgenden Angriffs auf einen Mitgliedstaat zulässig sind[1162]. Allerdings ist Art. 24
Abs. 2 nicht etwa lex specialis zu Art. 24 Abs. 1 GG: auch im militärischen Bereich
könnten Hoheitsrechte gem. Art. 24 Abs. 1 GG übertragen werden[1163].

Der Beitritt zu einem System kollektiver Sicherheit setzt einen völkerrechtlichen   **990**
Vertrag und damit gem. Art. 59 Abs. 2 Satz 1 GG ein Zustimmungsgesetz voraus.
Von diesem Zustimmungsgesetz sind auch spätere Fortentwicklungen des Bünd-
nisses umfasst, sofern sich diese innerhalb des Integrationsprogramms bewegen,
das „der Deutsche Bundestag im Wege des Zustimmungsgesetzes zu diesem Vertrag mitverantwortet", und die Vorgaben des Art. 24 Abs. 2 GG wahren[1164]. Das
materielle Verfassungsrecht setzt insofern inhaltliche Grenzen: Insbesondere ist

---

1158 BVerfGE 2, 347 (377) – *Kehler Hafen.*
1159 BVerfGE 59, 63 (86 f.) – *Eurocontrol.*
1160 BVerfGK 8, 266 (268) – *Europäisches Patentamt.*
1161 *Jarass,* in: Jarass/Pieroth, GG, Art. 24 Rn. 20.
1162 BVerfGE 90, 286 (347 ff.) – *Auslandseinsätze der Bundeswehr – Adria, AWACS.*
1163 *Jarass,* in: Jarass/Pieroth, GG, Art. 24 Rn. 20.
1164 BVerfGE 118, 244 (263, 270) – *ISAF;* BVerfGE 152, 8 (21) – „*Anti-IS-Einsatz".*

die Zielsetzung des Art. 24 Abs. 2 GG („zur Wahrung des Friedens")[1165] einzuhalten, das Gesetz muss aber auch im Übrigen mit der Verfassung in Einklang sein. Die maßgeblichen Systeme kollektiver Sicherheit, denen die Bundesrepublik Deutschland angehört, sind die Vereinten Nationen (UNO) und die North Atlantic Treaty Organization (NATO). Auch die Europäische Union kann als System gegenseitiger kollektiver Sicherheit angesehen werden[1166].

990a Im Fall einer „wesentlichen Vertragsüberschreitung oder -änderung" kann der Deutsche Bundestag sein Recht, über die völkervertraglichen Rechte und Pflichten des Bundes mitzuentscheiden, im Organstreitverfahren gegen die Bundesregierung geltend machen[1167]. Dabei ist jedoch ein Gestaltungsspielraum der Bundesregierung zu beachten:

„Die Bundesregierung handelt allerdings nicht in jedem Fall schon dann außerhalb des vom Zustimmungsgesetz gezogenen Ermächtigungsrahmens, wenn gegen einzelne Bestimmungen des Vertrags verstoßen wird. Das Bundesverfassungsgericht kann deshalb auf Antrag des Bundestages einen Verfassungsverstoß nur dann feststellen, wenn sich jenseits des weit bemessenen Gestaltungsspielraums der Bundesregierung eine Überschreitung des vom ursprünglichen Zustimmungsgesetz vorgezeichneten Ermächtigungsrahmens nachweisen lässt, wenn also die konsensuale Fortentwicklung eines Systems gegenseitiger kollektiver Sicherheit gegen wesentliche Strukturentscheidungen des Vertragswerks verstößt und damit den Boden des dort festgelegten politischen Programms verlässt [...]. Das Bundesverfassungsgericht prüft lediglich in diesem Umfang, ob ein bestimmtes völkerrechtliches Handeln der Regierung durch das Vertragsgesetz und dessen verfassungsrechtlichen Rahmen gedeckt ist."[1168]

991 Der 1945 gegründeten UNO trat die Bundesrepublik 1973 bei. Jene verfolgt gem. Art. 1 UN-Charta die folgenden mit Art. 24 Abs. 2 GG in Einklang stehenden Ziele:

– Aufrechterhaltung des internationalen Friedens und der internationalen Zusammenarbeit;
– Entwicklung von freundschaftlichen Beziehungen unter den Nationen, die auf der Achtung des Grundsatzes gleicher Rechte und der Selbstbestimmung der Völker beruhen;
– Herbeiführung einer internationalen Zusammenarbeit bei der Lösung internationaler Probleme.

Diesen Zielen soll die UNO durch die Verabschiedung von Resolutionen in der Generalversammlung, Vermittlungen des Sekretariats, an dessen Spitze der UN-Generalsekretär steht, sowie den Beschluss von verbindlichen friedenssichernden und friedenserhaltenden Maßnahmen durch den Sicherheitsrat dienen. Ein weiteres wichtiges Organ der Vereinten Nationen stellt der Internationale Gerichtshof dar, der Streitigkeiten zwischen Mitgliedstaaten entscheiden und Anfragen der anderen Organe mit Gutachten beantworten kann. Da seine Gerichtsbarkeit jedoch nicht „obligatorisch" ist, fällt der Internationale Gerichtshof nicht unter Art. 24 Abs. 3 GG.

1165 Vgl. BVerfGE 152, 8 (25) – *„Anti-IS-Einsatz"*.
1166 BVerfGE 152, 8 (33) – *„Anti-IS-Einsatz"*.
1167 BVerfGE 152, 8 (24) – *„Anti-IS-Einsatz"*.
1168 BVerfGE 152, 8 (24) – *„Anti-IS-Einsatz"*.

Der 1949 gegründeten NATO trat die Bundesrepublik 1955 bei. Als Bündnis von **992** derzeit 28 Staaten verfolgt die NATO das Ziel der kollektiven Selbstverteidigung. Art. 5 des Nordatlantikvertrages bestimmt, dass bewaffnete Angriffe gegen einen oder mehrere Mitgliedstaaten als Angriffe gegen alle angesehen werden und entsprechende Beistandspflichten auslösen.

Im Zusammenhang des Art. 24 Abs. 2 GG stellt sich die Frage, in wieweit es der **993** Bundesrepublik Deutschland gestattet ist, sich an militärischen Aktionen kollektiver Sicherheitssysteme, insbesondere der UNO und der NATO, zu beteiligen[1169]. Das BVerfG hat entschieden, dass Art. 87a GG, der den Einsatz der Bundeswehr nur in engen, durch die Verfassung bestimmten Fällen zulässt, der Beteiligung an solchen Einsätzen nicht entgegensteht[1170]. Der Begriff der „Verteidigung" in Art. 87a Abs. 2 GG kann so verstanden werden, dass er neben der Landesverteidigung auch die kollektive Verteidigung i. S. d. Art. 5 Nordatlantikvertrages und Art. 51 UN-Charta erfasst[1171]. Für dieses Verständnis spricht, dass die nachträglich ins Grundgesetz eingefügte Norm nicht das Ziel verfolgte, die Mitwirkungsrechte und -pflichten der Bundesrepublik Deutschland in UNO und NATO einzuschränken[1172]. Zu beachten ist aber, dass für militärische Auslandseinsätze der Bundeswehr stets ein Parlamentsbeschluss erforderlich ist – auch dann, wenn sie im Rahmen eines Systems kollektiver Sicherheit erfolgen[1173].

IV.   Die Mitwirkung an der Europäischen Integration

Bis zur Neugestaltung des Art. 23 GG als „Europa-Artikel" 1992 diente der darge- **994** stellte Art. 24 Abs. 1 GG als verfassungsrechtliche Grundlage der Europäischen Integration. Erst im Zuge der Zustimmung zum Vertrag von Maastricht wurde Art. 23 GG in seiner jetzigen Form in das Grundgesetz eingefügt und gestaltet nun als lex specialis die Mitwirkung der Bundesrepublik Deutschland am Europäischen Einigungsprozess näher aus. Er etabliert hierzu zum einen Schranken der Integration, zum anderen definiert er die Mitwirkungsrechte der verschiedenen Verfassungsorgane sowie der Länder in Angelegenheiten der Europäischen Union. Im Folgenden soll ein kurzer Überblick über die Entwicklung des Europäischen Integrationsprozesses sowie die institutionelle Ausgestaltung der Europäischen Union seit Inkrafttreten des Vertrags von Lissabon 2009 gegeben werden. Sodann werden die verfassungsrechtliche Ermächtigung zur Mitwirkung der Bundesrepublik Deutschland und ihre nähere Ausgestaltung in Art. 23 GG präsentiert. Auch hier können nur die Grundlagen dargestellt werden, für ausführlichere Informationen ist auf die Lehrbücher zum Staatsrecht III sowie zum Europarecht zu verweisen.

1.   Der Prozess der Europäischen Integration

Die heutige Europäische Union geht zurück auf die 1951 und 1957 gegründeten **995** Europäischen Gemeinschaften (Europäische Gemeinschaft für Kohle und Stahl, Europäische Atomgemeinschaft, Europäische Wirtschaftsgemeinschaft). Ziel der

---

1169 Allg. zu verfassungsrechtlichen Vorgaben für den Einsatz der Bundeswehr s. o. Rn. 951 ff.
1170 BVerfGE 90, 286 (353 ff.) – *Auslandseinsätze der Bundeswehr – Adria, AWACS*; BVerfGE 121, 135 (157) – *AWACS-Einsatz (Türkei)*.
1171 *Jochum*, JuS 2006, 511 (513).
1172 Vgl. *Streinz*, in: Sachs, GG, Art. 24 Rn. 58.
1173 BVerfGE 121, 135 (160 f.) – *AWACS-Einsatz (Türkei)*.

Gründungsmitglieder Belgien, Frankreich, Italien, Luxemburg, Niederlande, Westdeutschland, die die 1958 in Kraft getretenen Römischen Verträge unterzeichneten, war einerseits die Kontrolle der Schlüsselindustrien zur Verhinderung erneuter Kriegsvorbereitungen, andererseits das Hinwirken auf eine wirtschaftliche Integration, der möglicherweise eine politische Integration folgen sollte. Nach den Beitritten des Vereinigten Königreichs, Irlands und Dänemarks (1973), Griechenlands (1981), Portugals und Spaniens (1986) sowie der Stärkung der Wirtschaftsgemeinschaft durch die Verwirklichung der Zollunion und des Hinwirkens auf den europäischen Binnenmarkt (Einheitliche Europäische Akte 1986) wurde die Wirtschaftsgemeinschaft zur politischen Union ausgebaut: Der Vertrag von Maastricht (1992) fügte der damaligen Europäischen Gemeinschaft die Europäische Union hinzu; damit kamen die Gemeinsame Außen- und Sicherheitspolitik (GASP) sowie die Polizeiliche und Justizielle Zusammenarbeit in Strafsachen (PJZS) als „zweite und dritte Säule" neben den Gemeinschaften hinzu.

996 In der Folge kam es zur Verwirklichung der „Wirtschafts- und Währungsunion" durch die Einführung des Euro (1999 als Buch-, 2002 als Bargeld), der mittlerweile als gemeinsame Währung in 19 EU-Mitgliedstaaten sowie sechs weiteren Europäischen Staaten gilt und zum Beitritt mehrerer neuer Mitgliedstaaten: 1995 kamen Schweden, Finnland und Österreich hinzu, 2004 im Zuge der sog. Osterweiterung Estland, Lettland, Litauen, Malta, Polen, die Slowakei, Slowenien, Tschechien, Ungarn und Zypern, 2007 Rumänien und Bulgarien, 2013 Kroatien.

997 Nachdem 2005 das Projekt einer „Verfassung für Europa" an den Referenden in Frankreich und den Niederlanden gescheitert war, kam es zu einer umfassenden Reform der Europäischen Verträge im Rahmen des Vertrags von Lissabon, der 2009 in Kraft trat: Dieser führte zur Auflösung der bisherigen Säulenstruktur und zum Aufgehen von EG, GASP und PJZS in der Europäischen Union, der nunmehr gem. Art. 47 EUV Rechtspersönlichkeit zukommt. Weitere maßgebliche Änderungen betreffen die Rolle des Europäischen Parlaments im Gesetzgebungsverfahren, die Möglichkeit von Mehrheitsentscheidungen im Rat der Europäischen Union und die Ausgestaltung des Verfahrens zur Änderung der Verträge. Gestärkt wurde auch der Grundrechtsschutz (Art. 6 EUV). Erstmals geregelt wurde der Austritt aus der Union (Art. 50 EUV). Mit Ablauf des Jahres 2020 hat mit dem Vereinigten Königreich von Großbritannien und Nordirland erstmals ein Mitgliedstaat die Europäische Union verlassen.

2. Kompetenzen und institutioneller Aufbau der Europäischen Union

998 Die Europäische Union ist, in den Worten des BVerfG, ein „supranationaler Staatenverbund". Dessen Grundlagen sind in den Verträgen über die Europäische Union (EUV) und über die Arbeitsweise der Europäischen Union (AEUV) zwischen den Mitgliedstaaten gelegt (sog. Primärrecht). Aufgrund des Verweises in Art. 6 Abs. 1 EUV ist auch die Charta der Grundrechte der EU zum Primärrecht zu zählen. Eigene Hoheitsrechte übt die Europäische Union insbesondere beim Erlass sog. Sekundärrechts aus: dabei wirken Verordnungen als unmittelbar geltendes Recht in allen Mitgliedstaaten (Art. 288 Abs. 2 AEUV), Richtlinien sind demgegenüber zwar gegenüber den Mitgliedstaaten unverbindlich, bedürfen jedoch grundsätzlich der Umsetzung in nationales Recht (Art. 288 Abs. 3 AEUV). Die Europäische Union ist jedoch nur in Sachbereichen zur Ausübung von Hoheitsbefugnissen berechtigt, in denen ihr die Kompetenzen ausdrücklich durch die Mitgliedstaaten zugewiesen worden sind (sog. Grundsatz der begrenzten Einzelermächtigung, Art. 5 Abs. 1 Satz 1 EUV). Art. 2 AEUV unterscheidet dabei – ähnlich den Art. 70 ff. GG in der Bundesrepublik – zwischen ausschließlichen Zuständigkeiten der Union (Art. 2 Abs. 1 AEUV) und sog. geteilten Zuständigkeiten, in denen die Mitgliedstaaten tätig werden, soweit die Union keine Rechtsakte erlassen hat (Art. 2 Abs. 2 AEUV). Maßgebliche Bereiche, die der ausschließlichen Unionszuständigkeit unterfallen, sind die Zollunion (Art. 3 Abs. 1 Ziff. a AEUV), die Festlegung der für den Binnenmarkt erforderlichen Wettbewerbsregeln (Art. 3 Abs. 1 Ziff. b AEUV) und die Währungspolitik für die Mitgliedstaaten, deren Währung der Euro ist (Art. 3 Abs. 1 Ziff. a AEUV). Hauptbereiche der geteilten Zuständigkeit sind der Binnenmarkt (Art. 4 Abs. 2 Ziff. a AEUV), die Sozialpolitik hinsichtlich der im AEUV näher aufgeführten Aspekte (Art. 4 Abs. 2 Ziff. b AEUV) und der Verbraucherschutz (Art. 4 Abs. 2 Ziff. f AEUV).

Den institutionellen Rahmen gibt Art. 13 EUV vor. Organe der Europäischen **999** Union sind danach der Europäische Rat, der aus den Staats- und Regierungschefs der Mitgliedstaaten, seinem Präsidenten sowie dem Präsidenten der Europäischen Union besteht und die für die Entwicklung der EU erforderlichen Zielvorstellungen und Prioritäten festlegt (Art. 15 EUV), das Europäische Parlament, das sich aus in den einzelnen Mitgliedstaaten nach einem System degressiver Proportionalität – die Anzahl der Abgeordneten eines Staates hängt zwar von seiner Einwohnerzahl ab, jedoch wirkt sich diese nach oben hin zunehmend geringer aus – gewählten Abgeordneten zusammensetzt (Art. 14 EUV). Dieses wirkt im Gesetzgebungsverfahren mit dem Rat der Europäischen Union zusammen, der aus je einem Vertreter jedes Mitgliedstaates auf Ministerebene besteht (Art. 16 Abs. 2 EUV). Eine besondere Stellung kommt der Europäischen Kommission zu, die „die allgemeinen Interessen der Union" fördern, die Anwendung der Verträge und des Unionsrechts überwachen und Verwaltungs- und Koordinationsaufgaben übernehmen soll (Art. 17 Abs. 1 EUV). Bislang stellt jedes Land ein Kommissionsmitglied, Art. 17 Abs. 5 EUV sieht jedoch eine Verkleinerung der Kommission für die Zukunft vor. Die Aufgabe des Gerichtshofs der Europäischen Union besteht in der „Wahrung des Rechts bei der Auslegung und Anwendung der Verträge" (Art. 19 Abs. 1 Satz 2 EUV), er besteht aus einem Richter je Mitgliedstaat (Art. 19 Abs. 2 Satz 1 EUV). Die Verfahrensarten vor dem EuGH sind in den Art. 251 ff. AEUV bezeichnet. Von besonderer Bedeutung sind hier das Vertragsverletzungsverfahren (Art. 258 AEUV), die Nichtigkeitsklage (Art. 263 AEUV) und das Vorabentscheidungsverfahren (Art. 267 AEUV)[1174]. Weitere Organe der Europäischen Union sind die Europäische Zentralbank und der Rechnungshof. Seit dem Vertrag von Lissabon ernennt die Europäische Union einen Hohen Vertreter für die Außen- und Sicherheitspolitik (Art. 18 Abs. 1 EUV).

3. Die verfassungsrechtliche Ausgestaltung der Mitwirkung an der Europäischen Integration

Art. 23 Abs. 1 Satz 2 GG sieht – ähnlich wie Art. 24 Abs. 1 GG – die „Übertra- **1000** gung" von Hoheitsrechten auf die Europäische Union ausdrücklich vor. Allerdings unterstellt Art. 23 GG diese Übertragung einer Reihe verfassungsrechtlicher Vorgaben: Nach Art. 23 Abs. 1 Satz 2 GG ist zur Übertragung von Hoheitsgewalt ein Gesetz erforderlich, das überdies der Zustimmung des Bundesrates bedarf. Bei Änderungen, durch die das Grundgesetz geändert oder ergänzt oder die Vorausset-

---

1174 Dazu *Thiele*, EuR 2010, 30 ff.

zungen dafür geschaffen werden, sind gem. Art. 23 Abs. 1 Satz 3 GG die Vorgaben des Art. 79 Abs. 2 u. 3 GG einzuhalten. Es muss also das für die Änderung des Grundgesetzes vorgesehene Verfahren eingehalten werden. Die Grundsätze des Art. 79 Abs. 3 GG fungieren als absolute Schranke der europäischen Integration auf Basis des Grundgesetzes. Sollte der Europäische Integrationsprozess diese Grenzen sprengen wollen, bedürfte es einer neuen Verfassung. Weitere Voraussetzungen für das Wesen der Europäischen Union stellt (normtechnisch mit Art. 24 Abs. 2 vergleichbar) Art. 23 Abs. 1 Satz 1 GG auf: Danach muss die Europäische Union den in Art. 20 GG festgeschriebenen Grundsätzen der Demokratie, des Rechts- und Sozialstaates und des Föderalismus sowie darüber hinaus dem Subsidiaritätsprinzip (vgl. Art. 5 Abs. 1 Satz 2, Abs. 3 EUV) verpflichtet sein. Dieses besagt, dass die Union grundsätzlich nur tätig werden darf, wenn die verfolgten Ziele nicht genauso gut auf nationaler oder regionaler Ebene verwirklicht werden können. Darüber hinaus muss die EU gem. Art. 23 Abs. 1 Satz 1 GG einen dem Grundgesetz im Wesentlichen vergleichbaren Grundrechtsschutz gewährleisten.

1000a   Die besonderen Vorgaben des Art. 23 GG – die Art. 24 GG nach dem Verhältnis der Spezialität vorgehen – gelten auch für jenseits des formellen Unionsrechts stehenden „Zustimmungsgesetze zu völkerrechtlichen Verträgen, die in einem Ergänzungs- oder besonderen Näheverhältnis zum Integrationsprogramm der Europäischen Union stehen"[1175].

„Ob ein derartiges Verhältnis vorliegt, lässt sich nicht anhand eines einzelnen abschließenden und zugleich trennscharfen Merkmals bestimmen, sondern nur aufgrund einer Gesamtbetrachtung der Umstände, Regelungsziele, -inhalte und -wirkungen [...]. Für ein Ergänzungs- oder sonstiges besonderes Näheverhältnis kann etwa sprechen, dass die geplante Einrichtung im Primärrecht verankert, das Vorhaben in Vorschriften des Sekundär- oder Tertiärrechts vorgesehen ist oder ein sonstiger qualifizierter inhaltlicher Zusammenhang mit dem Integrationsprogramm der Europäischen Union besteht. Dies gilt auch, wenn das Vorhaben (auch) von Organen der Europäischen Union vorangetrieben wird oder deren Einschaltung in die Verwirklichung des Vorhabens – etwa im Wege der Organleihe – vorgesehen ist. Für ein qualifiziertes Ergänzungs- und Näheverhältnis spricht es darüber hinaus, wenn ein völkerrechtlicher Vertrag ausschließlich zwischen Mitgliedstaaten der Europäischen Union abgeschlossen werden soll, wenn der Zweck des Vorhabens gerade im wechselseitigen Zusammenspiel mit einem der Europäischen Union übertragenen Politikbereich liegt und insbesondere dann, wenn der Weg der völkerrechtlichen Koordination gewählt wird, weil gleichgerichtete Bemühungen um eine Verankerung im Unionsrecht nicht die notwendigen Mehrheiten gefunden haben"[1176].

1001   Auf der Grundlage dieser Bestimmungen ist die Überprüfung jedes maßgeblichen Integrationsschrittes der EU durch das BVerfG möglich. Das BVerfG prüft sowohl, ob die formalen Vorgaben des Art. 23 Abs. 1 Satz 3 i. V. m. Art. 79 Abs. 3 GG eingehalten sind (*formale Übertragungskontrolle*), als auch, ob die Fortentwicklung des Unionsrechts den aufgrund von Art. 79 Abs. 3 GG unantastbaren „Kern der nationalen Verfassungsidentität" wahrt (sog. *Identitätskontrolle*)[1177]. Danach muss der Bundesrepublik Deutschland auch als Mitgliedstaat der Europäischen Union „ausreichender Raum zur Gestaltung der wirtschaftlichen, kulturellen und sozialen Le-

---

1175 BVerfGE 153, 74 (143) – *Einheitliches Patentgericht.*
1176 BVerfGE 153, 74 (146 f.) – *Einheitliches Patentgericht.*
1177 Zusammenfassend jetzt BVerfGE 153, 74 (150 ff.) – *Einheitliches Patentgericht.*

bensverhältnisse"[1178] verbleiben. Eine besondere Rolle spielt dabei bereits seit dem Urteil des BVerfG zur Zustimmung zum Vertrag von Maastricht und der damit verbundenen Einführung des dargestellten Art. 23 GG n. F. die Vorgabe, dass angesichts der nicht vollständig verwirklichten Demokratie auf europäischer Ebene die besondere Rolle der nationalen Parlamente gewahrt bleiben muss. Nur wenn diesen ausreichende Kompetenzen zur selbstständigen Entscheidung verbleiben, ist der Europäische Einigungsprozess hinreichend demokratisch legitimiert[1179]. Dies gilt insbesondere mit Blick auf die Fortentwicklung der Wirtschafts- und Währungsunion: Der Fortbestand des parlamentarischen Budgetrechts verbietet, dass Maßnahmen auf eine unbegrenzte Haftungsübernahme für Willensentscheidungen der Organe der EU oder anderer Staaten hinauslaufen[1180]. Diese Vorgabe gilt nicht nur für Änderungen der Europäischen Verträge, sondern für sämtliche Maßnahmen im Zusammenhang des Europäischen Einigungsprozesses, auch wenn diese im Rahmen völkerrechtlicher Verträge zwischen einzelnen Mitgliedstaaten getroffen werden[1181].

Die Verknüpfung der Vorgabe des Entscheidungsspielraums nationaler Parlamente mit dem Demokratieprinzip (Art. 20 Abs. 1, 2 GG), der Integrationsverantwortung des Bundestags (Art. 23 GG) und dem Wahlrecht des einzelnen Bürgers (Art. 38 Abs. 1 GG), entzieht sie zum einen selbst dem verfassungsändernden Gesetzgeber (Art. 79 Abs. 3 GG) und macht sie zum anderen im Wege der Verfassungsbeschwerde[1182] und des Organstreitverfahrens justiziabel[1183]. Das Bundesverfassungsgericht führt hierzu aus: **1001a**

„Der wahlberechtigte Bürger hat zur Sicherung seiner demokratischen Einflussmöglichkeit im Prozess der europäischen Integration aus Art. 38 Abs. 1 Satz 1 GG grundsätzlich ein Recht darauf, dass eine Verlagerung von Hoheitsrechten nur in den dafür vorgesehenen Formen von Art. 23 Abs. 1 Sätze 2 und 3, Art. 79 Abs. 2 GG geschieht. [...] Entsprechendes gilt für den Organstreit. Die in Art. 23 GG verankerte Integrationsverantwortung umfasst Rechte und Pflichten des Deutschen Bundestages, deren Verletzung die Fraktionen im Wege der Prozessstandschaft (§ 64 Abs. 1 BVerfGG) im eigenen Namen auch gegenüber dem Parlament selbst geltend machen können"[1184].

Der Überprüfung durch das Bundesverfassungsgericht unterstehen jedoch nicht nur deutsche Mitwirkungsakte am Europäischen Integrationsprozess. Das Institut der *ultra-vires*-Kontrolle[1185] ermöglicht darüber hinaus, das Handeln supranationaler Stellen auf die Einhaltung der Vorgaben der Art. 23 Abs. 1 Satz 2 und Art. 79 Abs. 2 GG zu überprüfen. Maßnahmen, die diese Grenzen überschreiten, sind nämlich von der Kompetenzübertragung durch die Bundesrepublik Deutschland nicht gedeckt. **1001b**

1178 BVerfGE 123, 267 (357 f.) – *Lissabon*.
1179 BVerfGE 89, 155 (171 ff.) – *Maastricht*.
1180 BVerfGE 129, 124 (179) – *EFSF*; BVerfGE 132, 195 (239 ff.) – *ESM/Einstweilige Anordnung*; BVerfGE 135, 317 (399 ff.) – *ESM/Entscheidung*; 157, 332 (380) – *ERatG eA*.
1181 BVerfGE 131, 152 (199) – *ESM/Informationsrechte des Bundestags*.
1182 Zur sog. Integrationsverfassungsbeschwerde *Lehner*, Der Staat 52 (2013), 535 ff.
1183 S. bereits oben Rn. 801 f.
1184 BVerfGE 134, 366 (397) – *OMT-Vorlagebeschluss*. Im Ergebnis ebenso die endgültige Entscheidung BVerfGE 142, 123 (172 ff.) – *OMT*. Vgl. zu dieser Herleitung auch BVerfGE 151, 202 (297 f.) – *Europäische Bankenunion*; ferner BVerfGE 157, 332 (380) – *ERatG eA*.
1185 Dazu sowie zur Grundrechtskontrolle bereits oben bei der Stellung des BVerfG und seinem Verhältnis zum EuGH, vgl. Rn. 801 f.

„Maßnahmen von Organen, Einrichtungen und sonstigen Stellen der Europäischen Union, die ultra vires ergehen, verletzen das im Zustimmungsgesetz gemäß Art. 23 Abs. 1 Satz 2 GG niedergelegte Integrationsprogramm. Der Abwendung derartiger Rechtsverletzungen dient das Institut der Ultra-vires-Kontrolle [...] Mit ihr überprüft das Bundesverfassungsgericht, ob eine Maßnahme von Organen, Einrichtungen und sonstigen Stellen der Europäischen Union das Integrationsprogramm in hinreichend qualifizierter Weise überschreitet und ihr deshalb in Deutschland die demokratische Legitimation fehlt. [...] Das dient zugleich der Gewährleistung des Rechtsstaatsprinzips“[1186].

In einem solchen Fall wären der Deutsche Bundestag und die Bundesregierung verpflichtet, den *ultra-vires*-Akt entweder nachträglich durch formelle Übertragung der Hoheitsrechte nach Art. 23 Abs. 1 Sätze 2 und 3 GG zu legitimieren oder auf die Einstellung der Maßnahmen hinzuwirken. Ein Untätigbleiben wäre verfassungswidrig[1187].

„Das Recht auf demokratische Selbstbestimmung vermittelt den Wahlberechtigten zudem einen Anspruch gegenüber den Verfassungsorganen, dass diese über die Einhaltung des Integrationsprogramms wachen, am Zustandekommen und an der Umsetzung von Maßnahmen, die die Grenzen des Integrationsprogramms überschreiten, nicht mitwirken und bei offensichtlichen und strukturell bedeutsamen Kompetenzüberschreitungen von Organen, Einrichtungen und sonstigen Stellen der Europäischen Union aktiv auf seine Befolgung und die Beachtung seiner Grenzen hinwirken“[1188].

Diese Argumentationslinie erlaubte in der jüngeren Vergangenheit die Überprüfung von Maßnahmen der Europäischen Zentralbank[1189], der Schaffung der sog. Bankenunion[1190] sowie des bevorstehenden Abschlusses sog. gemischter Abkommen zwischen der Europäischen Union und ihren Mitgliedstaaten einerseits, Drittstaaten andererseits[1191].

1002   Die weiteren Absätze des Art. 23 GG gestalten die Mitwirkungsrechte der verschiedenen Verfassungsorgane sowie der Länder innerhalb der Europäischen Union näher aus. Größtenteils wurden diese Normen bereits im Zusammenhang mit der Kompetenzverteilung im Bundesstaat und der Befugnisse der einzelnen Staatsorgane erläutert. Daher sollen sie hier lediglich zusammenfassend erwähnt und im System des Art. 23 GG dargestellt werden. Bei der Betrachtung der europarechtlich vorgesehenen Mitwirkungsrechte der Mitgliedstaaten fällt auf, dass diese im Wesentlichen auf die (zentrale) Exekutive (Regierungschef, d. h. Bundeskanzler; Minister, d. h. in der Regel Bundesminister) abstellen. Für die nationalen Parlamente ist lediglich eine Mitwirkung iRd. Art. 10 Abs. 2, 12 EUV vorgesehen, die Länder können allenfalls am sog. Ausschuss der Regionen (Art. 13 Abs. 4 EUV, Art. 305 AEUV) mitwirken. Die verfassungsrechtliche Ausgestaltung der Mitwirkung am Europäischen Integrationsprozess muss daher im Interesse der im Grundgesetz vorgesehenen horizontalen und vertikalen Gewaltenteilung auf einen Ausgleich dieses exekutiven Übergewichts auf Unionsebene hinwirken.

1186 BVerfGE 146, 216 (252) – *PSPP-Vorlagebeschluss*; zur Definition des Merkmals „hinreichend qualifizierter Verstoß“ s. bereits oben Rn. 802.
1187 BVerfGE 146, 216 (262 ff.) – *PSPP-Vorlagebeschluss*; BVerfGE 157, 332 (382) – *ERatG eA*.
1188 BVerfGE 157, 332 (382) – *ERatG eA*.
1189 BVerfGE 134, 366 – *OMT-Vorlagebeschluss*; BVerfGE 142, 123 – *OMT*; BVerfGE 146, 216 – *PSPP-Vorlagebeschluss*; BVerfGE 154, 17 – *PSPP*.
1190 BVerfGE 151, 202 – *Bankenunion*.
1191 BVerfGE 143, 65 – *CETA*.

Art. 23 Abs. 1a GG setzt das in Art. 5 Abs. 4 Satz 1, Satz 2, Art. 12 Ziff. b EUV **1003** angelegte und im Protokoll über die Anwendung der Grundsätze der Subsidiarität und der Verhältnismäßigkeit ausgestaltete Verfahren um, nach dem die nationalen Parlamente bei Nichteinhaltung des Subsidiaritätsprinzips Subsidiaritätsrüge zum Gerichtshof der Europäischen Union erheben können. Art. 23 Abs. 1a Satz 1 GG weist dieses Recht Bundestag und Bundesrat zu, wobei der Bundestag, um adäquate parlamentarische Minderheitsrechte zu gewährleisten, gem. Art. 23 Abs. 1a Satz 2 GG auf Verlangen eines Viertels seiner Mitglieder zur Erhebung der Klage verfassungsrechtlich verpflichtet ist.

Art. 23 Abs. 2 Satz 1 GG bestimmt, dass in Angelegenheiten der Europäischen **1004** Union der Bundestag und durch den Bundesrat die Länder mitwirken. Neben der Beteiligung von Bundestag und Bundesrat am zur Übertragung von Hoheitsrechten erforderlichen Gesetzgebungsverfahren betrifft dies vor allem Mitwirkungs- und Anhörungsrechte. So hat die Bundesregierung Bundestag und Bundesrat gem. Art. 23 Abs. 2 Satz 2 GG umfassend und zum frühestmöglichen Zeitpunkt zu unterrichten, damit diese Organe über etwaige Stellungnahmen Beschluss fassen können. Diese Bestimmung ist vor dem Hintergrund des Art. 23 Abs. 2 Satz 1 GG, der eine grundsätzliche Mitwirkung von Bundestag und Bundesrat in allen Angelegenheiten, ungeachtet der besonderen Regelungen des Art. 23 Abs. 3–6 GG statuiert, weit zu verstehen.

Dem Bundestag hat die Bundesregierung vor ihrer Mitwirkung an Rechtsetzungs- **1005** akten Gelegenheit zur Stellungnahme zu geben; seine Stellungnahme muss sie bei den Verhandlungen berücksichtigen. Diese Vorgaben des Art. 23 Abs. 3 Satz 1 u. 2 GG werden im gemäß Art. 23 Abs. 3 Satz 3 GG erlassenen Gesetz über die Zusammenarbeit zwischen Bundesregierung und Deutschem Bundestag in Angelegenheiten der Europäischen Union (EUZBB) näher ausgestaltet. Dabei bestimmt insbesondere § 9 Abs. 4 Satz 6 EuZBBG, dass der Bundesregierung die Möglichkeit verbleibt, aus „wichtigen außen- oder integrationspolitischen Gründen" von der Stellungnahme des Bundestages abzuweichen.

Die Absätze 4–7 gestalten die Mitwirkungsrechte des Bundesrates oder der Län- **1006** der näher aus. Dabei bestimmt Art. 23 Abs. 4 GG, dass der Bundesrat an der Willensbildung des Bundes zu beteiligen ist, soweit er an einer innerstaatlichen Maßnahme zu beteiligen wäre oder innerstaatlich die Länder zuständig wären. Wenn im Rahmen ausschließlicher Bundeszuständigkeit Länderinteressen berührt oder konkurrierende Gesetzgebungsbefugnisse betroffen sind, ist gem. Art. 23 Abs. 5 Satz 1 GG die Stellungnahme des Bundesrates ebenso wie nach Art. 23 Abs. 3 Satz 2 GG die des Bundestages zu berücksichtigen. „Maßgeblich" zu berücksichtigen ist die Stellungnahme des Bundesrates gem. Art. 23 Abs. 5 Satz 2 GG, wenn im Schwerpunkt Gesetzgebungsbefugnisse der Länder, die Einrichtung ihrer Behörden oder ihr Verwaltungsverfahren betroffen sind. In diesen Fällen ist zwar auch die „gesamtstaatliche Verantwortung des Bundes zu wahren" (Art. 23 Abs. 5 Satz 2 a. E.), allerdings kann sich die Bundesregierung hier gem. § 5 Abs. 2 Satz 5 des gem. Art. 23 Abs. 7 GG erlassenen Gesetzes über die Zusammenarbeit von Bund und Ländern in Angelegenheiten der Europäischen Union (EUZBLG) gegen einen nach Scheitern einer einvernehmlichen Lösung mit 2/3-Mehrheit gefassten Beschluss des Bundesrates nicht hinwegsetzen. Absatz 6 sieht vor, dass, soweit es um die Länderdomänen der schulischen Bildung, der Kultur oder des Rundfunks geht, die Wahrnehmung der Rechte der Bundesrepublik Deutschland auf einen vom Bundesrat benannten Vertreter der Länder übertragen wird. Unionsrechtlich ist dies möglich, da Art. 16 Abs. 2 EUV lediglich einen „Vertreter auf Ministerebene" als Mitglied des Rates vorsieht – dies kann auch ein Landesminister sein.

V.   Zusammenfassung

1007   Insgesamt stellt sich die Bundesrepublik Deutschland nach den vorgestellten Bestimmungen als „offener Staat" dar. Die Teilnahme an europäischen und internationalen Einigungsprozessen ist im Verfassungsrecht ausdrücklich vorgesehen. Allerdings sind die angesprochenen Integrationsermächtigungen nicht schrankenlos: zum einen gibt das Grundgesetz Zielsetzungen der Integration verbindlich vor, zum anderen etabliert es Mitwirkungsrechte der Verfassungsorgane; insbesondere verlangt es stets ein Gesetz als Grundlage der völkerrechtlichen Verpflichtung und des Verzichts auf eigene Hoheitsbefugnisse. Schließlich schützt es den auf Basis des Grundgesetzes unzugänglichen Kern der nationalen Staatlichkeit.

Rechtsprechung: BVerfGE 2, 347 – *Kehler Hafen*; BVerfGE 59, 63 – *Eurocontrol*; BVerfGE 68, 1 – *Nachrüstungsbeschluss*; BVerfGE 89, 155 – *Maastricht*; BVerfGE 90, 286 – *Auslandseinsätze der Bundeswehr – Adria, AWACS*; BVerfGE 102, 147 – *Bananenmarkt*; BVerfGE 113, 273 – *Europäischer Haftbefehl*; BVerfGE 118, 244 – *ISAF*; BVerfGE 121, 135 – *AWACS-Einsatz (Türkei)*; BVerfGE 123, 267 – *Lissabon*; BVerfGE 129, 124 – *EFSF*; BVerfGE 131, 152 – *ESM/Informationsrechte des Bundestags*; BVerfGE 132, 195 – *ESM/Einstweilige Anordnung*; BVerfGE 134, 366 – *OMT-Vorlagebeschluss*; BVerfGE 135, 317 – *ESM/Entscheidung*; BVerfGE 142, 123 – *OMT*; BVerfGE 143, 65 – *CETA*; BVerfGE 146, 216 – *PSPP-Vorlagebeschluss*; BVerfGE 151, 202 – *Europäische Bankenunion*; BVerfGE 152, 8 – *„Anti-IS-Einsatz"*; BVerfGE 153, 74 – *Einheitliches Patentgericht*; BVerfGE 154, 17 – *PSPP*; BVerfGE 157, 332 – *ERatG eA*; BVerfGK 8, 266 – *Europäisches Patentamt*; EuGH, C-62/14, NVwZ 2015, 1033 – *Gauweiler*.

Literatur:

Zur Ergänzung:

Vertiefte Darstellungen zur Beteiligung der Bundesrepublik Deutschland an internationalen und europäischen Einigungsprozessen finden sich in den Lehrbüchern zum Staatsrecht III sowie zum Europarecht.

Staatsrecht III
Geiger, R., Grundgesetz und Völkerrecht, 7. Aufl. 2018; *Herrmann, Chr.*, Examensrepetitorium Europarecht, Staatsrecht III, 7. Aufl. 2019; *Sauer, H.*, Staatsrecht III, 6. Aufl. 2020; *Schorkopf, F.*, Staatsrecht der internationalen Beziehungen, 2017; *Schweitzer, M./Dederer, H.-G.*, Staatsrecht III, 12. Aufl. 2020.

Europarecht
Bieber, R./Epiney, A./Haag, M., Die Europäische Union, 14. Aufl. 2020; *Frenz, W.*, Europarecht, 3. Aufl. 2021; *Jochum, G.*, Europarecht, 3. Aufl. 2018; *Haltern, U.*, Europarecht, 3. Aufl. 2017 (2 Bände); *Herdegen, M.*, Europarecht, 23. Aufl. 2022; *Hobe, S./Fremuth, M. L.*, Europarecht, 10. Aufl. 2020; *Streinz, R.*, Europarecht, 11. Aufl. 2019.

Ausbildungsliteratur
Engels, A., Die Integrationsverantwortung des Bundestags, JuS 2012, 210 ff.; *Herrmann, Chr.*, Der Vertrag von Lissabon – Ein Überblick, Jura 2010, 161 ff.; *Mayer, F. C.*, Der Vertrag von Lissabon im Überblick, JuS 2010, 189 ff.; *Rossi, M.*, Entwicklung und Struktur der Europäischen Union – eine graphische Erläuterung, ZJS 2010, 49 ff.; *Schmahl, S.*, Das Verhältnis der deutschen Rechtsordnung zu Regeln des Völkerrechts, JuS 2013, 961 ff.; *Schmidt am Busch,*

B./Kögel, I., Demokratie hat ihren Preis!, JA 2015, 439 ff. (Fallbearbeitung); *Staufer, M.*, Beteiligungsrechte des Bundestags/EFSF, JA 2013, 124 ff. (Fallbearbeitung); *Voßkuhle, A./Kaufhold, A.-K.*, Grundwissen Öffentliches Recht: Offene Staatlichkeit, JuS 2013, 309 ff.; *Voßkuhle, A./Wischmeyer, T.*, Grundwissen Öffentliches Recht: Auswärtige Gewalt, JuS 2021, 735 ff.; *Weiß, W.*, Die Integrationsverantwortung der Verfassungsorgane, JuS 2018, 1046 ff.

Zur Vertiefung:
v. Arnauld, A., Beteiligung des Deutschen Bundestages an gemischten völkerrechtlichen Abkommen, AöR 141 (2016), 268 ff.; *Daiber, B.*, Mitwirkungsrechte von Bundestag und Bundesrat in EU-Angelegenheiten im Überblick, RuP 2011, 209 ff.; *dies.*, Das Integrationsverantwortungsgesetz in der Praxis des Deutschen Bundestages, ZParl 2012, 293 ff.; *Huber, P. M.*, Das europäisierte Grundgesetz, DVBl. 2009, 574 ff.; *Guckelberger, A.*, Grundgesetz und Europa, ZEuS 2012, 1 ff.; *Grzeszick, B.*, Völkervertragsrecht in der Parlamentarischen Demokratie, NVwZ 2016, 1753 ff.; *ders./Hettche, J.*, Zur Beteiligung des Bundestages an gemischten völkerrechtlichen Abkommen, AöR 141 (2016), 225 ff.; *Korioth, S.*, Der deutsche Bundesstaat im vereinten Europa, BayVBl. 2017, 469 ff.; *Lehner, R.*, Die „Integrationsverfassungsbeschwerde" nach Art. 38 Abs. 1 S. 1 GG – prozessuale und materiell-rechtliche Folgefragen zu einer objektiven Verfassungsbeschwerde, Der Staat 53 (2013), 535 ff.; *Pauly, W./Beutel, H.*, Die ESM-Entscheidung des Bundesverfassungsgerichts: Wege aus einer Sackgasse, BayVBl. 2014, 453 ff.; *Schiffbauer, B.*, Über Hoheitsrechte und deren „Übertragbarkeit", AöR 141 (2016), 551 ff.; *Schmahl, S.*, Singuläre Integrationsverantwortung des Parlaments – oder kumulative Integrationsverantwortung der Parlamente?, DÖV 2014, 501 ff.; *Schwanengel, W.*, Integrationsverantwortung im Bundesstaat, DÖV 2014, 93 ff.; *Voßkuhle, A.*, Über die Demokratie in Europa, Parl Beilage 2012, Nr. 13, 3 ff.; *Weiß, W.*, Die Integrationsverantwortung der Landtage, JuS 2019, 97 ff.

Teil V: Übersichten – Schemata – Definitionen

Die folgenden Übersichten und Schemata sollen der kompakten Wiederholung und Veranschaulichung des oben Dargestellten dienen. Damit geht naturgemäß eine Verknappung der Inhalte einher; zur ausführlicheren Information wird daher auf die entsprechenden Kapitel des Lehrbuchs verwiesen. Für Examenskandidaten werden darüber hinaus einzelne Problemfelder des Staatsorganisationsrechts dargestellt, auch hier ist zur umfangreicheren Auseinandersetzung nach oben zu verweisen.

A. Übersichten

Übersicht 1:   **Der Staatsbegriff (Drei-Elemente-Lehre) (vgl. dazu oben Rn. 4 ff.)**

1008

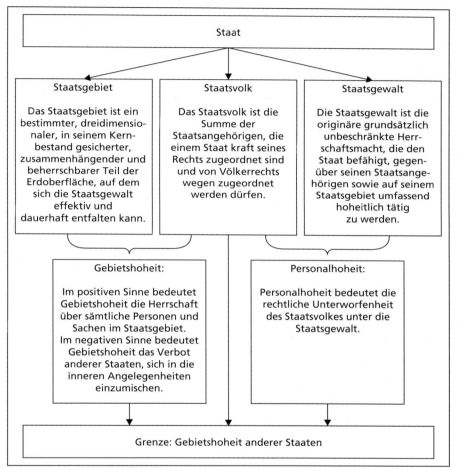

Übersicht 2:   Strukturprinzipien und Staatszielbestimmungen (Rn. 88 ff.)

1009 Strukturprinzipien

– Bundesstaat (Art. 20 Abs. 1 GG)
– Republik (Art. 20 Abs. 1, Art. 28 Abs. 1 Satz 1 GG)
– Demokratie (Art. 20 Abs. 1 u. 2, Art. 28 Abs. 1 Satz 1 GG)
– Sozialstaat (Art. 20 Abs. 1, Art. 28 Abs. 1 Satz 1 GG)
– Rechtsstaat (Art. 20 Abs. 3, Art. 28 Abs. 1 Satz 1 GG)

Staatszielbestimmungen

– Schutz der natürlichen Lebensgrundlagen (Art. 20a GG)
– Tierschutz (Art. 20a GG)
– Europäische Integration (Art. 23 Abs. 1 Satz 1 GG)
– Gesamtwirtschaftliches Gleichgewicht (Art. 109 Abs. 2 GG)
– Tatsächliche Durchsetzung der Gleichberechtigung der Geschlechter (Art. 3 Abs. 2 Satz 2 GG)
– Gleichstellung der Behinderten (Art. 3 Abs. 2 Satz 2 GG)

Übersicht 3:   Das Wahlsystem der Bundesrepublik Deutschland

a)   Das System der personalisierten Verhältniswahl, §§ 1 Abs. 1 Satz 2, Abs. 2 BWahlG (Rn. 447 ff.)

1010

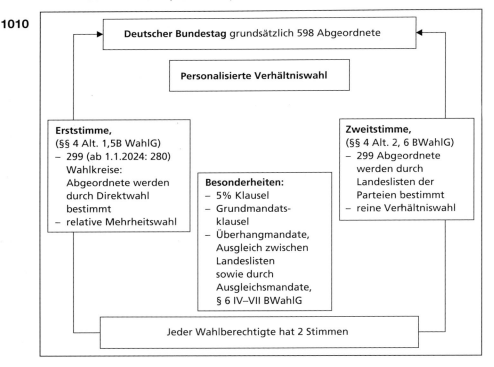

b)   **Verteilung der Bundestagsmandate**

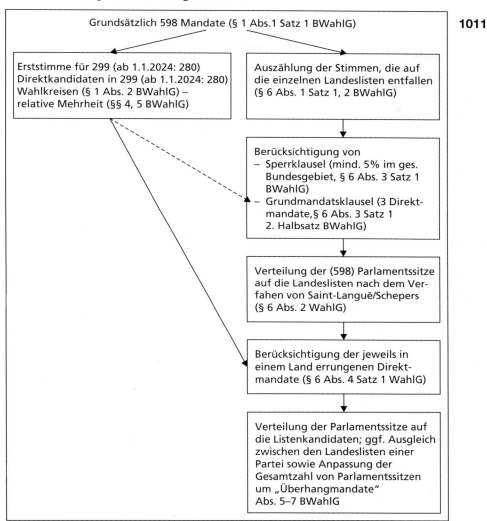

Grundsätzlich 598 Mandate (§ 1 Abs.1 Satz 1 BWahlG)   **1011**

Erststimme für 299 (ab 1.1.2024: 280)
Direktkandidaten in 299 (ab 1.1.2024: 280)
Wahlkreisen (§ 1 Abs. 2 BWahlG) –
relative Mehrheit (§§ 4, 5 BWahlG)

Auszählung der Stimmen, die auf
die einzelnen Landeslisten entfallen
(§ 6 Abs. 1 Satz 1, 2 BWahlG)

Berücksichtigung von
– Sperrklausel (mind. 5% im ges.
  Bundesgebiet, § 6 Abs. 3 Satz 1
  BWahlG)
– Grundmandatsklausel (3 Direkt-
  mandate,§ 6 Abs. 3 Satz 1
  2. Halbsatz BWahlG)

Verteilung der (598) Parlamentssitze
auf die Landeslisten nach dem Verfahren von Saint-Languë/Schepers
(§ 6 Abs. 2 WahlG)

Berücksichtigung der jeweils in
einem Land errungenen Direktmandate (§ 6 Abs. 4 Satz 1 WahlG)

Verteilung der Parlamentssitze auf
die Listenkandidaten; ggf. Ausgleich
zwischen den Landeslisten einer
Partei sowie Anpassung der
Gesamtzahl von Parlamentssitzen
um „Überhangmandate"
Abs. 5–7 BWahlG

Übersicht 4:   Zuständigkeiten des Bundestags (Rn. 547 ff.)

–   Wahlfunktion (Kreationsfunktion)   **1012**
–   Gesetzgebungsfunktion
–   Mitwirkungs- und Zustimmungsfunktion (einschließlich Budgetrecht)
–   Selbstorganisation (Parlamentsautonomie)
–   Öffentlichkeitsfunktion
–   Beschlussorgan
–   Anklageorgan

Übersicht 5:   Die Wahl des Bundeskanzlers (Rn. 551)

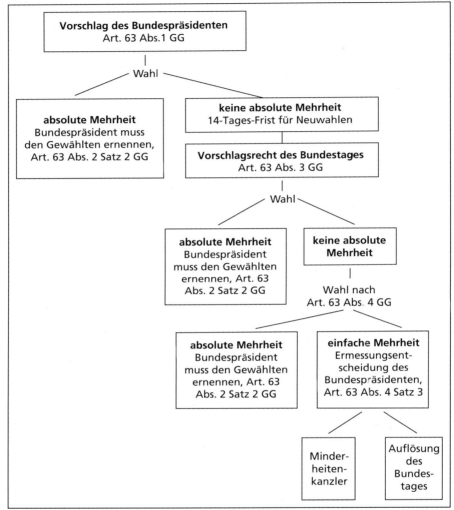

Übersicht 5a: Das Mehrheitsprinzip im GG (Rn. 612)

1013a

Mehrheit	Zahlenbeispiel	Beispiel im GG/anderen Normen
	Gremium: 200 Mitglieder Anwesend: 180 Mitglieder Ja: 100 Mitglieder Nein: 50 Mitglieder Enthaltung/Ungültig: 30 Mitglieder	
Abstimmungsmehrheit 50 %+1 der – gültig – abgegebenen Stimmen Ungültige Stimmen und Enthaltungen zählen nicht	50 %+1 von 150 Stimmen: 76 Stimmen Ergebnis: (+)	**Art. 42 Abs. 2 Satz 1 GG** (Beschlüsse des Bundestags – grundsätzlich) „Mehrheit der abgegebenen Stimmen"
Anwesenheitsmehrheit: 50 %+1 der Anwesenden Enthaltung und ungültige Stimmen werden auf Ablehnungsseite berücksichtigt	50 %+1 von 180 Stimmen: 91 Stimmen Ergebnis: (+)	– Vgl. aber §§ 80 Abs. 2 Satz 1, 81 Abs. 1 Satz 2, 84, 126 GOBT
Mitgliedermehrheit, vgl. Art. 121 GG: 50 %+1 der Mitglieder eines Gremiums müssen dafür stimmen (Abwesenheit zählt als Nein-Stimme)	50 %+1 von 200 Mitglieder: 101 Stimmen Ergebnis: (–)	**Art. 63 Abs. 2, 3, 4 Satz 2 GG** Wahl des Bundeskanzlers „Mehrheit der Mitglieder" **Art. 52 Abs. 3 Satz 1 GG** Beschlüsse des Bundesrates „Mehrheit seiner Stimmen" **Art. 87 Abs. 3 Satz 2, 115a Abs. 1 Satz 2 GG**
Qualifizierte Mehrheit: Besonderes Mehrheitserfordernis Etwa: – 2/3 der Abstimmenden (qual. Abstimmungsmehrheit) – 2/3 der Mitglieder (qual. Mitgliedermehrheit)	**Bsp.: 2/3 der Mitglieder** 2/3+1 von 200 Stimmen: 134 Stimmen Ergebnis: (–)	**Art. 80a Abs. 1 Satz 2, Art. 115a Abs. 1 Satz 2 GG** Feststellung des Spannungs- oder Verteidigungsfalles „Mehrheit von zwei Dritteln der abgegebenen Stimmen" **Art. 79 Abs. 2 GG** Verfassungsändernde Gesetze „Zustimmung von zwei Dritteln der Mitglieder des Bundestages und zwei Dritteln der Stimmen des Bundesrates" **Art. 61 Abs. 1 Satz 3 GG**

Übersicht 6:   Normenhierarchie

1014 **a)   Normenhierarchie im deutschen Recht**

Die Normenhierarchie bestimmt, welche Norm sich im Konfliktfall gegenüber einer anderen durchsetzt. Dabei besitzen höherrangige Normen innerhalb des nationalen Rechts Geltungsvorrang, d. h. mit höherrangigem Recht unvereinbare Normen sind nichtig.

Art. 79
Abs. 3 GG

Sonst. Verfassungs-
recht des GG

Formelle Bundesgesetze

Rechtsverordnungen des Bundes

Satzungen des Bundes

Landesverfassungen

Landesgesetze

Rechtsverordnungen der Länder

Satzungen auf Landesebene, einschließlich kommunaler Satzungen

b)   Einordnung des europäischen und internationalen Rechts in die nationale Normenhierarchie (Rn. 859, 980 ff., 1000 ff.)

aa)   Unionsrecht

1015 Unionsrecht, d. h.

–   Primärrecht (EUV, AEUV, Grundrechtecharta) und
–   Sekundärrecht (vgl. Art. 288 AEUV, insb. Richtlinien und Verordnungen)

genießt grds. Anwendungsvorrang vor nationalem Recht, d. h. unvereinbares nationales Recht ist im Anwendungsbereich des Unionsrechts unanwendbar, verliert jedoch nicht seine grundsätzliche Geltung. Dieser Anwendungsvorrang besteht grundsätzlich gegenüber jeglichem nationalen Recht einschließlich des Verfassungsrechts, jedoch stellt der Kern der Verfassungsidentität eine Schranke der europäischen Integration dar.

Begründung des Anwendungsvorrangs:

–   Ungeschriebene Norm des Unionsrechts
–   Rechtsanwendungsbefehl des Art. 23 Abs. 1 Satz 2 GG

bb) Völkerrecht

- „Allgemeine Regeln" (Völkergewohnheitsrecht und international allgemein anerkannte Rechtsprinzipien, Art. 38 Abs. 1 lit. b u. c IGH-Statut): Bestandteil des Bundesrechts gem. Art. 25 GG, vorrangig vor einfachen Bundesgesetzen
- Völkerrechtliche Verträge erhalten durch das Transformationsgesetz (vgl. Art. 59 Abs. 2 Satz 1 GG) den Rang einfachen Bundesrechts.

Übersicht 7:   Gesetzgebungskompetenzen im Bundesstaat (Rn. 271 ff.)

Grundsatz: Länderzuständigkeit (Art. 30, 70 GG)   **1016**

Geschriebene Ausnahme:

Ausdrückliche Bundeskompetenz

- Ausschließliche
Gesetzgebungskompetenz
(Art. 70 Abs. 2, 71, 73 GG;
Weitere Bsp.: Art. 21 Abs. 3,
38 Abs. 3 GG)

Bund ist ausschließlich zuständig,
Länder dürfen nicht tätig werden

- Konkurrierende Gesetzgebungskompetenz (Art. 70 Abs. 2, 72, 74 GG)

Beachte: Art. 72 Abs. 2 GG
Länder sind zuständig:

- Wenn Bund nicht tätig wird

- I.R.d. Abweichungsgesetzgebung Art. 72 Abs. 3 GG

- Grundsatzgesetzgebung
(Art. 109 Abs. 4 GG, Art. 140 GG
i. V. m. Art. 138 Abs.1 Satz 2 WRV)

Ungeschriebene Ausnahme:

**Ungeschriebene Bundes-
Kompetenzen**

- Sachzusammenhang

- Natur der Sache

- Annexkompetenz

Übersicht 8:   Gesetzgebungsverfahren (Rn. 859 ff.)

a)   Überblick

1017

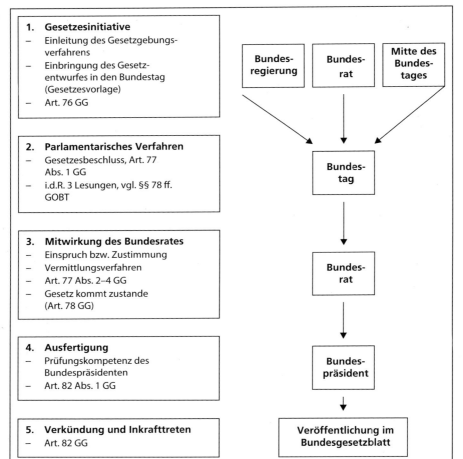

1. **Gesetzesinitiative**
   - Einleitung des Gesetzgebungs-
     verfahrens
   - Einbringung des Gesetz-
     entwurfes in den Bundestag
     (Gesetzesvorlage)
   - Art. 76 GG

2. **Parlamentarisches Verfahren**
   - Gesetzesbeschluss, Art. 77
     Abs. 1 GG
   - i.d.R. 3 Lesungen, vgl. §§ 78 ff.
     GOBT

3. **Mitwirkung des Bundesrates**
   - Einspruch bzw. Zustimmung
   - Vermittlungsverfahren
   - Art. 77 Abs. 2–4 GG
   - Gesetz kommt zustande
     (Art. 78 GG)

4. **Ausfertigung**
   - Prüfungskompetenz des
     Bundespräsidenten
   - Art. 82 Abs. 1 GG

5. **Verkündung und Inkrafttreten**
   - Art. 82 GG

Bundes-
regierung   Bundes-   Mitte des
rat   Bundes-
tages

Bundes-
tag

Bundes-
rat

Bundes-
präsident

Veröffentlichung im
Bundesgesetzblatt

b)   **Gesetzesinitiative durch die Bundesregierung (Art. 76 Abs. 2 GG)**

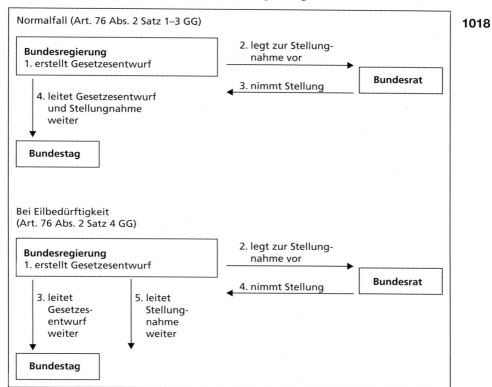

Normalfall (Art. 76 Abs. 2 Satz 1–3 GG)   **1018**

Bundesregierung
1. erstellt Gesetzesentwurf

2. legt zur Stellung-
nahme vor

Bundesrat

3. nimmt Stellung

4. leitet Gesetzesentwurf
und Stellungnahme
weiter

Bundestag

Bei Eilbedürftigkeit
(Art. 76 Abs. 2 Satz 4 GG)

Bundesregierung
1. erstellt Gesetzesentwurf

2. legt zur Stellung-
nahme vor

Bundesrat

4. nimmt Stellung

3. leitet
Gesetzes-
entwurf
weiter

5. leitet
Stellung-
nahme
weiter

Bundestag

c)   **Gesetzesinitiative durch den Bundesrat (Art. 76 Abs. 3 GG)**

→ *Rn. 877*

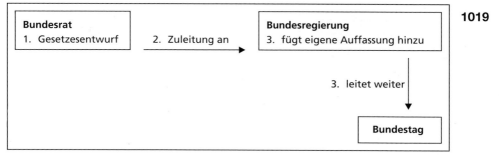

Bundesrat
1. Gesetzesentwurf

2. Zuleitung an

Bundesregierung
3. fügt eigene Auffassung hinzu

3. leitet weiter

Bundestag

1019

d)   **Parlamentarisches Verfahren**

1020

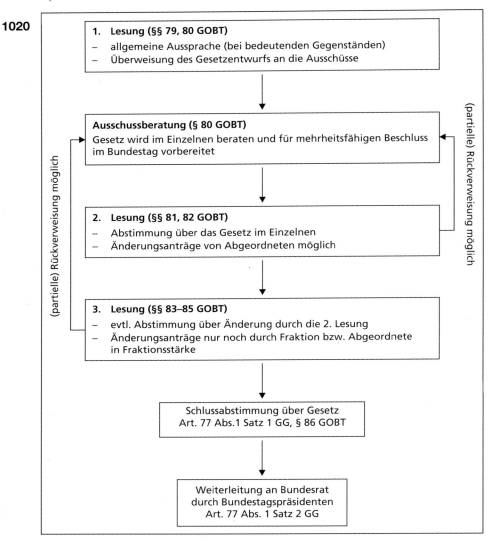

1. Lesung (§§ 79, 80 GOBT)
– allgemeine Aussprache (bei bedeutenden Gegenständen)
– Überweisung des Gesetzentwurfs an die Ausschüsse

Ausschussberatung (§ 80 GOBT)
Gesetz wird im Einzelnen beraten und für mehrheitsfähigen Beschluss im Bundestag vorbereitet

2. Lesung (§§ 81, 82 GOBT)
– Abstimmung über das Gesetz im Einzelnen
– Änderungsanträge von Abgeordneten möglich

3. Lesung (§§ 83–85 GOBT)
– evtl. Abstimmung über Änderung durch die 2. Lesung
– Änderungsanträge nur noch durch Fraktion bzw. Abgeordnete in Fraktionsstärke

(partielle) Rückverweisung möglich

Schlussabstimmung über Gesetz
Art. 77 Abs.1 Satz 1 GG, § 86 GOBT

Weiterleitung an Bundesrat
durch Bundestagspräsidenten
Art. 77 Abs. 1 Satz 2 GG

1021 e)   **Die Mitwirkung des Bundesrates: Unterscheidung von Zustimmungs-
und Einspruchsgesetzen (Art. 77 Abs. 2a u. 3 GG)**
Gesetze bedürfen der Zustimmung des Bundesrates nur, wenn die Zustimmungsbedürftigkeit ausdrücklich angeordnet ist. Die wichtigsten Fälle der Zustimmungsbedürftigkeit sind:

–   Gesetze, für die dem Bund die Gesetzgebungskompetenz aus Art. 73 Abs. 1
Nr. 9a (Abwehr von Gefahren des internationalen Terrorismus) oder Art. 74
Abs. 1 Nr. 25 (Staatshaftung) oder Nr. 27 (Status von Beamten und Richtern
in den Ländern) zusteht, vgl. Art. 73 Abs. 2 bzw. Art. 74 Abs. 2 GG

- Gesetze über Gemeinschaftsaufgaben gem. Art. 91a Abs. 2 GG
- Gesetze, die bestimmte Regelungen für die Bundesverwaltung treffen gem. Art. 84 Abs. 1 Satz 6, Art. 85 Abs. 1 Satz 1, Art. 87b Abs. 1 Satz 3, 4, Art. 87c, Art. 87d Abs. 2, Art. 87e Abs. 5, Art. 87f Abs. 1 GG
- Gesetze im Bereich der Finanzverfassung gem. Art. 104a Abs. 5 Satz 2, Art. 105 Abs. 3, Art. 106 Abs. 3 Satz 3, Abs. 4 Satz 2, Abs. 5 Satz 2, Abs. 5a Satz 3, Abs. 6 Satz 5, Art. 107 Abs. 1 Satz 2 u. 4, Art. 108 Abs. 2 Satz 2, Abs. 4 Satz 1, Abs. 5 Satz 2, Art. 109 Abs. 4. GG
- Gesetze im Bereich des Asylrechts gem. Art. 16a Abs. 2 Satz 2, Abs. 3 Satz 1 GG
- Übertragung von Hoheitsrechten auf die supranationale europäische Ebene gem. Art. 23 Abs. 1 Satz 2 GG
- Zustimmung zu bestimmten völkerrechtlichen Verträgen gem. Art. 59 Abs. 2 Satz 1 GG
- verfassungsändernde Gesetze gem. Art. 79 Abs. 2 GG.

f) **Das Vermittlungsverfahren (Art. 77 Abs. 2 GG)**

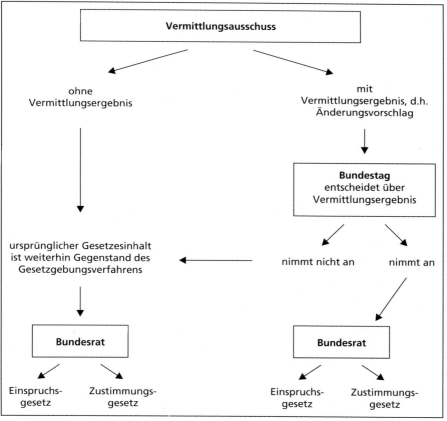

g) **Die Mitwirkung des Bundesrates bei Zustimmungsgesetzen Art. 77 Abs. 2a GG (Rn. 643 ff.)**

1023

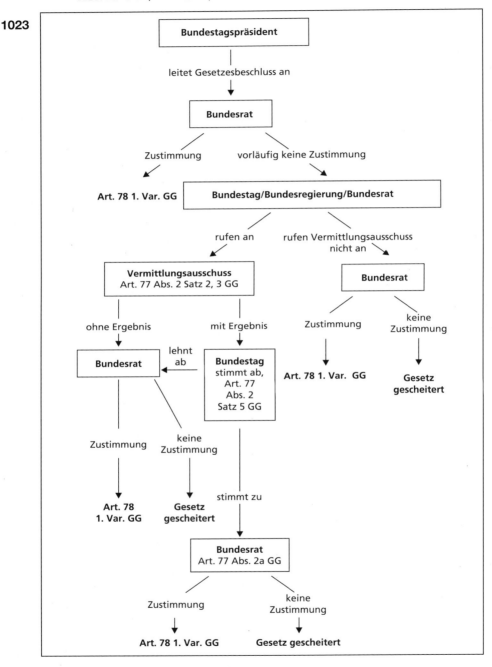

h) **Die Mitwirkung des Bundesrates bei Einspruchsgesetzen**

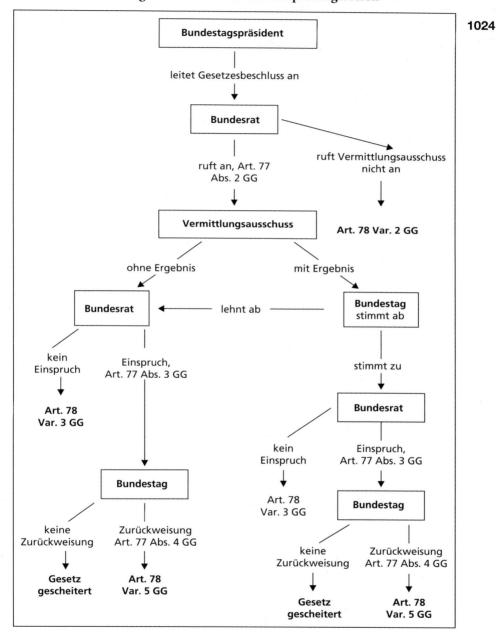

1025 i)   Zustandekommen eines Gesetzes (Art. 78 GG)

Ein **Einspruchsgesetz**, das das parlamentarische Verfahren im Bundestag durchlaufen hat, kommt nach Art. 78 GG zustande, wenn

–   der Bundesrat den Vermittlungsausschuss nicht innerhalb von drei Wochen
     anruft,
–   der Bundesrat nach Beendigung des Vermittlungsverfahrens und Beschluss-
     fassung über den abgeänderten Gesetzesinhalt durch den Bundestag nicht
     erneut binnen zwei Wochen Einspruch einlegt,
–   der Bundesrat einen eingelegten Einspruch zurücknimmt oder
–   der Einspruch des Bundesrats vom Bundestag mit entsprechender Mehrheit
     überstimmt wird.

Ein **Zustimmungsgesetz** kommt zustande, wenn das parlamentarische Verfahren
im Bundestag abgeschlossen ist und der Bundesrat dem Gesetz ausdrücklich zugestimmt hat.

Übersicht 9:   Die Gewaltenteilung nach dem Grundgesetz (Rn. 169 ff.)

1026

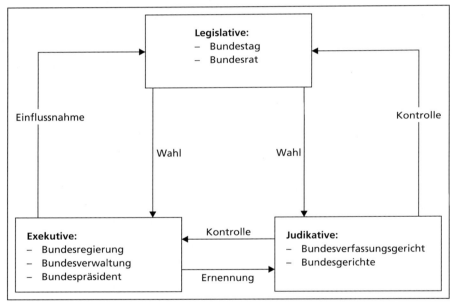

Übersicht 10: Verwaltungsfunktionen

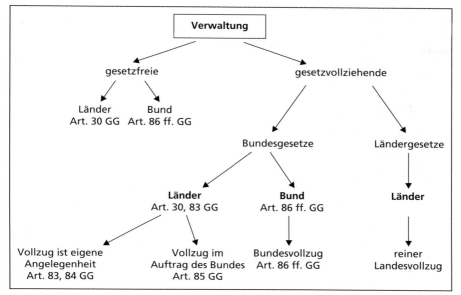

Übersicht 11: Vollzug von Gesetzen

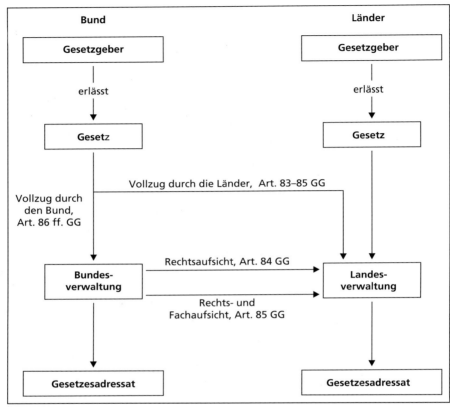

Übersicht 12: Justiz/Gerichtsbarkeit (Rn. 955 ff.)

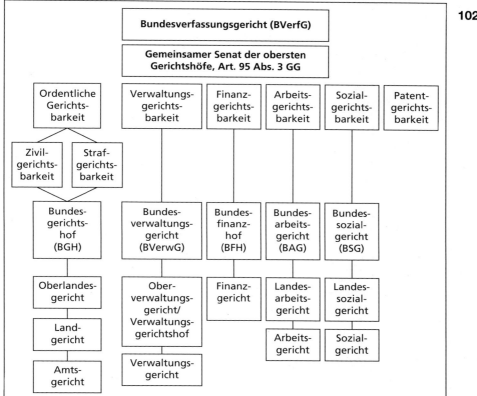

B.　Schemata

Schema 1: Verfassungskonformität eines formellen Bundesgesetzes

1030　**A.　Formelle Verfassungsmäßigkeit**

　　　I.　Gesetzgebungszuständigkeit des Bundes
　　　　　– geschriebene oder ungeschriebene Gesetzgebungskompetenz

　　　II.　Ordnungsgemäßes Gesetzgebungsverfahren
　　　　　1.　Gesetzesinitiative
　　　　　　　– Gesetzesinitiative durch die Bundesregierung, aus der „Mitte des Bundestags" oder durch den Bundesrat, Art. 76 Abs. 1 GG
　　　　　　　– Vorverfahren nach Art. 76 Abs. 2 u. 3 GG
　　　　　2.　Parlamentarisches Verfahren: wirksamer Gesetzesbeschluss des Bundestags, Art. 77 Abs. 1, Art. 42 Abs. 2 GG
　　　　　3.　Ordnungsgemäße Beteiligung des Bundesrates, Art. 77 f., Art. 52 Abs. 3 Satz 1 GG
　　　　　4.　Ausfertigung und Verkündung, Art. 82 Abs. 1 Satz 1 GG

　　　III.　Form

　　B.　Materielle Verfassungsmäßigkeit

　　　I.　Kein Verstoß gegen spezielle verfassungsrechtliche Vorgaben
　　　　　Etwa: Besonders geregeltes Bestimmtheitserfordernis im Fall der Ermächtigung zum Erlass einer Rechtsverordnung, Art. 80 Abs. 1 Satz 2 GG

　　　II.　Kein Verstoß gegen die Grundsätze des Art. 20 GG, insbesondere
　　　　　– Demokratieprinzip
　　　　　– Sozialstaatsprinzip
　　　　　– Rechtsstaatsprinzip (Bestimmtheitsgebot, Rückwirkungsverbot, Verhältnismäßigkeit)

　　　III.　Kein Verstoß gegen Grundrechte
　　　　　– Eingriff in den Schutzbereich eines Grundrechts
　　　　　– Verfassungsrechtliche Rechtfertigung des Eingriffs

Schema 2: Verfassungskonformität einer Rechtsverordnung des Bundes

1031　**A.　Vorliegen einer verfassungskonformen Ermächtigungsgrundlage (Formelles Gesetz, vgl. Art. 80 Abs. 1 Satz 1 GG)**

　　　I.　Formelle Verfassungsmäßigkeit der Ermächtigungsgrundlage
　　　　　1.　Gesetzgebungskompetenz
　　　　　2.　Verfahren
　　　　　3.　Form

　　　II.　Materielle Verfassungsmäßigkeit der Ermächtigungsgrundlage
　　　　　1.　Vereinbarkeit mit Art. 80 Abs. 1 GG
　　　　　　　a)　Bestimmung eines Ermächtigungsadressaten, Art. 80 Abs. 1 Satz 1 GG
　　　　　　　b)　Bestimmtheitsgrundsatz, Art. 80 Abs. 1 Satz 2 GG
　　　　　2.　Vereinbarkeit mit sonstigem höherrangigen Recht

　　B.　Formelle Verfassungsmäßigkeit der Rechtsverordnung

　　　I.　Zuständigkeit (Handeln des Ermächtigungsadressaten, vgl. Art. 80 Abs. 1 Satz 1 GG)

    II.   **Verfahren (ggf. Zustimmung des Bundesrates, Art. 80 Abs. 2 GG)**
    III. **Form**
          Insbesondere: Zitiergebot Art. 80 Abs. 1 Satz 3 GG
C. **Materielle Verfassungsmäßigkeit der Rechtsverordnung**
    I.   **Vereinbarkeit mit der Ermächtigungsgrundlage**
    II. **Vereinbarkeit mit höherrangigem Recht**

Schema 3: Verfahren vor dem Bundesverfassungsgericht (Überblick)

Nach Art. 93 GG, § 13 BVerfGG gibt es vor dem BVerfG folgende Verfahren. Her- **1032**
vorgehoben sind die Verfahrensarten, denen in der juristischen Ausbildung ein
besonderer Stellenwert zukommt und deren Prüfungsschemata auf den nachfolgenden Seiten dargestellt werden[1192].

Verfahrensart	Normen
Organstreit	**Art. 93 Abs. 1 Nr. 1 GG i. V. m. §§ 13 Nr. 5, 63 ff. BVerfGG**
Abstrakte Normenkontrolle	**Art. 93 Abs. 1 Nr. 2 GG i. V. m. §§ 13 Nr. 6, 76 ff. BVerfGG**
Erforderlichkeitsprüfung am Maßstab des Art. 72 Abs. 2 GG	Art. 93 Abs. 1 Nr. 2a GG i. V. m. §§ 13 Nr. 6a, 76 ff. BVerfGG
Bund-Länder-Streit	**Art. 93 Abs. 1 Nr. 3 GG i. V. m. §§ 13 Nr. 7, 68 ff. BVerfGG**
Andere öffentlich-rechtliche Streitigkeiten	Art. 93 Abs. 1 Nr. 4 GG i. V. m. §§ 13 Nr. 8, 71 f. BVerfGG
Verfassungsbeschwerde	**Art. 93 Abs. 1 Nr. 4a GG i. V. m. §§ 13 Nr. 8a Alt. 1, 90 ff. BVerfGG**
Kommunalverfassungsbeschwerde	Art. 93 Abs. 1 Nr. 4b GG i. V. m. §§ 13 Nr. 8a Alt. 2, 90 ff. BVerfGG
Nichtzulassungsbeschwerde	Art. 93 Abs. 1 Nr. 4c GG i. V. m. §§ 13 Nr. 3a, 96 BVerfGG
Grundrechtsverwirkung	Art. 93 Abs. 1 Nr. 5 GG i. V. m. Art. 18 GG, §§ 13 Nr. 1, 36 ff. BVerfGG
Verfassungswidrigkeit von Parteien; Ausschluss von Parteien von staatlicher Finanzierung	Art. 93 Abs. 1 Nr. 5 GG i. V. m. Art. 21 GG, §§ 13 Nr. 2, 2a , 43 ff. BVerfGG
Wahlprüfungsbeschwerde	Art. 93 Abs. 1 Nr. 5 GG i. V. m. Art. 41 GG, §§ 13 Nr. 3, 48 BVerfGG
Präsidentenanklage	Art. 93 Abs. 1 Nr. 5 GG i. V. m. Art. 61 GG, §§ 13 Nr. 4, 49 ff. BVerfGG
Richteranklagen	Art. 93 Abs. 1 Nr. 5 GG i. V. m. Art. 98 Abs. 2, 5 GG, §§ 13 Nr. 9, 58 ff. BVerfGG
Landesverfassungsstreitigkeiten	Art. 93 Abs. 1 Nr. 5 GG i. V. m. Art. 99 GG, §§ 13 Nr. 10, 73 ff. BVerfGG
Konkrete Normenkontrolle	**Art. 93 Abs. 1 Nr. 5 GG i. V. m. Art. 100 Abs. 1 GG, §§ 13 Nr. 11, 80 ff. BVerfGG**
Normverifikationsverfahren i. S. d. Art. 100 Abs. 2, 25 GG	Art. 93 Abs. 1 Nr. 5 GG i. V. m. Art. 100 Abs. 2 GG, §§ 13 Nr. 12, 83 f. BVerfGG
Abweichende Auslegung durch Landesverfassungsgericht	Art. 93 Abs. 1 Nr. 5 GG i. V. m. Art. 100 Abs. 3 GG, §§ 13 Nr. 13, 85 BVerfGG
Streit über die Fortgeltung alten Rechts	Art. 93 Abs. 1 Nr. 5 GG i. V. m. Art. 126 GG, §§ 13 Nr. 14, 86 BVerfGG

1192 Eine Statistik der Verteilung der Entscheidungen des BVerfG auf die einzelnen Verfahrensarten
     findet sich bei Schlaich/Korioth, Rn. 78 sowie auf der Internetseite des BVerfG: http://www.bundes
     verfassungsgericht.de/DE/Verfahren/Jahresstatistiken/jahresstatistiken_node.html (zuletzt aufgeru-
     fen am 15.1.2022).

Bei der Prüfung der einzelnen Verfahrensarten ist jeweils zu beachten, dass mangels verfassungsrechtlicher Generalklausel (vgl. § 40 VwGO für den Verwaltungsrechtsweg und § 13 GVG für den Rechtsweg zu den ordentlichen Gerichten) die Eröffnung eines „Rechtswegs" zum BVerfG nicht zu prüfen ist. Vielmehr ergibt sich die Zuständigkeit des BVerfG für die genannten Verfahrensarten unmittelbar aus dem Gesetz, soweit die jeweiligen Zulässigkeitsvoraussetzungen vorliegen. Diese sind in einem ersten Schritt zu prüfen, ehe die Begründetheit des jeweiligen Vorgehens untersucht wird.

Schema 4: Organstreitverfahren

1033 *Art. 93 Abs. 1 Nr. 1 GG, §§ 13 Nr. 5, 63 ff. BVerfGG*

A. Zulässigkeit

I. Parteifähigkeit von Antragsteller und Antragsgegner, Art. 93 Abs. 1 Nr. 1 GG, § 63 BVerfGG

Antragsteller können sein die obersten Bundesorgane sowie die im GG oder in den Geschäftsordnungen des Bundestags und des Bundesrats mit eigenen Rechten ausgestatteten Teile dieser Organe, wobei § 63 BVerfGG nicht alle tauglichen Antragsteller und -gegner ausdrücklich benennt.

– Bundespräsident
– Bundesregierung mit den Organteilen Bundeskanzler und Bundesminister
– Bundestag mit den Organteilen Bundestagspräsident, Fraktionen, Abgeordnete und Ausschüsse
– Bundesrat mit den Organteilen Bundesratspräsident, Bundesratsmitglieder und Ausschüsse
– Bundesversammlung
– Gemeinsamer Ausschuss
– Politische Parteien, wenn und soweit sie Rechte geltend machen, die sich aus ihrem besonderen verfassungsrechtlichen Status, d. h. aus Art. 21 GG, ergeben.

II. Streitgegenstand, Art. 93 Abs. 1 Nr. 1 GG, § 64 Abs. 1 BVerfGG

Streitgegenstand kann nur eine rechtserhebliche Maßnahme oder Unterlassung des Antragsgegners sein, die sich aus einem verfassungsrechtlichen Rechtsverhältnis ergibt.

III. Antragsbefugnis, § 64 Abs. 1 BVerfGG

Der Antragsteller ist antragsbefugt, wenn er geltend machen kann, dass er oder das Organ, dem er angehört, durch das Verhalten des Antragsgegners in seinen ihm durch das GG übertragenen Rechten und Pflichten verletzt oder unmittelbar gefährdet ist. Die Organteile können also die verfassungsrechtlichen Rechte des Organs im eigenen Namen geltend machen (gesetzliche Prozessstandschaft).

Es genügt dabei, wenn der Sachvortrag des Antragstellers die Verletzung oder Gefährdung von durch das GG übertragenen Rechten und Pflichten als möglich erscheinen lässt.

IV. Rechtsschutzbedürfnis

V. Antrag, Form und Frist, §§ 23 Abs. 1, 64 Abs. 2–4 BVerfGG

B.   Begründetheit

Der Antrag ist begründet, wenn die rechtserhebliche Maßnahme oder Unterlassung die verfassungsmäßigen Rechte und Pflichten des Antragstellers verletzt oder unmittelbar gefährdet (vgl. § 67 BVerfGG).

Schema 5: Abstrakte Normenkontrolle

Art. 93 Abs. 1 Nr. 2 GG, § 13 Nr. 6, §§ 76 ff. BVerfGG   **1034**

A.   Zulässigkeit
Zuständigkeit

I.   Antragsteller, Art. 93 Abs. 1 Nr. 2 GG, § 76 BVerfGG — *Antragsberechtigung*

–   Bundesregierung (Kabinettsbeschluss)
–   Landesregierung
–   ein Viertel der Mitglieder des Bundestags

II.   Antragsgegenstand, § 76 Abs. 1 BVerfGG

Bundes- oder Landesrecht gleichgültig welchen Ranges. Voraussetzung ist lediglich die Verkündung der Norm. Die vorbeugende Normenkontrolle ist unzulässig. Eine Ausnahme gilt jedoch bei Zustimmungsgesetzen zu völkerrechtlichen Verträgen: Hier ist, um eine völkerrechtliche Bindung an eine verfassungswidrige Norm zu vermeiden, ein Antrag schon vor der Ausfertigung durch den Bundespräsidenten und der Verkündung des Gesetzes zulässig.

III.   Antragsgrund/Klarstellungsinteresse, Art. 93 Abs. 1 Nr. 2 GG, § 76 Abs. 1 BVerfGG

Meinungsverschiedenheiten oder Zweifel über die förmliche oder sachliche Vereinbarkeit der zu überprüfenden Norm mit höherrangigem deutschen Recht (§ 76 Abs. 1 Nr. 1 BVerfGG, der voraussetzt, dass der Antragsteller die Norm für verfassungswidrig hält, bloße Zweifel also nicht genügen lässt, ist insofern teilnichtig[1193]). Im Fall des § 76 Abs. 1 Nr. 2 BVerfGG ist ein besonderes objektives Interesse an der Klarstellung der Gültigkeit der Norm erforderlich. Dieses Interesse ist gegeben, wenn die Norm von der zuständigen Stelle gerade wegen ihrer Unvereinbarkeit mit dem GG oder sonstigem Bundesrecht nicht angewandt, nicht vollzogen oder in sonst relevanter Weise missachtet und in ihrer praktischen Wirksamkeit beeinträchtigt wird.

Wichtig:
Die Geltendmachung der Verletzung eines subjektiven Rechts ist bei der abstrakten Normenkontrolle gerade nicht erforderlich.

IV.   Form, § 23 BVerfGG , *Frist (keine)*
Zwischenergebnis

B.   Begründetheit

Der Antrag im Verfahren der abstrakten Normenkontrolle ist begründet, wenn Bundes- oder Landesrecht mit höherrangigem Bundesrecht unvereinbar ist (vgl. §§ 76 Abs. 1 Nr. 1, 78 BVerfGG)[1194].
→ formelle (Zuständigkeit, Verfahren, Form) & materielle Verfassungsmäßigkeit

---

1193 *Schlaich/Korioth*, Das Bundesverfassungsgericht, Rn. 130.
1194 Dies ist der Regelfall. Beachten Sie jedoch auch die Sonderkonstellation von § 76 Abs. 1 Nr. 2 BVerfGG, wonach zuvor als unvereinbar mit dem GG nicht angewandtes Recht für gültig erklärt werden kann.

Schema 6: Bund-Länder-Streit

1035   *Art. 93 Abs. 1 Nr. 3 GG, §§ 13 Nr. 7, 68 ff. BVerfGG*

A.   Zulässigkeit

I.   Parteifähigkeit, § 68 BVerfGG

Parteien des Bund-Länder-Streits sind der Bund und ein oder mehrere Länder. Die jeweiligen Regierungen treten lediglich für diese auf, vgl. § 68 BVerfGG.

II.   Richtiger Antragsteller und -gegner, § 68 BVerfGG

Bundesregierung für den Bund, Landesregierung für das jeweilige Land.

III.   Streitgegenstand, Art. 93 Abs. 1 Nr. 3 GG, §§ 64 Abs. 1, 69 BVerfGG

Streitgegenstand kann nur eine rechtserhebliche Maßnahme oder Unterlassung des Antragsgegners sein, die sich aus einem verfassungsrechtlichen Rechtsverhältnis ergibt (§ 69 i. V. m. § 64 BVerfGG).

IV.   Antragsbefugnis, § 69 i. V. m. § 64 BVerfGG

Die Antragsbefugnis ist gegeben, wenn der Sachvortrag des Antragstellers die Verletzung oder Gefährdung ihm durch das Grundgesetz eingeräumter Rechte und Pflichten als möglich erscheinen lässt.

V.   Rechtsschutzbedürfnis

VI.   Antrag, Form und Frist, §§ 23, 69 i. V. m. § 64 Abs. 2–4 BVerfGG

B.   Begründetheit

Der Antrag des Bund-Länder-Streits ist begründet, wenn die beanstandete Maßnahme oder Unterlassung des Antragsgegners den Antragsteller in seinen verfassungsmäßigen Rechten verletzt.

Schema 7: Verfassungsbeschwerde

1036   *Art. 93 Abs. 1 Nr. 4a GG, §§ 13 Nr. 8a, 90 ff. BVerfGG*

A.   Zulässigkeit

I.   Beschwerdefähigkeit § 90 Abs. 1 BVerfGG

Beschwerdefähig ist „jedermann", d. h. jeder Grundrechtsträger. Dies ist grundsätzlich jede natürliche Person, wobei bei ausländischen Beschwerdeführern zwischen Menschenrechten und sog. Deutschengrundrechten zu unterscheiden ist. Bei juristischen Personen ist die Grundrechtsfähigkeit mit Blick auf Art. 19 Abs. 3 GG im Einzelfall zu beurteilen.

II.   Verfahrens- und Postulationsfähigkeit

Die Verfahrens- und Postulationsfähigkeit (vgl. grds. § 22 BVerfGG) knüpft an die Grundrechtsmündigkeit an.

III.   Beschwerdegegenstand, § 90 Abs. 1 BVerfGG

Beschwerdegegenstand kann jeder Akt öffentlicher Gewalt sein, d. h. jede Maßnahme der Legislative, Exekutive oder Judikative.

IV.   Beschwerdebefugnis, § 90 Abs. 1 BVerfGG
Die Beschwerdebefugnis ist gegeben, wenn der Beschwerdeführer geltend machen kann, „selbst, gegenwärtig und unmittelbar" in einem seiner Grundrechte oder grundrechtsgleichen Rechte verletzt zu sein. Die Möglichkeit einer Grundrechtsverletzung darf also nicht von vornherein ausgeschlossen sein, die Maßnahme muss den Beschwerdeführer in seiner eigenen grundrechtlichen Position schon und noch sowie ohne weitere Vollzugsakte betreffen.

V.   Rechtswegerschöpfung, § 90 Abs. 2 Satz 1 BVerfGG, und Subsidiarität der Verfassungsbeschwerde
Der Beschwerdeführer muss den gegen die angegriffene Maßnahme bestehenden Rechtsweg erschöpfen und jeden darüber hinaus bestehenden Rechtsschutz wahrnehmen.

VI.   Rechtsschutzbedürfnis

VII.   Antrag, Form und Frist, §§ 23, 93 Abs. 1 u. 3 BVerfGG

B.   Begründetheit
Die Verfassungsbeschwerde ist begründet, wenn die angegriffene Maßnahme den Beschwerdeführer in einem seiner Grundrechte oder grundrechtsgleichen Rechte verletzt.

Schema 8: Konkrete Normenkontrolle

Art. 93 Abs. 1 Nr. 5 i. V. m. 100 Abs. 1 GG, §§ 13 Nr. 11, 80 ff. BVerfGG   **1037**

A.   Zulässigkeit

I.   Vorlageberechtigung, Art. 100 Abs. 1 GG
Bei der vorlegenden Stelle muss es sich um ein Gericht, d. h. einen zur verbindlichen Entscheidung von Rechtsstreitigkeiten im Rahmen eines vorgesehenen Rechtswegs eingesetzten, aus unabhängigen Richtern bestehenden, Spruchkörper handeln.

II.   Vorlagegegenstand, Art. 100 Abs. 1 GG
Vorlagegegenstand kann jedes Bundes- oder Landesgesetz sein.

III.   Vorlagegrund, Art. 100 Abs. 1 GG
Das vorlegende Gericht muss das Gesetz entweder für mit dem GG oder im Falle eines Landesgesetzes mit höherrangigem Bundesrecht für unvereinbar halten. Ferner muss das Gesetz entscheidungserheblich sein, d. h. die Entscheidung des Gerichts müsste im Falle der Gültigkeit der Norm anders ausfallen als bei ihrer Nichtigkeit.

IV.   Antrag, Form §§ 23, 80 Abs. 2 BVerfGG

B.   Begründetheit
Die konkrete Normenkontrolle ist begründet, wenn die Norm mit dem Grundgesetz bzw. im Fall eines Landesgesetzes mit höherrangigem Bundesrecht unvereinbar ist.

C.   Problemkreise

1038   Die nachfolgend dargestellten „Problemkreise" betreffen Fragestellungen, die häufiger Gegenstand juristischer Prüfungsarbeiten sind. In dieser Übersicht soll jeweils ein möglicher Argumentationsgang skizziert werden. Zur ausführlicheren Darstellung wird auf die entsprechenden Stellen dieses Buches verwiesen. Besonderes Augenmerk ist bei der Wiederholung des Staatsorganisationsrechts gerade in der Examensvorbereitung auf das Gesetzgebungsverfahren zu legen, da dieses leicht in jede Prüfung eingebaut werden kann, indem die Verfassungsmäßigkeit eines Gesetzes in Frage gestellt wird.

I.   Das Gesetzgebungsverfahren im Bundestag

1.   Die sog. „verkappte Regierungsvorlage" (s. oben Rn. 877)

1039   Nach Art. 76 Abs. 1 GG werden Gesetzesvorlagen durch die Bundesregierung, aus der Mitte des Bundestages oder durch den Bundesrat eingebracht. Dabei sind gem. Art. 76 Abs. 2 Satz 1 GG Vorlagen der Bundesregierung zunächst dem Bundesrat zuzuleiten. Fraglich ist nun, ob die von der Regierung erarbeiteten Vorlagen auch durch eine die Regierung stützende Fraktion in den Bundestag eingebracht werden dürfen.

Ausgangspunkt der verfassungsrechtlichen Beurteilung ist Art. 76 Abs. 1 GG: Danach kommt es bei einer Vorlage nicht darauf an, wer diese entworfen hat, sondern lediglich, wer sie in den Bundestag einbringt. Jedem der in Art. 76 Abs. 1 GG genannten initiativberechtigten Organ bzw. Organteil steht insofern ein Aneignungsrecht zu. Indem sie die von der Regierung bzw. einem Ministerium vorbereitete Vorlage einbringt, macht sich die Fraktion diese zu eigen, es handelt sich um eine Vorlage „aus der Mitte des Bundestages". Darauf, ob hierdurch eine Bestimmung hinsichtlich der Bundesregierung der Sache nach umgangen wird (Art. 76 Abs. 2 Satz 1), kann es insofern nicht ankommen, als nicht die Bundesregierung handelt, sondern ein von dieser vollständig verschiedenes Staatsorgan von seinen verfassungsmäßigen Rechten Gebrauch macht (Art. 76 Abs. 1 GG).

2.   Die Gesetzesvorlage durch einen einzelnen Abgeordneten (s. oben Rn. 878)

1040   Nach Art. 76 Abs. 1 GG können Gesetzesvorlagen „aus der Mitte des Bundestags" eingebracht werden. Fraglich ist, wie diese Formulierung zu verstehen ist, und ob insbesondere ein einzelner Abgeordneter eine Gesetzesvorlage einbringen kann.

Dabei sind zwei Fragen zu unterscheiden: zum einen, ob ein einzelner Abgeordneter verlangen kann, dass seine Vorlage vom Bundestag behandelt wird; zum anderen, wie es sich auf die Rechtmäßigkeit eines beschlossenen Gesetzes auswirkt, wenn die Vorlage von einem einzelnen Abgeordneten eingebracht worden war.

a)   Art. 76 Abs. 1 GG könnte ein organschaftliches Recht des einzelnen Abgeordneten auf Behandlung seiner Vorlage begründen. Zwar konkretisiert § 76 GOBT die Formulierung „Mitte des Bundestags" als eine Fraktion oder 5 % der Mitglieder des Bundestags. Eine Norm des einfachen Rechts kann jedoch nicht über die Auslegung einer Verfassungsnorm entscheiden;

ergibt diese, dass auch einem einzelnen Abgeordneten ein Initiativrecht zusteht, wäre § 76 GOBT verfassungswidrig. Gegen das Initiativrecht des einzelnen Abgeordneten spricht, dass Art. 76 Abs. 1 GG dieses gerade nicht in der (ohne weiteres möglichen) eindeutigen Form zubilligt und so Ausdruck des Bestrebens sein könnte, einer Gefährdung der Funktionsfähigkeit des Parlaments durch zahllose Vorlagen einzelner Abgeordneter vorzubeugen. Allerdings zeigen die Gesetzgebungsverfahren in den Bundesländern, in denen ein individuelles Initiativrecht etabliert ist, dass diese Gefahr in der Praxis nicht besteht. Dies und das Anliegen des GG, eine starke Stellung des Abgeordneten zu begründen, sprechen für ein Initiativrecht des einzelnen Abgeordneten und damit die Verfassungswidrigkeit von § 76 GOBT.

b) Lehnt man das Initiativrecht des einzelnen Abgeordneten entgegen der hier vertretenen Auffassung ab, stellt sich das Problem, wie es sich auf die Verfassungsmäßigkeit eines Gesetzes auswirkt, wenn der Bundestag die von einem einzelnen Abgeordneten eingebrachte Vorlage annimmt. Zwar trifft, wenn man § 76 GOBT für verfassungskonform hält, den Bundestag keine Pflicht über die Vorlage zu beschließen. Durch die Annahme macht sich jedoch die Bundestagsmehrheit die Vorlage zu eigen, es liegt dann eine Vorlage „aus der Mitte des Bundestages" i. S. d. Art. 76 Abs. 1 GG vor.

c) Im (in der Klausur häufigeren) zweiten Fall bedarf die Frage nach dem Initiativrecht des einzelnen Abgeordneten (und damit der Verfassungskonformität von § 76 GOBT) somit keiner Entscheidung, da in jedem Fall eine zulässige Vorlage „aus der Mitte des Bundestages" anzunehmen ist.

3. Folgen eines Verstoßes gegen Art. 76 Abs. 2 GG (s. oben Rn. 870)

1041

Gem. Art. 76 Abs. 2 GG sind Gesetzesvorlagen der Bundesregierung dem Bundesrat zur Stellungnahme zuzuleiten. Fraglich ist, ob ein Verstoß gegen diese Vorschrift zur formellen Verfassungswidrigkeit des Gesetzes führt.
Dies wäre dann nicht der Fall, wenn man Art. 76 Abs. 2 GG als bloße Ordnungsvorschrift verstünde. Hierfür könnte man argumentieren, dass der Bundesrat in diesem Verfahrensstadium noch nicht zur Stellungnahme verpflichtet ist und durch die Vorschriften der Art. 77 Abs. 2–4 GG ohnehin am späteren Gesetzgebungsverfahren beteiligt ist.
Demgegenüber sprechen jedoch der Wortlaut des Art. 76 Abs. 2 GG („sind zuzuleiten") und der Sinn und Zweck der Vorschrift, den Bundesrat möglichst frühzeitig am Gesetzgebungsverfahren zu beteiligen, für einen materiellen Gehalt der Norm. Ein Verstoß führt dann zur formellen Verfassungswidrigkeit des Gesetzes.

4. Verstoß gegen Vorschriften der GOBT (Bsp.: § 78 Abs. 1 Satz 1 GOBT) (s. oben Rn. 882)

1042

§ 78 Abs. 1 Satz 1 GOBT bestimmt, dass Gesetzentwürfe in drei Beratungen im Bundestag beschlossen werden. Fraglich ist, welche Folgen es hat, wenn der Bundestag ein Gesetz nach weniger Lesungen beschließt.
Bei Verstößen gegen die Geschäftsordnung des Bundestags ist stets zu beachten, dass die Verfassungswidrigkeit eines Gesetzes nur aus einem Verstoß gegen das Grundgesetz folgen kann. Bezüglich der Anzahl der Beratungen macht das GG aber keine Vorgaben, es regelt nur die Einbringung der Gesetzesvorlage (Art. 76 Abs. 1 GG) sowie den Beschluss (Art. 77 Abs. 1 Satz 1 GG). Eine verfassungsrechtliche Pflicht, eine bestimmte Anzahl von Lesungen durchzuführen, besteht nicht,

§ 78 Abs. 1 Satz 1 GOBT ist insofern eine bloße Ordnungsvorschrift, deren Verletzung keine Konsequenzen zeitigt. Ein Verfassungsverstoß kann sich im Rahmen des Gesetzgebungsverfahrens allenfalls dann ergeben, wenn durch das verkürzte Verfahren andere verfassungsrechtliche Rechtspositionen, wie insbesondere das Mitwirkungsrecht einzelner Abgeordneter (Art. 38 Abs. 1 Satz 2 GG) verletzt werden.

II.   Die Beteiligung des Bundesrates am Gesetzgebungsverfahren

5.   Reichweite der Zustimmungsbedürftigkeit (s. oben Rn. 896 ff.)

1043   Art. 77 Abs. 2a u. 3 GG unterscheidet zwischen zustimmungsbedürftigen und nicht zustimmungsbedürftigen Gesetzen. Gesetze bedürfen nur dann der Zustimmung durch den Bundesrat, wenn die Zustimmungsbedürftigkeit ausdrücklich im GG angeordnet wird. Dabei stellt sich die Frage, wie weit diese Zustimmungsbedürftigkeit reicht.

a)   Enthält ein Gesetz auch nur eine zustimmungsbedürftige Regelung, bedarf es insgesamt der Zustimmung des Bundesrates. Es wird insoweit eine Gesamtbetrachtung vorgenommen.

b)   Problematisch ist die Zustimmungsbedürftigkeit von Änderungsgesetzen, wenn das ursprüngliche Gesetz zustimmungsbedürftig war. Richtigerweise ist im Gesetzgebungsverfahren bezüglich des Änderungsgesetzes aber nur auf dieses abzustellen. Eine Zustimmungsbedürftigkeit ergibt sich dann nur, wenn

– das Änderungsgesetz selbst zustimmungsbedürftige Regelungen enthält;

– das Änderungsgesetz Vorschriften des ursprünglichen Gesetzes betrifft, die dessen Zustimmungsbedürftigkeit begründet haben,

– das Änderungsgesetz zwar keine zustimmungsbedürftigen Teile des ursprünglichen Gesetzes abändert, die Änderungen aber dem Ursprungsgesetz inhaltlich eine wesentlich andere Bedeutung und Tragweite verleihen und damit eine „Systemverschiebung im föderativen Gefüge" bewirken, die von der ursprünglichen Zustimmung des Bundesrates nicht mehr als gedeckt angesehen werden können.

6.   Uneinheitliche Stimmabgabe im Bundesrat (s. oben Rn. 652 f.)

1044   Vor dem Hintergrund des Art. 51 Abs. 3 Satz 2 GG, wonach die Stimmen eines Landes im Bundesrat nur einheitlich und nur durch anwesende Mitglieder oder deren Vertreter abgegeben werden können, stellt sich die Frage, welche Konsequenzen eine uneinheitliche Stimmabgabe durch mehrere anwesende Mitglieder eines Landes hat und ob der Bundesratspräsident in der Folge auf eine einheitliche Stimmabgabe des Landes hinwirken kann.

Aufgrund der Formulierung „können" könnte man annehmen, dass eine uneinheitliche Stimmabgabe gar nicht als Stimmabgabe des Landes zu werten ist. Der Bundesratspräsident könnte dann durch erneute Nachfrage auf eine wirksame Stimmabgabe des Landes hinwirken.

Dagegen spricht jedoch, dass auch in der uneinheitlichen Abstimmung der Wille der Vertreter des Landes zutage tritt, sich gerade nicht auf die von Art. 51 Abs. 3 Satz 2 GG verlangte einheitliche Zustimmung zu einem Beschluss des Bundesrates festzulegen. Die Folge der uneinheitlichen Abstimmung ist dann die Ungültigkeit der Stimmabgabe des Landes. Ist die Uneinheitlichkeit deutlich zutage getreten, darf der Bundesratspräsident auch im Rahmen seiner Sitzungsleitungskompetenz keine erneute Stimmabgabe des Landes herbeiführen, da es ihm nicht zusteht, auf einen etwaigen „wahren Landeswillen" hinzuwirken.

7.   „Zustimmungsverweigerung bei Einspruchsgesetz" (s. oben Rn. 914)

Die Frage der Zustimmungsbedürftigkeit von Gesetzen wirft gelegentlich Schwierigkeiten auf, so dass auch eine falsche Einordnung eines Gesetzes als Einspruchs- oder Zustimmungsgesetz durch den Bundesrat möglich ist. Hält der Bundesrat ein Einspruchsgesetz fälschlich für ein Zustimmungsgesetz und erklärt die Verweigerung der Zustimmung ist fraglich, ob diese in einen Einspruch umgedeutet werden kann. § 30 Abs. 1 GOBR, der den Bundesrat zur Formenstrenge verpflichtet, ist nicht bindendes Innenrecht. Demgegenüber ist die Umdeutung in der deutschen Rechtsordnung allgemein anerkannt (vgl. § 140 BGB), ihre Voraussetzungen sind hier erfüllt: Ein Einspruch stellt gegenüber der Zustimmungsverweigerung ein Minus dar, die Erhebung des Einspruchs entspricht dem hypothetischen Willen des Bundesrates, da er nur hierdurch auf ein Scheitern des Gesetzgebungsverfahrens hinwirken kann.

1045

III.   Abschluss des Gesetzgebungsverfahrens

8.   Prüfungsrecht des Bundespräsidenten (s. oben Rn. 695 ff.)

Nach Art. 82 Abs. 1 Satz 1 GG werden die „nach den Vorschriften des Grundgesetzes zustande gekommenen Gesetze vom Bundespräsidenten nach Gegenzeichnung ausgefertigt und im Bundesgesetzblatt verkündet". Fraglich ist dabei, ob und aus welchen Gründen der Bundespräsident die Ausfertigung des Gesetzes verweigern kann.

1046

Ein Recht, die Ausfertigung aus politischen Gründen zu verweigern, besteht nicht. Als nicht unmittelbar demokratisch legitimiertes Staatsorgan darf der Bundespräsident nicht in die politische Staatsleitung eingreifen. Allerdings könnte dem Bundespräsidenten das Recht zustehen, die Ausfertigung von Gesetzen zu verweigern, die er für verfassungswidrig hält.

Ausgangspunkt ist hier die Formulierung des Art. 82 Abs. 1 Satz 1 GG: „nach den Vorschriften dieses Grundgesetzes zustande gekommen". Den Begriff des „Zustandekommens" verwendet auch Art. 78 GG und bezieht sich dort auf die formelle Wirksamkeit von Gesetzen. Zumindest die Einhaltung der formellen Vorgaben für das Gesetzgebungsverfahren kann der Bundespräsident somit nachprüfen und die Ausfertigung von ihrer Einhaltung abhängig machen.

Nicht so eindeutig ist die Antwort auf die Frage nach einem materiellen Prüfungsrecht, also eine Überprüfung des Gesetzes auf die Vereinbarkeit mit inhaltlichen Vorgaben des Grundgesetzes. Dabei hilft ein Verweis auf den Amtseid des Bundespräsidenten (Art. 56 GG) bzw. die Präsidentenanklage (Art. 61 GG) ebenso wenig weiter wie die ansonsten im Grundgesetz in Abgrenzung zur Weimarer Reichsverfassung festgelegte schwache Stellung des Bundespräsidenten. Gegen ein Prüfungsrecht des Bundespräsidenten spricht auch nicht ein etwaiges Konkurrenzverhältnis zum Bundesverfassungsgericht: Zum einen tritt das Gesetz ohne die Ausfertigung gar nicht in Kraft, der Bundespräsident verwirft also kein geltendes Recht; zum anderen kann gegen die Entscheidung des Bundespräsidenten, das Gesetz nicht auszufertigen, ein Organstreitverfahren (Art. 93 Abs. 1 Nr. 1 GG) angestrengt werden und so eine Prüfung auch der Verfassungsmäßigkeit des Gesetzes durch das Bundesverfassungsgericht herbeigeführt werden.

Entscheidend für ein materielles Prüfungsrecht spricht letztlich die Bindung aller Staatsgewalt und damit auch des Bundespräsidenten an die Verfassung (Art. 1 Abs. 3, 20 Abs. 3 GG). Mit dieser wäre es unvereinbar, wenn der Bundespräsident gezwungen wäre, sehenden Auges ein verfassungswidriges Gesetz auszufertigen und damit Rechtswirkungen herbeizuführen, die seines Erachtens mit der Verfassung nicht vereinbar sind. Es muss somit ein materielles Prüfungsrecht bestehen, dass auch nicht auf „evidente Verfassungsverstöße" begrenzt werden kann: zum einen ist diese Differenzierung im Grundgesetz nicht verankert, zum anderen ist eine Abgrenzung zwischen evidenten und nicht evidenten Verfassungsverstößen praktisch nicht möglich.

IV. Verfassungsfragen der Wahl zum Deutschen Bundestag

9. Verfassungsmäßigkeit der 5 %-Sperrklausel (§ 6 Abs. 1 Satz 1 BWahlG) (s. oben Rn. 517 ff.)

1047 Nach § 6 Abs. 1 Satz 1 BWahlG bleiben (von den Ausnahmen der Grundmandatsklausel und der Bestimmung für Parteien nationaler Minderheiten abgesehen) Parteien bei der Verteilung der Bundestagssitze unberücksichtigt, die nicht mindestens 5 % der Stimmen im gesamten Bundesgebiet erreichen konnten. Diese Sperrklausel führt dazu, dass nicht jede Wählerstimme den gleichen Erfolgswert hat und greift somit in den Grundsatz der Gleichheit der Wahl nach Art. 38 Abs. 1 Satz 1 GG ein. Diese Differenzierung ist jedoch verfassungsrechtlich gerechtfertigt, da andernfalls die Funktionsfähigkeit des Parlaments gefährdet wäre, wenn Splitterparteien in das Parlament gelangen und dort die Mehrheitsbildung verhindern oder zumindest erschweren würden.

10. Verfassungsmäßigkeit der Grundmandatsklausel (§ 6 Abs. 3 Satz 1 Halbsatz 2 BWahlG) (s. oben Rn. 521 ff.)

1048 Gem. § 6 Abs. 3 Satz 1 Halbsatz 2 BWahlG werden bei der Verteilung der Bundestagssitze Parteien von der Wirkung der Sperrklausel (oben Nr. 9) ausgenommen, die im Wahlgebiet in drei Wahlkreisen ein Direktmandat gewonnen haben (sog. Grundmandatsklausel). Auch hierdurch kommt es zu einer Ungleichbehandlung der von der Abmilderung begünstigten Parteien und denen, die mit möglicherweise mehr errungenen Zweitstimmen dennoch nicht ins Parlament einziehen, was zu einer strukturellen Begünstigung von Parteien mit regionalem gegenüber solchen mit thematischem Schwerpunkt führt. Es besteht jedoch ein sachlicher Differenzierungsgrund: in der Wahl von drei Direktkandidaten einer Partei kommt eine besondere Billigung ihrer politischen Anliegen in der Gesellschaft zum Ausdruck, der der Gesetzgeber bei der Ausgestaltung des Wahlrechts Rechnung tragen darf.

V. Sonstige Problemkreise

11. Die Rückwirkung von Gesetzen (s. oben Rn. 210 ff.)

1049 Für Strafnormen regelt Art. 103 Abs. 2 GG ein allgemeines Rückwirkungsverbot. Bei anderen Gesetzen ergeben sich aus dem Rechtsstaatsprinzip (Art. 20 Abs. 3 GG) verfassungsrechtliche Anforderungen an die Rückwirkung von Gesetzen.
Dabei ist eine echte Rückwirkung („Rückbewirkung von Rechtsfolgen"), d. h. die retroaktive Regelung von Sachverhalten, die zum Zeitpunkt des Inkrafttretens bereits abgeschlossen waren, grundsätzlich unzulässig. Ausnahmen, in denen der

Vertrauensschutz hinter anderen Erwägungen zurückzustehen hat, ergeben sich in fünf Fallkonstellationen:

– Der Adressat musste zu dem Zeitpunkt, auf den sich die Rückwirkung bezieht, bereits mit einer Neuregelung rechnen.
– Die Neuregelung beseitigt rückwirkend eine so verworrene und unklare Rechtslage, dass der Adressat mit einer klarstellenden Regelung rechnen musste.
– Die Neuregelung ersetzt rückwirkend eine nichtige Bestimmung durch eine rechtlich nicht zu beanstandende Norm.
– Die Neuregelung führt zu einer nur unwesentlichen Verschlechterung der Rechtsposition des Adressaten (sog. Bagatellvorbehalt).
– Schließlich können zwingende Gründe des gemeinen Wohls, die dem Gebot der Rechtssicherheit übergeordnet sind, ausnahmsweise eine Rückwirkungsanordnung rechtfertigen. Wegen des grundsätzlich anzuerkennenden Vertrauensschutzes haben hier jedoch besonders strenge Maßstäbe zu gelten.

Eine unechte Rückwirkung (sog. „tatbestandliche Rückanknüpfung" bzw. Einwirkung), bei der in der Vergangenheit begonnene, aber noch nicht abgeschlossene Sachverhalte geregelt werden, ist demgegenüber nicht grundsätzlich unzulässig. Es bedarf hier einer Gesamtabwägung zwischen dem Gewicht des enttäuschten Vertrauens und dem Gewicht und der Dringlichkeit der die Rechtsänderung rechtfertigenden Gründe.

12. Verfassungsprozessuale Stellung von Parteien (s. oben Rn. 812 ff.)

Parteien sind als zivilrechtliche Vereinigungen Bestandteil der gesellschaftlichen, **1050** nicht-staatlichen Sphäre. Allerdings weist Art. 21 GG, der die Mitwirkung der Parteien „bei der politischen Willensbildung des Volkes" anspricht, diesen eine besondere Stellung als intermediäre, zwischen politischer und gesellschaftlicher Ebene vermittelnde Gewalt zu. Diese besondere Stellung der Parteien ist auch im Verfassungsprozess zu berücksichtigen.

Soweit Parteien in ihrem funktionalen Verfassungsauftrag aus Art. 21 GG durch ein Verfassungsorgan (das ebenfalls parteifähig gem. § 63 BVerfGG ist) beeinträchtigt werden, steht ihnen das Organstreitverfahren offen (Bsp.: Verletzung des Rechts auf Chancengleichheit im Wahlkampf). Prüfungsmaßstab ist dann allein Art. 21 GG.

Andere durch die Verfassung eingeräumten Rechte können die Parteien dagegen wie alle anderen juristischen Personen des Privatrechts nach Maßgabe von Art. 19 Abs. 3 GG vor dem Bundesverfassungsgericht geltend machen (Bsp.: Verletzung des Rechts auf Chancengleichheit bei der Vergabe einer kommunalen Stadthalle). Im Rahmen dieser Verfassungsbeschwerde sind die Grundrechte Prüfungsmaßstab.

D. Definitionen

Abstimmung (vgl. Art. 20 Abs. 2 GG):	Entscheidung des Volkes über eine Sachfrage.
Allgemeinheit der Wahl (vgl. Art. 38 Abs. 1 Satz 1 GG):	Der Grundsatz der Allgemeinheit der Wahl fordert, dass alle Angehörigen des Staatsvolkes das aktive und passive Wahlrecht ausüben können.
Angemessenheit:	Eine staatliche Maßnahme ist angemessen bzw. verhältnismäßig im engeren Sinne, wenn das mit ihr verfolgte Ziel nicht außer Verhältnis zur Intensität des Eingriffs steht.
Aristokratie (*griech.*):	Herrschaft der Besten. Die Staatsgewalt wird von einer Elite ausgeübt.
Ausfertigung eines Gesetzes (vgl. Art. 82 Abs. 1 GG):	Ausfertigung bedeutet die Erstellung der Urschrift und (bei formellen Gesetzen) Unterzeichnung eines Gesetzes durch den Bundespräsidenten.
Demokratie (*griech.*):	Herrschaft des Volkes. Staatsform, in der das Volk Träger der Staatsgewalt ist bzw. deren Ausübung zumindest auf das Volk zurückgeführt wird.
Erforderlichkeit:	Eine staatliche Maßnahme ist erforderlich, wenn es kein milderes Mittel gibt, welches den angestrebten Erfolg in gleicher Weise herbeiführen würde.
Freiheit der Wahl (vgl. Art. 38 Abs. 1 Satz 1 GG):	Der Grundsatz der Freiheit der Wahl garantiert, dass die Ausübung des Wahlrechts aus freiem Willensentschluss erfolgt und das Ergebnis eines freien und offenen Meinungsbildungsprozesses ist.
Geeignetheit:	Eine staatliche Maßnahme ist geeignet, wenn mit ihrer Hilfe das Erreichen des angestrebten Ziels gefördert werden kann.
Gesetz:	Nach dem dualistischen Gesetzesbegriff wird zwischen formellen und materiellen Gesetzen unterschieden. Ein *formelles* Gesetz liegt vor, wenn eine Norm vom parlamentarischen Gesetzgeber im verfassungsmäßig vorgesehenen Gesetzgebungsverfahren (also ggf. unter Beteiligung weiterer Gesetzgebungsorgane) erlassen wird. Der Inhalt der Norm ist dabei unbeachtlich. Unter einem *materiellen* Gesetz versteht man jede Norm, die inhaltlich eine abstrakt-generelle Regelung trifft, unabhängig von der jeweils gewählten Form. Zum Gesetzesbegriff des Grundgesetzes vgl. oben Rn 853.
Gesetzesinitiative:	Gesetzesinitiative bedeutet die Einleitung des Gesetzgebungsverfahrens durch Erstellung eines Gesetzentwurfs und seine Einbringung als Gesetzesvorlage in den Bundestag (vgl. Art. 76 Abs. 1 GG).
Gleichheit der Wahl (vgl. Art. 38 Abs. 1 Satz 1 GG):	Der Grundsatz der Gleichheit der Wahl gewährleistet eine grundsätzliche formale Gleichheit aller am Wahlverfahren Beteiligten (Wähler, Wahlkandidaten, Parteien).
Immunität:	Immunität bedeutet Schutz vor strafrechtlicher Verfolgung (Prozess, Ermittlungsverfahren) während der Zeit des Abgeordnetenmandats mit Ausnahme der Festnahme bei Begehung einer Straftat oder im Laufe des folgenden Tages (vgl. Art. 46 Abs. 2 GG).
Indemnität:	Indemnität bedeutet, dass ein Abgeordneter zu keiner Zeit wegen Äußerungen oder Abstimmungen in parlamentarischen Vorgängen oder in parlamentarischer Funktion gerichtlich, dienstlich oder sonst wie verfolgt oder zur Verantwortung gezogen werden darf (vgl. Art. 46 Abs. 1 GG).
Inkrafttreten eines Gesetzes (vgl. Art. 82 GG):	Das Inkrafttreten des Gesetzes ist der Zeitpunkt, zu dem das Gesetz mit seinem Inhalt wirksam wird.
Kanzlerprinzip:	Der Begriff „Kanzlerprinzip" steht für die dominierende Rolle, die der Bundeskanzler innerhalb der Bundesregierung besitzt. Das Kanzlerprinzip besteht aus der sachlichen und personellen Organisationsgewalt des Bundeskanzlers, seiner Richtlinienkompetenz sowie seiner Befugnis zur Geschäftsleitung.
Kollegialprinzip:	Das Kollegialprinzip meint, dass die Bundesregierung ein Kollegialorgan aus Bundeskanzler und Bundesministern ist, das nach dem Mehrheitsprinzip Beschlüsse fasst.
Korollartheorie:	Nach der Korollartheorie darf ein parlamentarischer Untersuchungsausschuss nur zur Klärung von Fragestellungen eingesetzt werden, die in den Zuständigkeitsbereich des Parlamentes fallen.

Mittelbare Staatsverwaltung:	Mittelbare Staatsverwaltung erfolgt durch vom Staat rechtlich abgetrennte, eigenständige Organisationen, wie z. B. juristische Personen des öffentlichen Rechts (Gemeinden, Gemeindeverbände, Anstalten, Stiftungen), die ihre Verwaltungsaufgaben eigenverantwortlich erledigen, ohne in die staatliche Hierarchie eingeordnet zu sein.
Monarchie (*griech.*):	Herrschaft eines Einzelnen. Staatsform, bei der eine einzelne Person die Staatsgewalt ausübt und an der Spitze des Staates steht.
Personalhoheit:	Personalhoheit bedeutet die rechtliche Unterworfenheit des Staatsvolkes unter die Staatsgewalt.
Rechtsprechung:	Rechtsprechung ist die in einem besonderen Verfahren zu treffende verbindliche Entscheidung über einen Rechtsstreit mittels Anwendung von Recht und Gesetz durch den Richter als unbeteiligtes staatliches Organ.
Rechtsstaat:	Staat, in dem die Ausübung der Staatsgewalt rechtlichen Bindungen unterliegt. Rechtsstaatlichkeit bedeutet dabei, dass die Ausübung staatlicher Macht nur auf der Grundlage der Verfassung und von formell und materiell verfassungsmäßig erlassenen Gesetzen mit dem Ziel der Gewährleistung von Menschenwürde, Freiheit, Gerechtigkeit und Rechtssicherheit zulässig ist.
Referendum:	Sonderfall der Abstimmung, bei der das Volk innerhalb des staatlichen Gesetzgebungsverfahrens über eine Sachfrage mitentscheidet.
Republik:	Jede Staatsform, die nicht Monarchie ist.
Ressortprinzip:	Das Ressortprinzip besagt, dass die Bundesminister ihren Geschäftsbereich selbstständig und in eigener Verantwortung leiten (vgl. Art. 65 Satz 2 GG).
Rückwirkung von Gesetzen:	Ein Gesetz wirkt zurück, wenn es sich auf zum Zeitpunkt seines Inkrafttretens in der Vergangenheit liegende Sachverhalte bezieht. Dabei liegt echte Rückwirkung (Rückbewirkung von Rechtsfolgen) vor, wenn der Sachverhalt in der Vergangenheit bereits abgeschlossen war, unechte Rückwirkung (tatbestandliche Rückanknüpfung), wenn an einen bereits begonnenen, aber noch nicht abgeschlossenen Sachverhalt angeknüpft wird.
Souveränität:	Äußere Souveränität bedeutet die Fähigkeit eines Staates zu ausschließlicher rechtlicher Selbstbestimmung und Selbstbindung im Verkehr mit anderen Staaten und Völkerrechtssubjekten. Innere Souveränität bezeichnet seine Verfügungsgewalt über die inneren Angelegenheiten.
Staatsgebiet:	Staatsgebiet ist ein bestimmter, in seinem Kernbestand gesicherter, zusammenhängender und beherrschbarer Teil der Erdoberfläche, auf dem sich die Staatsgewalt effektiv und dauerhaft entfalten kann.
Staatsgewalt:	Staatsgewalt ist die originäre grundsätzlich unbeschränkte Herrschaftsmacht, die den Staat befähigt, gegenüber seinen Staatsangehörigen (*Personalhoheit*) sowie auf seinem Staatsgebiet (*Gebietshoheit*) hoheitlich tätig zu werden.
Staatsvolk:	Das Staatsvolk ist die Summe der Staatsangehörigen, die einem Staat kraft seines Rechts zugeordnet sind und von Völkerrechts wegen zugeordnet werden dürfen.
Steuern:	Geldleistungen, die nicht eine Gegenleistung für eine besondere Leistung darstellen und von einem öffentlich-rechtlichen Gemeinwesen zur Erzielung von Einnahmen allen auferlegt werden, bei denen der Tatbestand zutrifft, an den das Gesetz eine Leistungspflicht knüpft; die Erzielung von Einnahmen kann Nebenzweck sein (§ 3 AO).
Unmittelbarkeit der Wahl (Art. 38 Abs. 1 Satz 1 GG):	Der Grundsatz der Unmittelbarkeit der Wahl ist dann gewährleistet, wenn von Beginn der Stimmabgabe an das Wahlergebnis nur noch von einer einzigen Willensentscheidung, nämlich derjenigen der Wähler abhängt und kein fremder Wille dazwischengeschaltet ist.
Unmittelbare Staatsverwaltung:	Zur unmittelbaren Staatsverwaltung gehören die Verwaltungsinstitutionen, die keine rechtliche Eigenständigkeit besitzen, sondern in die staatliche Organisation und Hierarchie unmittelbar eingeordnet sind.
Verfassungsmäßigkeit eines Gesetzes:	Ein Gesetz ist verfassungsmäßig oder verfassungskonform, wenn es mit den Vorgaben des Grundgesetzes im Einklang steht. Dabei ist zwischen formeller (Zuständigkeit der erlassenden Körperschaft, Einhaltung der durch die Verfassung vorgegebenen Verfahrens- und Formvorschriften) und materieller (Einhaltung der inhaltlichen Verfassungsvorgaben) Verfassungskonformität zu unterscheiden.

Verkündung eines Gesetzes (Art. 82 GG):	Verkündung bedeutet, dass eine Rechtsnorm in der Weise öffentlich zugänglich gemacht wird, dass sich die Normadressaten in zumutbarer Weise Kenntnis von ihrem Inhalt verschaffen können.
Verwaltung:	Verwaltung ist staatliche Tätigkeit, die funktional nicht Gesetzgebung oder Rechtsprechung ist und auch keine Ausübung von Regierungsfunktionen beinhaltet. Positiv formuliert ist Verwaltungshandeln die Erfüllung von öffentlichen Aufgaben (Gemeinwohlaufgaben) durch konkrete Maßnahmen, die auf Regierungsentscheidungen oder Gesetzesinhalten beruhen.
Verwaltungsträger:	Verwaltungsträger ist das Rechtssubjekt, dem die aus der Verwaltungsaufgabe bzw. Verwaltungstätigkeit erwachsenen Rechte und Pflichten rechtlich zugerechnet werden.
Verwaltungsvorschriften:	Verwaltungsvorschriften sind von der Verwaltung erlassene Rechtssätze, die das verwaltungsinterne Verfahren regeln. Sie entfalten grundsätzlich keine Außenwirkung, aus Art. 3 Abs. 1 GG i. V. m. den Grundsätzen der Selbstbindung der Verwaltung kann sich jedoch eine Bindung der Verwaltung an die in der Vergangenheit zum Vorteil von Bürgern angewandte Rechtssätze ergeben.
Volksbefragung:	Die von staatlichen Stellen initiierte, unverbindliche Befragung des Volks, um ein politisches Meinungsbild zu einer Sachfrage zu ermitteln.
Volksbegehren:	Antrag aus dem Volk, der auf den Erlass eines Gesetzes durch das Parlament bzw. die Durchführung einer Volksabstimmung gerichtet ist (vgl. z. B. Art. 74 Abs. 1 BayVerf.).
Volksentscheid:	Abstimmung des Volkes über den Erlass eines Gesetzes (vgl. z. B. Art. 74 Abs. 1 BayVerf.).
Vorbehalt des Gesetzes:	Nach dem Grundsatz vom Vorbehalt des Gesetzes sind Grundrechtseingriffe durch die staatliche Gewalt nur auf Basis eines formellen Parlamentsgesetzes zulässig.
Vorrang des Gesetzes:	Ausprägung des Grundsatzes der Gesetzmäßigkeit der Verwaltung. Der in Form eines Gesetzes geäußerte Staatswille hat Vorrang vor jeder anderen staatlichen Willensäußerung, d. h. Verwaltungshandeln darf nicht gegen das Gesetz verstoßen.
Wahl (vgl. Art. 20 Abs. 2 Satz 2 GG):	Personalentscheidung des Volkes, in der seine Repräsentanten bestimmt werden.
Wahlrecht:	Aktives Wahlrecht ist das Recht, bei der Besetzung des Bundestags durch Stimmabgabe mitzuwirken. Passives Wahlrecht bezeichnet demgegenüber das Recht, sich als Kandidat für den Bundestag zur Wahl zu stellen.
Wahlsystem:	Das Wahlsystem ist das im Wahlrecht normierte Wertungsverfahren, das die abgegebenen Stimmen in die Verteilung der Parlamentssitze umwandelt.
Wesentlichkeitstheorie:	Die Wesentlichkeitstheorie besagt, dass die wesentlichen staatlichen Entscheidungen durch das Parlament als unmittelbar demokratisch legitimiertes Verfassungsorgan getroffen werden müssen und nicht etwa auf andere staatliche Stellen delegiert werden dürfen.

Stichwortverzeichnis

Das Stichwortverzeichnis verweist auf die Randnummern.

Stichwortverzeichnis

2., überarbeitete Auflage 2020
XXVI, 485 Seiten. Kart. € 36,–
ISBN 978-3-17-023343-0
SR-Studienreihe Rechtswissenschaften
Auch als E-Book erhältlich

Lang/Wilms

Staatsrecht II

Grundrechte

Der Band stellt die Grundrechte des Grundgesetzes im systematischen Zusammenhang dar. Neben einer Einführung in die Entstehungsgeschichte der Grundrechte werden diese zunächst in einem allgemeinen Teil und anschließend einzeln erläutert. Besonderer Wert wird auf den Fallaufbau der Grundrechtsprüfung im Gefüge von Schutzbereich, Schranken und einfachgesetzlicher Einschränkungsnorm gelegt. Die einzelnen Problemkreise werden, soweit es sich anbietet, mit Fallbeispielen und Problemen des Verfassungsprozessrechts ergänzt. Der Band schließt mit zahlreichen Aufbauschemata, einer Darstellung der wichtigsten Theorien und Definitionen grundrechtlicher Begriffe ab.

Die Autoren:
Professor Dr. iur. Heinrich Lang, Dipl. Sozialpäd. ist Inhaber des Lehrstuhls für Öffentliches Recht, Sozial- und Gesundheitsrecht der Universität Greifswald. Professor Dr. Heinrich Wilms (†) war von 1995 bis 2005 o. Professor für öffentliches Recht, Rechtsphilosophie, Völker- und Europarecht an der Universität Konstanz. Seit 2005 war er Inhaber des Lehrstuhls für Öffentliches Recht, Rechtsphilosophie und Medienrecht an der privaten Zeppelin Universität Friedrichshafen.

Leseproben und weitere Informationen:
shop.kohlhammer.de

Bücher für Wissenschaft und Praxis